车规级芯片技术

姜克 吴华强 黄晋 何虎 ◎ 著

清华大学出版社
北京

内 容 简 介

当前,以智能化、电动化为重要特征的"新四化"趋势给全球汽车产业带来了重大的变革,也使各类汽车芯片的需求量有不同程度的提高。芯片行业是支撑经济社会发展和保障国家安全的战略性、基础性和先导性产业,我国是车规级芯片需求最大的市场,但绝大多数芯片需要依赖进口。车规级芯片对产品的可靠性、一致性、安全性、稳定性和长效性要求较高,随之带来行业的资金壁垒、技术壁垒、人才壁垒进一步提高,是我国"十四五"期间的重要发展方向和关注焦点之一。

本书是国内迄今为止相当全面、系统介绍车规级芯片产业发展、相关标准及设计技术的图书,也是首本从汽车行业和芯片行业两个视角对车规级芯片进行介绍的图书。本书首先从汽车电子的角度出发,介绍汽车电子与芯片、汽车电子可靠性要求、车规级芯片标准等;然后聚焦于车规级芯片设计,内容涵盖芯片设计基础、车规级芯片功能安全设计、芯片可靠性问题、车规级芯片可靠性设计、车规级芯片工艺与制造、车规级芯片的可靠性生产管理、车规级芯片与系统测试认证等。

本书可作为高等学校集成电路、电子工程、汽车电子、电力电子等相关专业的研究生教材,也可作为汽车芯片相关领域工程技术人员的参考书。

本书封面贴有清华大学出版社防伪标签,无标签者不得销售。
版权所有,侵权必究。举报:010-62782989,beiqinquan@tup.tsinghua.edu.cn。

图书在版编目(CIP)数据

车规级芯片技术/姜克等著.—北京:清华大学出版社,2024.1(2024.5重印)
ISBN 978-7-302-64333-3

Ⅰ.①车… Ⅱ.①姜… Ⅲ.①汽车工业-芯片-研究 Ⅳ.①F426.471

中国国家版本馆 CIP 数据核字(2023)第 144612 号

责任编辑:黄 芝 李 燕
封面设计:刘 键
责任校对:郝美丽
责任印制:杨 艳

出版发行:清华大学出版社
    网 址:https://www.tup.com.cn,https://www.wqxuetang.com
    地 址:北京清华大学学研大厦 A 座 邮 编:100084
    社 总 机:010-83470000 邮 购:010-62786544
    投稿与读者服务:010-62776969,c-service@tup.tsinghua.edu.cn
    质量反馈:010-62772015,zhiliang@tup.tsinghua.edu.cn
    课件下载:https://www.tup.com.cn,010-83470236
印 装 者:保定市中画美凯印刷有限公司
经 销:全国新华书店
开 本:185mm×260mm 印 张:32.25 字 数:785 千字
版 次:2024 年 1 月第 1 版   印 次:2024 年 5 月第 2 次印刷
印 数:2001~3500
定 价:128.00 元

产品编号:095177-01

推荐序1
PREFACE

芯片是现代电子产品和系统的核心组成部分,包括计算机、智能手机、平板电脑等各类电子产品和系统都离不开芯片。而在汽车电子领域,车规级芯片则更为重要,因为它们是汽车电子系统中的核心组成部分,负责控制和管理汽车的各项功能。

随着汽车电子技术的发展,车规级芯片的重要性也越来越凸显。它们能够帮助汽车实现更高效、更安全、更智能的功能,比如自动驾驶、智能交通管理、车联网等。同时,车规级芯片也需要满足汽车电子系统极高的可靠性和安全性要求,因此在芯片设计、制造、封装、测试和认证方面需要达到更高的要求和标准。对于汽车电子行业从业者而言,了解车规级芯片技术的相关知识至关重要。只有深入了解车规级芯片技术的发展历程、应用场景和未来趋势,以及芯片设计和制造的各个环节,才能够更好地应对日益复杂和多变的市场需求,推动汽车电子技术的不断创新和发展。

《车规级芯片技术》这本书系统地介绍了车规级芯片技术领域的各个方面,包括产业现状、标准介绍、可靠性要求、设计基础、前端和后端工艺设计、功能安全设计、物理可靠性、可靠性设计、工艺与制造、生产管理以及测试认证等,是汽车电子行业从业者的必读之作。这本书不仅能够帮助读者深入了解车规级芯片技术的发展历程、应用场景和未来趋势,还能够让读者系统地学习到芯片设计和制造的全链条各个核心环节的技术。特别是在芯片的可靠性要求和设计方面,本书给出了非常详细并具有极高实用性的讲解。此外,本书还结合实际案例,对芯片设计和制造中的许多常见问题进行了深入的分析并给出了解决方案。这些案例不仅能够帮助读者加深对芯片技术的理解,同时也提供了很有价值的实际操作的参考。

我和作者姜克博士相识多年,姜博士在汽车电子和第三代半导体领域都有超过10年的国际化经验。他曾在德国马克思-普朗克研究所学习和工作,发表了20多篇论文,荣获欧洲知名奖学金"欧盟玛丽·居里夫人奖学金"。姜克博士曾供职于多家国际知名半导体企业,积累了丰富的车规级芯片的研发和产业经验。姜博士参与了多个汽车电子和半导体工艺平台的开发。目前,他是安世半导体中国研究院院长和新兴事业部I&M总裁,也是清华大学集成电路学院讲席教授。集深厚的理论基础与丰富的实践经验为一身,姜克博士是汽车电子和第三代半导体领域的顶尖专家之一。对于汽车电子行业从业者来说,姜克博士等所著的《车规级芯片技术》是一本难得的将理论和技术与工程实际相结合的好书。相信读者一定会从中有所收获。

(张国旗)
IEEE Fellow
荷兰 Delft 大学资深教授

推荐序2

PREFACE

自首个晶体管于1947年在贝尔实验室发明以来,人类进入了快速发展的电子信息时代。而1958年仙童公司的Robert Noyce和德州仪器的Jack Kilby发明的集成电路,更是开创了世界微电子学历史,使半导体产业由"发明时代"进入了"商用时代"。随着电子元器件和芯片在汽车中得到广泛的使用,尤其是汽车的智能化、网联化和电动化的发展,使得汽车芯片需求井喷式增长。可以预见的是,在未来若干年中,中国大力发展芯片产业的大趋势不会改变,中国庞大的市场需求将必然地造就车规级芯片产业的高速发展。

然而,自2021年以来,汽车芯片短缺导致了多家汽车企业的停产减产,这凸显出汽车芯片的重要性。随着国产新能源车需求与产量的迅速增加,其在全球产业链中的重要性持续上升,我们深信未来一段时间内对于汽车芯片人才的需求,特别是高层次汽车芯片设计人才的需求将持续升温。

人才的培养离不开一流的师资和教材。目前,国内高校在集成电路设计教学方面较多地采用国外引进的专业基础教材,虽然其中不乏经典之作,但总体而言,这些教材缺乏从系统看芯片的介绍,也缺乏对车规级芯片概念的理解和此类应用对可靠性的严苛要求,还缺乏从工程的角度教会学生做汽车芯片设计的内容,更缺乏如何将底层器件和上层系统应用联系在一起的通盘考虑。

本书围绕车规级芯片,分别从汽车行业和半导体行业两个视角对车规级芯片进行了全面深入的介绍,并对车规级芯片产业、汽车电子电气系统、汽车可靠性要求及标准等也进行了详细介绍。在此基础上,着眼于芯片设计方法,尤其是功能安全和可靠性设计,对具体的芯片制造工艺和封装、品控管理和系统测试认证,都有较为详细的陈述。

本书的作者既有国际知名车规级芯片企业长期参与车规级芯片研发和项目管理的丰富经验,也有清华大学科研教学一线的实践经验。书中不仅介绍了车规级芯片设计领域的最新成果,还融入了很多工业界从研发到生产的案例,可以帮助读者通过了解工业界实用的解决方案,快速提升对汽车芯片的理解,掌握汽车芯片设计的关键技术。

邱慈云

(邱慈云)

上海硅产业集团股份有限公司　总裁
上海新昇半导体科技有限公司　CEO
广州新锐光掩模科技有限公司　董事长

前言 FOREWORD

汽车工业在过去 130 多年的发展历程中，前 100 年主要集中在内燃发动机和各种机械部分的发展上。从 20 世纪 90 年代开始，随着集成电路技术的飞速发展，汽车使用的电子元器件和芯片越来越多。特别是进入 21 世纪后，随着汽车朝着智能化、网联化、电动化方向发展，汽车采用的芯片数量也爆炸式增长。单台电动汽车的芯片数量已经超过 1000 颗，芯片种类已超过 150 种。汽车芯片已经成为继 20 世纪 90 年代个人计算机和 21 世纪移动互联网之后的第三次半导体芯片的增长推动力。在作者编写本书之时正值全球车企遭遇"汽车芯片荒"，据统计，2022 年全球汽车因汽车芯片紧缺而减产超 420 万辆。为了迎接汽车芯片化时代的到来，推动汽车芯片人才的培养，助力汽车产业发展，特编写本书。

车规级芯片和工业级、消费级芯片最大的不同在于车规级芯片的高可靠性。车规级芯片的高可靠性体现在满足 AEC Q 系列应力测试的封装集成电路故障机制测试方法标准、汽车电力电子模块认证标准 AQG 324，以及为了满足自动驾驶安全而引入的功能安全标准 ISO 26262 和预期功能安全 SOTIF，为了满足这些严苛的标准，汽车芯片在设计、制造、封装、测试等全过程也要满足 IATF 16949 的质量管理体系认证。这对汽车芯片从业人员提出了更高的要求，也在可靠性物理机理、可靠性生产管理中形成了一套完整的方法学内容。本书将全面、完整、系统性地介绍该方法学的全部内容。

本书共 11 章，主要内容包括车规级芯片产业介绍、汽车电子与芯片、汽车电子可靠性要求、车规级芯片标准介绍、芯片设计基础、车规级芯片功能安全设计、芯片可靠性问题、车规级芯片可靠性设计、车规级芯片工艺与制造、车规级芯片的可靠性生产管理、车规级芯片与系统测试认证。

本书可作为高等学校集成电路、电子工程、汽车电子、电力电子等相关专业的研究生教材，也可作为汽车芯片相关领域工程技术人员的参考书。

在本书的编写过程中得到了苏炎召、何一新、许宇航、解志峰、李惠乾、宋碧娅、董盛慧、张博维、薛兴宇、李星宇、魏星宇、杨登科、金楚丰、刘旭东、陈怀郁、朱菁菁、陆禹尧、胡若飞、王莹、母欣荣、蔡琳、梁四海、潘之昊、钱秋晓、黎嘉阳、朱春林、何荣华的协助，以及清华大学集成电路学院、清华大学车辆与运载学院和安世半导体公司的大力支持，在此表示衷心的感谢。

由于作者水平有限，加之时间仓促，书中不当之处在所难免，欢迎广大同行和读者批评指正。

作　者
2023 年 8 月

目录

第1章 车规级芯片产业介绍 1

1.1 芯片概述 1
- 1.1.1 芯片的定义和分类 1
- 1.1.2 芯片技术的发展历程 4
- 1.1.3 芯片产业的发展现状 12
- 1.1.4 芯片产业的发展趋势 29

1.2 车规级芯片概述 31
- 1.2.1 车规级芯片的发展历程 31
- 1.2.2 车规级芯片的高标准和高门槛 32
- 1.2.3 车规级芯片的分类和应用 34

1.3 车规级芯片产业的发展状况 36
- 1.3.1 车规级芯片产业的发展现状 36
- 1.3.2 车规级芯片产业链介绍 41
- 1.3.3 车规级芯片产业发展趋势 49

参考文献 52

第2章 汽车电子与芯片 53

2.1 汽车电子电气系统概述 53
- 2.1.1 汽车电子技术发展概况 53
- 2.1.2 汽车电子电气系统的组成 58
- 2.1.3 汽车电子电气架构概述 61

2.2 汽车电子分类的介绍 66
- 2.2.1 汽车电子的类别 66
- 2.2.2 汽车电子的功能介绍 72

2.3 车载电子与芯片的分类 74
- 2.3.1 车载电子与芯片概述 74
- 2.3.2 按汽车应用场景分类 77
- 2.3.3 按使用功能分类 78

参考文献 85

第3章 汽车电子可靠性要求 86

3.1 汽车可靠性要求 86

3.1.1　汽车可靠性的定义 …………………………………………………… 86
　　　3.1.2　汽车可靠性的评价指标 ………………………………………………… 87
　　　3.1.3　汽车可靠性的测试场所 ………………………………………………… 91
　　　3.1.4　汽车可靠性的测试方法 ………………………………………………… 95
　　　3.1.5　汽车可靠性的常用测试标准 …………………………………………… 97
　　　3.1.6　汽车电子电气的可靠性管理工作 ……………………………………… 104
　　3.2　汽车电子的可靠性要求 ………………………………………………………… 106
　　　3.2.1　汽车电子进行环境可靠性测试的重要意义 …………………………… 106
　　　3.2.2　汽车电子的使用环境 …………………………………………………… 107
　　　3.2.3　汽车电子可靠性的常用测试标准 ……………………………………… 110
　　　3.2.4　汽车电子环境测试项目 ………………………………………………… 124
　　　3.2.5　发展动态 ………………………………………………………………… 129
　　参考文献 ………………………………………………………………………………… 129

第4章　车规级芯片标准介绍 ……………………………………………………… 130
　　4.1　车规级芯片标准综述 …………………………………………………………… 130
　　　4.1.1　国内外汽车芯片相关标准的发展分析 ………………………………… 130
　　　4.1.2　汽车芯片在标准及测试认证方面面临的形势 ………………………… 132
　　4.2　美国车规级芯片标准 …………………………………………………………… 133
　　　4.2.1　AEC-Q 标准概述 ………………………………………………………… 133
　　　4.2.2　AEC-Q100 标准 ………………………………………………………… 133
　　　4.2.3　AEC-Q101 标准 ………………………………………………………… 145
　　　4.2.4　AEC-Q102 标准 ………………………………………………………… 156
　　　4.2.5　AEC-Q103 标准 ………………………………………………………… 159
　　　4.2.6　AEC-Q104 标准 ………………………………………………………… 186
　　4.3　欧洲车规级芯片标准——AQG 324 …………………………………………… 208
　　4.4　中国车规级芯片试验标准 ……………………………………………………… 212
　　　4.4.1　中国车规级芯片试验标准的现状 ……………………………………… 212
　　　4.4.2　中国车规级芯片试验标准的思考 ……………………………………… 213
　　参考文献 ………………………………………………………………………………… 213

第5章　芯片设计基础 ……………………………………………………………… 214
　　5.1　芯片功能与组成 ………………………………………………………………… 214
　　　5.1.1　计算与控制处理器 ……………………………………………………… 214
　　　5.1.2　半导体存储器 …………………………………………………………… 229
　　　5.1.3　半导体传感器 …………………………………………………………… 237
　　　5.1.4　数据转换器 ……………………………………………………………… 241
　　　5.1.5　电源管理芯片 …………………………………………………………… 243
　　　5.1.6　功率半导体器件 ………………………………………………………… 243

　　　　5.1.7　射频前端芯片 …………………………………………………… 246
　5.2　芯片设计方法 ………………………………………………………………… 247
　　　　5.2.1　SoC 设计方法 …………………………………………………… 247
　　　　5.2.2　半导体存储器设计 ………………………………………………… 250
　　　　5.2.3　半导体传感器的设计 ……………………………………………… 252
　　　　5.2.4　混合信号电路设计 ………………………………………………… 253
　　　　5.2.5　电源管理芯片的设计 ……………………………………………… 255
　　　　5.2.6　功率半导体器件的设计 …………………………………………… 256
　5.3　电子设计自动化（EDA）工具 ……………………………………………… 257
　　　　5.3.1　数字电路 …………………………………………………………… 257
　　　　5.3.2　模拟电路 …………………………………………………………… 260
　　　　5.3.3　半导体器件 ………………………………………………………… 260
　参考文献 …………………………………………………………………………… 261

第6章　车规级芯片功能安全设计 …………………………………………… 262

　6.1　车辆功能安全 ………………………………………………………………… 262
　　　　6.1.1　各主要国家的功能安全标准 ……………………………………… 263
　　　　6.1.2　安全管理生命周期 ………………………………………………… 263
　　　　6.1.3　ASIL ………………………………………………………………… 265
　　　　6.1.4　功能安全要求 ……………………………………………………… 268
　　　　6.1.5　功能安全性和可靠性的区别与联系 ……………………………… 268
　6.2　车规级芯片功能的安全分析 ………………………………………………… 270
　　　　6.2.1　芯片级功能安全分析方法 ………………………………………… 271
　　　　6.2.2　数字芯片和存储器的功能安全 …………………………………… 275
　　　　6.2.3　模拟和混合芯片的功能安全 ……………………………………… 276
　　　　6.2.4　可编程逻辑元素的功能安全 ……………………………………… 277
　　　　6.2.5　传感器和换能器元素的功能安全 ………………………………… 279
　6.3　车规级芯片功能安全设计 …………………………………………………… 279
　　　　6.3.1　功能安全设计案例 ………………………………………………… 280
　　　　6.3.2　基于软件的安全机制——STL …………………………………… 288
　6.4　车规级芯片软件安全设计 …………………………………………………… 294
　　　　6.4.1　软件安全设计的简介 ……………………………………………… 294
　　　　6.4.2　AUTOSAR 简介 …………………………………………………… 295
　　　　6.4.3　软件体系结构功能安全设计 ……………………………………… 297
　　　　6.4.4　软件功能安全测试 ………………………………………………… 299
　　　　6.4.5　符合功能安全标准的软件开发流程 ……………………………… 300
　参考文献 …………………………………………………………………………… 306

第7章 芯片可靠性问题 307

7.1 芯片可靠性问题简介 307
7.1.1 可靠性问题的分类 307
7.1.2 可靠性的经验、统计和物理模型 309
7.1.3 加速老化实验与可靠性模型 309

7.2 缺陷的特征 314
7.2.1 晶体里的缺陷 314
7.2.2 无定形态固体里的缺陷 314
7.2.3 边界的缺陷 317

7.3 晶圆级可靠性问题 318
7.3.1 负偏置温度不稳定性理论 318
7.3.2 栅极电介质击穿 326
7.3.3 热载流子注入退化 331
7.3.4 电迁移 337

7.4 封装端的可靠性问题 343
7.4.1 芯片焊接的可靠性 344
7.4.2 引线键合的可靠性 353
7.4.3 热应力引起的可靠性问题 357
7.4.4 湿气引起的可靠性问题 361

参考文献 364

第8章 车规级芯片可靠性设计 365

8.1 设计、布局、制造和可靠性之间的交互 365
8.1.1 颗粒污染造成的缺陷 365
8.1.2 光刻 365
8.1.3 化学机械抛光 366
8.1.4 STI应力和阱邻近效应 367
8.1.5 晶体管老化 367
8.1.6 外在可靠性故障 370

8.2 针对高良率和可靠性设计准则 370
8.2.1 利于光刻的版图设计 372
8.2.2 模拟区域的设计和版图 373

8.3 晶圆制造前道工序的版图设计指南 375
8.3.1 扩散区域版图设计指南 375
8.3.2 多晶硅版图设计指南 377
8.3.3 扩散区接触孔的版图设计指南 380
8.3.4 多晶硅接触孔版图设计指南 380

8.4 晶圆制造后道工序的详细版图设计指南 382

目录

　　　　8.4.1　金属连线版图设计 ………………………………………………… 382
　　　　8.4.2　通孔版图设计 ……………………………………………………… 384
　　　　8.4.3　填充密度和冗余填充结构 ………………………………………… 385
　参考文献 ……………………………………………………………………………… 387

第9章　车规级芯片工艺与制造 …………………………………………………… 388
　9.1　芯片制造 ……………………………………………………………………… 388
　　　9.1.1　CMOS芯片的制造工艺 …………………………………………… 388
　　　9.1.2　功率半导体芯片的制造工艺 ……………………………………… 406
　　　9.1.3　MEMS传感器芯片制造工艺 ……………………………………… 410
　9.2　芯片封装 ……………………………………………………………………… 413
　　　9.2.1　CMOS封装 ………………………………………………………… 414
　　　9.2.2　功率半导体封装 …………………………………………………… 416
　　　9.2.3　传感器芯片封装 …………………………………………………… 416
　参考文献 ……………………………………………………………………………… 417

第10章　车规级芯片的可靠性生产管理 ………………………………………… 418
　10.1　基本介绍 …………………………………………………………………… 418
　10.2　质量管控工具 ……………………………………………………………… 419
　　　10.2.1　产品质量先期策划 ……………………………………………… 419
　　　10.2.2　失效模式和效果分析 …………………………………………… 422
　　　10.2.3　测量系统分析 …………………………………………………… 426
　　　10.2.4　统计过程控制 …………………………………………………… 429
　　　10.2.5　生产批准程序 …………………………………………………… 437
　10.3　车规生产特殊管控内容 …………………………………………………… 439
　　　10.3.1　更严苛的监控 …………………………………………………… 440
　　　10.3.2　优选或指定设备 ………………………………………………… 448
　　　10.3.3　生产中的异常批次管理 ………………………………………… 448
　　　10.3.4　安全量产投放 …………………………………………………… 449
　　　10.3.5　客户投诉处理 …………………………………………………… 449
　　　10.3.6　质量体系和流程审核 …………………………………………… 451
　参考文献 ……………………………………………………………………………… 456

第11章　车规级芯片与系统测试认证 …………………………………………… 457
　11.1　车规级芯片测试认证 ……………………………………………………… 457
　　　11.1.1　车规级芯片测试认证概述 ……………………………………… 457
　　　11.1.2　车规级芯片测试认证方法 ……………………………………… 458
　11.2　汽车电子模组测试认证 …………………………………………………… 476
　　　11.2.1　汽车电子模组测试认证概述 …………………………………… 476

11.2.2 汽车电子模组测试方法 …………………………………………………… 477
11.2.3 整车测试流程 …………………………………………………………… 493
参考文献 ……………………………………………………………………………… 497
附录 缩写词 ………………………………………………………………………… 498

第 1 章 车规级芯片产业介绍

1.1 芯片概述

1.1.1 芯片的定义和分类

1. 半导体、集成电路及芯片的定义

半导体(Semiconductor)指常温下其导电性能介于绝缘体(Insulator)与导体(Conductor)之间的材料。人们通常把导电性差的材料,如煤、人工晶体、琥珀、陶瓷等称为绝缘体。而把导电性比较好的金属,如金、银、铜、铁、锡、铝等称为导体。与导体和绝缘体相比,半导体的发现时间是最晚的,直到 20 世纪 30 年代,当材料的提纯技术改进以后,半导体才得到工业界的重视。常见的半导体材料有硅、锗、砷化镓等,而硅则是在商业应用上最具有影响力的一种半导体材料。

集成电路(Integrated Circuit,IC)是一种微型电子器件或部件。采用一定的工艺,把一个电路中所需的晶体管、电阻、电容和电感等元件及布线互连,制作在一小块或几小块半导体晶片或介质基片上,然后封装在一个管壳内,成为具有所需电路功能的微型结构。集成电路中的所有元件在结构上已组成一个整体,使电子元件向着微小型化、低功耗、智能化和高可靠性方面迈进了一大步。基于锗的集成电路的发明者为杰克·基尔比(Jack Kilby),基于硅的集成电路的发明者为罗伯特·诺伊思(Robert Noyce)。当今,半导体工业大多数应用的是基于硅的集成电路。

芯片(Chip)是指内含集成电路的硅片,体积很小,是半导体元件产品的统称,也是集成电路的载体,由晶圆分割而成。硅片是一块很小的硅,内含集成电路,它是计算机或者其他电子设备的一部分。一般而言,芯片泛指所有的半导体元器件,是在硅板上集合多种电子元器件实现某种特定功能的电路模块,承担着运算和存储的功能,广泛应用于军工、民用等几乎所有的电子设备中。随着芯片制造工艺的不断进步,芯片产品向着微小型化、低功耗、智能化和高可靠性方面稳步发展。

2. 芯片的分类

芯片的分类方法很多,按照处理信号来分,可以分为模拟芯片、数字芯片;按照制程工艺来分,可以分为 14nm、10nm、7nm、5nm、3nm 等;按照使用功能来分,可以分为计算功能、数据存储功能、感知功能、传递功能、能源供给功能;按照应用场景来分,可以分为民用级(消费级)、工业级、汽车级、军工级;按照国际标准分类方式来分,可以分为集成电路、分立器件、传感器、光电子。

1) 按处理信号分类

(1) 模拟芯片。

模拟芯片主要是指由电阻、电容、晶体管等组成的模拟电路集成在一起用来处理连续函数形式模拟信号(如声音、光线、温度等)的集成电路,包含通用模拟电路(接口、能源管理、信号转换等)和特殊应用模拟电路。

模拟芯片的产品种类繁多,常见的有运算放大器、数模转换器、锁相环、电源管理芯片、比较器等,每类产品根据客户对产品性能需求的不同会有很多个系列的产品。

(2) 数字芯片。

数字芯片是对离散的数字信号(如用 0 和 1 两个逻辑电平来表示的二进制码)进行算术和逻辑运算的集成电路,其基本组成单位为逻辑门电路,包含存储器[DRAM(Dynamic Random Access Memory,动态随机存储器)、Flash 等]、逻辑电路[PLD(Programmable Logic Device,可编程逻辑器件)、门阵列、显示驱动器等]、微型元件[MPU(Micro Processor Unit,微处理器)、MCU(Micro Controller Unit,微控制单元)、DSP(Digital Signal Processing,数字信号处理)]。

数字芯片是近年来应用最广、发展最快的 IC 品种,可分为通用数字 IC 和专用数字 IC。通用数字 IC 指那些用户多、使用领域广泛、标准型的电路,如 DRAM、MPU 及 MCU 等,反映了数字 IC 的现状和水平。专用数字 IC[ASIC(Application Specific Integrated Circuit,专用集成电路)]指为特定的用户、某种专门或特别的用途而设计的电路。

芯片里既有处理模拟信号的部分,也有处理数字信号的部分,分类的重要标准是哪种信号占比更大,如果处理模拟信号的部分多一些,就叫作模拟芯片,反之叫作数字芯片。

2) 按制程工艺分类

制程工艺反映半导体制程技术的先进性,从当前的制程工艺发展情况来看,一般是以 28nm 为分水岭来区分先进制程和传统制程,小于 28nm 的制程被称为先进制程,大于 28nm 的制程被称为传统制程。截至 2023 年 6 月,我国晶圆代工厂最先进的制程是中芯国际的 14nm。5nm、3nm、2nm 等制程目前还没有进入量产阶段,能进入这几个制程节点的企业不多,台湾积体电路制造股份有限公司(下简称台积电)和三星公司是目前仅有量产计划的企业,据悉,两家企业在 2020 年已陆续推出 5nm 制程芯片。另外,2022 年,三星公司在 3nm 制程上也取得了重大突破,它在 3nm 制程中使用的 GAA(Gate-All-Around,全环绕栅极晶体管)技术,迈出了 3nm 制程的重要一步。半导体厂商的制程工艺进展如表 1-1 所示。

表 1-1 半导体厂商制程工艺进展 单位:nm

厂商	2014 年	2015 年	2016 年	2017 年	2018 年	2019 年	2020 年	2021 年	2022 年	2023 年
台积电	20	16		10	7	5			3	3
英特尔	14						10	7	4	3
三星	20	14		10	7	6	5	3	3	3
格罗方德	20	14		10						
联电	28			14						

续表

厂商	2014年	2015年	2016年	2017年	2018年	2019年	2020年	2021年	2022年	2023年
中芯国际		28				14				
华虹						55				28/22

资料来源：企业年报，作者整理，2023-07

一般情况下，制程工艺越先进，芯片的性能越高，但制程先进的芯片其制造成本也高。市场调研机构指出，通常情况下，一款28nm芯片的设计和研发投入为1～2亿元，14nm芯片的设计和研发投入为2～3亿元，研发周期为1～2年，5nm芯片的设计和研发投入为20～30亿元。现在工艺制程的发展已经逼近极限，从平衡成本和性能上来考虑，工艺制程并非越先进越好，而是选择合适的更好。不同种类的芯片在制程最优选择上会有差异，例如，数字芯片对先进制程要求高，但是模拟芯片则不一定。

3）按使用功能分类

按照使用功能分类，可以分为计算功能、数据存储功能、感知功能、传递功能以及能源供给功能。

（1）计算功能。

计算功能类芯片主要用作计算分析，可分为主控芯片和辅助芯片。主控芯片中有CPU（Central Processing Unit，中央处理器）、SoC（System on Chip，片上系统）、FPGA（Field Programmable Gate Array，现场可编程门阵列）、MCU；辅助芯片有主管图形图像处理的GPU和主打人工智能计算的AI芯片。

（2）数据存储功能。

数据存储功能类芯片主要有DRAM、SDRAM（Synchronous Dynamic Random Access Memory，同步动态随机存储器）、ROM（Read Only Memory，只读存储器）、NAND、Flash等，主要是用于数据存储。

（3）感知功能。

感知功能类芯片主要为传感器，如MEMS（Micro-Electro-Mechanical System，微机电系统）、指纹芯片、CIS（CMOS Image Sensor，CMOS图像传感器）等，主要通过"望闻问切"来感知外部世界。

（4）传递功能。

传递功能类芯片主要有蓝牙、WiFi、NB-IoT（Narrow Band Internet of Things，窄带物联网）、宽带、USB接口、以太网接口、HDMI接口（High Definition Multimedia Interface）、驱动控制等中的芯片，用于数据传输。

（5）能源供给功能。

能源供给功能类芯片主要有电源芯片、DC-AC（Direct Current-Alternating Current，直流-交流）、LDR（Low Dropout Regulator，低压差稳压器）等，用于能源供给。

4）按应用场景分类

按照应用场景分类，主要分为民用级、工业级、汽车级、军工级。不同级别的应用对芯片的工作温度、工艺处理方式的影响等都不同，如表1-2所示。

表 1-2 4 种级别芯片的对比

对比项	民用级	工业级	汽车级	军工级
工作温度	0℃～70℃	－40℃～85℃	－40℃～125℃	－55℃～125℃
电路设计	防雷设计、短路保护、热保护等	多级防雷设计、双变压器设计、抗干扰设计、短路保护、热保护、超高压保护等	多级防雷设计、双变压器设计、抗干扰技术、多重短路保护、多重热保护、超高压保护等	辅助电路和备份电路设计、多级防雷设计、双变压器设计、抗干扰技术、多重短路、多重热保护、超高压保护
工艺处理	防水处理	防水、防潮、防腐、防霉变处理	增强封装设计和散热处理	耐冲击、耐高低温、耐霉菌
系统成本	线路板一体化设计，价格低廉但维护费用较高	积木式结构，每个电路均带有自检功能，造价稍高但维护费用低	积木式结构，每个电路均带有自检功能并增强了散热处理，造价较高，维护费用也较高	造价非常高，维护费用也高

1.1.2 芯片技术的发展历程

1. 芯片技术发展的萌芽期

1833 年，英国科学家迈克尔·法拉第（Michael Faraday）在测试硫化银（Ag_2S）特性时，发现硫化银的电阻会随着温度的上升而降低的特异现象，被称为电阻效应，这是人类发现的**半导体**的**第一个特征**。

1839 年，法国科学家埃德蒙·贝克雷尔（Edmond Becquerel）发现半导体和电解质接触形成的结，在光照下会产生一个电压，这就是后来人们熟知的光生伏特效应，简称光伏效应。这是人类发现的**半导体**的**第二个特征**。

1873 年，英国的威洛比·史密斯（Willoughby Smith）发现硒（Se）晶体材料在光照下电导增加的光电导效应，这是人类发现的**半导体**的**第三个特征**。

1874 年，德国物理学家费迪南德·布劳恩（Ferdinand Braun）观察到某些硫化物的电导与所加电场的方向有关。在它两端加一个正向电压，它是导通的；如果把电压极性反过来，它就不导电，这就是半导体的整流效应，这是人类发现的**半导体**的**第四个特征**。

1947 年，美国贝尔实验室全面总结了半导体材料的上述 4 个特性。此后，四价元素锗（Ge）和硅（Si）成为了科学家最为关注和大力研究的半导体材料。在肖克莱（W. Shockley）发明锗晶体三极管的几年后，人们发现硅更加适合生产晶体管。此后，硅成为应用最广泛的半导体材料，并一直延续至今。这也是美国北加州成为硅工业中心后，被称为"硅谷"的原因。

1904 年，英国物理学家约翰·安布罗斯·弗莱明（John Ambrose Fleming）发明了世界上第一个电子管，它是一个真空二极管，如图 1-1 所示，并获得了这项发明的专利。

1906 年，美国工程师李·德·福雷斯特（Lee de Forest）在弗莱明真空二极管的基础上又多加入了一个栅极，发明了另一种电子管，即真空三极管，如图 1-2 所示，使得电子管在检波和整流功能之外，还具有了放大和振荡功能。福雷斯特于 1908 年 2 月 18 日拿到了这项发明的专利。

图 1-1　真空二极管

图 1-2　真空三极管

真空三极管被认为是电子工业诞生的起点，应用了 40 多年。由于电子管具有体积大、耗电多、可靠性差的缺点，最终它被后来者——晶体管所取代。

2. 芯片技术发展的初创期

1947 年，美国贝尔实验室的肖克莱（W. Shockley）、巴丁（J. Bardeen）、布拉顿（W. Brattain）（见图 1-3）三人发明了点触型晶体管，这是一个 NPN 锗晶体管，他们三人因此项发明获得了 1956 年诺贝尔物理学奖。

图 1-3　肖克莱、巴丁、布拉顿

肖克莱于 1950 年 4 月制成第一个双极结型晶体管——PN 结型晶体管，这种晶体管实际应用得比点触型晶体管广泛得多。现存的晶体管中大部分仍是这种 PN 结型晶体管。

晶体管的发明是微电子技术发展历程中的第一个里程碑。晶体管的发明使人类步入了飞速发展的电子信息时代，到目前为止，已应用 70 多年。

1950 年，美国人奥尔（Russell Ohl）和肖克莱发明了离子注入工艺，如图 1-4 所示。离子注入是将杂质电离成离子并聚焦成离子束，在电场中加速后注入硅材料中，实现对硅材料的掺杂，目的是改变硅材料的导电性能。离子注入是最早采用的半导体掺杂方法，它是芯片制造的基本工艺之一。

1956 年，美国人富勒（C. S. Fuller）发明了**扩散工艺**，热扩散装置的示意图如图 1-5 所示。扩散是掺杂的另一种方法，它也是芯片制造的基本工艺之一。

1958 年，美国仙童公司的罗伯特·诺伊斯（Robert Noyce）与美国德仪公司的杰克·基尔比（Jack Kilby）分别发明了集成电路，开创了世界微电子学的历史。诺伊斯是在基尔比发明的基础上，发明了可商业生产的集成电路，使半导体产业由"发明时代"进入了"商用时代"。

1959 年，贝尔实验室的韩裔科学家江大原（Dawon Kahng）和马丁·艾塔拉（Martin M. Atalla）发明了金属氧化物半导体场效应晶体管（Metal-Oxide-Semiconductor Field-

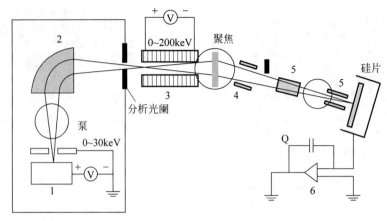

图1-4 离子注入原理示意图

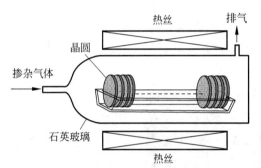

图1-5 热扩散装置的示意图

Effect Transistor,MOSFET),这是第一个真正的紧凑型 MOSFET,也是第一个可以小型化并实际生产的晶体管,它可以大部分代替 JFET(Junction Field-Effect Transistor,结型场效应晶体管)。MOSFET 宣告了在电子技术中的统治地位,并且支撑了当今信息社会的基石——大规模集成电路的发展。

1960年,卢尔(H. H. Loor)和克里斯坦森(Christenson)发明了**外延工艺**,硅气相外延生长装置原理的示意图如图1-6所示。外延是指在半导体单晶材料上生长一层有一定要求的、与基片晶向相同的单晶层,犹如原来的晶体向外延伸生长了一层。

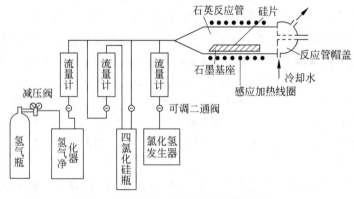

图1-6 硅气相外延生长装置原理的示意图

1959年,罗伯特·诺伊斯(Robert Noyce)在日记中提出一个技术设想——既然能用光刻法制造单个晶体管,那为什么不能用光刻法来批量制造晶体管呢?把多种组件放在单一硅片上将能够实现工艺流程中的组件内部连接,这样体积和重量就会减小,价格也会降低。为此,仙童公司开始将**光刻工艺**尝试应用于晶体管的批量制造。

离子注入、扩散、外延、光刻等工艺技术,加上真空镀膜技术、氧化技术和测试封装技术,构成了硅平面加工技术的主体,通俗地说是构成了芯片制造的主体。没有光刻技术就没有今天的芯片技术和产业,也就没有现在的信息化和智能化社会。

1963 年,仙童公司的弗兰克·万拉斯(Frank M. Wanlass)和华人萨支唐(C. T. Sah)首次提出 **CMOS(Complementary Metal Oxide Semiconductor,互补金属氧化物半导体)电路技术**。他们把 NMOS(N-type Metal Oxide Semiconductor,N 型金属氧化物半导体)和 PMOS(P-type Metal Oxide Semiconductor,P 型金属氧化物半导体)连接成互补结构,两种极性的 MOSFET(金属氧化物半导体场效应管)一关一开,几乎没有静态电流,适合于逻辑电路。首款 CMOS 电路芯片由 RCA(Radio Corporation of America)公司研制。**CMOS 电路技术为大规模集成电路的发展奠定了坚实基础**。今天,95%以上的集成电路芯片都是基于 CMOS 工艺制造的。

1964 年,Intel 公司创始人之一的戈登·摩尔(Gordon Moore),如图 1-7 所示,提出了著名的**摩尔定律**(Moore's Law),预测芯片技术的未来发展趋势是,当价格不变时,芯片上可容纳的元器件的数目,每隔 18~24 个月便会增加一倍,性能也将提升一倍。此后 50 多年芯片技术的发展证明了摩尔定律基本上是准确的。

1968 年,IBM 公司的罗伯特·登纳德(Robert H. Dennard),如图 1-8 所示,发明了**单晶体管动态随机存取存储器**(DRAM)。单晶体管动态随机存储器是一个划时代的发明,它后来成为了计算机内存的标准。登纳德于 1997 年入选美国国家发明家名人堂;于 2009 年获得 IEEE 荣誉勋章,这是电子电气领域的最高荣誉。

图 1-7 戈登·摩尔

图 1-8 罗伯特·登纳德

3. 芯片技术发展的成长期

1971 年,美国 Intel 公司推出**全球第一个微处理器** 4004 芯片。它是一个 4 位的中央处理器芯片,采用 MOS 工艺制造,片上集成了 2250 个晶体管。这是芯片技术发展史上的一个里程碑。同年,Intel 公司推出 1KB 动态随机存储器,标志着**大规模集成**(Large Scale Integration,LSI)电路出现。

1978 年,Intel 公司发布了新款 16 位微处理器 8086。Intel 8086 开创了 x86 架构计算机时代,x86 架构是一种不断扩充和完善的 CPU 指令集,也是一种 CPU 芯片内部架构,同时也是一种个人计算机(PC)的行业标准。同年,64KB 动态随机存储器诞生,不足 0.5cm² 的硅片上集成了多达 15 万个晶体管,线宽为 3μm,标志着芯片技术进入了**超大规模集成**(Very Large Scale Integration,VLSI)电路时代。

1980 年,日本 Toshiba 公司的舛冈富士雄(Fujio Muoka),如图 1-9 所示,发明了 NOR 闪速存储器(NOR Flash Memory),简称

图 1-9 舛冈富士雄

NOR 闪存(NOR Flash)。1987 年,他又发明了 NAND 闪速存储器(NAND Flash Memory),简称 NAND 闪存(NAND Flash),NOR 闪存和 NAND 闪存的对比如图 1-10 所示。

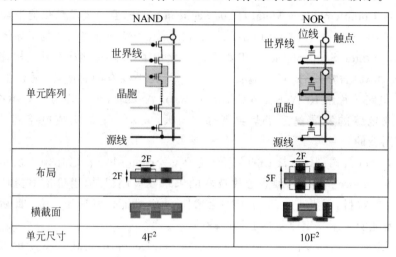

图 1-10 NOR 闪存和 NAND 闪存(F:技术节点)

1981 年,IBM 基于 8088 推出全球第一台 PC。从 IBM 公司的 PC 开始,PC 真正走进了人们的工作和生活,它标志着计算机应用普及时代的开始,也标志着 **PC 消费驱动芯片技术创新和产业发展** 的时代开启。同年,256KB DRAM 和 64KB CMOS SRAM(Static Random Access Memory,静态随机存储器)问世。

1988 年,Intel 公司看到了闪存的巨大潜力,推出了首款商用闪存芯片,成功取代了 EPROM(Erasable Programmable Read-Only Memory,可擦可编程只读存储器)产品,主要用于存储计算机软件。同年,16MB DRAM 问世,$1cm^2$ 大小的硅片上可集成约 3500 万个晶体管,标志着芯片技术进入了 **特大规模集成** (Ultra Large Scale Integration,ULSI)电路阶段。

1993 年,Intel 公司推出奔腾 CPU 芯片,计算机的"奔腾"时代到来。奔腾 CPU 每个时钟周期可以执行两条指令,在相同的时钟速度下,奔腾 CPU 执行指令的速度大约比 80486 CPU 快 5 倍。1994 年,集成 1 亿个元件的 1GB DRAM 的研制成功,标志着芯片技术进入了 **巨大规模集成** (Giga Scale Integration,GSI)电路时代。

1997 年,IBM 公司开发出了芯片铜互连技术,如图 1-11 所示。当时的铝互连工艺对 180nm CMOS 而言已不够快。根据 IBM 最初的研究,铜的电阻比铝低 40%,导致处理器速度暴增 15% 以上,铜的可靠性更是比铝高 100 倍。在 1998 年生产出第一批 PowerPC 芯片时,与上一代 300MHz 的 PowerPC 芯片相比,铜互连版本速度提高了 33%。

1999 年,胡正明教授开发出了鳍式场效晶体管(Fin Field-Effect Transistor,FinFET)技术,如图 1-12 和图 1-13 所示。胡正明教授被誉为 3D 晶体管之父。当晶体管的尺寸小于 25nm 时,传统的平面晶体管尺寸已经无法缩小,

图 1-11 芯片铜互连技术

FinFET 的出现将晶体管立体化,晶体管密度才能进一步加大,让摩尔定律在今天延续传奇,这项发明被公认是近 50 多年来半导体技术的重大创新。FinFET 是现代纳米电子半导体器件制造的基础,现在 7nm 芯片使用的就是 FinFET 设计。

图 1-12　胡正明教授

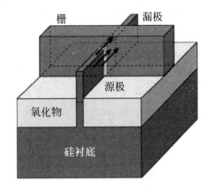

图 1-13　FinFET 技术

2006 年 1 月,Intel 公司推出了命名为"酷睿(Core)"的微处理器芯片。2010 年,采用领先的 32nm 工艺 Intel 酷睿 i 系列全新推出,其中包括 Core i3 系列(2 核心)、Core i5 系列(2 核心、4 核心)、Core i7 系列(2 核心、4 核心和 6 核心)、Core i9(最多 12 核心)系列等,下一代 22nm 工艺的版本也陆续推出。

2011 年,Intel 公司推出了商业化的 FinFET 工艺,用在了其 22nm 的工艺节点。2012 年,SAMSUNG 公司发明了堆叠式 3D NAND Flash,芯片技术迎来了 3D 时代。2018 年,Intel 公司推出了服务器 CPU 芯片 Xeon W-3175X。

4. 芯片技术发展的成熟期

移动终端极致地追求轻、薄、短、小,一般把尽可能多的外围接口电路和中央处理器集成在一颗芯片中,形成所谓的单芯片系统(SoC)。例如智能手机、智能音箱、汽车导航仪、智能家电等,都是用 SoC 芯片来实现的。移动终端芯片量大面广,功能复杂,要求尺寸尽可能小和薄,功耗尽可能小,这对芯片的设计、制造和封装提出了很高的要求。先进制造工艺、多核心 CPU、低功耗设计、3D 制造和堆叠封装等技术,在移动终端芯片上都有极其重要的应用。芯片制造工艺沿摩尔定律演进年表如图 1-14 所示。

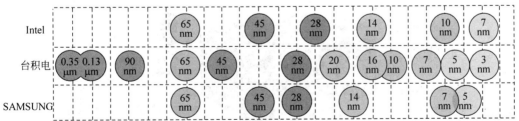

图 1-14　芯片制造工艺沿摩尔定律演进年表

2014 年,华为海思公司推出了第一款手机 SoC 芯片麒麟 910,使用了当时主流的 28nm HPM(High Performance Mobile,移动高能低功耗)工艺制程,初次在手机 SoC 芯片市场崭露头角。同年 6 月,华为海思发布了麒麟 920。

2016 年,华为海思公司推出了麒麟 960,该芯片的各方面综合性能均达到业界一流水准,正式跻身行业顶级手机芯片市场。华为海思的手机芯片与 Qualcomm、Apple 形成三足鼎立之势。搭载麒麟 960 的 Mate 9 系列、P10 系列、荣耀 9、荣耀 V9 等手机在市场上取得了巨大的成功。

2017 年,华为海思发布了麒麟 970,麒麟 970 芯片是一款采用了台积电 10nm 工艺的新一代芯片,是全球首款内置独立 NPU(神经网络单元)的智能手机 AI 计算平台。

2017 年 7 月,长江存储公司研制成功了国内首颗 3D NAND 闪存芯片。2018 年第 3 季度,32 层产品实现量产。2019 年第 3 季度,64 层产品实现量产。目前已宣布成功研发出 128 层 3D NAND 闪存芯片系列。长江存储 3D NAND 闪存技术的快速发展,得益于其独创的"把存储阵列(Cell Array)和外围控制电路(Periphery)分开制造,再合并封装在一起"的 Xtacking^{TM} 技术,如图 1-15 所示。

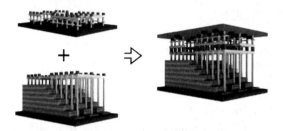

图 1-15 长江存储公司的 Xtacking^{TM} 技术

2019 年,华为海思公司发布了最新一代旗舰手机芯片麒麟 990 系列,包括麒麟 990 和麒麟 990 5G。麒麟 990 处理器采用台积电二代的 7nm 工艺制造,内置巴龙 5000 基带,可以实现真正的 5G 上网。

2020 年,美国 Micron 176 层 3D NAND Flash 已开始批量生产,其结构示意图如图 1-16 所示。它采用了将双 88 层融合到一起的设计(堆叠 512Gbit TLC 闪存)。该芯片技术换用了电荷陷阱存储单元的方案,似乎极大地降低了每一层的厚度。目前 176 层的裸片仅为 45μm,与 Micron 的 64 层浮栅 3D NAND 相同。16 层裸片堆叠式封装的厚度不到 1.5mm,适用于大多数移动/存储卡使用场景。

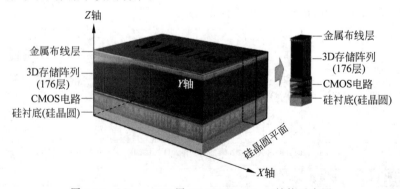

图 1-16 Micron 176 层 3D NAND Flash 结构示意图

2020 年 7 月,CPU 厂商飞腾公司发布了一款面向服务器应用的多核心 CPU 芯片——腾云 S2500。该芯片采用 16nm 工艺制造,芯片面积达 400mm^2,最多可配置 64 个 FTC663

架构的 CPU 核心。同年 10 月，华为公司发布了基于 5nm 工艺制程的手机 SoC 芯片麒麟 9000。该芯片上集成了 8 个 CPU 核心、3 个 NPU 核心和 24 个核心的 GPU，采用 5nm 的制造工艺，其上集成了 153 亿个晶体管。

2020 年 11 月，Apple 公司推出了搭载自研处理器芯片 M1 的 MacBook Air、MacBook Pro 和 MacBook mini。M1 是一颗 8 核心的 SoC 芯片，采用 5nm 工艺制作，在大约 120mm² 的芯片上集成了约 160 亿个晶体管。它基于 ARM 架构开发，拥有 4 个高性能的 Firestorm CPU 核和 4 个高效率的 Icestorm CPU 核，以及 8 核心的 GPU。与此同时，SAMSUNG 公司发布了旗舰级芯片猎户座 Exynos1080，采用 5nm 的制程工艺和 ARM 最新的 CPU 架构 Cortex-A78，以及最新的 GPU 架构 Mali-G78。

截至 2023 年，闪存中拥有最多晶体管的是 Micron 的 2TB（3D 堆叠）16 芯片、232 层 V-NAND 闪存芯片，含有 53 万亿个浮栅 MOSFET 晶体管。最多晶体管数量的 GPU 是 AMD 的 MI300X，采用 TSMC 的 N5 工艺制造，共有 1530 亿个 MOSFET 晶体管。消费级微处理器中，晶体管数量最高的是苹果的基于 ARM 架构的双芯片 M2 Ultra 系统芯片，共有 1340 亿个晶体管，使用 TSMC 的 5nm 半导体制造工艺制造。

5. 回眸历史，梳理里程碑事件

芯片技术是人类智慧长期积累的结果，但是在关键时刻，一个重要的发明和创造可能改变芯片技术发展的走向。并且芯片技术在某一路径上前进的时候，为了满足实际的应用需求，还需要不断进行技术攻关和技术创新，力求克服技术道路上的一道道难关。这些重要的技术发明、创造和突破都是芯片技术发展的里程碑，具体如图 1-17 所示。

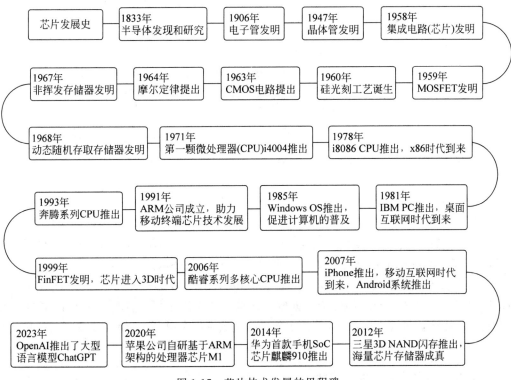

图 1-17 芯片技术发展的里程碑

1.1.3 芯片产业的发展现状

1. 全球半导体产业的发展现状

美国半导体产业协会（SIA）数据显示，2022年全球半导体销售额达5735亿美元（约3.88万亿元人民币），创造了新纪录。如今，美国公司的市场份额最大，达到48%。其他国家的工业在全球市场的占有率为7%~20%，其中韩国占19%、欧洲占9%、日本占9%、中国台湾占8%、中国内地占7%。

按地区划分，2022年美洲市场的销售额增幅最大，达到了16.0%，中国仍然是最大的半导体市场，销售额为1803亿美元，但与2021年相比下降了6.3%，欧洲和日本的年销售额也有所增长，分别为12.7%和10.0%。与2022年11月相比，12月所有地区的销售额均有所下降：欧洲下降了0.7%、日本下降0.8%、亚太/所有其他地区下降3.5%、中国下降5.7%、美洲下降了6.5%。

中国市场相当重要，在许多美国半导体公司的收入中占了相当大的比例。例如，2018年前4个月，中国市场占Qualcomm收入的60%以上，占Micron收入的50%以上，占Broadcom收入的45%左右，占Texas Instruments收入的40%以上，如图1-18所示。2018年，美国半导体公司收入的约36%，即750亿美元，来自对中国的销售。公平、非歧视地进入中国市场，为企业提供了赚取收入的机会，这些收入可以再投资于未来几代的创新。

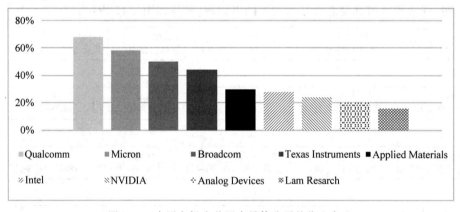

图1-18 中国市场在美国半导体公司的收入占比

当前，全球集成电路产业正进入重大调整变革期。一方面，全球市场格局加快调整，投资规模迅速攀升，市场份额加速向优势企业集中；另一方面，移动智能终端及芯片呈爆发式增长，云计算、物联网、大数据等新业态快速发展，集成电路技术演进出现新趋势。

从制造工艺方面看，预计2019—2027年，5nm工艺产品比例将逐年上升，7nm工艺产品占比稳定，28nm工艺产品仍然会占据较大比例。从应用市场方面看，2022年，智能手机仍然是半导体产业最大应用市场，成长率最快的领域有汽车电子、存储器以及物联网相关产业。另外，AI所带动的智能应用，包括传输、存储、计算上的需求是真正半导体产业的动力。

2. 美国半导体产业的发展现状

美国芯片目前居于全球领先地位，拥有一大批如Intel、Texas Instruments、Qualcomm、

Broadcom 等在全球拥有绝对影响力的芯片厂商。

1) 美国芯片市场规模超 700 亿美元

2013 年,美国国内约有 820 家公司涉足半导体或相关的设备制造行业,其对美国经济的价值贡献到 2016 年已达到 655 亿美元,并持续增长,在 2018 年,美国芯片行业市场规模突破 1000 亿美元。根据 WSTS 以及芯谋研究的数据,如图 1-19 所示,预计美国芯片行业市场规模将在 2024 年突破 1500 亿美元的大关。

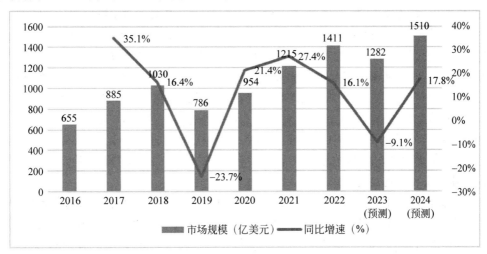

图 1-19　2016—2024 年美国芯片市场规模增长情况

数据来源:WSTS 以及芯谋研究

2) 全球前十芯片设计企业美国占 6 席

全球十大芯片设计企业中,如表 1-3 所示,美国占据 6 席,其中包括 Qualcomm、NVIDIA、Broadcom、AMD、Marvell、Cirrus Logic。

表 1-3　2022 年全球前十大设计企业营收排名　　　　单位:亿美元

排名	企业名称	2022 年营收	2021 年营收	增长率
1	Qualcomm	376.8	270.2	39.4%
2	NVIDIA	269.7	269.1	0.2%
3	Broadcom	258.2	203.8	26.7%
4	AMD	236.0	164.3	43.6%
5	Media Tek	184.1	176.6	4.2%
6	Marvell	59.2	44.6	32.7%
7	Realtek	37.5	37.8	−0.7%
8	Novatek	36.9	48.5	−23.9%
9	Will Semiconductor	24.4	31.6	−22.8%
10	Cirrus Logic	17.8	13.7	30.1%
	总计	1500.6	1260.2	19.1%

资料来源:企业年报,SICA 整理,2023-04。

此外,美国芯片研发技术在全球范围内也处于领先地位,2017年4月18日,美国食品与药物管理局(FDA)宣布,已经开始对一种肝脏芯片开展一系列测试,用于检验其能否可靠地模拟人类对食品和食源性疾病的生物反应。这是世界上第一次政府官方机构采取行动,确认能否通过芯片器官获取新药审批认可的实验数据,从而取代动物模型。

3) 科技先导与军工带动使行业领跑全球

美国芯片行业的发展离不开两个导向:科技先导型和军工带动型。

科技先导型:美国芯片发展就技术模式而言属于科技先导型,销售收入的较大部分(10%)用于科研开发,美国政府加强了在战略发展方向指导性政策和资金方面的投入。在20世纪80年代后期实行了政府、企业、大学联合投资,组成SEMITECH,这是一个半民间型的顾问公司,联合从事在半导体方面战略性技术的发展研究。政府在战略技术的发展上给予投资支持和指导,这个组织对后来美国半导体工业的发展起到了重要作用。

军工带动型:美国芯片业就生产发展模式而言为军工带动型,美国芯片工业是在军事工业的带动下发展起来的。早在20世纪60年代初,美国80%～90%的芯片产品都是国防部订购的;20世纪70年代,军用芯片的比重仍占42%;1989年,军用芯片市场达16亿美元,占芯片总市场的比重为40%。

近来,美国以外半导体市场的成长表现,提醒了美国本地芯片业者扩展海外市场的重要性,美国半导体厂商对全球芯片产业总营收有近一半的贡献,而美国半导体厂商有八成营收是来自海外市场。据预测,美国芯片行业市场规模将保持平均每年5%的增速,2023年,美国芯片行业市场规模超过1200亿美元。

3. 欧洲半导体产业发展现状

欧洲作为全球半导体产业的重要组成部分,其在功率半导体、半导体IP(Intellectual Property,知识产权)、光刻机等领域占据明显优势,欧洲企业在功率半导体、光刻机、半导体IP领域的全球市场占有率分别达到26%、60%和41%。欧洲半导体的主要代表企业有Infineon、NXP、STMicroelectronics等,相关企业深耕车用和工业半导体细分市场,具备完整的设计、制造和封测体系。

1) 欧洲在功率半导体等细分领域存在明显优势

全球半导体供应链主要包括基础研究、EDA/IP(Electronic Design Automation/Intellectual Property,电子设计自动化/知识产权)、芯片设计[逻辑器件、DAO(Discrete, Analog, Optoelectronics)和存储器]、半导体制造设备和材料,以及制造(前道晶圆制造、后道封装和测试)等细分领域。根据BCG(The Boston Consulting Group,波士顿咨询集团)统计,在EDA/IP领域,欧洲在全球市场的占比达到20%,而中国的占比仅为3%;在DAO(模拟、光电等)方面,欧洲在全球市场的占比为19%,中国的占比为7%;在半导体设备领域,欧洲在全球市场的占比则达到18%。整体来看,欧洲相较中国在上述领域存在明显优势。

2) 欧洲晶圆产能下降

STMicroelectronics、Infineon和NXP近5年来把9成以上的晶圆厂都设在了欧洲以外,整个欧洲纯晶圆厂销售额在全球的占比从2010年的10%降到2020年的6%,如图1-20所示。

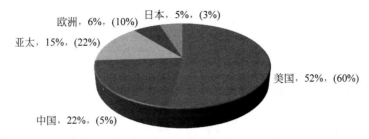

图 1-20　2020 年度纯晶圆代工各地区销售额占比（括号内为 2010 年占比）[①]

根据近 10 年来各地区的每月晶圆产能情况，中国台湾、韩国、日本、中国大陆等亚洲地区，以及美国的产能遥遥领先。欧洲晶圆产能较低，且近 10 年内几无增长。此外，绝大多数欧洲晶圆代工厂都还只是较成熟的制程，先进制程推进缓慢。目前，欧洲没有一家企业拥有 10nm 以下先进制程。欧洲最大的晶圆代工企业是格芯位于德国德累斯顿的工厂，还主要停留在 14nm 工艺。这一局面有可能被 Intel 在 2022 年规划的德国马德格堡（Madgeburg）工厂所打破，Intel 公司称该新工厂将有可能生产 3nm 甚至以下的先进工艺。德国政府将从欧盟芯片法案中提供约 68 亿欧元的补贴。Intel 公司期望该工厂能于 2023 年年底开始施工，并于 2027 年实现量产。

3）欧盟芯片法案

《欧盟芯片法案》(*The European Chips Act*)于 2022 年 2 月 8 日正式发布。该法案期望通过投入 430 亿欧元的公共和私有资金来支持欧盟的芯片制造、重点项目以及初创公司。目标是让欧盟能在 2030 年实现产能在全球占比在 20% 以上。以下是欧洲芯片法案的具体 5 项战略目标。

- 加强欧洲在研究和技术上的领先优势。
- 建立和加强欧洲在现今半导体的设计、生产、封装等领域的创新能力。
- 建立一个能够在 2030 年时大大增加欧洲产能的框架。
- 通过支持和吸引优秀的新人来解决整体技术的缺陷。
- 建立一个强大的知识体系来支持全球半导体的供应链。

4. 日、韩半导体产业的发展现状

1）日本半导体产业的发展史

日本半导体产业的巅峰时期是 20 世纪 80 年代，以动态随机存储器为代表的芯片产品在世界市场的占有率曾达 5 成以上。日美贸易战后，日本半导体产业开始走下坡路。伴随芯片技术的迭代发展，美国、韩国和中国台湾地区的新兴企业纷纷崛起。20 世纪 80 年代之后，日本半导体研发力量和资金投入没有得到高效整合，芯片产品逐渐丧失价格优势，市场份额不断萎缩，日本芯片厂商的国际地位持续下降，其半导体产业的发展史如图 1-21 所示。

1986 年，日本半导体产品已占世界市场的 45%，超越美国成为全球第一的半导体生产大国。1989 年，在存储芯片领域，日本企业的市场份额已达 53%，而美国为 37%。在日本企业的巅峰时期，NEC、Toshiba 和 HITACHI 三家企业在 RAM（Random Access

---

① 数据来源：IC Insights。

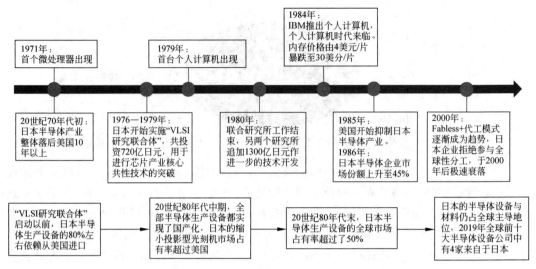

图 1-21　日本半导体产业的发展史

Memory,动态随机存储器)领域位列全球前三,其市场份额甚至超过 90%,而美国 Texas Instruments 和 Micron 则苦苦支撑。

1990 年,日本半导体市场销售额大约为 230 亿美元,占世界市场销售总额的 37.4%,居首位,成为世界最大的半导体生产国。当时全球十大半导体公司中,日本占 6 家,NEC、Toshiba 及 HITACHI 高居前三大半导体公司,Intel 仅居全球第四,SAMSUNG 尚未能进入前十。

2012 年,金融危机洗礼后的日本电子产业全线崩溃,ELPIDA 破产,RENESAS 陷入危机,Panasonic、Sony、Sharp 三大巨头的亏损总额达到了创纪录的 1.6 万亿日元,整体电子产业的产值只有 12 万亿日元左右,还不到 2000 年 26 万亿日元的一半。

但在一些特定芯片领域,日本半导体厂商仍占据优势。例如,Sony 在图像传感器芯片方面位居世界首位,由 NEC、HITACHI、Mitsubishi 半导体部门合并而成的 RENESAS 公司在车载半导体方面也具有全球领先优势。

全球前十大半导体公司(1989—2019 年)如表 1-4 所示。

表 1-4　全球前十大半导体公司(1989—2019 年)

1989 年	1999 年	2009 年	2019 年
NEC	Intel	Intel	Intel
Toshiba	NEC	SAMSUNG	SAMSUNG
HITACHI	Toshiba	Toshiba	台积电
Motorola	SAMSUNG	Texas Instruments	Hynix
Texas Instruments	Texas Instruments	STMicroelectronics	Micron
Fujitsu	Motorola	Qualcomm	Broadcom
Mitsubishi	HITACHI	Hynix	Qualcomm
Intel	Infineon	AMD	Texas Instruments
Panasonic	STMicroelectronics	RENESAS	Toshiba
Philips	Philips	Sony	NVIDIA

2）日本半导体产业的转型

虽然日本在半导体芯片及显示面板领域没落了，但是日本却在更上游的半导体材料及设备领域保持了极大的优势。在全球半导体设备市场的占比接近4成，在半导体材料市场的占比约为6成。

(1) 半导体材料。

据SEMI(Semiconductor Equipment and Materials International，国际半导体产业协会)推测，日本企业在全球半导体材料市场上所占的份额约达到52%，而北美和欧洲分别占15%左右。日本的半导体材料行业在全球范围内占有绝对优势，半导体材料几乎被日本企业垄断，如ShinEtsu、Mitsubishi、Sumitomo Bakelite、HITACHI、KYOCERA等公司，在硅晶圆、光刻胶、键合引线、模压树脂及引线框架等重要材料方面占有很高份额，如果没有日本材料企业，全球的半导体制造业都会受挫。

靶材方面，全球前6大厂商市场占有率超过90%，其中前两大是日本厂商ShinEtsu和Mitsubishi，合计市场占有率超过50%。硅片方面，ShinEtsu、Mitsubishi、中国台湾环球晶圆、德国世创和韩国LG五大供应商占据全球超过90%的硅片供应。其中，ShinEtsu半导体占27%，日本Mitsubishi占26%。

光刻胶方面，目前半导体市场上主要使用的光刻胶包括g线、i线、KrF、ArF四类光刻胶，KrF和ArF光刻胶的核心技术基本被日本和美国企业所垄断，产品也基本出自日本和美国公司，包括Dow Chemical、ShinEtsu等企业。

关于硅片方面，全球硅片市场高度集中，主要由日本的ShinEtsu、SUMCO，中国台湾的Global Wafer，德国的Siltronic和韩国的SK Siltron这五家大型厂商占据主导地位。在2021年到2022年期间，受益于持续旺盛的半导体芯片需求，新厂建设创下历史纪录，硅片制造商积极布局新的产线，进一步扩大产能以满足下游客户的需求。从晶圆尺寸角度来看，12英寸硅片逐渐成为半导体硅片市场的主流产品，这主要受益于移动通信、计算机等终端市场的持续快速发展，因此，各大厂商的扩产计划主要集中在12英寸产线上。12英寸硅片市场份额从2000年的1.69%已经提升至2021年的68.48%。

ShinEtsu，作为IC电路板硅片的主导企业，始终奔驰在大口径化及高平直度的最尖端。最早研制成功了最尖端的300mm硅片，并实现了SOI硅片的量产，并稳定供应着优质的产品。同时，一贯化生产发光二极管中的GaP(磷化镓)、GaAs(砷化镓)、AlGaInP(磷化铝镓铟)系化合物半导体单晶与切片。ShinEtsu能够制造出99.999999999%的纯度与均匀的结晶构造的单晶硅，在全世界处于领先水平，其先进工艺可以将单晶硅切成薄片并加以研磨而形成硅片，其表面平坦度在$1\mu m$以下。

(2) 半导体设备。

在半导体设备领域，核心装备集中于日本、欧洲、美国、韩国4个地区。Gartner的数据显示，列入统计的、规模以上全球晶圆制造设备商共计58家，其中，日本企业最多，达到21家，占36%。其次是欧洲有13家、北美有10家、韩国有7家、中国有4家[上海盛美、上海中微、Mattson(亦庄国投收购)和北方华创，仅占不到7%]。

具体来说，美国、日本、荷兰是半导体设备领域最具竞争力的3个国家。从半导体设备细分领域来看，日本企业具有非常强的竞争力，其中，市场份额超过50%的半导体设备种类中，日本就有10种之多。日本占全球半导体设备总体市场的份额高达37%。

虽然,在以极紫外光刻机(EUV)为代表的先进光刻设备领域,荷兰公司 ASML (Advanced Semiconductor Material Lithography)处于绝对垄断地位,日本在光刻机方面则略逊一筹,特别是进入 EUV 时代以后,传统日本光刻机双雄 Nikon 和 Canon 公司已无法硬撑,ASML 公司从此奠定垄断地位,Canon 公司直接退出了光刻机领域,仅保留低端的 i 线和 KrF 光刻机。

但是,在电子束光刻(Electron Beam Lithography,EBL)、涂布/显影设备、清洗设备、氧化炉、低压 CVD(Low Pressure Chemical Vapor Deposition,LPCVD)设备等重要前端设备、以划片机为代表的重要后道封装设备和以探针测试机台为代表的重要测试设备环节,日本企业处于垄断地位,竞争力非常强。

在前道 15 类关键设备中,日本企业平均市场份额为 38%,在 6 类产品中市场份额占比超过 40%,在电子束、涂布显影设备中的市场份额超过 90%;在后道 9 类关键设备中,日本企业的平均市场份额为 41%,在划片、成型、探针中的市场份额都超过 50%。

3) 韩国半导体产业的发展现状

韩国的半导体产业占整个 GDP 总量的 5%,韩国的半导体实力是世界公认的,特别是在存储器领域,韩国的 SAMSUNG 和 Hynix 两大公司几乎垄断全球 2/3 的市场份额。根据 2016 年第三季度的统计,SAMSUNG 在 DRAM 领域已拿下半壁江山,达到惊人的 50.2%,而另一家韩国企业 Hynix 则占了 24.8% 的市场份额。根据 Statista 2022 年的统计,SAMSUNG 在 DRAM 的市场份额占有 43%。而在 NAND Flash 这一领域,SAMSUNG 占全球市场占有率的 36.6%,Hynix 则占了 10.4%。在全球半导体公司排名中,SAMSUNG 长期稳坐行业老二的位置,并通过进军代工市场、汽车市场、模拟芯片领域的方式正奋起直追行业老大 Intel,力压只做代工的台湾半导体巨头台积电。

韩国的半导体产业,从 SAMSUNG 的龙仁和华城晶圆生产基地,在建的平泽基地,再到 Hynix 利川基地,都位于京畿道。而 Hynix 的另一个晶圆生产基地在忠清北道的清州市。这些工厂周围密布着各种配套企业,因此水原、华城、龙仁、利川、平泽、安城等城市形成了一个又一个半导体产业基地。这些城市群类似于美国硅谷城市群,支撑着韩国的半导体产业。

韩国国内的半导体产业分工明确,从设计、制造、加工、包装到运输等,每一个环节都有非常细致的企业分工,以至于一家半导体厂周围往往聚集着为数众多的配套企业。这种层层外包、层层代工的方式营造出庞大的半导体产业链。层层外包的业务有 5 级之多,甚至连简单的排线也都有专门的企业来做。这也造就了韩国数量庞大的中小型技术强者,虽然不能和日本的中小企业相比,但是一些中小企业的技术水平还是能够达到国际领先水平的。这种抱团取暖的方式造就了韩国半导体产业的奇迹。韩国半导体产业的发展史如图 1-22 所示。

4) 韩国半导体设备

根据 SEMI 的研究报告,韩国和欧、美、日顶级设备厂商的技术差距为 2 年,材料方面的差距是 3 年。而中国台湾同欧、美、日巨头的半导体设备技术差距为 3.5 年,材料方面的差距则是 1.5 年。目前,只有韩国和部分中国台湾的设备能够弥补欧、美、日设备厂商的产能缺口,国内的设备还需要些时日才能提高技术水平。

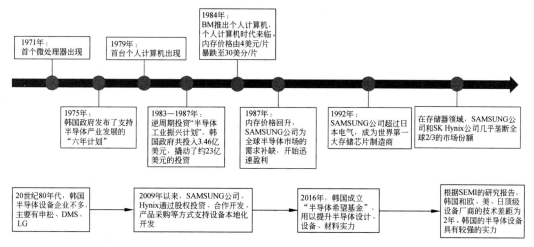

图 1-22 韩国半导体产业的发展史

韩国的半导体终端设备厂家有几百家,其中大部分是中小企业,由于大部分生产环节是外包的,其公司规模只有几十人甚至几个人。根据韩国 2015 年的统计,韩国的前十大半导体设备厂商如表 1-5 所示。

表 1-5 韩国前十大半导体设备厂商　　　　　　　　　　　　单位：亿韩元

排　名	公　司　名	销　售　额	利　润
1	SEMES	11 189	762
2	Wonik	6473	992
3	SFA	5118	547
4	KC TECH	4354	537
5	AP Systems	2931	121
6	EO Technics	2700	285
7	Charm Engineering	1848	168
8	DMS	1822	164
9	JUSUNG	1756	152
10	HB Technology	1456	100

根据韩国中小企业厅的数据,韩国在册的集成电路制造企业有 300 多家,PCB(Printed Circuit Board,印制电路板)制造企业近 2000 家,半导体设备企业 2000 多家,半导体材料企业 4000 多家,其他电子部件企业 10 000 多家。共有 20 000 多家企业形成整个半导体产业链。全部 2600 多家半导体设备及其代工企业中有 1500 多家位于京畿道,近 60% 的半导体设备相关企业聚集于此。

上市公司中,半导体生产厂家有 SAMSUNG、Hynix、DB HiTek。PCB 生产厂家有 21 家,比较知名的有 SIMMTECH、SAMSUNG、LG Innotek 等。半导体封测领域除了 SAMSUNG 和 Hynix 以外,韩国本土还有 Nepes、Hana Micron 等。在韩国的半导体设备厂商中,上市的有 57 家,其中比较知名的有 Wonik、JUSUNG 等。半导体材料企业 31 家,其中比较知名的有 Wonik、SK、Soulbrain 等。

韩国的半导体设备领域发展比较均衡,除极个别外几乎所有的工艺都有国产设备。在此,对各国的半导体设备厂商的工艺进行比较,如表 1-6 所示。

表1-6 各国半导体设备厂商的产品与工艺

工艺	设备类型	设备型号说明	用途说明	国外供应商	国内潜在供应商
光刻	光刻机	I-Line	非关键层光刻曝光	ASML、Nikon、Canon	上海微电子
		KrF	次关键层光刻曝光	ASML、Nikon	上海微电子
		ArF(i)	最小线宽光刻曝光	ASML、Nikon	上海微电子
		EUV	最小线宽光刻曝光	ASML	NA
	涂胶显影	涂胶显影	涂胶、烘烤、显影	东京电子、DNS	盛美、沈阳芯源微电子
刻蚀	干法刻蚀	金属刻蚀	铝等金属薄膜刻蚀	TEL、AMAT、LAM	北方华创
		硅刻蚀	硅衬底刻蚀	TEL、AMAT、LAM	北方华创、中微
		多晶硅刻蚀	栅极及SADP工艺用多晶硅刻蚀	TEL、AMAT、LAM	北方华创、中微
		介电层刻蚀	介电薄膜刻蚀	TEL、AMAT、LAM	北方华创、中微
		硬掩膜刻蚀	TiN等硬掩膜层刻蚀	TEL、AMAT、LAM	北方华创、中微
		光刻胶灰化去胶	光刻胶灰化去胶	PSK	屹唐
清洗	清洗设备	单片式	刻蚀、沉积等工艺后清洗	LEL、LAM、DNS	盛美
		槽式	刻蚀、沉积等工艺后清洗	LEL、LAM、DNS	盛美、沈阳芯源微电子
		scrubber	刻蚀、沉积等工艺后晶圆表面刷洗	AMAT	屹唐
外延	外延设备	SiGe 外延	NMOS source-drain	AMAT、ASMI	北方华创
		SiP 外延	PMOS source-drain	AMAT、ASMI	北方华创
介电薄膜	CVD	氧化硅	前段中段介电薄膜	AMAT、LAM、TEL	北方华创、拓荆
		氮化硅	前段中段介电薄膜	AMAT、LAM、TEL	北方华创、拓荆
		氮氧化硅	光刻辅助抗反射层	AMAT、LAM、TEL	北方华创、拓荆
		low-k材料	后段介电材料	AMAT	北方华创、拓荆
	ALD	SiO2 ALD	SADP/SAQP工艺侧墙沉积	TEL、AMAT、KE、Veeco	拓荆、盛美
		SiN-ALD设备	SADP/SAQP工艺侧墙沉积	TEL、AMAT、KE、Veeco	拓荆、盛美
		Hk-ALD	晶体管栅氧层沉积	TEL、AMAT、KE、Veeco	拓荆、盛美
金属薄膜	CVD	W-CVD	Metal Gate填充中段互联	AMAT、LAM	北方华创
	PVD	Al-PVD	顶层金属连线	AMAT	北方华创
		Ti PVD	W薄膜的缓存层 Source-drain形成 Ti-silicide	AMAT	北方华创
		TiN PVD	W薄膜的缓存层	AMAT	北方华创
		Co PVD	Co电镀种子层	AMAT	北方华创
		Cu PVD	Cu电镀种子层	AMAT	北方华创
		Ta/TaN PVD	Cu电镀缓冲层	AMAT	北方华创
	电镀	Cu电镀	后段金属连线	AMAT	盛美
		Co电镀	中段局部互联	AMAT	盛美

续表

工艺	设备类型	设备型号说明	用途说明	国外供应商	国内潜在供应商
热处理	LPCVD	多晶硅LPCVD	栅极、SADP等工艺用多晶硅	TEL、KE	北方华创
		GOX	栅氧层薄膜	TEL、KE、AMAT	北方华创
	退火	激光退火	离子注入后退火	AMAT、Veeco	屹唐
		SPIKE退火	离子注入后退火	AMAT、Veeco	屹唐
		炉管退火	离子注入及薄膜生长后退火	TEL、KE	北方华创、盛美
离子注入	离子注入机	大束流	器件电性能调整	AMAT、Axcelis、Nissin	凯世通、中科信
		高能	器件电性能调整	AMAT、Axcelis、Nissin	凯世通、中科信
		中束流	器件电性能调整	AMAT、Axcelis、Nissin	凯世通、中科信
		低温大束流	器件电性能调整	AMAT、Axcelis、Nissin	凯世通、中科信
CMP	CMP	介电层CMP	Low-k材料、SiO等薄膜CMP	AMAT、Ebara	华海清科、中电科
		金属CMP	铜、钨、钴等薄膜材料CMP	AMAT、Ebara	华海清科、中电科
工艺检测	缺陷检测	BFI	明场缺陷检测,探测最关键工艺和结构的缺陷	KLA、AMAT、ONTO	中科飞测
		DFI	暗场缺陷检测,探测关键工艺和结构的缺陷	KLA、AMAT、ONTO	中科飞测
		E-beam	电子束探测,确定电性短路/断路	KLA	东方晶源
		review-SEM	根据BFI-DFI等设备输出,观察缺陷	AMAT、KLA	中科飞测
		平面particle检测	检测光片上污染颗粒	KLA、AMAT、ONTO	中科飞测
		掩膜版缺陷检测	检测掩膜版图形损伤	KLA	NA
	膜厚检测	光学膜厚检测	介电层膜厚量测	AMAT、ONTO	中科飞测、精测、睿励
		金属膜厚	金属薄膜膜厚量测	AMAT、ONTO	中科飞测、精测、睿励
	结构量测	OCD	复杂薄膜层次膜厚量测,三维器件结构量测	KLA、ONTO	中科飞测、精测、睿励
	线宽量测	CD-SEM	光刻及刻蚀后线宽尺寸量测	Hitachi、AMAT	东方晶源
	对准精度量测	Overlay Metrology	光刻及刻蚀后前层对准精度量测	KLA、ASML	中科飞测
电学测试设备	WAT	WAT tester	工艺结构电性量测	Keysight	广立微
	CP	ATE tester	芯片功能测试	Teradyne、Advantest	加速科技、悦芯、华兴源创
	探针台	Prober	配套WAT/ATE进行电性测试	TEL、TSK、SEMICS	长春光华、森美协尔

5. 中国台湾半导体产业的发展现状

截至 2021 年 3 月,台湾三大科学园内共有半导体企业 400 家,其中集成电路企业 223 家,涵盖集成电路设计、制造、封装测试等环节。在全球前 50 大半导体厂商中,台湾就占 8 家,包括集成电路制造企业——台积电、联电,内存制造企业——南亚科技股份有限公司(简称"南亚科技"),集成电路设计企业——联发科技股份有限公司(简称"联发科")、联咏科技股份有限公司(简称"联咏"),集成电路封装测试企业——日月光集团(简称"日月光")、矽品精密工业股份有限公司(简称"矽品精密")、力成科技股份有限公司(简称"力成科技")。

从量方面看,中国台湾集成电路产量居全球前列,专业晶圆代工产值持续高居世界第一(市场占有率超过 70%);专业封装与测试也居全球第一(市场占有率为 55%),在全球前 10 大专业封测企业中,中国台湾厂商超过一半;在集成电路设计方面,位居全球第二(市场占有率约为 20%);在内存制造方面,排名全球第四(市场占有率为 12%)。2020 年,中国台湾半导体产值为 3.22 万亿元新台币(约合 1156 亿美元,同年,全球半导体产值为 4404 亿美元),从业人口 23 万余人,在中国台湾经济中的地位举足轻重。

从质方面看,台湾集成电路制造业的优势集中在制造工艺,即芯片制程上。制程就是将设计好的集成电路刻蚀在晶圆上。单位面积的晶片上可容纳的晶体管数目越多,芯片内部电路与电路之间的距离就越小,精细度就越高,功耗也就越低,器件性能相应提升,同时也意味着制作过程技术含量提高。当前,最高端制程已达 2~5nm 节点,世界范围内仅有中国台湾台积电和韩国 SAMSUNG 能实现量产。

2019—2021 年中国台湾 IC 产业的产值如表 1-7 所示。

中国台湾是全球半导体产业重地,其优势集中在 IC 的设计、制造和封装上,产业规模位居全球前列,仅台积电一家就占全球半导体芯片代工市场总份额的 54% 和全球芯片产能的 1/5。

在芯片代工领域,全球十强中的中国台湾企业就有 4 家之多,除台积电外还有联电(排名第 4)、力晶半导体股份有限公司(简称"力晶")(排名第 7)、世界先进积体电路股份有限公司(简称"世界先进")(排名第 8)。经过数十年的发展,中国台湾的芯片工业已经形成上下游全产业链布局,涵盖硅晶圆、芯片设计、芯片制造、封测等诸多领域。根据 2020 年的数据,中国台湾半导体产业的总产值达 1156 亿美元,超越韩国,居全球第二,仅次于美国。

在芯片制造方面,如果不把 Intel、Texas Instruments 这样的整合元件制造商(Integrated Device Manufacturer,IDM)企业计算在内,在专业的芯片代工领域,中国台湾绝对是市场的领先者,台积电一家就占据全球芯片代工市场的半壁江山,2018 年台积电的营收达到 334 亿美元,其中最先进的 7nm 制程出货已经占到总金额的 23%。联电与台积电一起被称为"晶圆双雄",联电虽然技术没有台积电先进,不过旗下衍生出许多分支机构,包括联发科、联咏等,被称为"联家军",为台湾培养了众多半导体新生力量。2018 年联电的总营收达到 49 亿美元。

在芯片制造的上游,是硅晶圆制造商,这一领域日本的 ShinEtsu、SUMCO 公司占据了主要的市场份额,而紧随其后的就是中国台湾的环球晶圆股份有限公司(简称"环球晶圆")。环球晶圆目前的市场占有率约为 17%,是全球第三大晶圆厂。

在芯片设计领域,台湾也不乏优秀的设计公司,包括联发科、联咏、瑞昱半导体股份有限公司(简称"瑞昱"),根据市场研究公司 DIGITIMES 的数据,这 3 家企业都位居全球十大芯片设计公司,联发科排名第 4,联咏排名第 9,瑞昱排名第 10,另外华为旗下的华为海思排名

表 1-7　2019—2023 年中国台湾 IC 产业产值[①]

亿新台币	2019 年	2019 年成长率	2020 年	2020 年成长率	2021 年	2021 年成长率	2022 年	2022 年成长率	2023 年预测	2023 年预测成长率
IC 产业产值	26 656	1.7%	32 222	20.9%	40 820	26.7%	48 370	18.5%	42 496	-12.1%
IC 设计业	6928	8.0%	8529	23.1%	12 147	42.4%	12 320	1.4%	10 760	-12.7%
IC 制造业	14 721	-0.9%	18 203	23.7%	22 289	22.4%	29 203	31.0%	26 060	-10.8%
晶圆代工	13 125	2.1%	16 297	2.1%	19 410	19.1%	26 847	38.3%	24 380	-9.2%
存储器与其他制造	1596	-20.4%	1906	19.4%	2879	51.0%	2356	-18.2%	1680	-28.7%
IC 封装业	3463	0.5%	3775	9.0%	4354	15.3%	4660	7.0%	3771	-19.1%
IC 测试业	1544	4.0%	1715	11.1%	2030	18.4%	2187	7.7%	1905	-12.9%
IC 产品产值	8524	1.3%	10 435	22.4%	15 026	44.0%	14 676	-2.3%	12 440	-15.2%
全球半导体市场（亿美元）及成长率（%）	4123	-12.0%	4404	6.8%	5559	26.2%	5741	3.3%	5508	-4.1%

资料来源：TSIA；工研院产科国际所（2023/05）。

说明：
- IC 产业产值＝IC 设计业＋IC 制造业＋IC 封装业＋IC 测试业。
- IC 产品产值＝IC 设计业＋IC 制造业＋记忆体与其他制造。
- IC 制造产业产值＝晶圆代工＋记忆体与其他制造。
- 上述产值计算是以总部设立在台湾的公司为基准。

第 5。联发科手机芯片过去在国内手机品牌当中有相当大的市场份额,如今大多用于低端机型,2018 年,联发科的营收额达到 79 亿美元。

在下游封装测试领域,台湾企业的优势同样非常明显,日月光是全球最大的封装测试企业,市场份额接近 20%。根据 2019 年一季度的数据,台湾有 5 家封装测试企业进入世界十强,除日月光外,另外 4 家企业分别是矽品精密工业股份有限公司(简称"矽品")、力成科技股份有限公司(简称"力成")、京元电子股份有限公司(简称"京元电")、顾邦科技股份有限公司(简称"顾邦")。相对来说,台湾芯片领域最薄弱的环节当属存储芯片,无论是 DRAM 还是 NAND 闪存,都被来自韩国的 SAMSUNG 和 Hynix,以及美国的 Micron 三巨头垄断,台湾企业只能争夺余下的市场份额。在 DRAM 产品方面,台湾的南亚科技位居三巨头之后,排名第 4,市场占有率不及 3%。

不过台湾存储领域的缺陷如今已被外资企业 Micron 填上,Micron 先后在台湾展开一系列的收购,投资超过 6000 亿新台币,建立了数座晶圆制造及封测工厂,现已成为台湾规模最大的外资企业之一。目前,Micron 旗下 2/3 的 DRAM 生产出自台湾工厂。整体来看,台湾半导体企业具有非常强的竞争力,上下游垂直分工明确,喜欢以群体力量参与国际竞争。不过除了台积电,大部分都是中小型企业,在面对 SAMSUNG、Micron 这样的巨头企业时,往往处于下风。近年来中国台湾半导体人才不断涌入大陆,为大陆芯片企业的崛起做出了很大的贡献,长远来看,中国台湾半导体与大陆合力才是最好的出路。

6. 中国大陆半导体产业的发展现状

1) 中国集成电路的市场现状

(1) 产业规模。

在全球半导体市场快速增长的带动下,我国作为全球最大的信息电子产品制造和消费大国,集成电路的市场也逐渐地上升为全世界最大的消费市场。据中国半导体行业协会统计,2018 年,在中美贸易关系紧张及生产乏力的背景下,产业规模达 6532 亿元,同比增长 20.7%;2019 年,我国集成电路产业规模达 7562.3 亿元,同比增长 15.8%;2020 年,中国由于新冠病毒感染疫情(简称"疫情")控制较好,产业规模继续保持增长态势,产业销售额突破 8848 亿元,同比增长 17%。2011—2021 年中国集成电路产业规模和同比增长率如图 1-23 所示。

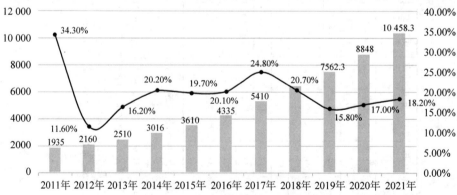

图 1-23　2011—2021 年中国集成电路产业规模和同比增长率①

---

① 数据来源:中国半导体行业协会。

未来,新兴应用场景将促进我国集成电路产业形成新发展,并将产生巨大的带动效应,5G 通信、VR/AR(Virtual Reality/Augmented Reality,虚拟现实、增强现实)、物联网、人工智能与类脑计算,以及自动驾驶等新兴领域将成为集成电路市场发展的重要驱动力。

(2)进出口额。

我国是世界工厂,承接了全世界电子产品的加工制造,每年需要大量进口芯片。芯片已经超过原油,成为我国进口的第一大品类,近几年,中国集成电路进出口额均在增长。2020年,中国集成电路进口金额达 3500.4 亿美元,同比增长 14.6%;出口金额达 1166 亿美元,同比增长 14.8%。2015—2020 年中国集成电路进出口额如图 1-24 所示。

图 1-24 2015—2020 年中国集成电路进出口额①

(3)产品结构。

① 标准/专用产品占据主要市场份额。

2020 年,中国集成电路市场中标准/专用产品占据主要市场份额,占比达到 30.6%,已超过存储器的市场份额。标准/专用产品市场规模达到 5004.8 亿元,同比增长 6.0%。这主要得益于消费电子和通信市场需求的增加。

② 存储器市场恢复增长,处理器市场保持正增长。

2020 年,存储器市场份额为 26.0%,同比增长 8.1%。MPU 市场增长得益于处理器价格的提升以及数据中心建设的增加,市场增速达到 12.9%,市场份额占比达到 17.7%。

③ 逻辑电路市场受消费电子市场需求增加而快速增长。

基于 5G(5th Generation Mobile Communication Technology)和物联网的新一轮结构与产品升级,促进了国内消费电子市场的增长,带动了逻辑电路需求的快速增长。同时,中国工业从自动化向智能化的发展促进了工业控制类集成电路市场的发展,从而带动了逻辑电路的出货。2020 年,我国逻辑电路市场规模为 1096.1 亿元,同比增长 11.6%。2020 年中国集成电路市场产品结构如图 1-25 所示。

(4)应用结构。

① 基站数目增长催生网络通信市场增长。

---

① 数据来源:海关总署,赛迪顾问整理。

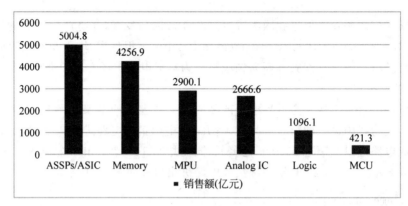

图 1-25　2020 年中国集成电路市场产品结构①

2020 年,全国移动通信共建立 931 万个基站,新建基站净增 90 万个。城镇地区的 4G(4th Generation Mobile Communication Technology)基站总数已达 575 万个,新建 5G 基站超 60 万个,全部已开通的 5G 基站超过 71.8 万个。4G 网络已深度覆盖城镇,5G 网络已覆盖全国地级及以上城市及重点县市。5G 网络建设稳步推进,基站数目增长催生了网络通信市场增长。

② 疫情居家办公趋势带动计算机市场增长。

计算机领域的集成电路产品主要涉及 CPU、GPU(Graphics Processing Unit,图形处理器)以及存储器三大类。2020 年,中国计算机产量为 4.05 亿台,同比增长 16%。疫情带来的居家办公趋势,带动计算机芯片市场同比增长 11.06%。厂商方面,Intel 在服务器市场占据垄断地位,但在台式计算机和笔记本式计算机领域,AMD 正在凭借工艺制程优势快速抢占市场份额。

③ 工业及医疗电子设备需求增加带动市场增长。

2020 年,在工业芯片领域,快速增长的应用包括网络设备、LED(Light-Emitting Diode)照明、数字标签、数字视频监控、气候监控、智能仪表、光伏逆变器和人机界面系统。另外,各种类型的医疗电子设备(如测温器、检测仪)在疫情期间的需求增长也促进了该市场的增长。2020 年中国集成电路市场的应用结构如图 1-26 所示。

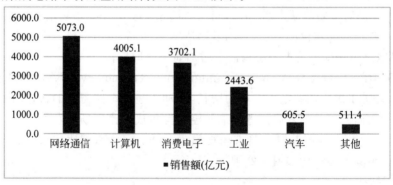

图 1-26　2020 年中国集成电路市场应用结构②

---

① 数据来源:赛迪顾问。ASSPs/ASIC——专用标准产品/专用集成电路;Memory——存储器;Analog IC——模拟集成电路;Logic——逻辑电路。

② 数据来源:赛迪顾问。

2）中国集成电路的主要产地

长江三角洲地区是我国主要的集成电路开发和生产基地，在我国集成电路产业中占有重要地位。长江三角洲地区的集成电路产业主要分布在上海、无锡、苏州、杭州等城市群，已初步形成了包括研究开发、设计、芯片制造、封装测试及支撑业在内的较为完整的集成电路产业链。

整个长江三角洲地区的国家级集成电路设计业产业化基地在全国仅有的 7 个中就占了 3 个，即上海、无锡、杭州；在全国国家级集成电路设计人才培训基地中，长江三角洲地区内也占 5 个，即上海交通大学、复旦大学、东南大学、浙江大学、同济大学。

长江三角洲地区是中国集成电路产业基础最扎实、技术最先进的区域，产业规模占全国半壁江山，设计、制造、封测、装备、材料等产业链全面发展。其中集成电路制造行业中，本土企业有中芯国际、华虹集团、合肥睿力、华润微电子等。

2015—2020 年，长江三角洲地区集成电路产量整体呈波动上升趋势，但产量占全国的比重呈现波动下降趋势，从 2015 年的 60.04% 下跌至 2020 年的 51.98%，2015—2020 年长江三角洲地区集成电路产量增长及全国占比情况如图 1-27 所示。据国家统计局数据显示，2020 年，长江三角洲地区"一市三省"集成电路产量共计为 1359.01 亿块。其中，江苏省和上海市集成电路产量分别为 836.50 亿块和 288.67 亿块，浙江省和安徽省分别为 174.10 亿块和 59.74 亿块。

图 1-27　2015—2020 年长江三角洲地区集成电路产量增长及全国占比情况①

3）中国集成电路的技术现状

（1）关键材料。

材料是芯片产业链的重要支撑产业，按应用环节划分为晶圆制造材料和封装材料。目前，全球芯片材料市场规模超 500 亿美元，根据中国电子材料行业协会的统计，2022 年，中国大陆芯片行业材料市场的规模达到约 90 亿美元，是全球唯一实现正增长的市场。当前美国、日本、韩国等跨国企业仍主导全球半导体材料产业，国内半导体材料对外依存度高，大硅

---

① 数据来源：国家统计局。

片、靶材、CMP(Chemical Mechanical Polishing,化学机械抛光)材料、高端光刻胶等芯片材料对外依存度高达90%以上,国产替代形势依然严峻。

(2)制造设备。

所有的生产都离不开设备,集成电路对设备的依赖性更强。设备可分为晶圆制造设备、封装设备和测试设备等。晶圆制造设备又分为刻蚀机、光刻机、薄膜沉积设备、CMP设备、检测设备等。以决定芯片制程工艺的光刻机为例,目前世界上80%的光刻机市场被荷兰公司占据,尤其是高端光刻机领域。最精密的EUV(极紫外光)光刻机是荷兰ASML公司生产的,其他主要是美国生产的。7nm工艺光刻机目前只有荷兰ASML公司能够提供,售价1亿美元以上,而且有钱还不一定能买到。除此,几乎所有的晶圆代工厂都会用到美国的设备,2019年前5名芯片设备生产商占全球销售额的78%,其中3家来自美国,且Applied Materials已连续多年位列第一。

我国目前有北方华创、中微半导体、上海微电子等地方国有企业在刻蚀设备、清洗设备、光刻机等部分细分领域实现突破,但在提供尖端生产工艺、高效服务和先进软件产品方面与国际先进水平差距较大。

(3)集成电路设计业。

近年来,在国家政策扶持以及市场应用带动下,中国集成电路产业保持快速增长,继续保持增速全球领先的势头。受此带动,在国内集成电路产业发展中,集成电路设计业始终是国内集成电路产业中最具发展活力的领域,增长也最为迅速。根据中国半导体行业协会统计,2020年我国集成电路设计销售规模为3778亿元,较2019年同比增长23.30%。

中国集成电路设计业不仅在企业数量上有进一步的提升,在发展质量上也取得了显著的成绩。例如,华为海思和清华紫光展锐这样专注于新兴市场的设计企业的迅速崛起,意味着中国大陆集成电路设计企业已逐渐接近世界领先水平。

据中国半导体协会集成电路设计分会数据显示,2020年中国十大集成电路设计企业分布是珠三角地区有3家,长江三角洲地区有6家,京津环渤海地区有1家。进入全国十大集成电路设计企业榜单的门槛维持在2019年的48亿元。十大企业的销售之和为1868.9亿元,占全行业产业规模的比例为48.9%,比2019年的50.1%降低了1.2个百分点。十大设计企业整体增长率为20%,比全行业平均增长率低3.8个百分点。

(4)集成电路制造业。

集成电路制造行业基本被中国台湾的台积电等企业垄断,但近年来随着国外对我国集成电路制造光刻机等产品的封锁,我国大陆本土的集成电路企业开始发力,中芯国际已完成14nm芯片的研发,目前正朝着7nm芯片努力。随着各个集成电路制造企业能力的提升,我国集成电路制造领域的市场规模也在不断提高。

根据中国半导体协会数据显示,2015—2020年,我国集成电路制造行业销售收入逐年增长,但从2017年开始,我国国内集成电路制造行业销售收入同比增速呈下降趋势,主要是由于我国集成电路制造产业逐渐走向成熟,需求趋于稳定,且我国集成电路行业正在朝着更核心的集成电路设计方向发展,导致集成电路制造行业增长率下降。2020年,我国集成电路制造行业市场规模为2560亿元,较2019年,同比增长19.11%。

随着我国集成电路制造技术的提高,我国集成电路的产品也越来越多。根据国家统计局统计数据显示,2011—2020年,我国集成电路制造行业总产量呈逐年上升趋势。2020年,我国集成电路制造行业实现产量累计值为 2614.70 亿块,较 2019 年同比增长 29.55%。

(5) 集成电路封测业。

集成电路封测是我国切入集成电路行业的重要一环,但相较于集成电路设计的收益,集成电路封测行业的利润要低得多。因此,近年来随着我国在集成电路领域技术的提高,我国集成电路行业逐渐向利润较高的方向靠拢,导致我国集成电路封测行业市场规模的增长开始放缓。

据中国半导体协会统计,2015—2019 年,我国封装测试行业销售收入呈现逐年增长态势。2017 年,我国封装测试行业销售收入增长率达到 20.77%,为 5 年来的最高水平,随后增长率开始下降。2020 年,我国集成电路封测业市场规模为 2510 亿元,较 2019 年同比增长 6.80%。

目前国内集成电路封装行业已经形成了四大领军企业,即长电科技、通富微电、华天科技和晶方科技,其中长电科技名列全球第三,位列全球第一的是中国台湾的日月光公司。在 02 专项(《极大规模集成电路制造技术及成套工艺》)项目支持下,中国大陆封装企业围绕三维高密度集成技术进行了研发,已接近领先水平。中国大陆和中国台湾企业在技术上已经不存在代差。

1.1.4 芯片产业的发展趋势

全球芯片产业已经经历了两次大的产业转移与升级,目前正迎来第三次大的产业转移与升级。第一次是从美国向日本的产业转移,伴随着全球家电市场的兴起,美国将芯片装配产业转移到日本,日本从芯片装配开始积累芯片技术,并将芯片技术与家电产业对接,培育了 Sony、Toshiba 等系统厂商。第二次是从美国、日本向韩国、中国台湾的产业转移,此次转移与计算机产业的迅猛发展密切相关,存储芯片从美国转向日本后又转向了韩国,培育了 SAMSUNG 等厂商;同时中国台湾从美国承接了晶圆代工环节,培育了台积电等厂商。目前伴随着手机产业、人工智能的快速发展,手机芯片、人工智能芯片成为芯片行业的重要领域,全球芯片产业正迎来第三次产业转移与升级,并培育了 Qualcomm 等厂商,国际芯片制造巨头纷纷到中国建厂。

1. 市场规模的预测

近年来,中国和美国占据了全球半导体市场的主要份额。中国对于全球半导体的贡献率约为 33%,美国约为 20%。2019 年,美国半导体市场的收入走低使得 2020 年的比较基数更低以及 2020 年"疫情"引发的各行业数字化转型对数据中心、高性能计算等市场的带动,美国半导体企业在以上市场占据明显的垄断性优势。因此,从 2020 年 3 月开始,美国半导体市场便一直维持着 20% 以上的高增长,相比于欧洲、日本等区域的负增长,以及中国的低速增长,美国在 2020 年的表现显得尤为突出。2021 年,"疫情"仍在全球蔓延,美国市场仍保持增长优势,所占份额仍保持在 20% 左右。欧洲、日本市场有望依靠汽车、工业半导体领域的复苏而重新赢得正增长,中国市场仍会依靠强大的 5G、新基建等内需带动,获得比 2020 年更快的增速。2021—2023 年全球半导体市场规模及增速如表 1-8 所示。

表 1-8 2021—2023 年全球半导体市场规模及增速①

地区	市场规模/百万美元			增长速度/%		
	2021 年	2022 年	2023 年（预测）	2021 年	2022 年	2023 年（预测）
美国	121 481	142 138	143 278	27.4	17.0	0.8
欧洲	47 757	53 774	54 006	27.3	12.6	0.4
日本	43 687	48 064	48 280	19.8	10.0	0.4
亚太	342 967	336 151	311 005	26.5	−2.0	−7.5
全球	555 893	580 126	556 568	26.2	4.4	−4.1

产品	市场规模/百万美元			增长速度/%		
	2021 年	2022 年	2023 年（预测）	2021 年	2022 年	2023 年（预测）
分立器件	30 337	34 098	35 060	27.4	12.4	2.8
光电器件	43 404	43 777	45 381	7.4	0.9	3.7
传感器件	19 149	22 262	23 086	28.0	16.3	3.7
集成电路	463 002	479 988	453 041	28.2	3.7	−5.6
模拟器件	74 105	89 554	90 952	33.1	20.8	1.6
微控制器件	80 221	78 790	75 273	15.1	−1.8	−4.5
逻辑器件	154 837	177 238	175 191	30.8	14.5	−1.2
存储器件	153 838	134 407	111 621	30.9	−12.6	−17.0
全部	555 893	580 126	556 568	26.2	4.4	−4.1

2. 主要市场趋势

1）5G 发展加速驱动产业数字化变革

2019 年是 5G 商用的元年，正式开启了 5G 时代，各类 5G 应用终端推向市场。虽然 5G 应用终端的渗透率还在低位，但是随着 5G 各类应用的充分挖掘以及应用场景的不断落地，5G 应用终端在未来 3～5 年都可以持续地放量。5G 手机是最先发力的产品，其渗透率不断提升，随着中等价位 5G 芯片的相继推出，将会加速 5G 手机售价的亲民化，2020 年，5G 手机全年生产数量仍达 2 亿台左右，渗透率约为 16％，2021 年的渗透率超过 20％。另外，受"疫情"影响，全球 5G 基站建设会有所减缓，全球 5G 基站的覆盖率要到 2025 年才可以过半。但是中国新基建的推出，加速了 5G 基站的建设，预计未来 5 年将有 450 万座基站。美国也拟通过立法，鼓励虚拟化蜂窝网络的发展和实施，有助于促进虚拟无线电接入网生态系统的发展。

2）大容量、高速率存储时代将至

2020 年，随着 5G 技术的发展，全球数据量迎来了爆发性的增长，进入 ZB 级数据时代。随着 5G 通信、人工智能、物联网及大数据运算等技术的发展，大量终端应用数据由此产生，使得全球数据量迎来爆发性的增长。2020 年，数据中心等应用的增长带动高端存储芯片的需求增加。2021 年，全球三大存储器厂陆续大规模量产下一代 DDR5 DRAM，预计存储器市场将迎接下一个成长周期，这使得 SAMSUNG、Hynix 和 Micron 三大存储器公司正在加紧技术开发，以在下一轮市场竞争中占据有利位置。随着 5G 技术的快速发展，存储设备的

---

① 数据来源：全球半导体贸易统计组织（WSTS）。

需求增多,存储市场也将迎来新的增长。存储行业向着更高速、更海量、更安全的方向持续发展,这也将助力人工智能芯片、模拟 IC 以及传感器市场的发展。

3)汽车智能化与网联化发展趋势带动半导体市场增长

汽车半导体领域是近年来增长最为迅速的板块,未来 3～5 年里会继续保持这种趋势,成为半导体收入的重要推动力。安全、互联、智能、节能的发展趋势使得汽车价值链逐渐从机械动力结构转向电子信息系统,价值链重构使得汽车半导体新晋玩家不断涌现。目前自动驾驶和整车电气化是影响汽车半导体板块的两大主流应用,而车规级传感器、汽车智能计算及通信、功率半导体会体现出较高的创新活跃度。

汽车电子电气架构从传统分布式架构正在朝向域架构、中央计算架构转变,其技术演进有 4 个关键趋势:计算集中化、软硬件解耦化、平台标准化以及功能开发生态化。智能化与网联化共同推动了汽车电子电气架构的变革,以动力电池、IGBT(Insulated Gate Bipolar Transistor,绝缘栅双极型晶体管)、智能传感器、自动驾驶系统为代表的汽车电子成本占汽车总成本的比例逐年提升。可预计,车载芯片的数量将在未来 5 年增长 5～10 倍,芯片价值将增长 4 倍,全球车载芯片市场规模有望突破 1 万亿元。

4)物联网为半导体增长带来希望,智能边缘成为趋势

物联网被认为是未来重要的增长领域,受到政府与各界人士的关注,美国、日本、中国等都将物联网发展列入国家与区域信息化发展战略目标。预计 2025 年全球物联网设备数量将达到 1000 亿台,而未来超过 70% 的数据和应用将在边缘产生和处理,边缘市场正在快速崛起。智能边缘以人工智能和其他形式的交互式计算下沉到边缘位置为主要特征,能有效实现数据智能化的本地分析,可有效减小数据传输带宽和计算系统的延迟,缓解云计算中心压力,保护数据安全与隐私。未来的物联网系统一定是边云协同的系统,让物联网在边缘具备数据采集、分析计算、通信以及智能功能,与云中心形成分布式的有机整体,让数据在边云协同中展现出蓬勃的活力与价值。此外,智能边缘的崛起会提供巨大的潜在数据,能更充分地发挥人工智能的作用。中国政府一直通过政策引导、行业标准制定和协调促进等,大力推动物联网相关技术发展和应用落地。

1.2 车规级芯片概述

1.2.1 车规级芯片的发展历程

汽车电子发展是在电子技术进步和汽车工业需求的推进下逐渐展开的。20 世纪 50 年代初到同世纪 70 年代末,汽车电控技术逐步兴起,电子装置开始取代部分机械部件,提高了整车的性能。20 世纪 70 年代末到同世纪 90 年代中,汽车电控技术已经初步形成体系,大规模集成电路发展较快,大大减少了汽车零部件的体积和重量,从最初的 8 位处理器开始广泛应用,大幅提高了电子控制系统所带来的可靠性和稳定性。

20 世纪 70 年代末,早期的汽车芯片主要以 8 位芯片为主,典型代表有 51 系列的单片机。当时 8 位单片机的数据总线带宽仅为 8 位,通常直接只能处理 8 位数据,只适合应用在一些简单孤立的电子控制系统单元中,而且由于技术和制造工艺的制约,使得单片机成本昂

贵,且性能不太稳定,造成系统开发成本非常高。

到了21世纪初,随着电子工业的蓬勃发展,大大加速了汽车工业的进程,电源控制系统、车载传感器、自动变速箱等先进的电控装置先后出现在整车当中,一方面需要处理大量的信号数据,另一方面也要求更好、更快速且准确地实现复杂的逻辑算法,于是32位微处理器芯片登场了,它们在此发挥了巨大的作用,大大提高了整车安全性和舒适性,使汽车更加自动化和智能化。

这几年,环境问题和能源问题日益突出,如何提高燃油效率并更好地降低汽车尾气中有害气体及二氧化碳的排放,成为汽车领域急需要解决的新领域,该课题也极大地推动了汽车电子控制技术,尤其是发动机电子控制系统向更高层次发展。

1.2.2 车规级芯片的高标准和高门槛

1. 车规级芯片的基本要求

汽车芯片与其他消费类芯片最大的区别是需要满足严格的车规级要求,仅次于军工级。

1) 环境要求

环境要求中一个重要的要求是温度要求,汽车对芯片和元器件的工作温度要求比较宽,根据不同的安装位置等有不同的要求,但一般都要高于民用产品的要求,如发动机舱的工作温度要求在-40℃~150℃;车身控制的工作温度要求在-40℃~125℃。而常规消费类芯片和元器件的工作温度只需要满足0℃~70℃。另外,其他环境要求,如湿度、发霉、粉尘、盐碱自然环境(如海边、雪水、雨水等)、EMC(Electro Magnetic Compatibility,电磁兼容),以及有害气体侵蚀等,都远高于消费类芯片的要求。

2) 运行稳定性要求

汽车在行进过程中会遭遇更多的振动和冲击,车规级芯片必须满足在高低温交变、振动风击、防水防晒、高速移动等各类变化中持续保证稳定工作。另外,汽车对器件的抗干扰性能要求极高,包括抗ESD(Electro-Static Discharge,静电释放)、EFT(Electrical Fast Transient,电快速瞬变)群脉冲、RS(Radiated Susceptibility,辐射敏感度)传导辐射、EMC、EMI(Electromagnetic Interference,电磁干扰)等分析,芯片在这些干扰下既不能不可控地影响工作,也不能干扰车内其他设备(如控制总线、MCU、传感器、音响等)。

3) 可靠性与一致性要求

(1) 寿命周期要求。

一般的汽车设计寿命都在15年/20万千米左右,远大于消费电子产品的寿命要求。

(2) 故障率要求。

零公里故障率是汽车厂商最重视的指标之一,而要保证整车达到相当的可靠性,对系统组成的每部分的要求是非常高的。由于半导体是汽车厂商故障排列中的首要问题,因此车厂对故障率的基本要求是个位数PPM(Part Per Million,百万分之一)量级,大部分车厂要求到PPB(Part Per Billion,十亿分之一)量级,可以说对车规级芯片的故障率要求经常是零缺陷(Zero Defects,ZD)。相比之下,工业级芯片的故障率要求为小于百万分之一,而消费类芯片的故障率要求仅为小于千分之三。

(3) 一致性。

车规级芯片在实现大规模量产的时候还要保证极高的产品一致性,对于组成复杂的汽车来说,一致性差的半导体元器件导致整车出现安全隐患是肯定不能接受的,因此需要严格的良品率控制以及完整的产品追溯性系统管理,甚至需要实现对芯片产品封装原材料的追溯。

4) 处理信号供货周期要求

汽车芯片产品的生命周期通常会要求在15年以上(即整车生命周期均能正常工作),而供货周期则可能长达30年。因此对汽车芯片企业在供应链配置及管理方面提出了很高的要求,即供应链要可靠且稳定,能全生命周期支持整车厂处理任何突发危机。

汽车芯片与手机芯片的要求对比如图1-28所示。

图1-28 汽车芯片与手机芯片的要求对比

2. 车规级芯片的高壁垒

由于车规级芯片极其严苛的可靠性、一致性、安全稳定性和产品长效性等要求,大大提高了进入这个行业的标准与门槛。主要表现如下。

1) 车规标准多

为满足车规级芯片对可靠性、一致性、安全性的高要求,企业要通过一系列车规标准和规范。最常见的包括芯片元器件层面可靠性标准(Automotive Electronics Council-Qualification,AEC-Q)100、汽车行业质量管理体系(International Automotive Task Force,IATF)16949、功能安全标准ISO 26262等。自动驾驶系统需要满足的预期功能安全(Safety Of The Intended Functionality,SOTIF)。其中,AEC-Q100主要用于集成电路(分立器件为AEC-Q101、功率模块为AQG 324、无源部件为AEC-Q200)。而ISO 26262则是用于汽车芯片开发过程中功能性安全的指导标准。近期,国际标准化组织还更新了ISO 26262:2018。在这一版本中,新增了半导体在汽车功能安全环境中的设计和使用指南。此外,还有针对车规级芯片制造相关的VDA6.3等标准。

2) 研发周期长

一家从未涉足过汽车行业的半导体厂商,如果想进入车规级市场,至少要花两年左右时间自行完成相关的测试并提交测试文件给车厂,并通过相关车规级标准规范的认证和审核,只有通过严格考核的企业才能进入汽车前装供应链。此外,车规级芯片厂商需要在产品研发初始阶段就开展有效的设计失效模式及后果分析（Design Failure Mode and Effects Analysis, DFMEA）与制程失效模式及后果分析（Process Failure Mode and Effects Analysis, PFMEA）设计，无形中增加了车规级芯片产品的研发周期。

3) 隐性成本高

可靠性是车规产品最关键的指标，为提高可靠性而增加的质量管理投入也是车规产品成本高的原因之一，一般汽车行业的百万产品失效率（Defect Part Per Million, DPPM）为个位数，需要非常有效的各级质量管理工具和方法才能实现，这些都是极其隐形但不可省略的投入和成本。

4) 配套要求高

由于可靠性要求，对车规级芯片生产和封装的规范测试比消费级芯片的同类产品要严格得多。例如，生产场所都要具备 IATF 16949 认证的专用车规级生产线。因此，对于汽车芯片厂商而言，只有设计部分符合车规级标准还远远不够，还需要找到符合车规级认证，具备车规级芯片产品生产经验，以及长周期稳定供货的制造及封装产线，无形中提高了进入车规级市场的难度。因此在汽车芯片行业，IDM 模式是厂商主要的发展模式。2019 年，全行业 IDM 企业贡献的收入为 364.71 亿美元，占比达到 88.9%。

5) 连带责任大

如果由于汽车芯片导致出现安全问题，模块供应商甚至芯片厂商将承担责任，支付包含产品更换、赔偿、罚款等各类支出，对于资金实力相对较弱的中小企业而言，很可能因此而陷入困境，以至于再也不能进入汽车供应链。汽车芯片关于安全和可靠性的连带责任问题，也会使众多厂商对做出进入车规级市场的选择慎之又慎。

由于上述汽车芯片产业的高标准和高门槛，把大量缺乏资金实力，缺乏产业配套资源，并且想要快速做出芯片投放市场取得效益的芯片厂商拒之门外。缺乏新玩家的进入，也使得现有汽车芯片企业（Tier2）、零部件供应商（Tier1）、整车厂商（OEM）已形成强绑定的供应链关系，对新晋企业构成坚实的行业壁垒。

1.2.3　车规级芯片的分类和应用

汽车芯片是汽车电子的核心，广泛应用于车身的多个系统中。在汽车电子元器件中，芯片将是承担功能实现的核心器件，汽车芯片按种类可分为微控制器（MCU、SoC 等）、功率半导体（IGBT、MOSFET、电源管理芯片等）、存储芯片（NOR、NAND、DRAM 等）、传感器（压力、雷达、电流、图像等）以及互联芯片（射频器件），使用范围涵盖车身、仪表/信息娱乐系统、底盘/安全、动力总成和驾驶辅助系统五大板块。主控芯片、存储芯片、传感器在各个板块都有需求，而互联芯片主要用于车身及信息系统方面。

1. 功率半导体

功率半导体是电子装置电能转换与电路控制的核心，通过利用半导体的单向导电性实现电源的开关和电力转换。功率半导体在汽车中主要运用在动力控制系统、照明系统、燃油喷射、底盘安全系统中。在传统汽车中，功率半导体主要应用于起动、发电和安全领域，而新能源汽车普遍采用高压电路，当电池输出高压时，需要频繁变化电压，对电压转换电路的需求提升。此外,还需要大量的DC/AC逆变器、变压器、换流器等,使得对IGBT、MOSFET、二极管等半导体器件的需求量很大。综合来看,单辆汽车的功率转换系统主要有:①车载充电机;②DC/AC系统,给汽车空调系统、车灯系统供电;③DC/DC转换器(300V转换为14V),给车载小功率电子设备供电;④DC/DC转换器(300V转换为650V);⑤DC/AC逆变器,给汽车马达电机供电;⑥汽车发电机。

2. 主控芯片

当前汽车主控芯片主要是微控制单元(MCU),负责计算和控制。MCU是把CPU的频率与规格做适当缩减,并将内存(Memory)、计数器(Timer)、USB、A/D转换(Analog to Digital Converter)、UART(Universal Asynchronous Receiver/Transmitter,通用异步收发传输器)、PLC(Programmable Logic Controller,可编程逻辑控制器)、DMA(Direct Memory Access,直接存储器访问)等周边接口,甚至LCD(Liquid Crystal Display,液晶显示)驱动电路都整合在单一主板上,形成能完整处理任务的微型计算机。MCU主要作用于最核心的安全与驾驶,自动驾驶(辅助)系统的控制,中控系统的显示与运算,发动机、底盘和车身控制等方面。

3. 存储芯片

存储器种类众多,是信息技术中用于保存信息的记忆设备,目前市场上DRAM和NAND Flash为主流存储器,而NOR Flash、SRAM、SLC(Single Level Cell,单级单元)NAND等属于利基型存储器。DRAM是最常见的系统内存,具有体积小、集成度高、功耗低等优点;Flash具备电子可擦除可编程、断电不丢失数据以及快速读取数据等性能。

汽车存储应用在汽车多个模块中,传统汽车的需求较小。为实现自动驾驶汽车的互联性,包括仪表盘系统、导航系统、信息娱乐系统、动力传动系统、电话通信系统、抬头显示(Head Up Display,HUD)、传感器、CPU、黑匣子等,都需要存储技术为自动驾驶汽车提供基础代码、数据和参数。汽车电子产业对存储的需求主要来自IVI(In-Vehicle Infotainment,车载信息娱乐系统)、T-BOX(Telematics BOX,远程通信终端)和数字仪表盘等产品,据统计,目前每台车对存储的需求量平均在32GB左右。

4. 传感器

传感器是用于实现汽车智能化的感知端设备,分布于车身各处。随着自动驾驶技术的快速发展,越来越多的汽车厂商将传感器整合到ADAS或自动驾驶汽车中。汽车传感器分布于车身内外,通过获取车身状态、外界环境信息,将模拟信号转换为电信号后,传递至汽车的中央处理单元中。汽车传感器分为车身感知和环境监测两大类,而汽车自动驾驶技术将更多地带动对环境监测类传感器需求量的增加。汽车环境监测类传感器包括超声波传感器、毫米波雷达、激光雷达、摄像头等。

5. 互联芯片

汽车的网联化,即V2X(Vehicle-to-Everything,车联网),需要实现人车交互、车车交互等,这些通信都离不开射频芯片的发送和接收处理。从燃油汽车到油电混合汽车、再到纯电动车，不仅对汽车电子的需求量增大，而且对汽车电子的要求也越来越高，更加需要能耐受高电压、大电流的电子元器件。互联芯片也是如此，通过对数据的收集、处理、转换，实现信息交互。外界真实信号被传感器感知，得到的模拟信号经过放大器、模数转换器处理，最终由 MCU 控制其他系统的信号的输出。车载无线通信系统需要用到大量互联芯片，它是实现 C-V2X(Cellular-Vehicle to Everything,蜂窝车联网)的关键器件，它包括功率放大器、滤波器、低噪声放大器、天线开关、双工器、调谐器等，主要应用于卫星通信、信息娱乐、V2X 以及定位等功能中。

1.3 车规级芯片产业的发展状况

1.3.1 车规级芯片产业的发展现状

21 世纪初，汽车芯片仅用来监视车轮的旋转，由此引入了早期的制动与牵引力控制系统，彼时汽车电子成本占整车成本的比重仅有 18%，20 多年后的今天，这一比重已经超过了 40%，预计到 2030 年，这一比例将会进一步增加到 45%，如图 1-29 所示。

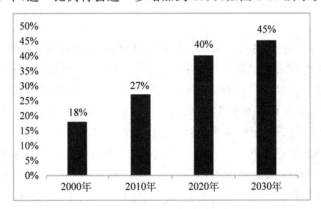

图 1-29 汽车电子成本占整车成本百分比

汽车芯片是汽车电子的核心，广泛应用于车身多个系统。在汽车电子元件中，芯片是承担功能实现的核心器件，根据麦肯锡的一份报告显示，汽车厂商每年在芯片上的支出约为 240 亿美元，尽管汽车领域每年以约 8% 的速度增长，但某些领域增长得更快，如 ADAS 和自动驾驶(18%)、LED 照明(24%)和电动汽车(42%)。在普通车辆中，2/3 的半导体成分来自模拟器件、功率器件和传感器。上述每个产品领域由越来越多推出的 ADAS、进一步的汽车功能电子化和精密的照明系统推动着不断增长。如今，汽车芯片已经广泛应用于动力、底盘、车身、智能座舱和驾驶辅助五大系统中。汽车芯片产品的大量应用也造就了汽车芯片全球市场的快速增长。

1. 市场概要

从市场层面来看，2012—2015 年全球车规级芯片市场处于低位增长，在 2016—2019 年，全球车规级芯片市场规模处于高位增长，全球芯片市场 2019 年的销售规模为 4123 亿美元，车规级芯片为 410 亿美元，占比 10% 左右，预计 2025 年全球汽车芯片市场规模将达到

740亿美元,年复合增长率达10%。欧洲车规级芯片2019年的产值达到150.88亿美元,占到全球车规级芯片总产值的36.79%,为全球第一;美国贡献了全球第二大车规级芯片的收入规模,达到133.87亿美元,占全球车规级芯片总产值的32.64%;日本车规级芯片2019年的产值达到106.77亿美元,占比26.03%;而中国大陆2019年车规级芯片实现销售收入为10亿美元左右,占比不到3%,和欧、美、日等发达国家相比存在较大差距,如表1-9所示。

表1-9 汽车芯片产业主要国家/区域市场份额占比及主要汽车芯片领域

主要国家/区域	销售规模/亿美元	占比/%	主要汽车芯片领域
美国	131.68	32.11	车规级计算芯片、存储器、通信类芯片、图像传感器、雷达传感器、模拟芯片等
日本	106.77	26.03	车规级控制芯片、功率器件、车规级容阻感、照明芯片等
欧洲	150.88	36.79	车规级功率半导体、MEMS传感器等
中国	10.06	2.45	车规级功率器件、利基型存储器等
其他	10.74	2.62	其中韩国6.11亿美元,主要为车规级存储器等
合计	410.13	100.00	

从产品结构来看,车规级功率芯片以及计算芯片的市场规模最大,两者合计规模达到229.00亿美元,占到了全部汽车芯片市场的55%以上。需求规模位于第三位的是车用传感器,规模为76.70亿美元。而通信及存储器的市场份额相对较小,但随着未来汽车安全、互联、智能、节能的发展趋势,以及无人驾驶、ADAS、车联网(V2X)等层出不穷的新产品和新功能逐渐提升渗透率,对通信芯片及车用存储器的需求将迎来快速增长。此外,迅速增长的新能源汽车市场使得汽车电动化对执行层中动力、制动、转向、变速等系统的影响更为直接,其对功率半导体的需求相比传统燃油车增长明显,如表1-10所示。

表1-10 汽车芯片的产品结构及市场份额

产品种类	销售规模/亿美元	占比/%	代表企业
存储器芯片	25.54	6.20	Micron、Cypress、ISSI
计算芯片	107.53	26.20	RENESAS、NXP、Infineon、Texas Instruments、NVIDIA
传感器芯片	76.70	18.70	BOSCH、Infineon、NXP、DENSO
功率芯片	121.63	29.70	Infineon、ON Semiconductor、ROHM、STMicroelectronics、Texas Instruments、ADI、Maxim
通信芯片	35.54	8.70	Qualcomm、Broadcom、STMicroelectronics、NXP
其他功能芯片	43.19	10.50	SAMSUNG、Melexis、OSRAM、Toshiba、SANKEN
总计	410.13	100.00	

就全球汽车半导体市场竞争格局来看,优势企业主要集中在美国、德国、法国、荷兰、瑞士,以及亚洲地区的日本、韩国等国家,在全球前二十大汽车半导体厂商中,美国企业数量达到9家,接近一半,欧洲和日本企业的数量各为5家,但欧洲汽车半导体企业综合竞争力更强,5家企业中有3家进入全球TOP 5。NXP、RENESAS、Infineon、STMicroelectronics、Texas Instruments等传统车规级芯片巨头具备丰富的产品布局和领先的技术实力,2019年占据了全球汽车芯片50%的市场份额。由于设计、生产等方面的技术差距较大,至今我国未形成具备国际竞争力的汽车芯片供应商,整体在汽车芯片领域的市场份额极低。虽然

目前全球头部汽车半导体厂商对于芯片的布局基本涉及全部的汽车模块分类,但是由于汽车半导体较长的开发周期和较高的技术壁垒,NXP、Infineon、RENESAS、Texas Instruments、STMicroelectronics 等高端市场供应商能够相对地专注于不同的产品和细分市场。

NXP 近一半的汽车半导体销售是针对特定应用的,均匀分布在分立处理器(计算和控制类芯片)、功率半导体和射频收发器等通信类芯片上。Infineon 的汽车业务销售目前主要由动力总成和安全领域推动,最大的优势产品是功率半导体,在其完成对 Cypress 的收购后,将超越 NXP,成为全球规模最大、产品品类最全的汽车半导体厂商。安世半导体(NEXPERIA),是由中国大陆企业(闻泰)收购了原 NXP 标准件业务而设立的汽车半导体企业,也是目前中国规模最大、水平最高的车规级半导体厂商。全球前二十大汽车半导体企业如表 1-11 所示。

表 1-11　全球前二十大汽车半导体企业列表

排名	企业名称	国家/区域	2019年收入/亿美元	市场份额/%	主要产品
1	NXP	欧洲	42.12	10.30	控制及计算、传感器芯片
2	Infineon	欧洲	39.51	9.60	功率芯片
3	RENESAS Electronics	日本	31.40	7.70	控制及计算芯片
4	Texas Instruments	美国	27.90	6.80	模拟、功率芯片
5	STMicroelectronics	欧洲	27.52	6.70	功率、通信芯片
6	Robert Bosch	欧洲	17.83	4.30	传感器芯片
7	ON Semiconductor	美国	17.83	4.30	传感器芯片
8	DENSO	日本	11.93	2.90	功率、传感器芯片
9	Micron	美国	10.53	2.60	存储器芯片
10	ROHM	日本	10.28	2.50	功率芯片
11	Intel	美国	9.24	2.30	控制及计算芯片
12	ADI	美国	9.08	2.20	模拟芯片
13	MIC	美国	8.35	2.00	模拟芯片
14	CYPRESS	美国	8.20	2.00	存储器、通信芯片
15	OSRAM	欧洲	7.87	1.90	传感器芯片
16	Toshiba	日本	7.85	1.90	存储器芯片
17	SANKEN	日本	6.89	1.70	模拟、功率芯片
18	Qualcomm	美国	6.68	1.60	通信芯片
19	NVIDIA	美国	6.26	1.50	控制及计算芯片
20	NEXPERIA	中国大陆	5.89	1.40	功率芯片

几十年来,全球汽车半导体产业格局非常稳定,车规级芯片市场一直被 NXP、Infineon、Texas Instruments、RENESAS 等汽车芯片巨头所垄断。但随着汽车行业加速进入智能化时代,尘封数十年的汽车芯片市场格局正在被打破,尤其是 Tesla 的 FSD(完全自动驾驶)芯片的推出,一场围绕高级别自动驾驶的商业大战已经打响。

整体来看,我国汽车芯片与世界领先水平的差距仍然很大。国内车规级半导体在基础环节、标准和验证体系、车规产品验证、产品配套方面能力薄弱,同时在半导体各个产品的自主率较低,与我国的消费电子半导体产业链相比,由于汽车半导体在可靠性、稳定性等领域的要求更高,国内企业在汽车半导体领域的整体市场占有率更低,但同时也对应着可观的国产替代空间。

我国汽车芯片产业的起步较晚,而且国内的芯片产业链也不够顶尖和完善,这就造成了我国汽车芯片企业的竞争力远不敌国外企业。但是,我国国内也有部分厂商开始攻克汽车芯片领域,布局产业链,成为国内汽车芯片的领先企业。

近年来,我国企业通过收购,将海外优质汽车半导体资产进行整合,为国产替代打开成长空间,成为我国汽车半导体产业快速发展的主要驱动力。而部分在消费级半导体领域做强做大的成熟企业,也在逐步开拓车规级芯片市场的业务。同时部分国内传统汽车厂商也开始注重产业链上下游的延拓,积极布局汽车半导体产业。另外,在 ADAS、智能网联这些汽车半导体新兴领域,国内汽车半导体初创企业不断涌现。外部收购、成熟企业布局车规半导体业务,以及新兴领域创业,成为目前支撑我国汽车半导体发展的主要路径。尽管我国在车载半导体的 IC 设计、封装测试、晶圆制造、设备制造等领域均有所突破,但短期仍然不足以扭转高度进口依赖局面。我国汽车半导体企业如表 1-12 所示。

表 1-12 我国汽车半导体企业列表

成长途径	主要企业	主要领域	企业介绍
外部收购	闻泰科技	车用分立器件	收购安世半导体,分立器件及 ESD 保护器件保持排名全球第一,车用功率 MOSFET 器件在全球市场的占有率排名第二
	北京君正	车用存储器、车载网络接口芯片	收购 ISSI 矽成半导体、全球车用 DRAM 排名第二、全球车用 SRAM 排名第一、全球车用 NOR Flash 排名第五
	韦尔半导体	车用图像传感器	收购豪威科技,汽车图像传感器排名全球第二
	四维图新	车用 MCU、车载信息娱乐芯片、车载功率电子芯片、胎压监测芯片、智能座舱以及 ADAS 芯片	收购杰发科技,前身为联发科旗下的汽车电子事业部
	锡产微芯	功率半导体、车规级代工生产线	收购 LFoundry,具备车规级芯片制造工艺
	华灿光电	车用传感器	收购美新半导体,具备车用 MEMS 传感器的量产能力
成熟企业布局车规业务	华为	车规级产品线	近年来通过自研和投资等方式积极布局车规级通信/接口芯片、计算/控制类芯片
	全志科技	车规级智能座舱 SoC 芯片	2014 年进入汽车芯片市场,推出车辆网中控芯片 T2;2017 年,推出了国内 SoC 芯片厂家中的首款车规级芯片 T7,开始发力车机前装市场
	兆易创新	车用 32 位 MCU、车规级 NOR Flash	国内 32 位 MCU、NOR Flash 领先,2018 年开始切入车规级 32 位 MCU 市场
	比亚迪半导体	车用功率半导体	2020 年比亚迪微电子完成内部重组,目前为国内最大的车规级 IGBT 厂商
新兴领域创业	赛腾微电子、芯驰科技、地平线、黑芝麻智能、苏州盛科、裕太车通、苏州雄立、翰霖科技、中电昆辰、德赛微、福州福芯、驰启科技		

2. 车规级芯片的短缺问题

根据 HIS Markit 的数据,由于新冠病毒感染疫情的影响,2020 年全球车规级芯片市场规模约为 380 亿美元,同比下降约 9.6%,预计到 2026 年将达到 676 亿美元。2019—2026 年的年复合增长率为 7%,2020 年,中国车规级芯片市场规模约为 94 亿美元,预计到 2030 年将达到 159 亿美元,年复合增长率为 5.40%。

自"疫情"暴发以来,由于车载芯片短缺及其相应的车身电子稳定系统(ESP)供应不足,美国、德国、日本等国家的汽车企业纷纷停产减产,Ford、Volkswagen、Audi、General Motors、Toyota、Nissan、Honda 等在全球范围放慢生产节奏,如表 1-13 所示。根据美国伯恩斯坦咨询的统计,2021 年全球范围内的汽车芯片短缺造成 200~450 万的汽车产量损失,相当于近十年以来全球汽车年产量的近 5%。

表 1-13 全球主要车企受到断供风波影响

车企	措施
Honda	减少雅阁、思域、Insight 三厢车、Odyssey、Acura RDX 的生产
Subaru	减少日本群马工厂、印第安纳州工厂的产量,每财年预计减产 48 000 辆
Toyota	巴西四大工厂和捷克科林工厂停产
Volkswagen	部分车型停产,巴西生产基地停产 12 天
Ford	已停工 3 家 Ford 工厂,取消了两家工厂 F-150 和 Edge SUVs 的生产计划
Volvo	停产部分车型,中国工厂进行大幅度调整
General Motors	关闭密歇根州兰辛工厂
Tesla	美国弗里蒙特工厂停产 2 天,车辆销售价格提高
蔚来汽车	江淮蔚来工厂暂停生产 5 天,2021 年一季度预计产量下调 500~1000 辆

由于车规级芯片处于供小于求的情况,我国汽车产量受到了车规级芯片供应的严重影响,因此可以通过我国汽车的生产情况来推测我国车规级芯片的供应情况和规模。

从我国汽车生产情况来看,2020 年 1 月~2 月,受到"疫情"影响,汽车产量一度巨幅下跌,汽车生产订单减少,2 月汽车总产量一度减少到 28.50 万辆。但在 3 月之后随着我国疫情防控成效越来越好,市场恢复速度令人讶异,2020 年 6 月,汽车生产总数量就已经恢复到 232.50 万辆,达到"疫情"前 2019 年 12 月产量的 87% 水平。

在 2020 年年末,随着全球半导体芯片的断供浪潮逐渐席卷,我国汽车生产再次受限,主要原因在于汽车用于 MCU 等重要模块的芯片缺货严重,2020 年 12 月—2021 年 2 月,我国汽车产量直线下降,其中,2 月仅生产了 137.91 万辆传统汽车,环比减少 37.14%;生产了 12.35 万辆新能源汽车,环比减少 36.21%。

全球车规级芯片短缺由多种因素共同导致,主要可分为商业因素、产业因素和环境因素三大类。

从商业模式看,车规级芯片短缺是由于芯片应用市场导向的资源分配不均。目前车规级芯片仅占下游应用的 10%,近 76% 的芯片产能用于通信、PC/平板以及电子消费类产品;宅经济时代芯片需求整体上涨,厂家技术发展及供货偏向利润和份额更高的下游应用行业,一定程度上挤压了车规级芯片的产能;2020 年下半年开始,消费电子企业超预期囤货,加剧了芯片整体的紧张程度。从整体产业看,芯片行业上游技术壁垒过高,研发成本和设备投资力度的要求一定程度上限制了全球芯片产业链的发展。芯片 EDA 及 IP 技术主要被美国垄断,晶圆制造集中在中国台湾和日、韩,封测技术集中在东南亚,产能高度集中;车规级芯片主要使用的 8 英寸晶圆代工厂产能满载,扩产所需设备投资大且晶圆厂扩产周期长,一般为12～24个月；车规级芯片相比消费芯片和一般工业芯片，其开发难度更高，工作环境也更严苛。从设计到车型导入测试验证，流程久、难度高导致全球车规级芯片产能主要集中在Top 10头部企业中。从环境因素来看，目前全球半导体产能紧张，例如新能源汽车对芯片的应用较燃油车有成倍的增长；车企和供应链对汽车市场芯片需求的预估保守，然而汽车市场复苏高于预期，车规级芯片平均供应周期为26～40周，芯片供应无法短期大幅度提升；RENESAS火灾、北美暴雪、日本地震、东南亚疫情反扑等不可抗拒的因素增加了芯片生产和封测的不确定因素，在短期内削减了芯片生产的能力。

在当前缺"芯"的大背景下，海外汽车芯片厂商供应短缺增加了国内厂商供应链导入的机会，车规级芯片国产替代进程有望全面提速，目前我国车规级芯片产业链中游已经涌现出以斯达半导、北京君正、士兰微、韦尔股份、闻泰科技等为代表的企业。我国车规级芯片优秀企业有望借行业景气周期与国产替代共振迅速崛起，缩短在各领域的主要差距并不断提升自主率。

1.3.2 车规级芯片产业链介绍

车规级芯片的产业链中，上游一般为半导体原材料、制造设备以及晶圆制造流程（芯片设计、晶圆加工和封装测试）；中游一般为车规级芯片制造环节，包括智能驾驶芯片制造（GPU、FPGA、ASIC）、辅助驾驶系统芯片制造（ADAS）、车身控制芯片制造（MCU）等；下游包含车用仪器制造、车载系统制造以及整车制造等环节，如图1-30所示。

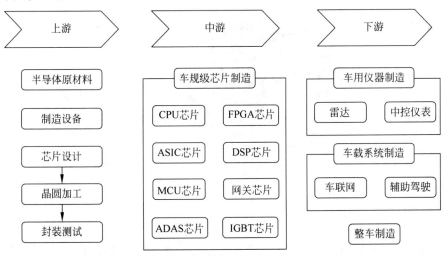

图1-30 车规级芯片产业链

1. 车规级芯片上游产业

原材料包括晶圆制造材料和封装材料。晶圆制造材料包括硅片、光罩、高纯化学试剂、特种气体、光刻胶、靶材、CMP抛光液等。封装材料包括引线框架、封装基板、陶瓷封装材料、键合丝、包装材料、芯片黏结材料等。

半导体原材料市场处于寡头垄断局面。中国台湾、韩国、中国大陆、日本、美国是全球最大的半导体材料市场，合计占全球市场比重超80%。中国大陆在全球半导体材料市场上的销售额占比达到17%,与韩国并列第二位,中国台湾因在晶圆代工、先进封装领域的优势,连续第10年成为全球最大的半导体材料市场,如图1-31所示。

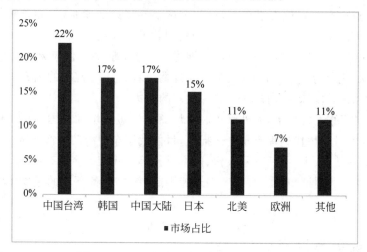

图1-31 2019年全球半导体材料产业格局

在半导体材料市场构成方面,硅片占比最大,占比为32.9%。其次为气体,占比为14.1%,光掩膜排名第三,占比为12.6%,其余分别为抛光液和抛光垫、光刻胶配套试剂、光刻胶、湿化学品、溅射靶材,占比分别为7.2%、6.9%、6.1%、4%和3%,如图1-32所示。

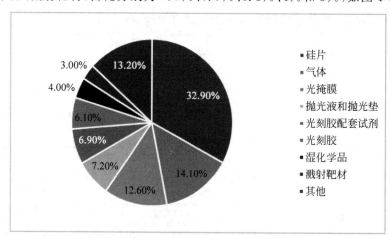

图1-32 半导体材料市场构成

晶圆制造工艺流程包括拉晶、切片、磨片、倒角、刻蚀、抛光、清洗、检测,其中关键流程为拉晶、抛光、检测。这些环节对应的设备分别为单晶炉、滚磨机、切片机、倒角机、CMP抛光机、清洗设备、检测设备,具体如表1-14所示。

表1-14 主要硅片制造设备

设备名称	用途	国外厂商	国内厂商
单晶炉	把半导体级多晶硅块熔炼成单晶硅锭	Kayex、Ferrotec、Gero	晶盛机电、京运通、汉虹、北方华创、七星电子

续表

设备名称	用途	国外厂商	国内厂商
切片机	硅锭在单晶炉生长完成后,要经过系列处理达到切片前所需的状态,包括去掉两端、径向研磨以及定位边、定位槽的制作	ACCRETECH、HCT	晶盛机电、中国电子科技集团公司第四十五研究所
滚磨机	切片完成后,要进行双面机械磨片以去除切片时留下的损伤,达到硅片两面高度的平行和平坦	SPEEDFAM、KEMET、PR Hoffman	晶盛机电、宇晶股份、赫瑞特
倒角机	通过硅片边缘抛光修整使得硅片边缘获得平滑的半径周线	SPEEDFAM、HITACHI、ACCRETECH、BOSCH	浙江博大
CMP抛光机	得到高平整度的光滑表面	SPEEDFAM、FUJIKOSHI、Applied Materials	中国电子科技集团公司第四十五研究所、晶盛机电、赫瑞特
清洗设备	为达到超洁净状态需要对硅片进行清洗	JAC、Akrion、MEI	中国电子科技集团公司第四十五研究所、北方华创
晶圆检测	包装硅片之前,检测是否已经达到要求的质量标准	Advantest、Teradyne	华峰测控、长川科技

晶圆加工即把光罩上的电路图转移到晶圆上,主要工艺流程包括扩散(Thermal Process)、薄膜生长(Dielectric Deposition)、光刻(Photo-Lithography)、刻蚀(Etch)、离子注入(Ion Implant)、抛光(CMP)、金属化(Metalization)。晶圆加工设备主要分为七大类,包括扩散炉、薄膜沉积设备、光刻机、刻蚀机、离子注入机、化学机械抛光机、清洗机。晶圆加工设备中,光刻机、刻蚀机、薄膜沉积设备为核心设备,这三类设备占据了大部分的晶圆加工设备市场,如图1-33所示。晶圆加工设备市场高度集中,其产出均集中于少数欧、美、日等巨头企业。

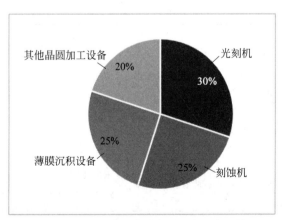

图1-33 晶圆加工设备细分产品市场占比情况

晶圆加工设备市场集中度很高,以美国、荷兰、日本为代表的ToP 10企业垄断了全球半导体设备市场75%以上的份额。目前世界顶级的光刻机厂商是荷兰的ASML。荷兰ASML几乎垄断了高端领域的光刻机,市场份额高达80%。除了荷兰的ASML,主要光刻机供应商集中在美国和日本。主要晶圆加工设备如表1-6所示。

封装的流程大致为切割、粘贴、焊接、模封4个过程。其中主要设备包括晶片减薄机、晶圆划片机、贴片机、引线键合机、塑封机等。全球半导体封装设备市场的格局相对集中,整体呈现寡头垄断态势,如日本DISCO垄断了全球80%以上的封装关键设备减薄机和划片机的市场,如表1-15所示。

表1-15 主要封装设备

设备名称	用途	国外厂商	国内厂商
晶片减薄机	通过抛磨,把晶片厚度减薄	DISCO、G&N、OKAMOTO、Camtek	中国电子科技集团公司第四十五研究所、兰州兰新高科、深圳方达
晶圆划片机	把晶圆切割成小片	OEG、DISCO	中国电子科技集团公司第四十五研究所、华工激光、光力科技、大族激光
贴片机	将芯片粘贴到引线框架上	Besi、ASM Pacific、Hero hair、ESEC、Shinkawa	苏州艾科瑞斯、大连佳峰
引线键合机	利用高纯金线、铜线或铝线,把芯片焊点(Pad)和引脚通过焊接的方式连接起来	K&S、SUSS、Besi、ASM Pacific、Shinkawa	大族激光、中国电子科技集团公司第四十五研究所、上海微电子
塑封机	为防止外部环境的影响,利用环氧树脂材料将键合完成后的产品封装起来	ASM Pacific、Besi、Towa、YAMADA、Applied Materials、Murata Machinery、Daifuku	富仕三佳

半导体检测贯穿整个制造过程,检测设备主要分为工艺检测设备、晶圆检测设备和终测设备三大类,测试设备主要包括测试机、分选机和探针台等,如表1-16所示。

表1-16 主要测试设备

设备名称	用途	国外厂家	国内厂家
测试机	用于各类分立器件、模拟、数字、SoC、射频和存储器等半导体器件的功能和参数性能测试	Teradyne、Advantest、Cohu	华峰测控、长川科技、联动科技
分选机	进行不同封装外形的分立器件和集成电路的传递和分选,连接测试机完成封装后的器件测试	Cohu、Advantest、Seiko Epson	长川科技、金海通、深科达
探针台	进行晶圆的输送与定位,通过探针连接晶粒和测试机,完成电学功能和性能的测试	ACCRETECH、Tokyo Electron	矽电、长春光华、森美协尔

芯片设计、晶圆制造以及封装测试三个环节中,芯片设计是最大的子市场,其次为晶圆制造,最后为封装测试,如图1-34所示。

芯片设计产业已经成为我国半导体产业中最具有发展活力的领域之一。近年来,中国芯片设计产业在提升自给率、政策支持、规格升级与创新应用等要素的驱动下,保持高速成

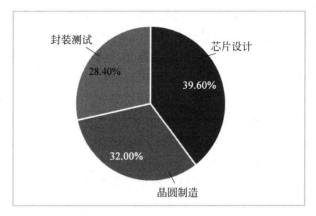

图 1-34　芯片设计市场占比情况

长的趋势。

晶圆制造中的晶圆是指制作硅芯片所用的硅晶片,其原始材料是硅。高纯度的多晶硅溶解后掺入硅晶体晶种,然后慢慢拉出,形成圆柱形的单晶硅。硅晶棒在经过研磨、抛光、切片后,形成硅晶圆片,也就是晶圆。硅晶圆作为制造芯片的基本材料,在产业中占有举足轻重的地位。

封装测试是将生产出来的合格晶圆进行切割、焊线、塑封,使芯片电路与外部器件实现电气连接,并为芯片提供机械物理保护,利用集成电路设计企业提供的测试工具,对封装完毕的芯片进行功能和性能测试。芯片设计等技术领域的相关企业如表 1-17 所示。

表 1-17　芯片设计等技术领域的相关企业

技术领域	境外企业(部分)	境内企业(部分)
IP 授权	ARM、Cadence、Synopsys、SST、Rambus	芯原股份、华大九天、芯动科技、芯启源
Fabless	Nvidia、AMD、Qualcomm、Broadcom、Marvell	海思、兆易创新、地平线、寒武纪、澜起科技
IDM	Intel、SAMSUNG、Infineon、Micron、SK Hynix、NXP	长江存储、长鑫存储、比亚迪半导体、格科微
Silicon Foundry	TSMC、UMC、Global Foundries、Tower	中芯国际、华虹、华润微电子、上海积塔、绍兴中芯
OAST	ASE、Amkor、PTI、Chipbond	长电科技、通富微电、华天科技

2. 车规级芯片中游产业

中游一般为车规级芯片制造环节,包括智能驾驶芯片制造(GPU、FPGA、ASIC)、辅助驾驶系统芯片制造(ADAS)、车身控制芯片制造(MCU)等。

1)计算芯片

计算芯片是智能汽车的"大脑",主要分为功能芯片与主控芯片。

功能芯片指发动机控制器、变速箱控制器、整车控制器等各部件控制器中负责具体控制功能的微处理器(MCU),承担着设备内多种数据的处理诊断和运算,通常有 8 位、16 位、32 位、64 位等型号。

主控芯片指在智能座舱控制器、自动驾驶控制器等关键控制器中承担核心处理运算任务的 SoC,按应用主要可分为车载 SoC 和车控 SoC,内部集成了 CPU、GPU、NPU、ISP 等一系列运算单元。GPU、FPGA、ASIC 在自动驾驶 AI 运算领域各有所长。传统意义上的 CPU 通常为芯片上的控制中心,优点在于调度管理、协调能力强,但 CPU 的计算能力相对有限。因此,对于 AI 高性能计算而言,通常用 GPU、FPGA、ASIC 来加强。FPGA 和 ASIC 在 ADAS、车身控制、激光雷达、信息娱乐系统等领域中均有较多应用。其中 2020 年度 FPGA 市场为 9.5 亿美元,占整个车规级半导体市场仅不到 3%,提升空间巨大。

在功能芯片领域,Infineon、RENESAS、NXP、ST 等为头部企业,均覆盖不同应用与功能的完整 MCU 产品线。国内企业目前与国外企业差距较大,中颖电子、兆易创新、比亚迪电子、杰发科技、芯旺微等都涉及汽车电子领域,但占有率很低。

在主控芯片领域,RENESAS、Texas Instruments 等传统车规级芯片企业是主导力量,凭借深厚的设计经验,与汽车软件、系统开发商深度绑定。NVIDIA、Qualcomm、Intel 等企业近年来也在汽车主控芯片领域布局,已跻身全球车规级半导体前列,主打 ADAS、自动驾驶及智能座舱领域的芯片设计,具备传统车规级芯片企业难以比拟的算力优势,如 Intel Mobileye 的 EyeQ 系列芯片、Qualcomm 骁龙的 820A。国产领域近年来也涌现出了例如华为、地平线等企业,目前华为智能座舱芯片已搭载入极狐阿尔法 S 华为 HI 版,地平线合作伙伴也以中国品牌为主,已经公布搭载地平线征程系列芯片的车型有长安 UNI-T、UNI-K、奇瑞蚂蚁、智己 L7、广汽埃安 Y、广汽传祺 GS4 Plus、岚图 FREE、思皓 QX、2021 款理想 ONE 等。

2) 功率芯片

功率芯片是智能汽车的"心脏"。功率芯片主要应用于汽车的动力系统、照明系统、底盘系统中。新能源汽车经常使用的功率器件有大功率晶体管、门极可关断晶闸管(GTO)、功率场效应管(MOSFET)、绝缘栅双极晶体管(IGBT)以及智能功率模块(IPM)等。

欧、美、日企业占据了绝大部分汽车功率芯片的份额,根据 Yole 数据统计,Texas Instruments、Qualcomm、模拟器件、Maxim、Infineon、ON Semiconductor、NXP、戴洛格半导体、RENESAS 的合计市场份额超过 75%。国内产业长期面临自给率严重不足的局面,目前闻泰科技、南芯半导体等企业正加速向功率芯片拓展。IGBT 方面,以比亚迪半导体、斯达半导为代表的国内 IGBT 企业正在快速发展,并且已经具备了较强的竞争实力。

3) 存储芯片

存储芯片是智能汽车的"记忆"。包含 DRAM、SRAM、Flash 等。NOR Flash、SRAM、SLC NAND 等属于利基型存储器。DRAM 是最常见的系统内存,具有体积小、集成度高、功耗低等优点;Flash 具备电子可擦除可编程、断电不丢失数据以及快速读取数据等性能。传统汽车上存储产品多数应用在导航系统、仪表盘等场景中,汽车智能化趋势下,智能汽车产业对存储器的需求与日俱增。

NAND 和 DRAM 是存储市场的两大主要产品类型,根据 Yole 数据统计,2018 年,SAMSUNG、Toshiba、西部数据、Hynix、Micron 在 NAND 市场的份额分别达到了 38%、19%、14%、11%、11%,前五大市场份额合计达 93%,而 DRAM 市场几乎被 SAMSUNG、Hynix、Micron 三家瓜分,三家企业的市场占有率合计达到了 95%,呈现寡头垄断格局。国内相关企业较少,此前存储芯片供应商多聚焦于消费电子领域,2019 年年底,北京君正通过并购北京矽成(ISSI)进入了车载存储芯片领域;兆易创新与合肥长鑫密切合作,推出了GD25全系列SPI NOR Flash,满足AEC-Q100标准;旺宏半导体、聚辰股份等存储芯片供应商也在加快向车载领域开拓。

4) 传感器芯片

传感器芯片是智能汽车的"眼睛",主要用于探测和感受外界信号,并将探知的信息转换为电信号或其他所需形式传递给其他设备,主要包括CMOS图像传感器(CIS)、图像信号处理器(ISP)、激光雷达芯片等。CIS芯片是车载摄像头中价值量最高的环节,根据Counterpoint数据统计,2019年全球车规CIS市场份额前三的厂商分别为ON Semiconductor(60%)、豪威科技(29%)、Sony(3%)。ISP芯片方面,除了豪威科技之外,富瀚微也在2018年便发布首款车规级前装ISP芯片,能够支持前视、环视和车内摄像头等应用场景;北京君正也拟定增投14亿元,其中2.37亿元用于车载ISP系列芯片的研发与产业化项目。另有一部分专门从事激光雷达芯片的企业,包括纵慧芯光和长光华芯、南京芯视界、博升光电、睿熙科技等。纵慧芯光在车规芯片领域,已完成AEC-Q102车规认证,且公司自有外延产线;长光华芯拟通过IPO发展VCSEL及光通信激光芯片项目;南京芯视界产品包括单光子雪崩二极管(SPAD)芯片,可实现超高灵敏度光电探测以及单光子器件阵列高密度集成度。

5) 通信芯片

通信芯片是智能汽车的"耳朵",主要用于发送、接收以及传输通信信号,包括基带芯片、射频芯片、信道芯片、电力线载波通信芯片等。

车规级通信模组上,国产厂商具有绝对优势。根据Counterpoint的数据统计,2020年上半年,国产厂商在国内前装通信模组的市场份额超过90%,其中移远通信(35.99%)、慧瀚微电子(17.53%)、SierraWireless(17.04%,广和通收购其车载模块业务)位列前三,涌现出华为、大唐、高新兴、移远通信等为代表的一大批C-V2X芯片模组企业。

以太网芯片国外企业占据绝对主导权。全球仅NXP、Broadcom、Marvell、瑞昱、Microchip、Texas Instruments等国外供应商能够实现以太网芯片的量产。国内裕太微电子等少数企业在进行研发。

3. 车规级芯片下游产业

车规级芯片下游主要包含中控仪表、雷达制造、车联网系统、辅助驾驶以及整车制造等环节,主要为车规级芯片的应用。从应用角度来看,汽车上小到胎压监测系统(TPMS)、摄像头,大到整车控制器、自动驾驶域控制器,都离不开各式各样的芯片。可以说,汽车的智能化就是芯片的智能化。车用仪器、车载系统技术企业和车规级芯片整车技术企业如表1-18和表1-19所示。

表1-18 车用仪器、车载系统技术企业

技术领域	企业名称
V2X	Comnsignia、Autotalks、SAVARI、NXP、Continental、BOSCH、Cohda Wireless、LG电子、哈曼、Qualcomm、上海移远、大唐高鸿、广和通、蘑菇车联、希迪智驾、金滋科技、四维智联、华砺智行、千方科技、阿里巴巴、星云互联、均联智行、东软、华为、百度、中兴、万集科技、高新兴物联、纳瓦电子、有为信息、宸芯科技、博泰

续表

技术领域	企业名称
HUD	WayRay、未来黑科技、乐驾科技、点石科技、华阳多媒体、衍视科技、京龙睿信、疆程、途行者、Pioneer、水晶光电、LG电子、京东方、广景视睿、福耀玻璃、Texas Instruments、天马微电子、泽景电子
中控仪表	Continental、Nippon Seiki、DENSO、Visteon、友衷科技、YAZAKI、FAURECIA、德赛西威
显示技术	Sharp、JDI、LG Display、天马微电子、京东方BOE、友达AUO、群创光电Innolux、维信诺、信利国际、德赛西威
语音	Cerence、科大讯飞、思必驰、云知声、同行者、普强信息、腾讯、车音网、Volkswagen、DuerOS、阿里、博泰
T-BOX	LG电子、Continental、哈曼、BOSCH、DENSO、Valeo、华为、速锐得、慧翰微电子、英泰斯特、远特科技、博泰、东软、上海畅星、均联智行、高新兴、铁将军、鸿泉物联、斯润天朗、雅迅网络、有为信息
车载DMS	Valeo、DENSO、现代摩比斯、Visteon、BOSCH、维宁尔、OSRAM、Mitsubishi、APTIV、Continental、哈曼、自行科技、径卫视觉、华芯技研、深圳佑驾、大华股份、海康威视、百度、Eyeris、Seeing Machines、Affectiva、Cipia、Smart Eye、FotoNation、未动科技、商汤、虹软
智能后视镜	全志科技、瑞芯微、展讯、Qualcomm、联咏、安霸、联发科
车载显示	Continental、Nippon Seiki、DENSO、Visteon、Magneti Marelli、BOSCH、YAZAKI、FAURECIA、德赛西威、华阳通用、友衷科技、中科领航、航盛电子、华一汽车、唯联科技、威奇尔
显示屏	JDI、LCD、天马微电子、SAMSUNG、友达光电、群创光电、维信诺、京东方、华星光电、华映科技、瀚宇彩晶
智能座舱设计	CANDERA、EB、中科创达、经纬恒润、科尤特、东软、Valeo、Visteon、BOSCH、FAURECIA
智能表面方案	Canatu、Tacto Tek、科思创、延锋、Continental、FAURECIA
汽车触觉反馈	Tanvas、Boreas、TDK、Continental、均胜电子、BOSCH
商用车车联网	鸿泉物联、雅迅网络、中交兴路、启明信息、中襄卫星、天泽信息、经纬恒润、英泰斯特、有为信息、势航网络

表 1-19 车规级芯片整车技术企业

技术领域	企业名称
新兴造车与新兴品牌	蔚来汽车、小鹏汽车、恒大汽车、理想汽车、威马汽车、零跑汽车、新特汽车、华人运通、广汽埃安、东风岚图、智己汽车、领克汽车、哪吒汽车
乘用车	Benz、BMW、Volkswagen、General Motors、Tesla、Audi、Volvo、Honda、Ford、Nissan、吉利汽车、观致汽车、Toyota、起亚汽车、比亚迪、长城汽车、一汽集团、北汽集团、奇瑞汽车、上汽集团、FIAT、广汽集团
专用车自动驾驶	EasyMile、Aurrigo、仙途智能、智行者、深兰科技、高现机器人、酷哇机器人、女娲机器人、天策机器人、驭势科技、夏特拉、雷沃重工、中联重机、丰疆智能、Kubota、卡尔曼、司南导航、踏歌智行、北方股份、慧拓智能
L4自动驾驶	Waymo、GM Cruise、nuTonomy、Almotive、Voyage、ZMP、ArgoAI、Aurora、Pony.ai、Zoox、Wayve、AutoX、智行者、初速度科技、滴滴沃芽、轻舟智航、禾多科技、文远知行、Apollo、深兰科技、驭势科技、元戎启行

续表

技术领域	企业名称
无人配送车	YOGO ROBOT、美团无人车、京东、菜鸟、苏宁物流、新石器、智行者、驭势科技、一清创新、行深智能、优时科技
商用车自动驾驶	Thor Trucks、WABCO、Keep Truckin、Pronto、Kodiak Robotics、iSee、Outrider、Inrix、Oxbotica、Peloton、BestMile、Embark、Elinride、Waymo、PACCAR、ike、Volvo、Volkswagen、福田、东风、上汽红岩、斯堪尼亚、一汽、金龙客车、陕汽重卡、中国重汽、中车、宇通
互联网汽车	百度、Uber、百度、Lyft、Waymo

1.3.3 车规级芯片产业发展趋势

四个相互关联的汽车趋势,即电气化、自动化、互联性和移动即服务(MaaS),将极大地改变典型汽车的特性,加速车规级芯片的需求。

汽车产业正在以飞快的速度从燃油动力转向电动,虽然仍然存在一些争议,但动力传动系统的电气化已经在进行中,随着汽车动力系统从传统内燃机转向电动,每辆车所需要的半导体数量将激增。自 20 世纪 90 年代 General Motors 推出 OnStar 系统以来,汽车制造商一直在生产能够与外部世界连接的汽车。OnStar 系统包括紧急通信和使用 GPS 与无线通信的自动撞车通知。目前,车辆远程信息系统已经发展到提供导航、远程车辆健康监测、舰队车辆跟踪和其他基于通信的服务,所以自动驾驶汽车将需要一个全新的通信连接水平。例如,Intel 公司估计一辆联网的汽车每天至少可以产生 4TB 的数据,其中包括导航、信息娱乐和其他类型的信息。这些数据必须以最大的可靠性进行存储、保护、传输和分析,以指导安全的车辆行驶。所有这些功能都驱动着半导体需求,不仅在汽车本身,而且在所需的基础设施中。MaaS 产品正在重塑人们和商品的出行方式。第一批出行服务,如 Uber 等叫车平台,已经改变了世界各地人们的出行方式。如今第二批出行服务正在快速发展,但目标由人变成了移动和运送货物。尽管 MaaS 汽车不一定需要联网,但前文中的四种趋势是 MaaS 增长的关键触发点,随着 MaaS 汽车和其他先进汽车的需求不断增长,车规级芯片的需求也在迎来前所未有的增长。到 2040 年,车规级芯片市场可能达到 2000 亿美元。这还不包括用于非车载相关应用的半导体,例如充电站、V2X 基础设施和云计算系统。

1. 计算芯片

随着汽车线控系统和舒适功能的普及,发动机、变速箱等设备的控制愈加细化,电动座椅、智能灯光、远程车控等多元功能愈加集成,控制代码行数增加的同时对 MCU 计算响应速度的要求更高,促使汽车 MCU 的应用从 8 位、16 位芯片向 32 位演进。除了功能增加和处理性能提升外,MCU 处理器对安全和可拓展性的要求也越来越高。硬件、软件和开发工具的复用性变得更好,使得一级供应商和主机厂用户能够缩短开发时间,加快新产品上市。目前基于 ARM Cortex 的 MCU 方案是行业应用的主流。

主控芯片在汽车计算中的核心地位和极高的技术水平要求使其成为汽车芯片的"价值

皇冠",受到传统汽车芯片厂商和领域厂商竞相追捧。在主控芯片领域,不同厂商有着不同的技术路线,主流方案为不同芯片构型的异构融合。CPU 负责逻辑运算和任务调度;GPU 作为通用加速器,可承担 CNN/DNN 等神经网络计算与机器学习任务,将在较长时间内承担主要计算工作;FPGA 作为硬件加速器,具备可编程的优点,在 RNN/LSTM(循环神经网络/长短期记忆)强化学习等顺序类机器学习中表现优异,在部分成熟算法领域发挥着突出作用;ASIC(专用集成电路)可实现性能和功耗最优,作为全定制的方案将在自动驾驶算法成熟后成为最终选择。

L3 级别自动驾驶需要 30TOPS(1TOPS 代表一秒内进行一万亿次计算)的算力,未来车载计算芯片空间十分广阔。根据国内自动驾驶芯片厂商地平线的数据,L1/L2 级别自动驾驶对算力需求不足 2TOPS,而 L3 级别自动驾驶需求激增,为了冗余设计的考虑,当前主流自动驾驶芯片的设计算力已达到几十 TOPS,L4/L5 级别自动驾驶对算力的需求将会更高。目前满足 L3 级别自动驾驶的芯片已陆续流片,而 L3 级别的自动驾驶技术普及仍需时间,所以短期内自动驾驶芯片算力并没有显著再提升的需求。

2. 功率芯片

汽车是功率芯片下游应用中的主要领域,2019 年,汽车在功率芯片下游终端的市场占比为 35.4%。根据 Omdia 的数据统计,由于"疫情"对汽车销量的负面影响,2020 年全球汽车功率器件市场下降至 45 亿美元,得益于汽车行业复苏以及新能源汽车渗透率的快速提升,预计到 2025 年将提升至 92 亿美元。

汽车电机控制系统中 IGBT 的需求量快速增长,IGBT 占据电控系统 40%~50% 的材料成本,占新能源汽车总成本的 8%~10%。新能源汽车使用到 IGBT 的装置主要有五项(包含逆变器、直流/交流电变流器、车载充电器、电力监控系统以及其他附属系统),在配合高电压、高功率的工作条件下,功率元件的采用需替换成 IGBT 元件或 IGBT 模块,对 IGBT 芯片的需求量较大。

新能源汽车充电桩对功率器件也将产生可观的需求。与新能源汽车相配套的充电桩对功率半导体的需求也很大,新能源汽车充电桩分为直流 IGBT 充电桩和交流 MOSFET 充电桩,直流充电桩的优点在于充电速度快,缺点是价格高昂。

SiC MOSFET 性能优秀,对 Si IGBT 产生了部分替代效应。MOSFET 和 IGBT 都用作开关,不同点在于硅基 MOSFET 不耐高压,只能用在低压领域,开关频率高、损耗低。IGBT 结合了 BJT 和 MOS 的优点,耐高压性能较强,开关频率低于 MOSFET,损耗较高。SiC MOSFET 具有较高的击穿电场强度,比传统 Si MOSFET 更耐高压,同时拥有更高的开关频率和下降的通态电阻,开关速度比 Si IGBT 快,损耗比 Si IGBT 小,在高频、高电压领域正取代 Si IGBT 和 Si MOSFET,此外,SiC MOSFET 模块的体积可以大幅减小,由于电动车电池模块重量和体积较大,引入 SiC 可以节省部分电驱系统的体积,为整体空间布局的设计带来更大优势。

展望未来,纯电动乘用车的工作电压将以 350V 起步为主,在这个电压下,大功率的 IGBT 仍能长期胜任,且在成本端具备优势;在中高端乘用车、客车以及货车领域,对工作电压有更高要求的情况下,例如 600V、800V 乃至 1000V,SiC MOSFET 性能优势逐渐显露,由于 SiC 产业化仍需较长时间,目前来看成本下降到硅基芯片仍有较大难度,因此在相当长的时间内,Si IGBT 和 SiC MOSFET 将长期共存。

3. 传感器芯片

随着智能驾驶功能的完善和演进,汽车车身将至少需要配置前视、环视、后视、侧视、内置摄像头,各部分还可能采用 2~3 个摄像头搭配使用。如 Tesla 的 Autopilot 1.0 只需采用前置和后置两个摄像头,而 Tesla 的 Autopilot 2.0 就已经搭配"正常摄像头+长焦摄像头+广角摄像头",单车摄像头达到 8 个(传统汽车 1~2 个)。

从数量角度看,目前单车摄像头平均搭载量为 1~2 颗,L2 级别正在普及为 2~6 颗,未来随着智能驾驶向无人驾驶发展,L3 级别的每辆汽车有望搭载 8+颗摄像头,L5 级别则接近 20 颗,从而车载 CIS 有望迎来快速增长期。

从功能角度看,车载 CIS 产品需要满足不同于手机 CIS 的功能需求,例如需要支持 LFM、HDR(高动态范围)、低照感光、全局快门等功能,其中,LED 闪烁抑制功能以确保正确识别路面信号灯及车灯;HDR 功能以应对复杂光照条件;低照感光以满足夜间开车或隧道环境的成像需求。车载产品相对于手机产品一般有更大的芯片面积。

从价格角度看,车载 CIS 平均单价一般达到手机的 3~5 倍,同时,目前车载 CIS 产品仍然以 1.3MB、1.7MB 为主,后续随着对拍摄清晰度要求的提升,车载产品也有往高像素(如 8MB)发展的趋势,将提升车载 CIS 产品的价格水平(预计 1.3MB 产品约 5 美元,而 8MB 产品预计超 10 美元)。根据 Mordor Intelligence 统计,2019 年车载摄像头出货量达到 1.45 亿颗,2021 年接近 2 亿颗。未来随着辅助驾驶及 ADAS 渗透率的持续提升,平均单车搭载量将进一步提升,带动市场规模复合增速超 30%。

4. 存储芯片

汽车存储应用在汽车多个模块,传统汽车需求较小。为实现自动驾驶汽车的互联性,包括仪表盘系统、导航系统、信息娱乐系统、动力传动系统、电话通信系统、平视显示器、传感器、CPU、黑匣子等,都需要存储技术为自动驾驶汽车提供基础代码、数据和参数。汽车电子产业对存储的需求主要来自 IVI、TBOX 和数字仪表盘等产品。

L3 级别自动驾驶将为汽车存储带来显著增量。L1~L5 级别自动驾驶对内存和存储产品分别提出了不同的需求:在 L1、L2 级别时,存储带宽大多数需求能够由 LPDDR4 满足,而随着技术要求越来越高,未来更多将会由 LPDDR5 和 GDDR6 产品来满足更高的计算性能。同时,在存储容量中,现有的 e.MMC 产品基本能满足现有的应用需求(如 8GB、64GB、128GB),但未来对于存储的写入速率、容量要求和性能的要求将越来越高,会从 e.MMC 转到 UFS 再转到 PCIe(Peripheral Component Interconnect express)。根据 Semico Research,对 L1、L2 级别而言,每车存储容量差别不大,一般配置 8GB DRAM 和 8GB NAND,但是 L3、L4 级别的自动驾驶的高精度地图、数据、算法都需要大容量存储来支持,一辆 L3 级别的自动驾驶汽车将需要 16GB DRAM 和 256GB NAND,一辆 L5 级别的全自动驾驶汽车估计需要 74GB DRAM 和 1TB NAND。

根据 HIS 数据统计,2020 年,汽车存储 IC 市场规模在 40 亿美元左右,而根据 WSTS 数据统计,2020 年,全球存储 IC 市场为 1175 亿美元,汽车用存储 IC 份额不足 4%。展望未来,随着汽车自动驾驶功能的迭代,全球汽车存储 IC 市场空间将快速增长,预计到 2025 年将至少翻倍,超过 80 亿美元,逐渐成为存储 IC 市场中越来越重要的部分。

如今的汽车,既是一辆车,也是一个智能终端,还可能是一个基础设施。因为汽车正在被赋予越来越多的能力,例如感知能力、计算能力、连接能力、交互能力等。功能愈加丰富,控制更加集中,软件自由定义,开发实现解耦,车规级芯片正在推动着汽车的技术变革,并改变着汽车产业的生态格局。

参考文献

第 2 章 汽车电子与芯片

2.1 汽车电子电气系统概述

汽车电子电气系统指汽车电子控制系统、各类车载电子信息网络装置和电驱动系统等的统称。近年来，随着现代汽车电子技术的飞速发展，汽车电子电气设备在汽车中所占的比重进一步上升，不仅从发动机控制逐步深入底盘控制、车身舒适性控制以及安全与辅助驾驶控制，还扩展至信息通信和车载多媒体。汽车电子电气系统不再是仅完成某一个任务的独立系统，而是与其他子系统共同组成的多目标、多任务的分布式综合协调电子控制系统。汽车电子电气系统的开发重点也从对单一的系统实现演变成了对一个分布式网络系统的实现。

2.1.1 汽车电子技术发展概况

汽车是当今社会的重要交通工具，如何满足人们对汽车安全、清洁、节能、舒适的需求，一直是汽车设计师的重要课题。近十几年来，汽车电子技术在解决汽车所面临的各种问题方面起着越来越重要的作用，推动了汽车工业的发展。汽车电子技术水平已经成为衡量一个国家汽车技术水平高低的重要标志，同时也是各汽车生产厂家在竞争中掌握主动权的关键。节能与新能源汽车是《中国制造2025》明确的十个重点领域之一。我国将继续支持电动汽车、燃料电池汽车的发展，提升汽车动力电池、驱动电机、高效内燃机、先进变速器、轻量化材料、智能控制等核心技术工程化和产业化的能力，形成从关键零部件到整车的完整工业体系和创新体系，推动自主品牌节能与新能源汽车同国际先进水平接轨。

1. 汽车电子技术的发展史

随着电子技术和信息技术的迅猛发展，传统汽车机械系统与电子技术、信息技术不断融合，汽车产品的电子化、网络化和智能化水平不断提高。汽车电子装置的装备数量和成本不断增加，有的汽车电子装置占整车造价的1/3，高级轿车有的装有几十个微控器、上百个传感器。电子化的程度已成为衡量汽车技术水平的主要标志之一。

汽车电子技术主要包括硬件和软件两方面内容：硬件包括微机及其接口、执行部件、传感器等；软件主要是以汇编语言及其他高级语言编制的各种数据采集、计算判断、报警、程序控制、优化控制、监控、自诊断系统等程序。

微控制器是整个系统的核心,负责指挥其他设备工作。目前汽车上用的微控制器以通用单片机和高抗干扰及耐振的汽车专用微处理器为主,其速度和精度要求不像计算用微机高,但抗干扰性能较强,能适应汽车振动大等恶劣的工作环境。有的汽车由单机控制向集中控制发展,而汽车集中控制也由原来的多个微控制器通信向网络化管理过渡。

20世纪50年代—70年代末,主要用电子装置改善部分机械部件的性能。汽车电子技术的发展及其大规模的应用是从20世纪70年代末开始的,大致经历了4个发展阶段。

第一个阶段为1971年以前——零部件时代,开始生产技术起点较低的交流发电机、电压调节器、电子闪光器、电子喇叭、间歇刮水装置、汽车收音机、电子点火装置和数字钟等。20世纪50年代,汽车上开始安装电子管收音机,这是汽车电子装置的雏形。1953年,美国汽车公司着手开发汽油电喷装置,这是电子控制汽油喷射发展的起点;1955年,晶体管收音机开始在汽车上安装;1960年,结构紧凑、故障少、成本低的二极管整流式交流发电机投入使用,取代了直流发电机;1963年,美国公司采用IC调节器,并在汽车上安装晶体管电压调节器和晶体管点火装置,接着又逐步实现其集成化;1969年,开始研制汽车变速器的电子控制装置,并于1970年装车使用。

第二个阶段为1974—1982年——多系统时代,汽车电子控制技术开始形成,大规模集成电路得到广泛应用,减小了汽车电子产品的体积,特别是8位、16位微处理器的广泛应用,提高了电子装置的可靠性和稳定性。主要包括电子燃油喷射、自动门锁、程控驾驶、高速警告系统、自动灯光系统、自动除霜控制、制动防抱死系统(ABS)、车辆导向、撞车预警传感器、电子正时、电子变速器、闭环排气控制、自动巡航控制、防盗系统、实车故障诊断等电子产品。这期间最具代表性的是电子汽油喷射技术的发展和防抱死(ABS)技术的成熟,解决了机械装置无法解决的复杂的自动控制问题,实现了由电子技术来控制汽车的主要机械功能。1973年,美国通用公司采用IC点火装置并逐渐普及;1976年,美国克莱斯勒公司研制出由模拟计算机对发动机点火时刻进行控制的电子控制点火系统;1977年,美国通用公司开始采用数字式点火时刻控制系统,这就是电喷点火系统的雏形;20世纪80年代,电喷技术在日本、美国和欧洲一些国家得到飞速发展,并开始规模使用。

第三个阶段为1982—1990年——网络化时代,以微处理器为核心的微机控制系统在汽车上大规模的应用趋于成熟和可靠,并向智能化方向发展,汽车全面进入电子化时代。开发的产品有牵引力控制、全轮转向控制、直视仪表板、声音合成与识别器、电子负荷调节器、电子道路监视器、蜂窝式电话、可加热式挡风玻璃、倒车示警、胎压监测、高速限制器、自动后视镜系统、道路状况指示器、电子冷却控制和寄生功率控制等。

从2005年开始,可以说进入了汽车电子技术的第四个发展阶段——智能化和网络化时代。微波系统、多路传输系统、ASKS-32位微处理器、数字信号处理方式的应用,自动防撞系统、动力优化系统、自动驾驶与电子地图技术得到发展,特别是汽车智能化技术水平有了较大的提高。图2-1展现了这4个阶段的发展过程。汽车电子技术的重点由解决汽车部件或总成问题开始向广泛应用计算机网络与信息技术发展,使汽车更加自动化、智能化,并向解决汽车与社会融为一体等问题转移。汽车电气系统的发展历程如图2-2所示。

汽车电子技术发展的原因可以归结为以下两方面。

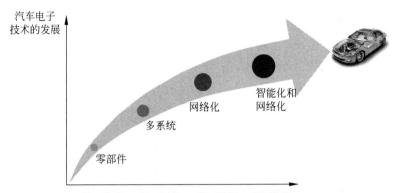

图 2-1 汽车电子技术的发展阶段

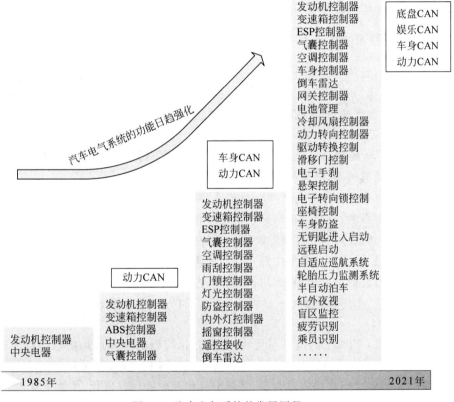

图 2-2 汽车电气系统的发展历程

1) 社会对汽车性能要求的不断提高

汽车作为一种重要的交通运输工具,为人类的发展做出了不可磨灭的贡献。然而,汽车在造福人类的同时,也带来了能源紧张、排气污染、噪声污染和交通安全等一系列社会问题,这成为制约汽车工业乃至人类社会可持续发展的主要障碍。因此,开展汽车电子技术的研究,改善与提高汽车性能,满足日趋严格的汽车油耗法规、排放法规和安全法规的要求,已经成为当今社会和市场共同追求的目标。

2) 电子技术的高速发展

经过一百多年的技术革新,汽车上应用的传统机械装置得到了长足的发展,功能已经相当完善,若仅依靠对机械结构的改进来满足人们不断提升的对汽车性能的要求,则必将事倍功半。因此,只有在汽车的工作原理和结构上进行根本性变革,才有可能给汽车的发展带来革命性变化,从而使汽车的性能满足人们的要求。目前,汽车工业越来越多地从后工业时代的能源、电子、信息科技中吸收新的元素,汽车电子化已经成为一种趋势,而电子技术特别是大规模集成电路、微型计算机和传感器等技术的发展,为汽车电子装置的发展提供了必要的物质条件和技术保证。

我国由于汽车工业起步较晚,本土汽车电子厂商与本土整车厂商具有较为类似的发展情况,汽车电子厂商呈现断代式发展历程。在高附加值及高端汽车电子领域,我国本土汽车电子厂商在技术实力、产品性能及市场份额方面均与外资零部件厂商存在较大差距。我国汽车电子厂商多集中在附加值较低的基础元器件及部件供应和通信娱乐系统领域,而较为专业化的牵引力控制、车身控制、自适应巡航和无人驾驶领域鲜有建树,此类专业化汽车电子领域主要由欧美零部件巨头厂商把控,占据绝大多数市场份额。

2. 汽车电子技术的特征

汽车电子技术已从单个部件电子化,经历了总成电子化与模块化,到目前的智能化、网络化,以及车辆互联。整车模块综合化形成的控制器网络系统是汽车电控技术发展的一个全新阶段。目前,汽车电子控制技术在国际上正处于全面而快速发展阶段,其主要特征如下。

功能多样化:从最初的发动机电子点火与喷油,发展到如今的各种控制功能,如自动巡航、自动启停、自动避撞等,各电控系统的功能越来越多样化。

技术一体化:从最初的机电部件松散组合到如今的机液电磁一体化,如直喷式发动机电控共轨燃料喷射系统,机电部件从最初的单一松散组合到如今的机电一体化。

系统集成化:从最初单一控制发展到如今的多变量、多目标综合协调控制,减少汽车上过多的控制器数量,将多种功能集中到一个控制器中,如将发动机管理系统和自动变速器控制系统集成为动力总成控制模块PCM;将制动防抱死控制系统、牵引力控制系统(TCS)和驱动防滑控制系统(ASR)综合在一起进行制动控制等。对各控制系统功能进行综合集成的成果不断涌现。

网络总线技术:汽车上的电控系统和传感器、执行器的不断增加使点对点的联结方式走到了尽头,为简化日益增加的汽车电控装置的线路连接,提高系统可靠性和故障诊断水平,利于各电控装置之间数据资源共享,并便于建成开放式的标准化、模块化结构,汽车网络总线技术得到了很大的发展,在汽车上,以CAN(Controller Area Network,控制器局域网络)总线应用以及无线通信为基础的远程高频网络通信系统是一种主流模式。尤其要说明的是,总线技术的应用带来了整车电气系统设计的革新和优化。

线控技术:汽车内的各种操纵传动系统向电子电动化方向发展,用线控代替了原来的机械传动机构。线控技术将驾驶人的操作命令转换为电信号,再以电子控制方式驱动执行机构,以实现对汽车的控制。汽车电子控制系统采用线控技术,这不仅可以大大简化应用传统操纵机构的机械或液压传动系统,还能使汽车的结构发生改变,尤其是利用新能源的电动汽车,其汽车底盘结构将发生革命性变化。

48V供电系统:面对汽车电子控制装置和电气部件的急剧增加,所需要的电能也大幅增加。电流的增加使线径增大,从而使电器件的体积和质量增加,显然现有的12V(或24V)电源系统难以满足电气系统的需要。为此,将采用48V供电系统(可能用锂电池替代铅酸电池,增加发动机启停系统等)。

智能化和车辆互联:智能化是指通过预先将经验或最佳运行数据输入车辆,并对车辆运行状态进行监控,使车辆自动调整到稳定行驶、操纵灵活的状态,并通过对车辆周边环境的监测,将车辆自动调整到最佳车速,与周边物体(行人、车辆等)保持适当距离,保证车辆行驶安全。智能化的车辆控制系统,如车辆稳定性控制(VSC)系统、自适应巡航控制(ACC)系统等将得到应用和发展,车联网将得到普遍应用。随着智能化交通技术的迅速发展,汽车自身不仅是个复杂的系统,而且还将成为智能交通大系统中的一员。基于卫星导航定位系统的汽车导航技术、移动电话和互联网等都将在汽车上普及,汽车电子控制与信息技术的结合也将更加紧密,这将成为汽车电子技术的重要发展方向。

3. 汽车电子系统的地位

汽车电子化被认为是汽车技术发展进程中的一次革命。汽车电子化的程度被看作衡量现代汽车水平的重要标志,是用来开发新车型、改进汽车性能最重要的技术措施。汽车制造商认为增加汽车电子设备的数量、促进汽车电子化是夺取未来汽车市场重要的、有效的手段。汽车电子系统应用的优点如下。

(1) 汽车动力性能提高,如液力机械式自动变速器(AT)或电控机械式自动变速器(AMT)技术的应用。

(2) 汽车驾驶性能提高,如电动助力转向系统(EPS)技术的应用。

(3) 汽车节能性能提高,如通过提升发动机电控技术实现了更高的排放法规要求。

(4) 汽车安全性能提高,如应用制动防抱死控制系统或安全气囊等技术提升了驾驶的安全性。

(5) 舒适性提高,如应用高性能汽车空调技术提升司乘人员的舒适性。

(6) 智能性提高,如通过采用多种网联技术,最终实现无人驾驶。

近二三十年来,随着电子信息技术的快速发展和汽车制造业的不断变革,汽车电子技术的应用和创新极大地推动了汽车工业的进步与发展,对提高汽车的动力性、经济性、安全性,改善汽车行驶稳定性、舒适性,降低汽车排放污染、燃料消耗起到了非常关键的作用,同时也使汽车具备了娱乐、办公和通信等丰富功能。在互联网、娱乐、节能、安全四大趋势的驱动下,汽车电子化水平日益提高,汽车电子在整车制造成本中的占比不断提高,预计2030年将接近50%。

汽车电子行业覆盖多个汽车用电子产品制造业,当前我国汽车上的电子设备和系统的渗透率仍然有提升空间,尤其在ADAS执行系统、夜视系统、预警系统等高端和新型汽车电子系统上。以盲点侦测系统为例,2020年,我国汽车前倒车雷达、倒车车侧预警系统、并线辅助的渗透率仍相对较低,标配率分别为37.46%、13.54%及20.79%,均有较大的提升空间。

从世界范围看,汽车工业向电子化发展的趋势在20世纪90年代初已十分明显,由于汽车工业是国民经济发展的支柱产业,因而是国际经济竞争的重要领域。而电子技术在汽车上的应用促进了汽车各项性能的发展,世界各大汽车公司纷纷投入巨资开发自己的汽车电子产品以赢得更大的市场空间,因此,汽车电子化将是夺取汽车市场的重要手段。据统计,1991年,一辆车上电子装置的平均费用是825美元,1995年上升到1125美元,2000年达到2000美元,占汽车成本的30%以上,且还在以5%的速度逐年递增,甚至增长速度还会加快,尽管电子产品的成本还以每年10%~30%的比例下降。2000年以后,全世界汽车电子产品的市场规模将突破600亿美元,美、日、欧等发达国家汽车电子产品的价格占整车价格的10%以上,高级轿车甚至达到30%以上。

德国汽车工业成功的一个决定性因素是电子技术的创造性应用。随车辆级别和内部配置的不同,目前电气和电子元件占整车成本的10%~30%,并且该比例将在今后5年内再增加10%。因此,能确定汽车工业极大地影响了半导体制造商。如果忽略不计市场份额曲线中的汽车电气部分,如蓄电池、起动机、发电机、灯光系统等,仅考虑半导体的话,将看到一个相反的结果。与汽车技术相比,电子消费品,如PC和移动电话,在1999—2000年有非常明显的增加。半导体市场中用于车辆的份额从7%降至6%。

现代汽车电子控制技术的应用不仅提高了汽车的动力性、经济性和安全性,改善了行驶过程中的稳定性和舒适性,推动了汽车工业的发展,还为电子产品开拓了广阔的市场,从而推动了电子工业的发展。因此,发展汽车电子控制新技术,加快汽车电子化速度,是振兴和发展汽车工业的重要手段。

汽车电子化是建立在电子学的基础上发展起来的,如今的汽车电子化发展迅猛,有的汽车中电子装置占整车造价的1/3,有的高级轿车加装了十几个微控制器、上百个传感器,可以说汽车电子化的程度是衡量汽车高档与否的主要标志。1989年至今,平均每辆车上安装的电子装置在整个汽车制造成本中所占的比例由16%增至30%以上。在一些豪华轿车上,使用单片微型计算机的数量已达到48个,电子产品则占到整车成本的50%~60%,如图2-3所示。

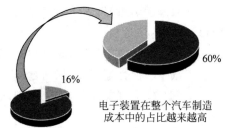

图2-3 汽车电子整车成本占比的变化

2.1.2 汽车电子电气系统的组成

汽车电子电气技术是现代汽车发展的重要组成部分之一,对汽车的动力性、安全性、舒适性等影响较大。随着智能技术、信息技术和控制技术的发展,汽车电子电气技术得到了进一步的发展。

1. 传统汽车电子电气系统的组成

传统汽车一般由发动机、底盘、车身和电气设备4个基本部分组成。汽车电子电气系统由七大部分组成,分别是充电系统、起动系统、点火系统、照明与信号系统、仪表与报警系统、辅助电器系统、电子控制系统。图2-4所示为汽车电子电气系统的组成与分布。

充电系统由蓄电池、电压调节器和交流发电机等组成,主要为汽车起动和行驶时提供系统工作所需的电能。

起动系统由蓄电池、点火开关、起动机及其控制电路等组成,主要是为了给发动机曲轴

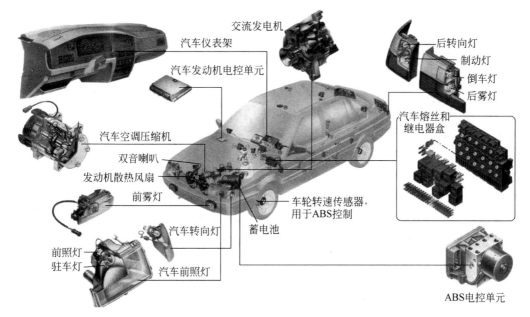

图 2-4　汽车电子电气系统的组成与分布

提供足够的起动转矩,以使发动机曲轴达到必需的起动转速,使发动机顺利完成点火从而正常运行。

点火系统由点火线圈、火花塞、点火信号发生器和分电器总成(无分电器点火系统则为微机控制单元)组成,主要作用为利用火花塞点燃缸内的混合气,推动活塞做功,为发动机提供动力。

照明系统包括前照灯、雾灯、示宽灯、牌照灯、行李箱灯、顶灯和其他照明灯等,帮助驾驶人在夜间行车或恶劣天气(雨、雪、雾天等)下,能获取外界路况信息,确保行驶安全;信号系统包括转向信号灯、危险警示灯、制动信号灯、倒车灯、电喇叭等,在车辆行驶的过程中,提醒周围其他驾驶人或行人获取行驶车辆的信息,及时避让从而避免交通事故,确保交通安全。

辅助电器系统由雨刮系统、电动车窗系统、收音机、低温起动预热装置和点烟器等组成,主要用于提升汽车行驶过程中的安全性、舒适性和稳定性。

仪表与报警系统由机油压力表、冷却液温度表、燃油表、车速里程表和发动机转速表等组成,主要为驾驶人提供汽车怠速或行驶状态下的车辆工况信息,使驾驶人能及时发现车辆问题,避免事故发生。

电子控制系统由发动机控制单元、制动防抱死装置、电控悬架系统、自动空调和电控自动变速器等组成,与相应模块中的传感器和执行器实行交互,并按照汽车最优配置参数进行系统控制,确保模块的正常运行。

2. 电动汽车电子电气系统的组成

电子电气系统是电动汽车的"神经",承担着能量与信息传递的功能,对纯电动汽车的动力性、经济性和安全性等有很大的影响,是电动汽车的重要组成部分。电动汽车的电子电气系统由低压电气系统、高压电气系统和整车网络化控制系统组成。

高压电气系统由动力电池、驱动电机、功率变换器等高压电气设备组成,主要为电动汽车提供动力。

低压电气系统主要由功率变换器、辅助蓄电池和若干低压电气设备组成,一方面为灯光、雨刷等常规低压电气供电;另一方面为整车控制器、辅助部件、高压电气设备的控制电路供电。

整车网络化控制系统由整车控制器、电机控制器、电池管理系统、信息显示系统和通信系统等组成,整车控制器是整车控制系统的核心,承担了数据交换与管理、故障诊断、安全监控等功能。各系统之间的信息传递通过网络通信系统实现,目前各大汽车制造商采用的车载网络通信协议有 CAN、LIN、FlexRay 等。

3. 汽车电子电气系统的特点

现代汽车电子电气设备虽然种类繁多,功能各异,但其线路都应遵循一定的原则,了解这些原则对进行汽车电路分析是很有帮助的。汽车电子电气系统的主要特点如下。

1) 低压

汽车电子电气系统的额定电压主要有 12V 和 24V 两种。汽油车普遍采用 12V 电源,柴油车多采用 24V 电源(由两个 12V 蓄电池串联而成)。

2) 直流

现代汽车发动机是靠电力起动机起动的,起动机由蓄电池供电,而蓄电池充电又必须用直流电源,所以汽车电系为直流系统。

3) 单线制

单线连接是汽车线路的特殊性,它是指汽车上所有电气设备的正极均采用导线相互连接,而所有的负极则直接或间接通过导线与车架或车身金属部分相连,即搭铁。任何一个电路中的电流都是从电源的正极出发经导线流入用电设备后,再由电气设备自身或负极导线搭铁,通过车架或车身流回电源负极而形成回路的。由于单线制导线用量少,线路清晰,接线方便,因此广为现代汽车所采用。

4) 并联连接

各用电设备均并联连接,汽车上的两个电源(蓄电池与发电机)之间以及所有用电设备之间,都是正极接正极,负极接负极。由于采用并联连接,所以汽车在使用中,当某一支路用电设备损坏时,并不影响其他支路用电设备的正常工作。

5) 负极搭铁

采用单线制时,蓄电池一个电极需接至车架或车身上,俗称"搭铁"。蓄电池的负极接车架或车身称为负极搭铁;蓄电池的正极接车架或车身称为正极搭铁。负极搭铁对车架或车身金属的化学腐蚀较轻,对无线电干扰小。我国标准规定汽车线路统一采用负极搭铁。

6) 设有保险装置

为了使各用电设备单独工作,互不影响,防止电路或元件因短路或搭铁而烧坏线束和用电设备,汽车电路中均安装有保护装置防止产生过流,如熔断器、易熔线,在设备和导线烧坏前将电路切断。

7) 汽车线路有颜色和编号特征

为了便于区别各线路的连接,汽车的所有低压导线必须选用不同颜色的单色线或双色线,并在每根导线上编号。

8) 采用两个电源

汽车上采用两个电源,即蓄电池和发电机,它们以并联的方式向用电设备供电。蓄电池是辅助电源,在发电机未发电或电压较低(低于蓄电池端电压)时,由蓄电池向电用设备供电;发电机是主电源,当发动机运转到一定转速后,发电机开始向车上的用电设备供电,同时对蓄电池进行充电以补充蓄电池损失的电能。

2.1.3 汽车电子电气架构概述

随着电子电气在汽车系统中扮演着越来越重要的角色,其开始处理越来越多复杂的功能性问题。将各类传感器、线束、控制器、各个系统的软硬件有机地结合起来,构成集成化、功能化、智能化的电子电气系统已经成为必然趋势。

1. 汽车电子电气架构的发展

汽车电子电气系统架构的发展,由 20 世纪 80 年代最初的分布式架构逐渐发展为当前的高度智能和融合化。发展初期,不同的电子控制单元通过等效网络接口及通信链路连接,实现有效通信。而随着技术的发展,不同电子控制单元的合并以及硬件系统的集成化设计,使得汽车电子电气架构逐渐过渡到模块化和集成化,促进了不同电子控制单元之间的相互通信和融合,这种变化趋势随着车辆智能网联化的需要会得到进一步的发展。而且,大数据和互联网技术的愈发成熟,使得人-车-环境多维度融合交互通信成为可能,使用大数据云处理器控制车辆也逐渐成为可能。汽车电子电气架构的演进方向如图 2-5 所示。

车辆智能网联化的发展,带来了车辆自身个体复杂程度的增加、车辆各系统之间交互通信的增加、车辆之间互联通信的增加。这对电子电气架构的通信能力及延展性提出了更高的要求。车载电子电气架构的设计和搭建需要考虑的因素就更多,例如实时性需求、诊断服务请求等以整车功能导向为目标的要求。域集中架构将逐渐向准中央计算架构和中央计算架构演进,演进时间可能长达十年。

1) 域集中架构阶段

目前的车企处于域集中架构阶段,如大众的 E3 架构、长城 GEEP 3.0 架构、比亚迪的 E 平台 3.0 架构、吉利的 SEA 架构、小鹏的 EE 2.0 架构等都是典型的域集中架构。

集中式 EEA 是汽车电子电气架构发展的必然方向,从已经实现量产的车型看,现阶段主要是域集中式 EEA,经典的五大域控分别是动力域、底盘域、车身域、智驾域、座舱域。但是受技术门槛、多样化配置梯度、消费习惯等因素的限制,完全实现标准域架构和中央架构存在一定困难,"分布式 ECU(电子控制单元)+域控制器"的域混合架构会是短期内的一种常态。

目前大众、宝马、吉利极氪、华为、伟世通等公司的电子电气架构采用三域 EEA 方案,主要包括智能驾驶域、智能座舱域、车辆控制器域。

大众已经从 MQB(横置发动机模块化平台)分布式电子电气架构升级到 MEB(模块化电气工具)(E3)域集中电子电气架构。E3 架构包括车辆控制(ICAS1)、智能驾驶(ICAS2)、

---

① HPC:高性能计算。
② TSN:时间敏感网络。

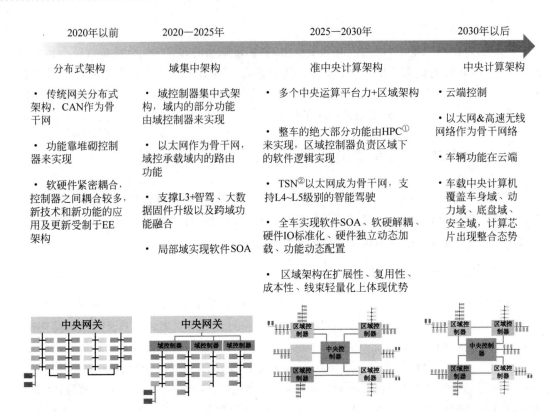

图 2-5　汽车电子电气架构的演进方向

智能座舱(ICAS3)3 个智能域控制器。E3 架构中的 ICAS1 微处理器采用了瑞萨科技 R-Car M3 解决方案,算力为 30 000 DMIPS。ICAS1 涵盖范围与传统汽车的功能没有太大区别,包括高压电源、低压电源、里程数据、疲劳识别、驾驶配置文件等,不具备整合能力的底盘、安全气囊等模块挂在 ICAS1 下。而 E3 架构的 ICAS3 主要是针对域控制器芯片做了升级,使用三星 Exynos 处理器,拥有 8 个 Cortex-A76 大核心,集成 QNX、Linux、Android 三大系统。ICAS3 主要覆盖了抬头显示、液晶仪表、中控,强大的硬件带来了更加绚丽的交互界面、更丰富的扩展性、更流畅的体验。目前,ICAS1 和 ICAS3 已经开发完成,并在 ID.3、ID.4 等车型上搭载,ICAS2 尚未开发完成。在软件架构方面,E3 架构采用面向服务的架构(SOA),使用 CP 和 AP 服务中间件来实现 SOA 通信;在通信架构方面,E3 的骨干网采用以太网。

华为提出了一款 C-C 概念电子电气架构(见图 2-6 所示),即"分布式网络＋域控制器的架构",该架构主要是将汽车分为智能座舱域、整车控制域以及智能驾驶域 3 部分。在通信架构方面,C-C 架构设置了 3~5 个 VIU(车辆接口装置),所有执行器和传感器接入分布式网关,并组成环网,在单个环网故障的情况下其他 3 个环网仍然可以保持运作,有效提升了安全性。通过华为计划未来通过域控制器和操作系统打造的 C-C 架构可以做到软件在线升级、硬件在线更换升级以及拥有传感器的可拓展性,以达到软件定义汽车的目标。

2) 准中央计算架构阶段

中央计算平台＋区域控制器的准中央架构是车企下一步的发力方向,通过面向服务的架构将不同域控进行算力共享,达到类似一个中央计算平台的作用,如长城汽车在 2022 年推出的 GEEP 4.0 架构、一汽红旗汽车在 2021 年发布的 FEEA 3.0 架构(2023 年量产)都属

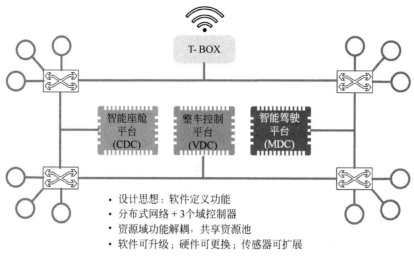

图 2-6 华为 C-C 概念电子电气架构

于准中央架构。

特斯拉的电子电气架构的发展最为领先,至少领先传统车企 5 年,Model 3 的电子电气架构已经标志着特斯拉进入准中央架构阶段,包括中央计算模块(CCM)、左车身控制模块(BCM LH)和右车身控制模块(BCM RH)三大控制模块(见图 2-7),基本实现中央集中式架构的雏形。按照车辆的位置对车辆系统控制进行了区域划分,这样的控制器布置简化了线束,提高了系统效率。CCM 主要作为整车的决策中心,负责处理所有辅助驾驶相关的传感器。同时,对主要核心控制器进行数据处理、决策仲裁。各控制器之间通过共享总线系统进行通信,及时将监测到的车辆信息反馈给 CCM,保证与各控制器及 CCM 之间的实时通信。自研的 Linux 操作系统,可实现整车固件空中升级(FOTA)。

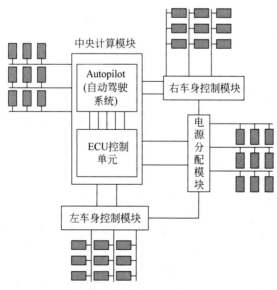

图 2-7 特斯拉 Model 3 的电子电气架构

特斯拉的准中央电子电气架构已带来了线束革命,Model S/Model X 整车线束的长度是 3km,Model 3 整车线束的长度缩短到了 1.5km,Model Y 进一步缩短到 1km 左右,特斯拉最终的计划是将线束长度缩短至 100m。

3）中央计算架构阶段

从发展趋势看，汽车 E/E 架构最终会向中央计算架构演进，将功能逻辑集中到 1 个中央控制器。从主机厂的规划看，长城汽车计划在 2024 年推出中央计算架构 GEEP 5.0，长安汽车也计划在 2025 年完成中央域架构的开发。

表 2-1 示出了部分 OEM 的新一代电子电气架构及其特点。从传统车企的 E/E 架构方案看，目前国内外大部分主机厂已经从分布式架构演进到域集中架构，并纷纷将准中央架构作为未来 3~5 年的研发和布局的重点。准中央和中央集中式架构可以有效减少控制器和线束的数量，促使汽车的软硬件进一步解耦，成本持续下降，为了跟上整车技术升级的节奏，OEM 加快布局准中央架构，引入 SOA 架构、布局中央计算平台等成为重点发力方向。

表 2-1 部分 OEM 的新一代电子电气架构及其特点

OEM	电子电气架构名称	硬件架构特点	软件架构特点	通信架构特点	量产车型及时间
丰田	TNGA 架构（准中央架构）	采用中央集中＋区域控制器相结合（按物理空间将整车对称分为多个区域）架构，属于典型的 Zonal-EEA，硬件上通过 ECU 集成降低成本	软件上，使用基于 Adaptive AUTOSAR 和 Classic AUTOSAR 的 SOA 架构，实现便捷的软件迭代和功能的可扩展性	最大程度减少线束长度，降低线束设计复杂度，减重降本，提高产线自动化	
特斯拉	Model 3 架构（类似准中央架构）	按照物理空间形成三大区域控制器，减少了线束，进一步实现了降本和减重；FSD 可进行硬件升级，硬件冗余度高	操作系统、中间件、应用软件自主开发	采用以太网＋CAN	Model 3 (2017)
长城	GEEP 4.0（准中央架构）	中央计算、智能座舱、选配高级自动驾驶平台	整车软件平台是混合体，基于传统 MCU 和 HPC 实现的融合，包括不同层级的 ECU 指计算平台和专用控制器，会包含不同层级的软件	将一些硬件的通信方式转变成以太网原子服务，抽象化的解耦，改变了分配的结构；采用独立网关	WEY 摩卡 (2021)
小鹏	EE 2.0（域架构）	大部分的车身功能已经可以迁移到所谓的域控制器中；基本可以实现 SOA 的硬件基础	SOA 架构（过渡阶段），形成三层交互的整车软件架构形态，其中包含车身功能层、应用层、交互层	干网络已经可以实现以太网＋CANFD 的数据，中央处理器与另外几个域控基本是以以太网交互为主，CANFD 为辅的方式	P5 (2021)
红旗	FEEA 3.0 架构（准中央架构）	通过中央计算＋区域控制简化拓扑结构，使控制器数量减少 50%	引入 SOA 理念，设计开发整车级的分层软件架构	线束长度减少 50% 以上	红旗 EV-Concept (2023)

长城汽车自主开发了 GEEP 电子电气架构，目前演进到第三代（GEEP 3.0），属于域控

架构,包含 4 个域控制器,软硬件进行集中整合,应用软件自主开发,已成功应用到全系车型。目前长城汽车正在积极研发第四代电子电气架构和第五代电子电气架构。长城第四代电子电气架构属于中央计算平台+区域控制器架构,包括 3 个大型计算平台,即中央计算平台、智能座舱平台、高级自动驾驶平台。其中中央计算平台整合车身、网关、空调、EV、动力底盘、ADAS 功能,属于跨域融合。而长城第五代电子电气架构则是将整车软件高度集中在一个中央大脑,实现 100% SOA,计划于 2024 年面世,图 2-8 所示为长城电子电气架构的演进过程。

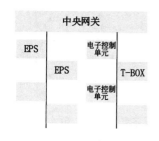
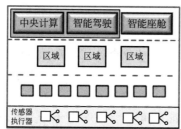
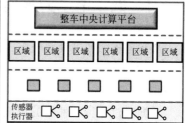

图 2-8 长城电子电气架构的演进过程

2. 汽车电子电气架构的挑战

未来,自动驾驶要求更高的算力和更多的传感器件,汽车内部的快速电子化让电子架构不堪重负,对于未来汽车电子架构来说,更应该做减法了。当然,互联网技术(5G+)愈发成熟,将大大加快电子电气架构在当前基础上的进一步深度演进。但是,不可否认,车辆智能网联化发展对汽车电子电气架构带来了更高的要求和更大的挑战,其中主要包括以下几方面。

1)功能安全

电子电气架构面临的功能安全挑战主要体现在感知冗余和自动驾驶控制冗余。车辆的电子电气架构从最初的单激光雷达单摄像头架构,到后来的多激光雷达多摄像头架构及复合摄像头架构,这些架构中不同种类的摄像头、激光雷达都需要进行安全冗余设计,以防止在传感器出现故障后,系统依靠冗余备份的传感器进行工作,保证车辆的正常行驶。自动驾驶系统中,自动驾驶域控制器主要是负责决策、路径规划控制。为了避免由于自动驾驶域控制器失效引起的系统故障,自动驾驶域控制器也要采用冗余设计(一般采用双冗余设计),当主要自动驾驶域控制器失效时,备用自动驾驶域控制器工作。功能安全需要的冗余设计带来更为复杂的电子电气架构设计。

2) 通信架构升级

随着汽车电子电气架构的日益复杂化,其中传感器、控制器和接口越来越多,自动驾驶也需要海量的数据用于实时分析决策,要求车内外通信具有高吞吐速率、低延时和多通信链路,这对架构的通信能力提出了更高的要求。通信架构的升级是电子电气架构亟须解决的问题,以满足智能网联汽车数据的高速传输、低延迟等性能要求。

3) 算力黑洞

智能网联汽车的发展对电子电气架构的另外一个挑战是控制器算力,智能网联汽车功能繁多,对汽车处理器性能的要求越来越高。有数据显示,自动驾驶等级提高一级,域控制器的算力要提高一个数量级。目前,L3 级别的自动驾驶需要 24 TOPS 的算力,L4 级别的自动驾驶需要 4000+ TOPS 的算力。如此巨大的算力需求,对于电子电气构架来说是巨大的考验。

2.2 汽车电子分类的介绍

2.2.1 汽车电子的类别

汽车电子的产品种类较多,且有多种分类方式。常见的分类方式有根据对汽车行驶性能的影响划分、根据汽车电子产品的用途划分,以及根据电子产品在汽车上的所属功能域划分。

根据对汽车行驶性能的影响划分,可以将汽车电子分为汽车电子控制系统和车载电子系统。其中,汽车电子控制系统是保证汽车完成基本行驶功能不可或缺的控制单元,往往需要与其他系统,如机械装置、显示设备等执行机构配合使用。汽车电子控制模块通常被划分至汽车的子系统,如动力传动系统、底盘电子控制系统、车身电子控制系统和其他控制系统中作为控制单元存在。车载电子系统与汽车的基本行驶功能无关,但是能提升汽车的舒适性和使用性,此类产品通常是从工业应用或消费电子产品转化而来的。车载电子电器主要包括汽车信息系统、导航系统和汽车娱乐系统等。

根据汽车电子产品的用途来划分,可以将汽车电子分为传感器、控制器和执行器三类,图 2-9 所示为典型汽车电子控制系统中的电路逻辑框图。在汽车中,传感器的作用为测量距离、角度、加速度、压力、力矩、温度和空气流量等信息,并将这些信息转换为电信号传输给汽车电子控制器;控制器的作用为接收来自传感器的信息,进行处理后,输出相应的控制信号给执行器;执行器的作用为根据控制器给出的控制指令完成规定的动作,如实现相应的力、位移等。

根据电子产品在汽车上实现的不同功能,可以将汽车电子分为若干不同的功能域,不同企业或研究机构对此提出不同的分类,但各种分类方式大同小异,其中 BOSCH 公司的功能域分类在行业内具有较高的认可度。BOSCH 公司将汽车电子划分至 5 个不同的功能域中,分别为动力域、底盘域、车身域、驾驶辅助域和信息娱乐域,如图 2-10 所示,以一辆具有

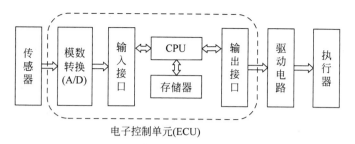

图 2-9 典型汽车电子控制系统中的电路逻辑框图

L3级别辅助驾驶功能的纯电动汽车为例,给出了汽车电子功能域分类及各功能域具有的汽车电子产品。除此之外,汽车上还有在这 5 个功能域之外的其他电子产品,如线缆、网关、OBD(车载自诊断系统)等。

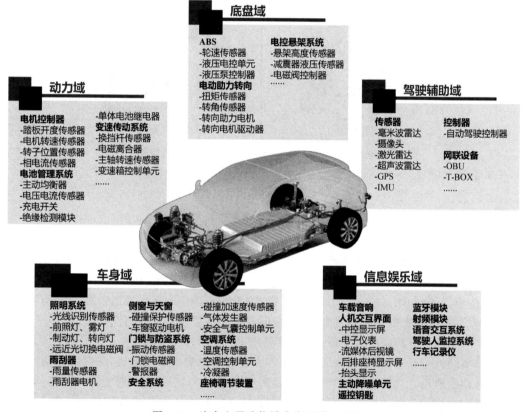

图 2-10 汽车电子功能域分类及其电子产品

1. 车身域

车身域包含车身上使用的电子设备及其控制系统,主要有照明系统、雨刮器、侧窗与天窗、门锁与防盗系统、安全系统、空调系统及座椅调节装置等,主要用于实现车身电子电气的控制功能。随着汽车电子的发展,车身控制器越来越多,为了降低控制器的成本,减小整车质量,需要把所有的功能器件集成化,例如将车身各个部位的电子产品,如后刹车灯、后位置灯、尾门锁,甚至双撑杆统一连接到一个总的控制器里,即车身域控制器。车身域控制器从分散化的功能组合,逐渐过渡到集成所有车身电子的大控制器。

从当前来说，随着车身 ECU 数量的不断增加，车载 CAN 总线的负载率提高，基本达到最大负载率，这样容易导致总线堵塞和信号丢帧，且对于车辆空中下载技术（Over-the-Air Technology, OTA）功能而言，软件版本管理复杂。随着当前芯片的核心、主频、Flash、内存和外设种类的逐渐增多，满足多 ECU 合并至单个 ECU 的需求，这样可以减少结构开模、硬件的费用，也可以减小 OTA 软件管理的复杂度，但是多核和功能安全的引入，对软件而言会带来不小的挑战。此外，向车身功能域的中央集中式发展，让车身域控制器承担数据处理和控制功能，再通过高速总线与其他域进行数据交互，如以太网，可大大简化线束的复杂程度和质量，如图 2-11 所示。

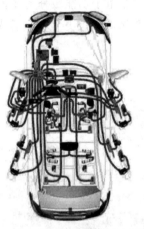 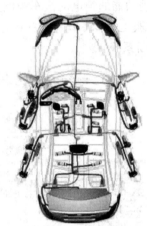

(a) 车身域现状　　　　　　(b) 向中央集中式发展的车身域

图 2-11　车身域现状与向中央集中式发展的车身域的对比

2. 动力域

动力域主要包括汽车动力传动系统所具有的电子产品。对传统的燃油车而言，动力域主要包括发动机控制单元、变速传动系统、点火系统、冷却系统以及温度传感器、爆震传感器、氧气传感器等，如图 2-12 所示。发动机管理 ECU 是传统汽车中要求最高的电子部件之一，由于发动机的状态变化快速且复杂，对控制器实时性要求较高，因此在传统燃油车中，发动机控制单元的运算能力通常是最强的，通常是 32 位处理器。

对纯电动汽车而言，动力域主要由电机控制器与电池管理系统组成，少数纯电动汽车上还包含自动变速箱。汽车动力系统的发展趋向于使用动力域控制器进行集中管理，动力域控制器是一种智能化的动力总成管理单元，借助 CAN/FlexRay 管理变速器，并进行电池监控和交流发电机调节。其优势在于能够为多种动力系统单元（内燃机、电动机/发电机、电池、变速箱）提供计算和扭矩分配，通过预判驾驶策略实现动力总成的优化与控制，同时兼具电气智能故障诊断、智能节电等功能。

3. 底盘域

底盘域主要包括一系列可以用于监控底盘各种参数和主动控制的子系统，主要有 ABS、EPS 和电控悬架系统等。每个系统都由相应的传感器、控制器和执行器组成，以 ABS 为例，通过轮速传感器采集四轮轮速，并发送给 ABS 的 ECU 进行处理，计算是否制动及制动强度，再将信号发给制动泵进行执行。随着智能汽车的发展，控制执行端，即驱动控制、转

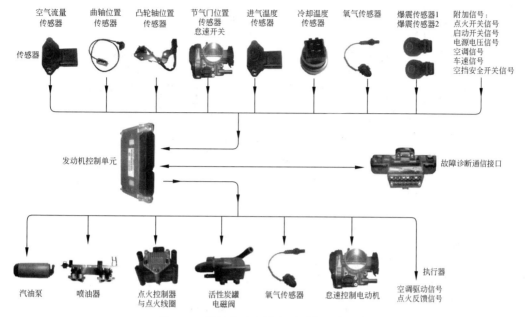

图 2-12 燃油车动力域电子系统组成示意

向控制和制动控制电子化程度的不断升高,底盘电控产品数数量往往可以达到数十个。在此背景下,域集中式电子电气架构中采用底盘域控制器实现转向、智能、悬架的集中控制,软硬件分离,使车辆的侧纵垂向协同控制,更好地服务于 ADAS,全面提升整车性能。

底盘域作为自动驾驶系统的关键执行系统,通过电控实现代替驾驶人的手和脚来进行车辆的转向、制动和加速。线控转向(Steer-By-Wire,SBW)、线控制动(Brake-By-Wire,BBW)和线控驱动(Drive-By-Wire,DBW)三项技术是线控底盘的关键技术,也是底盘域电子系统的主要组成,目前已经成为车企的核心竞争力。目前,线控驱动已经较为成熟,可以通过直接扭矩通信、伪节气门安装、节气门调节等方法实现。针对开放发动机和电机扭矩通信接口协议的车辆,线控驱动控制器直接通过 CAN 网络向发动机或者电机发送目标扭矩请求,实现整车加速度控制。线控制动处于量产应用及完善阶段,ABS(防抱死系统)、TCS(牵引力控制系统)、ESC(电子稳定性程序)等电子制动系统已然发展成熟,极大提升了整车的安全性。然而,随着汽车电子化、智能化的发展,以及对节能环保的要求,车辆对于 BBW 系统有着越来越高的需求。近年来,集成式的线控制动系统是市场较为关注的一种 BBW 系统,这种 BBW 系统将真空助力器、电子真空泵,以及传统的 ESC 等功能集成在了一起,使得整体体积和质量大大减小。当前适用于自动驾驶的主流方案是 eBooster＋ESC 的方案,如图 2-13 所示。线控转向系统在广义上讲是一种将驾驶人输入和前轮转角解耦的转向系统,目前也已有大量研究,但仍不够成熟。当前自动驾驶系统中应用较为多的转向系统仍然是传统的 EPS,以及采用双绕组电机的 EPS,图 2-14 所示的 SBW 系统为目前转向系统发展的趋势。

在汽车电子域集中式的发展方向下,作为车辆运行过程中安全性、舒适性、稳定性重要载体的底盘,域控制器的解决方案也得到越来越多 OEM 的重视。底盘域可集成的功能多样,常见的有空气弹簧的控制、悬架阻尼器的控制、后轮转向功能、电子稳定杆功能、转向柱位置控制功能等。通过与智能执行器的结合,预留足够算力的底盘域控制器可以支持集成整车制动、转向、悬架等车辆横向、纵向、垂向相关的控制功能。

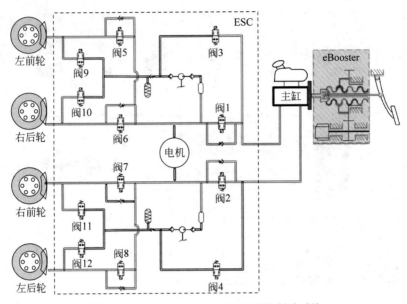

图 2-13 基于 eBooster+ESC 的线控制动系统

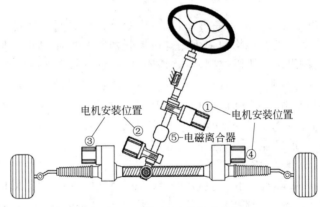

图 2-14 一种 SBW 系统的原理

4. 驾驶辅助域

驾驶辅助域是可以帮助驾驶人执行驾驶和停车功能的电子系统,能够提高汽车和道路的安全性。驾驶辅助系统使用各种传感器,如摄像头、激光雷达和超声波雷达,来检测车辆附近的障碍物或者驾驶人的错误操作,并做出响应。驾驶辅助系统涉及的感知、决策规划和控制 3 部分,对算力要求高,量产车上往往采用算力强大的自动驾驶域控制器,实现驾驶辅助系统的模块化、可移植和方便管理。2017 年,奥迪 A8 率先在量产车上使用了 Aptiv 公司生产的 zFAS 自动驾驶域控制器,如图 2-15 所示,此后,国内外各种量产车型纷纷开始使用各种自动驾驶域控制器来实现高级驾驶辅助功能。

自动驾驶是智能车辆发展的大势所趋,驾驶辅助域包含了实现自动驾驶功能的电子系统。自动驾驶辅助系统是依靠车载传感系统进行环境感知并对驾驶人进行驾驶操作辅助的系统,目前已经得到大规模产业化发展,主要可以分为预警系统和控制系统两类。其中,常见的预警系统包括前向碰撞预警(Forward Collision Warning,FCW)、车道偏离预警(Lane

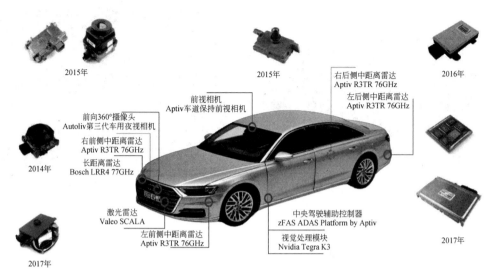

图 2-15 奥迪 A8 的驾驶辅助系统传感及运算平台

Departure Warning,LDW)、盲区预警(Blind Spot Detection,BSD)、驾驶人疲劳预警(Driver Fatigue Warning,DFW)、全景环视(Top View System,TVS)、胎压监测系统(Tire Pressure Monitoring System,TPMS)等；常见的控制类系统包括车道保持系统(Lane Keeping System,LKS)、自动泊车辅助系统(Auto Parking System,APS)、自动紧急刹车(Auto Emergency Braking,AEB)、自适应巡航(Adaptive Cruise Control,ACC)等。

驾驶辅助域的主要任务是实现自动驾驶过程中的环境感知与自主决策,并通过车载总线将控制决策信号发送给控制执行系统执行。环境感知系统的任务是利用摄像头、毫米波雷达、激光雷达、超声波等主要车载传感器以及 V2X 通信系统感知周围环境,通过提取路况信息、检测障碍物,为驾驶辅助决策提供决策依据。智能网联汽车往往还配备用于通信的车载单位(On Board Unit,OBU)或 Telematics-box(T-box)接收来自其他车辆或路侧通信单元的信息。决策系统的任务是根据全局行车目标、自车状态及环境信息等,决定采用的驾驶行为及动作的时机。决策机制应在保证安全的前提下适应尽可能多的工况,进行舒适、节能、高效的正确决策。环境感知与自主决策技术目前常用的方法均会涉及深度学习模型,对于控制器的运算能力有较高的要求。因此,目前驾驶辅助域控制器的主要特点为具有高算力且能够处理异构数据,当前很多电子厂商在自动驾驶域控制器上发力,业内有 NVIDIA、华为、瑞萨、NXP、TI、Mobileye、赛灵思、地平线等多个方案,图 2-16 给出了华为公司研制的自动驾驶域控制器 MDC300 设备。

5. 信息娱乐域

近年来,信息娱乐功能在汽车电子系统中的所占比重也逐渐增加,逐渐成为一个单独的功能域。传统的汽车娱乐系统主要包括导航系统、车载音响。近年来,中控显示屏、流媒体后视镜、抬头显示等功能也逐渐进入车辆系统中,"智能座舱"的概念逐渐火热,智能座舱的抬头显示功能如图 2-17 所示。目前,许多汽车厂商使用具备卓越的处理性能的信息娱乐域控制器,以支持座舱域的应用,同时提供优秀的显示性能支持,并支持虚拟化技术,支持一芯多屏显示,可满足各种尺寸的仪表屏及中控显示屏的显示需要,并将不同安全级别的应用进行隔离。

图 2-16 华为公司研制的自动驾驶域控制器 MDC300 设备

图 2-17 智能座舱的抬头显示功能

2.2.2 汽车电子的功能介绍

汽车电子的主要功能可以概括为控制与调节功能、通信功能两方面。此外,还有舒适、娱乐等其他功能。

1. 控制与调节功能

汽车电子系统的核心是控制单元。图 2-18 给出了发动机电控系统的功能简图,包括传感器与设定值发生器、控制器和执行器。控制器负责整个控制系统的管理和控制,它的核心是微处理器,内存中存放了程序代码。传感器与设定值发生器产生的信号作为控制算法的输入量,程序根据这些输入量计算发送到执行器的控制信号。执行器负责将微处理器产生的控制信号转换成机械量,如由伺服电机产生的用于控制车窗升降的机械力。

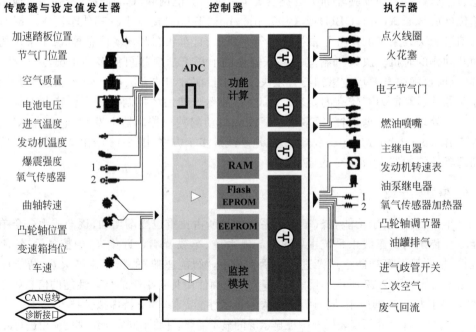

图 2-18 发动机电控系统的功能简介

2. 通信功能

车辆中的控制系统需要互相通信。例如当轮胎打滑时,车身电子稳定系统在控制刹车的同时,会要求发动机管理系统降低发动机的扭矩,以降低车轮转速;又如,自动变速箱控制器在换挡过程中,会要求发动机管理系统降低发动机扭矩,以减小换挡冲击,完成平顺换挡。系统之间的相互通信是借助数据总线完成的,通信用点对点的连线方式连成复杂的网络结构,称为车载网络。车载网络与汽车电子的发展密切相关,现有主要车载网络类型及其最大传输速度如表 2-2 所示。

表 2-2 主要车载网络类型及其最大传输速度

车载网络类型	主 要 作 用	最大传输速度
CAN	控制数据传输	1Mb/s
LIN	车门、天窗、座椅等控制	20kb/s
MOST	多媒体流数据传输	150Mb/s
FlexRay	可容错线控动等底盘系统应用、辅助驾驶应用	10Mb/s

CAN 是汽车专用总线标准,主要用于控制数据传输,是目前在汽车行业应用最广泛的标准。本地互联网络(Local Interconnect Network,LIN)是一种低成本的通用串行总线,主要用于车门、天窗等的控制。面向媒体的系统传输总线(Media Oriented System Transport,MOST)主要用于多媒体流数据的传输。FlexRay 车网络主要用于容错环境下的线控制动等底盘系统的应用。

目前正在发展的新一代的集中式电子电气架构中,以太网通信网络得到了广泛应用。以太网具备高带宽,采用灵活的星形连接拓扑,每条链路可专享 100Mb/s 及以上的带宽。以太网标准开放、简单,适应未来汽车与外界大量通信和网络连接的发展趋势。同时以太网灵活、带宽可扩展,适合连接各个子系统,促进车载系统的网络化运营管理。

3. 其他功能

除了控制与调节功能、通信功能外,现代汽车往往装备了更多的电子产品以改善驾驶人及乘车人的舒适性并增加娱乐功能,如空调系统、座椅加热及调节装置、车载影音娱乐系统等,这些电子产品赋予了车辆运载以外的功能,逐渐发展为新的生活空间。图 2-19 给出了未来自动驾驶车辆成为新的生活空间的一种构想。

图 2-19 未来自动驾驶车辆的构想

2.3 车载电子与芯片的分类

2.3.1 车载电子与芯片概述

汽车电子是一个汽车技术和电子技术相结合的名词术语,已被广泛使用。汽车电子可以从功能性进行定义,即可以分为车身电子控制技术和车载电子技术,分别执行基础功能和扩展功能。车身电子控制技术是机电结合的汽车电子装置,是车辆运动和安全防护控制的中枢,组成部分包含发动机控制系统、车身电子控制系统和底盘控制系统。它们通过传感器和执行器,以及发送指令以控制车辆,如发动机、变速箱、动力电池等关键部件的协作。车载汽车电子技术作为一种电子设备和装置,可以在汽车环境下单独工作,包括汽车驾驶辅助系统、汽车导航及娱乐信息系统等。由于其不直接参与汽车在行驶过程中的决策与控制,不会影响车辆行驶状态和安全性能。汽车电子技术正在高速发展,汽车控制系统越来越复杂和智能,也比家用消费电子更加独立。

"新四化"——电动化、网联化、智能化、共享化,作为一种全球汽车产业的主流特征趋势,车规级芯片在其中占据重要地位,被广泛应用于动力域、底盘域、驾驶辅助域、车身域和信息娱乐域等多个汽车系统中。芯片对汽车智能化进程将起到决定性的作用。在硬件上,汽车新动力将承载于三电系统,即电池、电机、电控。在软件上,汽车新算力将承载于传感器、芯片、域控制器、中央控制器等。软件定义汽车通过高频更新迭代,将加速汽车行业的发展。汽车芯片支撑环境感知、决策控制、网络/通信、人机交互、电力电气等不同的功能需求,并应用于不同的场景,如图2-20所示。

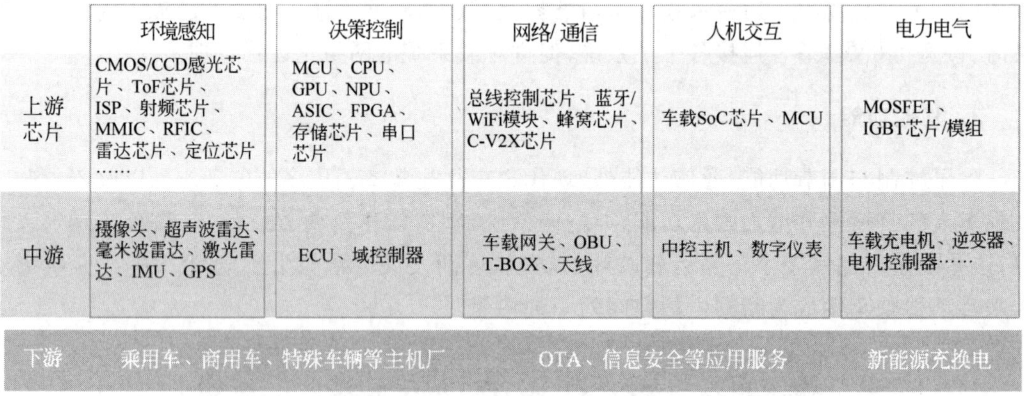

	环境感知	决策控制	网络/通信	人机交互	电力电气
上游芯片	CMOS/CCD感光芯片、ToF芯片、ISP、射频芯片、MMIC、RFIC、雷达芯片、定位芯片……	MCU、CPU、GPU、NPU、ASIC、FPGA、存储芯片、串口芯片	总线控制芯片、蓝牙/WiFi模块、蜂窝芯片、C-V2X芯片	车载SoC芯片、MCU	MOSFET、IGBT芯片/模组
中游	摄像头、超声波雷达、毫米波雷达、激光雷达、IMU、GPS	ECU、域控制器	车载网关、OBU、T-BOX、天线	中控主机、数字仪表	车载充电机、逆变器、电机控制器……
下游	乘用车、商用车、特殊车辆等主机厂		OTA、信息安全等应用服务		新能源充换电

图 2-20 汽车芯片的应用

针对汽车电子以及车规级芯片的分类,可以从不同的角度进行。下面将按照不同的分类方式对汽车电子及车规级芯片的分类方式进行阐述。

1. 按电子元器件分类

针对普遍意义上的电子元器件,其包括元件和器件,如图2-21所示。元件是加工时未改变原材料分子成分的产品,不需要能源,又称无源元件。器件是加工时改变原材料分子结构的产品,需要外界电源,自身消耗电能,又称有源器件。半导体元器件是指导电性可受控制,范围可从绝缘体至导体之间的电子元器件。集成电路是指组成电路的有源器件、无源元件及其互联在一起制作在半导体衬底上或绝缘基片上的电子电路。芯片是半导体元件产品的统称,是集成电路的载体,由晶圆分割而成。

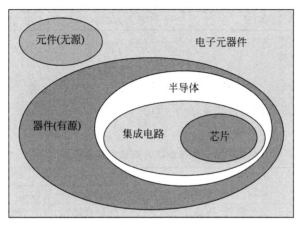

图 2-21 电子元器件、半导体、芯片、集成电路间的关系

针对本书中主要探讨的汽车电子及车规级芯片,汽车电子是由车规级的电子元器件组成的,其中包含了大量的各种功能的芯片。车规级的电子元器件同样可以分为元件和器件。对于元件而言,又可以分为电路类元件和连接类元件。对于器件而言,又可分为主动器件和分立器件。车规级电子元器件的分类如表 2-3 所示。

表 2-3 车规级电子元器件分类

车规级电子元器件	元件	电路类元件	二极管、电阻器等
		连接类元件	连接器、线缆、插座、印制电路板等
	器件	主动器件	集成电路、功率器件等
		分立器件	双极性晶体三极管、场效应管、可控硅等

2. 按处理信号类型分类

按照处理信号的类型对车规级芯片进行分类,可以分为数字芯片、模拟芯片和混合芯片,其中混合芯片通常指 A/D 转换器,如表 2-4 所示。

表 2-4 车规级芯片按信号类型分类

信号类型	数字芯片	CPU、FPGA、GPU、Flash 等
	模拟芯片	PA(功率放大器)、RF(射频芯片)、DC/DC(电源芯片)等
	混合芯片	ADC(模数转换)、DAC(数模转换)、PLL(锁相环)等

3. 按功能域分类

根据汽车不同功能域用到的芯片进行划分,可以分为动力域、底盘域、车身域、信息娱乐域、驾驶辅助域以及其他应用芯片,如表 2-5 所示。

表 2-5 车规级芯片按汽车功能域分类

汽车功能域		
	动力域	计算芯片、电源管理芯片、传感器芯片
	底盘域	计算芯片、电源管理芯片、通信收发器芯片
	驾驶辅助域	计算芯片、存储芯片、时钟芯片
	车身域	计算芯片、通信收发器芯片、传感器芯片
	信息娱乐域	计算芯片、通信收发器芯片、显示驱动芯片

4. 按使用功能分类

按照芯片的使用功能,可以将车规级芯片分为功率芯片、通信芯片、计算芯片、存储芯片、传感器芯片、电源芯片和其他功能芯片,如表 2-6 所示。其中,其他功能芯片又包括显示芯片、时钟芯片、保护芯片、驱动芯片。

表 2-6 车规级芯片按使用功能分类

按使用功能分类		
	功率芯片	IGBT、MOSFET
	通信芯片	射频芯片、网络通信芯片、无线通信芯片、导航芯片
	计算芯片	微控制器、自动驾驶芯片、音视频处理芯片、数字基带芯片
	存储芯片	EEPROM、DRAM、Flash
	传感器芯片	电压检测芯片、电流检测芯片、电机位置感应芯片
	电源芯片	DC/DC、LDO
	其他功能芯片	显示芯片	LED 驱动器芯片、LED 背光驱动芯片、显示驱动芯片
		时钟芯片	并行接口时钟芯片、串行接口时钟芯片、三线接口时钟芯片
		保护芯片	输入保护芯片、反向电池保护芯片
		驱动芯片	动力系统驱动芯片、电机驱动芯片、输出驱动芯片

5. 按制程工艺分类

芯片制程是指芯片晶体管栅极宽度的大小,纳米数字越小,晶体管密度越大,芯片性能就越高。逐渐缩小的芯片制程数字,代表着芯片技术进步的方向。按照制程工艺,可以将车规级芯片分为成熟制程和先进制程,如表 2-7 所示。

表 2-7 车规级芯片按制程工艺分类

	制 程	主要应用领域
成熟制程	0.25μm+0.15/1.18μm	电源芯片、传感器芯片
	0.13μm	计算芯片(MCU)、通信芯片、电源芯片、传感器、功率芯片
	90nm	通信芯片(以太网、CAN)、时钟芯片、功率芯片、电源芯片
	55/65nm	计算芯片(MCU、CPU)、存储芯片、电源芯片
	40/45nm	通信芯片(WiFi、蓝牙)、计算芯片(MCU、CPU、FPGA)、存储芯片
	28nm	计算芯片(CPU、FPGA、GPU)、存储芯片
先进制程	22/14nm	计算芯片(CPU、FPGA、GPU)、存储芯片、通信芯片
	10/7/5/3nm	计算芯片(CPU、FPGA、GPU)、存储芯片

下面将按汽车应用场景及使用功能对车规级芯片进行分类。

2.3.2 按汽车应用场景分类

1. 动力域

汽车动力域主要包括电机控制器、变速传动系统、电池管理系统和整车控制器。其中，燃油车的动力域子系统包括发动机 ECU 和变速器 ECU；电动车的动力域子系统包括电机控制 ECU 和电池管理系统 BMS。各子系统涉及的车规级芯片如表 2-8 所示。

表 2-8 汽车动力域中的车规级芯片

动力域子系统		涉 及 芯 片
燃油车	发动机 ECU	计算芯片(MCU)、电源管理芯片(SBC)、动力系统驱动芯片(点火塞、喷油器)、电机驱动芯片、输出驱动芯片、CAN 收发器芯片、传感器芯片等
	变速器 ECU	微控制器(MCU)输入保护芯片、电源管理芯片(SBC)、电机驱动芯片、电流检测芯片、电机位置感应芯片、负载开关检测芯片、CAN 收发器芯片、FET 栅极驱动器芯片、传感器芯片等
电动车	电机控制 ECU	输入保护芯片、系统基础芯片、微控制器、CAN 收发器芯片、电压&电流检测芯片、数字隔离器、电机驱动芯片、传感器芯片等
	电池管理系统 BMS	反向电池保护芯片、电池系统控制器、系统基础芯片、CAN 收发器芯片、接触器控制芯片、阀门控制芯片、电源管理芯片、隔离检测芯片、过流检测芯片、高压诊断芯片、电池监测芯片、传感器芯片等

2. 底盘域

汽车的底盘域主要包括 ABS、电动助力转向、电动悬架系统和安全系统，各子系统涉及的车规级芯片如表 2-9 所示。

表 2-9 汽车底盘域中的车规级芯片

底盘域子系统	涉 及 芯 片
ABS	微控制器(MCU)、系统基础芯片(SBC)、数据收发器芯片、电机驱动器芯片、看门狗定时器(Watch Dog Timer，WDT)、微控制器(MCU)、电源管理芯片
主动悬架	电源管理芯片、阀门驱动芯片、微控制器、通信收发器芯片
电动助力转向	反向电池保护芯片、电源管理芯片、多通道集成电路、CAN 收发器芯片、微控制器和处理器、电机驱动器芯片、电压&电流检测芯片、FET 栅极驱动器芯片

3. 驾驶辅助域

驾驶辅助域主要由雷达系统、环视系统、驾驶人监控系统等组成，其中涉及的车规级芯片如表 2-10 所示。

表 2-10 汽车驾驶辅助域中的车规级芯片

驾驶辅助域子系统	涉 及 芯 片
雷达系统	微控制器(MCU)、能源管理芯片、视频接口芯片、通信收发器芯片、存储芯片、雷达接收器芯片、时钟芯片

续表

驾驶辅助域子系统	涉及芯片
环视系统	电源管理芯片、微控制器、视频接口芯片、通信收发器芯片、存储芯片、时钟芯片、相机接口芯片
驾驶人监控系统	微控制器(MCU/MPU)、CAN 收发器芯片、FlexRay 收发器芯片、PHY 收发器芯片、能源管理芯片、存储芯片、多通道集成电路

4. 车身域

车身域主要包括车外照明系统、雨刮器与清洁器、车门系统、安全气囊,其中各子系统涉及的车规级芯片如表 2-11 所示。

表 2-11 汽车车身域中的车规级芯片

车身域子系统	涉及芯片
车外照明系统	微控制器、电源管理芯片、通信接口芯片、LED 驱动器芯片、电机驱动芯片、LED 矩阵管理器芯片
雨刮器与清洁器	微控制器、电源管理芯片、通信接口芯片、电机驱动芯片、电流检测芯片
车门系统	微控制器、电源管理芯片、通信接口芯片、多开关检测接口芯片、电机驱动器芯片、电流检测芯片
安全气囊	微控制器、点火驱动器芯片、通信收发器芯片

5. 信息娱乐域

信息娱乐域主要包括车载音响、人机交互界面、主动降噪单元、遥控钥匙、空调系统、座椅调节、行车记录仪等,其中涉及的车规级芯片如表 2-12 所示。

表 2-12 汽车信息娱乐域中的车规级芯片

信息娱乐域子系统	涉及芯片
音响系统	微控制器、电源管理芯片、通信收发器芯片、汽车音频功放芯片
仪表盘	微控制器、电源管理芯片、通信收发器芯片、LED 背光驱动芯片、功放芯片、电机驱动芯片、发动机监控芯片
显示屏	微控制器、电源管理芯片、通信收发器芯片、显示驱动芯片、触觉驱动芯片、无线连接芯片、背光控制芯片、显示视频接口芯片

2.3.3 按使用功能分类

1. 功率芯片

利用半导体的单向导电性原理,功率半导体器件可以快速实现电源开关和电力转换功能,所以又被称作电力电子器件,是电力电子装置实现电能转换、电路控制的核心器件。功率半导体主要包含二极管、晶闸管、MOSFET 和 IGBT 等,在整车的车规级芯片用量上占比在 20% 左右。功率芯片主要指其中的 MOSFET 和 IGBT 功率半导体。IGBT(绝缘栅双极型晶体管)主要用于电能变换和控制,作为核心功率器件被用于新能源汽车的电控系统和直流充电桩。其主要涉及的汽车子系统包括燃油车动力域中的发动机节气门子系统,电动车动力域中的驱动电机子系统,底盘域中的制动系统 ABS、电动助力转向系统、主动悬架等子系统,车身域中负责空调与散热的电动机控制子系统以及负责照明和信号装置的步进电动机控制子系统。

MOSFET 是一种工作频率高、开关速度快的电子器件,也是一种电压型驱动器件。在高压环境下,其导通损耗大,升温加快,所以在高压、大功率环境下较少使用 MOSFET。在较低电压环境下,其工作损耗小于 IGBT,更有优势。

IGBT 是一种双极型三极管和绝缘栅型场效应管组成的半导体器件,集成了三极管和 MOSFET 的优势,具有良好的抗击穿性,但其开关的速度较慢,损耗大,价格远高于 MOSFET。作为电压型驱动器件,IGBT 所需的驱动电压更高。

2. 通信芯片

通信芯片是应用于各类车内信息传输的芯片,其主要包括射频前端芯片、网络通信芯片、无线通信芯片,以及导航芯片。其中车内网车载网络通信芯片又涉及 CAN、FlexRay、LIN、MOST、LVDS、PHY 几种汽车总线。车外网无线通信芯片涉及的无线通信技术包括蓝牙、ZigBee、WiFi、DSRC、C-V2X 等。

汽车总线是指汽车内部导线采用总线控制的一种技术,是一种各模块公共的数据通道,利用总线控制器进行 ECU、传感器、执行机构之间传输通道的管理,不同于复杂的点对点通信网状结构。总线技术的发展适应了汽车电子化程度不断提高的要求。目前汽车总线的种类很多,如 CAN 总线、LIN 总线、VAN 总线(法国车系专用)、IDB-M、MOST、USB 和 IEEE 1394 等。这些车用总线由于在应用对象和网络性能上各有特色,将会在竞争中共存相当长一段时间,而且随着车载网络技术的发展进步,一些特定用途的新型总线还会被陆续研发出来。

汽车娱乐域与高质量视频传输需求逐渐提升,车联网对通信功能的需求与 5G 演进相适应。车联网 V2X 通信技术分为 DSRC 与 LTE-V 两种:DSRC 发展早、技术成熟,但在路侧基础设施端投入较大,技术演进不明显;LTE-V 可用 4G 网络应用于不同场景,信道宽,同步性好,但标准未定,缺乏市场验证,主要分为集中式和分布式两种技术。

目前,我国产业化进程逐步加快,产业链上下游企业已经围绕 LTE-V2X 形成包括通信芯片、通信模组、终端设备、整车制造、运营服务、测试认证、高精度定位及地图服务等为主导的完整产业链生态。在我国,C-V2X 技术即 5G 技术则一致被认为是更为先进的技术,政府大力支持 C-V2X 技术的战略和标准化。

3. 计算芯片

计算芯片是指执行计算和控制功能的芯片,主要包括微控制器(MCU)、自动驾驶芯片(CPU、GPU、NPU、DSP、FPGA、ASIC、SoC)、音视频处理芯片(ISP)和数字基带芯片。其中,MCU 是车规级芯片中使用最多的芯片,占比将近 30%。可见,汽车中最核心的芯片是 MCU,而且用量很大,只要涉及控制相关的地方都需要用到,大到动力控制系统,小到一个雨刷的摆动控制。

MCU 是 ECU 的总控中心。它将中央处理器的频率与规格压缩,并将周边接口,如内存、计数器、USB、A/D 转换等都整合在单芯片上,即一种芯片级计算机,以适应不同应用场合的控制组合。一辆汽车通常有约60个分管不同功能的ECU。MCU在接收信息后,通过运算处理输出信号,从而驱动电磁阀、电动机等被控硬件。

自动驾驶对感知和复杂决策的需求,使得传统的规则建模难以支撑复杂场景的应用,也难以支持OTA等自适应和自学习方式的算法。基于以上背景,深度学习以其灵活的建模方式和复杂场景的适应性,被认为是解决高级自动驾驶的关键技术。其也与自动驾驶系统处理器选择路线相适应。深度学习算法的复杂性比较高,需要有相应的嵌入式计算平台进行匹配,在应用过程中,硬件技术路线主要有GPU、SoC、FPGA、ASIC等。CPU由于在分支处理以及随机内存读取方面有优势,在处理串联工作方面较强;GPU在处理大量有浮点运算的并行运算时优势明显;SoC可以提供多种可编程逻辑器件;FPGA在硬件电路里原生支持特殊的复杂指令而不需要对指令进行分解和模拟;ASIC则是为某种特殊复杂指令定制的专用芯片,拥有更强大的计算力和功耗性能,如谷歌公司为TensorFlow设计的TPU(张量处理单元)。

目前,已商用的自动驾驶芯片基本处于高级驾驶辅助系统阶段,可实现L1、L2级别的辅助驾驶,部分宣称可实现L3级别的功能,面向L4、L5级别的完全自动驾驶及全自动驾驶芯片离规模化商用仍有距离。算力和能效比是自动驾驶芯片最主要的评价指标,L1、L2级别需要的芯片算力小于10TOPS,L3级别需要的芯片算力为30~60TOPS,L4级别需要的芯片算力大于100TOPS,L5级别需要的芯片算力为500~1000TOPS。表2-13所示为自动驾驶芯片的主要厂商及产品。

表2-13 自动驾驶芯片的主要厂商及产品

主要厂商	主要产品	单片芯片算力/TOPS	功耗算力比/(W/TOPS)
NVIDIA	ORIN	200	0.225
Intel Mobileye	EyeQ5	24	0.41
Tesla	FSD	72	1
华为	晟腾310	64	1.05
地平线	征程3	5	0.5

计算力的评价指标主要有MIPS、FLOPS、TOPS等,分别表示处理器芯片处理指令、进行浮点型运算、进行整型运算的能力,主要通过常用基准程序测试计算,如Dhrystone、Whetstone、Linpack等。但是实际上I/O的效能、内存的架构、快取内存一致性、硬件能支持的指令等对芯片的处理速度都会产生影响。多核并行计算过程中,因为处理器架构不同,也会对综合性能产生影响,如ARM架构芯片在多核并行计算中,根据应用不同会损失20%~30%的性能。而异构芯片在多核集成过程中,也会受到工艺的限制,例如ARM架构的Cortex A72目前最多构成4核,通常应用以2个A72和4个A53形成SoC。

计算力评价指标只是通过给出比较直观的计算力对比来提供相关指标参考,不能完全真实反映算法部署对计算力的需求。ARM架构芯片计算力对比分析如图2-22所示。

异构芯片作为一种更加多元的方案,将自动驾驶控制算法进行分析拆解,并将其分层部署在芯片中,以满足各类不同需求,达到如算力、功耗、安全等各性能指标的要求。在该芯片成熟度提升的过程中也降低了成本开销,并更加符合各性能指标的需求,从而进一步促进自动驾驶在功能和域控制器上的迭代升级。根据自动驾驶控制系统在信息处理上的信息量需求进行划分,如图2-23所示为多元异构芯片组合的域控制器集成方式对自动驾驶需求的对

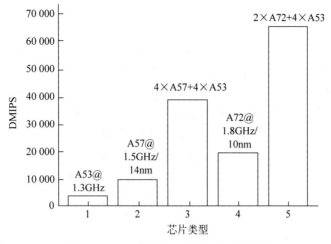

图 2-22 ARM 架构芯片计算力对比分析

应分层。该组合方式平衡了性能、成本、功耗、功能等需求,且层级划分通过模块化方式提升了迭代更新的便利性,是自动驾驶控制系统发展的必然趋势。

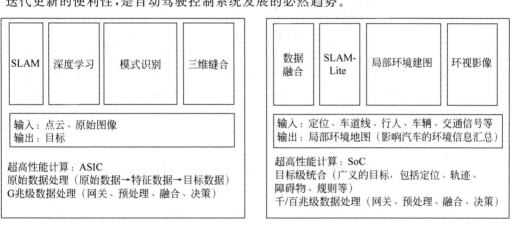

图 2-23 多元异构芯片组合对应各层自动驾驶算法需求

4. 存储芯片

存储芯片用来存储数据,主要包括 EEPROM、DRAM、Flash 等类型,在汽车驾驶辅助域中的雷达子系统、环视子系统、驾驶人监控子系统中都有应用。

新能源汽车产业对存储器的需求与日俱增,在后移动计算时代,车用存储将成为存储芯片中重要的新兴增长点和决定市场格局的有生力量。DRAM、SRAM、Flash 未来将被广泛地应用在新能源汽车的各个领域。随着智能驾驶等级与座舱功能的升级,单车存储成本、存储容量也随之上升。2017 年,每辆汽车存储设备硬件成本在 20 美元左右(不包括集成在 MCU 中的存储单元)。当智能驾驶到 L4/L5 级别时,存储设备的硬件成本为 300~500 美元。

各类车载存储芯片的适用范围及特点如图 2-24 所示。

存储类型	应用	适用自动驾驶等级	特点
SLC NAND	·行车记录仪(EDR)事件日志 ·嵌入式系统代码存储 ·仪表板数据存储	L1~L5	·最大容量为4GB,容量较小 ·需要通过系统进行管理
EMMC/UFS	·信息娱乐系统 ·导航系统和ADAS代码存储	L2~L4	·有效兼顾性能、成本、数据安全性、耐用性、价格、容量 ·MLC已在ADAS中广泛应用,后续TLC还可进一步节省成本
UFS/嵌入式SSD	·存储高分辨率地图 ·无人驾驶汽车计算机 ·AI数据库 ·黑盒数据记录器	L3~L5	·SSD的价格高于其他存储系统 ·速度更快、容量更大且带宽更高

(存储进化方向)

图 2-24 车载存储芯片的适用范围及特点

其中,SRAM 以及 EEPROM 存储芯片有望获得更大范围的应用。

根据分析,SRAM 比 DRAM 的读写速度更高、功耗水平更低、性能比 DRAM 更可靠,该特性决定了其在汽车领域中被常用于高性能 SoC 中的信息娱乐系统和信息传输系统,如作为视频处理缓存。

另外,SRAM 还被广泛地用于不需要高位宽和高存储密度,但对车辆安全性有要求的领域,如存储汽车的引擎、刹车、运动传感器和驾驶人的控制信号。

汽车级 EEPROM 则凭借其耐久性高、可靠性高、温度适应能力强、抗干扰能力强等特性,在发动机控制单元、车身控制模块、调光尾灯、制动防抱死系统、电动助力转向、先进驾驶辅助系统、蓝牙天线、汽车空调、信息娱乐/导航、后视镜倒车显示等汽车电子产品中得到了广泛的应用。

5. 传感器芯片

车用传感器在汽车控制系统中检测和传递反馈信号。随着汽车电子技术的日渐成熟,使得车用传感器的类型更丰富,功能更完善。目前市面车用传感器主要包括:①由传感器直观反应传递的信息信号类型,如汽车中常用的温度传感器、压力传感器等;②由传感器输出的信号来分类,主要包括依托于 A/D 转换器的数字式传感器和模拟式传感器;③根据传感器工作原理来分类,主要包括光电式传感器、电阻式传感器等。

智能传感器是安装在现代汽车中的核心汽车电子技术之一,它根据性能指标的要求和规范,把所采集的非电量信号转换为电量信号。同时汽车中的电子传感器还包括了转换元件、敏感元件,通过数学计算方法把相应信号进行转换。智能传感器包括了传感器集成化和微处理器技术,将对汽车行驶情况进行全自动诊断和分析,传递特殊情况相关数据给用户,并采用科学处理方式传递数据信息,确保汽车行驶安全。汽车智能传感器类型众多,较为常见的有电控悬挂传感器、驾驶座位自动化调控传感器、转向管控传感器等,其支持汽车自动化电子控制系统的运行,能够形成数据报表,向用户反馈即时信息。一般而言,一辆汽车所装备的传感器数量众多。传感器装置具有不同用途,主要包括汽车干湿度的测量、汽车速度和光亮度的显示、汽油浓度和汽车表面温度的测定等功能。在未来,智能传感器将经过长期演进扩大自身功能范围,并被成熟地运用于汽车电子系统中。

对于自动驾驶功能架构,自动驾驶系统感知的来源有摄像头、毫米波雷达、激光雷达、定位导航系统,将分别获取环境照片、电磁回波、激光雷达点云数据等。在环境感知系统中,常见传感器的组成和其大致的感知范围如图 2-25 所示。

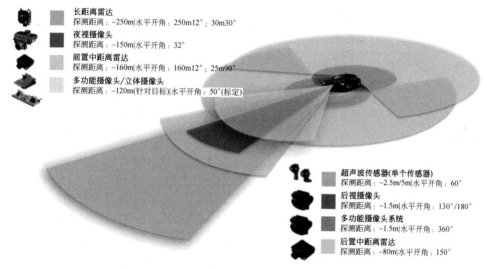

图 2-25　环境感知系统传感器的组成及感知范围

自动驾驶系统传感器构成的信息数据量和获取方式如图 2-26 所示。

图 2-27 所示为英飞凌 77GHz 汽车雷达方案,系统含有分离的收发模块,集成度高,采用具备一定灵活性的射频前端。

6. 电源芯片

电源芯片在电子系统中具有电能转换、控制、监测及管理功能,包括的类型主要有 DC/DC 和 LDO,应用于汽车燃油车动力域的发动机 ECU、变速器 ECU 子系统,电动车动力域中的电池管理 BMS 子系统,底盘域中的 ABS 和主动悬架子系统等。常用的电源管理芯片有 LMG3410R050、UCC12050、BQ25790、HIP6301、IS6537、RT9237、ADP3168、KA7500、TL494 等。

未来,电源芯片将向更高精度和安全性方向发展,主要针对电能进行变换、分配、检测以及电池管理,其性能指标主要有精度和安全性。在汽车电池管理系统中,必须对每节电池的

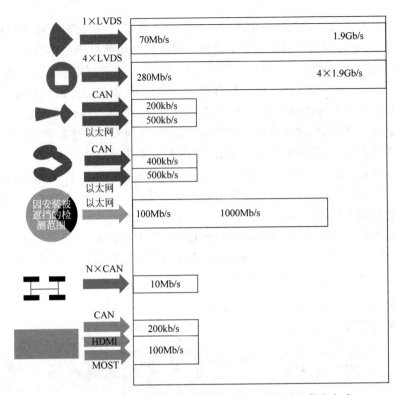

图 2-26 自动驾驶系统传感器构成的信息数据量和获取方式

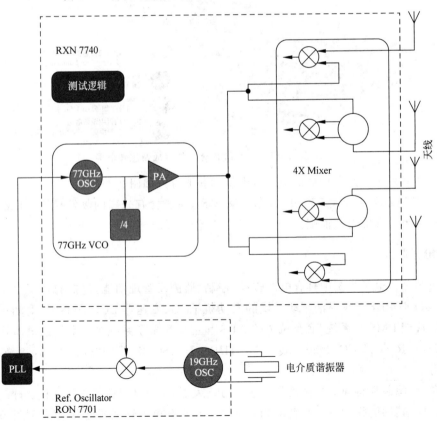

图 2-27 英飞凌 77GHz 汽车雷达方案

电荷状态进行精确测量和控制,这要求尽可能提高电池数据采集的准确性,并消除环境噪声的影响。

7. 其他功能芯片

除上述芯片以外,车规级芯片还包括显示芯片、时钟芯片、保护芯片和驱动芯片。

显示芯片(Display Chip)是提供显示功能的芯片,主要包括 LED 驱动器芯片、LED 背光驱动芯片、显示驱动芯片等,应用于汽车信息娱乐域的仪表盘、显示屏子系统。

时钟芯片是具有时钟特性并能够显示时间的芯片,主要包括并行接口时钟芯片、串行接口时钟芯片、三线接口时钟芯片,主要应用于汽车驾驶辅助域的雷达系统、环视系统等子系统。

保护芯片主要有输入保护芯片和反向电池保护芯片,主要应用于汽车燃油车动力域的发动机 ECU 子系统和电动车动力域的电池管理系统子系统。

驱动芯片主要有动力系统驱动芯片、电机驱动芯片、输出驱动芯片、MOSFET 栅极驱动器芯片、点火驱动器芯片、触觉驱动器芯片,应用于汽车燃油机动力域的发动机 ECU 子系统和变速器 ECU 子系统。

参考文献

第 3 章 汽车电子可靠性要求

3.1 汽车可靠性要求

3.1.1 汽车可靠性的定义

根据汽车产品市场调研的结果,汽车用户都希望自己的汽车具有高可靠性。对消费者来说,汽车的高可靠性常包括如下内容:汽车经久耐用、不容易出故障、随时可以使用、维修费用低等。研究汽车可靠性对满足消费者对汽车产品的需求具有重要意义。

目前世界上公认的产品可靠性定义是:产品在规定的条件下,在规定的时间内,完成规定功能的能力。该定义中包含如下 4 个关键要素。

(1) 产品——对汽车可靠性而言,产品就是汽车。

(2) 规定的条件——指产品工作的条件,例如承受的机械载荷、电压、电流、工作温度、湿度、腐蚀、维修保养、操作者的特性等。产品的工作条件对可靠性的影响很大,可靠性分析和比较应当以规定产品的工作条件为前提。

(3) 规定的时间——在可靠性工程中,"时间"泛指广义的时间,包括次数(如产品承受一定载荷的次数、开关的开闭次数等)、距离(汽车行驶的里程数)、时间(汽车发动机在规定条件下工作的小时数)等反映产品寿命的量。规定使用时间的长短,对可靠性是有影响的。对同一批产品,规定的使用时间(寿命)越长,到寿命后发生故障的产品比例就越高,即可靠性越低。

(4) 规定的功能——在产品设计任务书、使用说明书、订货合同以及国家标准中规定的各种功能与性能要求。

产品不能实现规定的功能即被定义为失效。所以,失效的定义与规定功能的定义直接相关。例如,如果把发动机能够运转定义为规定的功能,则发动机停止运转就是失效;如果把发动机能够提供一定转矩作为规定功能,则当发动机不能提供这样的转矩时就是失效,即使发动机能够运转也是失效。

产品的失效与施加于其上的负荷密切相关。对于承受机械载荷的零件,当它们承受的载荷超过其承受能力时便发生失效。例如,一个拉杆,当它承受的应力超过材料的强度极限时便会断裂。对于电子元器件,当通过它们的电负荷超过其承受能力时也会失效。例如,一个晶体管,当流过它的电流超过其承受能力时会因过热而失效。在可靠性工程中,把施加给产品的负荷(力、应力、加速度、压力、电压、电流、温度、湿度等)通称为应力,把产品能够承受这些应力的极限能力通称为强度。所以可以说,当一个产品所承受的应力超过其强度时便会失效。在可靠性工程中,研究应力与强度的相互关系占有重要地位。

然而,工业产品强度的分布规律并不总是不变的。例如,在产品承受疲劳载荷或腐蚀情况下,其强度的分布规律随着时间或载荷循环将发生变化。由于产品的特征(对汽车而言,包括各个部件的几何形状、尺寸、强度等)和工作条件(载荷、温度、腐蚀、维修保养等)都是随机变量,所以可靠性分析是借助于统计学的思想来进行的。可以说,可靠性工程属于统计技术范畴。值得注意的是,可靠性分析与设计的基础是可靠性数据,也就是产品从开发、制造、使用直至失效全过程的有关产品特征、工作条件和工作时间等的数据,没有它们就无法进行可靠性分析和设计。所以,必须十分注意这些数据的搜集和保存。由此可见,为保证产品具有足够高的可靠性,需要在产品的研制、设计、制造、试验、使用、运输、保管及保养维修等各个环节应用可靠性技术。

提升汽车产品的可靠性有着非常重要的意义。汽车产品作为耐用的消费品,消费者希望其能够正常工作尽可能长的时间。此外,汽车产品如果可靠性不能得到保证,还有可能增加交通事故的发生次数。提升汽车产品可靠性可以减少在使用过程中出现故障乃至事故的次数,降低消费者的生命财产损失,延长汽车产品的寿命,提升汽车产品的可用率,带来效益的提升。提升汽车产品可靠性还有助于减少厂家的产品寿命周期成本。尽管保证良好的可靠性往往需要使用更高质量的零部件和元器件,并且在产品投入市场前进行充分的可靠性设计、分析、仿真和试验验证,这些环节会增加厂家的生产成本,但是如果未能在投产前充分考虑可靠性问题,则汽车产品使用过程中的维修费用、责任赔偿费用、产品故障处理费用、保修费用等则会大大超过提升产品可靠性过程中的花费。而且若产品可靠性足够好,厂家还会受到消费者的青睐,声誉得到提升,从而扩大产品销路,提升市场份额,综合来看,对厂家还是十分有利的。

3.1.2 汽车可靠性的评价指标

1. 可修产品与不可修产品

在可靠性工程中,把产品分为可修产品和不可修产品两种类型。不可修产品是指在使用中发生失效,其寿命即告终结的产品;可修产品是指在使用中发生故障后,可以通过维修的方法恢复其功能的产品。显然,汽车属于可维修产品,当汽车出现故障时,往往可以通过更换个别零部件、重新调整等方法来恢复其原有功能。

2. 汽车整车使用可靠性的主要评价指标

作为可修产品,汽车整车使用可靠性的评价指标主要包含可靠度与不可靠度、故障概率密度、故障率、平均故障间隔里程和平均首次故障里程等。以下分别进行介绍。

可靠度 $R(t)$:指研究对象在规定的条件下和规定的运行里程时间 t 内圆满完成规定功能的概率。可靠度本质上是可靠性的一种概率度量。例如,某种产品的可靠度为 90%,

就意味着在一大批这种产品中,有 90% 的产品可以在规定的寿命 t 内完成规定的功能,而有 10% 的产品未达到规定寿命就失效了。显然,可靠度是规定寿命 t 的函数。

不可靠度 $F(t)$:指研究对象在规定的条件下和规定的运行里程时间内不能完成规定功能的概率,也称为故障分布函数。不可靠度的大小直接反映故障发生的概率,反映故障在里程中累积的情况,也反映了故障与里程的函数关系,故又称 $F(t)$ 为累积故障概率。在任何阶段,可靠度与不可靠度都满足:

$$R(t) + F(t) = 1 \tag{3-1}$$

图 3-1 定性示出 $R(t)$ 和 $F(t)$ 随工作时间 t 的变化情况。这种变化遵循如下规律:在产品刚开始工作时($t=0$),所有产品都是完好的,从而有 $R(0)=1,F(0)=0$;随着工作时间的增加,产品的失效数也在增加,可靠度相应降低,与此同时不可靠度相应增大;如果产品一直使用下去,当工作时间接近无穷大时,可靠度等于 0,而不可靠度等于 1。因此,在时间区间 $[0,\infty)$ 内 $R(t)$ 为非增函数,且 $0 \leqslant R(t) \leqslant 1$;而 $F(t)$ 为非减函数,且 $0 \leqslant F(t) \leqslant 1$。

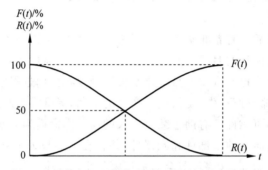

图 3-1 可靠度和不可靠度随工作时间的变化情况

故障概率密度 $f(t)$:指单位里程内出现故障的概率密度。在实验中可通过对一组可靠性数据进行分析求出,并用概率密度函数表示。若不可靠度(累积故障概率)$F(t)$ 连续可导,则有:

$$f(t) = \frac{\mathrm{d}F(t)}{\mathrm{d}t} \tag{3-2}$$

即 $f(t)$ 反映的是在运行里程时间为 t 时单位里程的累积故障概率的变化情况。图 3-2 定性给出了故障概率密度和不可靠度之间的关系。该关系和概率密度函数与概率分布函数间的关系是一致的。

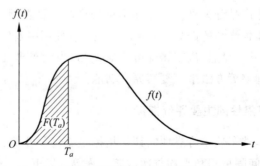

图 3-2 故障概率密度与不可靠度之间的关系

故障率 $\lambda(t)$:汽车在单位里程内发生故障的概率,一般由故障率函数表示,即在某一时刻功能仍然完好的产品中下一瞬间发生失效的比率。故障率函数与故障概率密度函数、可靠度函数存在如式(3-3)所示的关系：

$$\lambda(t) = \frac{f(t)}{R(t)} \tag{3-3}$$

也就是说，故障率 $\lambda(t)$ 可以理解为工作到 t 时刻尚未失效的产品，在该时刻之后单位时间内失效概率的变化。而故障概率密度 $f(t)$ 可以理解为开始工作(时刻 $t=0$)时的产品(所有产品)，在时刻 t 单位时间内失效概率的变化。

一般来说，故障率曲线有 3 种类型，分别为①故障率随着时间不断减小；②故障率保持不变；③故障率随着时间不断增大。故障率曲线的 3 种类型反映了产品工作过程中的 3 个不同阶段或时期，如图 3-3 所示。

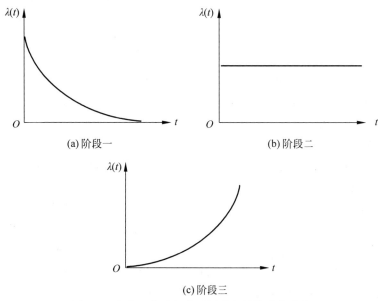

图 3-3　产品工作过程中不同阶段的故障率曲线

将这 3 个时期绘成连续曲线，则得到"浴盆曲线"，这是由于其形状与浴盆的剖面相似而得名，如图 3-4 所示。

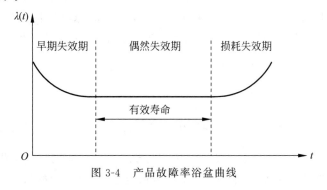

图 3-4　产品故障率浴盆曲线

在浴盆曲线上可将失效分为以下 3 个时期。

(1) 早期失效期。

早期失效期(故障率递减型)对应图 3-3(a)。其特征是开始时故障率较高，随着时间的延长,故障率逐渐减小。这往往是因为产品中混有不合格品和带缺陷的产品,它们经过比较短时间的使用就发生失效现象,这使得最初的故障率较高。但随着时间的推移,不合格品和缺陷品逐渐被淘汰(即发生失效),在剩下的未失效产品中所含的不合格品、缺陷品越来越少,从中再发生失效的越来越少,故障率即逐渐下降。

为提高产品的早期可靠性,可以采用的措施包括改进产品设计和生产质量控制,减少产品变差,减少不合格品和缺陷品,防止不合格品和缺陷品提交给客户。

为提高产品的早期可靠性(使用初期的可靠性),一种广泛采用的措施是预烧(Burn-In)筛选,即每个刚制造出来的产品都要在可以引起失效的条件(如一定的电负荷、温度循环、振动等)下工作一个规定的时间。在这个过程中,大部分不合格品、缺陷品都发生了失效,可以被筛除掉。将能够经受这种试验而不发生失效的产品提供给客户,它们的早期可靠性就会得到明显提高。合理利用这种方法,可以基本上把早期失效期消化在生产厂家内部,而在顾客手中的产品基本上不表现出早期失效。

(2) 偶然失效期。

偶然失效期(故障率恒定型)对应图 3-3(b)。其特征是故障率低且恒定。在此期间,失效是偶然发生的,何时发生无法预测,引起失效的原因一般是产品受到非正常的、超过其设计强度的外界冲击。例如,汽车上的收音机因发生撞车事故而损坏、汽车发动机因错误保养而损坏等。在偶然失效期,采取提前更换零件的方法不能提高可靠性。此期间是产品的有效工作期,所以总是希望其持续的时间(工作寿命)尽可能长一些,并且故障率尽可能低于要求值。

(3) 耗损失效期。

耗损失效期(故障率递增型)对应图 3-3(c)。其特征是故障率随着时间的推移而增大。在此期间,老化失效占据产品失效的主导地位,引起失效的原因一般有材料疲劳、腐蚀、材料扩散等。一旦进入故障率快速增长期,说明产品已到了设计寿命。如能在进入耗损失效期以前或在耗损失效期的前期更换零件、进行预防性维修,可以提高系统可靠性。

与产品可靠性相关的各项指标可以相互推导。在可靠度 $R(t)$、不可靠度 $F(t)$、故障概率密度 $f(t)$ 和故障率 $\lambda(t)$ 这些描述失效规律的指标当中,已知其中一个,便可根据前述关系确定其他 3 个指标。

平均故障间隔里程 MTBF:汽车在两次相邻的故障之间所行驶的里程称为平均故障间隔里程,也称为平均寿命。对于可修复系统,因为在发生故障以后仍可修复使用,所以最具有实际研究意义的就是 MTBF。当故障概率密度函数 $f(t)$ 为连续函数时,有:

$$\mathrm{MTBF} = \int_0^{+\infty} t f(t) \mathrm{d}t \tag{3-4}$$

当 $f(t)$ 为离散函数时,有:

$$\mathrm{MTBF} = \sum_{i=0}^{n} t_i f_i \tag{3-5}$$

平均首次故障里程 MTTFF:汽车在首次故障之前所行驶的平均里程称为平均首次故障里程,对应于其他产品的平均寿命。对于不可修复系统,这一指标对应于一批产品从开始工作到发生失效时的平均工作时间,称作平均寿命或失效前平均工作时间(MTTF),此时它与 MTBF 是同一个值。对于可修复系统,平均首次故障里程有固有的分布类型,可通过点估计由样本的均值得到。

总体而言,汽车可靠性的主要要求集中体现在上述评价指标上。虽然具体的测评指标会随测评需求、测评环境等发生变化,但这些具体指标总是与上述评价指标相关联。可靠的汽车产品应当具备较高的可靠度(即较低的不可靠度),较低的故障率和较长的平均故障间隔里程与平均首次故障里程。这些目标的实现需要汽车产品在出厂前经过系统的、满足特定标准的可靠性测试。

3.1.3 汽车可靠性的测试场所

开展汽车可靠性测试的场所非常丰富,为实现不同的测试目的,国内外测试机构、企业、高校和科研院所搭建了一系列测试场所。依照测试场所的不同,汽车的可靠性测试可以分为实际道路可靠性测试、试验场可靠性测试、特殊环境可靠性测试和实验室可靠性测试等。

1. 实际道路可靠性测试

实际道路可靠性测试是指在选定的典型实际道路行驶试验条件下进行的可靠性验证或测定。为了充分验证汽车在不同道路场景下的行驶可靠性,在进行实际道路可靠性测试时一般会选取多种典型道路,包括高速公路、环道、强化坏路、一般公路、山路、城市道路等。其中一般公路常指路面平整度为 C 级或 C 级以上的平原微丘公路,最大坡度小于 5%,路面宽阔平直,视野良好,汽车能持续以较高的车速行驶大于 50km 的距离;山路一般指平均坡度大于 4%,最大坡度达 15%,连续坡长大于 3km,路面平整度为 C 级以上的道路;城市道路一般指城市交通干线街道,路面平整度要求为 C 级以上。在道路选取时,应使各种道路尽可能按照相应规程中的规定比例组成一定里程的循环。这类测试最真实反映实际的工作环境和工况,测试结果最为可信。缺点是耗资巨大,测试周期过长,重复性差,并且不利于损坏件的维修、更换和资料的整理。

2. 试验场可靠性测试

试验场可靠性测试是指在专门建设的汽车可靠性试验场中进行可靠性测试。在试验场中可以人工建造出不同的道路场景,集中测试汽车在各种道路场景下的可靠性。此外,汽车试验场大都相对封闭,相比道路测试有更高的安全性。目前的试验场可靠性测试已经比较成熟,许多国家和地区都兴建起大规模的汽车试验场来进行研究导向或面向消费级汽车产品的可靠性测试。国内典型的大规模汽车试验场包括交通运输部公路交通试验场(见图 3-5(a))和重庆长安汽车综合试验场(见图 3-5(b))等,此处以这两座试验场为例,介绍汽车可靠性试验场的组成和与之对应的主要测试项目。

交通运输部公路交通试验场是交通运输部公路科学研究所所属的,由国家立项,交通运输部投资兴建的国内第一家可同时进行汽车工程、交通工程及公路工程试验研究的大型综合性试验基地,总占地面积为 $2.4km^2$,位于北京市通州区大杜社乡,毗邻京津塘高速公路。该试验场拥有目前国内设计平衡车速最高(190km/h)的全封闭高速循环跑道、可进行 ABS 及路面抗滑等试验的不同摩擦系数试验路、长直线性能试验路、可靠性与耐久性试验路、操纵稳定性测试广场、外部噪声测试广场、6%~60%的 8 条标准坡道以及涉水池、溅水池等其他汽车性能试验设施,试验道路总里程达 28.6km。搓板路、卵石路、高速路、坡路、山路等

(a) 交通运输部公路交通试验场

(b) 重庆长安汽车综合试验场

图 3-5　国内典型汽车可靠性试验场

各类整车测试路面都可以在试验场里见到，此外，尾气排放、发动机性能、碰撞安全等专业试验也都可以在该试验场完成。

重庆长安汽车综合试验场由长安汽车投资兴建，是面向国内外汽车研发企业和国内外汽车认证检测机构开展产品研发和检测的公共服务平台。试验场总占地 2 241 356 m^2，主要以道路场地试验为测试项目，建设有国内领先的高速环道、基本性能道、动态广场、制动试验道等常规路面，以及特有的整车商品性综合评价路面、异响路面、舒适性路面等。试验场试验路面总长 50 余千米，适用于乘用车（轿车）、商用车产品研发和型式认证试验。场地中包含的主要测试道路及基本情况与功能如表 3-1 所示。

表 3-1　长安汽车综合试验场试验道路介绍

道 路 类 型	道路的基本情况	测 试 功 能
制动测试道	总长为 1300m，测试区域长度为 300m，6 条车道，宽度为 24m	用于对接试验、对开试验、抱死顺序检查试验、静/动态管压测试、静态踏板特性试验等车辆制动匹配、测试、评价

续表

道路类型	道路的基本情况	测试功能
舒适性道路	6种特殊路面,测试路段长度为400m,3车道,宽度为9m	用于车内噪声/平顺性测试试验、异响测试评价等
车外噪声测试道	总长约为700m	用于车外加速噪声测试、轮胎噪声测试、通过噪声试验等
强化测试道	总长为4300m,包含30余种特殊路面	用于车辆底盘、悬架、车身开发、可靠性测试等
综合评价道路	车道总长约为4280m,宽度为8m,2车道,含多种不同半径弯道、不同纵向坡度坡道	主要用于整车性能主观评价、一般性耐久试验、磨合试验等
操纵稳定性道路	车道总长约为3000m,宽度为7m,含干燥路面及1000m的湿滑路面	用于悬架匹配试验、轮胎性能评价、转向匹配试验等车辆操控性能匹配、测试评价
基本性能道	车道总长约为2000m,宽度为15m	用于动力性测试、燃油经济性测试、噪声测试评价、轮胎纵向附着性试验、轮胎滚动阻力试验、挂挡滑行测试、0~120km/h加速性能测试、直接加速性能测试、最低稳定车速测试等
标准坡道	坡度有10%、16.6%、20%、30%、40%、60%共6种	用于TCS验证试验、ESP验证试验、爬陡坡性能道测试等测试评价及离合器性能开发、测试等
越野试验道	总长度为1500m,车道宽度为4~5m	用于四驱车通过性测试、评价
湿滑动态广场	外圈直径为100m,中心不铺装(直径为70m)	用于车辆操控性能匹配、测试评价等
异响测试道	由角钢条路等13种特殊路面组成,总长为100m,路宽度为3m	用于车内异响测试及评价等

3. 特殊环境可靠性测试

特殊环境可靠性测试是为评定汽车产品在各种恶劣环境条件下的性能及其稳定性而进行的测试,如高原测试、高温测试、寒冷冰雪测试、盐雾测试及暴晒测试等。高原测试指测试车辆在高原环境中的可靠性。高原环境具有空气稀薄、气温气压低、昼夜温差大等特征,对内燃机等关键部件的工作状态影响很大。合格的汽车产品应当具备在高原环境中保持正常行驶的能力。我国幅员辽阔,西部地区多山、多高原,汽车的高原测试对我国消费者而言格外重要。目前国内车企的整车高原测试通常在云南、四川、青海、西藏等地开展,但尚缺乏已投入使用的高原专用可靠性测试场。2018年3月,国内首个高原汽车测试基地——中汽中心云南高原测试基地开工建设,预期填补我国高原测试专用场地的空白。高温测试与寒冷冰雪测试也是汽车特殊环境可靠性测试的关键环节,高温条件下的测试包括发动机熄火保护、发动机匹配试验、共轨油压系统和温度测试、ECU及各传感器温度测试、高温环境下整车质量等试验项目。与高温测试相伴的还有暴晒测试、干热测试等。目前国内汽车产品的高温、暴晒和干热测试主要在新疆吐鲁番自然环境试验研究中心进行。寒冷冰雪测试则检验汽车在极寒和冰雪霜冻条件下的可靠性,主要包括冷启动、冷启动下的驾驶性能、高寒环境下整车质量以及整车采暖、除霜和通风能力、内外饰材料抗寒效果、制动性能、轮胎抓地能力等试验项目。目前国内汽车产品的高寒测试普遍在黑龙江黑河、漠河和内蒙古牙克石进行。

4. 实验室可靠性测试

实验室可靠性测试是指模拟实际使用条件或在规定的工作及环境条件下进行的可靠性测试,如汽车的各种台架测试和室内道路模拟测试等。其优点包括测试条件可控、可重复进行和分解进行、可利用加速手段进一步明显缩短测试时间等。在道路模拟试验台(见图 3-6 和图 3-7)上既可以对整车,也可以对选择的零部件进行可靠性试验。进行实验室可靠性试验一般包括如下步骤:①测取准确的、反映用户实际使用工况的载荷数据——这些载荷数据一般是在车辆上感兴趣部位上的力、应力、应变或加速度信号。载荷数据可以在公共道路上测量,也可以在试验场试验道路上测量,目前一般多在试验场上测量。②对测取的信号进行分析处理,为进行加速试验做准备——形成在道路模拟试验中要复现的目标载荷信号。③在道路模拟试验台上模拟复现目标载荷信号,并且通过反复施加这种信号来进行可靠性和耐久性试验。④利用原始道路载荷信号和模拟试验中测量的信号来估计实验室试验与道路行驶里程之间的当量关系。

图 3-6 比亚迪汽车工程研究院研发的 24 通道轴耦合模拟试验台

图 3-7 一种转向中间轴的可靠性试验台

汽车在使用过程中可能遇到的真实场景非常丰富。由于试验条件有限,难以复现多种多样的真实场景,在很多场景下为达到可靠性测试的需求,需要进行虚拟仿真测试。近年来，虚拟仿真测试技术凭借其试验周期短、研发成本低的优势，逐步由试验场测试的辅助验证手段转变为受主机厂和研究院所青睐的车辆可靠性测评方法。该方法通过在整车或者零部件的多体动力模型上施加与其工作环境相同的载荷，依据相应失效准则进行仿真分析，得出产品失效时间预测结果，找出潜在缺陷和薄弱环节，不断优化设计以提高产品可靠性。目前已经有大批商用软件投入整车的虚拟仿真可靠性试验中（见图3-8）。随着技术的进一步成熟，虚拟仿真测试在汽车可靠性测试中的地位将不断提升。

(a) 使用Adams Car模块进行制动系统的虚拟仿真测试

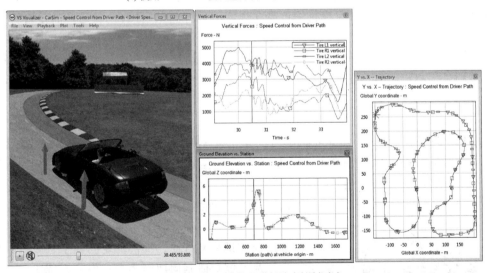

(b) 使用CarSim仿真软件进行速度控制测试

图 3-8 可用于整车可靠性测试的商用虚拟仿真软件

3.1.4　汽车可靠性的测试方法

　　汽车可靠性测试是取得汽车可靠性数据的最主要方法。通过对汽车进行可靠性的测试，可以实现以下3方面的目的：一是提供使用可靠度函数进行定量分析的基础；二是为汽车研究、设计提供可靠性资料；三是可以通过对失效样品进行分析，找出其失效原因和薄弱环节，通过改进设计等措施来提高汽车可靠性。因此，汽车可靠性测试既是汽车可靠性评价的手段，又是保证其可靠性水平的重要措施。

汽车可靠性的测试方法有很多，可以按照不同的标准进行分类。

1. 按测试目的分类

根据汽车可靠性测试目的的不同，可以将可靠性测试分为以可靠性增长为目标的工程测试和以可靠性评价为目标的统计测试两大类。

工程测试的目的在于暴露汽车整车、总成或者零部件的可靠性缺陷，以便采用措施加以改进或排除。这种测试一般由承制方进行，以样机为受试对象。工程测试包括环境应力筛选测试和可靠性增长测试。环境应力筛选测试是指为发现和排除不良部件、工艺缺陷和防止出现早期失效等，在环境应力下所做的一系列试验。典型的应力包括随机振动、温度循环和电应力。为暴露产品的薄弱环节，并证明改进措施能防止薄弱环节故障再现（或出现概率低于允许值）而进行的一系列测试，称为可靠性增长测试。前者是对批生产的产品进行100%的试验，后者则是对未定型产品进行的抽样试验。

统计测试均采用统计的方法进行，是以获得可靠性寿命或参数为测试目的。常见的测试类型有可靠性鉴定测试、可靠性验收测试、可靠性测定测试和耐久性测试等。由于这类测试一般要获得产品的寿命，通常又被称为寿命测试。可靠性鉴定测试为确定产品与设计要求的一致性，由订购方用有代表性的产品在规定条件下进行，并以此作为批准定型的依据。可靠性验收测试用已交付或可交付的产品在规定下进行测试，目的是确定产品是否符合规定的可靠性要求。可靠性测定测试是承制方为了解产品目前达到的可靠性水平而进行的测试，可以确定产品的寿命分布、可靠性特征值、安全余量、环境适应性及耐久性等数据。耐久性测试则是为测定产品在规定使用和维修条件下的使用寿命而进行的测试。

2. 按试验单元分类

根据不同的试验单元，可将可靠性测试分为系统级、分系统级、装置级和零部件级等。从可靠性验证的角度看，在有条件的情况下，应尽可能进行高级别的可靠性验证试验。其优点是结果真实可信，无须综合评价。值得注意的是，只有在无法或不能充分进行系统级可靠性验证测试时，才允许分解为级别更低的可靠性验证测试，然后综合评估系统的可靠性。

从可靠性增长的角度看，低级别的可靠性增长测试具有方便、灵活、发现问题早、利于改进产品及缩短研制周期等优点。但分系统之间、部件之间的协调性、匹配性问题却难以暴露。为此，在有条件的情况下，应适当进行高级别的可靠性增长测试。环境应力筛选测试应该从低级别到高级别，逐级进行，重点放在低级别。环境应力筛选测试示意图如图3-9所示。

图3-9　环境应力筛选测试示意图

3. 按测试手段分类

按测试采用的手段,可靠性测试可分为模拟测试和激发测试。模拟测试通过对产品进行使用环境模拟来验证或测定其可靠性,以可靠性评价为目标。模拟测试从单环境因素发展到综合环境因素,从常规应力发展到高于使用环境的加速应力。寿命测试、加速寿命测试、耐久性测试和实验室内道路模拟测试等都属于这一类。激发测试不以环境的真实性模拟为目标,而是通过恶化环境(强化环境)来进行试验,以提高效率,降低消耗。这类测试一般不以可靠性评价为目标,而是采用加速应力环境快速激发产品潜在缺陷,使其以故障形式表现出来,通过故障原因分析、失效模式分析和改进措施消除缺陷,达到可靠性提升的目的。可靠性强化测试,如高加速寿命测试和高加速应力筛选属于这一类。

4. 按测试样本大小分类

按测试样本大小,可靠性测试可分为全数测试与抽样测试。全数测试是指对关键指标和项目进行 100% 的测试或检查。这种试验所得的数据较为精确,可靠性水平高,缺点是工作量大。抽样测试就是从产品批次中抽取部分子样进行测试,然后由子样可靠性水平推断总体的可靠性水平。抽样试验是保证产品质量和可靠性水平的重要手段,其优点是可缩短试验时间和减少测试样本数。

3.1.5 汽车可靠性的常用测试标准

汽车可靠性测试试验在国内外都有一系列测试标准,汽车产品应当满足这些测试标准规定的要求。本节梳理与整车可靠性和零部件可靠性测试相关的国际标准和国内标准,在规定的内容上,这些标准涉及汽车的行驶可靠性要求、在极端环境下的静态与动态可靠性要求、针对企业的整车质量管理层面的内容以及与功能安全有关的内容。这些内容都和汽车的整车可靠性有着较强的联系。

1. 国际标准

目前与汽车可靠性相关的主要国际标准如表 3-2 所示,其中既包括适用于某一国家的标准,也包括一些国际通用的标准。实际上,国际通用的可靠性标准大都来源于西方发达国家的国家标准和企业标准的调整和扩展。

表 3-2 与汽车可靠性相关的主要国际标准

标准编号或简称	标准名称	标准类别	标准国别
GMW 14872	通用汽车公司循环盐雾测试标准	环境测试标准	美国
GM 9540P/B	通用汽车公司循环盐雾试验箱标准		美国
PV 1210	大众汽车盐雾测试标准		德国
M0158	日产工程标准——循环盐雾试验		日本

续表

标准编号或简称	标准名称	标准类别	标准国别
IATF 16949	质量管理体系——汽车行业生产件与相关服务件的组织实施 ISO 9001 的特殊要求	质量管理标准	国际
QS-9000	QS-9000 质量体系要求		美国
VDA6.1	德国汽车质量管理标准		德国
EAQF94	法国汽车质量管理标准		法国
AVSQ	意大利国家质量保证体系评估协会标准		意大利
ISO 26262	道路车辆功能安全	功能安全标准	国际

1) 环境测试标准

(1) 盐雾测试标准——GMW 14872、PV 1210、M0158。

汽车上有很多使用金属材料制造的部件,它们在盐雾暴露环境中容易因受到腐蚀而损坏。对汽车的盐雾环境测试是汽车特殊工作环境测试的重要内容,也是整车工作可靠性测试的一个关键环节。比较有代表性的汽车盐雾测试标准包括美国通用汽车公司制定的 GMW 14872、德国大众集团制定的 PV 1210 和日本日产公司制定的 M0158。

GMW 14872 规定了一种通过加速实验室耐腐蚀性测试方法来评估汽车上的总成件和单件在盐雾环境下的可靠性的测试试验流程。该流程提供了综合性的循环条件,包括盐溶液、各种温湿度和环境,来加速车用金属部件的腐蚀。该流程能够有效评估各类腐蚀机理,如一般腐蚀、电镀腐蚀、缝隙腐蚀等。实验者可以在标准的框架下自行设定暴露条件,以达到任何所期望的腐蚀暴露状态。这些不同的状态在标准中也分属不同的规定好的等级。此外,在标准中还含有由温度、机械循环、电循环和其他应力等外界因素引发的协同效应。与该标准相匹配,通用公司还制定了 GM 9540P/B 标准来规定一种用于汽车盐雾环境可靠性测试的循环盐雾试验箱,以及相应的盐雾喷涂流程。

PV 1210 是德国大众汽车公司的车身与附件循环盐雾腐蚀标准,是应用较为广泛的循环腐蚀试验标准。它适用于有涂层的车身、车身薄板、结构组件等试验样品的腐蚀检测,主要是静态载荷下样品防腐特性和防腐方法的评测。标准中规定的评测试验分为喷洒盐雾、标准气候保存、湿热存放 3 个阶段,试验可以进行 15、30、60 或 90 个循环,然后评判样件的腐蚀程度。

M0158 是日产公司制定的循环盐雾试验标准。这一标准针对汽车零部件的不同腐蚀程度提供了中性盐雾腐蚀、干燥保持、潮湿保持 3 种不同的循环方法。3 种方法分别适用于一般腐蚀的零部件、外板等腐蚀较严重的部件和内部腐蚀严重的部件。

(2) 温湿度测试标准——IEC 60068-2、EIA 364 等。

由于汽车上的不同零部件需要满足的环境温度要求不尽相同,目前国际上与汽车温湿度可靠性测试的标准大多围绕不同零部件制定,如汽车电缆、汽车安全玻璃等关键零部件。极端温湿度条件下的测试方式包括用来确定产品在高低温气候环境条件下存储、运输、使用的适应性的高低温试验,用于测试和确定产品及材料进行高温、低温、交变湿热度或恒定试验的温度环境变化后的参数及性能的交变湿热试验,确定产品在温度急剧变化的气候环境下存储、运输、使用的适应性的温度冲击试验以及用来确定产品在高温、低温快速或缓慢变化的气候环境下的存储、运输、使用的适应性的快速温变试验等。国际电工委员会（IEC）制定的 IEC 60068-2 标准和美国电子工业协会制定的 EIA 364 标准等均对上述试验方法进行了详细的规定。

2）质量管理标准

（1）IATF 16949 质量管理体系。

IATF 16949 质量管理体系是汽车行业生产件与相关服务件的组织实施 ISO 9001 的特殊要求。

IATF 16949 是在 ISO 9001：2015 的基础上对整车的设计和开发、生产和服务的提供、监视和测量装置的控制以及测量、分析和改进等方面提出的更详细的要求。它在宗旨上强调持续改进、缺陷预防和降低偏差，减少供应链上存在的浪费，具体作用表现在梳理公司管理流程，改进企业绩效；提升产品品质，加强企业市场竞争力；用于向外界（包含客户）证明公司的规范化与控制能力；用于满足客户验厂要求。在认证注册主体上，IATF 16949 只适用于汽车整车厂和其直接的零部件制造商。这些厂家必须是直接与生产汽车有关的，具有加工制造能力，并通过这种能力的实现使产品增值。

（2）QS-9000 质量体系要求。

QS-9000 标准是与汽车质量管理有关的标准，其最初是美国汽车三巨头克莱斯勒、福特和通用汽车用来确定对生产、服务部件和材料的内部和外部供应商的基本质量体系的期望。QS-9000 旨在成为汽车行业供应商和制造商之间建立质量倡议的共同基础，如持续改进、缺陷预防、减少供应链中的变异和浪费，以及降低成本。总之，QS-9000 是汽车行业通用的质量体系要求的标准集，可以在客户对客户或产品对产品的基础上进行扩展。

QS-9000 的内容大体分为 3 部分：①ISO 9001 质量管理体系中与汽车相关的要求，包括责任管理、质量体系、合同评审、设计控制、文件和数据控制、采购、客户提供产品的控制、产品标识和可追溯性、过程控制、检验和试验、测量和试验设备的控制、检查和测试状态、不合格品控制、纠正和预防措施、搬运、存储、包装、保存和运输、质量记录控制、内部质量审核、训练、维修、统计技术等。②通用、福特和克莱斯勒各自定义的供自身使用的系统要求。其中克莱斯勒的具体要求包括部件标识、年度全尺寸检验、供应商年度内部质量审核、年度设计验证和产品验证、标准的克莱斯勒包装和运输与标签格式、缺陷标准；验收标准和抽样计划。福特的特殊要求包括适用于控制项目零件的特殊要求，主要体现在具有可能影响车辆安全运行和符合政府法规的关键特性的部件、热处理、工程规范（ES）测试、过程监控、验收标准、产品资格和抽样计划等。通用汽车的特定要求包括客户对控制计划的批准，UPC（商品统一代码）标签和 17 个额外的通用汽车标准。③客户特定要求，这是每个汽车或卡车制造商独有的要求。它包含了第一部分中没有包含的汽车行业的特定要求，包括生产件批准流程、持续改进计划和制造能力计划。

（3）德国 VDA6.1 汽车质量管理标准。

VDA6.1 是德国汽车工业联合会（VDA）制定的德国汽车工业质量标准的第一部分，即有形产品的质量管理体系审核。该标准以 ISO 9001 为基础，增加了一系列来自汽车工业实践的特殊要求。标准包含两个基本部分：管理职责和业务战略，以及产品和过程要求，共 23 个要素。管理部分讨论内部质量审核、培训和人员、产品安全和公司战略等问题。产品和过程描述了对项目的要求，包括设计控制、过程计划、采购、过程控制、纠正和预防措施、质量记录控制和统计技术。

(4) 法国 EAQF 汽车质量管理标准。

EAQF 的前身是 1987 年法国汽车制造商雷诺、标致和雪铁龙签署的质量保证通用文件，规定了将质量责任全部移交给供应商的程序。现今，EAQF 标准通过授予供应商不同级别的遵从标准来对供应商进行分类。它同样基于 ISO 9001，评估内容上也和 VDA6.1 的情况相似，但采用了另一种评估方法。已经通过 ISO 9001 认证的制造商还必须通过单独的程序才能获得 EAQF 的批准。法国汽车制造商认可由 AFAQ、UTAC 和 AENOR 等经批准的认证机构进行的 EAQF 评估。法国汽车制造商也认可其与德国和意大利同行之间形成的经过供应商系统审核的一系列协议。

(5) 意大利 AVSQ 汽车质量管理标准。

意大利 AVSQ 汽车质量管理标准是意大利工业最大制造商的质量体系的基础，如阿尔法·罗密欧、兰西亚、玛莎拉蒂、菲亚特和法拉利等均采用此标准。AVSQ 与 QS-9000 非常相似，也与其他欧洲汽车的要求有重叠。在具体内容上，AVSQ 与 QS-9000 的区别有 5 方面：客户必须对供应商过程、产品和控制计划建立质量体系资格；供应商必须让客户了解分包商提供的产品的质量水平；供应商必须在进行这些更改之前向其客户传达对流程和产品的拟议更改；供应商必须定义测试原型、试生产样品和向客户展示的程序；说明规格和产品规格变化的控制报告必须随所有产品的样品一起提供。

3) 功能安全标准

ISO 26262 国际标准是有关道路车辆功能安全的国际标准，针对装设在量产道路车辆（非机动车除外）中的电子电气系统。该标准实施的目的包含以下几方面：一是规定车用产品安全生命周期的各个阶段（管理、开发、生产、运行、维修、退役等），并可以在各个阶段订制需要的活动；二是提供针对车用、以风险为基础的风险确认方式；三是用上述风险确认方式确认，若残余风险达到了可接受的范围，则应该满足哪些安全需求；四是提供用于确保已达到足够且可以接受安全性的验证与确认方式。

ISO 26262 于 2011 年 11 月发布第一版，于 2018 年 12 月发布修订后的第二版。第一版涉及的对象是 3500kg 以下的量产乘用车，第二版涉及的对象范围扩大至卡车、公共汽车及两轮机动车。汽车制造商通过根据 ISO 26262 设计电气电子系统来证明能够确保汽车的安全，而且设计应确保即使发生了电气电子系统故障，也不会造成人身（不仅包括驾驶人和乘车人，还包括行人等）伤害。功能安全特性是每个汽车产业产品开发阶段中不可缺少的一部分，包括规格制定、设计、实现、整合、验证、确认以及产品上市等阶段。ISO 26262 提供了汽车安全生命周期各阶段的相应标准，以及汽车领域中决定风险等级的方法——汽车安全完整性等级（ASIL）认可和证明方法，来保证有效达到了合理的安全等级。在标准内容上，以 V 字模型作为产品开发各阶段的参考流程模型，如图 3-10 所示。

作为汽车功能安全相关的核心标准，ISO 26262 与汽车可靠性也有较强的关联。有关 ISO 26262 的更多内容将在第 6 章介绍。

2. 我国标准

我国标准中与汽车整车可靠性要求及可靠性测试试验有关的主要标准如表 3-3 所示。下面对各标准的主要内容进行简要介绍。

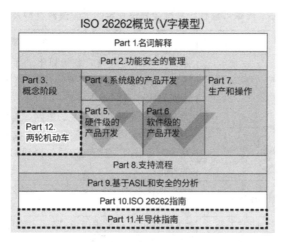

图 3-10　ISO 26262 对产品开发各阶段的参考流程模型

表 3-3　汽车整车可靠性相关的主要国家标准

标　准　号	标 准 名 称	标准类别
GB/T 12678—2021	《汽车可靠性行驶试验方法》	行驶试验标准
GB/T 12679—1990	《汽车耐久性行驶试验方法》	
JB/T 11224—2011	《三轮汽车可靠性考核评定办法》	特殊车辆标准
GB/T 40512—2021	《汽车整车大气暴露试验方法》	环境试验标准
GB/T 28958—2012	《乘用车低温性能试验方法》	
GJB 7938—2012	《军用汽车盐雾环境道路强化腐蚀试验方法》	
GJB 150A	《军用装备实验室环境试验方法》	
GB/T 18305—2016	《质量管理体系 汽车生产件及相关服务件组织应用》	质量管理标准
GB/T 34590	《道路车辆 功能安全》	功能安全标准

1) 行驶试验标准

（1）GB/T 12678—2021《汽车可靠性行驶试验方法》。

GB/T 12678—2021《汽车可靠性行驶试验方法》为与汽车可靠性测试关联最紧密的中华人民共和国国家标准。该标准规定了汽车可靠性的行驶试验方法，适用于各类汽车的定型和质量考核时整车的可靠性行驶试验，包括对试验条件、试验车辆准备、试验方法、评价指标和试验报告的规定。在试验操作类别方面，该标准涉及如表 3-4 所示各类试验操作的基本规定，包括常规可靠性试验、快速可靠性试验、预防维修和故障后维修等试验操作。试验道路条件对行驶可靠性的测试至关重要，事实上汽车行驶可靠性的考验也往往来源于一系列特殊条件（如坏路、山路等非结构化）的道路。行驶试验条件中对试验道路类型及要求的规定如表 3-5 所示。

表 3-4　汽车可靠性行驶试验方法规定的试验操作类别

序　号	试验操作类别	操作含义
1	常规可靠性试验	在公路和一般道路条件下，按一定规范进行的可靠性试验
2	快速可靠性试验	在试验场道路上进行的具有一定快速系数的可靠性试验
3	故障后维修	汽车发生故障后进行的维修
4	预防维修	根据汽车使用说明书规定的周期和项目进行的维修、保养

表 3-5　汽车可靠性行驶试验方法规定的试验道路类型及要求

序 号	道路类别	道路类型	道 路 要 求
1	常规可靠性试验道路	平原公路	路面平整度为 C 级或 C 级以上的平原微丘公路,最大坡度小于 5%,路面宽阔平直,视野良好,汽车能持续以较高车速行驶的距离大于 50km
2		坏路	路基坚实,路面凸凹不平的道路。有明显的搓板波,分布均匀的鱼鳞坑等。路面不平度为 E 级或 E 级以下,试验车在这种路面上行驶时,应受到较强的振动和扭曲负荷,但不应有太大的冲击
3		山路	平均坡度大于 4%,最大坡度为 15%,连续坡长大于 3km,路面平整度为 C 级以上
4		城市道路	大、中城市交通干线街道,路面平整度为 C 级以上
5		无路地段	很少有车辆行驶的荒野地区,如沙漠、草地、泥泞地、灌木丛、冰雪地及水滩等
6	试验场可靠性试验道路	各类非结构化道路	一般应包括具有固定路形的特殊可靠性道路(如石块路、卵石路、鱼鳞坑路、搓板路、扭曲路、凸块路、沙槽、水池、盐水池等)、高速跑道、坡道、砂土路等

(2) GB/T 12679—1990《汽车耐久性行驶试验方法》。

汽车耐久性是指在规定的使用和维修条件下,达到某种技术或经济指标极限时,完成功能的能力。该性质与汽车的可靠性关联得十分紧密。若汽车构件的疲劳损坏现象频繁发生、汽车主要技术性能下降到已超过规定限值,如磨损超限、材料锈蚀老化等,汽车已经达到继续使用时经济上不合理或者安全不能保证的情形,则认为汽车已经发生耐久性损坏。该标准的执行目的是使汽车出厂时具有合理的行驶耐久性,且延后汽车的耐久性损坏时限。

GB/T 12679—1990 提出了汽车耐久性测试试验的项目和方法,其中试验项目包括磨合行驶试验、发动机性能试验、主要零件初次精密测量、装复汽车后 300km 磨合行驶、使用油耗测量、汽车性能初试、耐久性行驶试验、发动机性能复试、汽车性能复试、主要零件的精密复测等。

2) 特殊车辆标准

JB/T 11224—2011《三轮汽车可靠性考核评定办法》为中华人民共和国机械行业标准,规定了三轮汽车的故障定义、分类及判定规则、可靠性评定方法和可靠性试验方法等,是重要的民用特殊类型车辆可靠性考核标准。该标准中使用的可靠性评定指标包括 3.1.2 节中涉及的平均首次故障里程(MTTFF)和平均故障间隔里程(MTBF),具体计算时涉及 MTTFF 和 MTBF 的点估计值与置信下限值。可靠性试验项目包括性能试验和行驶试验,性能试验包括动力性能试验、制动性能试验、燃油经济性试验以及环境污染测定,行驶试验包括行驶试验里程和道路条件的规定,行驶试验应当在平路、山路、坏路等各种道路上进行。试验过程中观察到的故障现象应当予以记录。在该标准中对故障属性分类的规定如表 3-6 所示。

表 3-6　三轮汽车可靠性考核评定办法对故障分类的规定

序 号	故 障 类 别	含　义
1	本质故障	在规定的使用条件下,由于产品本身固有缺陷引起的故障,如零件的过度变形、断裂、早期磨损和疲劳、非正常腐蚀和老化、紧固件松动或失效、性能下降超限及"三漏"等

续表

序 号	故障类别	含 义
2	从属故障	由本质故障导致产生的派生故障,如由于螺纹松动,由本质故障引起的其他零件损坏均为从属故障
3	误用故障	由于用户违章操作和不当使用引起的故障,如未按使用说明书的规定加油加水而导致发动机过热、抱缸等

3) 环境试验标准

(1) GB/T 40512—2021《汽车整车大气暴露试验方法》。

环境条件对汽车的可靠性有着十分重要的影响。即使环境条件并不极端,汽车长期处于该环境下也会出现损耗。大气暴露对整车上的涂层、橡胶、塑料、人造革、纤维纺织品等材料的零部件影响较大,该标准规定了汽车整车在典型自然环境大气暴露试验方法中的场地、试验条件、仪器设备、试验样品、测量方法及结果评价方法,适用于汽车自然环境大气暴露试验。

(2) GB/T 28958—2012《乘用车低温性能试验方法》。

随着汽车保有量的不断增加以及使用范围的扩展,寒冷的冬季对汽车低温性能的要求越来越高。GB/T 28958—2012 规定了乘用车低温性能试验的术语和定义、试验条件、试验方法等。检验项目中包括各舱车门、座椅结构、安全带、开关机构、驻车制动机构等受到大气暴露影响较明显的部件的检测。该标准对整车制造厂商的要求能够反映出中国机动车辆在寒冷地区性能方面所应达到的水平。

(3) GJB 7938—2012《军用汽车盐雾环境道路强化腐蚀试验方法》。

盐雾环境对汽车所使用的大量金属结构有腐蚀作用,长期暴露在盐雾环境下对汽车的可靠性也有很大影响。军用车辆使用环境复杂,且多为恶劣条件,其中不乏高盐雾环境。在这种环境下对军用车辆进行可靠性测试是十分有必要的。GJB 7938—2012 规定了军用汽车盐雾环境道路强化腐蚀试验的要求、程序、内容、试验方法及试验数据记录和处理等内容。

(4) GJB 150A《军用装备实验室环境试验方法》。

GJB 150A 为一套测试军用装备(包括军用车辆)在各类特殊环境下工作可靠性的实验方法,包括高低温、高低压、温度冲击、太阳辐射、淋雨、湿热、霉菌、沙尘、爆炸、浸渍、结冰、冻雨、酸碱性等,对军用装备应对环境冲击所应达到的指标做了系统且详尽的规定。

4) 质量管理标准

质量管理问题也与汽车可靠性息息相关。汽车的可靠性落实到消费者的角度,即体现在消费品的质量管理上。车企应当证实其产品具有满足顾客要求并适用法律法规要求的能力,GB/T 18305—2016《质量管理体系 汽车生产件及相关服务件组织应用》的制定借鉴了IATF 16949 这一国际标准,目的是在供应链中建立持续改进,强调缺陷预防,减少偏差和浪费的质量管理体系,并避免多重认证审核,为汽车生产件和相关服务件组织建立质量管理体系。

5) 功能安全标准

GB/T 34590《道路车辆 功能安全》是以 ISO 26262 为基础的汽车功能安全国家标准,它给出了一个针对汽车功能安全的标准框架,在该框架内可考虑基于其他技术的汽车相关系统。具体而言,该标准与 ISO 26262 的内容有较大相似性,主要涉及如下要点:①该标准提供了一个可参考的汽车全生命周期流程,包括管理、开发、生产、运行、服务、报废等,并支持在这些生命周期阶段内对必要活动的剪裁;②提供了一种汽车特定的基于风险的分析方法以确定汽车安全完整性等级,以避免不合理的残余风险;③提供了与供应商相关的要求。

3.1.6 汽车电子电气的可靠性管理工作

1. 电子电气的可靠性管理

为满足终端客户使用阶段的可靠性要求,汽车电子电气的可靠性管理工作是十分必要的。良好的可靠性管理工作不仅能提高产品质量,同时也能合理控制开发成本。汽车电子产品可靠性管理工作从管理学的知识理论体系出发,以系统为主,对车载电子产品的各类系统进行寿命周期内的可靠性分析、组织、协调和管理等一些工程,是一项系统的工程,主要包括电子电气可靠性需求分析、可靠性设计、可靠性试验、可靠性制造及可靠性评价技术。

2. 影响汽车产品电子电气可靠性的主要因素

现有的相关资料和我国汽车行业内可靠性验证的技术应用现状表明,影响汽车产品电子电气可靠性的因素有以下几方面。

(1) 对国内车企产品的功能状态、性能以及可靠性的理解尚浅,认识也较为模糊,存在许多不足,盲目重视可靠性的排名。

(2) 国内的车企更加重视汽车产品电子电气可靠性研究的技术层面,尤其重视新技术,但是一定程度上忽略了汽车产品电子电气可靠性研究的系统方法和管理方法。

(3) 在工作中,车企内部各个级别的专业技术人员对技术的应用可能比较熟练,但是对可靠性知识体系的了解却不足,这也反映出了领导层缺乏对相关管理体系和技术的讲解。

(4) 在产品的生产过程中,可靠性要求的设计工作没有得到应有的重视,管理工作也存在疏漏,评审程序有一定的漏洞。

(5) 零件使用的材料不能满足要求,加工时的工艺精度也不能满足产品的要求。

(6) 零件质量本身存在问题。

(7) 装配的技术人员技术不足,装配质量较低,检验不过关。

(8) 对于用户反馈的故障和错误信息不能及时处理,故障分析和维修体系存在不足。

3. 电子电气可靠性与品质的关系

可靠性是任何一种电子产品最重要的品质特性之一,是电子产品能够发挥作用,达到应有的功能状态的基本保障和前提。如果可靠性不满足要求,那么即使产品有再多的功能也无法发挥出来。可靠性管理的传统方式是关注 $t=0$ 时刻的产品合格率,其工作重点是保证产品生产过程中的一致性和产品可靠性的稳定性。可靠性分析的关注焦点是 $t>0$ 以后产品不合格的具体原因,即故障原因的分析和维修。

4. 电子电气产品的功能、性能与可靠性

电子电气产品的功能、性能与可靠性是 3 个比较类似的概念。一般来说,功能是产品的特定用途或能达到的效果;性能是功能的具体表现,是一个相对比较确定的概念,性能可以通过专用的测试设备进行测量,通过具体的真值来反映;可靠性主要和产品质量和寿命有关,如产品使用一段时间后是否会发生故障、使用多长时间后才会发生故障、故障的位置和类型等,是一个相对不确定的概念,一般使用概率和统计的相关知识来描述。

5. 汽车电子电气可靠性管理的主要活动

1) 成立管理机构

可靠性管理机构应当是一个专业的团队,拥有一定的行政权力,并且同时也要在可靠性方面拥有一定的专业知识,不能是完全的行政机构,也不能是完全的技术咨询小组。一般由专门的机构领导对可靠性工程管理、评审流程、标准和实验方法进行研究。

2) 可靠性大纲管理

可靠性大纲管理是可靠性管理机构需要设计的可靠性工程的总体规划和职能分配,例如,设置合理的可靠性工程需要的目标、管理的方案、实施的流程、结果的评审等。具体的计划是根据大纲制定的方案以及实际情况确定的具体实施方案。

3) 设计阶段的可靠性管理

设计阶段的可靠性管理工作主要是制定电子电气设计研制阶段的可靠性任务和实施细则,用定量的方法来预计、评定和验证可靠性。规定设计人员必须采用可靠性设计的方法、标准和规范来进行设计。对于任何新产品和变更较大的设计项目,都需要经过可靠性试验、评价。新设计的关键零部件都应制作近似的实物模型,在近似的工作环境条件下进行试验,并且进行长期运转的可靠性验证试验,有的甚至把样机放到实际的工作环境下运行,以求找出薄弱环节,从而进行设计更改。鼓励采用新技术,以保证和提高产品的可靠性。例如,电源分配系统的试验、音响系统的振动试验、照明系统淋雨的模拟试验等。要进行耐环境设计,包括热设计、结构设计等。产品实际能达到的可靠性不可能超过所设计的可靠性,而在产品的设计研制阶段的初期,能达到的可靠性远低于目标值。因此,必须制订和实施可靠性增长计划,进行可靠性增长试验,以暴露设计缺陷,采取纠正措施,尽快使可靠性水平增长到目标值。设计评审是可靠性管理的一项基本活动,其目的是审查设计是否符合可靠性要求,及早查出设计中的缺陷并及时补救。通常,设计评审需要进行多次。

4) 制造阶段的可靠性管理

产品的电子电气可靠性是由设计决定的,而由制造和管理来保证。忽视制造过程的管理(包括整车厂和供应商制造过程的管理要求),必然将导致产品的可靠性低于设计的目标值。

在所有的制造过程中,参数值的变异性(偏差)是固有的,如材料性质、零件尺寸、加工方法等。必须了解在零件和加工工艺过程中可能有的变异性的原因、性质和程度,知道如何去测量和控制这种变异性,使其对产品的性能和可靠性影响最小。同时,要以"零缺陷"作为目标,尽力做到在出厂前检验出所有的不合格品。注意:如果不及时地、果断地将正在加工的不合格零件停止输送给下一道工序,则出厂的产品越多,损失越大。

制造阶段的可靠性管理的主要内容有人员管理、设备管理、材料管理、工艺管理、环境管理、工序管理、检验管理。

3.2 汽车电子的可靠性要求

3.2.1 汽车电子进行环境可靠性测试的重要意义

随着人工智能行业的发展,汽车产业中的电子产品也开始向智能化、自动化发展,汽车工业开始与信息技术行业相融合,发展迅速的电子产品也开始越来越广泛地应用在汽车行业中,使得汽车行业也开始迈开步伐,向着电子化、多媒体化和智能化的道路前进。不仅如此,汽车行业的用户基数大,需求多样化,而新兴发展的多媒体技术等应用在其他工业方面取得了较大的成功,并且逐步可以满足汽车用户多样化的需求。在这样的背景下,汽车产业从模式和工艺比较单一的传统机械化工业逐步转型为电子信息技术和机械工艺技术相结合的高级技术,以机械产品向融合电子信息技术的机电一体化产品演变。汽车功能的多样化和电子元器件的自动化为汽车行业带来了更加宏远的发展空间,但同时由于其结构复杂,是成千上万的各种零件组成的复杂产品,并且在运行时较为依赖其中的电子产品,因此汽车电子产品零件的可靠性就尤为重要。汽车产品的电子系统有着较为严苛、恶劣的工作环境,如运输过程、存放环境、工作中以及一些地方的特殊气候等,无时无刻不考验着汽车电子产品。目前,汽车行业中电子产品的使用率逐渐增加,电子元器件在汽车整体价值量中的比例也在逐年上升,在高档汽车中为40%~50%。国外每辆汽车采用汽车电子装置的费用在1990年时为672美元,2000年已达到2000美元,而汽车的控制系统是以高端电子设备为基础,电子控制设备的可靠性对整车的可靠性起主导作用,因而汽车运行的安全性也受到电子装置的控制。

一般来说,电子产品的质量和电气单元的耐久性会受到复杂环境因素的影响,恶劣的环境也会对电子产品的操作性能带来不好的影响。汽车电子元器件也不例外,目前汽车电子元器件的环境可靠性问题成为汽车可靠性的核心问题之一。在汽车的日常运行过程中,汽车的电子系统往往会处于比较复杂和恶劣的环境中,为保证汽车电子产品在这些环境下也能正常工作,达到应有的效果,需要在这些环境下对电子产品进行可靠性测试。通常情况下,汽车电子标准的范围涵盖了电气和电子环境设备、电磁抗干扰能力等多方面的内容,例如,汽车的连续、长期振动会造成一部分电子产品的组件引线与附件出现故障,并且不能够实现温度的循环;温度和气候有时候会影响到一些材料的性能,因此有一些电子产品的材料对环境的适应能力很差,不适合在特殊的温度和气候下工作,一旦温度气候发生一定程度的变化,会影响电子元器件的正常工作,严重时可能导致其失灵,出现失效的问题。目前,国家已经出台了一些相应标准来约束汽车电子产品的质量,汽车电子产品在满足这些国家制定的标准以外,还需要充分满足汽车运行时可能遇到的环境要求和各种条件要求,这就要切实提升电子产品本身的材料和工作性能。除此之外,不同电子产品的供电需求不同,这就使得供电输出系统比较复杂,例如,系统中有大电流的电磁阀和马达,也有其他额定电流较低的电子产品,这时供电电压通电后,较大的电压脉冲容易引发一些产品的故障与损坏。这样的电压变化会对其他电子产品造成不良影响,这将直接影响汽车电子产品的正常使用和汽车本身的安全性能。由此看来,高度重视汽车电子产品运行环境的可靠性,从而提升其汽车电子产品的基本质量,以此促进汽车应用的多样性发展,对于当代汽车行业来说,是十分重要的。

3.2.2 汽车电子的使用环境

由于汽车的控制系统通常以高端电子设备为基础,因此,整车的可靠性方面起主导性作用的是电子控制设备的可靠性。通常来说,电子设备的使用环境会影响设备以及单元的耐久性和相关的操作性能。由此,汽车电子元器件的环境可靠性问题成为了汽车可靠性的核心问题之一,同时,这也是使用过程中需要面对的最大难题。在实际运行时也可以发现,汽车电子产品的使用环境不仅会随着汽车不停地运动发生改变,而且安装在汽车不同位置上的相关产品也面临着不同的环境挑战。所以,汽车电子产品的环境可靠性测试变得极为重要且严格。这不仅可以确保产品在预期的寿命内能够正常工作,还可以保证电子产品在经历极端环境时不会出现相关问题,由此来看,这也是汽车电子产品比一般电子产品价格更贵的原因。以下是汽车电子产品的测试中需要考虑的几项因素。

1. 气候和地理的因素

几乎在世界所有的陆地区域使用和运行的都是道路车辆。其中,气候环境条件,包括可预期的每天的天气变化以及季节的变化都是值得注意的。例如,应考虑给出使用环境内的湿度、温度、降水以及相关大气条件等的范围,此外,灰尘、污染和海拔高度等因素也值得被关注。

由于地理环境一般受制于当地的地理条件,所以不会轻易发生改变。但是,气候环境却是在不断地变化,例如,每天的天气变化和季节性的气候变化。所以,汽车电子产品环境测试一般都会以模拟气候环境变化为主。常见的环境测试有温度湿度变化、雨雪天气、沙尘天气、海拔高度变化、雾霾天气等。

2. 车辆类型

车辆的设计属性通常决定了道路车辆的环境条件,例如,发动机的类型和排量、悬挂的相关特性、车辆尺寸和自重以及车辆自身的供电电压等。考虑到不同类型的汽车所面临的工作环境和其对环境的适应性都有所不同,例如,汽油车与柴油车、商用汽车与货运汽车等,因此在测试时,汽车的类型和具体的性能也是需要考虑的。

3. 车辆的使用条件和运行模式

道路的质量、道路的地形、车辆的使用、路面的类型和驾驶人的驾驶习惯都是值得重视的环境条件因素。在运行方式方面,起动、驾驶、存储和停车等,都需要考虑。在汽车的行驶过程中,不同类型的汽车对道路的使用环境等都有着各自的使用要求,而且,不同的道路情况也会对汽车的行驶造成不同的环境影响,当然,也会对汽车配置的电子产品造成一定的影响。此外,不同的驾驶习惯也会对汽车电子产品的使用造成些许影响。根据汽车电子装置中工作模式的不同,可以将其分为三大类,不同的工作模式也有着各自对应的运行环境。

工作模式1:不向 DUT(被测设备元器件)供电。

工作模式1.1：DUT未连接到线束。
工作模式1.2：DUT模拟在车辆上的安装位置，连接到线束。
工作模式2：当车辆发动机关闭，且所有的电气连接完好，DUT以电压U_B带电运行。
工作模式2.1：系统/组件功能不被激活（如休眠模式）。
工作模式2.2：系统/组件带电运行并控制在典型的运行模式上。
工作模式3：所有的电气连接完好，DUT以电压U_A带电运行。
工作模式3.1：系统/组件功能不被激活。
工作模式3.2：系统/组件带电运行并控制在典型的运行模式上。
其中，工作模式2和工作模式3的试验电压如表3-7所示。

表3-7 工作模式2和工作模式3的试验电压

试 验 电 压	U_N＝12V电系/V	U_N＝24V电系/V
U_A	14±0.2	28±0.2
U_B	12±0.2	24±0.2

注：U_A为发动机/交流发电机（工作模式3），U_B为蓄电池电压（工作模式2）。

4．电子设备的寿命周期

汽车电子产品需要在汽车运行时的环境下也能正常工作，能够抵御一定的恶劣环境条件，而且汽车电子产品需要经历生产、装运、操作、存储、车辆装配、车辆维护和修理等流程，也就是说，汽车电子产品从生产到装配，再到汽车上的实际应用，会经历很多中间过程，这些中间过程所处的环境条件也会对汽车电子产品产生一定的影响，因此，汽车电子产品也需要克服在这个过程中环境对产品造成的影响。

5．车辆的供电电压

车辆运行中的供电电压和车辆的运行状态、方式以及内部分配系统的设计有关，并且相应的气候环境也会对此造成一定的影响。在不同气候环境下，汽车总电源提供的供给电压也会发生一定的变化，这就导致电子产品的供给电压不是其正常情况下的额定电压，会在一定程度上影响电子产品的正常工作，严重情况下会造成电压过载，从而使得电子产品发生故障导致失灵，例如，车辆电气系统的故障可能是发电机电压过载时的汽车内部连接系统断路。因此，车载供电电压的变换是汽车电子产品环境测试中必不可少的一项。

6．电子设备在车辆上的安装位置

汽车电子产品通常以安装位置为依据进行划分，电子产品在车辆上的安装位置决定了其使用环境。车辆上的环境负荷因素在每个位置都不相同，在大部分情况下，汽车的运行环境都比较复杂，这就使得电子产品要面临极为严酷的环境考验。对不同类型的环境负荷设计一种具体的量度标准是必要的。这样就可以使得一辆车上的系统及其组件在这个标准下引申到其他车辆，极大减少了工作量。

一辆汽车上的电子产品有很多安装的地方，根据其所处的位置不同，所需要的测试条件和项目也不尽相同。首先，是十分重要的发动机舱，发动机机舱的环境包括发动机本身的内外环境、一些非刚性连接的柔性进气管的内外环境、变速器与减速器的内外环境，并且也会受到整车车体与车辆骨架的影响。其次,驾驶室中的环境包含阳光可以直射到和没有阳光直射的部分,还有因为一些条件会受到热辐射的部分。此外,后备箱内的电子产品主要安装在后备厢内部,外部很少会安装电子产品。最后,有很多电子产品安装在车体外部,如车架、车门、底盘和轮毂等,这一类比较特殊的安装位置没有给出明确的规定,一般在 DUT 的说明书中规定。

从安装位置就可以想象到,汽车电子产品的使用环境比一般的电子产品要更加恶劣和复杂,其中不可避免地会受到很多环境因素的影响,如汽车本身的振动、环境的温度和湿度、磨损的耐老化能力,以及因为气候不同而产生的供给电压波动、过载等,因此汽车电子产品的质量和可靠性也有更加严格的要求。表 3-8～表 3-10 分别给出了不同部位的汽车电子产品的温度环境条件、湿度环境条件和振动环境条件。

表 3-8 汽车电子产品的温度环境条件

部 位	最大温度/℃
前仪表板上部	120
前仪表板底部	71
客舱地板	105
后架	117
头枕	83

表 3-9 汽车电子产品的湿度环境条件

部 位	最 大 湿 度
引擎舱(引擎附近)	38℃/95％RH
引擎舱(轮片)	66℃/80％RH
座椅	66℃/80％RH
侧门周围	38℃/95％RH
仪表板前部	38℃/95％RH
地板	66℃/80％RH
后架	38℃/95％RH
行李箱	38℃/95％RH

注:RH——相对湿度。

表 3-10 汽车电子产品的振动环境条件

振 动 来 源	频率/Hz
发动机转矩波动导致的振动	2～10
离合器不正导致的振动	2～10
传动轴夹角导致的振动	10～20
发动机转矩波动导致的振动	20～50
旋转失衡导致的振动	20～50
发动机旋转惯性导致的振动	100～200
齿轮的啮合导致的振动	400～2000

7. 按照功能状态分类

汽车电子产品种类不同,其功能状态也会不同,以其功能状态为依据也可以进行分类。

目前,大部分情况下的汽车电子产品的功能状态有 A、B、C、D、E 这 5 个级别,A 级指的是经过一定的测试后,电子产品功能仍然可以符合使用的要求;B 级是在测试过程中存在一定的功能误差,但是测试结束后,电子产品仍然符合使用要求;C 级是在测试过程中,有一些功能达不到设计时需要达到的标准,但测试结束后产品仍可以正常运行;D 级是测试前后,有一些功能不能达到设计所需的标准,测试结束后不能正常运行,需要重新进行激活或者调整;E 级是测试过程中有功能失效,无法自动恢复或者重新激活,只能更换。

3.2.3 汽车电子可靠性的常用测试标准

1. ISO 系列相关标准

国际标准组织(ISO)是国际上非常权威的标准组织,目前由 151 个国家的标准协会组织组成,是一个各国标准之间的协调机构。ISO 成员不是联合国性质,各个成员代表国家,是来自自己国家的专门机构。

(1) ISO 16750《道路车辆电气及电子设备的环境条件和试验》。

ISO 16750 测试标准是当前国际通用的汽车电子产品环境测试标准,该标准是由国际标准化组织制定推出的,此标准的推出,在国际范围内为汽车电子产品的环境可靠性测试确定了一套科学规范的测试标准。截至目前,国际上许多知名的汽车企业都以该套标准为主,并将其中的测试方法和测试结果的标准都应用在了生产上。在欧洲,该标准几乎是行业的首要标准,应用非常广泛,如 VM、GM 等知名公司都应用了该标准涵盖的环境试验项目,测试的方法和结果判断的标准作为自己企业的标准,我国自己制定的标准——GB/T 28046 系列标准也是参考的本套标准。该系列标准包括 5 部分:①ISO 16750-1《道路车辆-电子电气产品的环境条件和试验:总则》;②ISO 16750-2《道路车辆-电子电气产品的环境条件和试验:供电环境》;③ISO 16750-3《道路车辆-电子电气产品的环境条件和试验:机械环境》;④ISO 16750-4《道路车辆-电子电气产品的环境条件和试验:气候环境》;⑤ISO 16750-5《道路车辆-电子电气产品的环境条件和试验:化学环境》。

ISO 16750-1:描述了潜在的环境压力,并指定了建议用于车辆上/车内特定安装位置的测试和要求,包含定义和一般说明。

ISO 16750-2:适用于道路车辆的电气和电子系统/组件,描述了潜在的环境应力,并指定了对道路车辆上/内的特定安装位置推荐的测试和要求;还描述了电气负载。电磁兼容性(EMC)不属于 ISO 16750 的这一部分。电气负载与安装位置无关,但会因车辆线束和连接系统中的电阻而发生变化。

ISO 16750-3:描述了直接安装在道路车辆上或安装在道路车辆上的可能影响电气和电子系统和组件的机械载荷,并规定了相应的测试和要求。

ISO 16750-4:描述了安装在车辆上/内特定位置的系统/组件可能的气候环境负荷,且规定了试验及要求。

ISO 16750-5:规定了可以影响直接安装在车辆上或车辆里的电气、电子系统和组件化学环境,以及相应的试验和要求。不包括电磁兼容性。

ISO 16750 系列的标准是帮助其用户系统地定义或应用一系列国际公认的环境条件、

测试和操作要求,这些条件、测试和操作要求基于设备在其生命周期中操作和暴露的预期实际环境。制定标准时考虑了以下环境因素:①世界地理和气候:地球上几乎所有的陆地区域都拥有运营道路和车辆。因此,由于气候环境,包括昼夜循环和季节循环,环境条件的显著变化是可以预料的。已经考虑到全球范围内的温度、湿度、降水和大气条件,包括灰尘、污染和海拔。②车辆类型:运行时的汽车在车辆内部和车辆上的环境条件也和车辆本身的零件属性有关,如发动机的类型、发动机相关部件尺寸的大小、不同材料的悬架特性、整车质量、整车尺寸、电源额定电压等。并且对包括商用车在内的典型车辆类型进行了考虑,如(重型)卡车、乘用车和卡车以及柴油和汽油发动机。③车辆使用条件和操作方式:车内和车上的环境条件因道路质量、路面类型、道路地形、车辆使用(如通勤、拖车、货物运输等)和驾驶习惯而存在显著差异。如存储、启动、驱动、停止等已被考虑。④设备生命周期:电气和电子设备还可以耐受制造、运输、搬运、存储、车辆组装、车辆维护和修理过程中所经历的环境条件。此类条件和测试(如处理跌落测试)在 ISO 16750 系列的范围内。⑥车辆供电电压:供电电压随车辆使用、运行模式、配电系统设计甚至气候条件而变化。车辆电气系统内的故障,如交流发电机过电压和连接系统的间歇性,都可能发生。此类情况在 ISO 16750 系列的范围内。⑦在车辆中的安装位置:在目前的汽车工业中,系统及其组件的概念几乎遍布于汽车的各个位置。每个系统或者零件对于应用环境的要求很大程度上和其安装位置相关,因为不同的安装位置会有不同的环境负荷集,如发动机舱和驾驶室内的温度、湿度等都差异很大,振动载荷也完全不同,如车身上的电子产品会受到开关门造成的机械冲击等。

目前,汽车工业中将不同类型和量值的环境负荷形成数量合理的标准的要求组合是可取的。这样就可以使在某一辆车上的系统及其组件应用到另一辆不同的车上。不过,环境负荷并不是仅仅受到安装位置一个因素的影响,它还与受到的应力等其他很多因素有关,并且精确的测量值要求在汽车的设计时通常还是未知的,这就给汽车电子产品的环境标准评定带来了许多困难。

ISO 16750 的观念是为离散的负荷类型定义要求的等级。该标准分供电环境、机械环境、气候环境和化学环境负荷。对每种负荷类型定义若干等级。每一等级用一个字母代码定义。完整的环境要求由一组定义代码表达。代码由 ISO 16750 其他的有关部分定义。ISO 16750 的附录 A 根据安装位置分别给出了代码的示例。对一般应用,可用这些代码。如果某应用非常特殊,这些代码的组合也无法表达时,可创建新的代码。当新的要求量值没有适用的代码时,可以用"Z"代码创建。在此情况下,规定的要求应单独定义,而且不应改变试验方法。附录 B 中,得出了关于寿命试验的结论。

一般来说,寿命试验结果会受到以下几个因素的影响。

①"失效效应"(Weibull 形式因子),是主要影响较高失效斜率,缩短试验持续时间的因数;尤其对于低失效斜率,"DUT 数量"有较大的影响。②"信心值",过度的信心值将导致要求较长的试验持续时间和较多数量 DUT。如果有明显的损耗或疲劳失效,若试验允许增加较大的负荷,则描述的方法可以使操作变得顺利。一般用于机械和机电产品。这种方法并不适用于单纯的电子组件,因为大量的偶发失效(Weibull 形式因子接近 1)会从许多方面导致试验无法接受,而增加负荷(如温升)是仅有的缓解方法。

(2) ISO 20653《汽车电子设备防护外物、水、接触的等级》。

本国际标准适用于道路车辆电气设备外壳提供的防护等级(IP 代码)。它指定了以下内容：①电气设备外壳（IP 代码）为以下各项提供的类型和防护等级的名称和定义——保护外壳内的电气设备免受异物入侵，包括灰尘（防止异物）；保护人员免于接触外壳内的危险部件（防止接触）；保护外壳内的电气设备免受进水的影响（防水）。②每个防护等级的要求。③为确认外壳符合相关防护等级的要求而进行的试验。

2. 美国 SAE 系列测试标准

18 世纪初期，汽车工业的制造商企业都还是名不见经传的小公司，他们从供应商处直接购买汽车所需的零部件，自己加工组装形成完整的汽车产品。车辆在需要维修时，就必须返回汽车制造商或零部件制造的厂商，否则很难寻找到适配的零件。汽车维修的困难也严重阻碍了汽车工业的发展，1905 年，美国汽车工程师学会（SAE）开始逐渐致力于汽车零部件的标准化工作。1912 年，在会长 Howard Coffin 的指导下，美国 SAE 公布了第一个标准，其中的重点是锁紧垫圈零件，因为当时的美国工业上共有 300 多种该零件，汽车工业中使用繁多。按照该标准，锁紧垫圈的数量减少了近 90％。到 1921 年，超过 200 种 SAE 标准在汽车工业领域使用，使得车辆的制造和修理都变得更加简捷，节省了很大一笔成本。

时至今日，SAE 相关标准已经在美国汽车工业的很多工序中得以应用，汽车的制造和维修的许多标准都是 SAE 系列的，其中涵盖的范围小到维修用的扳手，大到维修使用的电子仪器的各种复杂参数，SAE 都有相关的标准予以规定。为了汽车工业能够全球化发展，SAE 和 ISO 已经开始了很多相关合作，致力于制定各种国际标准。在美国汽车工业中，SAE 关于电子产品的测试标准至今仍然是主流标准，被很多企业参照，其中有 SAE J 1211 汽车电气/电子模块耐用性标准、SAE J 1455 汽车电气部件环境试验标准，以及针对电动汽车电池的环境可靠性标准、SAE J 2464 电动汽车电池滥用试验和 SAE J 2380 电动汽车电池的振动试验等一系列标准。

（1）SAE J 1211《汽车电气/电子模块耐用性》。

本耐用性验证手册为汽车电子行业提供了一种通用的资格认证方法，以证明实现所需可靠性所需的耐用性水平。耐用性验证方法强调基于知识的工程分析和测试产品的故障或预定义的退化级别，而不引入无效的故障机制。该方法侧重于评估客户规范的外部限制与组件实际性能之间的稳健性裕度。这些实践将稳健性设计方法（如测试失败代替测试通过）整合到汽车电子设计和开发过程中。随着耐用性验证实践的成功实施，生产者和消费者可以实现提高质量、成本和上市时间的目标。

该标准阐述了用于汽车应用的电气电子模块的耐用性。在可行的情况下，还将讨论外在可靠性检测和预防方法。该标准主要涉及电气电子模块（EEM），但可以轻松适用于机电一体化、传感器、执行器和开关。EEM 认证是该标准的主要范围。其他解决随机故障的程序在 CPL（组件过程交互）中。该标准将在零缺陷概念的上下文中用于组件制造和产品使用。

（2）SAE J 1455《重型车辆应用中电子设备设计的推荐环境实践》。

本标准的适用范围包括对为重型公路和非公路车辆设计的电子设备的可靠性要求，以及也使用这些车辆衍生组件的任何适当的固定应用。此类车辆的一些示例是公路和非公路卡车、拖车、公共汽车、建筑设备和包括农具在内的农业设备。

该标准旨在通过提供可用于制定环境设计目标的指南来帮助商用车辆电子系统和组件的设计人员。具体的测试要求由客户和供应商商定。其中 SAE J 1455 所提及的环境试验主要有温度试验、湿度试验、盐雾试验、化学试剂试验、蒸汽清洗和高压喷水试验、霉菌试验、防尘试验、低气压试验、振动试验、机械冲击试验、一般重型汽车电气环境试验、稳态电气特性试验、噪声和静电干扰试验、电磁兼容试验。

（3）SAE J 2380《电动汽车电池振动测试》。

SAE J 2380 提供了一个测试程序，用于描述长期道路诱导振动和冲击对电动车辆蓄电池性能和使用寿命的影响。对于成熟、可生产的电池，本标准旨在鉴定电池的振动耐久性。扫频正弦波振动或随机振动通常用于此类测试。随机振动是该标准测试的重点。

SAE J 2380 描述了由电动汽车电池模块或电动汽车电池组组成的单个电池（测试单元）的振动耐久性测试。出于统计目的，通常会对多个样品进行此类测试。另外，某些测试单元可能会进行生命周期测试（在振动测试之后或期间）以确定振动对电池寿命的影响。此类寿命测试不在本标准中描述，SAE J 2288 可用于此目的（如适用）。

SAE J 2380 中定义的振动试验基于在可能适合安装电动汽车牵引蓄电池的位置进行的不平路面测量。对数据进行分析，以确定在车辆使用寿命期间，在各种给定 G 水平（即 G 值，是指加速度与重力加速度的比值，衡量加速度的大小）下冲击脉冲发生的适当累积次数。此标准中包含的振动光谱设计用于近似累积曝光包络线。为了测试效率，规定了时间压缩振动状态，以允许在至少 13min 内完成测试程序。

（4）SAE J 2464《电动和混合动力电动汽车可充电储能系统（RESS）安全和滥用测试》。

SAE J 2464 旨在作为标准做法的指南，并且可能会随着经验和技术的进步而变化。它描述了一系列测试，这些测试可根据需要用于电动或混合动力车辆可充电能源存储系统（RESS）的滥用测试，以确定此类电能存储和控制系统对超出其正常工作范围的条件或事件的响应。本标准中的滥用测试程序旨在涵盖广泛的车辆应用以及广泛的电能存储设备，包括单个 RESS 电池（电池或电容器）、模块和电池组。本标准适用于具有 60V 以上 RESS 电压的车辆。该标准不适用于使用机械装置储存能量（如机电飞轮）的 RESS。

SAE J 2464 旨在提供一个通用的测试框架，以评估各种 RESS 技术对滥用条件的响应。这些测试旨在表征 RESS 对不良滥用条件的响应，也称为"由于操作员疏忽、车辆事故、设备或系统缺陷、用户或机械师信息不足或培训不足、特定 RESS 故障而可能出现的非正常条件或环境"控制和支持硬件，或运输/处理事故。

SAE J 2464 并非旨在证明 RESS 可用于运输。这些测试源自故障模式和影响分析、用户输入和历史滥用测试。测试结果应形成文件以供被测试 RESS 的潜在用户使用。该标准的目的不是建立验收标准，因为每个应用都有其独特的安全要求。此外，电池安全只是安全方法的一个组成部分，它将采用主动和被动保护设备，如热和电子控制、健康状态监测、自动断开以及辅助支持系统。这些技术的用户应自行决定采取何种措施来确保所述技术的良好应用。SAE J 2464 的测试数据可用作已开发的"电池安全和危害风险缓解"方法的输入。

SAE J 2464 的范围是评估 RESS 的电池、模块和电池组级别对滥用条件的响应。虽然本测试中开发的滥用条件旨在代表车辆环境中的潜在危险条件，但并非所有类型的车辆级别危险都在本标准的范围内。该标准中描述的测试应根据他们对数据的需求和他们对技术最敏感条件的确定，补充额外的测试（由测试发起人或制造商自行决定执行）。测试的主要目的是收集响应信息的外部、内部输入。如果 RESS 用户（或系统集成商）可以证明该测试不适用或结果将在其他测试中重复，则该标准中的特定测试和/或测量可能不适用于某些 RESS 技术和设计。

3. 欧洲相关标准

欧洲关于汽车电子产品的要求起步也比较早,20 世纪 50 年代初,一些欧洲国家开始关注车辆的排放、灯光以及性能等各个方面,并制定了相关的技术标准。但是各个国家之间对于检验标准的试验方法、结果的评价和一些情况的限制值始终没有达成统一。而汽车的零部件和电子产品在欧洲贸易中占很大的比重,这就使欧洲各国之间关于车辆的贸易和对车辆的审查受到了很大的阻碍。为继续开辟欧洲乃至全世界的汽车贸易,促进欧洲汽车工业的发展,欧洲经济委员会在 1958 年签订了《关于采用统一条件批准机动车辆和部件互相承认批准的协定书》,各个成员国之间逐步形成了一套统一的机动车法规,也就是 ECE 系列的法规。通过这套统一的法规来验证机动车性能及其零部件、电子产品的质量,每个成员国对这套法规的评定结果都相互承认。起初,ECE 相关法规由隶属于联合国欧洲经济委员会的道路运输委员会车辆结构专家组(WP29)来起草,专家组根据不同功能需要自行分配了很多专项小组,如噪声、安全保护装置、车辆安全性能、车辆骨架和底盘、排放和能源消耗、车辆运行时状态、车辆灯光技术、客车和火车的安全小组等,每个成员国都可以提出自己的意见来修改草案,对于无法统一的部分,每个国家都可以自行决定是否使用这部分的 ECE 法规,因此 ECE 法规在欧洲基本都是自愿采用的,各国根据自己国家具体的情况,选择或者完全采用这套法规。目前,ECE 法规已经具有了很大的国际影响力,很多条件充足的国家基本都尽可能采用这套法规,以此促进和欧洲国家的汽车贸易和技术交流。

各个国家可以在检测机构对车辆按照 ECE 相关法规进行检验,对于合格的产品,蒲州国家政府的有关部门会授予相关合格证书,并且制造商也可以在产品上进行相应的标识,表明产品符合 ECE 相关法规,这样的产品也便于在欧洲市场获准销售。随着 ECE 法规的发展和完善,越来越多的国家认识到了这种统一标准的重要性,20 世纪 80 年代到 90 年代,美国、欧洲和日本联合提出制订全球统一的汽车工业法规标准的计划,ECE 的协定书也被修改为全球通用。全球任何一个国家都可以在签署协定书后采用 ECE 的相关法规,灵活性较大。2000 年 10 月 10 日,中国签署全球机动车技术法规 UN/ECE 协定书。成功成为第 9 个签署该协定书的国家,标志着中国也逐渐致力于制定全球统一的机动车技术法规。

随着时代的发展,ECE 法规从制定以来根据现实情况经历着不断的修改和补充,时至今日已经有 89 项规定汽车及其部件的标准法规体系,在近年推行环保的趋势下,如何减少排放及环境保护也被逐渐纳入这套法规。

(1) ECE R1《关于发射不对称近光和/或远光并装有 R2/或 HS1 类灯丝灯泡的机动车前照灯的统一规定》。

欧盟 ECE R1 标准适用于车辆装备有玻璃配光镜或者塑料材料配光镜的前照灯。符合以下定义的内容适用于此标准法规:"配光镜"指安装在前照灯(组)最前面并通过其发光面传递光束的部件。"涂层"指涂在配光镜外表面的一层或多层保护膜的一种或几种材料。"不同型式的前照灯"指那些在如下主要方面有差异的前照灯:①商品名称或商标;②光学系统的特性;③加入能够在使用过程中,通过反射、折射、吸收或/和形变引起光学效果变化的部件;④适用于右座驾驶交通或左座驾驶交通,或同时适用于两类交通系统;⑤产生光束的类型(近光、远光、近光和远光);⑥配光镜和涂层的材料(如果有)。并且,在该标准法规中,明确提出了申请认证的要求、认证标志的要求、认证过程的要求以及所有有关前照灯的一般技术要求等。

(2) 德国 DIN 系列标准。

德国标准化学会(Deutsches Institut für Normung e.V., DIN)于1917年成立,总部位于德国首都柏林。DIN 是德国国内最具有代表性的标准化机构,并且是公益性的民间机构,DIN 的目标是为了公众的利益,通过和政府有关方面的合作,制定并且发布了一些德国工业中的标准,促进了德国汽车工业的发展。

DIN 的前身是德国工程师协会(VDI),1917年,VDI 在柏林召开会议,决定成立关于机械制造的通用标准委员会,目标是制定在机械制造中的统一标准。随后,在标准制定的过程中,委员会决定将各个不同的工业协会制定的标准合并,再进行扩充和修改,DIN 系列的标准就诞生了。

1918年3月,DIN 制定并发布了第一个德国工业标准:DI-Norm Ⅰ 锥形销。随着 DIN 的不断发展以及德国工业的进步,DIN 系列的标准目前涉及了很多领域,包括建筑、冶金、制造、化工、电气、环保、消防、运输等。在1998年年底,DIN 制定并发布的标准就多达2.5万个,并且其中80%的标准被欧洲其他国家参考或者采用。

1951年,DIN 宣布加入国际标准化组织,并且在国际电工委员会中,DIN 也和国内的电工组织组成了德国电工委员会(DKE),不仅如此,DIN 也是欧洲标准化委员会(CEN)、欧洲电工标准化委员会(CENELEC)和欧洲电信标准学会(ETSI)的积极参加国,在各个组织中都有着十分重要的贡献。1979年,中国标准化协会和 DIN 签订了双边合作协议,双方开展了相关标准的讨论和合作。

(3) DIN 40050-9 道路车辆 IP 防护代码。

DIN 40050-9 适用于道路车辆电气设备的 IP 防护分级。该标准的目的是规定下列道路车辆电气设备外壳的 IP 防护方式和等级的名称与定义:①防止固体杂质(包括灰尘)进入壳体内,对电气设备加以防护(杂防质);②防止水进入壳内而对电气设备加以防护(防水);③防止人体接近壳内危险部件(防接触)。该标准规定了对各防护等级的要求和证实外壳是否符合各防护等级要求的实验,最主要的是规定了 IP 代码的组成,由第一位特征数字(0~6或字母 X)、第二位特征数字(0~6或字母 X)、附加字母(可选择)(可选字母 A、B、C、D)、补充字母(可选择)(可选字母 M、S、K)不要求规定特征数字时,该处由字母"X"代替,如两个字线都省略,则用"XX"表示。附加字母和(或)补充字母可省略,不需代替。当使用一个以上的字母时,应按字母顺序排列(除 K 外)。如一部分外壳或电气设备的防护等级不同于其他部分的防护等级,则应将这两种防护等级分别注明。该标准中规定的 IP 代替组成和各类防护等级如表3-11~表3-14所示。

表3-11 IP 代替组成一览表

组 成	数字或字母	对电气设备防护的含义	对人员防护的含义
第一位特征数字		防止固体异物进入	防止接近危险部件(如不用补充字母说明)
	0	无防护	无防护
	1	$\phi \geqslant 50.0$mm	手背
	2	$\phi \geqslant 12.5$mm	手指
	3	$\phi \geqslant 2.5$mm	工具
	4	$\phi \geqslant 1.0$mm	金属线
	5X	防尘	金属线
	6X	尘密	金属线

续表

组　成	数字或字母	对电气设备防护的含义	对人员防护的含义
第二位特征数字/补充字母	0	无防护	
	1	垂直滴水	
	2	15°滴水	
	3	60°滴水	
	4	任何方向溅水	
	4X	高压溅水	
	5	喷水	
	6	猛烈喷水	
	6X	高压猛烈喷水	
	7	短时间浸水	
	8	连续浸水	
	9X	高压/蒸汽喷射清洗	
附加字母（可选择）	A		防止接近危险部件（如不用补充字母说明）
	B		手背
	C		手指
	D		工具
			金属线
补充字母（可选择）	M	检验水时活动部件移动	
	S	检验水时活动部件静止	
	K	专用于道路车辆的电气设备	

表 3-12　防止固体异物进入的防护等级

第一位特征数字	简要说明	
	防　止	要　求
0	无防护	无
1	固体异物 $\phi \geqslant 50$mm	$\phi 50$mm 的球不能完全压入
2	固体异物 $\phi \geqslant 12.5$mm	$\phi 12.5$mm 的球不能完全压入
3	固体异物 $\phi \geqslant 2.5$mm	$\phi 2.5$mm 的球不能完全压入
4	固体异物 $\phi \geqslant 1.0$mm	$\phi 1.0$mm 的球不能完全压入
5X	防尘	进入的灰尘量不会影响到功能和安全
6X	尘密	灰尘不得进入

表 3-13　防止接近危险部件的防护等级

第一位特征数字	补充字母	简要说明	
或		防止接近	要求
0	—	无防护	无
1	A	手背（不对有意接触防护）	$\phi 50$mm 的球不能完全压入，与危险部件有足够间隙
2	B	手指	$\phi 12.5$mm 的球不能完全压入，与危险部件有足够间隙
3	C	工具（如螺钉旋具）	$\phi 2.5$mm，100mm 的杆可插入，与危险部件有足够间隙

续表

第一位特征数字	补充字母	简要说明	
4	D	金属线	$\phi 1.0mm$，100mm 的杆可插入，与危险部件有足够间隙
5	D	金属线	
6	D	金属线	

表 3-14 防水进入的防护等级

第二位特征数字/补充字母	防止进入	要 求
0	无防护	无
1	垂直滴水	垂直方向滴水应无有害影响
2	15°滴水	15°范围内滴水应无有害影响
3	60°滴水	各垂直面在 60°范围内淋水，无有害影响
4	任何方向溅水	向外壳各方向溅水无有害影响
4X	高压溅水	向外壳各方向高压溅水无有害影响
5	喷水	向外壳各方向喷水无有害影响
6	猛烈喷水	向外壳各方向强烈喷水无有害影响
6X	高压猛烈喷水	向外壳各方向高压强烈喷水无有害影响
7	短时间浸水	浸入规定压力的水中经规定时间后外壳进水量不致达有害程度
8	连续浸水	浸入规定条件下持续潜水后外壳进水量不致达有害程度
9X	高压/蒸汽喷射清洗	在对向外壳各方向加强烈高压下溅水无有害影响

4. 日本 JIS 系列相关标准

日本工业标准(Japanese Industrial Standards,JIS)是日本国家级标准中最重要、最权威的标准,由日本工业标准调查会(JISC)制定。JIS 标准可以细分为土木建筑、一般机械、电子仪器及电气机械、汽车、铁路、船舶、钢铁、非铁金属、化学、纤维、矿山、纸浆及纸、管理系统、陶瓷、日用品、医疗安全用具、航空、信息技术、其他共 19 项。截至 2007 年 2 月 7 日,共有现行 JIS 标准 10 124 个。

(1) JIS C 0023《环境试验方法(电气、电子)盐雾试验方法》。

盐雾腐蚀试验箱 JIS C 0023 标准适用于类似的结构零件、机器或其他产品在盐雾环境中的耐老化性能试验。本试验方法的目的在于检查保护膜的品质和均匀性。

在试验的应用或应用的研讨之际,必须考虑下列事项。一是本试验不适合一般的盐雾腐蚀试验,二是不适合在含盐分的大气中验证并判断试件的判断。因此,对于装置和构件而言,规定了现实条件及各种判断方法的 JIS C 0024 环境试验方法(电气、电子)盐雾(循环)试验方法则更为确切。但是,在产品标准中需要按认证目的应用本试验方法时,各个试件最好以机器整体或装置的一部分用某种保护壳、保护罩、保护层等加以保护后使用为条件进行试验。盐雾腐蚀试验箱被广泛应用于对电子、电工及汽车、摩托车、五金工具等产品/零部件/金属材料与制品的镀和涂层等进行盐雾腐蚀试验。

(2) JIS C 0912《电机与设备的冲击试验》。

JIS C 0912 规定了小型电机和设备的冲击试验程序,用于承受非重复机械冲击的场所,用于判断适用性和评估结构完整性。

(3) JIS C 1102《直接动作指示模拟电气测量仪器及其附件测试》。

JIS C 1102 适用于具有模拟显示的直动式指示电气测量仪表,如电流表和电压表;瓦特表和无功表;指针式和弹簧式频率表;相位计、功率因数表和同步器;欧姆表、阻抗表和电导仪表;上述类型的多功能仪表。该标准也适用于与这些仪器配套使用的某些附件,如分流器、串联电阻和阻抗元件。如果其他附件与仪器相关联,该标准适用于仪器与附件的组合,前提是已对这个组合进行了调整。该标准还适用于刻度标记与其电输入量不直接对应的直动式指示电测量仪表,只要它们之间的关系是已知的。

JIS C 1102 不适用于其自身的 IEC 标准所涵盖的专用仪器,不适用于作为附件使用的特殊用途设备。它既不包含对环境条件的防护要求,也不包含相关的试验。但是,必要时,只有经制造商和用户同意,才能从 IEC 68 中选择近似使用条件的试验。

5. 中国相关标准

(1) GB/T 21437《道路车辆,由传导和耦合引起的电骚扰》。

GB/T 21437 的总体目标和实际应用:GB/T 21437 所关注的是道路车辆及其挂车中电瞬态骚扰的问题。它涉及瞬态发射、沿电线的瞬态传导以及电子部件对电瞬态的潜在敏感性。各个部分中给出的测试方法和过程、试验仪器和限值都旨在简化由传导和耦合引起的零部件电骚扰的标准规范,提供一个旨在帮助而非约束的,车辆制造商和零部件供应商之间双方协定的依据。出于对原型车或大量不同车型保密的原因,整车的抗扰性测试通常只能由车辆制造商来进行。因而试验室测试方法就被车辆制造商和设备制造商用于试验电子部件的研究开发和质量控制过程中。不同部分中指定的试验称为"台架试验"。台架试验方法中有些需要使用人工网络,可以提供不同试验室之间的可比性结果。同时,这些测试也给出了装置和系统开发的依据,并可应用在生产阶段。保护系统免受潜在的骚扰应该被认为是整车确认的一部分。了解试验室测试与实车测试的相关性是很重要的。采用试验脉冲发生器进行的台架试验,可用来评价装置对电源线或数据线的瞬态抗扰性。该方法不能涵盖车辆中产生的所有瞬态形式,不同部分中描述的试验脉冲只是典型脉冲的特性。某些装置对电骚扰的一些特性,如脉冲重复率、脉宽以及相对其他信号的时间特别敏感。一个标准的测试不可能适用于所有的情况。对于这种特殊的、潜在的敏感性设备,设计者有必要通过对其设计和功能的深层了解来预先考虑合适的试验条件。被测装置应进行 GB/T 21437 相关部分中规定的适用于该装置的试验。对于那些需要复现被测装置的使用和安装位置的试验,应写入试验计划中,这有助于确保潜在的敏感部件和系统在技术和经济上进行优化设计。

GB/T 21437 的第一部分定义了基础术语,并给出了通用信息。主要定义了与传导和耦合的电骚扰相关的,在其他部分中使用的术语。第二部分规定了安装在乘用车及 12V 电气系统的轻型商用车或 24V 电气系统的商用车上设备的传导电瞬态电磁兼容性测试的台架试验,包括瞬态注入和测量。本部分还规定了瞬态抗扰性失效模式的严重程度分类。第三部分建立一种台架试验方法,以评价 DUTs 对耦合到非电源线路的电瞬态发射的抗干扰性能。试验瞬态脉冲模拟快速电瞬态骚扰和慢速电瞬态骚扰,如感性负载切换、继电器触点跳起等引起的瞬态骚扰。

GB/T 21437 还提供了 3 种试验方法:容性耦合钳(CCC)方法、直接电容器耦合(DCC)

方法、感性耦合钳(ICC)方法。

(2) GB/T 28045—2011《道路车辆 42V 供电电压的电器和电子设备 电器负荷》。

GB/T 28045—2011 描述了 42V 供电电压的电气和电子系统及组件的电气负荷,规定了单个或多个电压系统的试验和要求。该标准还提供了 42V 与其他电压系统相互影响的设计指导,适用于汽车 42V 电气电子系统/组件。该标准是根据 GB/T 1.1—2009 给出的规则以及 ISO 21848:2005 重新起草的。

(3) GB/T 28046—2011《道路车辆电气及电子设备的环境条件和试验》。

GB/T 28046—2011 包括 5 部分:第一部分是一般规定,第二部分是电气负荷,第三部分是机械负荷,第四部分是气候负荷,第五部分是化学负荷。因此,需要在全球不同环境条件下考虑。

① 世界地理和气候条件:车辆几乎可在世界的所有陆地区域使用和运行。由于外界气候的变化,包括可以预测的每天和季节的变化,使车辆的运行环境条件有重大变化。按地理范围考虑温度、湿度、降水和大气条件,还包括灰尘、污染和海拔高度。

② 车辆类型:车辆的特征决定了车辆内(和车辆上)的环境条件,如发动机类型、发动机尺寸、悬挂特性、车辆自重、车辆尺寸、供电电压等。

③ 车辆使用条件和工作模式:由道路质量、路面类型、道路地形、车辆使用(如通信、牵引、货物运输等)和驾驶习惯引起的车辆内/上环境条件的变化值得重视。工作模式如储存、起动、行驶、停车等都予以考虑。

④ 设备寿命周期:在制造、运输、装卸、储存、车辆装配、车辆保养和维修过程中,电气、电子设备耐受的环境条件。

⑤ 车辆供电电压:车辆使用、工作模式,电气分布系统设计、甚至气候条件会导致供电电压变化,引起车辆电气系统的故障,如可能发生的交流发电机过电压和连接系统的断路。

⑥ 在车辆内的安装位置:在目前或未来的车辆中,系统/组件可能安装在车辆的任何位置,每一特定应用的环境要求通常取决于安装位置。车辆的每个位置都有特定的环境负荷。例如,发动机舱的温度范围不同于乘客舱,振动负荷也是如此。此时不仅振动的量级不同,振动的类型也不同。安装在底盘上的组件承受的是典型的随机振动,而安装在发动机上的系统/组件,还应考虑来自发动机的正弦振动。又如,安装在门上的装置因受门的撞击要经受大量的机械冲击。

本系列标准对几种负荷类型定义了要求等级,分别有电气、机械、温度、气候和化学负荷。对每种负荷类型定义若干要求等级,每一个要求等级用一个特定的字母代码表示,全部环境要求由被定义的字母代码组合表示。字母代码由本系列标准的其他有关部分定义,每部分附录的表内包括常规的安装位置和它们各自字母代码的定义示例。对于一般应用,这些字母代码是适用的。如有特殊应用且这些代码组合无法表达时,可创建新的字母代码组合。当新的要求量级没有适用的字母代码时,可以用字母代码"Z"创建。在此情况下,特殊要求需单独定义但不应改变试验方法。

本系列标准的用户应注意受试装置试验时车载系统和组件的安装位置所处的温度、机械、气候和化学负荷情况。

① 对制造商责任的适用性:在设计阶段由于技术限制或变化,车辆制造商要求将组件放置在不能承受本系列标准环境条件的位置,制造商有责任提供必要的环境防护。

② 对线束、电缆和电气连接器的适用性：尽管本系列标准的一些环境条件和试验与车辆的线束、电缆和电气连接器有关，但将其作为完整标准来使用，其范围是不够的，因此不推荐本系列标准直接用于这些装置和设备，应考虑采用其他适用的标准。

③ 对设备部件或总成的适用性：本系列标准描述了直接安装在车辆内/上的电气和电子设备的环境条件和试验，不直接用于构成设备的部件或总成。例如，本系列标准不直接用于嵌入设备的集成电路（ICs）或分立元件、电气连接器、印刷电路板（PCBs）、量表、显示器、控制器等。这些部件或总成的电气、机械、气候和化学负荷与本系列标准的描述可能是完全不同的。此外，对打算用于车辆设备的部件和总成可借鉴本系列标准得到预期的环境条件和试验要求。例如，设备温度的范围为－40℃～70℃，内装件总成定义的温度范围为－40℃～90℃，有20℃的温升。

④ 对系统集成和验证的适用性：本系列标准的使用者应注意标准的范围在条件和试验上有局限，不能反映车辆系统所有认证和验证所需的条件和试验，设备部件和车辆系统可能需要进行其他环境和可靠性试验。例如，本系列标准不直接对焊接、非焊连接、集成电路等规定环境和可靠性要求，但是这些项目应由零部件、材料或集成阶段的验证来保证。在车辆上使用的装置需在整车和系统级进行验证。

在具体内容上，第一部分描述了安装在车辆上/内特定位置的系统/组件可能的环境负荷，且规定了试验及要求。该部分适用于汽车电气电子系统/组件，包括定义、安装位置、工作模式等一般规定，不包括电磁兼容性。第二部分描述了安装在车辆上/内特定位置的系统/组件可能的电气环境负荷，且规定了试验及要求。该部分适用于汽车电气电子系统/组件，其中电气负荷与安装位置无关，但可能因车内线束和连接系统的阻抗而有所改变。第三部分描述了安装在车辆上/内特定位置的系统/组件可能的机械环境负荷，且规定了试验及要求。该部分适用于汽车电气电子系统/组件。第四部分描述了安装在车辆上/内特定位置的系统/组件可能的气候环境负荷，且规定了试验及要求。该部分适用于汽车电气电子系统/组件。第五部分描述了安装在车辆上/内特定位置的系统/组件可能接触到的化学负荷，且规定了试验及要求。该部分适用于汽车电气电子系统/组件。该部分不适用于持续接触化学试剂的电气电子系统/组件（如长期浸没在燃油中的燃油泵）。

6. 其他相关标准

目前，汽车工业发展相对成熟，并且关于汽车电子产品的测试方法和测试标准也已经逐步完善，但是有一些知名的大企业或者汽车生产商在制造车载电子产品的同时，会由于自身产品特殊的使用功能或者企业有更加严格的要求，除了国际或者国内采用的标准以外，还会制定并且采用一些符合自身要求的测试方法和标准。

1) MIL-STD-202 电子零部件测试方法标准

MIL-STD-202 标准是由美国哥伦布国防中心制定，是用于测试电子及电气元件的标准方法试验。目前，汽车电子行业某些可移动电触点的电气和电子元件中的触点颤动，如继电器、开关、断路器等也应用这个标准来检测。

MIL-STD-202 标准的设立旨在检测具有可移动电触点的电气和电子元件中的触点颤动，如继电器、开关、断路器等，其中要求触点不会瞬间打开或关闭。该测试方法提供了用于监控此类"闭合触点的断开"或"断开触点的闭合"两种测试电路的标准测试程序。测试电路的选择在很大程度上取决于要测试的电触点的类型。在可能的情况下,使用的测试电路最好避免由于在触点上形成碳质沉积物而造成的触点污染。

2) MIL-STD-750 半导体器件测试方法标准

MIL-STD-750 建立了测试半导体器件的统一方法,包括确定对自然元素和军事行动周围条件有害影响的抵抗力的基本环境测试,以及物理和电气测试。就该标准而言,术语"器件"包括晶体管、二极管、稳压器、整流器、隧道二极管和其他相关部件。该标准仅适用于半导体器件。此处描述的测试方法为实现以下几个目标。

(1) 指定可在实验室中获得的合适条件,以提供与现场实际使用条件相同的测试结果,并获得测试结果的可重复性。此处描述的测试不应被解释为任何一个地理位置的实际服务运行的准确和结论性表示,因为已知在特定位置运行的唯一真实测试是该点的实际服务测试。

(2) 将各种半导体器件规范中所有具有相似特征的测试方法统一描述在一个标准中,从而节省设备、工时和测试设施。为实现这一目标,应当提升每个通用测试用例的设备适用性。

MIL-STD-750 包含的试验分为 5 方面:试验方法编号为 1001～1999 的环境试验;编号为 2001～2999 的机械特性测试;编号为 3001～3999 的晶体管测试,编号为 4001～4999 的二极管测试;编号为 5000～5599 的适用于高可靠性空间应用的测试。

目前,在汽车电子行业中,汽车上的半导体电子零部件,如二极管、稳压器、整流器、隧道二极管和其他相关部件也会采用该标准进行测试。

3) MIL-STD-883 微电路器件测试方法标准

MIL-STD-883 建立了根据微电路因暴露于静电放电(Electrostatic Discharge,ESD)而受到损坏或退化的敏感性对微电路进行分类的程序。此分类用于根据 MIL-PRF-38535 指定适当的包装和处理要求,并提供分类数据以满足 MIL-STD-1686 的要求。测试方法中涉及以下定义:静电放电,静电电荷在不同静电电位的两个物体之间转移。

以前,MIL-STD-883 一直是满足高可靠性应用的通用标准,但是随着 COTS 的推广,军用规范的使用开始减少,很多军用和航空项目开始转向用提高商用元器件等级的方法来满足专用需求。成功提高 IC 等级(现在也称作向上筛选)的关键在于明确应用的准确需求。还有一个重要的问题就是,了解预期供货商在元器件级高可靠性方面的传统情况,最好选择一个在其设计和生产过程以 MIL-STD-883 为基础的厂商。目前很多 IC 厂商在过程流程中都采用了 MIL-STD-883 的部分规范,很多 IC 产品也会应用在含有集成电路的汽车电子零部件上。MIL-STD-883 仍然是集成电路可靠性升级的最好依据。

4) EIA-364 系列

美国电子工业协会(EIA)创建于 1924 年,当时名为无线电制造商协会(Radio Manufacturers' Association,RMA),而今,代表美国 2000 亿美元产值的电子工业制造商成为纯服务性的全国贸易组织,总部设在弗吉尼亚的阿灵顿。EIA 广泛代表了设计生产电子元件、部件、通信系统和设备的制造商以及工业界、政府和用户的利益,在提高美国制造商的竞争力方面起到了重要的作用。

EIA-364 系列已成为电子连接器领域在国际上普遍接受的规范,成为提升电子连接器水准的基本依据。EIA-364 系列标准共有 53 个标准,其中有些汽车上能用的电子连接器就是参考的本系列标准。EIA-364系列标准主要有电气类测试标准、机械类测试标准。

（1）电气类测试标准。

①耐电压测试：指在一定电压下，允许通过一定的漏电流，评价设备是否满足在一定时间内连接器上任意两支端之间无放电现象的测试。②绝缘阻抗测试：是提供直流电压（DC）与连接器或铜轴接头，通过一定的漏电流，在一定时间内得知绝缘素材阻抗的测试。③接触电阻测试：指在用低功率电流刺激公头或母头触点时测量接触电阻阻值大小的测试。另接触电阻的大小由以下几方面来确定：接触面积越大，阻抗越小；夹持接触点的力量越大，阻抗越小；接触面电镀粗糙程度越光滑，接触电阻越小。

（2）机械类测试标准。

①正向力测试：正向力是测量连接器端子最重要的参数之一，视接点材质的电镀面不同，有不同的要求，一般锡铅表面要求约200g的正向力，而镀金表面则需要100g作业，由此正向力会衍生出与接触阻抗及其他参数的关系。②插拔力测试：评估连接器在正常位置下，端子插入和拔出所需的力量。③保持力测试：决定在连接器端子拔出时易于从其适当位置移动端子的抵抗力量。④插拔耐久性测试：评估连接器经多次配合分离后，是否可达预期的寿命效果。⑤振动试验测试：评估产品的效果，在各种振动及可能在使用过程中遭遇的振动寿命。⑥机械冲击试验：是评估电连接器承受额定机械冲击程度的能力。⑦盐水喷雾试验：测试当连接器暴露在充满盐分的大气中时，所获得的其成分、表面、结构及电气的变化。⑧高温试验：测试在连接器经过一段时间的高温后，电气等特性的变化。⑨温湿度循环试验：将连接器在高温高湿环境下所产生的反应和受损程度与正常条件下的测试结果作比较，分析每项数据，从而确认它们是否在有效范围内。⑩蒸汽老化测试：电子连接器或插座接点端子软焊接性的预处理。

7. 主流车企的试验标准

目前，一些发展比较快或是工艺很成熟的车企，对于自己品牌的车辆上采用的电子产品都有更加严格的要求，因此会制定更加严格的标准。一般来说，企业制定的相关标准与目前国际通用的相关标准大同小异，测试方法也都比较类似，只是在评价结果上要更加严格一些，有部分特殊的产品会有一些独特的试验项目。表3-15给出了主流车企的相关试验标准。

表3-15 主流车企的相关试验标准

汽车厂家	相关标准
大众（Volkswagen）	VM 80101 电气电子安装部件检测条件； VW TL 226 汽车内饰喷涂件技术要求
通用（General Motors）	GMW 3172 电气电子零部件环境可靠性分析设计以及验证程序要求 GMN 10083 塑料喷涂件内饰可靠性
马自达（Mazda）	MES PW 67600 电子器件技术要求
福特（Ford）	FLTM BI 系列标准

大众汽车作为目前人尽皆知的著名车企，在可靠性测试标准中十分注重功能状态的评估，他们在参照目前主流汽车电子产品环境可靠性测试标准的同时，结合自身产品主打的功

能特性,制定了自己品牌关于汽车电子的相关标准 VW 80101《电气电子安装部件检测条件》与 VW TL 226《汽车内饰喷涂件技术要求》。其中针对规范功能状态的评估,制定了不同层次功能状态的等级,如功能状态 A 就是指试样的所有功能在暴露于试验参数期间以及之后,仍然符合规定与要求,并且在使用诊断的控制器时,也没有出现错误的记录条目。而功能状态 B 则指的是试样的所有功能能够满足规定,但是其中的一种或者多种功能存在着偏差,但是实验参数暴露结束之后,功能又能够恢复到状态 A,这种功能状态称为 B。根据存在的偏差,还存在功能状态 C、D 和 E。通过特殊的试验和测量手段,根据结果评判电子产品的功能状态,由此来决定汽车产品是否合格。这种方式可以直接测试不同环境条件下产品可能会发生的故障和拥有的不同状态,如老化、磨损、高温等条件导致电子元器件失效。汽车电子产品满足了这些更加严格的测试,才能从根本上提升电子产品的可靠性,使汽车电子产品能够放心地被运用。

　　美国通用公司结合自己品牌和车辆的要求也发布了 GMW 3172《电气电子零部件环境可靠性分析设计以及验证程序要求》的标准。其目的为:规定的电子/电气部件的环境试验和耐久性试验根据部件的安装位置确定。此标准适用于载人汽车、商务汽车和卡车上的电子、电气部件。适用性方面,该标准指定的,在汽车环境中使用的电子/电气部件的环境/耐久性试验要求和与之相关的分析、开发、确认(A/D/V)活动,目的在于确保汽车的终身可靠性。该标准包含的各项测试为确保在顾客的使用年限内,对汽车电子/电气部件的性能保持较高的满意度,其中包括顾客将车辆暴露在如振动、撞击、高温、高湿、高压等环境中,以及在装配制造或者运输过程中受到外力损害的情况下。该标准适用于包含电气内容的独立操作部件(如车身控制模块),该标准也适用于包含在或装配在一个较大组件上的部件(如照明灯模块内的水平控制马达),该标准还适用于任何连接到汽车电气系统的部件或汽车电气系统的分组件。除非有一个特定组件的测试标准,如一个机械角或白炽灯泡。GMN 10083《塑料喷涂件内饰可靠性》标准取代了 GM 4349M 标准。该标准涵盖了应用于塑料基材的油漆饰面的内部耐久性要求和耐化学性,适用于柔性或刚性基材或整体表皮泡沫系统。在特殊情况下,反向冲击要求应通过在规范代码中添加 RI 后缀来指定,即 GMN 10083(RI80)规定反向冲击中的总能量保留 80%。其中的扩展耐久性测试是所有新内墙涂料产品的企业批准所必需的。一旦公司批准了新的油漆系统,GM 4350M 应涵盖对零件上使用的油漆进行的例行测试。已在塑料上获得批准的涂装系统需要对零件进行验证,以完全获得批准并包含在已批准的塑料涂装系统(GM APOPS)数据库中。自 2005 年 6 月 3 日起,所有内墙涂料系统认证必须满足 GMN 10033《内部涂层的防晒乳液抗性》的要求。在油漆表面通过固化测试 persec 3.3 和防晒乳液测试 persec 3.8.2 之前,不得进行其他测试。注意,如果零件由预涂漆材料制成,漆膜应能够承受所有必要的制造过程,包括成型温度,除以下详述的规定要求外,没有任何不利的外观或性能变化。

　　马自达汽车发布的 MES PW 67600《电子器件技术要求》标准旨在通过规范来确保适当的质量,该标准规定了用于汽车的电子元器件。其中包含了马自达汽车中电子器件的图纸规范方式、评价要求、评价方法等内容。福特汽平采用的 FLTM BI 系列标准主要用于规范福特汽车油漆等涂层物对汽车电子的影响。如 FLTM BI 106-01 中的试验用于测量油漆对钢、铝、镀锌钢、塑料或其他基材的相对附着力。FLTM BI 113-05 中的试验用于确定涂漆面板或成品零件对酸斑的抵抗力。

3.2.4 汽车电子环境测试项目

目前已有的汽车电子产品可靠性标准中制定的测试方法主要以产品的功能状态以及产品的技术条件要求为依据。国际上应用最为广泛的汽车电子产品可靠性标准 ISO 16750 主要设立了以下几项环境测试。

1）供电环境试验

供电环境试验部分的内容包括直流电压和交流电压、过载电压、叠加交流电压、车辆供电电压的升降以及中断、开路短路等意外情况的试验和保护、绝缘性能、耐电压、电子兼容性能等。

2）机械环境试验

机械环境试验部分的内容主要是规律与无规律振动、自由落体、表面磨损、遭受各种冲击的试验等。这些试验的方法会根据车辆的应用场景和用途以及电子产品放置的位置有不同的试验项目的组合，不同组合实验的条件和限制都有差异。

3）气候环境试验

气候环境试验部分的内容包括对于气候的温度和湿度的试验，其中有恒定的温湿度以及变化的温湿度试验；此外还有冰水冲击的试验、盐雾试验、混合气体溢出腐蚀试验和太阳辐射试验等。

表 3-16 列出了 ISO 16750-4 标准的气候环境试验项目的情况。

表 3-16　ISO 16750-4 标准的气候环境试验项目

试 验 项 目	标　　准	试 验 条 件
低温存储	IEC 60068-2-1	$-40℃$,24h
低温工作	IEC 60068-2-1	T_{min},24h
高温存储	IEC 60068-2-2	85℃,48h
高温工作	IEC 60068-2-2	T_{max},96h
温度步进	/	20℃ 到 T_{min} 到 T_{max}（步长：5℃）
温度循环	IEC 60068-2-14：Nb Na	/
冰水冲击	/	去离子水
盐雾	IEC 60068-2-52 Kb IEC 60068-2-11 Ka	/
交变湿热	IEC 60068-2-30 Db IEC 60068-2-38 Z/AD	55℃,6 个循环或者 Z/AD 10 个循环
恒定湿热	IEC 60068-2-78 Cab	
混合气体腐蚀	IEC 60068-2-60 Ke	10 天或者 21 天
防尘防水	ISO 20653	最严酷为：IP6K9K

4）化学环境试验

化学环境试验部分的内容是根据汽车可能接触到的化学试剂来规定电子零部件需要达到的抵抗这些试剂的腐蚀的能力。试验的方法主要是将电子零部件涂上化学试剂，在规定的温度下放置 24h 左右，再验证电子零部件是否还能够达到功能标准的要求。其中常见的化学试剂包括柴油、车用生物柴油、油/无铅汽油、FAM（环氧丙烷与空气组成的燃料混合物）试验燃料、蓄电池液、制动液、添加剂（未稀释的）、防护漆和机油（多级油）等近 20 种化学试剂。

除了 ISO 16750 系列标准以外，SAE 系列的相关标准也被广泛应用，但是 SAE 的相关标准没有形成完整的体系，不过目前仍然广泛采用的有 SAE J1211《汽车电气部件环境试验标准》、SAE J 1455《汽车电气部件环境试验标准以及针对电动汽车电池的环境可靠性》、SAE J 2464《电动汽车电池滥用试验》和 SAE J 2380《电动汽车电池的振动试验》等标准。图 3-11 给出了 SAE J 2464 的试验方法概要。

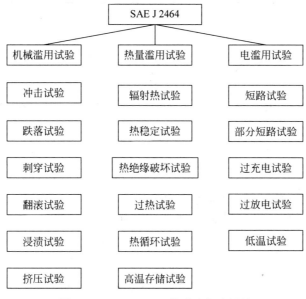

图 3-11　SAE J 2464 的试验方法概要

设计与制造质量试验的内容并不是民用车企通常采用的测试方法，而是美国军方对电子产品测试进行的试验，与传统方法相比，该试验方法的优势有更加良好的便捷性和高效性，减少了汽车电子产品可靠性测试需要的时间成本。目前，由于该试验具备的优势，已经被我国很多车企所应用，逐渐成为我国汽车工业内电子产品的重要测试项目之一。

不仅如此，高加速寿命试验和高加速应力筛选（HALT/HASS）技术也逐步地在汽车电子产品的环境试验中发挥明显的作用。

国内车企对于车载电子产品环境通用的可靠性，一般都是在研发时通过常用的温度湿度箱来进行环境可靠性的试验验证，生产线上也基本使用传统的寿命老化试验来测试，但是这些传统的测试方法所需的时间成本较高，且与国外先进技术水平差距过大，存在一定的不足。在这种背景下，HALT/HASS 技术逐渐被国内车企所采用。该技术由美国 QUALMARK 公司先行提出并采用。这种方法相较于传统方法更加有效，可提高产品可靠性结果的准确性。该方法由美国军方采用的设计与制造质量试验衍生而出，已成为美国汽车电气可靠性标准测试的主要方法之一。该方法将花费时间很长的产品可靠性验证过程极大地减少，例如，需要花费半年到一年的传统试验过程缩短至一周左右，并且结果和发现的质量问题与原时间试验的结果和所发现的质量问题几乎一致，因此 HALT/HASS 试验已成为新产品可靠性验证的重要方式。目前 HALT/HASS 试验方法和相关技术已经在国内外被广泛应用，受到越来越多的知名企业关注。

现如今，汽车电子产品在分类上按照功能的不同可以分为功率、显示、通信、计算和存储、发光器件、MEMS 及其传感器、ADAS 及其传感器等。这些产品由于用途和安装位置的不同,进行环境可靠性测试的参照标准也不同。因此,要先明确车载电子产品的种类及参照标准,才能进行试验,从而考核汽车电子产品的有效性。

常见的各类车载电子产品试验如表 3-17～表 3-28 所示。

表 3-17 车载电子产品试验

图 示	试 验 条 件	建 议 机 型
	机车用 IC:−40℃～125℃、风吹、日晒、高振动	综合环境试验装置
	仪表板操作试验温度为−40℃～85℃	交变湿热试验箱
	发动机控制器试验条件: 操作试验温度为 40℃～110℃	交变湿热试验箱
	车用蓝牙耳机试验条件: 保存试验温度为−40℃～85℃,操作试验温度为−20℃～65℃	交变湿热试验箱
	卫星定位(GPS)试验条件: 高温操作试验温度为 85℃; 低温操作试验温度为−40℃→常温→70℃(2h)→−20℃(2h)→常温	交变湿热试验箱
	胎压传感器: 高温操作试验温度为 125℃,低温操作试验温度为−40℃	交变湿热试验箱

表 3-18 车用液晶屏试验

图 示	试 验 条 件	建 议 机 型
	高温存储试验温度: 70℃、80℃、85℃、105℃,300Hrs	交变湿热试验箱
	低温存储试验温度: −20℃、−30℃、−40℃,300Hrs	交变湿热试验箱
	高温高湿试验操作: 40℃/90%RH(不结露),300Hrs	交变湿热试验箱
	高温操作试验温度: 50℃、60℃、80℃、85℃,300Hrs	交变湿热试验箱
	低温操作试验温度: 0℃、−20℃、−30℃,300Hrs	交变湿热试验箱
	温度循环试验: −20℃(1h)←RT(10min)→60℃(1h),5cycles	高低温冷热冲击试验箱
	凝结、高温、防尘、振动	

注:RT——室内温度。

表 3-19　汽车仪表背光板操作试验

图　　示	试　验　条　件	建　议　机　型
	RT(1h)→RAMP(2h)→65℃/90±5% (4h)→RAMP(2h)→40℃/90±5% RH(10h)→RAMP(2h)→−30℃(2h) RAMP(1h)→RT(1h)	交变湿热试验箱

表 3-20　车用电缆电线测试

图　　示	试　验　条　件	建　议　机　型
	高温操作试验温度：150℃	交变湿热试验箱
	低温操作试验温度：40℃	交变湿热试验箱

表 3-21　车用锂电池试验

图　　示	试　验　条　件	建　议　机　型
	12℃，放电速率为 94%	交变湿热试验箱
	−10℃，可充入或放出大于 50%的电容量	交变湿热试验箱
	180℃/1h 加热安全测试	交变湿热试验箱

表 3-22　电动汽车用电机及控制器试验方法

图　　示	试　验　条　件	建　议　机　型
	40℃/95%RH 48h，测试电机与控制器的绝缘电阻值	交变湿热试验箱
	−20℃ 30min 稳定，通电检测电机是否正常运行 4h	交变湿热试验箱
	绝缘电阻按照 GB/T 12665 的规定进行	交变湿热试验箱
	凝结、高温、防尘、振动	交变湿热试验箱

表 3-23　卫星定位（GPS）试验条件

图　　示	试　验　条　件	建　议　机　型
	低温操作试验：−40℃→常温→70℃(2h)→−20℃(2h) →常温	交变湿热试验箱
	高温操作试验：85℃	

表 3-24　室内灯试验

图　　示	试　验　条　件	建　议　机　型
	高温保存 110℃，放置 6h	交变湿热试验箱
	高温操作 70℃/13.2V 点灯，连续 12h	交变湿热试验箱
	复合式振动：−40℃～80℃，振幅为 2mm，频率为 33.3Hz，上下振动 4h	交变湿热试验箱 综合环境试验装置

表 3-25 车外灯操作试验

图 示	试验条件	建议机型
	车外灯复合式操作： RT(2h)→RAMP(1h)→80℃(2h)→RAMP(2h) →−30℃(2h)→RAMP(1h)→RT(2h)	交变湿热试验箱
	振幅为2mm，频率为33.3Hz，加速度为4.4g	交变湿热试验箱
	车外灯温度循环： RT(2h)→RAMP(45min)→−30℃(2h) →RAMP(1.5h)→80℃(3h)→RAMP(45min)	交变湿热试验箱

表 3-26 汽车压力传感器的环境实验

测试项目	条件	持续时间
高温、偏压	100℃，5V	1000h
温度冲击	−40℃～125℃	1000次
高温高湿	85℃，85%RH，无偏压	1000h
压力、功率和温度循环	20kPa～Patm　5V，−40℃～125℃	3000h
热存储	125℃	1000h
冷存储	−40℃	1000h
压力循环	20kPa～Patm	200万次
压力过载	2Patm	
振动	5～10g 扫频	30h
冲击	50g，100ms脉冲	3个面，每个100次
流体/介质兼容性	空气、水、有腐蚀性水、汽油、甲醇、乙醇、柴油、机油等	各种应用

表 3-27 车用DVR试验条件

图 示	试验条件	建议机型
	低温操作试验温度：0℃，4h	交变湿热试验箱
	低温存储试验温度：−20℃，72h	交变湿热试验箱
	高温操作试验温度循环： 25℃(11.5h)←RAMP(30min)→55℃(11.5h)，合计：72h	交变湿热试验箱
	高温存储试验温度循环： 25℃(11.25h)←RAMP(45min)→70℃(11.25h) 合计：168h	交变湿热试验箱

表 3-28 汽车零件之合成塑脂温湿度试验

试验条件	建议机型
第1步：90℃，4h	
第2步：室温，0.5h	
第3步：−40℃，1.5h	
第4步：室温，0.5h	交变湿热试验箱
第5步：70℃/95%RH，3h	
第6步：室温，0.5h	
循环数：1、2、4、10	

3.2.5 发展动态

SAE 在最近几年依然着力于制定汽车电子的可靠性标准和试验方法，他们提出了 ASAP（Accelerated Stress Assurance Plan，加速应力保证计划）的全新概念，这个概念的重点是利用失效来验证电子产品的可靠性，通过剖析电子产品失效的各种原因，设计出避免这些失效发生的试验方法。目前各个领域，包括电子电气、机械、软件和汽车行业的专家正在一起努力制定。

ASAP 的意义是提出一种更加有效且准确的车载电子产品设计校验试验方案，该方案强调在产品设计开发时应当更加严格，用一些方法校验产品的相关强度，对薄弱环节进行重点试验和补足，与传统方案相比，这种方案的优势在于对产品的样品数量和试验设备的要求降低，也有效地降低了这方面的成本。ASAP 的具体流程如图 3-12 所示，不久的未来该方案可能会被广泛应用。

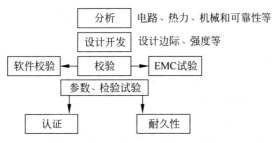

图 3-12　ASAP 的具体流程图

参考文献

第4章 车规级芯片标准介绍

4.1 车规级芯片标准综述

4.1.1 国内外汽车芯片相关标准的发展分析

汽车芯片是汽车电子模块的核心,在汽车使用过程中常处于复杂、恶劣的环境中,其安全性和可靠性十分关键,因此对温度、质量、使用寿命等要求极高,需要通过严苛的汽车认证标准(技术规范)才能进入整车企业及车电模块企业的供应链,这些标准(技术规范)主要包括可靠性标准 AEC-Q100、AEC-Q101、AEC-Q102、AEC-Q103、AEC-Q104 及 AQG 324。

随着汽车行业对质量要求的提升,加强汽车在各种环境状况下的安全性、准确性及可靠性成为各厂商如今需重点考虑的问题。因此需要建立车规级芯片生产制造标准,目前得到公认的是 AEC(Automotive Electronics Council,汽车电子协会),它由美国主要汽车制造商克莱斯勒、福特、通用发起并于 1994 年创立。AEC 是以车载电子零部件的可靠性以及认定标准的规格化为目的的团体,旨在提高车载电子的稳定性和标准化。

美国汽车电子协会作为车规级芯片验证标准的制定团体,其中的标准包括 AEC-Q100、AEC-Q101、AEC-Q102、AEC-Q103、AEC-Q104、AEC-Q200,其测试条件比消费型芯片更规范且严苛。AEC-Q 系列中,AEC-Q100 是针对集成电路发布的质量认定标准,AEC-Q101 是针对分立半导体器件发布的质量认定标准,AEC-Q102 是针对汽车电子所有内外使用的分立光电半导体元器件的应力测试标准,AEC-Q103 是针对车载传感器应力测试的认证规范,AEC-Q104 是针对车用多芯片模块的可靠性测试,而 AEC-Q200 则是针对被动元件发布的质量认定标准。

AEC-Q100 是对集成电路的可靠性测试,AEC 制定了一系列严格的测试环境和测试标准来保证产品在车用环境中的可靠性。AEC-Q100 可以进一步细分为加速环境应力可靠性、加速寿命模拟可靠性、封装可靠性、晶圆制造可靠性、电学参数验证、缺陷筛选、包装完整性试验,且需要根据器件所能承受的温度等级选择测试条件。AEC-Q100 标准的目标是提高产品的良品率,这对芯片供货商来说,不论是在产品的尺寸、合格率还是成本控制上都面临很大的挑战。对车企和一级供应商来说,使用通过 AEC-Q 认证的电子元器件,风险更小;对电子元器件供应商来说，其电子元器件通过 AEC-Q 认证，可提高产品的竞争力及溢价率。

基于分立半导体元件应力测试的失效机理，AEC-Q101 包含了分立半导体元件（如晶体管、二极管等）最低应力测试要求的定义和参考测试条件。AEC-Q101 主要包括 AEC-Q101-001 人体模式静电放电测试、AEC-Q101-003 键合点切应力测试、AEC-Q101-004 同步性测试方法、AEC-Q101-005 带电器件模式的静电放电测试、AEC-Q101-006 为 12V 系统灵敏功率设备的短路可靠性描述。

AEC-Q102 是针对汽车电子所有内外使用的分立光电半导体元器件的应力测试标准。AEC 于 2017 年 3 月正式发表 AEC-Q102 REV 标准，此规范主要为分立光电组件产品进入车用市场制定的判断标准，同时也是目前最新针对车用 LED 通用的国际标准。其验证包含实验样品数量的重新定义、LED T_j（Junction Temperature，结点温度）控制的方式、气体腐蚀的增加等，每项都是针车用 LED 所可能遭遇的环境来设计，以保护行车时的安全性。对光电器件的可靠性展开了严格的测试要求，大大提升了光电器件的使用性能。AEC-Q102 测试项目：应力测试前后（电学测试）、预处理、目检、参数验证、高温反向偏压、高温栅偏压、温度循环、无偏高加速度应力、高加速度应力测试、高温高湿反向偏压、间歇运行寿命、功率和温度循环、静电放电特性、破坏性物理分析、物理尺寸、端子强度、耐溶剂性、恒定加速度、变频振动、机械冲击、气密性、耐焊性、热阻、键合点剪切、芯片剪切、雪崩击穿、绝缘、短路可靠性、无铅。产品范围包括 LED 灯珠、光电二极管、光电晶体管、激光元件。

AEC-Q103 为 AEC 根据车载 MEMS 特性而制定出的最新标准，由于之前 MEMS 做车规级认证一直参照 AEC-Q100，此次制定的标准无疑是为行业提供了更具针对性的要求，对于 MEMS 做车规级认证也更加合理。AEC-Q103 的制定标准为车规传感器行业提供了更具针对性的要求，完善且提高了对车载传感器的测试标准。其中 AEC-Q103-002 为 MEMS 压力传感器器件应力测试、AEC-Q103-003 为 MEMS 麦克风器件应力测试。AEC-Q103 标准针对的产品范围包括 MEMS 压力传感器、MEMS 麦克风、氧气传感器、温度传感器、空气流量传感器、爆震传感器、速度传感器、转速传感器、ABS 传感器、触发碰撞传感器、防护碰撞传感器、转矩传感器、液压传感器等。

AEC-Q104 是针对车用多芯片模块的可靠性测试，进一步可细分为加速环境应力可靠性、加速寿命模拟可靠性、封装可靠性、晶圆制程可靠性、电学参数验证、缺陷筛查、包装完整性试验，且需要根据器件所能承受的温度等级选择测试条件。需要注意的是，第三方难以独立完成 AEC-Q104 的验证，需要晶圆供应商与封测厂相互配合来完成，这更加考验测试机构对认证试验的整体把控能力。

除了上述的 AEC-Q 系列标准，还有用于车规功率模块认证的 AQG 324 测试认证（Automotive Qualification Guideline，AQG）。AQG 324 标准由欧洲电力电子中心（ECPE）"汽车电力电子模块认证"工作组颁布，适用范围包括电力电子模块和基于分立器件的等效特殊设计。标准中定义的测试项目是基于当前已知的模块失效机制和机动车辆功率模块的特定使用说明文件进行编写的。本标准所列测试条件、测试要求以及测试项目，适用于硅基功率半导体模块。后续发行版本将涉及第三代半导体技术，如碳化硅（SiC）或氮化镓（GaN），以及新的组装和互连技术。

4.1.2 汽车芯片在标准及测试认证方面面临的形势

1. 国内外测试认证资质欠缺

目前 AEC 没有对任何第三方机构授予测试认证的资质,通常国外汽车芯片供应商会寻找第三方机构对产品按标准要求进行试验测试。所有试验测试通过后,在产品数据手册中自声明符合 AEC-Q100 标准要求,没有针对 AEC 可靠性标准的符合性认证环节。

由于我国在此领域起步较晚,目前国内芯片设计、制造企业及整车企业大都对汽车芯片可靠性要求及试验测试方法了解较少。国内一些标准化研究院等少数第三方机构开展了针对 AEC 汽车芯片可靠性标准及试验测试方法的先期研究工作,并与部分国内芯片企业合作开展了针对 AEC-Q100 标准的芯片符合性测试工作。国内目前也未开展汽车芯片可靠性认证。

2. 对汽车芯片可靠性测试方法研究不足

一直以来,国内汽车芯片产业较弱,市场占有率低,没有相应的国内标准,导致对于此方面测试技术的研究不足。虽然目前国内有相近标准,但是由于应用领域的差别,对于测试要求、分类等级、分组数量及方法等具体实施要求等仍有较大差别,因此急需开展对汽车芯片可靠性测试方法深入、系统的研究。目前对于国内芯片企业来说,寻找到具有相关经验的实验室,协助其了解汽车芯片测试要求,制定相对应 AEC-Q100 标准的验证步骤与方法并完成全套测试,以顺利进入整车企业及车电模块企业供应链,成为当务之急。

3. 尚未开展相关认证工作

国外目前没有针对 AEC 可靠性标准的符合性认证环节,基本由芯片企业自行或委托第三方实验室开展可靠性测试,并向整车企业及车电模块企业提供全套测试报告及相关证明文件来证明产品符合可靠性标准要求,以获得认可。但我国芯片企业规模普遍较小,基本不具备自行进行汽车电子可靠性标准符合性测试的软硬件能力,同时由于目前我国商业诚信体系尚未全面建立,自声明产品符合相关标准的做法显然无法得到整车企业及车电模块企业的认可。因此如果不针对我国国情结合第三方测试开展相关认证,国产芯片很难增强其标准符合性的公信力,无法打入整车企业及车电模块企业供应链。

汽车芯片市场规模庞大,增长势头强劲,其已成为推动现代汽车技术创新的主要动力。虽然目前我国在汽车芯片发展道路上困难重重,在技术、标准、测试等方面还处于跟随状态,但中国移动通信从 2G 跟随、3G 突破、4G 并跑到 5G 引领的成功经验告诉我们,只要抓住机遇、专注投入、协同创新,以标准为引领,带动汽车芯片设计、制造、封装测试及认证等关键环节全面提升,就一定能够实现重点突破,逐步占领汽车技术发展的高地,进而促进我国汽车工业转型升级,实现从汽车制造大国向汽车制造强国的转变。

以上标准中包含的整车试验方法均为整车试验的常规试验方法,试验方法的内容和芯片的功能具有强相关性或直接相关性,在试验过程中最重要的一个环节是芯片数据采集部分的工作,获取的芯片数据可以对应车辆试验工况进行芯片性能评估。

4.2 美国车规级芯片标准

车规级芯片需要经过可靠性标准 AEC-Q100、质量管理标准 QS-9000、功能安全标准 ISO 26262 等的认证。

4.2.1 AEC-Q 标准概述

1. 什么是 AEC-Q 认证

克莱斯勒、福特和通用汽车为建立一套通用的零件资质及质量系统标准而设立了 AEC，主要是汽车制造商与美国的主要部件制造商汇聚一起成立的，以车载电子部件的可靠性以及认定标准的规格化为目的的团体，AEC 建立了质量控制的标准。从一开始，AEC 就由两个委员会组成：质量体系委员会和组件技术委员会。今天，委员会由支持成员[目前为 Aptiv、Bose Corporation、Continental Corporation、康明斯、Delphi Technologies、Denso International America、Gentex Corporation、Harman、Hella、John Deere Electronics Solutions（Phoenix International）、Kostal Automotive、Lear Corporation、Magna Electronics、Sirius XM、Valeo、Veoneer、Visteon Corporation 和 ZF]、其他技术成员、助理成员和来宾成员组成。符合 AEC 规范的零部件均可被上述三家车企同时采用，促进了零部件制造商交换其产品特性数据的意愿，并推动了汽车零件通用性的实施，为汽车零部件市场的快速成长打下基础。

2. AEC-Q 系列认证的测试内容

AEC-Q 的测试条件如下。
(1) 加速环境应力测试的条件：偏高湿度、温度循环、功率温度循环、高温存储寿命。
(2) 加速寿命模拟测试的条件：高温工作寿命、早期失效率。
(3) 可靠性测试的条件：振动、冲击、恒加速应力、跌落、扭力、切应力、拉力。
(4) 电气特性确认测试的条件：静电放电、电分配、电磁兼容。
(5) 密封性测试的条件：粗细漏检、内部水汽含量。
(6) 筛选监控测试的条件：部件平均测试、统计良率分析。
(7) 破坏性物理分析(DPA)。

4.2.2 AEC-Q100 标准

1. AEC-Q100 的概述

AEC-Q100 基于应力测试的封装集成电路失效机制测试方法参考了车规级 AEC-Q001 零件平均测试指南、AEC-Q002 统计良率分析指南、AEC-Q003 电气性能特征指南、AEC-Q004 零缺陷指南、AEC-Q005 无铅测试要求、SAE J 1752/3 集成电路辐射排放测量程序标准、军工级的 MIL-STD-883 标准微电子学的测试方法和程序、工业级的 JEDEC JESD-22

封装器件可靠性测试方法、EIA/JESD78 集成电路闩锁效应测试、UL-STD-94 器件和器具部件塑料材料的易燃性测试、IPC/JEDEC J-STD-020 塑性材料集成电路表面贴封器件的湿气/回流焊敏感性分类、JESD89 阿尔法粒子和宇宙射线引起的半导体器件软误差测量和报告、JESD89-1 系统软错误率测试方法、JESD89-2《阿尔法源加速软错误率的测试方法》、JESD89-3 束流加速的软错误率的测试方法。

如果成功通过 AEC-Q100 中所列出的测试，那么将允许供应商声称他们的零件通过了 AEC-Q100 认证。如表 4-1 所示 AEC-Q100 包含 4 个温度等级，数字越小，等级越高。

表 4-1　工作温度等级

等　　级	温度范围
0 等级	−40℃～150℃
1 等级	−40℃～125℃
2 等级	−40℃～105℃
3 等级	−40℃～85℃

AEC-Q100 测试内容主要分为 7 个模块：A 组——加速环境应力测试、B 组——加速寿命模拟测试、C 组——封装组装完整性测试、D 组——芯片制造可靠性测试、E 组——电气特性验证测试、F 组——缺陷筛选测试、G 组——空腔封装完整性测试，测试组的具体内容如表 4-2 所示。

表 4-2　测试组的具体内容

类　　别	测试内容	包含项目
A 组	加速环境应力测试	PC、THB、HAST、AC、UHST、TH、TC、PTC、HTSL
B 组	加速寿命模拟测试	HTOL、ELFR、EDR
C 组	封装组装完整性测试	WBS、WBP、SD、PD、SBS、LI
D 组	芯片制造可靠性测试	EM、TDDB、HCI、NBTI、SM
E 组	电气特性验证测试	TEST、FG、HBM/MM、CDM、LU、ED、CHAR、GL、EMC、SC、SER
F 组	缺陷筛选测试	PAT、SBA
G 组	腔封装完整性测试	MS、VFV、CA、GFL、DROP、LT、DS、IWV

注：表中英文缩写的含义见表 4-3。

AEC-Q100 共有 41 项试验项目，其产品验证流程如图 4-1 所示。芯片设计、芯片制作完成后，首先需要对芯片的电性能、缺陷筛选、封装可靠性等基础性能进行检测。主要开展封装/组装完整性测试、芯片制造可靠性测试、电气特性验证测试、缺陷筛选测试等相关的测试，其测试结果也会反馈至芯片设计端。后续再开展与加速环境应力、加速寿命模拟、电气特性验证、腔封装完整性等相关的测试。

这 41 个试验项目中有一些对器件类型、器件封装类型等有限制。例如，在加速环境应力测试模块中，预处理仅适用于表面贴装器件，而且是需要在有偏湿度或高加速应力（THB/HAST）、高压或无偏高加速应力测试或无偏温湿度（AC/UHST/TH）、温度循环（TC）及功率温度循环（PTC）测试之前进行；在腔封装完整性测试模块中，盖板扭力、内部水蒸气含量测试则仅适用于陶瓷封装凹陷器件，芯片剪切力试验则需要凹陷器件在盖装或密封前就完成该项测试。因此，对车规级芯片的检测认证而言，并不是必须完成 AEC-Q100 的所有测试。

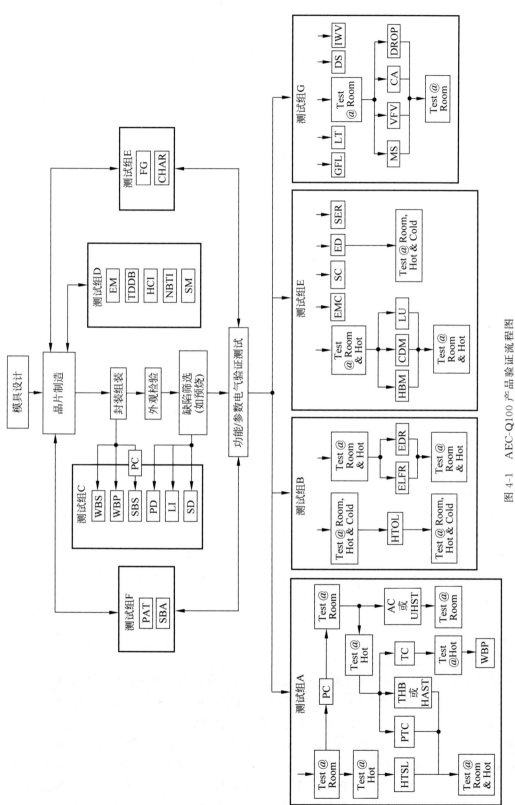

图 4-1 AEC-Q100 产品验证流程图

注：图中英文缩写的含义见表 4-3。

此外，AEC-Q100 标准中有很多测试项是需要晶圆供应商、封测厂、组件生产厂商、终端厂商等多方配合才能完成的。如在电气特性验证测试时，电分配测试就需要产品供应商及终端厂商根据具体情况协商决定测量的电性参数；电磁兼容测试也需要供应商及终端厂商协商具体的测试标准。

2. AEC-Q100 的通用要求

AEC-Q100 的目的是建立一个标准，定义集成电路的工作温度等级，以最低的一组资格要求为基础。如果 AEC-Q100 的要求与其他任何文件的要求发生冲突则按照采购订单（或主采购协议条款和条件）、（双方同意的）单个设备规格、AEC-Q100 标准、AEC-Q100 所参考的标准、供应商的数据表的优先级满足客户的要求。

在使用通用数据以满足确认与再确认的要求时，强烈鼓励使用通用数据来简化鉴定过程。一旦通用数据可用，就可以提交给用户，以确定是否需要进行任何额外的测试。要考虑的是，通用数据必须基于与设备和制造工艺的每个特性相关的具体要求矩阵。如果通用数据包含任何故障，则该数据不能作为通用数据使用，除非供应商已记录并实施针对故障条件的纠正措施或遏制措施，且该故障条件是用户可以接受的。

通用数据的可接受性没有时间限制。该数据必须来自特定的部件，或来自相同资格系列的部件。潜在的数据来源可能包括任何特定于客户的数据（保留客户名称）、过程变更确认和定期可靠性监视数据。

AEC-Q100 的测试样品认证要求如下。

（1）批次要求：测试样品应该由认证家族中有代表性的器件构成，由于缺少通用数据就需要有多批次的测试，测试样品的数量必须与非连续晶圆批次中的数量近似均等，并在非连续成型批次中装配。即测试样品在生产厂里必须是分散的，或者装配加工线中至少有一个是非认证批次。

（2）生产要求：所有认证器件都应在制造场所加工处理，有助于量产时零件的传输。其他电测试场所可以在其电性质证实有效后用于电测量。

（3）测试样品的再利用：已经用来做非破坏性认证测试的器件可以用来做其他认证测试，而做过破坏性认证测试的器件则除了工程分析外不能再使用。

（4）样品数量要求：用于认证测试的样品数量与（或）提交的通用数据必须与 AEC-Q100 认证测试方法中指定的最小样品数量和接受标准相一致。如果供应商选择使用通用数据来认证，则特殊的测试条件和结果必须记录并可被用户获取。现有可用的通用数据应首先满足这些要求和 AEC-Q100 认证测试方法的每个测试要求。如果通用数据不能满足这些要求，就要进行器件特殊认证测试。

（5）预前应力测试和应力测试后要求：AEC-Q100 认证测试方法中的附加要求栏为每个测试指定了终端测试温度（室温、高温和低温）。温度特殊值必须设有最差情况，即每个测试中用至少一个批次的通用数据和器件特殊数据来设置温度等级。

（6）应力测试失效后的定义：测试失效定义为器件不符合测试的器件规范和标准规范，或是供应商的数据表，任何由于环境测试导致的外部物理破坏的器件也要被认为是失效的器件。如果失效的原因被厂商和使用者认为是非正确运转、静电放电或一些其他与测试条件不相关的原因，就不算失效，但作为数据提交的一部分上报。

3. 零件的认证与重新认证

1) 新零件应具有的资格

图 4-1 显示了用于确认新零件的应力测试流程,表 4-3 中定义了相应的测试条件。对于每个认证,供应商必须拥有所有测试的可用数据,包括待认证器件上的压力测试结果以及任何可接受的通用数据。还应对同一通用系列中的其他器件进行审查,以确保该系列中不存在常见故障机制。

对于每个器件的确认,供应商必须具备以下材料:①设计、建造和认证的证书;②压力认证的测试数据;③每个 AEC-Q100-007 中指出的用于认证(适用于该器件类型)的软件的故障分级数据,以便在客户需要时提供给用户。

2) 器件改变后的重新认证

当供应商对产品或(和)制程作出了改变,从而影响(或潜在影响)了器件的外形、安装、功能、质量和(或)可靠性时,该器件就需要重新进行认证。产品任何最小的改变,都要用表 4-3 来决定重新认证的测试计划,需要进行表 4-3 中列出的可适用的测试。表 4-3 应该作为一种指导,用以决定哪种测试可以用来作为特殊零件改变的认证,或者对于那些测试,是否相当于通用数据来提交。所有重新认证都应分析根本原因,根据需要确定纠正的和预防性的行动。如果最低程度的适当的遏止方式得到了使用者的论证和承认,器件和(或)认证家族可以暂被承认为"认证状态",一直到有适当纠正的和预防性的行动为止。一种改变不会影响器件的工作温度等级,但是会影响其应用时的性能。对于一些使用者的特别应用将需要其对制程改变有单独的授权许可,而许可方式则超出了该标准的范围。

3) 无铅器件的资格鉴定

AEC-Q005 无铅要求中规定了额外的要求,以解决使用无铅加工时产生的特殊质量和可靠性问题。无铅加工中使用的材料包括终端电镀和板附(焊料)。这些新材料通常要求较高的板附温度,以获得可接受的焊点质量和可靠性。这些较高的温度可能会影响塑料封装半导体的水分敏感性水平。因此,可能需要新的、更坚固的模具化合物。如果需要更改封装材料以保证设备无铅处理的足够坚固性,供应商应参考本规范中的工艺更改确认要求。在环境应力测试前,应在 IPC/JEDEC J-STD-020《非密封固态表面贴装器件的湿敏/回流敏感度分类》中描述的无铅回流分类温度下进行预处理。

4. AEC-Q100 的认证测试

1) 通用测试

图 4-1 显示了测试流程,表 4-3 给出了测试细节。并非所有的测试都适用于所有器件。例如,某些测试仅适用于陶瓷封装的零件,其他测试仅适用于具有非易失性存储器(NVM)的零件。适用于特定器件类型的试验在表 4-3 的"附加说明"栏中说明。表 4-3 的"附加说明"一栏也强调了替代参考测试方法中描述的测试需求。另外,任何用户要求但本文件未说明的独特鉴定测试或条件,应由要求测试的供应商和用户协商。

2) 零件特殊测试

对于所有密封和塑料封装器件,待认证器件必须通过以下测试。这些测试不允许使用通用数据。

(1) 静电放电(ESD):所有产品。

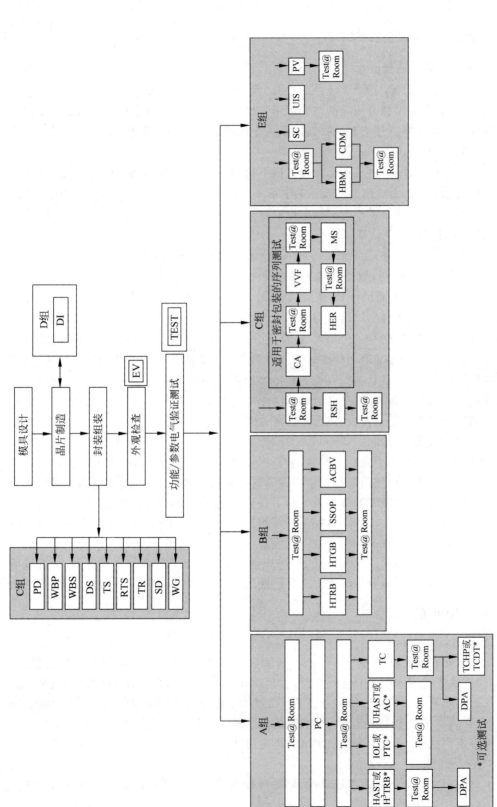

图 4-2 AEC-Q101 产品的测试流程图

第 4 章 车规级芯片标准介绍

表 4-3 AEC-Q100 认证测试方法

测试组 A 加速环境应力测试

试验项目	缩写	编号	备注	每批样品个数	批数	接受标准	遵循的测试规范	附加要求
预处理	PC	A1	P,B,S,N,G	适用于 SMD,所有要求做预处理的应力试验的全部样品		0 失效	JEDEC 标准体系中的 J-STD-020 和 JESD22-A113	仅适用于表面贴装元件
偏置温湿度或偏置高加速度应力测试	THB	A2	P,B,D,G	77	3	0 失效	JEDEC 标准体系中的 JESD22-A101	适用于表面贴装器件,85℃/85% RH,偏置条件按客户给定的应用电路,1000h
	HAST							适用于表面贴装器件,110℃/85% RH,偏置条件按客户给定的应用电路,265h
高压,无偏高加速度应力测试或无偏温湿度混合测试	AC	A3	P,B,D,G	77	3	0 失效	JEDEC 标准体系中的 JESD22-A118	适用于表面贴装器件,110℃/85% RH,264h
	UHST							
	TH							适用于表面贴装器件,85℃/85% RH,1000h
温度循环	TC	A4	H,P,B,D,G	77	3	0 失效	JEDEC 标准体系中的 JESD22-A104 和 Appendix 3	等级 2:-55℃~125℃,1000 个循环 等级 3:-55℃~125℃,500 个循环
功率温度循环	PTC	A5	H,P,B,D,G	45	1	0 失效	JEDEC 标准体系中的 JESD22-A105	只适用于器件最大额定功率≥1W 或者 $\Delta T_J \geq 40$℃的器件 等级 2,3:-40℃~105℃,1000 个循环,偏置条件按客户给定应用电路
高温存储寿命	HTSL	A6	H,P,B,D,G,K	45	1	0 失效	JEDEC 标准体系中的 JESD22-A103	等级 2,3:125℃,1000 个循环

续表

测试组 B　加速寿命模拟测试

试验项目	缩写	编号	备注	每批样品个数	批数	接受标准	遵循的测试规范	附加要求
高温工作寿命	HTOL	B1	H, P, B, D, G, K	77	3	0失效	JEDEC标准体系中的 JESD22-A108	对于包含NVM的器件，必须在HTOL前根据AEC-Q100-005进行耐久性预处理。 等级2: 105℃, 1000h; 等级3: 85℃, 1000h。 在最大V_{cc}电压下施加直流和交流参数，偏置条件按客户给定的应用电路
早期寿命失效率	ELFR	B2	H, P, B, N, G	800	3	0失效	AEC-Q100-008	等级2: 105℃, 48h, 偏置条件按客户给定的应用电路； 等级3: 85℃, 48h, 偏置条件按客户给定的应用电路
NVM耐久性数据保持和工作寿命	(EDR)	B3	H, P, B, D, G, K	77	3	0失效	AEC-Q100-005	高温数据保持,低温数据保持

测试组 C　封装完整性测试

试验项目	缩写	编号	备注	每批样品个数	批数	接受标准	遵循的测试规范	说明
键合点切应力	WBS	C1	H, P, D, G	最少对5个器件中的30个键合点进行测试		Cpk>1.67	AEC-Q100-001	DAGE4000测试
键合点拉力	WBP	C2	H, P, D, G			Cpk>1.67 或温度循环后; 0失效	MIL-STD883 Method 2011	DAGE4000测试
可焊性	SD	C3	H, P, D, G	15	1	>95%引脚覆盖	JEDEC标准体系中的 JESD22-B102	—

第4章 车规级芯片标准介绍

续表

测试组 C 封装完整性测试

试验项目	缩写	编号	备注	每批样品个数	批数	接受标准	遵循的测试规范	附加要求
物理尺寸	PD	C4	H,P,D,G	10	3	Cpk>1.67	JEDEC标准体系中的JESD22-B100和JESD22-B108	—
锡球切应力	SBS	C5	B	最少对10个器件中的5个锡球进行测试	3	Cpk>1.67	AEC-Q100-010	—
引线完整性	LI	C6	H,P,D,G	5个零件,每个有10条引线	1	无破损或开裂	JEDEC标准体系中的JESD22-B105	表面贴装器件(球栅阵列封装)不作要求,仅对针脚通孔器件作要求

测试组 D 芯片制造可靠性测试

试验项目	缩写	编号	备注	每批样品个数	批数	接受标准	遵循的测试规范	附加要求
电迁移	EM	D1	—	—	—	—	—	应根据用户对新技术的要求提供数据,测试根据计算方法和内部标准
时间相关介电击穿	TDDB	D2	—	—	—	—	—	应根据用户对新技术的要求提供数据,测试根据计算方法和内部标准
热载流子注入	HCI	D3	—	—	—	—	—	应根据用户对新技术的要求提供数据,测试根据计算方法和内部标准
负偏压温度不稳定性	NBTI	D4	—	—	—	—	—	应根据用户对新技术的要求提供数据,测试根据计算方法和内部标准
应力迁移	SM	D5	—	—	—	—	—	应根据用户对新技术的要求提供数据,测试根据计算方法和内部标准

续表

测试组 E　电气特性验证测试

试验项目	缩写	编号	备注	每批样品个数	批数	接受标准	遵循的测试规范	附加要求
应力验试验前后功能/参数电学测试	TEST	E1	H, P, B, N, G	所有要求做电学测试的应力试验的全部样品		0失效	供应商数据表或用户规范编写测试程序	所使用的测试软件应符合AEC-Q100-007的要求。在确认应力之前和之后的所有电气测试都是在室温和极限值的个别设备规格的限制下进行的
人体模式/机器模式静电放电	HBM	E2	H,P,B,D	30	1	0失效。通过2kV HBM或更高级别测试	AEC-Q100-002	在ESD试验前后均应在室温和高温下进行
带电器件模式静电放电	CDM	E3	H,P,B,D	30	1	0失效。700V边角引脚,500V其他引脚或更高	AEC-Q100-011	有ESD试验前后均应在室温和高温下进行
闩锁效应	LU	E4	H,P,B,D	6	1	0失效	AEC-Q100-004	在LU试验前后均应在室温和高温下进行
电学分布	ED	E5	H,P,B,D	30	3	见AEC-Q100-009	AEC-Q100-009	供应商和用户相互协商电参数及接受标准。测试在室温、高温和低温下进行
故障分级	FG	E6	—	—	—	见AEC-Q100-007中的第4章	AEC-Q100-007	生产测试见AEC-Q100-007中第4章的测试要求
特性	CHAR	E7	—	—	—	—	AEC-Q003	新技术与零件家族进行

第4章 车规级芯片标准介绍

续表

测试组 E 电气特性验证测试

试验项目	缩写	编号	备注	每批样品个数	批数	接受标准	遵循的测试规范	附加要求
电磁兼容	EMC	E8	—	1	1	—	SAE J1752/3-辐射	测试和其可接受标准由使用者和供应商根据具体情况协商
软错误率	SER	E9	—	3	1	—	JEDEC 无加速：JESD89-1； 加速：JESD89-2 或 JESD89-3	适用于大于1MB存储量的静态和动态随机存储器基本单元的器件。根据参考规格，可以选择两种测试之一（无加速的或加速的），测试和其可接受标准由使用者和供应商根据具体情况协商。终测报告应包括详细的测试设备场所和高度数据

测试组 F 缺陷筛选测试

试验项目	缩写	编号	备注	每批样品个数	批数	接受标准	遵循的测试规范	附加要求
过程平均测试	PAT	F1	—	—	—	—	AEC-Q001	供应商根据测试方法确定样品尺寸和接受标准。如果这些测试对于一个给定的部件是不可能的，供应商必须提供理由
统计良率分析	SBA	F2	—	—	—	—	AEC-Q002	

测试组 G 空腔封装完整性测试

试验项目	缩写	编号	备注	每批样品个数	批数	接受标准	遵循的测试规范	附加要求
机械冲击	MS	G1	H,D,G	15	1	0 失效	JEDEC标准体系中的JESD22-B104	在室温下测试
变频振动	VFV	G2	H,D,G	15	1	0 失效	JEDEC标准体系中的JESD22-B103	在室温下测试
恒加速度测试	CA	G3	H,D,G	15	1	0 失效	MIL-STD-883 的方法2001	在室温下测试

续表

测试组 G　空腔封装完整性测试

试验项目	缩写	编号	备注	每批样品个数	批数	接受标准	遵循的测试规范	附加要求
泄漏测试	GFL	G4	H,D,G	15	1	0失效	MIL-STD-883 的方法 1014	任意针对单个器件的精检后应进行粗检
跌落测试	DROP	G5	H,D,G	5	1	0失效	—	在室温下测试
封盖扭矩测试	LT	G6	H,D,G	5	1	0失效	MIL-STD-883 的方法 2024	仅适用于陶瓷封装腔体器件
芯片剪切力测试	DS	G7	H,D,G	5	1	0失效	MIL-STD-883 的方法 2019	在所有空腔设备盖/密封之前执行
内部水蒸气测试	IWV	G8	H,D,G	5	1	0失效	MIL-STD-883 的方法 1018	仅适用于陶瓷封装腔体器件

注：H——仅适用于密封封装的器件；P——仅适用于塑料封装的器件；B——只适用于焊接球表面贴装(BGA)器件；N——非破坏性测试，器件可用于其他测试或用于生产；D——破坏性试验，器件不得重复用于认证生产或生产；S——仅适用于面贴面表面贴装包装的器件；G——允许使用通用数据；K——需使用 AEC-Q100-005 方法对独立的非易失性存储器集成电路或电路具有非易失性存储器模块的集成电路进行预处理；L——仅适用于无铅器件；Cpk——制程能力指数。

(2) 闩锁效应(LU)：所有产品。

(3) 配电：供应商必须证明，在工作温度等级、电压和频率下，器件能够满足设备规格的参数限制。该数据必须来自至少三个批次，或来自同一个矩阵(或倾斜)工艺批次，并且必须代表足够多的样本以在统计意义上有效，具体要求可参考 AEC-Q100-009。强烈建议使用 AEC-Q001《零件平均测试指南》确定最终测试极限。

(4) 其他测试：用户可能根据其与某一特定供应商的合作经验，要求使用其他测试来代替通用数据。

3) 磨损可靠性测试

与适当的磨损失效机制相关的新技术或材料要通过认证，就必须向用户提供以下所列失效机制的测试。数据、测试方法、计算和内部标准不需要在每个新器件的认证上进行执行，但应在用户要求时提供给用户。

(1) 电迁移。

(2) 时间相关介电击穿(或栅氧化物完整性测试)——适用于所有 MOS 技术。

(3) 热载流子注入——适用于所有低于 $1\mu m$ 的 MOS 技术。

(4) 负偏置温度不稳定性。

(5) 压力迁移。

4.2.3　AEC-Q101 标准

1. AEC-Q101 的概述

AEC-Q101 定义了分立半导体器件(如晶体管、二极管等)的最小压力测试驱动的合格要求和参考测试条件。AEC-Q101 不免除供应商满足其公司内部资格认证程序的责任。此外，AEC-Q101 并不免除供应商满足 AEC-Q101 范围之外的任何用户要求的责任。任何在生产中开发或使用分立半导体器件的公司**有责任确认和验证所有认证和测试数据与 AEC-Q101 的要求是否一致**。

AEC-Q101 分立半导体器件的测试方法是参考军用级的 MIL-STD-750 标准，工业级的 UL-STD-94 标准用于元器件中的塑性材料易燃性试验，JEDEC JESD-22 主要用于测试器件封装的可靠性、J-STD-002 用来测试组件引线、端子、焊片、端子和导线的可焊性，J-STD-020 提供了非密封固态表面贴装器件的湿气/回流灵敏度分类的定义，JESD22-A113 用于非密封表面贴装器件可靠性测试前的预处理，汽车级的 AEC-Q001 零件平均测试指南；AEC-Q005 无铅测试要求；AEC-Q101-001 ESD(人体模型)；AEC-Q101-003 键合点切应力测试；AEC-Q101-004 同步性测试方法，包括非钳位感应开关、电介质完整性、破坏性物理分析；AEC-Q101-005 ESD(带电器件模型)；AEC-Q101-006 12V 系统灵敏功率设备的短路可靠性描述。

如果成功完成根据 AEC-Q101 各要点需要的测试，那么将允许供应商声明其零件通过了 AEC-Q101 认证。只有满足所有要求时才能认为该器件通过了 AEC-Q101 认证。AEC-Q101 标准规定分立半导体器件的最小环境温度范围应为 $-40^\circ\!C \sim 125^\circ\!C$，所有 LED 的最小环境温度范围应为 $40^\circ\!C \sim 85^\circ\!C$。

2. AEC-Q101 的通用要求

如果 AEC-Q101 标准的要求与其他任何文件的要求发生冲突,应按照采购订单、个人规定的规范、AEC-Q101、AEC-Q101 参考的文档、供应商数据表的优先级满足客户的要求。对于根据本标准被认为合格的器件,采购订单和/或单个器件规格不能放弃或减少本标准的要求。

通过使用通用数据来简化认证过程非常值得提倡,需要考虑到的是,通用数据必须基于一系列特殊要求:①表 4-4 中的器件认证要求;②每个器件的特性相关的具体要求矩阵和制造工艺;③认证家族定义;④有代表性的随机样本。通过这些特殊要求,各个成员可以组成这个认证家族,为的是所有家族成员的数据对于质疑的器件认证都能是均等的和普遍接受的。

适当注意这些认证家族指南,可以积累部分适用于同种类其他器件的信息。这些信息可用于一系列器件的通用可靠性,并且最大限度减少对特定器件的资格认证程序。这可以通过以下途径实现:认证和监测认证家族中最复杂的器件(如高/低电压、极大/极小芯片),对后来加入此认证家族中不太复杂的器件应用这些信息数据。通用数据的来源应该是供应商经过鉴定的测试实验室,它包括内部供应商认证、客户特殊认证,以及供应商过程监控。提交的通用数据必须达到或超过表 4-4 中列出的测试条件。根据该标准提供的指南,表明部分合适的测试数据可用于减少很多认证要求。特殊用户器件必须完成电气特性测试,通用性能数据在认证呈报时是不允许的。由用户最终决定是否接受使用通用数据代替特殊测试数据。

AEC-Q101 测试样品的要求如下。

(1) 批次要求(见表 4-4)。

(2) 所有认证器件都应在制造场所加工处理,这样有助于量产时零件的传输。

(3) 已被用于非破坏性测试的器件还可用来进行其他认证测试;已被用于破坏性认证的器件,除工程分析外,不得再作他用。

(4) 样本用于测试和/或通用数据的提交必须符合指定的最小样品量和表 4-4 中的接受标准。如果供应商选择使用通用数据来认证,则特殊的测试条件和结果必须记录。现有适用的通用数据应该首先被用来满足表 4-4 中的每个测试条件。如果通用数据不能满足这些要求,应进行器件特定的认证测试。供应商必须执行待认证的特定器件或可接受的通用器件的任何组合,数量不少于 3 批次并且每个批次不少于 77 片。

(5) 从初始认证的所有可靠性数据被呈交给客户评估起,通用数据的可接受性就不存在时间上的限制。

(6) 所有的预前应力测试和应力后测试都必须在室温条件下,根据用户器件详细规范定义的电气特性来进行。

有以下任一表现的器件即定义为测试失效。

(1) 器件不符合用户规范定义的电气测试限制或合适的供应商通用规范。最小测试参数要求在 AEC-Q101 中有规定。

(2) 在完成环境测试后,器件的测试数据相对于每次测试初始读数的变化超过±20%。对于低于 100nA 的泄漏,测试仪的准确性可能会阻止后应力分析到初始读数。

第4章 车规级芯片标准介绍 147

表4-4 AEC-Q101认证测试方法

测试组A 加速环境应力测试

试验项目	缩写	编号	数据类型	备注	测试条件 每批样品个数	批数	接受标准	遵循的测试规范	附加要求
预处理	PC	A1	1	G,S	所有SMD器件在测试A2,A3,A4,A5,A8前应测试		0失效	JEDEC/IPC; J-STD-020; JESD22-A-113	仅在A2、A3、A4、A5和C8测试之前对表面贴装器件进行测试。PC前后测试任何部件的更换装件必须报告
高加速应力测试	HAST	A2	1	D,G,U,V,3	77	3（满足备注B要求）	0失效	JEDEC标准体系中的JESD22-A-110	96h, T_A=130℃/85%RH，或264h, T_A=110℃/85%RH，部分反向偏压，80%的额定电压，超过电压可能在室中发生电弧（通常为42V）。在H^3TRB前后进行TEST测试
高湿度、高温度、反向偏置	H^3TRB	A2alt	1	D,G,U,V,3	77	3（满足备注B要求）	0失效	JEDEC标准体系中的JESD22-A-101	在T_A=85℃/85%RH条件下工作1000h，部分反向偏置，额定穿电压80%，最高可达100V或堂限。在H^3TRB前后进行TEST测试

续表

试验项目	缩写	编号	数据类型	备注	测试条件 每批样品个数	测试条件 批数	接受标准	遵循的测试规范	附加要求
无偏置的高加速应力测试	UHAST	A3	1	D,G,U	77	3（满足备注B要求）	0失效	JEDEC 标准体系中的 JESD22-A-118 或 JESD22-A-101	T_A=130℃/85%RH 时 96h 或 T_A=110℃/85%RH 时 264h。在 UHAST 前后进行 TEST 测试
高压测试	AC	A3alt	1	D,G,U	77	3（满足备注B要求）	0失效	JEDEC 标准体系中的 JESD22-A-102	T_A=121℃/85%RH,RH=100%,大气压力为 103 351Pa, 96h。高压前后进行 TEST 测试
温度循环	TC	A4	1	D,G,U,3	77	3（满足备注B要求）	0失效	JEDEC 标准体系中的 JESD22-A-104; Appendix 6	1000 次循环（T_A=最小范围为 −55℃至最大额定结温,不超过 150℃）。当部分最大额定结温超过 25℃时,使用 T_A(max)=25℃,或当最大额定结温超过 150℃时可将持续时间减少到 400 个循环。在温度循环前后进行 TEST 测试
温度循环热测试	TCHT	A4a	1	D,G,U,1,2	77	3（满足备注B要求）	0失效	JEDEC 标准体系中的 JESD22-A-104; Appendix 6	在 T_C 后 125℃测试应力,然后开封、检验、线拉力（根据 AEC-Q101 的附录 6,内部焊线直径小于等于 5mil 的同时拉 5 个组件的所有线）

续表

试验项目	缩写	编号	数据类型	备注	测试条件 每批样品个数	测试条件 批数	接受标准	遵循的测试规范	附加要求
温度循环分层测试	TCDT	A4a alt	1	D,G,U,1,2	77	3(满足备注B要求)	0 失效	JEDEC 标准体系中的 JESD22-A-104；Appendix 6；J-STD-035	T_C 后 100% C-SAM 检验，然后开封，线拉力(根据 AEC-Q101 的附录 6，同时拉 5 个高分子组件的所有线)。如果 C-SAM 无分层，无开盖/溶胶，则检验和线拉力是必须要做的应力
间歇运行寿命	IOL	A5	1	D,G,P,T,U,W,3	77	3(满足备注B要求)	0 失效	MIL-STD-750 Method 1037	测试持续时间见表 2A，$T_A = 25℃$，器件通电以确保 $\Delta T_J \geq$ 100℃(不要超过绝对最大额定值)。IOL 前后测试应力
功率和温度循环	PTC	A5alt	1	D,G,T,U,W	77	3(满足备注B要求)	0 失效	JEDEC 标准体系中的 JESD22-A-105	如果 IOL 测试中 $\Delta T_J \geq$ 100℃ 达不到，持续时间则进行 PTC，测试持续时间见表 2A 要求。器件通电和室内循环以确保 $\Delta T_J \geq$ 100℃(不要超过绝对最大额定值)。PTC 前后测试应力

续表

测试组 B　加速寿命模拟试验

试验项目	编写	编号	数据类型	备注	每批样品个数	批数	接受标准	遵循的测试规范	附加要求
高温反向偏压	HTRB	B1	1	D,G,K,P,U,V,X,3	77	3（满足备注B要求）	0 失效	MIL-STD-750-1;M1038,M1039	1000h,最高直流反向额定电压,温度接点参考客户/供货商规范。周围环境温度 T_A 要根据漏电损耗做调整。在 HTRB 前后都要进行应力后测试
交流闭锁电压	ACBV	B1 a	1	D,G,P,U,Y	77	3（满足备注B要求）	0 失效	MIL-STD-750-1;M1040 条件 A	在用户/供应商规范中规定的最大交流隔离电压下 1000h。结温度 T_A 以补偿电流泄漏。在 ACBV 之前和之后测试作为最小值
稳态运行	SSOP	B1 b	1	D,G,O,U	77	3（满足备注B要求）	0 失效	MIL-STD-750-1;M1038 条件 B（齐纳二极管）	额定 I_Z 最大值下工作1000h, T_A 至 T_J, SSOP 前后测试作为最小值
高温栅偏压	HTGB	B2	1	D, G, M, P, U, 3	77	3（满足备注B要求）	0 失效	JEDED 标准体系中的 JESD22-A-108	在指定的 T_J 下为 1000h,栅极电压偏置为组件关闭时的最大额定电压值的 100%（正或者负取决于技术要求）, T_J 增加 25℃时,循环时间可以减至 500h,HTGB 前后都要测试应力

续表

测试组 C 封装完整性测试

试验项目	缩写	编号	数据类型	备注	每批样品个数	批数	接受标准	遵循的测试规范	附加要求
破坏性物理分析	DPA	C1	1	D,G	2	1（满足备注B要求）	0失效	AEC-Q101-004 Section 4	随机所取的样品已成功通过 H³TRB、HAST 和 TC
物理尺寸	PD	C2	2	G,N	30	1	0失效	JEDEC 的 JESD22-B-100	通过验证物理尺寸来满足客户零件包装规范的尺寸和公差
键合点抗拉强度	WBP	C3	3	D,G,E	最少 5 个器件的 10 条焊线		0失效	MIL-STD-750 的方法 2037	预处理和后处理变更比较来评估制程变更的稳健性
键合点剪切强度	WBS	C4	3	D,G,E	最少 5 个器件的 10 条焊线		0失效	AEC Q101-003、JESD22-B116	铜线适用 JESD22-B116 中的剪切力标准
裸片剪切力	DS	C5	3	D,G	5	1	0失效	MIL-STD-750-2 的方法 2017	根据 AEC-Q101 中的表 3（C5 测试指南），还需要进行工艺前后对比，以评估与模具相关的工艺变化稳健性
端子强度	TS	C6	2	D,G,L	30	1	0失效	MIL-STD-750-2 的方法 2036	只对通孔引线器件的引脚完整性进行评估
耐溶剂性	RTS	C7	2	D,G	30	1	0失效	JESD22-B107	检查是否存在永久标记
耐焊接热	RSH	C8	2	D,G	30	1	0失效	JEDEC 标准体系中的 JESD22-A-111(SMD)；B-106(PTH)	RSH 测试前后均进行 TEST 测试。SMD 在测试期间应完全浸没气等级进行预处理

续表

试验项目	缩写	编号	数据类型	备注	每批样品个数	批数	接受标准	遵循的测试规范	附加要求
热阻抗	TR	C9	3	D,G	10	1	0 失效	JEDEC 标准体系中的 JESD24-3, 24-4, 24-6	测量 TR 以确保符合规范,并提供过程改变对比数据
可焊性	SD	C10	2	D,G	10	1(满足备注B要求)	0 失效	JEDEC 标准体系中的 J-STD-002	放大 50 倍
晶须生长评价	WG	C11	3	—	—	—	—	AEC-Q005	在系列基础上进行的测试(电镀金属化、引脚配置)
恒定加速度	CA	C12	2	D,G,H(1)	30	1(满足备注B要求)	0 失效	MIL-STD-750-2 的方法 2006	仅适用于 Y1 方向,15K 的重力加速度试验,CA 前后均进行 TEST 测试
变频振动	VVF	C13	2	D,G,H(2)	—	—	—	JEDEC 标准体系中的 JESD2-B-103	采用恒定位移 0.06inch(2 倍振幅),振动频率为 20~100Hz,恒定峰值加速度为 50g,频率为 100~2000Hz。VVF 前后测试应力
机械冲击	MS	C14	2	D,G,H(3)	—	—	—	JEDEC 标准体系中的 JESD22-B-104	1500g's 持续 0.5ms,5 次击打,3 个方位。MS 试验前后都要测试应力
气密性	HER	C15	2	D,G,H(4)	—	—	—	JEDEC 标准体系中的 JESD22-A-109	根据每个用户的具体规格进行精检和粗检

续表

测试组 D　芯片制造可靠性测试

试验项目	缩写	编号	数据类型	备注	每批样品个数	批数	接受标准	遵循的测试规范	附加要求
介电性	DI	D1	3	D,M	5	1	0失效	AEC-Q101-004的第3章	通过预应力处理前后评估变更的稳健性，所有器件必须超过最小的击穿电压（仅适用于MOS和IGBT）

测试组 E　电气特性验证测试

试验项目	缩写	编号	数据类型	备注	每批样品个数	批数	接受标准	遵循的测试规范	附加要求
目检	EV	E0	1	G,N	所有认证器件都要进行外观检验		0失效	JESD22 B-101	检查零件的结构、标记和工艺
应力测试前后功能参数	TEST	E1	1	D,N	所有认证器件的测试依用的器件规范要求		0失效	客户规范或供货商标准规范	此测试依据适用温度考虑并在室温下进行
参数验证	PV	E2	1	N	25	3（满足备注A的要求）	—	个别AEC客户规范	根据用户要求，在零件温度范围内测试所有参数，以确保符合规格要求
ESD HBM的特征	ESDH	E3	1	D,W	30HBM	1	—	AEC-Q101-001	在静电防护前后进行TEST测试
ESD CDM的特征	ESDC	E4	2	D,W	30CDM	1	—	AEC-Q101-005	在静电防护前后进行TEST测试
钳位感应开关	UIS	E5	3	D	5	1	0失效	AEC-Q101-004的第2章	通过预应力处理前后评估变更的稳健性（仅适用于小功率MOS和内部钳位IGBT）
短路可靠性	SC	E6	3	D,P	10	3（满足备注B要求）	0失效	AEC-Q101-006	仅适用于小功率器件

注：
A. 对参数验证数据，有些情况用户只需要一批可接受，随后的客户应决定采用先前客户认证通过的结论，但随后的客户将有权决定可接受的批次数。

B：当采用通用数据取代特殊数据时，要求 3 批次。
C：不适用于 LED、三极管和其他光学部件。
D：破坏性试验后，器件不可再用于认证或生产。
E：确保每个样品都具有代表性。
F：仅适用于不同焊接金属（金/铝）。
G：容许通用数据。
H：仅要求密封封装器件。项目 C12～C15 是速喷测试评价内部及封装机械强度。
K：并不适用于电压调节器（齐纳二极管）。
L：仅适用于含铝器件。
M：仅适用于 MOS&IGBT。
N：非破坏性试验后，器件可再用于认证或生产。
O：仅适用于电压调节器（齐纳二极管）。
P：应考虑是否将此类应用于智能电源部件或等效智能电源部件上的逻辑运算器/传感器数量，预期的用户用途，芯片的开关速度、功耗和引脚数。
S：仅适用于表面贴装器件。
T：当测试二极管时，在同歇运作时间增量可能无法实现。若本条件存在，功率温度循环（项目 A5 alt）试验应取代间歇运作寿命（A5）的使用（参考表4-5）以确保这当结点温度发生变化。所有其他器件应采用 IOL。
U：仅适用当测试时，可以接受的是使用相对未成形的封装（如 IPAK）来判定新芯片将等效包装（如 DPAK），提供的芯片尺寸在等效包装合格的范围内。
V：对于双向瞬态电压抑制器（TVS）设备，每个方向应进行一半的测试时间。
W：不适用于暂态电压抑制器（TVS）部件。对于 TVS 部件，PV 试验的数据将是在执行到额定峰值脉冲电流之后的 100% 峰值脉冲功率（Pppm）。
X：开关器件（如快速、超快速整流器、肖特基二极管）用户/供应商规范的额定结温的额定峰值结温指的是一个开关模式的应用条件。对于那些可以承受 HTRB 中直流反向电压的热失控零件，在用户/供应商规范以及试验条件中没有规定的最大额定直流反向电压，T_A 和 T_J 应作为测试条件记录在认证计划/报告中。例如，一个 100V 肖特基二极管，100V 应被应用于 T_A 的调整，直到达到最大的 T_J，而没有导致器件热失效的电压，T_A 和 T_J 应作为测试条件记录在认证计划/报告中。
Y：仅适用于晶体闸流管。
Z：仅适用于 LEDs。
1：仅适用于内部封装线直径小于 5mil 的 MOSFET 器件。
2：A4a 和 A4a alt 试验不在铜线键合产品上进行，请按照 AEC-Q006 的要求进行。
3：对铜丝合格零件的要求参照 AEC-Q006。

表 4-5　间歇运作寿命（测试项 A5）或功率温度循环（测试项 A5alt）的时间要求

封装形式	循环次数要求	循环次数要求	一次循环的时间
所有	60 000/($x+y$)； 15 000 次	30 000/($x+y$)； 7500 次	最快（最少 2min，开/关） x min 开 + y min 关

例 1：当 $\Delta T_J \geqslant 100$℃时，一个封装能承受 2min 开/4min 关则需要循环 10 000 次[算式为 60 000/(2+4)]；当 $\Delta T_J \geqslant 125$℃时，需要循环 5000 次。

例 2：当 $\Delta T_J \geqslant 100$℃时，一个封装能承受 1min 开/1min 关则需要循环 15 000 次；当 $\Delta T_J \geqslant 125$℃时，需要循环 7500 次。

x＝该器件从周围的环境温度达到要求的 ΔT_J 所需要的最少时间。y＝该器件从要求的 ΔT_J 到周围的环境温度所需要的最少时间。测试板上的仪器、部件安装和散热方式将影响每个封装的 x 和 y。

（3）允许的泄漏限制不超过湿气测试初始值的 10 倍和所有其他测试初始值的 5 倍。

（4）任何由于环境测试导致的外部物理破坏。

通过表 4-4 中规定的所有适当的合格测试，不论是对特定部件进行测试（使用指定的最小样本量接受 0 失效），还是展示可接受的家族通用数据（使用 AEC-Q101 附录中定义的家族定义指南和总所需批次和样本量），都可以根据 AEC-Q101 确定该器件是否合格。

未达到本文件所要求的测试验收标准的器件，要求供应商确定根本原因，实施并验证纠正措施，以向用户保证故障机制已被理解和控制。在确定失效的根本原因并确认纠正和预防措施有效之前，不能认为该部件通过了应力测试。如果通用数据包含任何故障，除非供应商验证了故障情况的纠正措施，否则该数据不能作为通用数据使用。提交合格资料后，用户可要求供应商证明纠正措施的有效性。

用户要求的任何 AEC-Q101 未规定的特殊可靠性测试或条件应由要求测试的供应商和用户商定，并且不可替代设备通过 AEC-Q101 规定的压力测试认证。

3. 器件的认证和重新认证

表 4-4 描述了新器件认证的应力试验项目和附加要求。对于每个认证，无论是特殊器件的应力测试结果还是通用数据，供应商都必须有这些所有的数据。重新认证时所用的器件也应由同类家族的器件构成，以确保在这个家族中没有存在普遍的失效机理。无论何时认为通用数据的可用性，都要得到供应商的论证和使用者的核准。

当供应商对产品或（和）制程做出了改变，从而影响（或潜在影响）了器件的外形、安装、功能、质量和（或）可靠性时（见 AEC-Q101 的指导原则），该器件就需要重新进行认证。在这个过程中供应商应当满足双方商定对产品/制程改变的要求。根据 AEC-Q101 描述的，产品任何最小的变更，都要用 AEC-Q101 来决定重新认证的测试计划，需要进行表 4-4 中列出的可适用的测试。

在作出新器件供应商选择后，供应商应当启动与每个用户的讨论，尽快完成签署认证测试方案协议，该通知时间应早于制程变化。

4. AEC-Q101 的认证测试

（1）通用测试：测试细节如图 4-2 所示，并不是所有的测试都适用于一切器件，例如，某些测试只适用于密封封装件,其他测试只适用于 MOS 电场效应晶体管等。表 4-4 的"备注"栏中指定了适用于特殊器件类型的测试。表 4-4 的"附加要求"栏中也提供了重点测试要求,取代了参考测试的那些要求。

(2) 器件特殊测试:对于特殊器件,必须进行以下测试(通用数据不允许用在这些测试上):①静电放电特性(表 4-4,测试项目 E3 和 E4);②参数验证(表 4-4,测试项目 E2)。供应商必须证明器件能够满足特定用户器件规格定义的参数限制。

(3) 数据提交类型:提交给用户的数据可分为三类。第一类数据是通用还是特殊的数据应按该标准中的规定来确定,应提交数据汇总,原始数据提交还是直方图提交则根据用户的要求。供应商应当对所有的数据和文件(包括无过失的不完美实验)加以维护,以保持符合 QS-9000 和/或 TS 16949 的要求,且包含在认证呈报中。第二类数据是封装具体类数据,此类数据不应在认证呈报中,为替代这部分数据,供应商可以参考先前成功执行的、没明显改变的特定测试,提交一份"竣工文件"。竣工文件应参考适当的用户封装规范来完成。第三类数据应按照该标准附录的要求包含在资格提交中。对于新部件,数据应按照表 4-4 的要求包含在资格认证提交中。供应商应在重新确认计划制定期间将这些测试视为有用的工具,为新部件确认(包括新封装)和/或工艺变更提供支持的理由。供应商有责任提出不需要执行这些测试的理由。

(4) 无铅测试要求:供应商应遵循 AEC-Q005 无铅测试要求,所有器件引线和端子的镀层的含铅量应小于 1000ppm。

4.2.4 AEC-Q102 标准

1. AEC-Q102 概述

AEC-Q102 为基于失效机制的车用光电半导体压力试验认证标准。该标准定义了所有汽车外部和内部应用的光电半导体(如发光二极管、光电二极管、激光元件,见图 4-3(a)和(b))的最小压力试验驱动的合格要求和参考试验条件。该标准结合了各种文件(如固态技术协会的 JEDEC 系列标准、国际电工协会的 IEC 系列标准、美国常用军用标准 MIL-STD)中记录的最先进的资格试验和制造商资格标准。根据该标准中概述的要求成功完成试验并记录试验结果,供应商便可以声明其部件是经过 AEC-Q102 认证的。供应商经用户同意,可以在比该标准要求更宽松的样品数量和条件下进行鉴定,但是只有当该标准提出的产品性能要求得到满足时,才可称为经过 AEC-Q102 认证。

AEC-Q102 的制定参考了汽车级的 AEC-Q001《零件平均测试指南》、AEC-Q002《统计良率分析指南》、AEC-Q005《无铅测试要求》、SAE/USCAR-33《LED 模块测试规范》、ZVEI《汽车应用电子组件产品和/或工艺变更(PCN)客户通知指南》、AEC-Q101-005《充电器件模型静电放电测试》、工业级的 JEDEC JESD-22《封装器件的可靠性测试方法》、J-STD-002《元件引线、终端、焊片、端子和电线的可焊性测试》、JESD51-50《单芯片与多芯片、单 PN 结与多 PN 结发光二极管(LED)热测量方法概述》、JESD51-51《电气测试方法的实施》(用于测量具有暴露冷却的发光二极管的实际热阻和阻抗)、JESD51-52《CIE 127-2007 总通量测

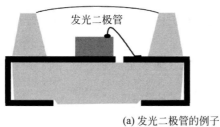

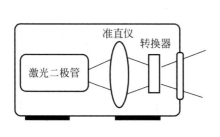

(b) 激光元件的例子

图 4-3 发光二极管与激光元件示例

量与具有外露冷却表面的 LED 的热测量结合的指南》、ANSI/ESDA/JEDEC JS-001《人体模型(HBM)-组件级》、IEC 60068-2-43《触点和连接的硫化氢测试》、IEC 60068-2-20《带引线器件的可焊性和焊接热耐受性测试方法》、IEC 60068-2-58《表面贴装器件可焊性、抗金属化溶解和焊接热测试方法》、IEC 60068-2-60《流动混合气体腐蚀试验》、军工级的 MIL-STD-750-1《半导体器件环境测试方法》、MIL-STD-750-2《半导体器件机械测试方法》,以及 IATF 16949《汽车生产及相关服务零部件组织的质量管理体系要求》。

对于 ESD,强烈建议在供应商的数据表中指定通过电压,并在任何引脚例外处加上脚注。注意,AEC-Q102 没有资质证书,也没有由 AEC 运营的认证委员会对零部件进行认证。

AEC-Q102 光电半导体的最低工作温度为 -40℃,最高工作温度在零件规格中定义。

2. AEC-Q102 通用要求

1) 要求的优先级

如果 AEC-Q102 的要求与其他任何文件的要求发生冲突,以下优先顺序适用:①采购订单;②单独约定的器件规范;③本标准;④该标准的参考标准;⑤供应商数据表。对于根据 AEC-Q102 被认为合格的部件,采购订单和/或个别部件规格不能放弃或减少该标准的要求。

2) 测试样品的要求

(1) 批次要求。

批次要求在表 4-6 中指定。如果需要多个批次,所有批次必须从模具制造和装配中随机选择(如果可能)。

(2) 生产要求。

所有合格部件应在生产现场使用工具和工艺生产,用于支持按预计产量交付的部件。

(3) 测试样本的可重用性。

用于无损鉴定测试的部件可以用于填充其他鉴定测试。除工程分析外,已用于破坏性鉴定试验的部件不得进一步使用。

(4) 样本容量需求。

用于资格测试和/或一般数据提交的样本量必须与表 4-6 中规定的最小样本量和接受标准一致。如果供应商选择提交认证/再认证的通用数据,则必须报告具体的测试条件和结果。现有适用的通用数据应首先用于满足这些要求和表 4-6 中每个测试的要求。如果一般数据不满足这些要求,应进行零件特定资格测试。供应商必须对特定部件进行任意组合,以获得合格和/或可接受的通用部件,且至少包含表 4-6 中定义的部件。

(5) 通用数据的接受期限。

只要将适当的可靠性数据提交给用户进行评估,通用数据的可接受性就没有时间限制。可靠性数据必须来自特定的部件,或来自 AEC-Q102 附录 1 中定义的相同资格系列的部件。数据的潜在来源包括任何用户指定的数据、工艺变更确认及周期性的可靠性监视数据。

(6) 在测试板上装配。

如果零件必须安装在测试板上,供应商应做出适当的工艺和材料选择,并在测试报告中记录。建议在应力测试之前,通过适当的方法(如 X 射线、R_{th} 测量、V_f 测量等)证明互连的质量。

(7) 应力测试前和应力测试后要求。

AEC-Q102 附录 5 中定义的电气和光学参数必须在应力测试之前和之后,在适当的部件规格中提到的名义测试条件下进行测量。对于 LED 和激光元件,正向电压也必须在最小(或更低)和最大指定的驱动电流下测量。如果没有指定最小驱动电流,则应选择额定电流的 10% 或 1mA。对于光电二极管和光电晶体管组件,反向暗电流必须在适当的部件规格中提到的指定反向电压下测量。所有应力前和应力后测试部件都必须在室温下按照单独约定的器件详细规范中定义的电气特性进行测试。

此外,根据制造商的数据表,在最小和最大允许温度下(允许公差为±5℃)进行简单的功能/无功能测试(如 LED:亮/不亮、光电二极管:开/短路)是下列应力测试的强制要求:WHTOL/H^3 TRB、TC、PTC/IOL、CA-VVF-MS、H2S 和 FMG。

功能/无功能测试不适用于没有铸造的激光元件(如密封金属罐)和多键合导线在高电流下工作的脉冲激光元件。对于所有其他激光元件,功能/无功能测试可以简单地通过阈值以下的开/短路检查来验证。

光电二极管的功能/无功能测试可以通过一个简单的开/短路校验来验证。

光电晶体管的功能/无功能测试可通过使用简单实用的照明(如灯泡、手电筒)来验证。不需要定量的结果。

功能/无功能测试必须在应力测试之后进行。或者,在应力测试期间可以进行故障检测。

3）试验失效的定义

零件出现以下任意一种情况时即被定义为试验失效。

(1) 不符合零件规格书中规定的电气和光学测试极限的零件。最小试验参数要求应参考 AEC-Q102 附录 5。

(2) 环境试验完成后，零件的参数不保持在初始读数±x‰（定义参考 AEC-Q102 附录 5）。超出要求的部分必须得到供应商的解释说明和用户的批准。对于低于 100nA 的泄漏，试验仪器的精度可能会使基于初始读数的应力试验后分析失效。

(3) 任何零件都可能在环境试验中出现物理损伤（如迁移、腐蚀、机械损伤、分层等）。检测应使用放大倍数达到 50 倍的光学显微镜。注意，一些物理损坏可能是由供应商和用户共同同意的，只是非功能缺陷，对零件没有影响。

如果失效原因（由制造商和用户）一致认为是由于处理不当、与试验板互连、ESD 或其他与测试条件无关的原因造成的，此次失效将不纳入失效分析，但作为数据提交的一部分报告。尽管如此，仍有必要通过表 4-6 中定义的样本量的测试。这就是为什么建议用比需要更多的样品开始试验和/或选择一个合适的试验板。如果试验的样品多于要求，且至少有一部分不合格，则必须报告。

4）温度测量位置

对于 SMD 零件，试验中的 T_{solder} 定义为在零件和用于装配的板之间的最热焊点处测量的温度，见图 4-4；对于一些零件类型，如芯片上的 LED 或者引线封装的激光元件，以及一些用组装方法组装的零件，如旋入或紧固组装零件，可能难以测量 T_{solder}，这种情况下，可以用在零件适当位置测量的 T_{case} 代替 T_{solder}。对于某些封装设计来说，在应力测试中直接测量焊锡是非常困难的。在这种情况下，可以选择一个合适的位置来测量 T_{board}。T_{board} 的测量位置应该选择其到 T_{solder} 位置的热阻尽可能低的位置。供应商必须明确并提供使用的测量位置。此外，供应商必须提供测量或计算的 T_{solder} 和 $T_{junction}$。

3. AEC-Q102 标准试验内容

AEC-Q102 给出了基于失效机制的车用光电半导体压力试验认证的流程图，见图 4-5。AEC-Q102 的试验内容主要包括以下几部分。A 组：加速环境压力试验；B 组：加速寿命压力试验；C 组：组件完整性试验；E 组：光电验证试验；G 组：封装完整性试验。

试验内容及附加要求分别如表 4-6 所示。

4.2.5 AEC-Q103 标准

1. AEC-Q103 概述

AEC-Q103 是基于失效机理的 MEMS 压力试验认证标准（包括针对压力传感器的 AEC-Q103-002、针对麦克风的 AEC-Q103-003 等）。该标准应与 AEC-Q100 配合使用。MEMS 器件的电路元件容易受到与标准 IC 相同的失效机制的影响，因此必须满足 AEC-Q100

表 4-6　AEC-Q102 加速环境应力测试

测试组 A：加速环境应力测试							
编　号	应力试验	缩　写	每批样品个数	批　数	接受标准	遵循的测试规范	附加要求
A1	预处理	PC	—	—	0 失效	JEDECJ 的 ESD22-A113	至少在 A2a-c、A3a-b 和 A4 测试之前，在 SMD 上进行测试。在适用的情况下，在进行 PC 和/或试验时，必须报告 PC 水平和峰值回流温度。更换任何零件都必须报告。根据零件规格使用焊接型材： • 额定的最高温度。 • 额定在峰值温度－5℃内的时间。 • 额定超过液相线最高温度的时间。 • 额定的升高温度梯度。 • 额定的下降温度梯度。 在 PC 前后应进行 TEST 试验
A2a	潮湿高温环境使用寿命	WHTOL1	26	3	0 失效	JESD22 的 JEDEC-A101	仅适用于 LED 和激光组件。 在 WHTOL1 前需要进行 PC。 在 $T_{\text{ambient}}=85℃/85\%$ RH 下持续 1000h，最大驱动电流根据零件规格中定义的降额曲线。脉冲操作的激光元件应根据零件规格在最大压力条件下工作(脉冲电流、脉冲宽度和占空比)。电源运行循环 30min 开/30min 关。使用多个发射器(如 RGB)的 LED 和激光组件必须与所有发射器同时驱动。 在 WHTOL1 前后应进行 TEST 试验，在 WHTOL1 后应进行 DPA 试验

第4章 车规级芯片标准介绍

续表

编号	应力试验	缩写	每批样品个数	批数	接受标准	遵循的测试规范	附加要求
A2b	潮湿高温环境使用寿命	WHTOL2	26	3	0失效	JESD22的JESD-A101	仅适用于LED和连续激光波元件，不适用于脉冲操作的激光元件。在WHTOL1前需要进行PC。在$T_{ambient}=85℃/85\%$ RH、根据零件规格决定有规定最小额定驱动电流下持续1000h。如果规格没有规定最小额定驱动电流，则驱动电流应使T_J的升高不超过3K。在WHTOL2后应进行TEST试验，在WHTOL2后应进行DPA试验
A2c	高湿度高温反向偏压	H³TRB	26	3	0失效	JEDEC标准体系中的JESD22-A101	仅适用于光电二极管和光电晶体管。在$T_{ambient}=85℃/85\%$ RH和连续反向偏置操作下持续1000h： ①光电二极管：$V_r=0.8$倍零件规格规定的最大额定电压。 ②光电晶体管：$V_{ce}=0.8$倍零件规格规定的集电极发射极最大化额定电压。根据降负荷曲线最大化功率耗散，不曝光。在H³TRB前后应进行TEST试验，在H³TRB后应进行DPA试验

续表

编号	应力试验	缩写	每批样品个数	批数	接受标准	遵循的测试规范	附加要求
A3a	功率温度循环试验	PTC	26	3	0失效	JESD22的JEDEC-A105	仅适用于LED和激光组件。PTC前先进行PC。持续零件规格中规定的在最大T_{solder}下的降负荷曲线确定。最高温度选择： PTC条件1：最大T_{solder}=85℃。 PTC条件2：最大T_{solder}=105℃。 PTC条件3：最大T_{solder}=125℃。 PTC条件应选择在适当的零件规格内最接近操作温度范围。最小温度（断电期间）根据零件规格确定。运行电源循环5min开/5min关。PTC状态应在试验报告中报告。 脉冲操作的激光元件应根据脉冲电流、脉冲宽度和放大器（脉冲条件下工作）、占空比。使用多个发射器（如RGB）的LED和激光组件必须与所有发射器同时驱动。 在PTC前后应进行TEST试验，在PTC后应进行DPA试验，另外，对于密封设备，TC后进行HER试验

续表

编号	应力试验	缩写	每批样品个数	批数	接受标准	遵循的测试规范	附加要求
A3b	间歇使用寿命	IOL	26	3	0 失效	MIL-STD-750-1 Method 1037	仅适用于光电二极管和光电晶体管。只有当能产生的功率足够使 $\Delta T_J \geqslant$ 60 ℃ 时才执行。 在 $T_{\text{ambient}} = 25\ ℃$，在光照下进行，并且： ① 光电二极管的 V_r = 零件规格规定的最大额定反向电压。 ② 光电晶体管的 V_{ce} = 零件规格规定的集电极和发射极额定电压。 但不超过最高指标。 所需的循环次数为 $60\,000/(x+y)$，其中 x 为从最高环境温度下零件达到要求的 ΔT_J 所需的最小分钟数，y 为部件从要求的 ΔT_J 冷却到环境温度所需的最短时间。 在 IOL 前后应进行 TEST 试验，在 IOL 后应进行 DPA 试验。 另外，对于密封设备，TC 后进行 HER 试验

续表

编号	应力试验	缩写	每批样品个数	批数	接受标准	遵循的测试规范	附加要求
A4	温度循环	TC	26	3	0 失效	JESD22 的 JEDEC-A104	在进行 TC 试验前进行 PC 试验。进行 1000 个循环，最小持续时间为 15min。最大温度根据零件规格确定，最小利最大温度根据标准温度或者等于零件规定的标准存储温度。如果零件规格条件超过或使用以下推荐的存储温度，供应商可以作为测试温度： TC 温度 1：最大 T_{solder} = 85℃。 TC 温度 2：最大 T_{solder} = 85℃。 TC 温度 3：最大 T_{solder} = 85℃。 TC 温度 4：最大 T_{solder} = 85℃。 TC 温度 5：最大 T_{solder} = 85℃。 TC 条件以及转换时间应在试验报告中报告。 在 IOL 前后应进行 TEST 试验。另外，仅对于密封设备，TC 后进行 HER 试验

续表

测试组 B：加速寿命模拟测试							
编号	应力试验	缩写	每批样品个数	批数	接受标准	遵循的测试规范	附加要求
B1a	高温使用寿命	HTOL1	26	3	0 失效	JESD22 的 JEDEC-A108	仅适用于 LED 和激光组件。 在规定的 T_{solder} 下运行 1000h。对于 LED 和 CW 激光元件，根据零件说明书中定义的降负荷曲线选择相应的最大驱动电流。试验 B1a 如不降负荷，等效于 B1b。脉冲操作的激光元件应根据零件规格在最大压力条件下工作(脉冲电流、脉冲宽度和放大器；占空比)。使用多个芯片(如 RGB)的 LED 和激光组件必须与所有发射器同时驱动。在特殊情况下使用。可能需要更长的测试持续时间来确保应用程序生命周期中的可靠性。 在 HTOL1 试验前后应进行 TEST 试验，在 HTOL1 试验后应进行 DPA 试验
B1b	高温使用寿命	HTOL2	26	3	0 失效	JESD22 的 JEDEC-A108	仅适用于 LED 和连续波激光元件，不适用于脉冲操作的激光元件。在规定的驱动电流下运行 1000h。根据零件规格中的降负荷曲线选择最大对应的 T_{solder}。如果不降负荷，测试 B1b 等价于 B1a。使用多个发射器(如 RGB)的 LED 和激光组件必须与所有发射器同时驱动。在特殊情况下使用，可能需要更长的测试持续时间来确保应用程序生命周期中的可靠性 在 HTOL2 试验前后应进行 TEST 试验，在 HTOL2 试验后应进行 DPA 试验

续表

编号	应力试验	编号	每批样品个数	批数	接受标准	遵循的测试规范	附加要求
B1c	高温反向偏压老化	HTRB	26	3	0 失效	JESD22 的 JEDEC-A108	仅适用于光电二极管和光电晶体管。在规定的 T_{solder} 下运行 1000h（相当于 $T_{ambient}$，因为没有光照时不会自热）。连续反向偏置操作： ① 光电二极管的 V_r＝零件规格规定的最大额定反向电压。 ② 光电晶体管的 V_{ce}＝零件规格规定的集电极和发射极额定电压。 没有曝光。光电晶体管光电二极管。在 HTRB 试验前后进行 TEST 试验。
B2	低温使用寿命	LTOL	26	3	0 失效	JESD22 的 JEDEC-A108	仅适用于激光部件。在 $T_{ambient}$ 为最小工作温度下运行 500h。对于连续波操作的激光元件，根据零件规格中定义的降额曲线选择相应的最大驱动电流。脉冲操作的激光元件应根据零件规格在最大压力条件（脉冲电流，脉冲宽度 5min 比）下工作，运行电源循环 5min 开/5min 关。如果不能达到焊点的最低温度，则要求较长的循环时间。在 LTO 试验前后进行 TEST 试验

续表

编号	应力试验	缩写	每批样品个数	批数	接受标准	遵循的测试规范	附加要求
B3	脉冲寿命	PLT	26	3	0失效	JESD22的JEDEC-A108	仅适用于LED和激光元件在恒定模式下工作,但同时也适用于脉冲长较长的脉冲操作,通常是毫秒或以上。不适用于脉冲操作的激光元件。在 $T_{solder}=55℃$ 下运行1000h(对于内部LED,T_{solder} 可选为25℃)。脉冲宽度为100μs,占空比为3%。根据零件规格确定最高高度。使用多个发射器(如RGB)的LED和激光组件必须与所有发射器同时驱动。在PLT试验前后进行TEST试验

测试组C:封装完整性测试

编号	应力试验	缩写	每批样品个数	批数	接受标准	遵循的测试规范	附加要求
C1	破坏物理分析	DPA	2	1	0失效	AEC-Q102的附录6	对已成功完成TC、PTC/IOL、HTOL、WHTOL/H TRB、H2S和FMG的零件进行随机抽样(每个样本2个)。同时提供参考图片
C2	外形尺寸	PD	10	3	0失效	JESD22的JEDEC-B100	验证物理尺寸包装规范的尺寸和公差
C3	焊线拉力	WBP	最少5个零件的10个焊线	3	0失效	MIl-STD-750-2 Method 2037	数据可以在PPAP内提供(Cpk≥1.67)
C4	焊线剪切力	WBS	最少5个零件的10个焊线	3	0失效	JESD22-B116	数据验收标准:(最小剪切力值在PPAP(Cpk≥1.67)内提供,球黏合面积)≥61N/mm² 或 4gf/mil²
C5	芯片剪切力	DS	5	3	0失效	MIl-STD-750-2 Method 2017	数据可以在PPAP内提供(Cpk≥1.67)

续表

编号	应力试验	缩写	每批样品个数	批数	接受标准	遵循的测试规范	附加要求
C6	端子强度	TS	10	3	0 失效	MIL-STD-750-2 Method 2036	只评估通孔引脚器件的引线完整性
C7	结露	DEW	26	3	0 失效	AEC-Q102-001	仅适用于LED和激光组件,不适用于密封包装。根据零件规格,以最小的驱动电流运行,如果没有规定最小额定驱动电流,则驱动电流应使T_J升高不超过3K。连续波激光元件应在阈值以下操作,以避免激光元件发热。对于脉冲激光元件,不建议使用最大压力下操作。使用多个发射器或激光组件(如RGB的LED和激光组件必须同时驱动所有发射器)。在DEW试验前后进行TEST试验
C8	焊锡耐热性	RSH	10	3	0 失效	含铅装置符合JESD22-B106;无铅装置符合AEC-Q005	不需要单独的RSH(回流)测试,因为已经包含在测试A1(预处理)中。仅适用于通孔引线封装器件,且供应商明确该零件可通过波峰焊接。在RSH试验前后进行TEST试验。另外,仅对密封元件RSH试验后进行HER试验
C9	热电阻	TR	10	1	0 失效	JEDEC标准体系中的JESD51-50,JESD51-51,JESD51-52	适用于LED和激光元件。只对具有足够功率使得$\Delta T_J \geq 60°C$的光电二极管和光电晶体管进行。根据JESD51-50,JESD51-51和JESD51-52测量热阻,确保符合规范

续表

编号	应力试验	编号	每批样品个数	批数	接受标准	遵循的测试规范	附加要求
C10	可焊性	SD	10	3	0失效	JEDEC标准体系中的J-STD-002或IEC 60028-2-58（SMD）IEC 60068-2-20（通孔）	需要预处理/加速老化。使用155℃干热4h（JEDEC J-STD-002 条件类别 E 或IEC 60068-2-20 老化 3a）。对于SMD用途，采用以下标准中的试验：JEDEC J-STD-002的测试S1——表面安装过程模拟。IEC 60028-2-58的方法2——回流
C11	晶须生长	WG	见遵循的测试规范	见遵循的测试规范	见遵循的测试规范	AEC-Q005	仅适用于带有锡基引线的器件。在系列基础上进行测试（电镀金属化、引线配置）
C12	硫化氢	H_2S	26	3	0失效	IEC 60068-2-43	腐蚀等级A(优先)：在40℃和90％RH条件下持续336h。硫化氢浓度：15ppm。腐蚀等级B(适用于某些应用)：在25℃和75％RH条件下持续500h。H_2S浓度：10ppm腐蚀等级必须在测试报告中明确注明。不允许腐蚀。如果供应商可以通过额外的测试或分析表明腐蚀对产品的可靠性和寿命没有影响，则该设备必须被认为是通过测试的。腐蚀或测试结果，必须提供额外测试或分析的详细信息。如果用户要求，必须在测试报告中提及到。腐蚀等级必须在测试报告中明确注明。在H_2S试验前后进行DPA试验

续表

编号	应力试验	缩写	每批样品个数	批数	接受标准	遵循的测试规范	附加要求
C13	流动混合气体腐蚀	FMG	26	3	0 失效	IEC 60068 测试方法 4-2-60	持续时间为 500h，25℃和 75% RH。硫化氢浓度：10ppb。二氧化硫浓度：200ppb。二氧化氮浓度：200ppb。氯浓度：10ppb。不允许腐蚀。如果供应商可以通过额外的测试或成分分析表明腐蚀对产品的可靠性和寿命没有影响，则该设备可以被认为是通过测试的。然而，腐蚀测试必须在测试报告中提到。如果用户要求，必须提供额外测试或成分分析的详细信息。在 FMG 试验前后进行 TEST，在 FMG 试验后进行 DPA 试验
C14	板挠曲	BF	10	3	0 失效	AEC-Q102-002	不适用于通孔引线部件。如果由于集成在测试板上的电子电路损坏而无法对脉冲激光元件进行电气测试，则只进行电气测试即可

测试组 E：光电特性验证试验

编号	应力试验	缩写	每批样品个数	批数	接受标准	遵循的测试规范	附加要求
E0	外观检查	EV	除 DPA 和 PD 外的所有合格零件提交测试		0 失效	JEDEC 标准体系中的 JESD22-B101	检查零件结构、标记和工艺
E1	应力测试前和应力测试后电学和光度学测试	TEST	所有合格的零件都按照相应的零件规格进行测试		0 失效	AEC-Q 102 中的 2.3.7 节以及用户指定的方法或供应者标准参考标准的方法	试验按照适用的压力参考标准进行
E2	参数验证	PV	26	3	0 失效	由 AEC 用户决定	根据零件温度范围测试所有参数，以确保零件符合规格要求

续表

编号	应力试验	缩写	每批样品个数	批数	接受标准	遵循的测试规范	附加要求
E3	静电放电人体模型	HBM	10	3	0 失效	ANSI/ESDA/JEDEC JS-001	在 HBM 试验前后进行 TEST 试验
E4	静电放电充电设备模型	CDM	10	3	0 失效	AEC Q101-005	在 CDM 前后进行 TEST 试验

测试组 G：封装完整性试验

编号	应力试验	缩写	每批样品个数	批数	接受标准	遵循的测试规范	附加要求
G1	恒加速度	CA	样品大小：G1～G4 的 3 个批次，每个批次 10 件，对未封装的包装进行顺序测试(seq1～seq4)		0 失效	MIL-STD-750-2 Method 2006	2000g（重力单位）1min。压力应施加在正负方向上 3 个相互垂直的轴上。在 CA 测试之前和之后进行 TEST 试验，或者只在 CA 之前和 MS 之前进行 TEST 测试。如果由于集成在测试板上的电子电路损坏而无法对脉冲激光元件进行电气试验，则只进行电气试验即可
G2	振动变频	VVF			0 失效	JESD22 JEDEC-B103 的 Condition 1	VVF 试验前后进行 TEST 试验，或者只在 CA 试验前和 MS 试验后进行 TEST 试验
G3	机械冲击	MS			0 失效	JESD22 的 JEDEC-B110	1500g、0.5ms、5 次冲击，3 个方向。在 MS 试验前后进行 TEST 试验，或者只在 CA 试验前和 MS 试验后进行 TEST 试验
G4	气密性	HER			0 失效	JESD22 的 JEDEC-A109	根据每个用户规格进行粗检漏和细检漏测试

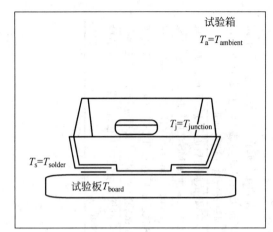
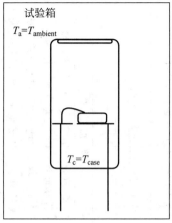

图 4-4　$T_{ambient}$、T_{solder}、T_{case} 和 $T_{junction}$ 的定义

注：ambient——环境，solder——焊料，case——外壳，board——板，junction——接口。

中定义的要求。这些设备的 MEMS 部分，包括电路和封装交互，必须满足该标准定义的要求。

该标准的目的是以一种比使用条件更快的方式使失效发生，或者模拟极端事件以引出设计或内在工艺缺陷。不应该不加区别地使用这组测试。每个认证项目都应对以下几个点进行检测：①任何潜在的新的独特的失效机制；②任何存在可能造成失效的条件以及测试的场景，即使这些场景可能在实际应用中十分罕见；③任何可能造成加速失效的极端的使用条件或者应用场景。

1）AEC-Q103-002《MEMS 压力传感器应力测试认证》

AEC-Q103-002 的目的是确定 MEMS 应力传感器设备能否通过指定的应力测试，从而可以在应用中提供一定水平的质量/可靠性。

AEC-Q103-002 在开发过程中考虑的 MEMS 压力传感器设备技术包括多晶硅表面微加工、单晶硅深反应离子蚀刻（DRIE）、批量微加工、封盖工艺（包括玻璃料、共晶接合、熔合接合、阳极接合）。包含在该标准范围内的 MEMS 压力传感器的器件类型如下：集成到安装在开放式腔体（凝胶覆盖或无凝胶）封装中的信号调节 IC（"共集成"）中的压力传感元件；堆叠芯片/并排配置，其中压力传感元件安装在开腔（凝胶覆盖或无凝胶）封装中的信号调节 IC 上/旁边；在信号调节 IC 包覆成型后，将压力传感元件安装到预成型腔（凝胶覆盖或无凝胶）中；封装成型后安装在预成型腔（凝胶覆盖或无凝胶）中的压力传感元件；由未封装的硅微机械压阻式压力传感元件组成的纯压力传感元件（即裸片交付）。MEMS 压力传感器封装包括但不限于以下：非密封空腔封装；非气密引线框空腔封装；包覆成型的引线框架封装；包覆成型的层压板包装。

AEC-Q103-002 的参考标准包括汽车的 AEC-Q100《基于失效机制的集成电路应力测试认证》；军工的 MIL-STD-202《测试方法标准：电子和电气元件》、MIL-STD-883《美国国防部微电路测试方法标准》、工业的 JEDEC JESD22《封装设备的可靠性测试方法》、DIN 50018《在二氧化硫存在的饱和气氛中测试》、EN 60068-2-60《环境试验-流动混合气体腐蚀试验》、ISO 16750-5《道路车辆-电气和电子设备的环境条件和测试》的"第 5 部分：化学负荷"。

(1) MEMS 压力传感器器件工作温度等级的定义。

器件的工作温度等级在 AEC-Q100 中已有定义。适用于 MEMS 压力传感器器件的额外温度等级定义如表 4-7 所示。

第 4 章 车规级芯片标准介绍

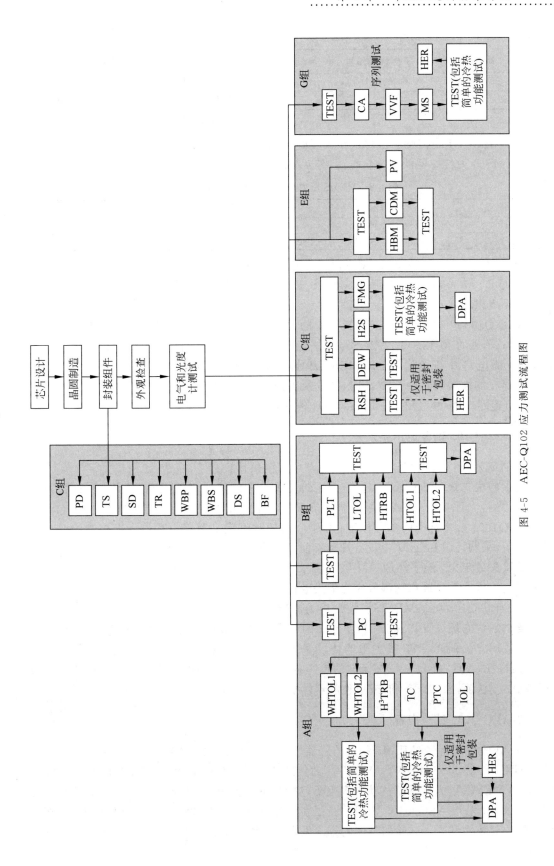

图 4-5 AEC-Q102 应力测试流程图

表 4-7　MEMS 压力传感器器件的额外温度等级

等级	工作环境温度
0A	−40℃～165℃
0B	−40℃～175℃

以上的等级仅当工作环境温度超过 AEC-Q100 等级要求时才需要。对于 AEC-Q103 和 AEC-Q100 的所有偏置测试，试验时 MEMS 压力传感器的连接点温度应等于或大于该等级温度。

（2）MEMS 压力传感器器件机械等级的定义。

MEMS 压力传感器的部分机械等级定义见表 4-8。

表 4-8　MEMS 压力传感器的部分机械等级

等级	应用需求
M1	通用压力传感器
M2	轮胎压力监测系统（Tire Pressure Monitoring System，TPMS），安装于轮毂

2）AEC-Q103-003《MEMS 麦克风应力测试认证》

AEC-Q103-003 的目的是确定 MEMS 麦克风器件能够通过指定的应力测试，从而可以在应用中提供一定水平的质量/可靠性。

AEC-Q103-003 的参考标准包括汽车的 AEC-Q100《基于失效机制的集成电路应力测试认证》；军工的 MIL-STD-202《测试方法标准：电子和电气元件》、MIL-STD-883《测试方法标准：微电路》；工业的 JEDEC JESD22《封装设备的可靠性测试方法》、DIN 50018《在二氧化硫存在的饱和气氛中测试》、EN 60068-2-60《环境试验-流动混合气体腐蚀试验》、ISO 16750-5《道路车辆-电气和电子设备的环境条件和测试》的"第 5 部分：化学负荷"。

2. AEC-Q103 试验通用要求

1）AEC-Q103-002《MEMS 压力传感器应力测试认证》

要求的优先级：如果 AEC-Q103-002 的要求与任何其他文件的要求发生冲突，以下优先顺序适用：a. 采购订单（或主采购协议条款和条件）；b. 单独约定的器件规范；c. 本标准；d. AEC-Q100；e. 本标准的参考标准；f. 供应商的数据表。对于根据该标准被视为合格部件的设备，采购订单和/或单个设备规范不能放弃或减损该标准的要求。

试验失效定义：除了 AEC-Q100 的要求，测试组 PS 应使用来自 AEC-Q100 不是加速失效机制的温度循环或加速湿气应力的失效件。

2）AEC-Q103-003《MEMS 麦克风应力测试认证》

要求的优先级：如果 AEC-Q103-002 的要求与任何其他文件的要求发生冲突，以下优先顺序适用：a. 采购订单（或主采购协议条款和条件）；b.（共同商定的）单个设备规范；c. 该标准；d. AEC-Q100；e. 该标准的参考标准；f. 供应商的数据表。要想器件能够通过 AEC-Q102 认证，采购订单和/或单独的器件规范不得免除或背离本标准的要求。

3. AEC-Q103 试验内容

1）AEC-Q103-002《MEMS 压力传感器压力测试认证》试验内容

AEC-Q103-002 中给出了 MEMS 压力传感器器件认证的流程图，如图 4-6 所示。AEC-Q103 的 MEMS 压力传感器试验内容主要包括以下几部分。PS 组：MEMS 压力传感器专用应力试验；基于 AEC-Q100 A 组试验更新的加速环境应力试验；基于 AEC-Q100 G 组试验更新的封装性试验。试验的具体内容参见表 4-9 和表 4-10。

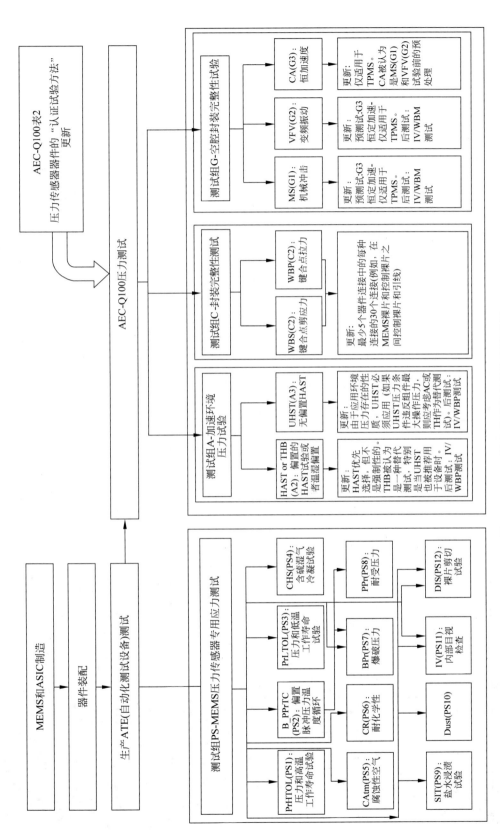

图 4-6 MEMS 压力传感器件认证流程图

表4-9 MEMS压力传感器专用认证测试方法

测试组 PS-MEMS压力传感器专用应力测试

试验项目	缩写	编号	每批样品个数	批数	接受标准	测试方法	附加要求	目标MEMS失效机理
压力和高温工作寿命试验	PrHTOL	PS1	77	3	0失效	按照客户要求加JEDEC JESD22-A108	该测试及其条件是根据用户和供应商之间的协议以及具体情况确定的。预处理:按照每个AEC-Q100的A1试验要求进行预处理。对每个AEC-Q100的B1试验要求进行HTOL试验,并考虑以下增加的MEMS温度等级: Grade 0A: 165℃ Ta持续1000h; Grade 0B: 175℃ Ta持续1000h。 压力条件:根据MEMS器件的压力范围决定的最大工作压力。 在PrHTOL试验前后需要分别在室温、低温、高温环境下进行TEST测试(按顺序)。 建议持续监测压力传感器的输出。 (PrHTOL代替了AEC-Q100的B1测试HTOL)	芯片缺陷、膜稳定性和离子污染,表面电荷扩散,机械蠕变、膜疲劳、参数稳定性

第4章 车规级芯片标准介绍　177

续表

试验项目	缩写	编号	每批样品个数	批数	接受标准	测试方法	附加要求	目标MEMS失效机理
							该测试及其条件是根据用户和供应商之间的协议以及具体情况确定的。 预处理：按照每个AEC-Q100的A1试验要求进行预处理。 按照每个AEC-Q100的A4试验测试要求进行TC试验，并考虑以下增加的MEMS温度等级： Grade 0A：-55℃~165℃进行2000个循环； Grade 0B：-55℃~175℃进行2000个循环。	
偏置脉冲压力温度循环	B_PPrTC	PS2	77	3	0失效	按照客户要求添加JEDEC JESD22-A104	压力循环：压力循环的频率为0.5Hz，在最小工作压力P_{min}和最大工作压力P_{max}之间变化，压力范围（压力上升下降时间应对应于器件参数中的压力任务曲线图，或根据应用使其调整）。 电压条件：施加可以使直流和交流参数得到保证的最大电压。 在B_PPrTC试验前后需要分别在低温、高温环境下进行TEST测试。 建议持续监测压力传感器的输出。 后测试：对5个器件进行IV(PS11)和WBP(C2)测试；对5个器件进行DIS(PS12)测试；对一个批次进行爆破压力试验(PS7)和耐压试验(PS8)。(PHTOL代替了AEC-Q100的A4测试TC)	导线黏结、导线结、裸片黏结、凝胶失效、凝胶体气、封装扩散、机械蠕变、电荷变化、疲劳、参数稳定性

续表

试验项目	缩写	编号	每批样品个数	批数	接受标准	测试方法	附加要求	目标MEMS失效机理
压力和低温工作寿命测试	PrLTOL	PS3	77	1	0失效	MIL-STD-883方法1005.9	预处理：按照每个AEC-Q100的A1试验要求进行预处理。按照每个MIL-STD-883方法1005.9的要求进行LTOL试验。温度条件：在最小工作温度T_{min}下持续1000h。压力条件：最大工作压力P_{max}，根据MEMS设备压力范围确定。在PrLTOL试验前后需要分别在室温、低温、高温环境下进行TEST测试，建议持续监测压力传感器的输出。	芯片缺陷，膜稳定性和离子污染，表面电荷扩散，机械蠕变，膜疲劳，参数稳定性
含硫湿气冷凝试验	CHS	PS4	45	1	0失效	DIN 50018	该测试及其条件是根据用户和供应商之间的协议以及具体情况确定的。预处理：对每个AEC-Q100的A1试验要求进行预处理。电压条件：电压条件为器件参数提供的Vddmax参数，按照1h开、1h关循环工作。试验循环条件：根据DIN-50018进行试验，进行10次循环（次/24h）。硫条件：每个测试周期开始时的SO_2浓度体积百分比为33%。在CHS前需要在室温环境下进行TEST测试。后试验：对5个器件进行IV(PS11)和WBP(C2)试验。注意：某些应用可能需要修改测试条件	腐蚀，导线黏结，导线污染，凝胶体积变化，参数稳定性

续表

试验项目	编号	每批样品个数	批数	接受标准	测试方法	附加要求	目标MEMS失效机理
腐蚀性空气 CAtm	PS5	10	1	0失效	EN 60068-2-60/方法4	该测试及其条件是根据用户和供应商之间的协议,按照每个AEC-Q100的A1试验要求进行预处理。温度条件:25℃。湿度条件:75%。流速:1m³/h。气体:二氧化硫0.20ppm;硫化氢0.01ppm;NO₂ 0.20ppm;氯气0.01ppm。持续时间:14天。在CAtm前后需要在室温环境下进行TEST测试。后试验:对5个器件进行IV(PS11)和WBP(C2)试验。注意:某些应用可能需要修改测试条件	凝胶膨胀、凝胶体积变化、腐蚀、导线粘结,导线污染参数稳定性
耐化学性（也可浸在溶剂中）CR	PS6	每种化学品5个	1	0失效	按照客户要求加ISO 16750-5	该测试及其条件是根据用户和供应商之间的协议,按照每个AEC-Q100的A1试验要求进行预处理。根据ISO 16750-5要求的化学试剂(或溶剂),持续时间和温度对样品进行测试。在CR前后需要在室温环境下进行TEST测试。后试验:至少每个化学品对5个器件和1个部件进行IV(PS11)和WBP(C2)试验。注意:某些应用可能需要修改测试条件	凝胶膨胀、凝胶体积变化、腐蚀、电线、污染,粘结、电线稳定性参数稳定性

续表

试验项目	缩写	编号	每批样品个数	批数	接受标准	测试方法	附加要求	目标MEMS失效机理
爆破压力	BPr	PS7	15	3	0失效 5倍 $P_{\text{full-scale}}$	按照客户要求	该测试及其条件是根据用户和供应商之间的协议以及具体情况确定的。 爆破压力：在不发生灾难性故障的情况下,可以施加在传感器上的最大压力。 压力条件：$5 \times P_{\text{full-scale}} = 5 \times [P_{\text{max(op)}} - P_{\text{min(op)}}]$。 持续时间：10min，1次。 对于相对压力传感器,从背面和正面分别施加压力(即进行正面爆破压力测试和背面爆破压力测试)。由于测试的破坏性,每次测试必须使用单独的器件。设备应根据最大承受压力等级进行分类。设备以0.5倍的 $P_{\text{full-scale}}$ 增量的压力步进,供应商数据表中应记录所有小于5倍 $P_{\text{full-scale}}$ 的数据。 在BPr前后需要在室温环境下进行TEST测试。 注意：某些应用可能需要修改测试条件	隔膜断裂、黏结或裸片黏结失效

续表

试验项目	缩写	编号	每批样品个数	批数	接受标准	测试方法	附加要求	目标MEMS失效机理
耐受压力	PPr	PS8	15	3	0失效 3倍$P_{\text{full-scale}}$	按照客户要求	该测试及其条件是根据用户和供应商之间的协议以及具体情况确定的。 耐受压力：施加的最大压力不会引起性能的变化，并在传感器上面不会引起以不永久性改变输出的情况下感器可以到的压力。 温度条件：最高工作温度$T_{\text{max(op)}}$。 压力状态：3倍$P_{\text{full-scale}} = 3 \times [P_{\text{max(op)}}] - P_{\text{min(op)}}]$。 持续时间：10min，10次。 对于相对压力传感器，从背面和正面分别施加耐受压力（即正面耐受压力测试和背面耐受压力测试）。由于测试的破坏性，每次测试必须单独使用的设备。设备应根据最大承受压力等级进行分类。设备应以0.5倍$P_{\text{full-state}}$增量的压力步进，于3倍$P_{\text{full-state}}$。 在PPr前后应至室温环境下进行TEST测试。 注意：某些应用可能需要修改测试条件	隔膜断裂，黏结或模具黏结失效

续表

试验项目	缩写	编号	每批样品个数	批数	接受标准	测试方法	附加要求	目标MEMS失效机理
盐水浸渍试验	SIT	PS9	15	1	0失效	MIL-STD-883方法10	预处理：按照每个AEC-Q100的A1试验要求进行预处理。试验条件：在65℃的饱和盐水（停留60min）和0℃的去离子水（停留60min）之间浸泡5个循环，最大转移时间为10s。5个循环后需要在室温环境下进行10s。在SIT前后需要人去离子水10s。后试验：对5个器件进行Ⅳ(PS11)和WBP(C2)试验。注意：某些应用可能需要修改测试条件	封装失效，腐蚀，污染
灰尘试验	DST	PS10	15	1	0失效	MIL-STD-202G方法110A	根据要求文件（如有防护等级）确定测试条件。在DST前后需要在室温环境下进行TEST测试。注意：某些应用可能需要修改测试条件	颗粒物污染
内部目视检查	Ⅳ	PS11	5	3	0失效	MIL-STD-883方法2013	原始部件和PS2、PS4、PS6、PS8、PS9、A2、A3、G1和G2测试后的内部目视检查	—
裸片剪切力	DIS	PS12	5	3	$C_{PK}>1.67$或者B-PPRTC后0失效	MIL-STD-883方法2019	MEMS压力传感器裸片剪切力测试条件：晶圆键合不需要进行DIS测试。适用于与接口芯片集成的压敏元件，或在裸片堆叠或压敏设计的情况下，适用于压敏元件	—

第4章 车规级芯片标准介绍

表 4-10 MEMS 压力传感器 AEC-Q100 认证测试方法更新
更新的测试组 A 加速环境压力测试

试验项目	缩写	编号	每批样品个数	批数	接受标准	测试方法	附加要求	目标 MEMS 失效机理
偏置温湿度或偏置高加速压力试验	HAST 或者 THB	A2	77	3	0 失效	JEDEC JESD22-A110 或 JESD22-A101	预处理：在 HAST 试验(130℃ 85％RH 持续 96h 或者 110℃/85％RH 持续 264h)或者 THB 试验(85℃/85％RH 持续 1000h)前按照每个 AEC-Q100 的 A1 试验要求进行预处理。在 HAST(或者 THB)前需要在室温和高温环境下进行 TEST 测试。HAST 是首选，但不是强制性的，特别是在设备认可为一种替代测试的情况下。也需要执行 UHST 的情况下。后试验：对 5 个器件进行 IV(PS11)和 WBP(C2)试验	离子效应，水分侵入，导线键合，封装失效，凝胶膨胀，参数稳定性的转变
高加速压力或偏置高压力或无偏置湿度试验	UHST 或 AC 或 TH	A3	77	3	0 失效	JEDEC JESD 22-A118 或 JESD22-A102 或 JESD22-A110	预处理：在无偏 HAST 试验(130℃ 85％RH 持续 96h 或者 110℃/85％RH 持续 264h)或者 AC 特殊条件(121℃ 15psig 持续 96h)或者 TH(85℃/85％RH 持续 1000h)前按照每个 AEC-Q100 的 A1 试验要求进行预处理。在 HAST(或者 AC 或者 TH)前需要在室温环境下进行 TEST 测试。由于应用环境的性质(即压力存在)，非偏置的 HAST 应用于 MEMS 压力传感器的最大工作压力。如果 HAST 压力条件违反备用器件，AC 应被视为备用测试。对于高温和高压敏感的封装，TH 应被视为一种替代试验。后试验：对 5 个器件进行 IV(PS11)和 WBP(C2)试验	线黏结，包装失效，凝胶膨胀，参数稳定性

续表

更新的测试组 C 封装完整性测试

试验项目	缩写	编号	每批样品个数	批数	接受标准	测试方法	附加要求	目标 MEMS 失效机理
键合点切应力	WBS	C1	最少 5 个器件中的 30 个键合点		Cpk≥1.67	AEC Q100-001 和 AEC-Q003	参考 AEC-Q100 表 2 的试验 C1、C2 对于原件进行 WBS 试验	—
键合点拉力	WBP	C2			Cpk≥1.67 或温度循环后 0 失效	MIL-STD-883 方法 2011 和 AEC Q003	对于原件和经过 PS2、PS4、PS6、PS8、PS9、A2、A3、G1、G2 试验的器件进行 WBP 试验	—

更新的测试组 G 空腔封装完整性测试

试验项目	缩写	编号	每批样品个数	批数	接受标准	测试方法	附加要求	目标 MEMS 失效机理
机械冲击	MS	G1	39	3	0 失效	JEDEC JESD22-B110	M1 级： • 测试条件：每个轴向两个方向 5 个脉冲，每个脉冲持续时间 0.3ms，峰值加速度需要达到 6000g。 M2 级： • 预测试（编号 G3）下的要求：每个轴向两个方向 10 个脉冲，每个脉冲持续时间 0.3ms，峰值加速度需要达到 6000g。 • 可选试验条件：根据要求在室温环境下进行试验位置定义。 在 MS 前后需要进行 TEST 测试。 后试验：对 5 个器件进行 IV（PS11）和 WBP(C2) 试验	隔膜断裂、封装失效、裸片和导线黏结

第 4 章 车规级芯片标准介绍

续表

更新的测试组 G 空腔封装完整性测试

试验项目	缩写	编号	每批样品个数	批数	接受标准	测试方法	附加要求	目标 MEMS 失效机理
变频振动	VFV	G2	39	3	0 失效	JEDEC JESD22-B103	M1 级： • 测试条件：按照每个 AEC-Q100 指出的测试条件（50g,20Hz~2kHz）进行测试，应力施加在 3 个相互垂直的轴的正负方向上。 M2 级： • 预测试：按照恒定加速度（CA）测试（编号 G3）下的要求进行测试； • 测试条件：按照每个 AEC-Q100 中的要求进行测试（50g，在 1h 内 10Hz~2kHz），压力施加到 3 个相互垂直的轴的正负方向。 可选试验条件：根据任务文件（机械条件由安装位置定义）。 在 VFV 前后需要室温环境下进行 TEST 测试。后试验：对 5 个器件进行 IV(PS11)和 WBP(C2)试验	隔膜断裂，封装失效，模具和导线黏结
恒加速度	CA	G3	39（仅对 TPMS 为 78）	3	0 失效	MIL-STD-883 Method 2001	M1 级： • 测试条件：按照每个 AEC-Q100 指出的测试条件进行（2000g,1min），压力施加在 3 个相互垂直的轴的正负方向上。 M2 级： • 测试条件：按照每个 AEC-Q100 指出的测试条件进行（2500g,1h），压力施加在 3 个相互垂直的轴的正负方向。 可选试验条件：根据任务文件（机械条件由安装位置定义）。 在 VFV 前后需要室温环境下进行 TEST 测试	

2) AEC-Q103-003《MEMS 麦克风应力测试认证》试验内容

AEC-Q103-003 定义了对 MEMS 麦克风器件的认证要求。它应与 AEC-Q100 结合使用，而不是代替使用。AEC-Q100 应用于验证器件的有源电路和基本封装的完整性。除了 AEC-Q100 中众所周知的 IC 失效机制之外，MEMS 麦克风器件还需要特定的资格认证来验证其性能。这些独特的资格认证和/或测试序列在表 4-11 和图 4-7 中有详细说明。表 4-12 列出了更新后的 AEC-Q100 测试以解决 MEMS 麦克风器件失效机制。并非所有的 AEC-Q100 测试都适用于 MEMS 麦克风器件、其特定的封装结构或 MEMS 应用环境。这些测试在表 4-13 中详述。

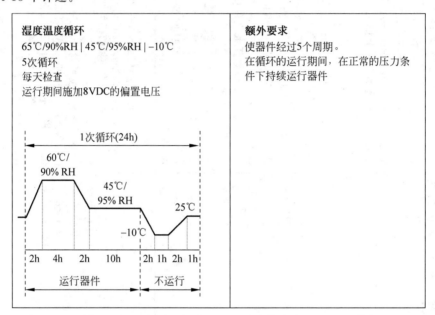

图 4-7　湿度温度循环测试

4.2.6　AEC-Q104 标准

1. AEC-Q104 概述

AEC-Q104 是基于失效机制的汽车多芯片模块（见图 4-8）应力测试鉴定标准。对多芯片模块的可靠性测试可细分为加速环境应力可靠性、加速寿命模拟可靠性、封装可靠性、晶圆制程可靠性、电学参数验证、缺陷筛查及包装完整性试验，且需要根据器件所能承受的温度等级选择测试条件。

AEC-Q104 标准中包含 AEC-Q104 的使用范围、一般要求、认证与再认证、认证测试 4 部分内容。其中，使用范围中描述了该标准的目的、参考文件（AEC Q 系列的其他标准、军事和工业的相关标准）与相关的一些定义；一般要求中介绍了 AEC-Q104 的适用性、目标、要求的优先级、测试时的通用数据说明及测试样品说明；认证与再认证中对新的汽车多芯片模块资格和更改后的多芯片重新认证的要求进行介绍；认证测试中对汽车多芯片模块一般测试和特殊测试进行说明。

第 4 章 车规级芯片标准介绍

表 4-11 MEMS 麦克风专用认证试验方法

测试组 M MEMS 麦克风专用应力测试

试验项目	缩写	编号	每批样品个数	批数	接受标准	测试方法	附加要求
湿度温度循环试验	HTC	M1	77	3	0 失效	JEDEC JESD22-A108 和 IEC 60068-2-2，试验 BA	对于表面贴装设备，在 HTC 试验之前进行预处理。测试条件：温度、湿度和已定义的持续时间。HTC 的注意点： (1) 使用器件 5 个周期，每个周期持续 24 小时。 (2) 在循环部分，设备在正常负载应力条件下连续运行。 • 65℃/90%RH，上升 2 小时，温度/湿度保持 4 小时，下降 2 小时（共 8 小时）； • 45℃/95%RH，在温度/湿度下保持 10 小时。 (3) 循环的非运行部分： • 2 小时下降到－10℃/不控制 RH，1 小时保持温度。 • 2 小时上升到 25℃/不控制 RH，1 小时保持温度。 (4) 操作直流电流偏离用户和供应商在具体情况下达成的协议。 (5) 在 HTC 前后在室温和高温下进行 TEST 测试。
低温工作寿命试验	LTOL	M2	77	3	0 失效	JEDEC JESD22-A108 和 IEC 60068-2-2，试验 AA	－40℃Ta 保持 1000 小时。对于合格的工艺技术，这种测试及其接受标准只能根据用户和供应商之间的协议以及具体情况才能确定。在 LTOL 前后在室温下进行 TEST 测试。

续表

试验项目	编号	每批样品个数	批数	接受标准	测试方法	附加要求
低温存储试验	LTS	77	3	0 失效	JEDEC JESD 22-A119 和 IEC 60068-2-2,试验 AA	−40℃ Ta 保持 1000 小时。在 LTS 前后在室温下进行 TEST 测试
最大压力试验	MPT	77	3	—	—	施加 160dB SPL 正弦波 10 个周期。只要保持 160dB,任何可听到的频率都可以使用。这种测试及其接受标准只能根据用户和供应商之间的协议以及具体情况确定。在 MPT 前后在室温、高温下进行 TEST 测试
持久性试验	ELT	77	3	—	—	通过电脉冲刺激薄膜或通过扬声器向 MEMS 麦克风装置连续施加 96 小时的 130dB 压力波。这种测试及其接受标准只能根据用户和供应商之间的协议以及具体情况确定。在 ELT 前后在室温、高温下进行 TEST 测试
霜冻湿热循环试验	DHCF	—	—	—	—	这种测试及其接受标准只能根据用户和供应商之间的协议以及具体情况确定
盐雾试验	SMT	—	—	—	—	这种测试及其接受标准只能根据用户和供应商之间的协议以及具体情况确定
尘粒污染试验	DST	—	—	—	—	这种测试及其接受标准只能根据用户和供应商之间的协议以及具体情况确定

表 4-12 MEMS 麦克风设备 AEC-Q100 认证测试方法更新

更新的测试组 A 加速环境应力测试

试验项目	缩写	编号	每批样品个数	批数	接受标准	测试方法	附加要求
偏置温度湿度试验	THB	A2	77	3	0 失效	JEDEC JESD22-A101	对于表面贴装器件,THB 85℃/85％RH 1000 小时前进行预处理。在 THB 前后室温和高温环境下进行 TEST 试验。对于 MEMS 麦克风:根据应用环境的性质(即无压力存在),应采用 THB。"HAST 测试"不应视为另一项测试
高加速应力或高压无偏温湿度试验	UHST 或 AC 或 TH	A3	77	3	0 失效	JEDEC JESD22-A101	对于表面贴装器件,PC 后接 TH(85℃/85％RH,1000 小时)。在 TH 前后室温环境下进行 TEST 试验。对于 MEMS 麦克风:应根据应用环境的性质(即无压力)使用 TH。AC 测试或 UHST 测试不应被视为替代测试

更新的测试组 G 空腔封装完整性测试

试验项目	缩写	编号	每批样品个数	批数	接受标准	测试方法	附加要求
机械冲击	MS	G1	12	3	0 失效	JEDEC JESD22-B104	施加 3 个脉冲,每个 0.5 msec 持续时间,峰值加速度在 X、Y 和 Z 平面均需要达到 10 000g。测试前后在室温环境下进行 TEST 试验
变频振动	VFV	G2	12	3	0 失效	JEDEC JESD22-B104	振动频率在 12 分钟从 20Hz 变化到 2kHz 再变化到 20Hz(对数变化),在每个方向循环 4 次,峰值加速度需要达到 20g。测试前后在室温环境下进行 TEST 试验
封装跌落测试	DROP	G5	10	3	0 失效	—	从 1.2m 高的混凝土表面沿着 6 个轴的方向各落 10 次(共 60 次摔落)。测试前后在室温环境下进行 TEST 试验

表 4-13 不适用于 MEMS 麦克风的 AEC-Q100 测试

测 试 组	缩 号	编 号	试 验 项 目	注 释
A组 加速环境应力测试	HAST	A2	偏置 HAST	使用 THB 代替 HAST。MEMS 麦克风采用带孔的空腔封装，不适用 HAST 测试
	AC 或 UHST	A3	高压或者无偏 HAST	MEMS 麦克风采用带孔的空腔封装，不适用 HAST 测试
	PTC	A5	功率温度循环	MEMS 麦克风是低功耗器件 (远远小于 1W)
B组 加速寿命模拟测试	EDR	B3	NVM 耐久性、数据保持和工作寿命	内存相关测试 0；MEMS 麦克风不使用片内存储器
C组 封装完整性测试	LI	C6	引线完整性	仅通孔器件需要；MEMS 麦克风采用表面贴装腔体封装
E组 电气特性验证	FG	E6	故障分级	MEMS 麦克风不使用大量数字模块
	SC	E10	短路特性	MEMS 麦克风不是智能电源设备
	SER	E11	软错误率	MEMS 麦克风不嵌入 SRAM 或 DRAM
G组 空腔封装完整性试验	CA	G3	恒加速度	仅适用于陶瓷封装腔体器件；MEMS 麦克风采用塑料封装。MS 和 DROP 足以覆盖所有潜在故障模式 麦克风相关的潜在故障模式
	GFL	G4	粗/细检漏	仅适用于陶瓷封装腔体器件；MEMS 麦克风采用塑料封装
	LT	G6	盖子转矩	仅适用于陶瓷封装腔体器件；MEMS 麦克风采用塑料封装
	IWV	G8	内部水汽含量	仅适用于陶瓷封装腔体器件；MEMS 麦克风采用塑料封装

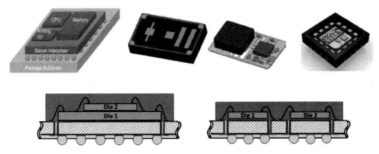

图 4-8　多芯片模块

AEC-Q104 包含一组基于失效机制的应力测试,定义了最小应力测试驱动的鉴定要求,并参考了多芯片模块鉴定的测试条件。单个多芯片模块由封装在单个封装中的多个电子元件组成,这些元件执行电子功能。本标准仅适用于直接焊接到印刷电路板组件上的多芯片模块,旨在确定多芯片模块能够通过规定的应力测试,从而在应用中达到一定的可靠性。本标准中使用的装配批次是一批通过相同工艺步骤分组在一起的多芯片模块。组装批次包括所有工艺和测试步骤。同一材料集包括多个子组件批次的可追溯组合。图 4-9 为一个具有代表性的流程。

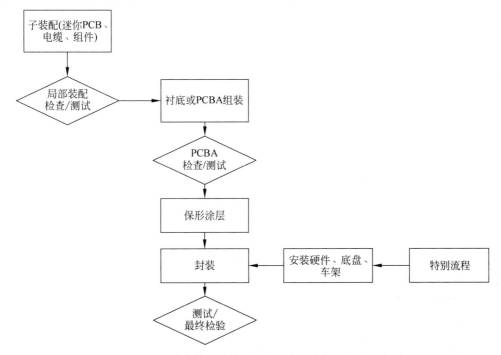

图 4-9　一个具有代表性的通用多芯片模块制造工艺的流程

2. AEC-Q104 的通用要求

多芯片模块结构中使用的每个子部件的额定值应达到或超过多芯片模块的额定值,包括最终用户应用程序使用的工作温度。所选子部件应能够承受多芯片模块的温度、电压、电流等,并在最终测试后运行而不会降级。

AEC-Q104 适用于不能完全通过以下方式之一鉴定的多芯片模块。

(1) 基于 AEC-Q100 失效机制的集成电路应力测试鉴定。

(2) AEC-Q101 基于失效机制的分立半导体器件应力测试鉴定。

(3) AEC-Q200 无源元件的应力试验鉴定。

多芯片模块的可靠性测试方法可利用 AEC-Q100、AEC-Q101 或 AEC-Q200 中制定的现有指南。但是,必须考虑按照 AEC-Q104 中的 H 组进行附加试验,如图 4-10 所示。本标准仅关注已完成 MCM 组件的鉴定。它没有涉及用于创建 MCM 的每个子组件的鉴定。但是作为 MCM 的制造商,应利用 AEC 认证的子组件,以提高 MCM 的质量。这些测试能够促使半导体器件的封装故障,目标是与应用条件相比,以加速的方式促成故障。

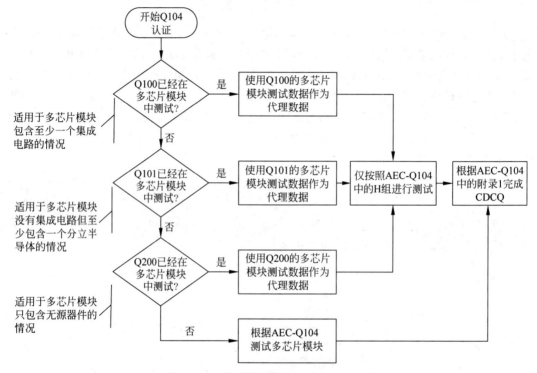

图 4-10　多芯片模块的鉴定试验方法选项

AEC-Q104 的认证与再认证包括新的汽车多芯片模块的认证和更改后的汽车多芯片模块的再认证。

新多芯片模块的测试要求和测试条件如图 4-11 和表 4-14 所示。对于每个测试认证,供应商必须有可用于所有测试的数据。无论多芯片模块的压力测试结果是合格的还是可接受的通用数据,还应审查同一通用系列中的其他多芯片模块,以保证该系列中没有共同的失效机制。

汽车多芯片模块的再认证包括工艺变更通知、需要重新认证的修改、通过再认证的标准、用户批准、多芯片模块要求 PB 板附件的认证等内容。

3. AEC-Q104 的测试认证

测试认证包含一般测试、特殊测试和磨损可靠性测试。

一般测试中的测试流程和测试细节如图 4-11 和表 4-14 所示。特殊测试是对特定的 MCM 执行以下测试,这些测试一般不使用通用数据。

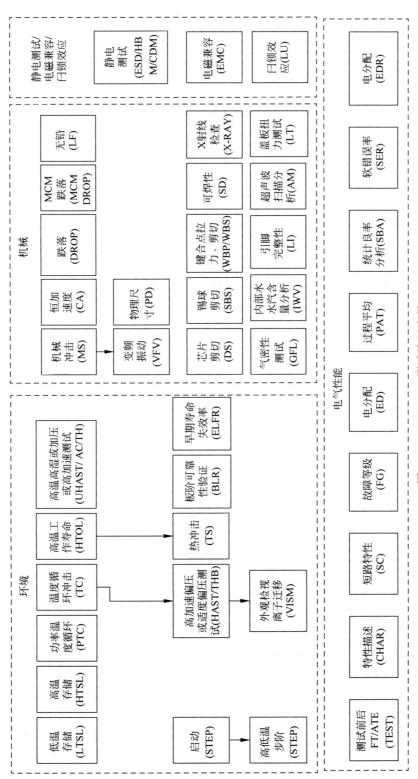

图 4-11 AEC-Q104 测试认证流程

表 4-14 AEC-Q104 测试认证方法

试验项目	缩写	编号	测试级别	备注	每批样品个数	批数	接受标准	遵循的测试规范	附加要求
测试组 A 加速环境应力测试									
预处理	PC	A1	适用于多芯片组件	P,B,S,N,G	根据 AEC-Q100/Q101/Q200；最低 30/批次或与客户协商	3	0 失效	IPC/JEDEC 的 J-STD-020；JEDEC 的 JESD22-A113	仅在表面贴装多芯片组件上执行。在 THB/HAST,AC/UHST,TC 和 PTC 应力之前执行 PC。建议执行 J-STD-020,以确定根据 JESD22-A113 在实际预应力中执行的 PC 水平。最低合格等级为 3 级。根据 JESD22-A113,如果适用,在执行 PC 和/或 MSL 时,必须报告 PC 水平和峰值回流温度。如果多芯片组件通过了后续的鉴定测试,则 JESD22-A113/J-STD-020 中的芯片表面脱层是可以接受的。任何多芯片组件的更换都必须报告。室温下 PC 前后进行 TEST

第 4 章 车规级芯片标准介绍

续表

试验项目	缩写	编号	测试级别	备注	每批样品个数	批数	接受标准	遵循的测试规范	附加要求
测试组 A 加速环境应力测试									
有偏温湿度或有偏高加速应力测试	THB 或 HAST	A2	适用于多芯片组件	P,D,G	77	3	0 失效	JEDEC 标准体系中的 JESD22-A101 或 A110	对于表面贴装多芯片组件,在 THB(85℃/85%RH,1000h)或 HAST(130℃/85%RH,96h,或 110℃/85%RH,264h)之前的 PC。在室温和高温下,在 THB 或 HAST 前前后后进行 TEST
高压/无偏高加速应力测试/无偏温湿度测试	AC/UHST/TH	A3	适用于多芯片组件	P,B,D,G	77	3	0 失效	JEDEC 标准体系中的 JESD22-A102、A118 或 A101	对于表面贴装多芯片组件,在交流电之前的计算机(121℃/15℃ 96h)或无偏置的 HAST(130℃/85%RH96h 或 110℃/85%RH264h)。对于高压敏感的多芯片组件(如 BGA 和复杂的多芯片组件,可以替换 PC,然后是TH(85℃/85%RH)1000h。室温下在交流电,超高压交流电或交流电之后进行 TEST

续表

试验项目	缩写	编号	测试级别	备注	每批样品个数	批数	接受标准	遵循的测试规范	附加要求
测试组 A 加速环境应力测试									
温度循环测试	TC	A4	适用于多芯片组件	D、G	77	3	0 失效	JEDEC 标准体系中的 JESD22-A104	对于表面贴装多芯片组件，先 PC 后 TC。在环境工作温度范围内循环 1000 次。在高温下 TC 前后进行测试。对于封装的包装、包括声学显微镜检查前和检查后（见 AM）。注：在多芯片组件级别，从热最大到冷最小循环之间快速转换的"快速热冲击"可称为"热冲击"（类似于 MIL-STD-883 中的测试方法 1010）。完成 TC 后，从一个多芯片模块，并对每个器件上的角焊（每个角 2 个焊接）和每侧一个中间焊接执行 WBP 和 WPS 测试。参见 AEC-Q100 中的附录 3，了解将损坏和错误数据降至最低的首选开封程序

续表

试验项目	缩写	编号	测试级别	备注	每批样品个数	批数	接受标准	遵循的测试规范	附加要求
测试组 A 加速环境应力测试									
功率负载温度循环	PTC	A5	适用于多芯片组件	D,G	45	1	0失效	JEDEC标准体系中的JESD22-A105	用于表面贴装多芯片组件的PTC之前的PC。仅要求在最大额定功率≥1W或T_J≥40℃的多芯片模块或设计用于驱动感性负载的多芯片模块上进行测试。在该试验过程中,不得出现热关闭PTC温度和高温下的测试
高温存储寿命测试	HSL	A6	适用于多芯片组件	D,G,K	根据AEC-Q100/Q101/Q200,最低30/批次或与客户协商	1	0失效	JEDEC标准体系中的JESD22-A103	最高环境工作温度下1000h。在室温和高温下进行HTSL前后测试
测试组 B 加速寿命模拟测试									
高温工作寿命	HTOL	B1	适用于多芯片组件	D,G,K	根据AEC-Q100/Q101/Q200,最低30/批次或与客户协商	3	0失效	JEDEC标准体系中的JESD22-A108	最高环境工作温度下1000h。电压在V_{cc}最大。在HTOL之前和之后,按照室温,低温和高温的顺序进行TEST测试

续表

试验项目	缩写	编号	测试级别	备注	每批样品个数	批数	接受标准	遵循的测试规范	附加要求
测试组 B 加速寿命模拟测试									
早期寿命失效率	ELFR	B2	适用于多芯片组件	N,G	231	1	0失效	见文件 AEC-Q104 的附录2	最高环境工作温度下48h。电压在V_{cc}最大。电气验证测试需要在压力结束后48h内完成。通过这种压力可以用于多芯片模块的数据填充测试，通用数据适用。在室温下进行ELFR前后的测试。详见AEC-Q104中的附录2
数据擦写	EDR	B3	每个AEC-Q100的多芯片组件或单个子组件级别	D,G,K	按照AEC-Q100最低30个/批次或与客户协商	3	0失效	AEC-Q100-005	根据AEC-Q100要求进行测试。注意对于可能对X光敏感的存储单元，X光应力可能适用。对于控制器固件管理的多芯片组件，可根据AEC-Q100-005在多芯片组件鉴定中执行耐久性和工作寿命部分。可以根据AEC-Q100对单个组件进行数据保留

续表

试验项目	缩写	编号	测试级别	备注	每批样品个数	批数	接受标准	遵循的测试规范	附加要求
测试组 C 封装组完整性测试									
键合点剪切	WBS	C1	应用于多芯片模块内的导线	H、P、D、G	至少 5 个器件的 30 个焊点。		Cpk>1.67	AEC-Q100-001；AEC-Q003	每台焊接机以适当的时间间隔使用
键合点拉力	WBP	C2	应用于多芯片模块内的导线	H、P、D、G	将对多芯片组件与子组件结构中的每种焊线进行取样。每条键合线的成分、线直径和硅芯键合金属界面可以产生独特的键合结构，重复的焊线结构不需要取样		Cpk>1.67 或 TC 试验后 0 失效	MIL-STD-883；Method 2011；AEC-Q003	条件 C 或 D。注意：对于已封装内合格的焊线，不需要剪切/焊线剪切。目的是评估制造过程中产生的额外焊线
可焊性	SD	C3	用于多芯片组件的外部引线/球	H、P、D、G		1	多芯片组件的外部引线的覆盖率>95%	JEDEC 标准体系中的 J-STD-002	如果多芯片组件通常在运前上进行老化筛选，则老化前必须首先进行。测试前老化进行 8h 烤线老化。客户可以替代用干蒸汽老化（1h）。在某些情况下，请注意 IPC-9701 进行的板级可替代性测试可以替代该测试
物理尺寸	PD	C4	适用于多芯片组件	D、G	10	3	Cpk>1.67	JEDEC 标准体系中的 JESD22-B100 和 B108；AEC-Q003	重要尺寸和公差见适用的 JEDEC 标准大纲和单个多芯片组件规格

续表

试验项目	缩写	编号	测试级别	备注	每批样品个数	批数	接受标准	遵循的测试规范	附加要求
测试组 C 封装组合完整性测试									
锡球剪切	SBS	C5	适用于外部多芯片组件焊球	B	10个MCM中各5个锡球	3	Cpk>1.67	JEDEC标准体系中的JESD22-B117	根据JESD22-A113的前提条件
引脚完整性	LI	C6	适用于多芯片组件引线/引脚	D,G	5个多芯片组件各10条引线	1	无引线断裂或裂纹	JEDEC标准体系中的JESD22-B105	对表面贴装的多芯片组件无要求。仅适用于通孔设备
X射线	XRAY	C7	适用于多芯片组件		每个批次5个MCM	—	—	—	需要记录多芯片组格测试结构。不是资格测试
声学显微镜	AM	C8	适用于多芯片组件	P	每个批次10个MCM	3	—	—	仅适用于表面贴装多芯片组件的互连结构，如IPC/JEDEC J-STD020中所述。TC后进行分层检查。每批10个样品。如果分层发生在引线键合互连区域，或者如果分层以某种方式改变了多芯片组件的热行为，因为分层超不允许出厂规格
测试组 D 芯片制造可靠性测试									
电迁移	EM	D1	应用于模具	—	—	—	—	JEDEC标准体系中的JEP001	就晶圆级工艺特性和/或芯片级鉴定数据（测试方法、取样、标准）咨询供应商

第 4 章 车规级芯片标准介绍

续表

试验项目	缩写	编号	测试级别	备注	每批样品个数	批数	接受标准	遵循的测试规范	附加要求
测试组 D 芯片制造可靠性测试									
介质击穿	TDDB	D2	适用于芯片	—	—	—	—	JEDEC 标准体系中的 JEP001	就晶圆级工艺特性和/或芯片级鉴定数据（测试方法、取样、标准）咨询供应商
热载流子注入效应	HCI	D3	适用于芯片	—	—	—	—	JEDEC 标准体系中的 JEP001	就晶圆级工艺特性和/或芯片级鉴定数据（测试方法、取样、标准）咨询供应商
负偏压温度不稳定性	NBT1	D4	适用于芯片	—	—	—	—	JEDEC 标准体系中的 JEP001	就晶圆级工艺特性和/或芯片级鉴定数据（测试方法、取样、标准）咨询供应商。注：正偏差也可能适用
应力迁移	SM	D5	适用于芯片	—	—	—	—	JEDEC 标准体系中的 JEP001	就晶圆级工艺特性和/或芯片级鉴定数据（测试方法、取样、标准）咨询供应商
测试组 E 电气特性验证测试									
应力测试前后功能参数测试	TEST	E1	适用于多芯片组件	H、P、B、N、G	全部	全部	0 失效	供应商数据表或用户规范的测试程序	按照适用应力参考和附加要求中的规定进行试验。鉴定应力测试都在多芯片组件电气测试规范和温度范围内进行

续表

测试组 E 电气特性验证测试

试验项目	缩写	编号	测试级别	备注	每批样品个数	批数	接受标准	遵循的测试规范	附加要求
静电放电人体模式	HBM	E2	适用于多芯片组件	D	依据测试方法	1	目标：0失效；≥1000V	AEC-Q100-002 或 ANSI/ESDA/JEDEC JS-001	在室温和高温下进行多芯片模块应在电放电前后根据静电压等级进行分类。HBM＜1000V需要客户通知
静电放电带电器件模式	CDM	E3	适用于多芯片组件	D	依据测试方法	1	目标：0失效；≥500V	AEC-Q100-011 或 ANSI/ESDA/JEDEC JS-002	在室温和高温下进行多芯片模块应在电放电前后根据静电压等级进行分类。清洁发展机CDM＜500V需要客户通知
闩锁效应	LU	E4	应用于活动设备	D	6	1	0失效	AEC-Q100-004；JESD78	在室温和高温下进行器件测试。逻辑单元闩锁测试引脚件级见JESD78适用性
电分配	ED	E5	应用于多芯片模块功能	D	30	3	Cpk＞1.67	AEC-Q100-009；AEC-Q003	供应商和用户应就待测量的电气参数达成一致，并接受标准。在室温、高温和低温下测试
故障等级	FG	E6	应用于多芯片模块功能	—	—	—	除非另有说明，否则参考AEC-Q100-007	AEC-Q100-007	对于生产测试，测试要求见AEC-Q100-007。在控制器管理的多芯片模块中，控制器的功能模块覆盖多芯片模块

续表

试验项目	缩写	编号	测试级别	备注	每批样品个数	批数	接受标准	遵循的测试规范	附加要求
测试组 E 电气特性验证测试									
特性描述	CHAR	E7	应用于多芯片组件模块功能	—	—	—	—	AEC-Q003	关键性能参数的多芯片组件数据表电压/温度特性
电磁兼容	EMC	E8	应用于多芯片组件模块功能	—	1	1	—	SAE-J1752/3-Radiated Emissions（辐射干扰）	该测试及其接受标准是根据用户和供应商之间的协议逐案进行的。详见AEC-Q100中的附录5
软误差率	SER	E9	适用于多芯片组件或可以从子组件数据中推断出来	D、G	3	1	—	JEDEC Un-accelerated（非加速）：JESD89-1 或 Accelerated（加速）：JESD89-2 & JESD89-3	适用于基于静态随机存储器和/或动态随机存储器的多芯片组件，存储器尺寸≥1Mb的多芯片组件。根据参考规范，可以执行任一测试选项（非加速或加速）。对于基于管理的多芯片组件，考虑到固件/控制器屏蔽故障的能力，可以加加速度（未加速）确定多芯片组件的故障率。该测试和接受标准是根据用户和供应商基础上制定的。最终的测试报告应包括详细的测试设施位置和高度数据

续表

试验项目	缩号	编号	测试级别	备注	每批样品个数	批数	接受标准	遵循的测试规范	附加要求
测试组 E 电气特性验证测试									
无铅	LF	E10	适用于多芯片组件	L	依据测试方法	依据测试方法	依据测试方法	AEC-Q005	适用于所有无铅多芯片组件
测试组 F 缺陷筛选测试									
过程平均测试	PAT	F1	应用于单个子组件或模块芯片功能	—	—	—	—	AEC-Q001	这些测试旨在用于生产中的多芯片组件。供应商必须执行某种符合指南意图的 PAT 和 SBA 变体
统计良率分析	SBA	F2	应用于单个子组件或模块芯片功能	—	—	—	—	AEC-Q002	
测试组 G 腔体封装完整性测试									
机械冲击	MS	G1	适用于多芯片组件	H,D,G	15	1	0 失效	JEDEC 标准体系中的 JESD22-B110	仅 Y1 平面，5 个脉冲，0.5ms 持续时间，1500g 峰值加速度。MS 试验前后应在室温下进行 TEST 试验
变频振动	VFV	G2	适用于多芯片组件	H,D,G	15	1	0 失效	JEDEC 标准体系中的 JESD22-B103	在超过 4min 的时间里施加 20Hz～2kHz～20Hz 的振动（对数变化），每个方向 4 次，为 50g 峰值加速度。VFV 试验前后应在室温下进行 TEST 试验
恒加速	CA	G3	适用于多芯片组件	H,D,G	15	1	0 失效	MIL-STD-883 Method 2001	仅 Y1 平面，30kg 力适用于 < 40 引脚的封装，20kg 力适用于 ≥40 引脚的封装。CA 试验前后应在室温下进行 TEST 试验

续表

试验项目	缩写	编号	测试级别	备注	每批样品个数	批数	接受标准	遵循的测试规范	附加要求
测试组 G　腔体封装完整性测试									
粗/细检漏	GFL	G4	适用于多芯片组件	H,D,G	15	1	0失效	MIL-STD-883 Method 1014	任何单一指定的精细测试，然后是任何单一指定的总体密封测试。仅适用于密封封装空腔多芯片组件
自由跌落	DROP	G5	适用于多芯片组件	H,D,G	5	1	0失效	JESD22-B110	如果气密性要求不能得到证明，多芯片组件被视为故障。机械损坏，如包装的破裂或断裂，也将被视为故障，前提是此类损坏不是由固定或搬运造成的，并且该损坏对于特定应用中的多芯片组件的性能至关重要
盖板扭力测试	LT	G6	适用于多芯片组件	H,D,G	5	1	0失效	MIL-STD-883 Method 2024	仅适用于陶瓷封装空腔多芯片组件
裸片剪切力	DS	G7	适用于多芯片组件	H,D,G	5	1	0失效	MIL-STD-883 Method 2019	在盖封/密封所有空腔之前进行
内部水汽含量分析	IWV	G8	适用于多芯片组件	H,D,G	5	1	0失效	MIL-STD-883 Method 1018	仅适用于密封封装空腔多芯片组件

续表

测试组 H 模块特定测试

试验项目	缩写	编号	测试级别	备注	每批样品个数	批数	接受标准	遵循的测试规范	附加要求
板级可靠性验证	BLR	H1	适用于多芯片组件	D,G	IPC-9701	1	根据 IPC-9701 报告器件开始故障和 50% 器件故障的循环次数	IPC-9701；根据预期的使用环境选择 TC 水平以及 NTC 要求	温度循环测试，说明所用的 IPC-9701 测试条件。注意：所使用与 MCM 预期使用条件一致（例如，发动机罩下使用可能要求对器件进行 TC3 和 TC4 试验）。同样，热循环（NTC）的数量需要与预期的使用环境保持一致。试验应当根据 IPC-9701 的定义选取斜率、停留时间和持续时间。如果具有代表性的外侧附件和主要焊料附件品近的模具位置可以电测量，则 MCM 可以用来代替 IPC-9701 中的菊花链要求
低温存储寿命测试	LTSL	H2	适用于多芯片组件	H,P,B,D,G,K	≥30	1	0 失效	JEDEC 标准体系中的 JESD22-A119	最低环境工作温度下 1000h。LTSL 后在 MCM 数据表（低温、高温和室温）温度下进行 TEST 测试

续表

试验项目	缩写	编号	测试级别	备注	每批样品个数	批数	接受标准	遵循的测试规范	附加要求
测试组 H 模块特定测试									
高低温步阶	STEP	H3	适用于多芯片组件	—	5MCMs	1	0失效	ISO 16750-4	在冷热温度下启动,并以10℃的增量上升。在设备规定的操作范围内,确认每一步的功能
跌落	DROP	H4	适用于多芯片组件	D,G	6MCMs	1	0失效	JEDEC标准体系中的JESD22-B111	条件B(1500g,0.5ms半正弦脉冲,等效跌落高度112cm),如JESD22-B110B中所列。为了便于参考,建议使用30滴
破坏性分析	DPA	H5	适用于多芯片组件	D,G	5MCMs	1	—	MIL-STD-1580	在多芯片组件热循环暴露后,根据多芯片DFMEA和PFMEA检查关键风险
X射线检查	XRAY	H6	适用于多芯片组件	—	5MCMs	—	—	—	如果在测试组C中进行X射线测试,则不需要进行X射线测试。有关详细信息,请参见测试组C中的X射线(XRAY)
声学显微镜分析	AM	H7	适用于多芯片组件	P,G	10MCMs	—	—	—	如果声学显微镜测试,则不需要声学显微镜测试。详情见测试组C中的声学显微镜(AM)

(1) 静电放电(ESD)：所有产品多芯片模块。

(2) 锁存(LU)：包括活动子组件的所有多芯片模块。详见 JESD78 附录。

(3) 配电：供应商必须在工作温度范围、电压和频率范围内证明多芯片模块能够满足多芯片模块规范的参数限制。该数据必须来自至少 3 个批次,或一个矩阵(或倾斜)工艺批次,并且必须代表足够的样本以在统计意义上有效,参见 AEC-Q100-009。强烈建议使用 AEC-Q001《零件平均测试指南》确定最终测试极限。

4.3　欧洲车规级芯片标准——AQG 324

AQG 324 标准由欧洲电力电子中心(ECPE)"汽车电力电子模块认证"工作组颁布,该工作组由活跃于汽车市场的 ECPE 成员公司组成。原始版本基于供应规范 LV 324,该规范由德国汽车原始设备制造商与电力电子供应商行业的代表在 ECPE 和德国 ZVEI 协会的联合工作组中共同制定。该标准的适用范围包括电力电子模块和基于分立半导体器件的等效特殊设计。AQG 324 标准是机动车辆电力电子转换器单元(PCU)功率模块的测试标准。本标准定义了功率模块所需验证的测试项目、测试要求以及测试条件。

AQG 324 包含 9 部分内容：①范围,②概述,③参考标准,④术语和定义,⑤总则,⑥模块测试,⑦模块特性测试,⑧环境测试,⑨寿命测试。另外还包含 3 个附录：附录 1——规范性补充文件,附录 2——资料性补充,附录 3——基于 WBG 的电源模块的鉴定。AQG 324 所述测试用于验证汽车工业中使用的电力电子模块的性能和寿命,定义的测试基于当前已知的失效机制和电源模块的机动车特定使用情况。AQG 324 测试按照表 4-15 中的步骤进行。

表 4-15　AQG 324 的测试项目

测 试 章 节	测 试 项 目
QM-模块测试	栅射极阈值电压； 栅射极漏电流； 集射极反向漏电流； 饱和压降； 连接层检测(SAM)； 内部检查(IPI)/目检(VI)、光学显微镜评估(OMA)
QC-模块特性测试	寄生杂散电感； 热阻值； 短路耐量； 绝缘测试； 机械参数检测
QE-环境测试	热冲击； 机械振动； 机械冲击

续表

测 试 章 节	测 试 项 目
QL-寿命测试	功率循环(PCsec); 功率循环(PCmin); 高温存储; 低温存储; 高温反偏; 高温栅偏置; 高温高湿反偏

模块特性测试用于验证电源模块的基本电气功能特性和机械数据。除其他事项外,这些测试可提供设计中与退化无关的弱点(几何布置、组装和互连技术、半导体质量)的早期检测和评估,这些弱点在可靠性和性能方面可能在退化影响下获得进一步的重要性。

环境试验用于验证机动车辆中使用的电力电子模块的适用性。物理分析、电气和机械参数验证以及绝缘性能用于验证。

寿命测试的目标是触发电力电子模块的典型退化机制。该过程主要区分两种失效机制——近芯片互连(芯片附近)的疲劳和距离芯片较远的互连(芯片远程)的疲劳。在每种情况下,两种失效机制都是由不同材料(具有不同的热膨胀系数)之间的热机械应力触发的。

AQG 324 的使用需要如表 4-16 所示的参考文件。对于带有日期的引用,需要参考相应的版本。对于没有日期的引用文件,引用文件的最新版本有效。

表 4-16　AQG 324 参考文件

标　准	内　容
ISO/IEC 17025	测试和校准实验室能力的一般要求
IEC 60747-2:2016	半导体器件 第 2 部分:分立器件整流二极管
IEC 60747-8:2010	半导体器件——分立器件 第 8 部分:场效应晶体管
IEC 60747-9:2007	半导体器件——分立器件 第 9 部分:绝缘栅双极晶体管(IGBT)
IEC 60747-15:2010	半导体器件——分立器件 第 15 部分:隔离功率半导体器件
IEC 60749-5:2017	半导体器件——机械和气候试验方法 第 5 部分:稳态温湿度偏置寿命试验
IEC 60749-6:2017	半导体器件——机械和气候试验方法 第 6 部分:高温存储
IEC 60749-23:2011	半导体器件——机械和气候试验方法 第 23 部分:高温工作寿命
IEC 60749-25:2003	半导体器件——机械和气候试验方法 第 25 部分:温度循环
IEC 60749-34:2010	半导体器件——机械和气候试验方法 第 34 部分:功率循环
IEC 60068-2-6:2007	环境试验 第 2-6 部分:试验 Fc——振动(正弦)

续表

标　　准	内　　容
IEC 60068-2-27：2008	环境试验 第 2-27 部分：试验-试验 Ea 和指南——冲击
IEC 60068-2-64：2008	环境试验 第 2-64 部分：试验-试验 Fh——振动、宽带和随机指南
IEC 60664-1：2007	低压系统内设备的绝缘配合第 1 部分：原则、要求和试验
DIN EN 60664-1 Addendum 1	低压系统内设备的绝缘配合 第 2-1 部分：应用指南 IEC 60664 系列应用说明、尺寸标注示例和介电测试（IEC/TR 60664-2-1：2011 Cor：2011）
IEC 60664-4：2005	低压系统内设备的绝缘配合 第 4 部分：高频电压应力的考虑
JESD22-A104F：2020	温度循环
JESD22-A119：2015	低温存储寿命

功率模块中使用的功率半导体的成熟度等级必须通过事先进行的芯片技术鉴定来显示。必须采用适当的鉴定程序，该程序必须由供应商披露并经客户同意。如果模块中的芯片组件需要扩展半导体堆栈的额外工艺步骤（如双面接触的芯片后处理），则必须验证这种新设计的稳健性和适用性。必须通过实验设计（DoE）结果、TCAD 模拟和半导体制造商的审查确认来进行验证。验证必须记录在案。

特殊设计的鉴定必须使用缩小的试验范围。相应组装的分立封装半导体开关必须符合 AEC-Q101 的要求，集成电路（如外壳中的驱动器集成电路）符合 AEC-Q100 的要求，无源元件符合 AEC-Q200 的要求。对于特殊设计，只需执行测试 QC-01（杂散电感）、QC-02（热阻）和 QC-03（短路能力）。对于 QC-01，必须通过模拟并与半导体制造商协商，对不同电流路径的差异进行标记、评估和记录，以确保分立半导体器件开关可靠运行。对于 QC-02，必须提供热管理概念，以验证每个工作点是否符合半导体规范。这也适用于动态情况。如有必要，必须相应调整测量设置。对于特殊设计，还必须测试 QC-03 中描述的短路能力要求。测试必须由组件制造商或 PCU 的积分器进行。

1. 模块测试

模块测试主要针对功率模块基础电学及机械性能参数进行测量，此外还包括外观缺陷检测。模块特征参数可能因生产波动和独立测试期间施加的应力而变化。目的是确保功率模块功能完整、确保功率模块参数符合要求和验证功率模块的功能行为与准确性。

模块测试是功率模块的基础实验，在进行后续 QC/QE/QL 实验的前/后，均需要进行 QM 模块测试，即保证在测试前/后，功率模块功能符合标准，模块本身无质量问题。

2. 模块特性测试

模块特性测试主要用于验证功率模块的基本电气功能特性和机械数据。除此之外，这些测试可以针对设计中与功能退化（功能失效）无关的薄弱点进行早期探测和评估，包括元器件的几何布置、组装、互连技术和半导体质量。换言之，这部分重点评估 IGBT 模块在设计、生产环节中决定的产品质量，与使用中的功能退化无关。模块特性测试主要包括 QC-01

测定寄生杂散电感、QC-02 测定热阻（Rth 值）、QC-03 确定短路能力、QC-04 绝缘试验、QC-05 测定机械数据。其测试流程如图 4-12 所示。

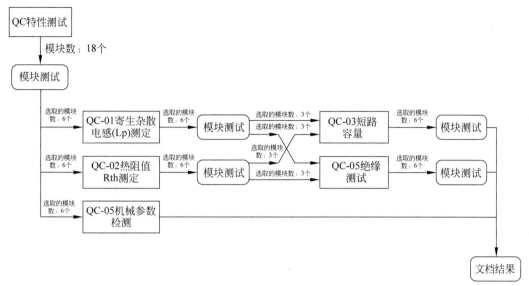

图 4-12　AQG 324 的 QC 测试流程

模块特性测试是后续 QE 和 QL 的基础。在试验中不允许使用通用数据来表征模块特征参数。

3．环境测试

环境测试主要用于验证电力电子模块在机动车辆中的适用性，包括物理分析、电气和机械参数验证以及测试绝缘属性。对于环境测试，允许使用通用数据进行试验。在模块鉴定的框架内，允许在每次试验中使用通用数据，只要记录了待鉴定模块和参考模块之间的差异，并且可以提供证据证明，参考模块和待鉴定模块之间的差异不会导致模块属性发生变化。环境测试的主要内容包括 QE-01 热冲击试验（TST）、QE-02 接触性（CO）、QE-03 振动（V）、QE-04 机械冲击（MS）4 项内容。其测试流程如图 4-13 所示。

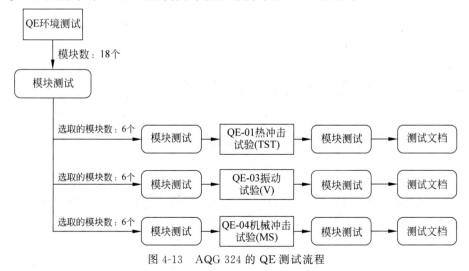

图 4-13　AQG 324 的 QE 测试流程

4. 寿命测试

寿命测试主要是触发/激发电力电子模块的典型退化机制。该过程主要区分为两种失效机制：靠近芯片（Chip-Near）互连的疲劳失效和距离芯片（Chip-Remote）互连较远的疲劳失效。两种失效机制均由不同材料（具有不同的热膨胀系数）之间的热机械应力引发。主要测试内容包括 QL-01 功率循环（PC_{sec}）、QL-02 功率循环（PC_{min}）、QL-03 高温存储（HTS）、QL-04 低温存储（LTS）、QL-05 高温反向偏置（HTRB）、QL-06 高温栅偏压（HTGB）、QL-07 高湿度、高温反向偏置（H^3TRB）7 项内容。其测试流程如图 4-14 所示。

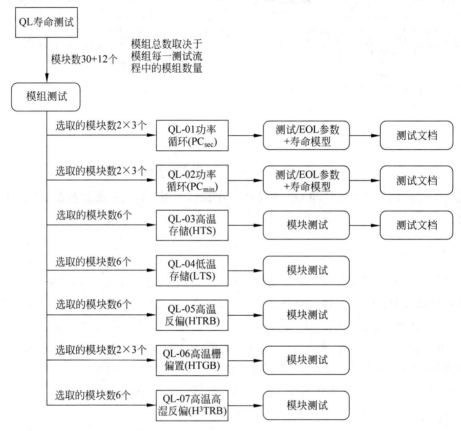

图 4-14　AQG 324 的 QL 测试流程

4.4　中国车规级芯片试验标准

4.4.1　中国车规级芯片试验标准的现状

汽车种类较多，整车系统的组成、电子电控架构及工况不尽相同，且目前国家标准中尚无"车规级芯片"的准确定义，以致没有基于车规级芯片的系统测评标准，使得国产车用半导体长期处于缺乏平台与国外芯片做公平竞争。导致国产芯片，尤其是控制类、通信类芯片无法应用在车上。

我国目前车规级芯片的认证主要依靠 ISO 26262、AEC-Q100/101/102/103/104/200、IATF 16949 等国际标准。半导体器件的国家标准则是通用的半导体器件、集成电路标准 GB/T 12750。我国国产芯片产业链中存在着缺乏国产芯片准入的基本标准,针对国际标准 IATF 16949、ISO 26262、AEC-Q 等标准的理解不到位,芯片的可靠性设计能力欠缺等问题。针对此类问题,我国工信部《2021 年汽车标准化工作要点》中指出:"要深入开展车用芯片、车用存储器、车用传感器等核心半导体和元器件标准研究;统筹推进基础通用类电磁兼容标准制修订工作,启动电磁兼容性要求和试验方法、整车天线系统性能评价等标准的制修订预研;有序推进功能安全、预期功能安全、功能安全审核评估方法、ASIL 等级确定方法等基础支撑类标准的制修订工作"。

在车规级芯片试验认证方面,目前我国还没有一个平台或者一家测评机构能够完整地完成汽车芯片层面、汽车电子电控系统层面、整车应用测试层面的汽车芯片测评工作。只有进行完整测评之后,下游汽车企业才能放心地选用自主汽车芯片产品。

4.4.2 中国车规级芯片试验标准的思考

汽车芯片测试标准体系是衔接、统一产业链上下游的技术语言,建立了标准体系,产业上游就可以按照标准进行设计,下游才能按照标准选用芯片。目前没有统一的标准体系,上下游衔接就总会出现问题,因此我国需要尽快建立自己的汽车芯片测试标准,适应我国汽车产业(特别是新能源汽车)的高速发展,促进智能汽车安全体系进一步提升。

汽车芯片试验认证环节是不可或缺的,我国对汽车安全性相关的零部件都有国家强制标准,要进行产品认证。芯片行业和汽车行业之间需要一个共同的测试评价平台,并且与之前的标准相连接,用标准和测评支撑完成产品认证。

参考文献

第 5 章 芯片设计基础

本章分三部分介绍与芯片设计相关的基础知识。第一部分介绍各类芯片的结构和功能,第二部分对这些分类进行设计方法学的介绍,第三部分介绍芯片设计使用到的电子设计自动化工具。本章介绍芯片设计的主要内容,车规级芯片涉及的功能安全和可靠性方面的内容不在本章介绍。

5.1 芯片功能与组成

本节将从以下几方面介绍一台智能汽车中各种芯片的内部结构和功能设计。5.1.1 节介绍两种数字 SoC 芯片,一种作为各种车内电子控制功能的主要载体,一种作为整车(尤其是自动驾驶功能)的主要算力设备;5.1.2 节介绍数字 SoC 芯片重要的外部设备和存储器;5.1.3 节介绍半导体传感器;5.1.4 介绍模数混合电路、数据转换器;5.1.5 介绍电源管理芯片;5.1.6 介绍功率半导体器件;5.1.7 介绍射频前端芯片。

5.1.1 计算与控制处理器

1. 微控制器

分布式电子电气架构中的电子控制单元(ECU),或者域集中电子电气架构中的域控制器,一般称为微控制器(MCU)或者微计算机的片上系统(SoC)芯片。所有 MCU 都组成了车上通信网络的一部分,不同位置、不同功能的 MCU 参与了不同网络的构建。汽车上的主要网络是 CAN、LIN、FlexRay、MOST 和 AVB(以太网音视频桥接技术)。

不同位置 MCU 的区别也可以体现在和这些网络的接入方式,以及在这些网络中行使的功能上。下面以某汽车 MCU 供应商的产品为例讲解这颗 SoC 芯片涉及的模组功能。

图 5-1 所示是某 MCU 供应商的动力域 MCU,内置多种实现功能安全的功能(ISO 26262)。MCU 的最高工作频率为 240MHz。通过两个 A/D 转换器(SAR 和 delta-sigma)、一个数字滤波器引擎、一个高级定时器单元(ATU-IV)等,该 MCU 实现了高精度复杂的动力系统控制。

典型的单片系统具有以下几部分。①至少一个 MCU 或微处理器、数字信号处理器,但是也可以有多个中央控制核心。②存储器、片上、片外均分布有性能不

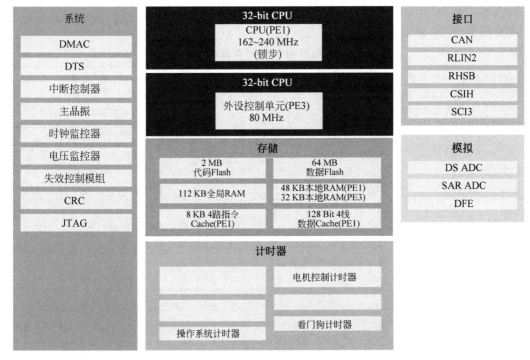

图 5-1 某 MCU 供应商的动力域 MCU

同、功能有所差别的存储器(本部分内容将在 5.1.3 节单独介绍)。③外部设备,包括计时器、不同标准的通信接口,用于在数字信号和模拟信号之间转换的模拟-数字(A/D)转换器和数字-模拟(D/A)转换器等(数据转换器将在 5.1.5 节单独介绍)。

1) CPU

车用 MCU 和其他安全等级较低的 MCU 最大的区别之一就在于对 CPU 部分运行安全性和准确性的追求。车用 MCU 往往会使用冗余的双核锁步 CPU 来行使单颗 CPU 的功能,并在各级存储器中都部署严密的数据校验功能。有些 CPU 在锁步之外还需要额外的检查器(Checker)进一步提升安全性。

除此之外,单个 CPU 的功能和组成与计算机领域常见的低功耗 CPU 类似。基于这些 MCU 做开发时,用户编写好的高级语言代码(一般是 C 语言),经过编译链接等步骤之后生成的机器码正是主要由 CPU 来执行。CPU 所执行的机器码集称为指令集架构(Instruction Set Architecture,ISA),有些车用 MCU 供应商自己定义的封闭指令集,也有一些 MCU 供应商(如意法半导体)选择了在其他领域也有广泛应用的第三方授权指令集,如 ARM-R。其中 R 是实时性(Realtime)的意思。成熟的指令集本身对于 CPU 运行效率、性能乃至安全性的影响都是有限的。CPU 各方面的性能指标更多取决于实现 ISA 的微架构(Micro Architecture)。

时下的处理器多采用流水线、乱序、多发射和多核等并行化技术来提升自己的处理器性能和能量效率。流水线中的功能分类大致可以分为指令获取、指令分发、寄存器堆访问、执行、访存和写回等。如表 5-1 所示是一个商用 MCU 的寄存器堆功能列表。这颗 MCU 采取了一个比较经典的 32 位 RISC(精简指令集计算机)CPU 寄存器堆实现方案。表中放出了 32 个通用寄存器和一个程序计数器寄存器,用于指向当前指令存储器中正在运行的指令的地址。除了这些程序运行中会频繁存取和执行的通用寄存器之外，这颗 MCU 还拥有大量用来存储 MCU 状态的状态寄存器。

表 5-1 某商用 MCU 的寄存器堆功能列表

程序寄存器	名称	功能	描述
	R0	0 寄存器	永远保持 0
	R1	汇编器保留寄存器	用于生成地址的中间寄存器
	R2	地址和数据变量寄存器	仅当实时操作系统不用时使用
	R3	栈指针	函数调用时用于生成栈帧
通用寄存器	R4	全局指针	用于在 data 域中访问一个全局变量
	R5	文本指针	用于指示 text 域的起始地址（存放程序的域）
	R6～R29	地址和数据变量寄存器	
	R30	元素指针	访存时用作生成地址的基指针
	R31	链接指针	当编译器调用函数时使用
程序计数器寄存器	PC	程序执行过程中保存指令地址	

CPU 和代码闪存之间通常会存在一个指令缓存。执行级访存单元和数据闪存之间也会存在一个数据缓存。CPU 的使用者永远希望拥有一个容量无限、访问延迟为 0 的存储器。但现实是访问速度越快的存储器，其成本往往越高，容量越大的存储器往往其访问速度越慢。但是如果在大而慢的存储器和快而小的存储器之间用速度和面积都介于两者之间的存储器构建起一个分层结构，并且及时地将所需要的数据在各级之间交换，从而保证用户所使用的数据总是在小而快的存储器中被访问到，那样就能为 CPU 的使用者提供一种拥有了"访问延迟低、总容量大"的存储器的错觉。

图 5-2 中是一个应用在商用 MCU 上的组相联指令缓存。该 8KB 的 4 路组关联高速缓存由具备 128 个入口的组组成，每行 4 个字，总容量为 8KB。路分为两组，路组 0 由路 0 和路 1 组成，路组 1 由路 2 和路 3 组成。路组可以通过对访问目的地的地址信息进行解码来选择和使用。如果发生缓存丢失，即 CPU 执行级所要求的数据不存在于缓存而是存在于更低层的存储器中，每行都使用 Least Recently Used（最近最少使用）替换算法重新填充。

数据缓存的设计通常比指令缓存更复杂一些。因为指令缓存对于 CPU 流水线来说是只读的，但是数据缓存要考虑来自 CPU 流水线的数据返回更低层存储器的事务。

为了配合控制应用的需求，车用 MCU 和其他复杂 MCU 系统一样，一般都支持中断。瑞萨公司 RH580 系列 MCU 将中断请求分为两类：可恢复中断和不可恢复中断。前者意味着系统中出现严重的运行错误，后者大部分是一种正常的程序行为。后者的来源可以是 MCU 的外部中断输入、软件中断、计时器、DMA，或者通信总线、A/D 转换器、D/A 转换器等外设。不同的中断请求具备不同的优先级，该优先级由用户可配置的寄存器来设置。

2) 直接存储器访问

直接存储器访问（Direct Memory Access，DMA）也是现代 MCU 的常规组件之一。该设备可以替代 CPU 完成数据在系统中的搬移，从而减少 CPU 的工作负担，CPU 在此期间可以处理其他事物。当 CPU 初始化这个传输动作时，传输动作本身是由 DMA 控制器来实行和完成的。典型的例子是移动一块外部内存的数据到 SoC 系统中的某个外设自己的存储空间。

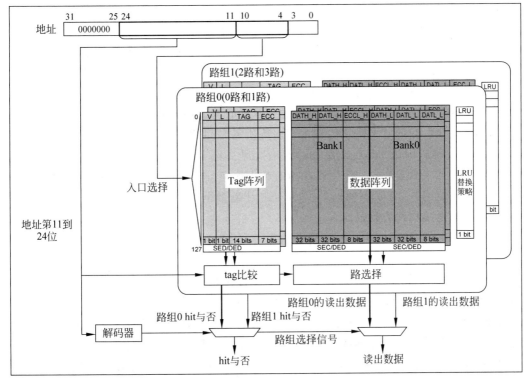

图 5-2 某商用 MCU 指令缓存示意图

3）通信总线接口

车用 MCU 中最具备代表性的通信总线是 CAN,较之一些能在嵌入式 MCU 中常见的简单通信协议,如 UART、SPI、I^2C,CAN 是一个复杂得多的协议。

对于 MCU 而言,这些通信协议的控制器（通常也可以称为收发器）,一般是作为从机（Slave）通过总线并列地下挂在总线主机（Master）的控制下的。CPU 和 DMA 在片上总线中一般都扮演主机的角色。从本节开始所介绍的片上设备,主要都是从机。主机通过总线和这些通信协议收发机交换信息,再通过片外总线（或者专线）与片外设备交互。

这里先对车用 MCU 中通常也会部署的简单通信协议及其功能实现做一个简单介绍,然后主要介绍 CAN。

UART 是一种异步收发传输协议。UART 把数据的字节按照比特顺序发送。另一端的 UART 把比特组装为字节。每个 UART 包含一个移位寄存器,如图 5-3 所示。通过一根线或其他媒介的串行通信比通过多根线的并行通信具有更低成本。

图 5-3 UART 数据帧结构

UART 通常并不直接产生或接收其他设备的外部信号。独立接口设备用于转换信号的逻辑电平给 UART。通信可以是单工、全双工或半双工。

UART 使用数据帧作为最小数据传输单元。UART 总线在空闲状态下,即没有数据传输时,是高电平。这是（有线）电报时代的历史遗存。线路保持高电平表明线路与传输设备没有损坏。每个字符表示为一个帧,以逻辑低电平为开始比特,然后是数据比特,可选的奇偶校验比特,最后是一个或多个停止比特(逻辑高电平)。大部分应用都是先传最低位的数据位,但也有例外。如果线路长期(至少大于传输一帧的时间)保持低电平,这被 UART 检测为线路损坏。

UART 接收器硬件受一个内部时钟信号控制。该时钟信号是数据传输率的倍频,典型的是比特率的 8 或 16 倍。接收器在每个时钟脉冲时测试接收到的信号状态是否为开始比特。如果开始比特的低电平持续传输 1 个比特所需时间的一半以上,则认为开始了一个数据帧的传输;否则,则认为是毛刺脉冲并忽略。到了下一个比特时间后,线路状态被采样并送入移位寄存器。约定表示一个字符的所有数据比特(典型为 5~8bit)接收后,移位寄存器可被接收系统使用。UART 将设置一个标记指出新数据可用,并产生一个处理器中断请求主机处理器取走接收到的数据。

简化的 UART 在开始比特下降沿开始重新同步时间,然后在每个数据比特的中心时刻采样。

UART 的标准特性之一是在接收下一个字符时在缓冲区保存上一个接收到的字符。这种"双缓冲区"允许接收计算机用一个字符的传输时段来获取缓冲区内的上一个字符。许多 UART 有更大的 FIFO(先进先出)缓冲区,允许主机一次处理多个字符,这特别适用于处理器中断频率有限,但是传输数据率高的串行通信通常中断间隔大于 1ms。

UART 发送器把一个字符放入移位寄存器,就开始产生一个数据帧。对于全双工通信,发送与接收使用不同的移位寄存器。使用更大的 FIFO 使得主机处理器或 DMA 放置多个字节后由 UART 自主完成传输。UART 用一个标志位表示 busy。

在实际应用中,接收与发送的 UART 必须达成数据帧协议。如果接收方发现这方面错误,会向主机报告"帧错误"标志。

比起 UART 这样一个点对点、低速率的极简通信协议,CAN 总线本身就带有网络二字,其整体实现思想甚至也可以像网络架构一样划分出物理层、链路层和应用层等。按照这种划分,MCU 中运行的 CAN 相关程序便是网络的应用层,片上外部设备中的 CAN 通信收发器便作为管理通信协议的链路层。CAN 总线的物理实体是两根阻抗为上百欧姆的粗铜双绞线,这样的导线显然不是交给 MCU 本身的引脚去驱动的。在 MCU 和 CAN 导线之间还需要增强驱动能力,将差分模拟信号转换为数字信息的收发器作为中转。CAN 总线的差分导线和中转收发器共同构成了 CAN 的物理层,CAN 网络的分层如图 5-4 所示。CAN 自诞生就定位为用于连接 ECU 的多主机串行总线标准。ECU 有时也被称作节点。

CAN 网络上需要至少有两个节点才可进行通信。节点的复杂程度可以只是简单的输入/输出设备,也可以是包含 CAN 交互器的 MCU。节点还可能是一个网关,允许普通计算机通过 USB 或以太网端口与 CAN 网络上的设备通信。CAN 总线的标准 ISO 11898-1 定义了链路层的行为,ISO 11898-2 和 ISO 11898-3 定义了两种 CAN 总线的物理层规范。这里由于 CAN 总线的物理层已经属于 MCU 之外的话题,读者可以参考,本章不予讨论。所有车用 MCU 的 CAN 控制器必须兼容 ISO 11898-1 协议。

这里简单介绍 CAN 数据传输的方式及其中优先级仲裁的相关内容。CAN 数据传输如果出现争执,将会使用无损位仲裁解决办法。该仲裁法要求 CAN 网络上的所有节点同步,对每一位的采样都在同一时间。这就是为什么有人称之为 CAN 同步的原因。然而,同

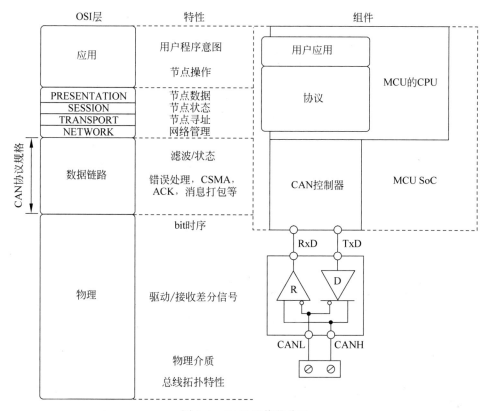

图 5-4　CAN 网络的分层

步这个术语在此并不精确,因为数据以异步格式传输而不包含时钟信号。

CAN 规范中使用术语"显性"位和"隐性"位来表示逻辑高低。显性是逻辑 0(由发送器驱动到高电平)而隐性是逻辑 1(被动地通过电阻返回到低电压)。闲置状态代表隐性的水平,也就是逻辑 1。如果一个节点发送了显性位而另一个节点发送一个隐性位,那么总线上就有冲突,最终结果是显性位"获胜"。这意味着,更高优先级的信息没有延迟。较低优先级的节点信息自动在显性位传输结束,6 个时钟位之后尝试重新传输。这使得 CAN 适合成为一个实时优先通信系统。

逻辑 0 或 1 的确切电压取决于所使用的物理层,但 CAN 的基本原则要求每个节点监听 CAN 网络上的数据,包括发信节点本身。如果所有节点都在同时发送逻辑 1,所有节点都会看到这个逻辑 1 信号,包括发信节点和接收节点。如果所有发信节点同时发送逻辑 0 信号,那么所有节点都会看到这个逻辑 0 信号。当一个或多个发信节点发送逻辑 0 信号,但是有一个或多个发信节点发送了逻辑 1 信号,所有节点包括发送逻辑 1 信号的节点也会看到逻辑 0 信号。当一个节点发送逻辑 1 信号但是看到一个逻辑 0 信号,它会意识到线上有争执并退出发射。通过这个过程,任何传送逻辑 1 的节点在其他节点传送逻辑 0 时退出或者失去仲裁。失去仲裁的节点会在稍后把信息重新加入队列,CAN 帧的比特流保持没有故障继续进行直到只剩下一个发信节点。这意味着传送第一个逻辑 1 的节点丧失仲裁。由于所有节点在开始 CAN 帧时传输 11 位(或 CAN 2.0 B 中是 29 位)标识符,拥有最低标识符的发信节点在起始处拥有更多 0。那个节点赢得仲裁并且拥有最高优先级。

CAN 网络可以配置为使用两种不同的消息(或"帧")格式:标准或基本帧格式(在 CAN 2.0 A 和 CAN 2.0 B 中描述)和扩展帧格式(仅由 CAN 2.0 B 描述)。两种格式之间的唯一区别是,"CAN 基本帧"支持标识符长度为 11 位,"CAN 扩展帧"支持标识符长度为 29 位,由 11 位标识符(基本标识符)和一个 18 位扩展(标识符扩展)组成。CAN 基本帧格式和 CAN 扩展帧格式之间是通过使用 IDE 位进行区分的,该位在传输显性时为 11 位帧,而在传输隐性时使用 29 位帧。支持扩展帧格式消息的 CAN 控制器也能够发送和接收 CAN 基本帧格式信息。所有的帧都以开始位(SOF)作为信息传输的起始。

CAN 有 4 种帧类型:数据帧、远程帧、错误帧、过载帧。这里以数据帧为例简单介绍帧的大概组成,如图 5-5 和表 5-2 所示。

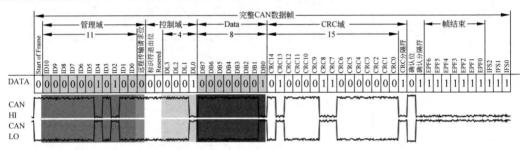

图 5-5 CAN 数据帧结构示意

表 5-2 CAN 数据帧结构

字 段 名	字长/位	作 用
起始位(SOF)	1	表示帧的传输开始
识别码(ID/绿色)	11	唯一识别码,同样代表了优先级
远程传输请求(RTR/蓝色)	1	数据帧时一定是显性(0),远程请求帧时一定是隐性(1)
标识符扩展位(IDE)	1	对于只有 11 位标识符的基本帧格式,此段为显性(0)
预留位(R0)	1	预留位一定是显性(0),但是隐性(1)同样是可接受的
数据长度代码(DLC/黄色)	4	数据的字节数(0~8 字节)
数据段(Data Field/红色)	0~64	待传输数据(长度由数据长度码 DLC 指定)
循环冗余校验(CRC)	15	循环冗余校验
循环冗余校验定界码	1	一定是隐性(1)
确认槽(ACK)	1	发信器发送隐性(1),但是任何接收器可以宣示显性(0)
确认定界码(ACK Delimiter)	1	一定是隐性(1)
结束位(EOF)	7	一定是隐性(1)

4) 计时器

在一般的 SoC 系统中,计时器(Timer)都是一个常见的配置。例如,至少有用于检测程序是否跑进死循环的看门狗计时器。但在车用 MCU 中,这一外部设备的重要性有显著提升,这一点可以从图 5-1 中计数器的种类和数量看出来。图 5-1 中仅仅 ATU(高级时钟单元)一项就具备多达 10 类总计超过数百个可以独立工作的计数器。这与车用 MCU 需要参与控制的工作息息相关。

但具体到某一个计时器的工作原理,大同小异。本节从了解大多数类型计时器的共同特征开始。

图 5-6 中是一个常见的计时器。每个计时器都需要一个时钟源或者基准时钟。通常有

多种可能的时钟源,然后通过开关或多路复用器选择。为了增加计数范围,所选时钟进入"预分频器",在进入主计数器之前对时钟进行分频。预分频器的输出进入一个主计数器,计数器的位宽决定了计数的最长范围,瑞萨 RH850 的这颗 MCU 中 10 类计数器涵盖了多个不同的计数器位宽:16 位、20 位、24 位、32 位,不一而足。有时两个甚至更多计数器还可以组合成一个位宽更宽的计数器。计数器的计数方式可以由一些来自 CPU 控制的寄存器来决定:递增、递减、起始计数值、终止计数值等。

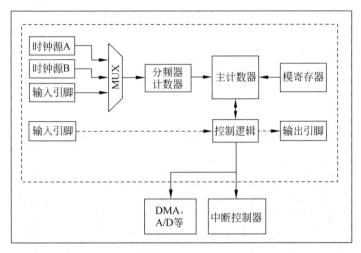

图 5-6　一个简单计时器的结构

主程序和计时器是异步的,这意味着计时器独立于程序流程运行。程序可以轮询计时器以获取计时器信息。轮询是定期读取状态寄存器以检测计时器事件或计数器的当前值。但一般会使用中断来完成计时器和 CPU 的交互,这样 CPU 可以在任务布置给计时器之后开展其他工作。

5)其他外设

一颗功能完善的 MCU 还会包含很多其他的外部设备,其中甚至有些不是数字电路。例如电源管理、锁相环、D/A 转换器和 A/D 转换器。

车用 MCU 有一些有特色的外部设备是嵌入式 MCU 或移动端 SoC 所没有的,如 CRC(循环冗余校验码)校验单元。这类特殊外设出现在车用 MCU 中是异构计算思想的一种体现。这类信号处理应用在车用 MCU 中出现得比较多,所以用专用硬件加速这类算法的运算,而不是挤占 CPU 的通用算力。

2. 自动驾驶芯片

第 2 章中提到,汽车电子电气架构经历了从分布式、域集中到中央集成的演进趋势。具备强大计算和控制能力的中央处理器,是智能汽车工业产业链各级供应商的共识。这一中央处理器同时具备自动驾驶算力,以及电子电气架构主要功能域控制算法功能。但这一中央处理器的名字目前还没有统一定义。考虑到这一处理器比起传统汽车中的域控制器,主要的功能变动是对自动驾驶的支持,并且占据芯片中最主要的面积和功能,故以自动驾驶芯片为名介绍。

目前业界中最接近整车中央处理器的自动驾驶处理器是 NVIDIA 的 Xavier 和 Tesla 的 FSD。前者在 2018 年 CES 消费者电子展中发布，在 2020 年前后的智能汽车市场中已经大量出货。后者是 Tesla Model 3 车型 AP 3.0 中央控制域搭载的主要芯片。这两款芯片最大的特性都是对 L2/L3 级别自动驾驶功能的算力支持。

图 5-7 是 NVIDIA Xavier 芯片的拍摄图，以及功能区域的划分。Xavier 的设计目标和架构始于 2014 年，采用 TSMC 12nm 工艺制造，硅片面积为 $350mm^2$。芯片本身包括一个八核 CPU 集群、对神经网络推理做了额外优化的 GPU、深度学习加速器（DLA）、视觉加速器（PVA）、一组提供机器学习额外支持的多媒体加速器，以及提供本地 HDR（高动态范围成像）支持、更高精度的数学运算，而无须将工作负载转移到 GPU 的 ISP（图像信号处理器）。Xavier 具有大量 I/O，旨在实现安全性和可靠性，支持各种标准，如功能安全 ISO 26262 和 ASIL C 级。CPU 集群使用一致性缓存，并且该一致性会扩展到所有其他片上加速器。

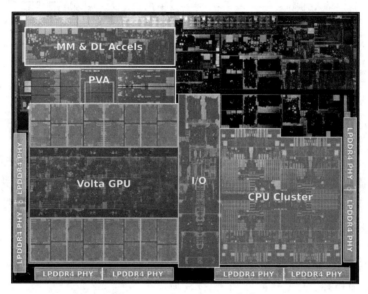

图 5-7　NVIDIA Xavier 芯片

Xavier 具有 8 个 CPU 内核，负责整芯片任务的控制和管理，如图 5-8 所示。NVIDIA 称其架构为 Carmel，是 NVIDIA 自己的定制 64 位 ARM 内核。这些内核实现了内置安全性的 ARM v8.2 指令集，包括双执行模式。该集群由 4 个双工组成，每个双工共享 2MB 的二级缓存。

Xavier 部署了 NVIDIA Volta GPU 变种产品（Volta 是 NVIDIA 桌面级/服务器级 GPU 某一代微架构），如图 5-9 所示，并进行了一系列更精细的更改，以满足机器学习市场的需求，特别是提高了推理性能。它有 8 个 Volta 流多处理器，以及标准的 128KB 的一级缓存和 512KB 的共享二级缓存。这些 GPU 在优化之前，既适用于神经网络训练也适用于神经网络推理。所以 Xavier 对推理性能的优化包括，为每个 Volta 流多处理器增加 8 个张量内核，每个内核的每个周期可以执行 64 个 16 位浮点乘加运算或 128 个 8 位

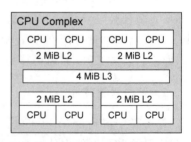

图 5-8　Xavier CPU

整型乘加运算。所有这些提供了最高 22.6TOPS(8 位整型)(万亿次操作每秒)的算力。

上文提到的另外 4 种加速器,旨在提供一种能更有效地实现一些常见算法集的方法。虽然 GPU+CPU 的组合理论上也可以实现这些功能,但使用专用的加速器可以使这两者的工作负担减轻,整芯片的工作效率变高。

PVA(Programmable Vision Accelerator,可编程视觉加速器)用于视觉计算。实际上,片上 PVA 有两个独

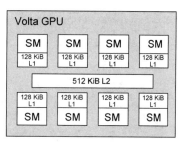

图 5-9　Xavier Volta GPU

立的实例,如图 5-10 所示,每个实例都可以锁步使用或独立使用,并且能够实现一些常见的滤波器环路和其他检测算法(如 Harris 角、FFT)。对于每个 PVA,都有一个 ARM Cortex-R5 内核和两个专用向量处理单元,每个单元都有自己的内存和 DMA。PVA 上的 DMA 旨在对内存块进行操作。为此,DMA 执行地址计算并可以在处理流水线运行时执行预取。这是由 2 个标量槽、2 个向量槽和 3 个内存操作组成的 7 槽 VLIW(超长指令字)架构。流水线是 256 位宽(实际略宽于 256,因为需要保护位保持操作的精度),并且所有类型都可以以全吞吐量(32 个 8 位、16 个 16 位和 8 个 32 位向量数学)运行。管道支持向量之外的其他操作,如用于表查找和硬件循环的自定义逻辑。由于整车的自动驾驶系统大量使用各种图像采集设备,PVA 的作用就是为全部这些摄像头提供 HDR 实时编码。

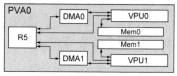

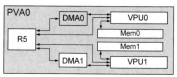

图 5-10　Xavier PVA

DLA(Deep Learning Accelerator,深度学习加速器)是开源 NVIDIA NVDLA 架构的物理实现。Xavier 具有两个 NVDLA 实例,能提供最大 5.7TOPS(16 位浮点)或者 11.4TOPS(8 位整型)的算力。

Tesla 的 FSD 芯片比 Xavier 要晚推出一年,并且只搭载在 Tesla 自家的车型上,符合 AEC-Q100 Grade-2 汽车质量标准。这一芯片的主要功能和 Xavier 高度相似,推出时也以 Xavier 的指标作为标尺说明自己的各项指标。Tesla 的野心相对更大,声称这一芯片面向 L4/L5 级别自动驾驶。

图 5-11 是 FSD 芯片的拍摄图,以及功能区域的划分。这一芯片采用三星 14nm 工艺,芯片面积 260mm^2。FSD 芯片包含 3 个四核 Cortex-A72 集群,共有 12 个 CPU,运行频率为 2.2GHz,一个 MaliG71 MP12 GPU,运行频率为 1GHz,2 个神经处理单元,运行频率为 2GHz,以及各种其他硬件加速器。FSD 最多支持 128 位 LPDDR4-4266 内存。

由于芯片本身是专门为 Tesla 自己的汽车和他们自己的要求而设计的,神经处理器和其他部件的大部分通用功能已从 FSD 芯片中剥离,只留下设计所需的硬件。所以可以明显看出,在工艺节点没有更先进的情况下,Tesla 宣称 FSD 具备 Xavier 数倍的算力,面积却比 Xavier 小 25%。

图 5-11 的右上角有两个不同的"安全"系统,一个是用于 CPU 双核锁步的 Safety Sys,对汽车执行器进行最终仲裁。该系统用于确定 FSD 计算机上的两个 FSD 芯片生成的两个计划是否匹配,以及驱动执行器是否安全。另一个是 Security Sys,用来确保芯片所执行的代码来源是安全的。

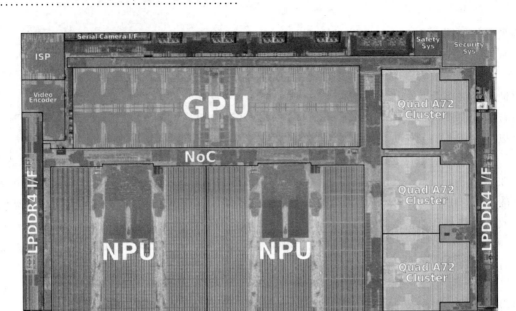

图 5-11 Tesla FSD

图 5-11 左上角的 H.265(HEVC)视频编码器可用于各种应用,如倒车摄像头显示、行车记录仪和云剪辑记录。图像信号处理器(ISP)旨在处理 Tesla 汽车上配备的 8 个 HDR 传感器,每秒能够处理 10 亿个像素。ISP 具有一些图像处理功能,可以暴露亮点或者暗点的更多细节。此外,ISP 具有降噪功能。

FSD 芯片集成了两个定制设计的神经处理单元(NPU)。每个 NPU 包含 32MB 的 SRAM,专用于存储临时网络结果,减少向主存的数据移动。整体设计非常简单。每个周期,256 字节的激活数据和另外 128 字节的权重数据从 SRAM 中读取到乘加单元(MAC)阵列中,然后将它们组合起来。每个 NPU 都有一个 96×96 的乘法累加数组,共有 9216 个 MAC 和 18 432 个操作,Tesla 使用了 8 位乘 8 位整数乘法和 32 位整数加法。这两种数据类型的选择很大程度上来自于低功耗考虑(例如,32 位浮点加法的消耗大约是 32 位整数加法的 9 倍)。在 2GHz 频率下运行时,每个 NPU 都有一个峰值 36.86TOPS 的性能。每个芯片上有两个 NPU,FSD 芯片能够达到 73.7TOPS 的综合峰值性能。在点积操作之后,数据被转移到激活硬件、池化硬件,最后进入聚合结果的写缓冲区。FSD 支持许多激活函数,包括整流线性单元(ReLU)、Sigmoid 线性单元(SiLU)和 tanh。每个周期,将 128 字节的结果数据写回 SRAM。所有操作同时且连续地进行,循环往复,直到整个网络完成。

FSD 的神经网络加速器比起许多通用商业产品来说(如 Xavier),简化了不少,这将复杂性迁移到软件上。这样做是为了降低硅的成本,以支持稍微复杂的软件。因此 Tesla 的软件工具需要对部署在自家硬件上的算法进行很多方面的深度优化。在正常操作下,神经网络程序在开始时被加载,并在芯片通电的整个持续时间内保存在内存中。运行是通过设置输入缓冲区地址(如新拍摄的图像传感器照片)、设置输出缓冲区地址和权重缓冲区地址(如网络权重)、设置程序地址并运行来完成的。NPU 将自己异步运行整个神经网络模型,直到到达触发中断的停止指令,让 CPU 对结果进行后处理。

看过 FSD 和 Xavier 两个芯片方案之后,在两个方案之间进行一个简单的对比,然后再把它们和桌面级 CPU、智能手机应用处理器和前文所述的域控制器 MCU 做一个对比。

FSD 和 Xavier 具有很多共性。首先,除开用于锁步的冗余配置,两套系统都仍然持有数目众多的 CPU 核心。其次,两者都十分强调对神经网络算法的支持。这一点并不难想象,自动驾驶是深度神经网络算法问世以来颇受关注,并且比较实际的应用场景之一。第三,两者都有一些专门的图像/视频流处理单元及 GPU。

不过 FSD 和 Xavier 的差异点更值得关注。FSD 和 Xavier 支持神经网络算法的方式有所区别。FSD 的神经网络功能几乎全部由 NPU 实现,而 Xavier 的神经网络功能是由 GPU 和 DLA 共同参与的。从 Xavier 统计算力的口径来看,应该主要是由 GPU,尤其是其中的张量核心实现的。FSD 中也有 GPU,但是其图形渲染能力并不突出,这一 GPU 应该用于 Model 3 等车型驾驶人中央大屏的显示驱动。而且 Tesla 在芯片发布中明确表示,后续版本的 FSD 芯片中 GPU 的地位会被继续削弱。NVIDIA 并不一定会选择走相同的技术路线,毕竟 GPU 是 NVIDIA 公司的主要业务。无论是业界还是学术界都能看到一种明显的趋势:专用的神经网络加速器能效比远高于 GPU。但自从深度神经网络问世以来,NVIDIA 公司的 GPU 产品却一直是神经网络算法研发和部署的热门选择。因为各种神经网络加速器目前并没有统一的架构和编程模型,编程性不如 GPU。

虽然在本章中看到了 Tesla 和 NVIDIA 这两家公司同类产品的同台竞技,但如果回顾一下两家公司的主要业务,就不难找到两家公司会选择不同技术路线的原因。NVIDIA 是一家电子设备供应商,它的产品需要被汽车行业不同的原始设备制造商(OEM)采购和使用。因此 NVIDIA 的产品需要保证通用性和易用性,从而便于各汽车厂家在其基础上开发自己的产品和特性。但 Tesla 正是一家汽车制造商,设计和制造 FSD 芯片的行为,类似于智能手机领域的苹果公司向产业链上游延伸,制造 A 系列手机应用处理器(与之相对,NVIDIA 在自动驾驶处理器领域相当于 Qualcomm 骁龙系列手机应用处理器)。这种延伸可以筑高他们在自己原有领域的技术壁垒,为消费者提供无可替代的使用体验。在进行这种设计时,Tesla 可以切割行业同类产品中他们认为不需要的功能,从而在相同甚至更低的成本下提供更强劲的性能表现。

把 FSD 和 Xavier 等车用处理器和消费者级处理器,如跟桌面级处理器或手机应用处理器进行横向对比,又能提供一些对自动驾驶处理器(或者考虑域控制功能的整车中央控制器)的洞见。首先,自动驾驶处理器并不追求 CPU 的极致性能。不像手机或者计算机处理器,CPU 的性能十分影响整机的表现及价格。这一点在 FSD 上尤其明显,FSD 的推出比 Xavier 晚整整一年,使用的工艺节点却并不比 Xavier 先进;而且 FSD 所采用的 ARM Cortex-A72 也是很多年前的微架构。但是自动驾驶处理器的 CPU 数量却并不少于手机应用处理器,这说明自动驾驶和整车控制算法的并发进程数量较多。其次,FSD 和 Xavier 都没有嵌入式总线和数量繁多的外设,这一点不同于 MCU 和手机应用处理器,却和桌面级处理器风格相像。这是因为 FSD 所在的 AP 3.0 系统把这部分控制任务下放给了板上的另一个域控制器 MCU。

下面再对自动驾驶芯片中两类主要模块:图形处理单元(GPU)和神经网络处理单元(NPU)做一个介绍。

1) 图形处理单元

将 GPU 应用于图形渲染领域以外的通用计算任务有着数十年的发展历史。GPU 本身就是为图形渲染而生的,拥有非常多的渲染管线,能够满足短时间内计算一帧大量像素点并输出的需求,具有非常高的并行度和数据吞吐能力。因此,早在 GPU 的发展初期,人们便已经尝试将数字信号处理等领域的程序映射到图形渲染操作上,交由 GPU 渲染管线进行操作和处理。而后,NVIDIA 公司改进设计,将 GPU 中各种不同的渲染管线部件转换为相同的可编程着色器单元,并开发出配套的软件开发平台,由此实现了 GPU 上的通用计算,这也就是目前 NVIDIA GPU 的流处理器架构与 CUDA 平台(NVIDIA 推出的运算平台)的雏形。NVIDIA 公司的这套系统也是目前在人工智能、高性能计算等领域应用最为广泛的 GPU 通用计算方案。

传统意义上,单核的 CPU 可以认为是单指令流单数据流架构(SISD),而 GPU 则是典型的单指令流多数据流架构(SIMD)。如图 5-12 所示,GPU 的一个最小单元(NVIDIA 称之为流多处理器,Streaming Multiprocessor 或 SM)中,可能含有 16 个、32 个或者更多的计算核,每一个计算核与 CPU 中的 ALU 相当,都能够执行单个数据的运算操作。但每个 SM 中指令缓存和发射单元显著地少于计算核的数量。发射指令时,每条指令会发射到一组若干计算核上,计算核便会对不同的数据进行相同的操作,由此形成 SIMD 流水线。由于这一特性,GPU 编程中也常用"线程束"这一概念,以对应于 CPU 中"线程"的概念。此外,在 CPU 中,实现线程间的切换需要将寄存器数据全部保存至内存,再切换程序计数器的值;而在 GPU 上,每个 SM 内都含有海量的寄存器堆,可以同时存放数十个线程束的寄存器信息。因此,在 GPU 上切换线程束是一件非常简便的操作,因而当某个线程需要等待访存

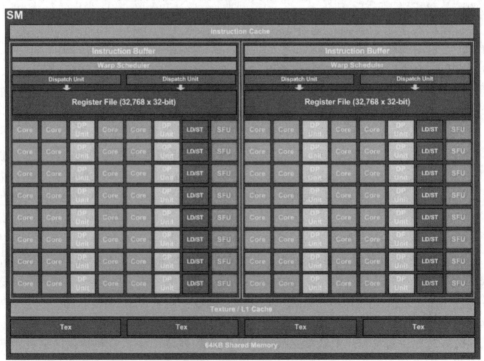

图 5-12　NVIDIA Pascal GP100 单个流多处理器原理示意图

时,GPU可以直接切换到其他线程进行运算,以掩盖访存造成的延时。与CPU相似,GPU的SM单元同样含有L1缓存。

完整的GPU如图5-13所示,通常含有若干SM,它们还会共享L2缓存、调度器、片外DRAM等部件。作为提高计算单元密度和并行度的代价,GPU并不具有内存预取、分支预测、乱序执行等CPU上常见的高级控制特性,SM内不同计算核之间、SM与SM之间的数据交换也常常需要经过缓存和DRAM进行,而非直接通信。

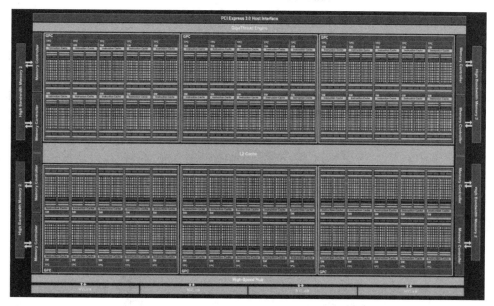

图 5-13　NVIDIA Pascal GP100 整体架构图

NVIDIA的CUDA平台设计了一种与其GPU硬件相匹配的编程模型。所有线程并行执行的程序被称为核函数(Kernel),虽然线程执行的操作相同,但通过线程编号、线程束编号等保留字,不同的线程能够访问它们所操作的不同数据。在调用核函数时,所有的线程首先被打包并组织为若干线程块(Block),而后这些线程块又被组织为一个线程网格(Grid)。CPU将线程网格发送到GPU上准备计算,而后GPU上的调度器将各个线程块下发至空闲的SM,SM以线程束的组织方式(一般为32线程一组)并行执行核函数,直到线程块内所有线程均被执行完毕。同一线程块内的线程通过SM内的共享存储交换数据,而线程网格则直接访问显存。

2) 神经网络处理单元

首先需要指出的是,虽然神经网络处理单元已经大规模商用在消费类和商业类电子产品中,但仍然不像历经数十年发展的GPU一样有业界统一的称谓,标题中的"处理单元"有时也称为"处理器""加速器""加速单元""计算引擎"等;标题中的"神经网络"有时用"深度学习""机器学习"等称呼替代。

与没有统一称谓对应,NPU也没有成熟统一的参考架构。这一领域在几年前(2016—2020年)仍是体系结构和固态电路领域的学术热点。

本节就NPU产品一般具备的共性特征做一个简单介绍。首先NPU的应用目的是较为明确的,专用于人工神经网络算法的计算任务。有些NPU只支持部分类别甚至部分特定算法的计算；有些 NPU 则有通用性的追求，希望可以支持尽量多的网络和网络类型，甚至简化程序员从通用计算平台迁移到 NPU 产品上的程序。

现有 NPU 大都采用基于 CMOS 工艺的冯·诺依曼体系结构，这类 NPU 设计注重 2 个模块：运算单元和存储单元。

以卷积神经网络为例，网络中绝大部分计算任务可以由如下公式描述：

输出像素 $@(x,y,\text{Nof}) =$

$\sum_{\text{Nif}=0}^{\text{Nif}} \Big[\sum_{y'=0}^{\text{Nky}} \sum_{x'=0}^{\text{Nkx}} $ 输入像素 $@(x+x',y+y',\text{Nif}) \times $ 核权重 $@(x',y',\text{Nif},\text{Nof}) \Big] + $ 偏置 $@(\text{Nof})$

其中，Nkx 为卷积核的宽度；Nky 为卷积核的高度；Nif 为卷积核的深度；Nof 为卷积核的组数。

一个常见的卷积层由一组输入特征图谱和一组卷积核构成，其中特征图谱往往也称为图像，卷积核也称为过滤器。**特征图谱具有 3 个维度**，分别是图谱的宽度（Nix）、高度（Niy）和深度（Nif），其中深度在图像中即通道数，或者直接称为特征图谱的数量。例如，一张 1280×720×3 的彩色图片，就因此包含 2 764 800 个像素点数据。而**卷积核具有 4 个维度**，分别是卷积核的宽度（Nkx）、高度（Nky）、深度（Nif）和组数（Nof）。其中深度和对应卷积层的输入特征图谱深度等同。组数则和对应卷积层的输出特征图谱深度等同。卷积核的宽度和高度一般相等，呈正方形，常见取值有 2、3、5、7 和 11。

进一步观察上面的公式中所涉及的计算类型，主要是乘法和加法，而且乘法和加法同时出现。所以这种计算类型就被称为乘（累）加运算。单个乘加运算单元如何组织成向量或者阵列，就是 NPU 运算单元设计的核心问题。

有两种组织方式：树状结构和阵列结构。图 5-14 展示了中科院计算技术研究所 DianNao 等作品使用的树状结构示意图。阵列结构的资源利用率上限通常更高，其本质是数字信号处理领域中脉动阵列（Systolic Array）结构。图 5-15 中展示了 Google TPU 中矩阵乘法单元的脉动数据流。权重由上向下流动，输入特征图的数据从左向右流动。在最下方有一些累加单元，主要用于权重矩阵或者输入特征图超出矩阵运算单元范围时保存部分结果。控制单元负责数据的组织，具体来说就是控制权重和输入特征图的数据传入脉动阵列以及在脉动阵列中进行处理和流动。

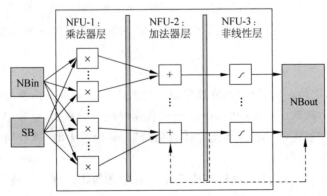

图 5-14　中科院计算技术研究所 DianNao 树状结构运算单元示意图

因为数据存取的速度大大低于数据处理的速度，因此存储单元的设计直接影响到 NPU

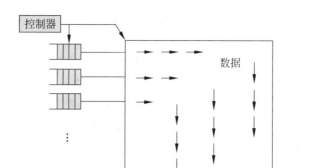

图 5-15　Google TPU 脉动阵列运算单元示意图

的性能。2021 年和 2022 年在体系结构和固态电路学术会议中大量涌现出近存计算和存内计算的学术论文。但这种前沿的概念暂时不会应用在汽车产品上,所以在车规级芯片中的存储瓶颈仍然主要靠片内的 SRAM 来克服。其中一个重要方面就是 SRAM 的规模。图 5-16 是 Tesla FSD 芯片的神经网络处理单元,其中 MAC 就是实现乘加的运算单元,其面积比起周围众多的 SRAM 显得并不起眼。而 SRAM 和运算阵列的连接方式,也是组织运算阵列时需要着重考虑的方面。

图 5-16　Tesla FSD 芯片的神经网络处理单元

5.1.2　半导体存储器

在计算机系统中,仅仅具有一颗高性能的处理器是远远不够的。为了与处理器的数据处理能力相匹配,存储器也必须拥有较大的容量和较高的速度,以及较低的访问延迟,此外,数据存储的稳定性也是至关重要的。遗憾的是,以现有的科技水平,以上这些性能指标无法在同一块存储器上都做到非常好。磁盘、光盘等介质能够具有较大的容量,且单位容量成本较低,但存取速度和访问延迟与处理器的工作频率相差了数个数量级。使用半导体技术制作的 SRAM、DRAM 具有与处理器相媲美的工作频率和低至数十纳秒的延迟,但成本高昂,难以做到较大的容量,并且它们的存储必须依赖电源进行维持,断电则会导致数据的全部丢失。近年来流行的闪存,同样使用半导体技术制造,解决了断电丢失数据的问题,访问速度和延迟相比磁盘有了很大的飞跃,但在寿命上与磁盘和 DRAM 还存在一定的差距。

为了解决存储器在指标上的矛盾,人们利用了计算机程序的局部性原理。局部性原理包含如下两种情况。

(1) 时间局部性:如果存储器中的一个数据项被处理器使用,那么在不久的将来它很可能再次被处理器使用。例如,在一段计算累计值的程序中,求得的和会在每次加法时写入同一个结果数据项中。

(2) 空间局部性:如果存储器中的一个数据项被处理器使用,那么与它相邻、接近的那些数据项在不久的将来也很可能被使用。例如,在一段循环遍历数组元素的程序中,数组元素在存储器中连续存储,它们便会依次被访问。

借助局部性原理,人们为计算机系统设计了层次化的存储结构。一般而言,最接近处理器的是缓存,一般使用 SRAM,多数情况下它和处理器一同设计并制作,容量最小,速度也最快。下一层级是内存,一般使用 DRAM,它的速度稍慢,但容量比 SRAM 大许多。再下一层级则是外存(包含磁盘和闪存),速度更慢,但容量更大。在这一层次结构中,系统会根据一些策略,将处理器频繁使用或可能将要使用的数据提前载入更靠近处理器的存储器中;将处理器很久没有使用,或可能不再使用的数据从较近的存储器移出到较远的存储器。具体的策略设计和层次结构设计会在计算机组成原理、体系结构相关的书籍中介绍,因此这里不再赘述。由此,存储器系统在容量和速度上都取得了优秀的表现。

半导体存储器在汽车电子中具有广泛的用途:不论是发动机控制还是制动系统控制,只要是需要用到处理器的场合,大多都需要若干配套的存储器,用以存储控制程序、接收传感器获得的数据,以及缓冲输出数据和控制信号。随着车机系统、智能感知系统、自动驾驶、电子仪表盘等系统的引入和普及,汽车变得越来越智能化。这不仅要求汽车具有强大的处理器,也要求汽车具有容量更大、性能更好的存储器,用以处理海量的数据。

对于汽车以及一些嵌入式应用而言,层次化的存储结构可以在一定程度上省略、简化某些层次。车机系统与手机、计算机等产品类似,需要较为完整的存储结构,但考虑到工况环境,外存不宜选择对机械振动敏感的磁盘,而应选择闪存。对于发动机控制、刹车控制等系统,处理器的功能单一,程序也相对简单固定,因此可以完全省略内存层级,此时的外存层级则可以使用小容量、高寿命的闪存或是 ROM 存储控制程序作为替代。在这些场景中,缓存也存在进行简化的可能,例如,与处理器的寄存器堆合并,使得处理器的设计更为简单。

根据存储器的功能,半导体存储器可以分为只读存储器和读写存储器两类。而根据断电后是否能保存数据的区别,又可以分为易失性存储器和非易失性存储器两类。以下将会简要介绍各类半导体存储器的原理、特点以及应用。

1. 只读存储器

只读存储器(ROM)通过电路的拓扑结构存储数据,因而电路一旦制造完成,便几乎无法修改。此外,也使得它具有极高的稳定性,难以出现存储内容发生预料外变化的情况。ROM 单元可以设计成当它的字线有效时,0 或 1 就会出现在它的位线上。因此,一个 ROM 阵列的样式大致为若干字线和若干位线交织组成的阵列,通过二极管或有电源的 MOS 管连接一根字线和一根位线,即可使得该处的字线与位线导通。由此,这些导通关系表示了存放的逻辑 1 或 0。根据结构的不同,只读存储器还可以分为 NOR ROM 和 NAND ROM 等不同结构。图 5-17 所示的 ROM 中,同一字线上作为存储单元的若干 MOS 管,共同构成了或门的输入端,底部的 NMOS 则为相应的下拉负载,因而被称为 OR ROM。

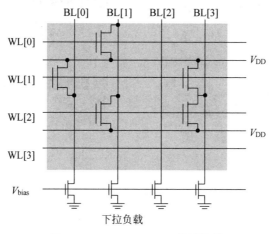

图 5-17　4×4 OR ROM 单元阵列

由于 ROM 存储器较高的稳定性,它经常被用于存储具有特定功能且不会修改的程序,如计算机的引导程序等。在车载领域,它可以被用于存储发动机控制程序等一旦完成便很少修改的程序。而 ROM 阵列的版图实现则有多种方法。图 5-18 展示了一个使用 PMOS 作为上拉器件的 ROM(即 NOR ROM),其中有 MOS 管的位置被编程为 0,反之为 1。在 ROM 的版图中,多晶硅条和金属条分别作为字线和位线交织以形成存储器阵列,其中奇数单元相对水平轴成镜像,以共享地线,节省面积。

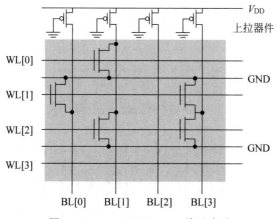

图 5-18　4×4 NOR ROM 单元阵列

若要对这一 NOR ROM 进行编程,一种方式是在扩散层进行有选择的编程。如图 5-19(a)所示,需要布置 MOS 管的位置,对应的位线金属下方进行了扩散,以形成 MOS 管结构。另一种方式则如图 5-19(b)所示。在所有位置布置 MOS 管,但仅在需要的位置布置通孔以连接 MOS 管与位线,从而构成一个"0"单元。

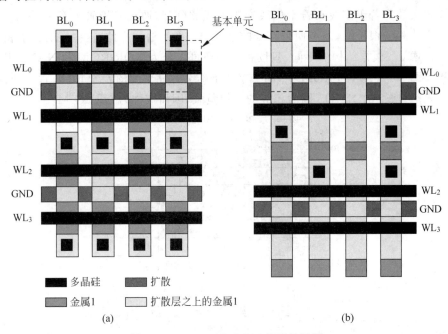

图 5-19　4×4 NOR ROM 的两种版图

通常而言,在相同的工艺条件下,使用扩散层进行编程可以获得更小的面积。此外,使用通孔进行编程时,由于接触层一般是集成电路工艺中较为靠后的步骤,因此编程这一步骤得以推迟,这使得硅片可以先完成直到接触层之前的所有工艺制造过程并存放起来。当编程内容确定后,存储器的后续制造过程可以很快完成,由此缩短了交付所需的时间。

此外,为了随机根据地址存取数据,存储器必须配备地址译码器,本节后续所介绍的其他存储器亦是如此。行译码器的任务是从 2^M 个存储行中确定一行,而列或块译码器则表现为 2^K 个输入端的多路开关。在一个 2^M 行译码器中,输入端为 M 位的地址,通过 2^M 个 M 输入的逻辑门变为能够驱动字线的输出信号。例如,在一个 8 位地址的存储器中,地址为 127 的行所需的逻辑门对应的函数如下所示:

$$WL_{127} = \overline{A}_0 A_1 A_2 A_3 A_4 A_5 A_6 A_7$$

这样的函数可以通过一个 M 输入的 NAND 门和反相器构造,也可以通过 M 输入的 NOR 门构造。但对于更为庞大的存储器阵列,较大的 M 会使得逻辑门具有较大的扇入,将对性能造成负面影响。此外,存储器字线的间距也限制了逻辑门版图的范围。为解决这一问题,图 5-20 给出了一种思路,将译码逻辑函数重组,通过分段预译码再产生字线信号的方式减小扇入、传播时延,并改善负载。

对于一个 2^K 列的列或块译码器,有如图 5-21 所示的两种实现方式。一种是构造一个 $K \sim 2^K$ 的多路选择器,每个输出端通过传输管或互补传输门的方式控制位线的导通与否;另一种是构造树状译码器,能够以更少的晶体管数量完成译码工作。但由于控制位线的信号需要经过 K 个传输门构成的链,在较大的存储器中可能会造成更长的时延。此外,也可以将两种方式进行结合,一部分采用多路选择器进行预译码,另一部分采用树状译码器进行译码。

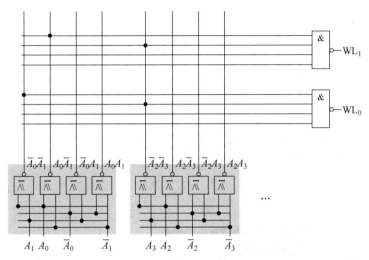

图 5-20 使用 2 输入预译码器进行译码

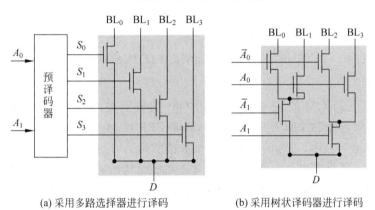

(a) 采用多路选择器进行译码　　(b) 采用树状译码器进行译码

图 5-21 多路选择器译码和树状译码

2. 非易失性读写（NVRW）存储器

NVRW 存储器的阵列结构与 ROM 类似，同样是放在字线和位线网络中的晶体管阵列。与之不同的是，NVRW 存储器中使用的是浮栅晶体管，能够通过某些方式改变阈值电压，因而可以通过阈值电压的区别存储数据，而非通过物理结构存储数据。

图 5-22 是浮栅晶体管的横截面，其结构与普通的 MOSFET 器件类似，但在栅与沟道之间添加了一层不与它们连接的多晶硅浮栅。它除去拥有多数与 MOSFET 同样的特性，还具备了改变阈值电压的能力：在源和栅-漏端之间加一个较高的电压，会引发电子的雪崩注入，并聚集在浮栅上。为克服浮栅上的负电荷，栅极需要更高的电压以导通晶体管，由此增加了阈值电压。此外，浮栅被二氧化硅包裹，即使电源被移去，浮栅上的电子也可以长时间存放，从而形成了非易失性存储。

根据数据擦除机理，NVRW 存储器又可分为以下几类。

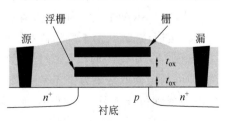

图 5-22 浮栅晶体管的横截面

1) 可擦除可编程只读存储器(EPROM)

EPROM 的封装上具有一个透明窗口,使用紫外光通过透明窗口照射存储单元,在氧化物中产生电子-空穴对,稍稍导通,使浮栅上的电子得以离开。但该擦除过程需要较长的时间,同时存储器也具有较短的擦写寿命。

2) 电擦除可编程只读存储器(EEPROM)

在 EEPROM 中,浮栅的形状进行了微调,其靠近漏端一侧与沟道间的绝缘介质较薄,如图 5-23 所示。当向此处施加一个较大的电压时,电子可以隧穿进入或离开浮栅,从而实现擦除。但这一擦除过程必须将存储器移出系统进行。

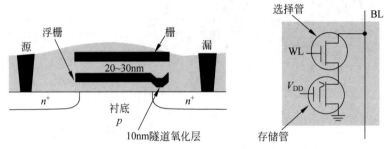

图 5-23　EEPROM 使用的浮栅隧道氧化(FLOTOX)晶体管及其单元结构

3) 闪存(Flash)

闪存结合了 EPROM 的高密度和 EEPROM 的灵活性。它与 EEPROM 最大的不同是,擦除操作是对存储芯片的子部分进行的,而非 EEPROM 那样精确到一个单元。

借助 3D 堆叠等技术,现今的 NAND Flash 能够做到有很高的存储密度,已经被广泛应用于电子计算机、手机等设备的外存中。相比于机械结构的磁盘,它具有更佳的读写速度以及抗震性能,但读写寿命略短。在车载领域,它可以用于车机系统、影音娱乐等安全等级要求一般的场合。

3. 读写存储器

1) 静态随机读写存储器(SRAM)

如图 5-24 所示,一个标准的 SRAM 基本单元由 6 个 MOSFET 组成,其中 4 个构成了一对交叉耦合的反相器,两个反相器的输出各自连接到另一个反相器的输入端;另外 2 个则控制用于读写的一对位线,它们的栅极由一条字线控制。反相器对具有两个稳态,因而每个基本单元可以存储 1bit 的数据。

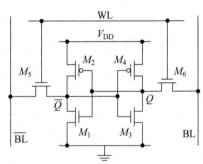

图 5-24　6 管 SRAM 单元

当读取 SRAM 中的内容时,两条位线会首先预充为逻辑 1,此后字线拉高电平以接通位线。接通位线后,由于反相器对的两端逻辑值并不相同,其中为 0 的一端将会拉低相应的位线电平,从而使得两根位线上产生电位差,经由放大电路辨识出哪一根位线电压出现下降,即可判定读取结果为 1 还是 0。若向 SRAM 中写入内容,则控制电路先将需要写入的状态加载到位线上,即一根驱动为逻辑 1,一根驱动为逻辑 0。随后字线拉高电平,接通位线,一般而言,用于接通位线的 2 个 MOSFET 的驱动能力更强,从而使得位线上的电平能够覆盖交叉耦合反相器的状态,完成写入操作。

从以上的原理不难看出,SRAM 的基本单元属于有源电路,需要保持电源电压才能保持数据,因而属于易失性存储器。不过得益于 CMOS 反相器较小的静态功耗,SRAM 在空闲以及低频场景下也非常省电。它具有较为简单的控制逻辑,读写速度也足够快,因而不仅可以构成处理器中的寄存器和缓存,也可以作为数据缓冲。但此外,由于 SRAM 的基本单元含有 6 个晶体管,因而需要较大的版图面积,连线也相对更为复杂。此外,将两个 PMOS 管布置在 N 阱中也会占用额外的面积。图 5-25 给出了 SRAM 版图的一个示例。相比于 DRAM,更加难以达到较高的存储密度,同时也比较昂贵。

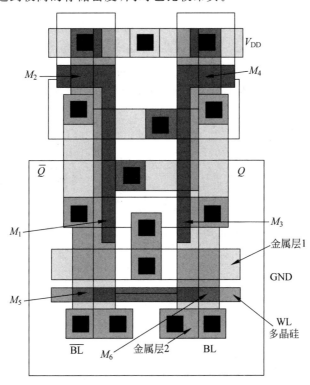

图 5-25　6 管 SRAM 单元的版图

2) 动态随机读写存储器(DRAM)

如图 5-26(a)所示,单管 DRAM 单元一般由一个电容和一个晶体管构成,电容上存储电荷的多少标志了该单元存储的是逻辑 1 还是 0,MOSFET 的其中两端连接了字线和位线。若进行写入操作,则将数据放在位线上,拉高字线电平导通晶体管,此时电容借由位线被充电或放电,完成写入操作。在进行读取操作时,位线首先预充到操作电压的一半,而后字线拉高电平,控制晶体管导通。此时电容和晶体管会进行电荷的重新分配,导致位线电压发生变化,而这一变化的方向被放大电路辨识,从而获得存放数据的值。图 5-26(b)展示了这两个过程的电平变化。由于读取过程会破坏电容上的电荷,还需要将放大电路的输出加到位线上,同时保持字线的高电平,以刷新电容上的电荷。此外,由于电容上的电荷会不断流失,DRAM 阵列还需周期性地对电容重新进行充放电操作,以刷新电荷。由于单管 DRAM 阵列的结构足够简单,它能够获得较高的存储密度,因而被广泛地作为计算机的内存使用。

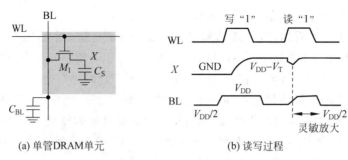

图 5-26 单管 DRAM 单元及其读写过程

DRAM 单元虽然仅有 1 个晶体管,但必须配备一个较大的电容。图 5-27 给出了 DRAM 单元横截面和版图的一个示例。因此,将这样一个大电容放置在尽可能小的面积内是 DRAM 设计的关键挑战。为提高 DRAM 的存储密度,存储电容已经转向了三维结构。如图 5-28 所示,例如在衬底中垂直实现电容,或是将电容叠落在晶体管的顶部。

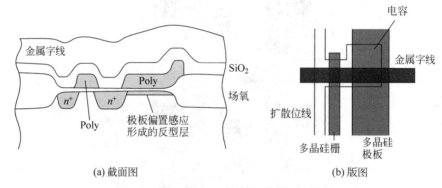

图 5-27 单管 DRAM 单元的截面图和版图

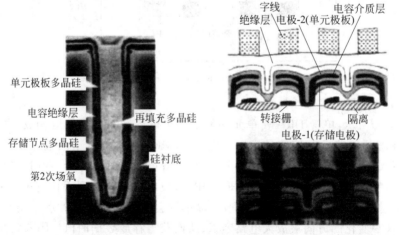

图 5-28 沟槽电容和堆叠电容

在先前的车载领域中,安全关键方面的计算需求主要是处理发动机、刹车、运动传感器和驾驶人输入的数据,并以此控制发动机和刹车系统,使用 SRAM 足以满足,同时还能够获得较好的可靠性及实时性。而随着自动驾驶的发展,对摄像头、雷达等高带宽传感器的数据进行处理要求了更大容量和带宽的存储;自动驾驶系统需要进行更高强度的运算用以进行驾驶控制。这些应用的出现,使得 DRAM 在车载领域得到了更加广泛的应用。

5.1.3 半导体传感器

半导体传感器分为两类:一类主要是利用半导体本身的各种电学相关效应,如热敏电阻和光敏电阻制成的温度、亮度传感器;另一类是微机电系统(MEMS)传感器。这是一种机械部件和电子电路结合形成的微型设备,尺寸从几十微米到几百微米。

MEMS 的常见应用包括传感器(Sensor)、执行器(Actuator)和过程控制单元。这些也是 MEMS 在汽车电子系统中的主要出现场合,尤其是传感器。

传感器的本质上是现实世界中其他物理量(如速度、加速度、压力、温度等)向汽车电子系统中电信号转换的渠道。执行器则相反,是汽车电子系统控制其他物理量的手段(如力、光)。

MEMS 在当下日常生活中的应用相当广泛。以个人电子设备为例,智能手机中已经普遍安装了以 MEMS 技术为基础的惯性传感器、麦克风、射频天线阵列等装置。21 世纪初,民用旋翼无人机的推广与惯性传感器的小型化紧密相关,其背后也是 MEMS 技术的成功商业化。然而,在 20 世纪 80 年代,MEMS 技术最早的主要商业化目标之一,正是汽车安全相关市场。初代 MEMS 惯性传感器产品参与了安全气囊展开时机的判断。

MEMS 的制造过程,使用了与微电子或者说半导体制造过程相同或者接近的工艺和设备,制造微型化的机械结构,如图 5-29 所示。一般同时还会借用硅基工艺的便利将与之相关的电路和机械结构连接、集成在一起。所以这些机械结构比起它们在宏观世界的对应物便要精巧和小型得多。不同功能的 MEMS 器件往往在结构上也大相径庭,所以在不同种类的 MEMS 器件之间并不存在统一的设计方法学。不过不同种类的 MEMS 器件在制造工艺方面有互通之处。

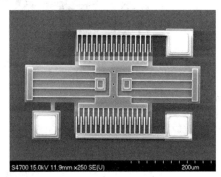

图 5-29 某经典 MEMS 加速度传感器结构

MEMS 传感器和执行器的工作原理,本质上是其他物理信号和电信号的相互转换。MEMS 传感器将工作环境中的各种其他物理量,如加速度、气压、振动、光,经由机械结构感知之后,转换为硅基电路能够识别的电信号,如电压、电流。而 MEMS 致动器则与之相反,将电信号变化转换成其他物理信号变化。换句话说,电路部分控制着机械部分做出运动,或者其他变化。

按照所实现的功能划分,MEMS 已经出现了很多类别。除了传统的传感器和致动器,还有生物 MEMS(如微流体 MEMS)、射频 MEMS 等。本节将把目光主要聚焦在汽车安全领域应用广泛的传统传感器 MEMS 上。

1. 压力传感器

气压传感器在汽车系统中应用广泛,如发动机的燃烧压、吸入压、致动压、胎压等。这里以一个实际商用化的燃烧压 MEMS 传感器为例介绍一种压力传感方式。

稀薄燃烧是一种众所周知的提高发动机燃料效率和改善废气排放的方法。燃烧压传感器是检测燃烧状态的关键传感器。燃烧压传感器直接安装在发动机上,需要承受燃烧引起的高温。

图 5-30(a) 是一个已经安装在发动机上的燃烧压力传感器。传感器需要在 700～1200℃ 的高温下测量 1～2MPa 的缸内压力。如图 5-30(b) 所示,该燃烧压传感器由金属膜片、陶瓷棒、力检测器组成,总长 68mm。如图 5-30(c) 所示,力探测器由金属半球、玻璃传力块、硅芯片和玻璃底座组成。硅片为取向 <110> 的单晶。其表面有两个输入电极和两个输出电极。这是一种利用了半导体压阻效应的 MEMS 压力计。图 5-30(d) 是压力施加时的电流分布示意图。硅片受到压力时,由于压阻晶体的各向异性,各部分的电阻值会发生各向异性的变化,硅片内的电流分布也会对应发生变化。因此,输入电极之间的中心两端出现了电位差,这一电位差可以被输出电极检测到。燃烧压力传感器测量发动机气缸内压力的结果如图 5-30(e) 所示。6000rpm 的旋转速度下,每个 720 曲柄角处都可以观察到燃烧(Combustion)引起的压力峰值,这正是一个四冲程发动机的特点。

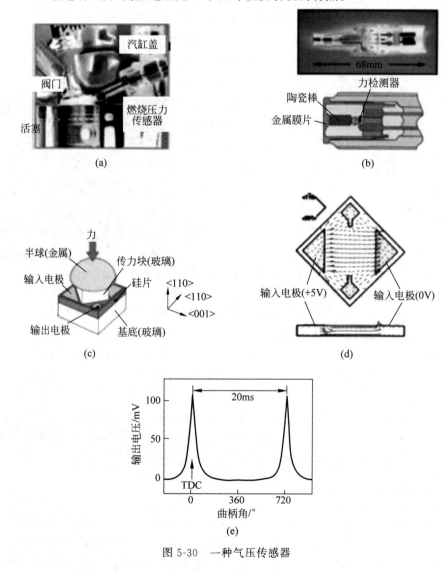

图 5-30 一种气压传感器

2. 陀螺仪

以车辆运动控制中起到重要作用的偏航率传感器为例,介绍 MEMS 陀螺仪的原理。汽车稳定性控制(VSC)和车辆动力学集成管理(VDIM)被称为丰田汽车的防滑系统。该系统可以防止车辆在下雪、结冰、潮湿和/或泥泞的道路上发生事故。将由偏航率传感器检测到的车辆转速与通过转向实现的转速进行比较。如果旋转速度过快,相应的车轮会自动制动,产生反自旋力,防止打滑。

偏航率传感器有一个由单个石英晶体制成的 h 型音叉,如图 5-31 所示。石英是一种适用于微加工(Micro Machining)的压电材料。该音叉上半部分用于激励,下半部分用于检测。由于石英晶体是自发极化的,它可以通过附加电极施加交流电压来激发振动。当施加角速度时,传感器产生科里奥利力,并产生与电流激发振动方向上正交的振动。下音叉产生的这一正交振动被检测为电荷变化。

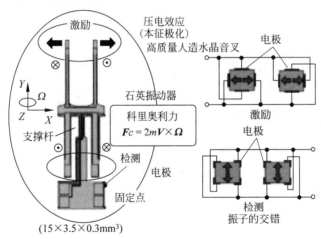

图 5-31 偏航率传感器的结构

图 5-32 是一个晶体偏航率传感器元件和初级信号放大器安装在一起的封装。

如今,SoI(Silicon on Insulator,绝缘体上硅)工艺制作的偏航率传感器逐渐成为主流,如图 5-33(a)所示。SoI 偏航率传感器由单晶硅制成。它有两个平衡质量和多个梳状电极,如图 5-33(b)所示。传感器结构是使用深反应离子蚀刻(DRIE)工艺制作的,其配重块由静电力驱动。通过电容变化检测偏航率信号。

 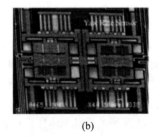

(a) (b)

图 5-32 偏航率传感器封装　　图 5-33 SoI 偏航率传感器

目前的研究热点是频率调制型和积分型陀螺仪传感器。通常采用环型激振器在同一个

简并激振器上产生 x 轴和 y 轴的振动。为了达到高灵敏度,必须稳定地驱动高 Q 值(振荡器的品质因数)和高频率的简并模式。这类传感器高度依赖数字信号处理器的反馈控制,以实现高精度和稳定。

惯性导航系统需要加速度传感器和陀螺仪。图 5-34 是一种全差分三轴加速度传感器。

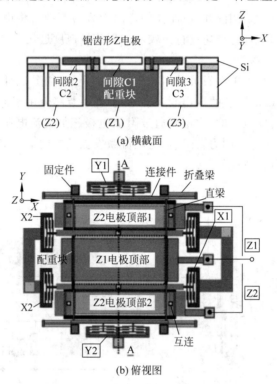

图 5-34 全差分三轴加速度传感器

全差分三轴加速度传感器采用 SoI 和 DRIE 技术制作。该传感器有一个锯齿形 Z 电极和一个用于检测 Z 轴加速度的大配重块。锯齿形电极实现了 Z 方向全差分检测。该器件的扫描电镜(SEM)照片如图 5-34(a)所示。大配重块在 X 轴方向上的边缘有 4 个 x 电极。在 Y 轴的边缘也有 4 个 y 电极。在 X 轴和 Y 轴,4 个 x 电极和 4 个 y 电极分别获得全差分信号。X、Y、Z 三个轴在差分前的输出如图 5-34(b)所示。三轴方向上在差分前的输出特性都很规整。

为了获得高精度的加速度信号,可以采用数字信号处理技术对所获取的信号进行加强。

3. 光学扫描仪

光学扫描仪是一类相对较新的车用传感器类型。在自动驾驶中,道路、建筑、汽车和人的检测是很重要的。无线电探测和测距、激光雷达(LIDAR)、声音导航和测距以及摄像头都是众所周知的车外传感器。由于激光雷达可以识别人的形状,人们对激光雷达的期望很高。激光雷达发射光,检测从物体反射的光,并根据光的飞行时间测量距离。距离数据是通过对激光的受激辐射(LASER)光放大进行二维扫描得到的二维图像。上述测量原理中,有使用旋转镜(多边形镜)或使用振动镜(MEMS 镜)两种光扫描方法。

激光雷达由 3 个激光二极管、1 个 MEMS 反射镜、多个透镜和 1 个 CMOS 单光子雪崩二极管(SPADS)成像仪组成,如图 5-35 所示。MEMS 反射镜是一个双框架结构的二维扫描仪,采用硅材料制成,反射镜尺寸为 $8\times4mm^2$。反射镜需要足够大,以放射出有足够光斑直径的激光束去识别 100~400m 以外的物体。如图 5-35 所示,一束激光在方位角 15°、仰角 11°的区域中扫描;因此,一个反射镜的 3 条激光可以扫描总大小为 $45°\times11°$ 的区域。MEMS 镜子的背面有一块小磁铁。如图 5-36(a)所示,它由两个电磁铁(动磁铁型)进行二维驱动。动磁铁驱动适用于大幅度的扫描,通过谐振和非谐振模式实现大振幅光栅模式扫描。低速扫描轴的扫描频率为 30Hz,无共振;高速扫描轴的扫描频率为 1.3kHz,有共振。利用霍尔元件检测和控制镜面的运动。图 5-36(b)展示了这样一个由反射镜和帧驱动电磁线圈组合在一起的 MEMS 扫描仪的照片。扫描仪尺寸为 $14\times17\times25mm^3$。使用 MEMS 扫描仪获得的二维距离图像如图 5-37 所示。人们和建筑物被清楚地识别出来,距离也被精确地测量出来。

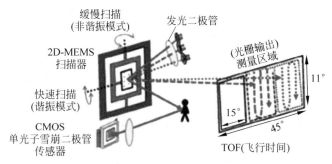

图 5-35　MEMS 激光雷达

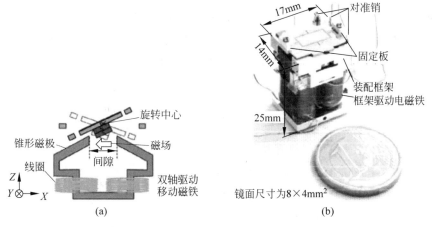

图 5-36　LIDAR 的动磁铁 MEMS 扫描器

图 5-37　LIDAR 的 MEMS 的深度图像

5.1.4　数据转换器

A/D 转换器和 D/A 转换器是 SoC 系统中最常见的模数混合电路。在电路中,正如

图 5-38 所示,它们是模拟信号和数字信号之间的桥梁。A/D 转换器将模拟信号转换为数字信号,D/A 转换器则是完成相反的转换过程。虽然两者完成对偶的逆向过程,但 A/D 转换器在电子系统中出现的频率远远高于 D/A 转换器,因为越来越多的系统已经不需要一个模拟的输出来呈现信息处理结果。但是系统从所处环境中采集的信号仍然需要从模拟信号转换为数字信号。

图 5-38　模拟世界和数字处理器之间的接口

和嵌入式系统中的广泛应用场景一样,车用 A/D 转换器在系统中的主要作用是将传感器采集到的连续的、模拟的电信号转换为数字信号。目前各种类型的商用传感器在连入数字系统之前,都需要经过 A/D 转换器的处理。根据传感器所采集信号的重要性、波特率、工作环境等情况的不同,可以使用不同规格的 A/D 转换器。下面简单介绍一下 A/D 转换器和 D/A 转换器的工作原理。

A/D 转换器将连续幅度、连续时间的输入信号转换为离散幅度、离散时间的输出信号。图 5-39 更详细地显示了这个过程。首先,模拟的低通滤波器限制模拟输入信号带宽,以便后续采样不会将任何不需要的噪声或信号成分混叠到实际信号所处的频带中。接下来,对滤波器输出进行采样以产生离散时间信号。然后对该波形的幅度进行"量化",即用一组固定参考的电平近似,从而生成离散幅度信号。最后,在输出端建立该电平的数字表示。

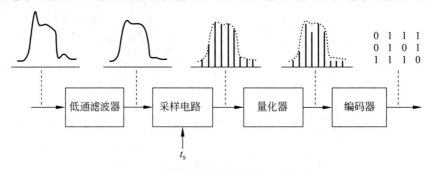

图 5-39　模拟-数字信号转换的具体细节

D/A 转换器将离散幅度、离散时间的输入信号转换为连续幅度、连续时间的输出信号。D/A 转换器在图 5-40 中有更详细的描述。首先,D/A 转换器根据数字输入从一组固定参考中选择并产生模拟电平。如果 D/A 转换器在从一种电平切换到另一种电平时产生了大毛刺,那么跟随一个"去毛刺"电路(通常是采样-保持放大器)就可以起到屏蔽毛刺的作用。最后,由于 D/A 转换器执行的重建功能会在波形中引入尖锐边缘以及在频域中引入正弦包络,因此需要一个反正弦滤波器和一个低通滤波器来抑制这些影响。不过,如果 D/A 转换器就被设计为具有小毛刺,则去毛刺电路可能会被移除。此外,反正弦滤波可以在进入 D/A 转换器之前的数字域中执行。

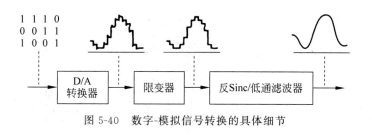

图 5-40　数字-模拟信号转换的具体细节

5.1.5　电源管理芯片

在电子系统中,不同的部分经常需要电压不一的电源。此外,在以可充电电池为电源的系统中,电池的充放电也必须得到控制。电源管理芯片(Power Management Integrated Circuit,PMIC)能够以较高的集成度实现多路输出,满足系统内其他芯片、装置的供电需求,并控制电池的充放电。

本节将以 Texas Instruments 公司的 TPS65919-Q1 电源管理芯片举例。其是一款满足 ISO 26262 标准,适用于汽车电子的电源管理芯片。它提供了四路可编程的开关电源(SMPS)降压转换输出,其中两路能够组合输出,以及四路低压差线性稳压器(LDO)输出。此外,这款芯片还提供了带有两个外部通道的 12bit 通用 A/D 转换器、两个 I^2C 或一个 SPI 通信接口、用于外部时钟同步和相位延迟的锁相环等单元。

为满足安全关键设计的需要,TPS65919-Q1 提供了多种操作模式和机制用于处理系统故障和随机故障。该芯片具有一个嵌入式电源控制器,对输入的 ON、OFF、WAKE、SLEEP 请求进行仲裁排序,根据系统的工作状态(电源、温度等)转换为对电源的控制。它提供了若干外部引脚,能够配合控制寄存器实现对各路电源工作模式的分配,也可以绕过电源控制器立刻切换工作模式,以实现紧急关闭等功能。它具有上电复位(POR)、硬件复位(HWRST)、关机复位(SWORST)3 种不同的复位级别,作用范围依次减小,能够提供更灵活的复位控制,此外也提供重新加载默认配置而不关闭电源的热复位操作,以将芯片从锁定或未知状态恢复。

该芯片的各个功能块也包含了若干安全机制,包括了中断信号预警、一次性可编程(OTP)寄存器的自检、输入电压监测、防止所接处理器进入死循环的看门狗计时器、开关电源负载电流监控、开关电源正常输出(POWERGOOD)指示信号、通用 A/D 转换器辅助监控、开关电源和 LDO 的短路监控、温度监控等。

5.1.6　功率半导体器件

功率半导体器件是一类可以被直接使用在功率处理电路中,用以控制或转换功率的电子器件。功率半导体在功率电路中最主要的作用是开关。在功率半导体器件问世之前,早期的电子电路使用真空管和气体放电管来行使这一功能。更早的传统机电设备则使用含有可移动组件的继电器或者开关。功率半导体器件因此也被称为固态器件,它们的电荷流被限制在固态材料中。

功率半导体不像大多数半导体器件一样工作在信号通路上,它把电当作能源而不是信号。除了工作环境和目标的差异,功率半导体器件在组成上也和其他节出现的半导体器件有所区别。功率半导体器件大多数只由一个或者数个分立器件组成,不能称之为"集成电路"。但这并不意味着总是可以凭借外观轻易区分出功率半导体和集成电路。图5-41是一个工作电压为100V的MOSFET产品,可以看到,其俯视图和普通小型数字芯片或者模拟芯片并无二致。但是100V的工作电压远超所有消费电子产品信号通路的电压标准,这一点在其背面视图中有所体现:用来导通高压和大电流的引脚面积巨大。

图 5-41 功率半导体器件的典型封装样式

组成功率半导体器件的分立器件,大多数与集成电路中所用到的基础组件相同,如逻辑电路主流工艺的金属-氧化物-半导体场效应晶体管(Metal-Oxide-Semiconductor Field Effect Transistor,MOSFET),以及在20世纪逻辑电路问世时曾使用过的双极结型晶体管(Bipolar Junction Transistor,BJT)。除了这些有源三端器件,还有一些无源两端半导体元件也会在讨论功率半导体器件时提到,如二极管。功率半导体元件不在本书的讨论范围。

由于在实际场景中,应用功率差异广泛,从家用充电器的几瓦、几十瓦,到汽车驱动电机的上千瓦。有些应用场景导通电流大,但电压差不大;有些应用要求不导通时能承受的耐压值足够高;还有一些应用的导通、关断工作状态切换频繁。鉴于这种功率水平和应用的多样性,不同的功率半导体开关更适合每种情况。图5-42涵盖了单个器件可实现的所有可能开关频率和装机功率范围。对于更大的功率水平,多个转换器可以硬件并联连接。现代功率半导体器件,尤其是高功率器件,需要对其电压随时间和电流随时间的变化有很好的了解和控制。这些可以通过栅极控制以及电路设计来实现。下面简要介绍图中应用范围较广的功率MOSFET和绝缘门控双极型晶体管(IGBT)。

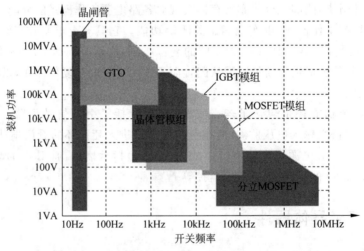

图 5-42 不同开关频率和功率下适用的不同器件类型

1. 功率 MOSFET

功率 MOSFET 器件比 BJT 器件支持更高的开关频率。因为它们在导通状态和关断状态切换间,没有过剩少子的移动。在栅极电路施加正电压时,沟道导通。等效栅极电容通过外部栅极电阻充电。当该栅极电压上升到阈值电压以上时，电流开始在漏极电路中循环，其电流随时间的变化速率由内部半导体结构和外部电路共同决定。在此时间间隔内，电荷存储在漏源电容和栅源电容中。当漏极电流达到由外部电路确定的电流水平时，该状态结束，电流被钳位在负载电流保持大小不变。由于电流不可能发生变化，因此栅极-源极电路两端的电压保持恒定在取决于负载电路电流的水平。这个水平被称为米勒平台。

关断时，栅极电压变为零，栅极的等效电容开始通过栅极电阻放电。栅漏电容和栅源电容都在第一个时间间隔放电。当栅极电压达到米勒平台时，被钳位，直到漏极电压增加到总线电压。在此期间，电荷仅随栅漏电容变化。最后，电流在最后一个时间间隔减小到零，而漏源电压保持在总线电压电平。当栅极电压低于阈值电压时，可以认为器件已关闭。

2. 绝缘门控双极型晶体管

IGBT 结合了双极晶体管的优点，如低传导损耗，以及 MOSFET 的优点（如更短的开关时间）。因此，可以根据前面介绍的 MOSFET 模型分析 IGBT 的开关行为。用饱和双极晶体管的特性更好地模拟导通间隔。由于导通时的压降较小，因此 IGBT 器件的使用电压高于 MOSFET 器件。IGBT 在结构上也可以看作 BJT 和 MOSFET 的电路组合。

图 5-43 是 IGBT 的等效电路原理图。这一等效电路中，将 IGBT 视为主要 MOSFET 器件和 PNP 型 BJT 的达林顿组合。与传统的达林顿不同，MOSFET 器件承载大部分电流。寄生 PNP 型 BJT 与来自 MOSFET 结构的寄生晶体管具有相同的起源和作用。

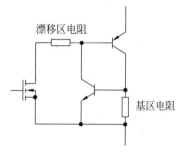

图 5-43　IGBT 的等效电路原理图

3. 宽禁带半导体

宽禁带半导体是一种材料方面的新突破，而不是电路或器件结构上的区分，宽禁带半导体也可以做成 MOSFET 或者 BJT，在分类标准上有别于功率 MOSFET 和 IGBT。但由于终末应用上会显示出明显的特性区别，仍把宽禁带半导体的各种大功率特性作为一个单独的部分在此介绍。电力转换过程中，硅基器件在击穿电压、工作温度、转换频率等方面具有明显的劣势。相比之下，以 SiC（碳化硅）和 GaN（氮化镓）为代表的宽禁带半导体材料具有比硅材料更优异的特性，其工作温度更高、击穿电压更大、开关频率更快，因此更适合制备更高性能的电力电子器件。击穿电压和比导通电阻是半导体功率开关极为重要的 2 个参数。不同材料电力电子器件的击穿电压与比导通电阻的关系如图 5-44 所示。

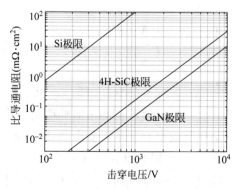

图 5-44　不同材料电力电子器件的击穿电压与比导通电阻的关系

这两个特性方面的提升，意味着宽禁带半导体可以用简单的电路结构（如单个器件）替代硅基功率器件中的电路组合，同时还可以得到更低的损耗或者耐压能力。

5.1.7 射频前端芯片

射频（RF）是 Radio Frequency 的简写，一般指能够经空气进行传播的电磁波，其频率范围为 300kHz～300GHz。为进行无线通信，通常采用的方式是将具有较低频率分量的原始数据信号通过各种调制方式变换为频率高得多的信号，并将变换后以电磁波的形式发送。而在接收端，接收系统则尝试捕获这一信号并进行相应的逆变换。模拟调制主要有幅度调制（AM）、频率调制（FM）、相位调制（PM）等方法，数字调制则有幅度键控（ASK）、频移键控（FSK）、相移键控（PSK）和正交幅度调制（QAM）等。

1．发射机

在发送数据时，为高效利用信道，常常需要对输入数据进行编码。此后，一种常用的处理方法是通过只读存储器实现基带信号的整形。只读存储器根据输入的编码读取对应的数据，并输出一串电平不一的脉冲。脉冲串再经过 D/A 转换器和滤波转换成模拟信号波形，由此实现从原始数据到基带信号的变换。

为发送基带信号，一般需要使用上变频器，通过与高频余弦载波信号时域相乘的方式混频，将基带频谱搬移到载波所在位置。特别地，在许多调制方式中，还会用到对两路信号分别使用同频率正弦和余弦载波相乘的正交调制。由于基带信号本身具有足够的幅值，混频器引入的噪声并不明显，不过如果混频器的线性度不佳，则可能破坏信号，或是在相邻信道产生一定的干扰。

上变频完成的信号经过功率放大器和匹配网络，以电磁波的形式发送。对于功率放大器，较理想的状况是功率放大器具有尽量大的增益，同时前级的输出摆幅尽量小，以保证输出端的线性度。此外，功率放大器的输出端具有非常大的摆幅，这可能会与发射机电路产生耦合，进而牵引振荡器的频率。因此，现代的发射机常常使用工作频率与发射频率相差甚远的振荡器，通过分频器或倍频器等方式得到载波，但同样也需要在布局和隔离上精心设计，以尽量避免对振荡器的牵引。

2．接收机

接收数据时，电磁波的远距离传输使得接收到的信号较为微弱，因此需要将信号接入放大器。同时，后级的下变频等操作也要求这一放大器具有较低的噪声，即低噪声放大器（LNA）。

在无线通信中每个用户被分配的带宽是有限的，如 WiFi 在 2.4GHz 频带下工作，每个信道宽度为 20MHz，而 GSM 的信道带宽为 200kHz。这意味着接收机必须能够抑制干扰，以处理期望信道的信号。为了降低对于滤波器选择性和可调中心频率的要求，一般在接收机前端使用一个频带选择滤波器，仅接收工作频带范围内所有信道的信号，滤除带外干扰。

此后则可以使用混频器，其简略的原理是将接收信号与本地振荡器产生的高频余弦信号在时域上相乘，将期望信道的频谱搬移到较低频率。该信号再经过一个低通滤波器，进而只留下了期望信道的频谱。这一过程被称为下变频。在实际中，则一般采用额外进行镜像抑制的超外差接收机，或将信号正交解调、直接搬移到基频的零中频接收机等形式。最后，基带信号被送入 A/D 转换器转换为数字形式，并由基带处理器进行解码。

3. 双工器

接收机和发射机共用天线时，为避免二者的耦合，一种方式是要求在任意时间仅能激活其中一个，发射和接收使用相同频率，即简单的时分双工（TDD）。另一种方式是要求发射和接收使用不同频率，并在系统中加入双工器。双工器包括两个带通滤波器，将发射和接收通道隔离开来，从而确保发射和接收可以同时进行，这被称为频分双工（FDD）。图 5-45 是一个通用射频收发机结构的示例。

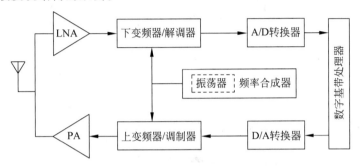

图 5-45　通用射频收发机结构

无线通信具有多种协议和规范，其中一些已然在手机等移动设备中广泛应用：长距离移动通信使用的制式有 GSM（2G）、WCDMA（3G）、TD-LTE（4G），其频率主要集中在 800MHz～2.3GHz 范围内，5G 网络则使用 6GHz 以下的部分频段以及数十 GHz 的毫米波波段。短距离的无线局域网接入使用 WiFi（IEEE 802.11 系列标准），频率在 2.4GHz 或 5GHz 附近。手机与其他移动终端之间，也可以借助蓝牙在 2.4GHz 频段进行短距离的连接和通信。此外，还有卫星导航定位系统以及射频识别（RFID、NFC）等无线通信应用。为实现对于所有这些不同频段的支持，在射频前端中需要设置多组放大器、滤波器、双工器，这使得射频前端的设计尤为复杂。

5.2　芯片设计方法

5.2.1　SoC 设计方法

如今设计一颗 MCU 就是一颗 SoC。SoC 是一个已经经历了约 30 年延续的行业概念。其本质即集成全部或大部分组件的一个独立计算机。SoC 由于将系统的大部分组件集中到同一枚硅片之内，在应用层面可以带来性能（延迟和吞吐率）、面积、功耗、成本、可靠性几乎全方位的提升。

但与此同时，设计方法学在近些年的快速发展也让传统的 VLSI 设计流程在全系统设计中只能扮演一个配角。系统设计已经变成了一组在项目不同阶段交织进行的设计流程。

1. 数字功能模组的开发流程

通常来说，SoC 产品都会有区别于其他类似产品的差异化因素，往往是一些具备特殊功能的数字功能核心。其开发流程是标准的 ASIC 设计流程或标准单元设计流程。图 5-46 以流程图的形式做出了总结。

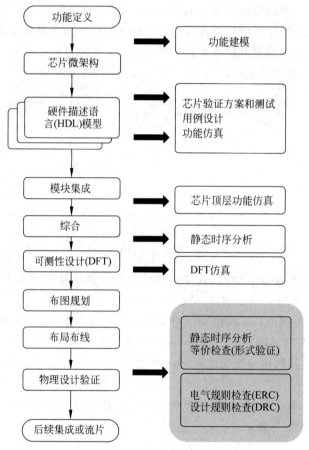

图 5-46　数字功能模组开发流程

根据功能，核心被划分为若干子模块，每部分分别详细定义设计要点。这称为设计文档或微架构设计。这可以在模块/子模块或芯片顶层，具体取决于复杂度。任何子模块或模块的设计细节包括内部框图、接口信号描述、时序图和内部状态机细节，以及嵌入式存储器/FIFO 要求（如果有）。设计文档还指定了验证设计核心所需的一些特殊策略，突出显示测试台中的任何特定要求以及在仿真过程中要针对的设计边缘情况。

一旦模块/块或芯片核心的设计文档或微架构准备就绪，就会使用 Verilog 和 VHDL 等硬件描述语言（HDL）对其进行行为建模。需要注意的是，建模的 RTL（Register-Transfer-Level 寄存器传输级）设计必须符合标准设计指南才能接受它进行下一步的流程。例如，设计的 HDL 模型必须是可综合的。HDL 建模设计通过使用仿真环境的测试台进行仿真来验证其功能的正确性。此过程需要使用到仿真工具。然后将设计与适当的设计约束进行综合。设计约束是综合工具用于使用标准单元库中的特定单元并以特定方式将它们互联以满足设计的特定面积、时序和功率目标的规则。

综合(Synthesis)是读取 HDL 行为级模块并将其转换为称为网表的门级设计抽象的过程。网表表示是一组互连的标准门/单元/触发器,以实现设计的 HDL 模型中描述的特定功能。这是使用综合工具完成的。在综合过程中,设计网表中推断的 D 触发器被替换为可测试性设计(Design For Testability,DFT)过程的扫描触发器。DFT 的目的是确保可以追溯和识别由于制造过程导致的模块故障,将其和设计过程引入的功能故障区分开。该设计由 DFT 工具进一步修改,用于嵌入式存储器、D 触发器和输入/输出焊盘的附加测试结构。最终设计网表发布到通常称为后端流程的物理设计流程。物理设计流程将表示为网表的设计转换为能体现坐标和尺寸的 CMOS 特征和互连的物理结构。

布局规划是物理设计的第一步,即考虑 IO 焊盘放置、电源要求、嵌入式存储器以及布局布线(Placement and Routing,PR)边界内子模块的互连性。物理设计工具中的布局是创建方格的过程,这些方格将容纳子模块、片上存储器等,最终映射到实际的硅晶片中。平面图之后是模块的实际放置。一旦放置了所有功能块/模块,它们就会通过称为布线的过程互连。时钟树综合(Clock Tree Synthesis,CTS)会在布线前开展,以确保将时钟信号适当地馈送到整个设计。路由分两步完成,称为全局路由和详细路由。全局布线是粗布线,其中为布线创建通道,显示拥塞(如果有),在完成详细布线之后通过适当的布局调整来纠正拥塞。物理设计流程会通过从布局布线之后的数据库中提取网表,并将其与原始网表进行比较来验证物理设计的正确性。物理设计会针对信号完整性、串扰、天线效应和 IR 压降进行验证。在物理设计期间设计转换的每一步都会进行静态时序分析(Static Timing Analysis,STA),以确保满足时序目标。一旦物理设计通过了所有验证目标,文件就可以写出为库文件和 GDS II 文件格式。在 SoC 设计中,在不同内核设计的每个阶段都有并行的活动流程,例如,通过仿真进行设计验证、静态时序分析、DFT 仿真、逻辑等效性检查和物理设计验证必须在设计开始之前圆满完成,以保证整个 SoC 项目如期进行。

2. SoC 集成设计流程

SoC 设计流程与标准 VLSI 设计流程的不同之处仅在于集成流程。它可以被视为一种混合设计流程,其中集成了不同设计阶段和不同设计抽象的多个子系统设计。要集成的设计块/宏和 IP 核将以不同类型提供:软核(RTL 源代码)或网表、硬宏(LIB)文件或布局(GDS II)文件。例如,最好按照全定制设计流程设计模拟/RF 内核,而使用基于标准单元的 ASIC 设计流程设计处理器子系统以实现高性能。这些模组在 SoC 设计阶段根据抽象和设计类型在不同级别集成。图 5-47 显示了 SoC 设计中可能的集成阶段。在任何设计阶段,都会将额外的内核集成到 SoC 设计数据库中;必须进行适当的集成验证,以确保集成设计按预期工作并满足设计目标。SoC 设计在 IP 核集成后继续进行,对修改后的设计进行适当的设计约束修改和更新的集成验证。

3. 软件开发流程

在早期,SoC 软件开发通常是在 SoC 的硬件平台可用后才开始的。但是,随着带有处理器子系统和高密度 FPGA 的开发板的出现,在其上开发目标 SoC 的应用软件成为可能。软件团队可以在 SoC 设计周期中提前很多时间开发 SoC 软件。嵌入式软件包括许多智能

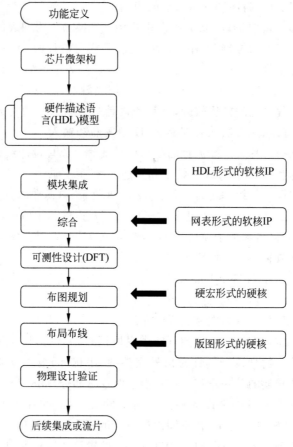

图 5-47　SoC 集成设计流程

算法,运行这些算法,以实时做出配置决策,以动态适应 SoC 运行的环境条件。很多时候,从众多可用算法中选择出正确的算法可以证明是 SoC 产品本身的独特卖点。嵌入式软件开发流程如图 5-48 所示。

5.2.2　半导体存储器设计

存储器与其他半导体元件相比,结构较为固定,因此存储器的发展主要是通过存储单元器件结构与存储方式的优化,以在较低的成本下获得较高的容量与更快的速度。经过数十年的研究与发展,各大存储器设计、制造商已经建立了很高的技术壁垒。因此,本节主要介绍以 DRAM 和闪存为代表的各类存储器的发展与采取的技术路线。

1. DRAM

与数字电路类似,DRAM 同样也通过单元尺寸的等比例缩小来达到更高的存储密度。此外,维持可靠的存储器工作需要的最小电荷量却变化不大。换言之,在等比例缩小的同时,存储器的电容仍需要保持基本不变。因此,DRAM 开始采用沟槽电容等技术,在较小的面积上制作大电容。

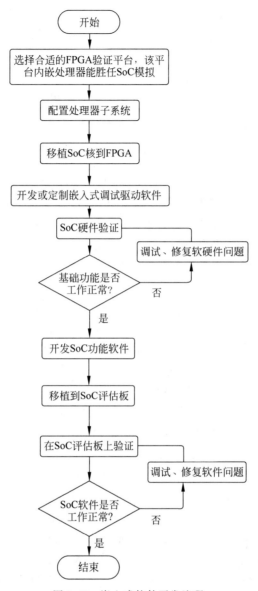

图 5-48　嵌入式软件开发流程

现今计算机系统使用的 DRAM 主要为 DDR SDRAM，DDR（Double Data Rate）代表双倍数据速率，对于第一代 DDR，存储器内部会将读取选中位置的两个相邻数据，分别在时钟的上升沿和下降沿送出，这被称为 2bit 预取。目前，DDR 技术已经发展到了第五代。DDR1~DDR3 每代的预取 bit 数都翻了一番，外部时钟的频率也相应地进行了翻倍，以对应数据的输出。由此，在存储器位宽和存储器内部频率基本不变的前提下，实现了数据速率的不断提升，并且成本提升不高。从 DDR3 到 DDR4，由于缓存位宽的限制，预取宽度不再增加，取而代之的是内部频率的提升。但 DDR4 到 DDR5，则再次加倍了预取宽度以实现数据速率的提升。

在 GPU 等需要高位宽的场合，则会使用 GDDR DRAM，目前已发展到 GDDR6。与普通的 DDR 存储器相比，其单颗颗粒便能提供 32bit 的位宽。此外，从 GDDR3 开始，数据选通信号便根据读写分离为两条，进一步提高读写速度。此外，GDDR5X 和 GDDR6 引入了 QDR（四倍数据速率），借助两路时钟实现每时钟周期 4bit 数据的传输。

2．闪存

现今的商用大容量闪存以 NAND 闪存为主。通过将单元串联在一条位线和字线之间，减少了接触孔的数量，实现了更高的存储密度。不过此外，其擦除操作只能选中存储器中的某块进行擦除。高密度的 NAND 存储主要采用了三维堆叠（3D NAND）和多电平单元（MLC）两种技术。

三维堆叠技术可以将存储单元在垂直方向上也进行堆叠，有效地利用垂直空间成倍地增加存储密度。早期的 3D 堆叠工艺只是将传统的平面结构在垂直方向上组合，每增加一层堆叠，就要增加与平面工艺几乎一致的工作量。因此，在三维堆叠技术中，需要探索更新的结构。此后的堆叠方法中，出现了垂直栅和垂直通道两种方案。在垂直栅结构中，同一字线上的各个单元栅极相连，并与半导体基底垂直；同一位线的源漏通道之间串联，并平行于基底。垂直通道结构中，同一位线的源漏通道串联，并垂直于基底。Toshiba 公司于 2009 年发布的 P-BiCS 结构属于后者。所有源漏通道圆柱体在基底上竖立摆放，形成阵列，每根圆柱为 16 个存储单元的连接，即对应于 16 层堆叠。在此后，SAMSUNG 公司的 3D V-NAND 等技术也采用了类似的结构。堆叠带来的好处之一是，相比平面结构，同容量的 3D NAND 可以使用更低的制程，单元之间间距更大，干扰更小。如今，3D 堆叠的层数已经从初期的 16 层发展到了当下主流的 64 层乃至 96 层，128 层堆叠也已经在开发当中。

多电平单元技术能够让一个存储单元存储 2 个乃至更多 bit。在 1996 年，SAMSUNG 就已经制作出了 128Mb 容量的 MLC NAND 闪存样品。在该样品中，每一浮栅晶体管可以被写入 4 种不同的阈值电压，由低到高分别代表二进制数 11、10、01、00，从而实现了在一个存储单元中存储多比特信息。经过 20 余年的发展，MLC 技术从最初的 2bit/4 种状态，发展到了 3bit/8 种状态的 TLC，乃至 4bit/16 种状态的 QLC。状态数越来越多，在带来更高存储密度的同时，也带来了一些其他难题。状态数越多，意味着状态之间的裕度越小，越容易因为写入、耗损等原因发生电荷变化和阈值电压的偏移，从而使得存储内容发生错误。同时裕度的减小，也导致氧化层耗损之后，不同状态之间发生交叠，使得存储单元失效。状态数的增加，也增加了写入和校验的开销，在一定程度上影响了 NAND 闪存的读写速度。

此外，在制作大容量的 NAND 闪存时，还会使用硅穿孔（TSV）技术等，将多个晶圆叠落，置于同一封装内。2017 年，Toshiba 公司借助 TSV 技术，将最多 16 片 48 层堆叠的 BiCS 3D NAND 闪存晶圆叠落并封装在一个闪存颗粒中，使得单颗粒的容量多达 1TB。如此大容量的颗粒，意味着诸如智能手机等内部空间寸土寸金的设备，也能够进一步提高存储容量。

5.2.3　半导体传感器的设计

本节主要关注 MEMS 传感器的设计方法。需要指出，不同种类的 MEMS 芯片，其各自的市场空间并不大，不同种类之间也没有固定统一的设计流程，更像是每种器件都独特设计和制造。比起一些已经有了广泛适用的工程流程的产品门类,某种功能的 MEMS 结构探索往往是从学术界出发,然后产业化成产品。

在 MEMS 设计领域,研究人员面临着一些特殊的挑战。其中之一是分析在微小几何结构中运行的 MEMS 器件之间相互关联的物理现象。微机电系统涉及力学、电学、电子学、流体力学、光学、化学等诸多学科,而且还是一个尚不完善的年轻领域。许多物理现象是未知的或并没有以科学的方式得到充分解释。因此,一些在成熟领域广泛使用的方法,如微分方程,往往更难应用于 MEMS 设计领域。另一个难题是设计的搜索空间如此庞大和复杂,以至于传统的优化方法往往陷入局部最优,很难在搜索空间中寻找全局最优设计方案。

设计过程的核心部分通常可以表述为优化问题。然而,在 MEMS 的复杂设计空间中,传统的优化算法很难找到全局最优解集。因此启发式搜索方法,特别是进化计算(EC),被广泛认为是一种替代和有前途的方法。EC 已成功应用于许多工程优化应用中。它具有处理复杂多模态搜索区域和不连续设计变量的能力。将为 MEMS 自动化设计领域的合理快速优化设计带来有意义的思考。

MEMS 设计模型被分为 4 个层次:系统层、器件层、物理层和工艺层。键合图-(BG) 为动态系统(尤其是混合多域系统)的建模和分析提供了统一的方法。在系统层,结合遗传算法和键合图,可以实现 MEMS 元件和电子器件的交互建模和仿真。物理版图的综合包括系统层和器件层。在器件层,有一些拓扑成熟的微机电器件可以选用,并根据实际应用场合进行参数微调。在这种过程之后,设计问题就变成了一种公式化的约束优化问题,遗传算法可以用来求解。

器件层需要具有基本二维结构的布局,包括悬梁等组件。在某些情况下,如果 MEMS 基于表面微加工工艺并且不表现出显著的三维(3D) 特性,则该层的设计将在一个迭代内完成。然而,一般情况下,有必要对 MEMS 进行高效的 3D 建模和分析。从器件和系统的制造细节和功能设计的角度来看,自动掩膜设计和相关的工业过程综合对于缓解设计困难非常有帮助。

由于 MEMS 设计的复杂特性,很多情况下往往要考虑多个目标。MEMS 的优化设计通常可以看作一个多目标优化问题。例如,设计曲折谐振器的设计目标包括最小化与谐振频率目标值的差异和各个方向的足部刚度,同时最小化表面积。

在当前的微机加工条件下,MEMS 制造工艺带来的偏差是不可忽视的。因此 MEMS 产品对工艺偏差的敏感度成为了一个重要问题。稳健性的概念因此被引入,以帮助研究在过程中存在重大不确定性时如何提高产品质量。一些研究小组在 MEMS 优化设计中尝试了稳健性设计。

5.2.4 混合信号电路设计

采样率 f_s 与信号带宽之比区分了两类 A/D 转换器。在奈奎斯特速率 A/D 转换器中,采样频率原则上略高于模拟信号带宽的两倍,以允许准确再现原始数据。另一种转换器称为"过采样"转换器,信号以奈奎斯特速率的许多倍进行采样,随后利用数字滤波去除信号带宽之外的噪声。前者的典型代表是逐次逼近型 A/D 转换器和 Flash A/D 转换器,后者的典型代表是 sigma-delta A/D 转换器。这两个类需要截然不同的架构和设计技术。5.1.1 节中所展示的车用 MCU 中,分别集成了这两类不同的 A/D 转换器。简单地说,这两类 A/D 转换器主要在采样速率和采样精度之间做出了权衡。本小节将分别介绍 SAR A/D 转换器和 sigma-delta A/D 转换器两类。

图 5-49 为逐次逼近 A/D 转换器的架构。该转换器由一个比较器、一个 D/A 转换器和数字控制逻辑组成。数字控制逻辑的功能是根据比较器的输出按顺序确定每个位的值。为了说明转换过程,假设转换器是单极性的(只能应用一种极性的模拟信号)。转换周期从对要转换的模拟输入信号进行采样开始。接下来,数字控制电路假定 MSB 为 1,所有其他位都为零。该数字字应用于 D/A 转换器,D/A 转换器生成 0.5VREF 的模拟对数信号。然后将其与采样的模拟输入进行比较。如果比较器输出为高电平,则数字控制逻辑使 MSB 为 1;如果比较器输出为低电平,则数字控制逻辑使 MSB 为 0。这完成了逼近序列的第一步。此时,MSB 的值是已知的。近似过程继续向 D/A 转换器再次应用一个数字字,其中 MSB 具有其已证明的值,下一个较低位的"猜测"为 1,所有其他剩余位的值为 0。再次,采样的输入与应用此数字字的 D/A 转换器输出进行比较。如果比较器为高,则证明第二位为 1;如果比较器为低,则第二位为 0。以这种方式继续该过程,直到通过逐次逼近确定数字字的所有位。

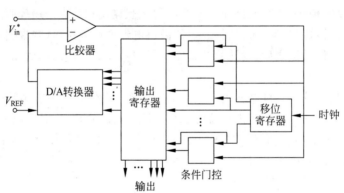

图 5-49 逐次逼近 A/D 转换器的架构

图 5-50 显示了逐次逼近序列如何收敛到最接近采样模拟输入的 D/A 转换器模拟输出。可以看出,转换为 N 位字的周期数为 N。还观察到,随着 N 的变大,比较器区分几乎相同信号的能力必须增加。双极性模数转换可以通过使用符号位来选择 +VREF 或 -VREF 来实现。

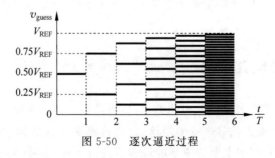

图 5-50 逐次逼近过程

delta-sigma A/D 转换器由两个主要构件块组成,即模拟 delta sigma 调制器部分和数字抽取器部分,它们通常占据 A/D 转换器芯片的大部分面积,并且比调制器部分消耗更多的功率。delta-sigma 调制器的操作可以通过检查这些调制器中最简单的一个来解释,即图 5-52 中描绘的一阶 delta-sigma 调制器。它由一个积分器和一个位于反馈回路中的粗量化器(通常是两级量化器)组成。一阶名称源于这样一个事实,即电路中只有一个积分器,位于前馈路径中。对于两级量化器的情况,图 5-51 中的 A/D 转换器和 D/A 转换器分别简化为一个简单的比较器以及调制器输出和减法器节点之间的直接连接。当积分器输出为正时,量化器反馈一个从输入信号中减去的正参考信号,以使积分器的输出向负方向移动。类似地,当积分器输出为负时,量化器反馈负参考信号,该信号添加到输入信号中。因此,积分器累积输入信号和量化输出信号之间的差异,并试图将积分器输出保持在零附近。零积分器输出意味着输入信号和量化输出之间的差异为零。事实上,积分器和量化器周围的反馈迫使量化器输出的局部平均值跟随输入信号的局部平均值。图 5-52 演示了正弦波输入信号的调制器操作。正弦波的幅度为 0.9,量化器电平为 61。当输入接近 0.9 时,调制器输出以正脉冲为主。此外,当输入约为 20.9 时,输出几乎没有正脉冲。它主要由负脉冲组成。对于零附近的输入,输出在两个电平之间振荡。输出的局部平均值可以通过抽取器有效地计算。

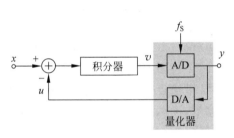

图 5-51 一阶 delta-sigma 调制器

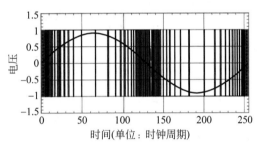

图 5-52 正弦波输入的一阶调制器输出

5.2.5 电源管理芯片的设计

电源管理芯片中的核心组件是开关电源(SMPS)和低压差线性稳压器(LDO),它们被用于从供电到输出的降压转换。其示意图如图 5-53 所示。

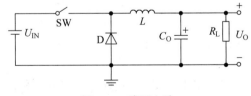

图 5-53 降压电路

依电路结构的不同,开关电源可以将输入的直流电转换为电压更低的直流电,或是电压更高的直流电,这里以 DC-DC 降压转换(Buck 电路)为例介绍开关电源的一种原理。

此处假设开关 SW 以较高的频率进行周期性的断开和导通。在开关由断开到导通的瞬间,二极管截止,输入端对电感和电容进行充电,由于电感上感应出的电势,负载上分到的电压逐渐增加,假如开关导通的时间足够长,则电容上的电压最终会与输入电压一致。但在此之前,开关断开,电感感应出的电势为负载供电,并经过二极管形成回路。随着时间的增加,电感上的能量逐渐被消耗,负载上的电压逐渐下降,同样地,假如这一阶段持续得足够长,负载上的电压最终将降为0。由此,开关不断地交替断开和导通,可以使得负载上的电压在某个范围内周期性波动。可以证明,在理想器件的条件下,开关每次导通的时间占开关周期的比例,即占空比,决定了输出端的平均电压。

在实际的电路设计中,开关一般由晶体管代替,由栅极电压控制晶体管导通以实现开关功能。这一电压信号可以通过反馈的方式实现:通过采样电阻获取输出电压,使用放大器与参考电压进行比较,所得到的误差电压被输入到脉宽调制器(PWM),另一输入为锯齿波,由此,PWM可以输出矩形波脉冲,能够用以控制晶体管的导通。此外,这一过程也可以被证明是负反馈,输出电压趋于稳定,并可以由采样电压控制。

这一方式相比于电阻分压等方案的线性调整器具有更高的效率。在使用理想器件的前提下,开关电源的损耗几乎为0,而线性调整器仍然有功率损耗。在实际应用中,开关电源的二极管和晶体管会产生导通损耗,电感磁芯上会产生涡流等损耗,尽管如此,开关电源仍然能达到非常高的转换效率。

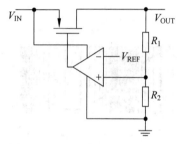

图 5-54　LDO稳压器的基本结构

尽管如此,开关电源的输出依然具有周期性的波动,这被称为纹波。为了减小纹波,获得更加纯净的直流电,一种较好的解决方式是在开关电源的输出端使用低压差线性稳压器(Low Dropout Regulator,LDO Regulator)进行处理。图 5-54 展示了使用 PMOS 的 LDO 稳压器的基本结构。放大器对输出端进行电压采样,与参考电压比较,并驱动 PMOS 栅极,降低栅极电压,减小 PMOS 源漏电阻,并实现稳压。PMOS 上较低的压降也使得该电路具有较小的功耗。

5.2.6　功率半导体器件的设计

功率半导体器件与本章中各类数字、模拟集成电路的设计过程完全不同。功率半导体器件的设计通常只关注个数有限的器件。每个器件的尺寸相较集成电路中的器件大了许多,很多在大规模集成电路中忽略的、线性化近似的物理现象变得显著甚至占据主导。比起集成电路设计关注电信号的传递,功率半导体器件的设计倒不如说是设计一个物理模型。

功率半导体的设计流程和 MEMS 传感器有相通之处,两者借助的电学分析工具也有重合。

功率半导体的设计也从确立指标开始,确定好基本的电路和物理结构之后,这些指标被工程师转换为一些具体的电学、热学的量化参数。TCAD 是一种工程计算机辅助工具,可以对半导体器件及其制造过程进行基于物理的建模。由于出色的预测能力,半导体工艺和设备工程师使用 TCAD 进行虚拟原型设计和设备优化,以减少工艺实验的次数,从而降低开发成本。现代 TCAD 套件由多种工具编译,通常包括器件设计、工艺模拟和器件模拟。

器件建模和工艺模拟是不断迭代的两个过程,器件建模的结果指导制造工艺的目标,工艺模拟的结果再导入器件仿真来验证其电学性能是否达到最初的设计指标。

直到器件和工艺的仿真有了初步确定的结果之后,就可以把"实验设计"(Design of Experiment,DOE)拿到制造厂进行一系列的制造。例如,某次仿真结果告知栅极的宽度设置为155nm,在 DOE 中可以设置一系列宽度分别为 140～170nm 的梯度。

DOE 的制造完成后,根据测试结果,可以在梯度中选取一个范围内更小的区域进行下一次 DOE。同时可能也会有一些没有满足设计要求的设计点需要返回到 TCAD 仿真中重新设计。

在这一不断迭代中,最终达到最初的设计要求。

5.3 电子设计自动化(EDA)工具

集成电路主要可以分为数字集成电路和模拟集成电路两类,它们的设计流程存在一定的差别,但总体上遵循"电原理→版图→芯片"的流程。

5.3.1 数字电路

在完成对于数字电路的功能和行为的定义与设计后,就需要通过硬件描述语言等方式对电路进行建模。相比于一般的程序语言,硬件描述语言(Hardware Description Language,HDL)需要能够描述众多并行运转的最小逻辑门结构,同时也必须拥有时序的概念。HDL 既需要对人而言的可读性,又要能够被计算机识别,支持后续的验证、综合、测试等设计流程。

常用的 HDL 包括 Verilog HDL 和 VHDL 等。建模的第一步就是使用这些语言,用若干寄存器、组合逻辑装置和它们之间的传输关系描述出硬件的行为,也就是所谓的 RTL 模型。此外,Verilog 等语言也提供一些无法直接对应到硬件的语法,能够更方便地描述出硬件的功能与行为,使用了这些语法的设计被称为行为级设计。图 5-55 是一个实现常见循环计数器电路的 Verilog 代码片段和它所描述的电路原理图。使用 HDL 完成硬件描述后,可以使用相应的程序对其进行编译,并输入测试激励进行行为级的仿真。在这一阶段,验证的仅仅是理想状态下电路的功能是否正确,并不包含与实际硬件相关的时序、延迟、具体电路版图等信息。以 Verilog 为例,常用的工具包括 Mentor Graphics 公司的 ModelSim、Xilinx 公司的 Vivado、Synopsys 公司的 VCS、开源的 Icarus Verilog 等。图 5-56 就是一个使用 GTKWave 工具通过观察仿真波形判断电路功能是否正确的例子。

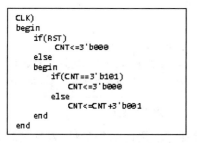
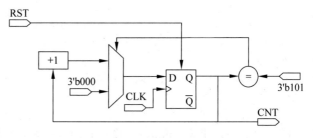

图 5-55 0～5 循环计数器的 Verilog 描述(局部)与对应硬件

逻辑电路的综合能够将电路从 RTL 模型转换为由逻辑门和触发器构成的网表。各类

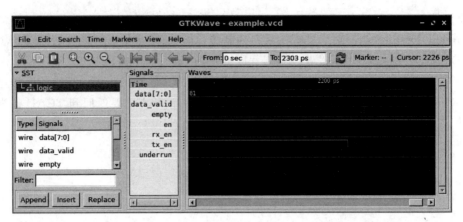

图 5-56 使用 Icarus Verilog 仿真并用 GTKWave 观察波形

综合工具能够自动化地快速处理复杂的数字电路设计。简略而言，综合过程分为两步：第一步是将 HDL 描述的设计转换为由通用逻辑门构成的网表，第二步则是使用指定的标准单元库将这些逻辑门转换为某一特定工艺下的逻辑门。标准单元库因各个代工厂的工艺而异，一般包含有标准单元的行为模型、时序模型、物理模型（功耗、尺寸等）。此外，面向 FPGA 的综合工具不仅会将 HDL 描述转换为 FPGA 可实现的逻辑门网表，也能够识别设计中使用的 FPGA 资源（如存储器、DSP 等模块）。主流的综合工具有 Synopsys 公司的 Design Compiler、Cadence 公司的 Genus Synthesis Solution 等，面向 FPGA 的工具则有 Intel/Altera 的 Quartus、Xilinx 的 Vivado 等。综合过程中，综合工具会对网表进行优化，例如，去除和精简冗余的逻辑、识别寄存器和标准设计单元等，此外也有 Lint 工具用于检查 HDL 描述的可综合性。在综合工具中可以设定时延、功耗、面积等方面的约束条件，综合工具则依照这些条件选取不同尺寸的标准单元，以尽可能满足要求。综合工具也会采用静态时序分析等方法计算不同路径的时延，检查和修复设计中的时序违例问题与信号完整性。这些综合工具往往使用脚本或者图形界面接收设计者的输入，然后向设计者反馈设计结果。图 5-57 是一个用于 Design Compiler 的脚本片段。常用的静态时序分析和信号完整性检查工具有 Synopsys 的 PrimeTime 等。时序分析的结果也可以被反标回先前的 HDL 描述中，于是先前的 Verilog 工具也能够用于设计的后仿真。

```
current_design top                    # 设定要综合的设计
set_units - time 1000.0ps             # 设定时间精度
set_units - capacitance 1000.0fF      # 设定电容精度
set_clock_gating_check - setup 0.0    # 门控时钟的建立时间要求
create_clock - name "clk" - add - period 7.0 - waveform {0.0 3.5} [get_ports clk]
                                      # 设定时钟周期为 7ns，占空比为 50%
set_input_delay - clock [get_clocks clk] - add_delay 0.3 [get_ports clk]  # 设置时钟输入延迟 0.3ns
```

图 5-57 包含约束条件的 Design Compiler 综合脚本（部分）

形式验证工具能够读取 RTL 设计和门级网表，并验证它们之间的等价性，以确定综合生成的电路在功能上与 RTL 设计完全一致。在每次综合时，都应当使用这些工具验证综合的正确性。此类工具有 Synopsys 公司的 Formality、Cadence 公司的 Conformal 等。

综合完成后，数字电路的设计进入了物理设计阶段，这包含了时钟树综合、布局布线、电源布线等多个步骤。这一阶段常常需要优化放置并连接数以百万计的晶体管，属于计算密集型过程，一般使用高性能的工作站进行。常用的工具有 Synopsys 公司的 IC Compiler、Cadence 公司的 SoC encounter 等。图 5-58 是一个经由这些工具完成设计的小型数字集成电路的版图全貌。对于物理设计的检查包括了 DRC 和 LVS 两方面。前者用于检查版图图形的尺寸和间距是否满足代工厂的制造要求，后者则检查版图与先前的设计是否一致。常用的 DRC 工具有 Mentor Graphics 的 Calibre 等。图 5-59 是 LVS 检查通过后的常见界面。

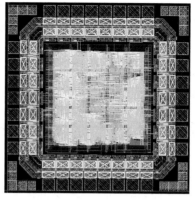

图 5-58　使用 IC Compiler 完成的版图

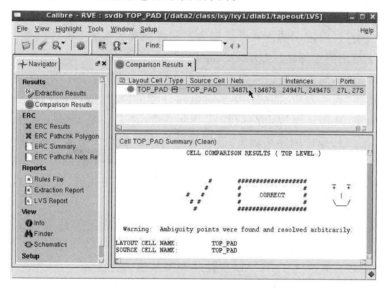

图 5-59　LVS 检查通过后的常见界面

此外，在设计过程中，为便于对芯片产品进行测试，还需要插入扫描链等可测试结构，增加电路内部的可观测性。这一步被称为可测性设计（Design for Test），它还包括了内建自测试（Built-in Self Test）等技术。芯片产品测试时使用的激励和正确输出也会由自动测试向量生成（Automatic Test Pattern Generation）工具提供。测试向量需要针对电路的结构进行生成，使得芯片产品中的尽可能多的各种电路错误均能被尽可能少的测试向量检出，即较高的错误覆盖率。在 DFT、ATPG 这些领域常用的工具有 Synopsys 的 DFT Compiler、TetraMAX，以及 MentorGraphics 的 Tessent 等。

随着电路复杂度的不断上升，在传统的数字电路设计流程之外，人们也开始使用更高的抽象层次对电路进行建模，例如，通过 C/C++、System C 等语言描述电路行为，再由专门的高层次综合（High Level Synthesis，HLS）工具综合形成电路的 RTL 描述。如西门子/Mentor 的 Catapult HLS、Xilinx 的 Vivado HLS 等工具，都可以实现将使用 C++/System C 等语言的高层次电路建模转换为使用 Verilog/VHDL 等语言的 RTL 描述。另外，也有一些在其他高级语言基础上开发出用于电路描述的库,利用高级语言的面向对象、函数式等编程特性提高电路设计效率的尝试,如基于 Scala 语言的 Chisel 和 Spinal HDL。

5.3.2 模拟电路

模拟集成电路的设计流程包括了系统定义、电路设计、电路仿真模拟、版图实现、版图物理验证、参数提取后仿真等阶段。这一设计流程在电路设计描述、电路仿真与版图实现等阶段上与数字电路存在差异。

模拟电路的设计描述主要采用网表的方式实现,网表中定义了各个器件的尺寸、功能特性等器件参数,以及器件之间的连接关系。Spice 是集成电路仿真的基础,它能够在电路层级上分析电阻、电容、电感、独立或受控的电压/电流源等元件,对每个节点的电压、电流关系进行求解,进行精确的模拟计算。目前较为成熟的商业应用包括了 Cadence 公司的 Spectre、Synopsys 公司的 Hspice 等。此外,为满足仿真精度要求,还需要获得调用精确的晶体管计算机模型,目前常用的计算机模型为不同级别和版本的 BSIM 模型,它能够通过数十个参数在一定范围内很好地反映 MOS 晶体管的电学特性。

在版图实现方面,模拟电路通常以全定制的方法进行手工版图设计,在设计版图的过程中还要考虑到串扰、寄生效应、匹配性等影响电路性能的因素,即使有 EDA 工具的辅助,也依然难以做到面面俱到。模拟电路版图实现最主要的工具是 Cadence 公司的 Virtuoso Layout Editor,它支持原理图驱动版图、物理或电气约束驱动版图等功能,实现辅助或自动实现全定制版图,并能够与原理图设计、物理验证等设计环节的 EDA 工具无缝衔接。

此后的版图物理验证、后仿真等阶段与数字电路中的流程相近,故此处不再赘述。

5.3.3 半导体器件

图 5-60 以图解方式描述了 TCAD 套件的典型示例,它由以下元素组成。

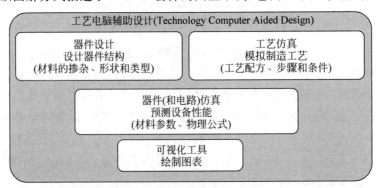

图 5-60 TCAD 套件的典型示例

1. 器件设计工具

器件设计工具允许通过使用脚本语言或图形用户界面快速创建设备结构,而无须了解工艺配方。在这个阶段,定义了器件的几何形状、材料和掺杂分布以及区域的浓度。商业工具包括 Synopsys Sentaurus Structure Editor 和 SilvacoDevEdit。这些工具允许设备设计人员参数化设备方面和特性，以优化他们的设计或评估性能对问题参数的依赖性。

2. 工艺仿真工具

工艺仿真工具允许设备的虚拟制造以及制造步骤和条件的仿真。这些工具通常使用脚本语言并需要了解流程配方。这些工具允许工艺工程师微调他们的配方，并分析每个工艺步骤和条件对最终器件结构的影响。商业工具包括 Synopsys Sentaurus Process 和 Silvaco Athena。

3. 器件仿真工具

器件仿真工具能够仿真器件的电气、热、光学特性和性能，还可以描述在实际应用中围绕器件的电路。因此，器件仿真工具通常也具有 SPICE 功能。这些工具通过执行有限元分析和求解基本半导体物理方程来预测器件性能。器件仿真工具能够建模制作器件所使用的材料，包括包含物理方程和等效材料参数的数据库。商业工具包括 Synopsys Sentaurus Device 和 Silvaco Atlas。

参考文献

第 6 章 车规级芯片功能安全设计

6.1 车辆功能安全

安全是关系到道路车辆发展的关键问题之一,功能安全特性的研发是每个汽车产业产品开发阶段中不可缺少的一部分,包括规格订定、设计、实现、整合、验证、确认以及产品上市等阶段。车辆功能的开发和集成度的增加附带着系统故障和随机硬件故障风险的逐渐上升,对车辆功能安全带来更大的挑战。为了避免这些风险,ISO 26262 系列标准包括其指南都提供了具有可行性的要求和验证流程。为车辆的各部分设立功能安全目标,在开发过程中,验证并确保这些目标都得到满足是车辆功能安全的基础。

IEC 61508 是由国际电工委员会于 2000 年 5 月正式发布的电气和电子部件行业相关标准,为满足道路车辆中的电气/电子系统的特殊需求,在此标准上进行了改进,提出了其子标准 ISO 26262。ISO 26262 与 IEC 61508 均是以风险为基础的安全标准,会针对有危害操作情形的风险进行定性评估,并且定义安全对策来避免或控制系统性失效,侦测或控制随机性的硬件失效,并减少其影响。

ISO 26262 适用于由电气、电子和软件组件组成的安全相关系统的安全生命周期中的所有活动[1]。ISO 26262 为实现车辆功能安全提供了以下支持。

(1) 为车辆安全生命周期的各阶段提供参考以及对特定活动提供支持。

(2) 提供针对车用、以风险为基础的风险确认方式(车辆安全完整性等级,ASIL)。

(3) 使用 ASIL 确定 ISO 26262 的哪些要求可适用于避免不合理的残余风险。

(4) 对功能安全管理、设计、实施、验证、确认和确认措施提出要求。

(5) 对客户和供应商之间的关系提出要求。

车辆功能安全的实现受到开发过程(包括需求规范、设计、实现、集成、验证和配置等活动)、生产过程、服务过程和管理过程的影响。以功能为导向和以质量为导向的活动与产品都涉及安全相关需求,ISO 26262 系列标准为其提供了具体参考和要求。

ISO 26262:2018 包含 12 章,其中第 1~9 章和第 12 章为安全规范,第 10 章和第 11 章为指南,各章内容分别如下。

(1) ISO 26262-1:名词解释。

(2) ISO 26262-2：功能安全管理。

(3) ISO 26262-3：概念阶段。

(4) ISO 26262-4：产品开发——系统层级。

(5) ISO 26262-5：产品开发——硬件层级。

(6) ISO 26262-6：产品开发——软件层级。

(7) ISO 26262-7：生产、运行、维护和退役。

(8) ISO 26262-8：支持过程（Supporting processes）。

(9) ISO 26262-9：基于 ASIL 和安全的分析。

(10) ISO 26262-10：ISO 26262 指南（Guideline on ISO 26262）。

(11) ISO 26262-11：将 ISO 26262 应用在半导体上的指南。

(12) ISO 26262-12：摩托车上的应用。

6.1.1 各主要国家的功能安全标准

ISO 26262 标准最初是由欧洲整车厂推动成立,继 ISO 26262 国际标准推出以后,中国结合国情,对 ISO 26262 进行修改改编,推出了国标 GB/T 34590—2017《道路车辆 功能安全》,该项标准针对汽车电子电气安全相关系统,为降低车辆电控系统因故障而导致车辆失控、人员伤亡等事故的风险,提出了电控系统在全生命周期（设计、开发、生产、运行、拆解）内的功能安全要求,可有效地降低由于汽车电子电气系统的随机硬件失效和系统性失效所带来的风险,确保车辆和乘客的道路交通安全。该系列标准在我国汽车行业得到了广泛且深入的应用,对于提升我国传统汽车、新能源汽车、自动驾驶汽车整车及电控产品的安全性和产业技术管理水平具有重要的指导意义。

2020 年,由国家市场监督管理总局、国家标准化管理委员会颁发,中国汽车技术研究中心有限公司牵头制定的国家标准 GB/T 34590—2017(《道路车辆 功能安全》,共 10 部分)获中国标准创新贡献奖三等奖。

此外,欧盟也根据国际标准 ISO 26262 进行改编,推出了欧盟标准 BS-ISO 26262。目前,美国、日本、韩国、中国都在跟进这一标准。

ISO 26262 标准受到了国内整车、零部件企业的高度重视,各企业积极引入该项标准,在企业技术研发和流程体系上提出了功能安全的要求。满足功能安全要求已成为保证汽车电控系统和整车安全运行的行业共识。当前国际主流 OEM,如宝马、奔驰、通用、大众等,以及国内主流 OEM,如长城、上汽、吉利、比亚迪等都已对重要控制系统提出了功能安全开发要求,并将供应商的功能安全开发能力和产品功能安全能力作为供应链准入的准则之一。

6.1.2 安全管理生命周期

ISO 26262 提出了安全生命周期的概念,该周期包括了概念阶段、产品开发、生产、运营、服务和报废阶段的主要安全活动。安全管理的主要任务是计划、协调和跟踪整个生命周期中与功能安全有关的活动,并对开发过程和产物进行评估和确认。

与安全生命周期相关的管理活动如图 6-1 所示。

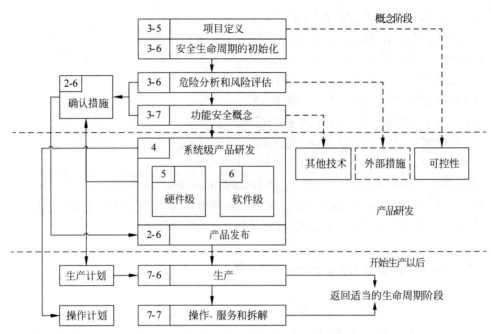

图 6-1 与安全生命周期相关的管理活动

（1）项目定义：作为安全生命周期的初始任务，项目定义阶段主要对产品的功能、接口、环境条件、法律要求、已知危害等进行描述。项目的边界条件及其接口，以及关于其他项目、组件或外部措施的假设都在此阶段被确定。

（2）安全生命周期的初始化：根据项目定义阶段的描述，本阶段区分该项目是研发新产品，还是对既有产品进行更改。

（3）危险分析和风险评估：危险分析和风险评估阶段首先对该项目的暴露率、可控性和危害事件的严重程度进行评估，这些参数共同决定了危险事件的 ASIL。随后，为该项目确定安全目标，作为该项目的最高安全要求。ASIL 中涉及的各项人类行为（包括可控性和人类反应）、功能安全概念、技术安全概念和技术假设等都是经过验证的。

（4）功能安全概念：基于安全目标，以及考虑到初步的体系结构假设，开发了功能安全概念。功能安全概念指通过从安全目标中得出具体的功能安全需求，并将这些功能安全需求分配到各个子系统或组件中。功能安全概念还可能包括其他技术或依赖外部措施。这些情况下，相应的假设或预期行为是需要经过验证的。

要理解功能安全的概念，需要重点理解以下概念。

① 功能异常：指系统的表现与设计预期不相符或者无法实现功能，即系统失效，非预期表现或失效一般由系统故障导致的错误引起。

② 危害：伤害事件的潜在来源，由相关项的功能异常引起。

③ 伤害：使人的心理或身体等方面受到损伤。

④ 风险：伤害事件发生的概率及其严重度的组合。

（5）系统级产品研发：功能安全概念明确后，将对项目进行系统级产品研发。系统开发过程基于 V 型模型的概念，左侧是技术安全要求、系统体系结构、系统设计和实施的规范，右侧是集成、验证和安全验证。本阶段规定了软件层和硬件层之间的接口，硬件组件和软件组件之间的接口在后续的硬件和软件开发过程中更新。此外,系统开发包括其他安全生命周期阶段内发生的活动的安全验证任务,包括与 ASIL 分类相关的技术假设、验证有关人类行为的假设,包括可控性和人类反应、通过其他技术实现的功能安全概念的各方面以及关于外部措施的有效性和性能假设的验证。

理解系统级产品研发,需要关注以下概念。

① 技术安全要求:该要求综合考虑项目定义和系统体系结构设计,并解决潜在故障检测、故障避免、安全完整性以及操作和服务方面的问题,规定了功能安全要求在各个层级的技术实现。

② 技术安全概念:是技术安全要求和相应的系统体系结构设计的集合。

③ 系统体系结构设计:系统体系结构设计是由技术系统实施的选定系统级解决方案。系统体系结构设计旨在满足分配的技术安全要求和非安全要求。

(6) 硬件级产品研发:在系统级产品研发的基础上,硬件开发过程基于 V 型模型的概念,左侧是硬件需求说明书和硬件的设计与实现,右侧是硬件的集成与验证。

(7) 软件级产品研发:在系统级产品研发的基础上,软件开发过程基于 V 型模型的概念,左侧是软件需求说明书和软件体系结构的设计与实现,右侧是软件的集成与验证。

(8) 生产、操作计划:包括生产和操作计划以及相关的需求规范等。

(9) 产品发布:产品研发的最后一个子阶段。

(10) 产品的操作、服务和拆解:该阶段的规划和相关要求的规范从系统级产品研发开始,并与系统级产品研发、硬件和软件产品的研发并行进行。该阶段强调的流程、方法和说明用于确保项目安全生命周期(生产、运行、服务和拆解)的功能安全。

(11) 可控性:在危险分析和风险评估中,可以对驾驶人或其他处于危险中的人员(如行人、自行车手、乘车人、其他车辆的驾驶人)避免特定伤害的能力进行评分,这可能需要外部措施的支持。危险分析和风险评估中,关于可控性的假设是经过验证的。

(12) 外部措施:外部措施是指项目边界以外的措施,这些措施可减少或减轻项目故障行为造成的潜在危险。外部措施可以包括额外的车内装置,如动态稳定性控制器或防爆轮胎,也可以包括车辆外部装置,如防撞护栏或隧道消防系统。项目定义、危险分析和风险评估以及功能和技术安全概念阶段中有关外部措施的假设是经过验证的。在危险分析和风险评估阶段中可以考虑外部措施,但如果在该阶段考虑了外部措施带来的风险降低,则在功能安全概念阶段不能重复考虑。

(13) 其他技术:其他技术是指不在 ISO 26262 范围之内的非 E/E 技术,如机械和液压技术。这些都要在功能安全概念的规范中或者在制定安全要求时加以考虑。

6.1.3 ASIL

危险分析和风险评估阶段确定了危险事件的 ASIL(Automotive Safety Integrity Level,汽车安全完整性等级),并为车辆的各种系统和子系统根据危险事件的 ASIL 确立了安全目标,从低到高依次为 ASIL A、B、C、D。

例如,在车辆行驶过程中,转向控制系统在发生故障时具有很高的受伤风险,属于高度安全关键的 ASIL D;信息娱乐系统(如收音机或视频播放器)的部件故障不会对任何人造成严重伤害,属于 ASIL A;电池管理系统的 ASIL 目标随着车辆运行条件的变化而变化,电池管理系统在低速行驶(低于 10km/h)时出现故障,可能不会像高速行驶时出现同样的故障那样严重,高速行驶时发动机过热和可能发生火灾的安全后果将非常严重。

车辆出现功能故障并不一定会酿成伤亡事件,而是需要结合特定的驾驶场景,以汽车雨刮器为例,当雨刮器功能失效时,如果车辆在晴天行驶,则该功能故障并不会造成不利影响;但如果在雨天且车辆行驶在路况较为复杂的交通场景中,则很容易因为驾驶人视线不清而发生交通事故,引起伤害事件。所以在分析车辆功能故障时,需要结合具体的驾驶场景,识别此故障能够引起危险事件的驾驶场景,例如,车辆的行驶速度:极低速、低速、中速或高速等;天气情况:雨天、大风天、雪天等;路面条件:平坦或泥泞、干燥或湿滑等;车辆状态:直行、转弯、上坡、下坡、加速、减速等;交通状况:拥堵、顺畅等。

由上所述,并不是所有的事件都是危险事件,同时满足以下两个元素的事件才被看作危险事件:一是车辆出现功能故障;二是该功能故障在当前的驾驶场景可能发生危险。危险事件确定后,需要确定该事件的严重度(Severity)、暴露率(Exposure)和可控性(Controllability)等级,根据这 3 个因子的等级来对危险事件的风险级别进行评估,以确定 ASIL。

为了描述严重度,使用 AIS(Abbreviated Injury Scale)。AIS 代表了受伤害的严重程度的分类,由汽车医学发展协会(The Association for the Advancement of Automotive Medicine,AAAM)发布,作为国际通用的严重比较准则,量表分为 7 个等级。AIS0 代表不造成伤害。AIS1~AIS6 的伤害程度依次增加,AIS1 代表轻伤,如皮肤表层伤口、肌肉疼痛等;AIS2 代表轻微的伤害,如深度皮肉伤、脑震荡长达 15min 的无意识状态等;AIS3 代表严重但不危及生命的伤害;AIS4 代表有生命威胁且大概率存活的严重伤害;AIS5 代表有生命威胁以及不确定能否存活的危险伤害;AIS6 代表极其严重或致命的损伤。根据造成 AIS 的概率将危险事件的严重程度划分为 S0、S1、S2 和 S3。

S0:危险事件造成的受伤严重程度为 AIS(无伤害)或造成 AIS1~6 的概率低于 10%,如撞上路边的基础设施、撞倒路边的柱子、捌到车灯、进入/离开泊车位时发生的危险事件等。

S3:危险事件造成 AIS5~6 的概率高于 10%,如载客车以中等速度撞上树,或以中等速度与另一辆车前/后相撞等。

S2:危险事件造成 AIS3~6 的概率高于 10%(严重程度低于 S3),如载客车低速撞树或与另一辆载客车发生前/后碰撞等。

S1:危险事件造成 AIS1~6 的概率高于 10%(严重程度低于 S2),如载客车以很低的速度撞树或与另一辆载客车发生前/后碰撞等。

对暴露率的估计需要评估造成危害发生的环境因素的相关情况,需要评估的情形包括广泛的驾驶或操作场景。暴露率由低到高可划分为 5 个等级:E0(最低暴露等级)、E1、E2、E3 和 E4(最高暴露等级),E0 代表地震、天灾等不寻常情况,在分析中一般不予考虑,E1、E2、E3 和 E4 级别是根据场景的持续时间或出现频率分配衡量人员暴露在该场景中的概率等级。暴露率(E)可以采用两种方法进行估计:一是基于一种情况的持续时间,暴露率通常是根据所考虑的情况的持续时间与总操作时间(如点火时间)的比例估计的;二是基于遇到这种情况的频率,对于某些场景使用相关驾驶情况发生的频率来确定暴露率更为合适,如预先存在的电子电气系统故障在情况发生后的短时间内便会导致危险事件。

为了确定给定危险的可控性等级,对驾驶人或其他相关人员的应对行为能够避免伤害发生的概率进行了估计。这种概率估计包括考虑如果发生危险,驾驶人能够持续或者重新控制车辆的可能性,或者附近的人员通过他们的行动使得危险得以避免的可能性。这一考虑是基于对危险情景中所涉及的个人为保持或重新控制局势而采取的必要控制行动的假设。

严重度、暴露率和可控性的分类如表 6-1 所示。

表 6-1 严重度、暴露率和可控性的分类

严重度		暴露率		可控性	
S0	无伤害	E1	很低的概率	C0	完全可控
S1	轻度和中度伤害	E2	低概率(1%)	C1	简单可控(>99%驾驶人)
S2	重度伤害(有生还可能)	E3	中度概率(1%~10%)	C2	一般可控(>90%驾驶人)
S3	致命伤害	E4	高概率(>10%)	C3	很难控制(<90%驾驶人)

如表 6-2 所示,根据严重度、暴露率和可控性的等级,确定每个危险事件的 ASIL,质量管理(QM)表示不需要遵守 ISO 26262 的规定,但相应的危险事件仍可能会对安全产生影响,在这种情况下,可以通过制定安全要求规避危险,质量管理等级表明按照质量管理体系开发系统或功能足以管理该等级的风险。

表 6-2 ASIL 的确定

严重度	暴露率	可控性		
		C1	C2	C3
S1	E1	QM	QM	QM
	E2	QM	QM	QM
	E3	QM	QM	A
	E4	QM	A	B
S2	E1	QM	QM	QM
	E2	QM	QM	A
	E3	QM	A	B
	E4	A	B	C
S3	E1	QM	QM	A
	E2	QM	A	B
	E3	A	B	C
	E4	B	C	D

下面以车辆的远光灯系统为例,介绍如何通过确定 S、E、C 三个因子来确定 ASIL。

根据我国道路交通安全法规定:在走山路或者野外等道路时,为了避免发生意外,要在夜幕降临后提前开启远光灯。如果远光灯系统发生故障导致远光灯不能按照预期打开,在表 6-3 中,我们考虑的驾驶场景是驾驶人驾驶车辆在夜晚的山路上行驶,驾驶人可以通过减速、靠边停车或鸣喇叭提醒前后方来车等操作规避危险,因此具备一定可控性,确定可控性等级为 C2;如果前后方来车未能成功避让,发生的交通事故严重可致命,鉴于要确定系统

的最高 ASIL 安全目标,此处应选择最高可能的伤害严重程度等级 S3；假设驾驶场景的持续时间占据车辆行驶寿命的 10% 以上,可确定暴露率等级 E4,通过查询表 6-2,可以确定远光灯系统的 ASIL 目标为：防止远光灯开关失效,ASIL 为 C。

表 6-3 EPB(Electrical Park Brake)风险评估

危 害		远光灯系统不能按照预期打开
驾驶场景		车在夜晚的山路上行驶
可控性	分类说明	驾驶人在车上,具备可控性
	分类值	C2
严重度	分类说明	可能导致前后方来车避让不及酿成事故
	分类值	S3
暴露率	分类说明	驾驶场景占车整个行驶寿命的比例＞10%
	分类值	E4
ASIL		C

6.1.4 功能安全要求

功能安全概念的目标包括以下几点。
(1)根据危险分析和风险评估阶段得到的安全目标,明确产品的功能性行为。
(2)根据安全目标,制定适当、实时监测和控制相关故障的约束条件。
(3)指定项目级策略或措施,以实现所需的容错能力,或通过项目本身、驾驶人或外部措施充分减轻相关故障的影响。
(4)将功能安全要求分配给系统体系结构设计或外部措施。
(5)验证功能安全概念,并指定安全验证标准。

为了符合安全目标(ASIL),功能安全概念包括含安全机制等在内的安全措施,安全措施在项目的体系结构组件中实现,并在功能安全要求中详细说明,功能安全要求是为了满足所需的功能安全等级对系统、子系统或组件在功能安全方面的要求。

图 6-2 所示为安全目标和功能安全需求的层次结构：首先通过危险分析和风险评估确认项目的安全目标,将安全目标作为安全需求的最高层次,从项目安全目标层面开始进行 ASIL 的继承和派生；其次,为子系统分别分配安全目标,指定 ASIL,安全要求应分配给能够实现这些要求的子系统或组件；再依据子系统的安全目标,为更下层的子系统或组件分配安全目标。通过这种方法,安全目标是由危险分析和风险评估的结果确定的,然后,功能安全需求从安全目标中派生出来,并分配给系统体系结构设计。

6.1.5 功能安全性和可靠性的区别与联系

3.1 节中描述了"可靠性"相关的概念以及设计方法,本章描述了功能安全性的概念和设计方法,在此,对功能安全性与可靠性之间的区别与联系进行简单总结。可靠性和功能安全性之间的关系并没有定论,可靠性与功能安全性之间并没有明确的界限和区别,绝大部分

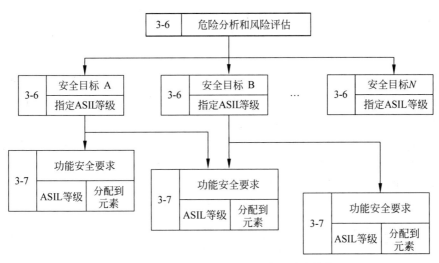

图 6-2 安全目标和功能安全要求的层次结构

系统都必须同时具备功能安全性和可靠性,然而,可靠性和功能安全性对系统的要求可能会有很大的不同,而且如果考虑总成本固定——可靠性和功能安全性的实现程度常常是互斥的。

理论上,功能安全性是指在系统运行过程中不发生灾难性事故的概率,功能安全侧重于检测潜在的危险,并采用自动保护机制或纠正措施来防止危险事件造成不必要的伤害或降低其严重性。

系统的可靠性是在规定的环境条件下和在规定的时间内完成某一功能的概率,是面向系统的目的和预期的动作的要求,它是一个系统按照期望执行指定任务的程度,可靠性要求与使系统无故障有关。实际设计中,安全的系统可能不可靠,而可靠的系统可能不安全,尽管如此,系统也可以设计成既安全又可靠,但可靠性和功能安全性的两种需求对系统的重要性通常是不同的。

下面列举了 3 个具备不同功能安全性和可靠性的系统。

① 安全但不可靠:会产生许多错误的警报烟雾探测器。只要可靠地检测到潜在的危险烟雾,就可以认为烟雾探测器是具有功能安全性的。烟雾探测器会产生很多误报,是不可靠的,因为它会错误地将安全情况显示为危险情况。这种烟雾探测器的传感器元素可能过于敏感,在不影响安全性的前提下可以稍微降低传感器的灵敏度,可以提高可靠性。

② 可靠但不安全:一个老式树篱修剪器。树篱修剪器只有一个开关,如果按下,修剪器立即全速启动。由于它的简单,这种修剪器的电气部分可能会比现在的修剪器更可靠。现代的修剪器通常至少有两个开关,而且可能还有一些额外的电子设备。以操作现代的修剪器为例,必须同时打开两个开关,且需要双手按次序操作开关。此外,为了提醒操作人员,现代修剪器具有软启动模式。这些特点使得现代的树篱修剪器更加安全,但由于涉及更多的电气部件,现代修剪器可能不太可靠。

③ 既安全又可靠:由 3 个独立的冗余控制器控制的铁路道口。每个控制员都可以独自处理铁路过境。正常情况下,这 3 个控制器会根据相同的输入数据产生相同的输出信号。如果一个控制器发生故障,仍然有两个控制器产生相同的输出信号,因此系统仍然能够保持

铁路交叉口处于安全状态。具体操作如下：3个控制器都产生相同的输出信号视为正常情况；如果其中一个控制器的输出与另外两个控制器的输出不同，必须在24小时内完成修复，与此同时，铁路过境点继续运行；如果3个控制器都产生不同的输出信号（这是极不可能的），铁路道口就会进入停用状态，直到修复完毕。该系统同时具备了功能安全性和可靠性。

功能安全设计的目标在于通过必要的措施降低系统风险，使系统达到安全目标，避免发生危险事件造成人员伤亡和财产损失。功能安全与风险之间的关系如图6-3所示，横轴代表造成伤害的严重程度，纵轴表示伤害事件发生的可能性，临界风险分界线将平面划分为两部分，右上角为不可接受的风险区域，左下角为可接受的风险区域，功能安全设计就是通过必要的措施降低风险，将系统的风险从不可接受区域降至可接受的风险区域。功能安全侧重于在车辆发生功能故障后，设计冗余设计、诊断设计和报警设计等安全机制，在故障发生后运行故障诊断和故障响应，使系统进入安全状态或紧急状态，尽量降低功能故障发生后造成人身伤害的概率。

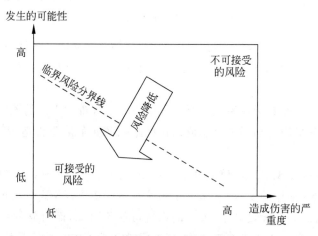

图6-3 功能安全与风险之间的关系

可靠性关注的重点是系统的功能，设计的侧重点是提高系统的正常工作寿命，设计的目的是要维持系统的功能，确保系统可以长时间工作而不发生故障。可靠性应侧重应对故障发生之前的状态，要采取冗余设计、降额设计、容差设计等策略设法降低故障发生概率。

功能安全性和可靠性在分析方法、验证方法、管理方法、度量指标和评价方法等方面都有所不同，但除此之外，二者仍然有紧密联系的方面：可靠性是功能安全的基础，只有在系统能够正常工作的基础上考虑功能安全性才有意义；可靠性和功能安全性具有共同的理论基础；具有部分共同的设计方法，如冗余设计等；具有部分共同的分析方法、验证方法、开发工具等。

6.2 车规级芯片功能的安全分析

在2018年发布的第二版ISO 26262标准中，车规级半导体器件和芯片的功能安全指南被单独作为标准的第11部分发布。由于第11部分只是一个指导方针，不需要任何要求或工作交付成果，但它确实能在半导体设计时更清楚地理解第5部分（硬件设计）和第6部分（软件设计）中规定的内容。与第一版没有说明在使用半导体设计时如何响应不同，第二版包含了许多根据 ISO 26262 促进半导体设计的示例。

如果车规级芯片是作为符合 ISO 26262 系列标准的项目开发的一部分,则它应该基于源自项目顶级安全目标的硬件安全要求,通过技术安全概念(Technical Safty Concept)进行开发。相关故障模式的硬件体系结构指标、随机硬件故障的概率指标(PMHF)以及每个安全目标违反原因评估(EEC)被分配给项目,在这种情况下,半导体组件、车规级芯片等只是其中的一个元素。

6.2.1 芯片级功能安全分析方法

1. 车规级芯片的层次划分

根据 ISO 26262 中相关术语的定义,一个车规级芯片可以被划分为多个层次,如图 6-4 所示。整个车规级芯片可以看作一个组件(Component),下一个层级如 CPU、A/D 转换器等可以看作一个部分(Part),以下的层次结构作为子部分(Sub-Part),直到最基本的子部分,如内部寄存器和相关逻辑。

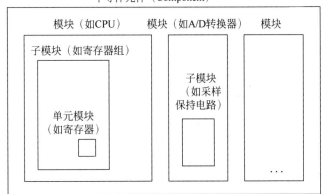

图 6-4 车规级芯片的层次划分

车规级芯片的安全分析(从最基本的子部分的故障到系统级的失效)是通过以下方式完成的——将半导体元素的详细故障模式转换为系统级分析时所需的高级故障模式,如图 6-5 所示。通过结合自上而下和自下而上的方法,可以识别详细的半导体组件故障模式并将它们结合到组件级别。

2. 硬件故障、错误和失效模式

集成电路的故障(Fault)和最终的硬件失效模式(Failure Mode)是联系在一起的,如图 6-6 所示。失效模式可以是抽象的,也可以进行修改以适应特定的实现,例如,可以是和组件、部分或子部分的引脚相关的。而本文中描述的故障(Fault)和错误(Error)与给定的车规级芯片的物理实现有关。

故障模型(Fault Mode)是对物理故障的抽象表示。在车规级芯片中,相关的故障模型是基于技术和电路实现来识别的。由于故障的数量较大和所需的层次级别非常详细,通常不可能单独评估每一个可能的物理故障。失效模式(Failure Mode)通常在与安全概念和相

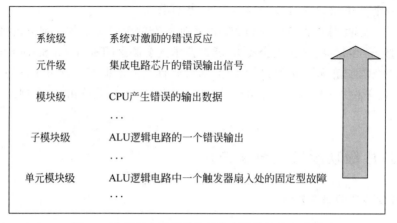

图 6-5　自下而上推导系统级故障模式的方法示例

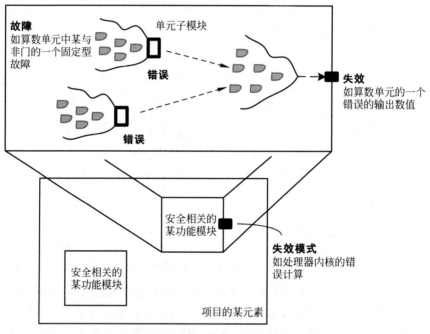

图 6-6　车规级芯片的故障、错误和失效

关安全机制相称的级别上进行描述,如对于具有硬件锁步安全机制的 CPU,可以通过把 CPU 的功能作为一个整体来定义失效模式;再如对于以结构性软件的硬件测试为安全机制的 CPU,由于软件测试将涵盖不同的失效模式,CPU 失效模式的定义会比前一例更细节化。定义失效模式时,如果适用,则应使用关键字,如错误程序流执行、数据损坏、访问意外位置、死锁、活锁、错误指令执行等。在特殊情况下,更接近物理实现的失效模式可能更有帮助。已识别的失效模式与电路实现的故障模型之间的关联应得到证据支持,该证据确保每个失效模式被分配到组件的部分/子部分,并且每个相关部分/子部分至少有一种失效模式,目标是确保电路实现和列出的失效模式之间没有不匹配的地方。

基本失效率应分解到各故障模型中。该分解精细程度应和分析的详细程度与对可用的相关安全机制的考虑相匹配。如对于具有硬件锁步安全机制的 CPU,没有必要详细分解 CPU 的失效模式;而对于以结构性软件的硬件测试为安全机制的 CPU,则可以分解得更详细,因为通过这种方式,可以以足够的准确性估计失效模式的覆盖范围。如果缺少用于计算所需分解精细程度的数据,可以近似假设故障率在各种失效模式中是均匀分布的来简化计算,以提供给系统设计专家判断参考。

3. 车规级芯片的基本故障率

车规级芯片的故障机制取决于电路类型、实现技术和环境因素。随着半导体技术的快速发展,已公布的公认故障率行业来源很难跟上最先进的技术水平所引入的实际故障率来源,特别是对于深亚微米工艺技术。因此,可参考 JEDEC(联合电子器件工程委员会)、IRDS(国际器件和系统路线图)和 SEMATECH/ISMI 可靠性委员会等行业组织的出版物,它们对全面了解半导体状态是有帮助的。

有许多不同的技术可用于基本故障率的估计。总得来说,这些技术可以总结如下。

(1) 来自试验测试的失效率,如温度、偏置和运行寿命测试(TBOL),用于测试产品的固有运行可靠性。

(2) 来自现场事故观察的故障率,如分析现场故障返回的材料。

(3) 应用行业可靠性数据手册估计的失效率;或结合相关专家判断的失效率。

(4) 由国际设备和系统路线图维护的文件,如国际半导体技术路线图提供了每一代软错误率的预测值。

这里介绍一种电子元素可靠性预测模型(原 IEC TR 62380),用于计算永久基本失效率,这也是 ISO 26262 文档中使用的数学模型,如下所示:

$$\lambda_{\text{die}} = (\lambda_1 \times N^{0.35 \times a} + \lambda_2) \times \frac{\sum_{i=1}^{y}(\pi_t)_i \times \tau_i}{\tau_{\text{on}} + \tau_{\text{off}}}$$

$$\lambda_{\text{package}} = 2.75 \times 10^{-3} \times \pi_a \times \left(\sum_{i=1}^{z}(\pi_n)_i \times (\Delta\tau_i)^{0.68}\right) \times \lambda_3$$

$$\lambda_{\text{overstress}} = \pi_l \times \lambda_{\text{EOS}}$$

$$\lambda = (\lambda_{\text{die}} + \lambda_{\text{package}} + \lambda_{\text{overstress}}) \times 10^{-9}/h$$

其中,部分参数的含义如下:

λ_1 是和集成电路制造工艺与每个晶体管相关的参数。

λ_2 是和集成电路制造工艺相关的参数,和芯片上集成晶体管数目无关。

N 是和芯片集成的晶体管数目相关的参数。

a 是和集成电路制造工艺发布/升级的年份与一个参考年份(1998 年)之间的差值相关的参数。

τ_i、τ_{on} 和 τ_{off} 是和硬件视角下工作周期和非工作周期相关的参数。

$(\pi_t)_i$ 是和温度、应力因子相关的参数,适用于芯片的管芯(Die)部分。

λ_{EOS} 是和集成电路暴露在电器过载(EOS)下的可能性相关的参数。

n_i 和 $\Delta\tau_i$ 是和硬件视角下温度循环的次数和幅度相关的参数。

λ_3 是和芯片的封装相关的参数。

更详细的参数信息以及不同条件下各参数的取值或计算公式可参考 ISO 26262 的第 11 部分。

4. 半导体相关失效分析

相关失效分析(Dependent Failure Analysis,DFA)是以汽车安全完整性等级为导向和以安全为导向的重要分析工作之一;旨在识别出可绕开给定元素(硬件/软件/固件等)间所要求的独立性、绕开免于干扰、使独立性无效或使免于干扰无效,并违背安全要求或安全目标的单一事件或原因。在 ISO 26262 标准的第 11 部分中,针对在一个硅芯片内实现的硬件元素之间以及硬件和软件元素之间的相关失效分析(DFA)提供了指南,所考虑的元素通常是硬件元素及其安全机制。

相关失效的场景如图 6-7 所示,A 和 B 两元素可能由于外部根原因而失效。根原因可能与随机硬件故障或系统故障有关。

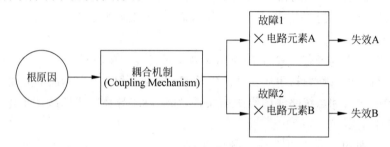

图 6-7 相关失效的场景

图 6-7 中的耦合机制(Coupling Mechanism)旨在表征由给定根原因造成干扰的一些示例属性,此类属性有助于指定缓解措施并定义可用于验证缓解措施有效性的适当模型,有如下几种。

(1) 当源和接收器之间的耦合路径通过与导体(如传输线、电线、电缆或 PCB 迹线)直接接触而形成时发生的传导耦合(电或热)。

(2) 发生在源和接收器相隔很短距离(通常小于一个波长)的近场耦合。严格来说,"近场耦合"可以分为电感应和磁感应两种。通常将电感应称为电容耦合,将磁感应称为电感耦合。

(3) 当机械力或应力通过物理介质从源传递到接收器时,就会发生机械耦合。

(4) 辐射耦合或电磁耦合发生在源和接收器相隔较远距离(通常超过一个波长)时。源和接收器件充当无线电天线:源发射或辐射电磁波,该电磁波在两者之间的开放空间中传播并被接收器件拾取或接收。

此外,在耦合过程中还有传播介质、局部性和时序会影响耦合的效果。

(1) 传播介质:表征了干扰通过半导体元素使用的耦合路径,包括信号线、时钟网络、供电网络、衬底、封装等。

(2) 局部性:表征扰动是否有可能影响多个元素或仅限于单个元素。在后一种情况下,假设受影响的元素产生错误的输出,并传播到与其相连的多个元素(级联效应)。

(3) 时序:表征了与传播延迟(如温度梯度的传播)或其时序行为(例如,在电源上的纹波噪声的情况下)等相关的干扰的一些特性。

根据发起者(DFI)的不同,可以采取不同的措施来进行缓解。例如,对于常见的时钟元素故障、测试逻辑故障、电源元素故障、共享模块(如 RAM、闪存、A/D 转换器、计时器等),可以采取以下措施。

(1) 设置专用独立监控(如时钟监控、电压监控、存储器 ECC、配置寄存器内容的 CRC 等)。

(2) 针对软错误或选定冗余进行选择性强化。

(3) 在启动或运行后,以及共享资源运行期间进行自检。

(4) 共享资源故障的间接检测(如在共享资源故障的情况下会失效的功能的循环自检)。

更详细的 DFI 列表以及对应的缓解措施可参考 ISO 26262 的第 11 部分。

5. 故障注入

半导体芯片层级的故障注入(Fault Injection)是一种当安全概念涉及半导体组件时,可用于支持生命周期的多个活动的方法。故障注入的结果可用于验证安全概念和基本假设(如安全机制的有效性、诊断范围和安全故障的数量)。

针对半导体芯片,故障注入可用于:

(1) 支持硬件体系结构指标的评估。

(2) 评估安全机制的诊断范围。

(3) 评估诊断时间间隔和故障反应时间间隔。

(4) 确认故障影响。

(5) 支持安全机制在其要求方面的硅前验证,包括检测故障和控制其影响(故障反应)的能力。

在进行故障注入时,应考虑以下内容来验证:

(1) 故障模型的描述和基本原理,以及相关的抽象级别。

(2) 安全机制类型,包括所需的置信水平。

(3) 观察点和诊断点。

(4) 故障位置、故障清单。

(5) 故障注入期间使用的工作负载。

6.2.2 数字芯片和存储器的功能安全

数字芯片包括微控制器、片上系统(SoC)设备和专用集成电路(ASIC)等芯片的数字部分。常用非存储器类数字芯片的故障模型有永久的故障和瞬态的故障。

1. 永久的故障

固定故障:电路中的故障,其特征是节点保持在逻辑高或逻辑低状态,而不管输入激励如何变化。

开路故障:通过将一个节点分成两个或更多节点来改变电路节点数量的故障。

桥接故障:无意连接的两个信号(短路)。根据所采用的逻辑电路,这可能会产生线或和线与的逻辑功能。通常仅限于在设计中物理上相邻的信号。

单一事件硬错误(SHE)：由单一辐射事件导致的不可逆操作变化，通常与器件的一个或多个元素的永久损坏有关(如栅极氧化层破裂)。

2. 瞬态的故障

单事件瞬态(SET)：由单个高能粒子通过引起的集成电路节点处的瞬时电压偏移(如电压尖峰)。

单事件翻转(SEU)：由单个高能粒子通过引起的信号的软错误。

单比特翻转(SBU)：单个事件导致单个存储位翻转。

多单元翻转(MCU)：导致 IC 中多个位同时失效的单个事件。错误位通常但不总是在物理上相邻。

多比特翻转(MBU)：两个或多个单事件引起的位错误发生在同一个半字节、字节或字。MBU 不能通过简单的 ECC(如单比特纠错)来纠正。

存储器故障模型可能因内存体系结构和内存技术而异。半导体存储器的典型故障模型如表 6-4 所示。

表 6-4 半导体存储器的典型故障模型

硬件元素	故障模型
Flash 存储器	固定型故障模型、附加故障模型、软错误模型
ROM、OTP、eFUSE	固定型故障模型、附加故障模型
EEPROM	固定型故障模型、附加故障模型
嵌入式 RAM	固定型故障模型、附加故障模型、软错误模型
DRAM	固定型故障模型、附加故障模型、软错误模型

说明：表中的附加故障模型，如常开故障(Stuck-Open Faults)，是一种耦合故障，还有一些基于存储器结构的附加故障，如寻址故障(AF)、寻址延迟故障(ADF)、瞬态故障(TFs)、相邻模式敏感故障(NPSFs)、字线擦除干扰(WED)、位线擦除干扰(BED)等。这些故障模型适用于 RAM，但可以表明，相同的故障模型对嵌入式 Flash 或 NAND Flash 也有效，即使是由不同的现象引起的

对于数字单元的任何功能，失效模式可以建模为如下类型。

(1) 功能省略(Function Omission)：在需要时不提供功能。

(2) 功能委托(function commission)：在不需要时提供了功能。

(3) 功能失序(function timing)：功能提供的时序不正确。

(4) 功能误值(function value)：功能提供的输出值不正确。

失效模式可适用于任何逻辑功能。一般来说，IP 的失效模式可以在不同的抽象层次上描述，并基于对单元的正常行为和失效行为的对比加以描述。失效模式集的选择会影响安全分析的可行性、工作量和可信度。失效模式集的合理和客观定义的标准如下。

(1) 失效模式能够将底层的技术故障映射到失效模式上。

(2) 失效模式支持应用安全机制的诊断覆盖率的评估。

(3) 理想的失效模式是分离的，即理想情况下，每个源故障仅导致一种特定的失效模式。

6.2.3 模拟和混合芯片的功能安全

如果在元素(组件、部件或子部件)中处理的信号不限于数字信号，则该元素被视为模拟

元素。物理世界的每个测量接口都是这种情况,包括传感器、激励输出和电源等。

对于模拟模块,其中每个子元素都是模拟元素,不包括数字元素。混合信号分量至少由一个模拟模块和一个数字模块组成。由于模拟和数字模块在设计、布局、验证和测试方面需要不同的方法和工具,因此建议明确划分模拟和数字模块,如图 6-8 所示。模拟模块的边界可以通过其功能及其相关的故障模型和故障模式来定义。

图 6-8 明确划分模拟模块和数字模块

分析的详细程度取决于相关的安全要求、安全机制和提供安全机制独立性证据的需要。更高的粒度并不一定会给安全分析带来显著的好处。

6.2.4 可编程逻辑元素的功能安全

如图 6-9 所示,可编程逻辑(PLD)可以看作可配置 I/O、非固定功能的组合(由逻辑块和用户存储器组成,并具有相关的配置技术来配置它们),连接这些逻辑块和固定逻辑功能的信号来实现功能。

PLD 的一个共同特点是用户可以使用适合特定应用需求的功能对其进行配置。设备的设计或配置可以使用各种工具完成,从非常简单的开发套件到支持复杂功能(如设计的时序分析和优化)的完整开发套件。一旦用户设计完成,就可以将其编程到设备中。不同的技术支持一次性可编程性或多次重新编程设备。这些方法可以通过提供易失性或非易失性功能来进一步区分。其分类如表 6-5 所示。

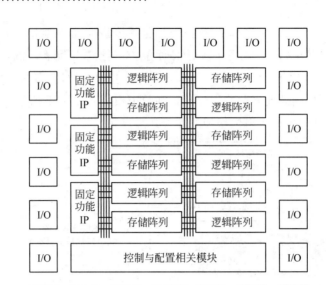

图 6-9 PLD 芯片结构的示意图

表 6-5 PLD 的类型

PLD 的类型	描 述
可编程阵列逻辑（Programmable Array Logic，PAL）	由可编程的与逻辑阵列、固定的或逻辑阵列和输出电路 3 部分组成；通过对与逻辑阵列编程（一次性）可以获得不同形式的组合逻辑函数
门阵列逻辑（Gate Array Logic，GAL）	类似于 PAL 的功能，但具有多次可编程的特点
复杂可编程逻辑（Complex Programmable Logic Device，CPLD）	类似于 PAL 的功能，但它是非易失性器件，具有更高的集成率和额外的复杂反馈路径
现场可编程门阵列（Field Programmable Gate Array，FPGA）	利用小型查找表来实现逻辑，每个查找表连接到一个 D 触发器的输入端，触发器再来驱动其他逻辑电路或驱动 I/O

PLD 的失效模式如表 6-6 所示。

表 6-6 PLD 的失效模式

PLD 电路的元素	可用于分析的失效模式
固定功能的 IP 和数字 I/O	可参见数字芯片的失效模式
逻辑块	该逻辑块实现的功能永久失效；该逻辑块实现的功能瞬态失效[a]
控制与配置相关模块	逻辑块配置的无意永久改变；逻辑块配置的无意瞬态改变[b]
模拟 I/O	可参见模拟芯片的失效模式
存储阵列	可参见存储器的失效模式
信号路由[c]	由一组逻辑块实现的功能的永久失效，包括逻辑的总时延；由一组逻辑块实现的功能的瞬态失效

  a. 这种失效模式的相关性取决于 PLD 技术的类型和逻辑块的类型；
  b. 这种失效模式的相关性取决于 PLD 技术的类型和逻辑块的类型；
  c. 互连线和配置信号的路由在这一条目中考虑

6.2.5 传感器和换能器元素的功能安全

换能器(Transducer)是将能量从一种形式转换为另一种形式的硬件部件,因此,它是汽车功能安全方面需要考虑的关键元素。与输入能量形式相比,输出能量形式的量化取决于换能器的灵敏度。传感器(Sensor)是至少包括换能器和支持、调节或进一步处理换能器输出以用于 E/E 系统的硬件元素,如图 6-10 所示。

传感器的故障模式表现为与标称传感器输出的偏差。传感器的故障模式也源于换能器输出和传感器输出之间的信号路径中的支持电路中的故障。具体故障模式如表 6-7 所示。

图 6-10 传感器和换能器关系的示意图

表 6-7 具体故障模式

技术规范	失效模式	描述
偏移	偏移超出指定范围	在没有激励(输入能量)时,换能器输出偏离规定范围
	温度偏移误差	超过温度的偏移误差超出了规定的限制
	偏移漂移	偏移值随时间发生变化
动态范围	超出范围	换能器的输出值超出了规定的工作范围
灵敏度(增益)	灵敏度过高/低	灵敏度超出了规定的范围
	输出固定	由于机械和电气故障(如颗粒短接、黏结),灵敏度为零
	非参数灵敏度	灵敏度偏离了指定范围内的数学关系,包括响应的不连续等
	噪声重复性差	克服动态噪声所需的阈值变化
	灵敏度温偏错误	灵敏度随温度的变化超出了规定范围

注:上述失效在系统层面可能产生的影响包括不准确的开关阈值、开关阈值随温度的变化、开关阈值随时间的变化、功能的丧失、不准确的开关阈值、相移(领先、滞后)、占空比的变化、输出切换阈值的变化、开关阈值随温度的变化、随温度的相移、占空比随温度的变化

6.3 车规级芯片功能安全设计

功能安全是汽车应用的一个关键要求,为了解决由数据损坏引起的灾难性故障,汽车应用需要达到 ISO 26262 标准中规定的 ASIL 等级要求。

与通常认为只有大型且功能强大的片上系统才包含围绕 ISO 26262 标准构建的功能安全性的看法相反,用于下一代汽车体系结构的 MCU 正越来越多地集成功能安全性功能。它们是新的面向软件和数据的体系结构的一部分,并在传动系、底盘和高级驾驶辅助系统中提供域控制器所要求的实时性能。

MCU 可以运行嵌入式软件解决方案,以满足 ISO 26262 对道路车辆的要求,通过整合具有锁步机制的 CPU 和内存容量划分为多个分区的大型非易失性存储器,以实现确定性实时计算。使 MCU 能够促进功能安全特性的另一个特性是虚拟化,这有助于在单个 MCU 上运行多个软件组件,而不会相互干扰。

图 6-11 说明了功能安全在汽车设计中的实现方式。

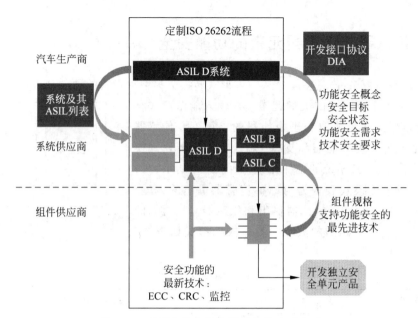

图 6-11　功能安全在汽车设计中的实现方式

6.3.1　功能安全设计案例

1. 车用 MCU 功能安全设计方法

下面以车用 MCU 这一种车规级芯片为例,介绍部分通用的功能安全设计方法。

（1）CPU 锁步：锁步模式为处理和计算提供环境,以促进功能安全的诊断。多核微控制器具备锁步功能,能够加速自我诊断和故障检测等功能安全任务的执行。通过在单一的 MCU 上集成多个 ECU 以支持多个功能,则形成了多核 MCU 结构。这些多核 MCU 不仅能提供特定应用程序的加速,同时也能提升锁步能力。

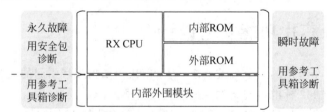

图 6-12　提供诊断覆盖锁定步骤的双核设备示意图

（2）非易失性存储器：充足的片上非易失性存储器使 MCU 克服了非集成存储器的延迟,并有助于确保实时应用(如电机控制)的精确和确定性控制。充足的存储空间有助于即时访问安全关键操作,如混合动力系统,从而最大程度确保可靠性。稳定的存储器至关重要,存储器需要允许频繁的数据写入,并能够防止数据损坏造成的故障。许多 MCU 供应商正在增加闪存内容,以确保具有不同 ASIL 等级的软件组件可以独立运行。也有一些 MCU 供应商正在引入新的存储器技术,如相变存储器(PCM)。

（3）微控制器虚拟化：功能安全型 MCU 也采用基于硬件的虚拟化技术来提高诊断覆盖率。与基于软件的管理程序相比，这些具备充足存储器空间的 MCU 提高了实时响应能力，而后者需要更多的处理时间来改变 CPU 的状态和提供中断。

（4）测试和认证：MCU 制造商也在采取措施，简化测试和诊断流程及功能安全认证流程，以优化实施汽车安全功能的成本。这使得汽车设计师能够在遵守 ISO 26262 标准的同时，节省更多时间和成本。一些 MCU 甚至添加了用于故障检测的内置自测试（BIST）功能，允许 MCU 在运行时执行自诊断。BIST 功能还可以使 MCU 避免干扰 CPU 的处理周期；MCU 可以在其进入待机状态和恢复操作之间的时间内执行自诊断。

2. 车用 MCU 功能安全设计方法案例

下面以 ARM 公司的车用 MCU 芯片 Cortex-A76AE 为例，分析具体的功能安全设计方法，包括锁步双核、ECC 校验、硬件自检机制 BIST 等。

（1）锁步：锁步核能够检测错误的发生情况，是实现高水平诊断覆盖率的传统方法。如图 6-13 所示，主 CPU 和副 CPU 运行完全相同的程序，且输出结果都将输入一个比较器，比较器负责比较每个周期下主 CPU 和副 CPU 的输出，只要输出相同，则表明主 CPU 正常工作，如果输出结果之间存在差异，这表示可能出现了故障状况，应进行调查或采取应对措施。这种锁步核的设计是固定在芯片中的，所以欠缺灵活性。此外，锁步核虽然使用了两个 CPU 核，但仅实现了单核的功能。这种方法已经在 MCU 和复杂度较低的 MCU 领域经过多年的成功验证。

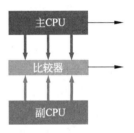

图 6-13　双核锁步 CPU

（2）冗余执行：可提供更高性能能力的 CPU 通常更加复杂，确定性更低，因此锁步的实现更为困难，这就促使出现了更多的奇特的方法来解决上述挑战。冗余执行是用来应对该挑战的一种选择，如图 6-14 所示，这种方法假设正在执行两个独立的应用程序，可能是在不同的 CPU 内核上执行，如果实现了虚拟化，甚至可能是在不同的虚拟机内执行。当这两个应用程序的结果输出后，由一个额外的高安全完整性的处理器对其进行比较，以保证其正确性，由于其独立的时钟和电源供应，通常被称为安全岛（Safety Island）。这个安全岛将负责最后的决定和启动阶段。这种方法可以降低高计算集群上的诊断覆盖需求，并且在实现中能够提高效率和灵活性，但也大大增加了系统复杂性。不同于锁步核的比较机制固化在芯片中，安全岛作为一个单独的核，具有更高的软件灵活性，可能在未来几年中更广泛地应用于某些需要安全性和高计算性能的应用程序中。

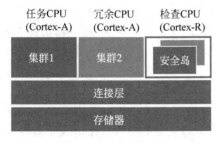

图 6-14　冗余执行

（3）可分核：ARM 在 Cortex-A76AE 上集成了一种叫可分核（Split-Lock）的技术，该技术集成了高计算性能和高安全完整性的优点。可分核可以被配置成两种模式：分离模式下两个 CPU 可以独立执行不同的程序或任务；锁步模式下两个 CPU 执行锁步模式，用于高安全完整性应用程序。如果两个 CPU 中的一个损坏，系统可以在降级模式下继续运行，即只运行未损坏的 CPU，这对自动驾驶系统来说是很重要的能力。

3．系统级功能安全设计方法

下面以故障容忍（Fault Tolerant）为出发点，简要讨论其在汽车安全关键性系统里的设计实施。

故障容忍指的是系统在出现故障的情况下仍能保持某种既定的系统功能。在汽车安全关键性应用中，这种容错功能是保证电子电气系统功能安全的一种措施，应当在系统体系结构设计中尽早考虑，并需要在系统不同层级设置监控或冗余等安全机制。这些安全设计在电子电气系统体系结构层面可以体现在如下几方面。

1) 传感器信号的合理性

传感器信号的合理性校验除了包括一般意义上的传感器信号线电气故障的诊断外，同时，对于多路传感器输入，需要检测信号组的漂移、偏移以及卡滞来避免系统性的故障。

2) 主控单元运行的安全性

主控单元运行的安全性由以下 4 部分组成。

（1）安全的计算：安全的计算指的是系统体系结构上，执行安全相关软件程序的计算单元是安全的。安全计算单元通常会采用双核锁步的方式来保证 CPU 指令层级运算结果的冗余从而规避计算单元永久或暂态的硬件错误，同时应借助基于硬件的 MPU（内存保护单元）来确保安全相关的软件在执行过程中，CPU 不会被非法访问。

（2）安全的采集：安全的采集通常可以通过多路通道输入处理做比较，或是借助内置测试样本（Test-Pattern）的通道来确保采集信号的可靠性。

（3）安全的输出：安全的输出则需要对主控单元的输出进行回读，确认一致性和时效性。

（4）安全的数据：安全的数据首先需要在系统设计上识别主控单元中与安全功能存在关联的资源，从而确认主控单元上哪些存储器（Cache/RAM/Flash）需要使用纠错码（ECC）来检测或修复数据的错误。如果 DMA（直接存储器访问）被用于安全数据的搬运，也应当添加循环冗余校验码（CRC）来确保传输数据的完整性。

3) 执行器（包括预驱电路）的反馈校验或备份

对于执行器的反馈校验，不同安全相关应用会具备不同形式的反馈，如电流、电压、位置、扭矩、渲染图像循环冗余校验等。实时的执行器反馈通常需要与一些预期目标值进行比较，从而判断执行控制是否存在故障，并最终通过物理或时间上的阈值来确认失效是否会导致违背安全目标。可以通过设置冗余功能执行路径，甚至是添加等效执行的最小子系统来执行备份，以在系统失效后，增加进入安全状态的可靠性。

4) 安全的通信

传感器、控制器和执行器之间与安全功能相关的数据通信同样需要被监控，以避免错误的信息被用于预期的功能链路。通信过程中数据信息非预期的重复、延迟、掩饰、崩坏或是丢失，都应当属于被监控的范畴。系统方可以通过 AUTOSAR 定义的端到端的通信保护或是添加额外的校验机制来确认通信类的故障。

5) 供电保护与监控

供电正常是整个安全关键性系统预期运行的前提条件。任何供电的漂移震荡、过欠压或者尖峰，都可能引起系统上电子单元的工作异常。相关的失效都应当被保护或是监控，并通过特定的安全措施帮助系统进入安全状态。

根据不同的系统应用场景,容错功能在现代汽车电子电气体系结构中可分为以下两类。

(1) Fail Safe(失效安全):对应的体系结构如图 6-15 所示,在出现一个(或多个)失效之后,系统可以直接进入安全状态,或是借助一些外部手段进入安全状态。

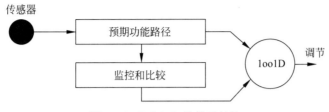

图 6-15　Fail Safe 的体系结构

(2) Fail Operational(失效运行):对应的体系结构如图 6-16 所示,在出现一个(或多个)失效之后,系统仍然需要维持一定程度的功能,并且在失效清除以后,系统能立即恢复到正常运行状态。

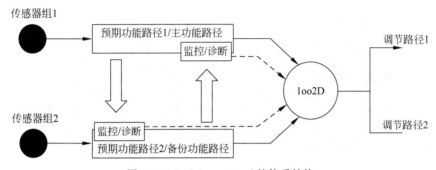

图 6-16　Fail Operational 的体系结构

对于 Fail Safe 的安全关键性汽车电子系统,为了兼顾成本与功能,设计上通常会建议采用 1oo1D 体系结构。1oo1D 体系结构设计会先构建一条预期功能路径,然后通过安全分析,去识别预期功能路径上失效影响系统安全的功能组件,再针对相关组件的失效模式设计添加额外的监控或冗余等安全机制,确保系统失效后能直接关闭功能,进入安全状态。

Fail Operational 的体系结构常见于 ADAS/AD 相关的应用中。当系统组成部分的故障引起系统安全相关的功能失效时,系统仍然需要保持一定的功能,而不能直接停机进入安全状态。对于 Fail Operational 的容错设计,1-out-of-2 体系结构(见图 6-16)是一种典型的体系结构。系统基本体系结构会包括两条独立的功能链路,两条功能链路能够协同工作,组成一个完整的系统应用(Symmetric 1oo2D);或是某一路负责主功能,另一路只负责保证安全的备份功能运行(Asymmetric 1oo2D)。每条链路上具备独立的诊断监控系统,同时,也会互相监控对方链路的健康状态。每条功能链路会要求被设计为 Fail Silent,即出现自我诊断的失效或是被对方检测确认失效后,不会对系统其他正常工作的模块造成影响,同时,整个系统应执行正常链路的备份功能,备份功能可以是主功能的降级或是系统执行特定的应急操作来进入指定的安全状态。

前面中提到的 Symmetric 1oo2D 的体系结构,常见于支持 Fail Operational 的电子助力转向系统。而 Asymmetric 1oo2D 的体系结构,常见于需要支持 Fail Operational 的 ADAS/AD 控制系统中。

无论是 Fail Safe 系统或是 Fail Operational 系统,都需要芯片厂商提供符合功能安全标准的各种半导体组件来打造可靠的传感、控制、执行、供电等系统,在智能化、电动化、网联化的趋势下,为愈加复杂的汽车应用保驾护航。

4. 系统级功能安全设计方法案例

下面以 ROHM 半导体公司的显示系统和 ECU 电源电路系统为例,介绍在车规级芯片的系统应用中,可保证功能安全的一些设计方法。

1) 车载显示设备系统

车内的显示设备,除了车速表、转速表、水温/油量表等仪表组外,现在较新的车辆通常还包括导航系统,一些高端汽车中仪表盘被液晶显示器(LCD)取代,侧后视镜被电子后视镜取代,如图 6-17 所示。

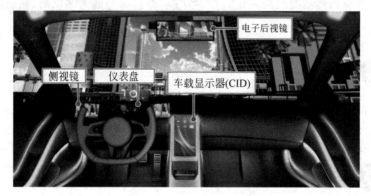

图 6-17 车载显示设备示例

这些显示设备通过向驾驶人传递各种信息来发挥重要作用,因此如果显示器失效或者屏幕变暗,就会出现严重的问题,如果仪表盘和电子后视镜显示错误信息或发生卡滞,则会更加危险。例如,显示器黑屏,驾驶人会立刻意识到发生了故障并进行处理;但如果速度表显示低于实际速度,驾驶人很可能不会意识到自己的超速驾驶行为;如果电子后视镜显示迟滞,无法即时显示从侧面接近的车辆,可能会导致驾驶人认为可以变道,从而可能导致事故发生。为了防止这些类型的故障,仪表盘和电子后视镜必须集成失效安全设计,因为即使在处理高可靠性电子设备的信息时,系统也总是有可能因如上所述的某种类型的故障而崩溃。失效安全设计的一种方式是持续监视要显示的数据并通过显示黑屏或警告画面提示异常情况,如果显示器卡滞或发生错误显示,则提示驾驶人发生故障,通过这种方式,即使在发生故障时也能防止事故发生,实现了功能安全。

仪表盘和电子后视镜等车用显示装置的实际电路配置如图 6-18 所示。

① 该系统由系统 MCU 控制,MCU 充当"大脑"并为整个系统执行处理。

② 执行与 MCU 相同功能但可以用于显示的芯片称为 GPU。与 CPU 不同,GPU 通常是专门用于图形处理的集成电路。

③ 电源芯片为整个系统提供必要的电源。

④ 定时控制器(T-CON)将从 GPU 发送的图像数据发送到源驱动器,以在 LCD 面板上显示,并根据显示结果控制门驱动器。

⑤ 源驱动器根据要显示在 LCD 上的图像数据,通过调整到源放大电路的电流来确定

像素的亮度。

⑥ 门驱动器根据来自源驱动器的显示数据一次显示一行。

⑦ 电源管理芯片（PMIC）产生 LCD 面板显示所需的电压。

⑧ EEPROM/Flash 存储定时控制器、查找表、指示器图像等信息的初始化数据，并可用指示器图像覆盖从 GPU 发送的图像。

在图 6-18 所示的应用框图中，若定时控制器控制两个驱动器，并且简单地将从 GPU 发送的图像数据原样显示在 LCD 面板上，如果发生显示错误，则无法执行任何操作，可能导致事故发生。

ROHM 公司通过在故障发生时提示驾驶人来解决这个问题，例如，通过向 MCU 发送信号并在屏幕上显示一个错误警告，或监控定时控制器从 GPU 发送的图像，并在数据或输入信号异常时显示黑屏。具体来说，ROHM 公司为

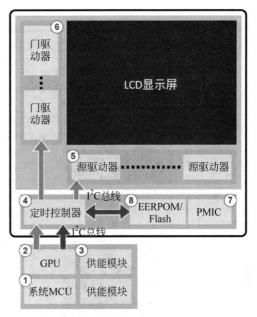

图 6-18 典型车辆显示系统框图

LCD 面板提供支持完整功能安全的芯片组，如表 6-8 所示，包括控制每个 LCD 驱动器的定时控制器（BU90AL210/BU90AL211/BU90AD410）、驱动 LCD 面板的源/门驱动器（ML9882/ML9873/ML9872）、多功能电源芯片（BM81810MUV），以及用于图像校正的伽马校正芯片（BD81849MUV）。

表 6-8 LCD 面板功能安全芯片组示例

产品类型	功能	HD720（1280×720）		FHD（1920×720）		FHD1080（1920×1080）		3K（2880×1080）	
		编号	量	编号	量	编号	量	编号	量
定时控制器	LCD 驱动控制器	BU90AL211	1	BU90AL211	1	BU90AL210	1	BU90AL211/BU90AD410	1
源驱动器	LCD 驱动器	ML9882（1440ch）	3	ML9882（1440ch）	4	ML9882（1440ch）	4	ML9882（1440ch）	6
门驱动器	LCD 驱动器	ML9873（960ch）	1	ML9873（960ch）	1	ML9872（540ch）	2	ML9872（540ch）	2
PMIC	多功能供能模块	BM81810MUV	1	BM81810MUV	1	BM81810MUV	1	BM81810MUV	1
伽马校正模块	图像校正	BD81849MUV	1	BD81849MUV	1	BD81849MUV	1	BD81849MUV	1

该 LCD 面板功能安全芯片组除了包括车辆显示器的必要安全功能，还可以检测各种问题。芯片组中包含的每个芯片都包含相互检测可能的故障模式的功能，除了上面提到的定时控制器功能之外，源（门）驱动器的信息以及输入 LCD 的信号都会根据需要进行验证和反馈，以便进行补充故障检测。通过集成功能安全设计，可以避免由于速度表、侧视镜或其他系统中所用显示设备发生故障而引发的严重事故。

图 6-19 列出了可检测的故障示例。

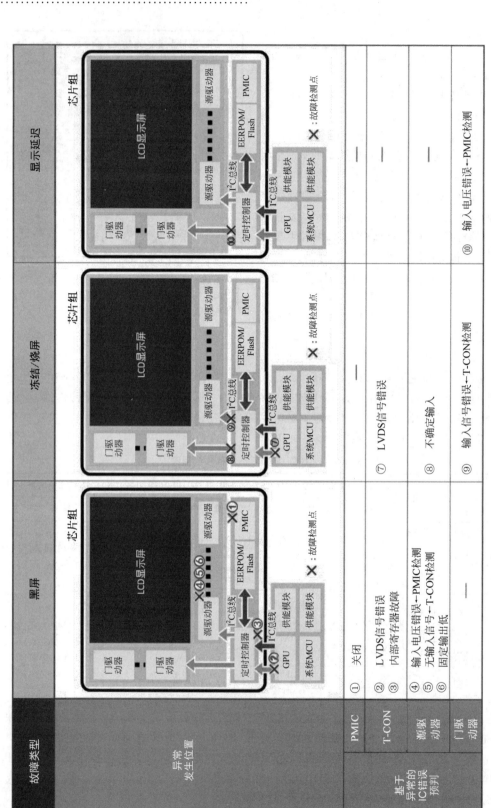

图 6-19 可检测的故障示例

PMIC 持续监控控制 LCD 面板显示的电压是否正确，如果出现电压异常，能够停止当前操作，使用冗余寄存器检测异常，并启用自动刷新功能使得异常电压恢复正常，确保高可靠性，以应对噪声等意外影响。

2) ECU 电源电路系统

MCU（可能需要为内核和 I/O 提供单独的电源）、传感器、电机驱动器、CAN（控制器局域网，一种用于车辆的串行通信协议）和其他系统需要多种电压和电流，故要求汽车发动机 ECU 能够产生多种电源。如图 6-20 所示，在车内，供能模块从 12V 电池产生各系统需要的电压和电流。这些电源系统由多个供能模块或多通道 PMIC 组成，车辆 ECU 在工作时，这些电源系统中发生的异常可能导致事故。

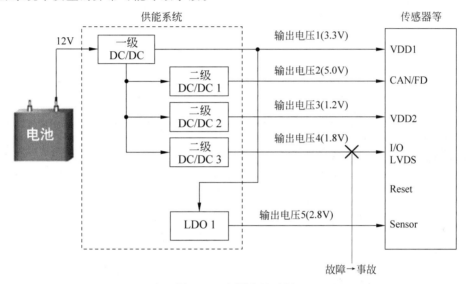

图 6-20 电源配置示例

因此，有必要对 ECU 内的多个电源进行监控并在发生异常时执行处理，以防止事故的发生。电源监控芯片也起到了监控这些电压的作用，并在发生异常时通知 MCU，提示用户采取适当的措施。

ROHM 公司大规模生产电源监控芯片，通过在电源系统外单独集成一些监控功能和自诊断功能，可以轻松地为现有电源增加功能安全性，表 6-9 中列出了 ROHM 公司的两款电源监控 IC 产品。BD39040MUF 是一款可以监控多个电源的电源监控芯片，而 BD39042MUF 具有更高的检测精度。

表 6-9 ROHM 公司电源监控 IC 的产品示例

产品编号	结构	检出水平	检测精度	封装	状态
BD39040MUF	4 通道电源监控＋看门狗计时器	±10%	±3%	VQFN16FV3030	生产中
BD39042MUF	4 通道电源监控＋看门狗计时器	±6%	±1.4%	VQFN16FV3030	开发中

ROHM BD39040MUF 的 IC 框图如图 6-21 所示，BD39040MUF 集成了电源电压 VDD 监控重置功能，支持四通道电源同时监控，能够独立检测电源异常（欠压/过压）。此外，窗口型看门狗计时器能够检测 ECU 内的 MCU 异常以及 ECU 安全工作所需的所有功能，包括冗余参考电压的自我监控功能、看门狗计时器时钟振荡器的监控功能，以及自诊断功能，用

于检查电源监控芯片中的检测功能是否在启动时正常运行。

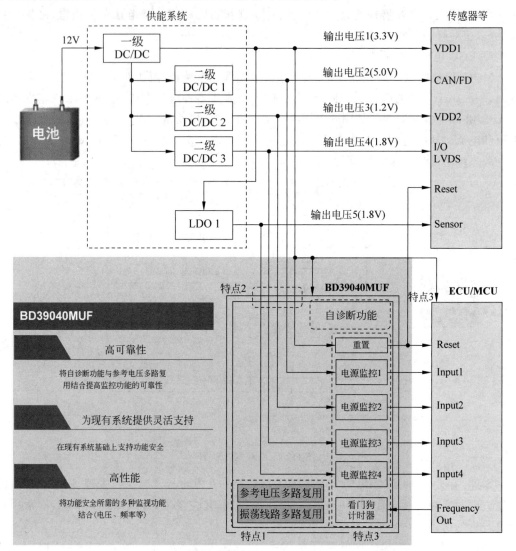

图 6-21　ROHM BD39040MUF 电源监控 IC 框图

6.3.2　基于软件的安全机制——STL

1. STL 的简介

软件测试库(Software Test Libraries,STL)是一种基于软件的安全机制,对于汽车、工业和其他市场中要求必须证明功能性安全才能运行应用程序的安全相关设计来说,STL 是一个重要的组成部分。STL 为永久性故障提供诊断能力,基于可实现的诊断覆盖水平,非常适合安全完整性要求较低的情况,如 ISO 26262 ASIL B 级别的汽车应用。此外,与内置自检(BIST)相比,STL 的部署通常不那么复杂,且使用的硅片面积更小且功耗更少。

ASIL 是根据车辆的安全目标和功能安全要求来确定的。对于每个功能安全要求,对应的技术安全要求产生并被分配到构成系统的单个硬件和软件组件中。例如,为了保持更高的安全完整性,硬件组件(如处理器)必须通过其连续的监视和报告能力(分配给 CPU 的技术安全要求)对随机硬件故障有更高的覆盖率。用于高覆盖率、持续监控和报告的一种常用方法是双核锁步(DCLS)。使用这种方法,主 CPU 和冗余 CPU 同步运行,并连续比较输出,以确保在操作过程中任意一个处理器从传播到输出的过程中所产生的任何随机硬件故障都可以被检测和报告。虽然这种类型的系统价格昂贵(CPU 面积几乎翻倍),但仍然在许多安全性至关重要的应用程序中被使用,特别是那些必须满足 ISO 26262 汽车安全完整性 ASIL D(具有最高安全等级需求)的产品。然而,在驾驶人通常对车辆有更多控制的安全应用(如车道监控、自适应前灯系统等)中,安全性要求往往较低(如 ASIL B),在这种情况下,以 STL 为代表的安全自检技术被经常使用。

在开发 STL 时,通常考虑的安全性要求如下。

(1) 实现技术安全概念要求的 STL 诊断覆盖率(Diagnostic Coverage,DC)目标,或 IP 提供商设定的 STL 诊断覆盖率目标。

(2) 报告失败信息,包括从测试到系统级应用程序的任何已识别的错误。

(3) 避免干扰应用软件。

(4) 执行时间在为受保护 IP 定义的诊断测试时间间隔(DTTI)内。

(5) 运行时维护 IP 的使用假设。

在开发 STL 时,通常考虑的功能要求如下。

(1) 灵活的测试深度,以便在某个时间点运行选择的测试和测试数量。

(2) 能够通过选择不同的测试集对特定的逻辑块进行目标测试。

(3) 适用于不同的 IP 配置。

(4) 代码大小在定义的总内存占用百分比内。

(5) 可重新定位,具体取决于系统内存映射。

(6) 可中断的最大定义延迟。

开发 STL 体系结构时需要考虑的原则如下。

(1) 简化集成——可用一个简单的应用程序编程接口(API)来调用 STL。

(2) 能够根据系统级技术安全概念,在可用的时间预算范围内,选择 STL 所需的具体零件和零件数量。

(3) 使客户能够具有执行自己的数字和故障模拟的能力。

(4) 在任何特定时间根据所选配置和可用内存选择测试的灵活性。

(5) 额外的硬件应限制在增加诊断覆盖率所需的最低限度内。

(6) 满足随机硬件故障和相关硬件体系结构度量的基本定义。

2. 随机硬件故障和相关硬件体系结构度量的基本定义

一个项目中的电气/电子系统的故障行为可能是由系统故障和随机硬件故障(Random Hardware Faults,RHWF)在其一个或多个单元中发生的。对于随机硬件故障,ISO 26262 和其他功能安全标准定义了几个硬件体系结构度量,为每个定义的完整性级别推荐目标值。必须实现硬件体系结构度量的这些目标,以确认与安全相关的系统能够在一定程度上应对随机硬件故障,而不会导致危险情况的危险系统发生故障。ISO 26262 标准定义了一个绝对的硬件体系结构度量[单位:故障时间(FIT)]和两个相对的硬件体系结构度量(单位:1 或%)。

(1) 随机硬件故障概率度量(Probabilistic Metric for Random Hardware Failure, PMHF):存在违反安全目标的可能性(Potential to Violate a Safety Goal,PVSG)的不可控的随机硬件故障的绝对故障率。

(2) 单点故障度量(Single Point Fault Metric,SPFM):相对于系统或元素中所有安全相关的随机硬件故障的不受控的 PVSG 故障的比例(单位:1 或%)。

(3) 潜在故障度量(LFM):相对于所有安全相关随机硬件故障(不受控制的 PVSG 故障)的比例(单位:1 或%)。

ISO 26262-5§8.4.5、ISO 26262-5§8.4.6 和 ISO 26262-5§9.4.2.2 定义了 3 个硬件体系结构度量:PMHF、SPFM 和 LFM 的 ASIL 相关目标值,如表 6-10 所示。这些目标值是为系统级定义的,并且必须在系统级实现(例如,对于一个完整的制动或转向系统)。请注意,ASIL A 没有定义目标值,而 ASIL B 的目标值仅由 ISO 26262 标准推荐。

表 6-10　ISO 26262 度量目标值

ASIL	SPFM	LFM	PMHF
ASIL B	≥90%	≥60%	≤$10^{-7}h^{-1}$(100FIT)
ASIL C	≥97%	≥80%	≤$10^{-7}h^{-1}$(100FIT)
ASIL D	≥99%	≥90%	≤$10^{-8}h^{-1}$(10FIT)

另一个相对度量通常用于表征检测和控制故障的安全机制的有效性。

诊断覆盖率(Diagnostic Coverage,DC,单位:1)定义为由安全机制检测和控制的硬件元素故障率或故障模式的百分比,安全机制的诊断覆盖率直接影响安全机制有效的单元的硬件体系结构度量——SPFM 和 PMHF。图 6-22 演示了一个硬件元素的总故障率(Failure Rates)或基本故障率(Total),由安全故障率和 PVSG 故障率两部分组成,此处,我们只考虑安全故障和 PVSG 故障。安全机制能够检测和控制一部分 PVSG 故障,不可检测和控制的 PVSG 故障率称为残余风险。图 6-22 中的等式 1~5 显示了如何定义不同的硬件体系结构度量以及如何计算它们。

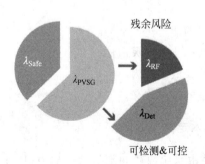

等式1　$\lambda_{Total} = \lambda_{Safe} + \lambda_{PVSG}$

等式2　$\lambda_{PVSG} = \lambda_{RF} + \lambda_{Det}$

等式3　$DC = 1 - \dfrac{\lambda_{RF}}{\lambda_{FR}} = \dfrac{\lambda_{Det}}{\lambda_{FR}}$

等式4　$SPFM = 1 - \dfrac{\lambda_{RF}}{\lambda_{Total}} = \dfrac{\lambda_{Safe} + \lambda_{Det}}{\lambda_{Total}}$

等式5　$PMHF = \lambda_{RF} = (1 - DC) \cdot \lambda_{PVSG}$

图 6-22　硬件元素的故障率

注:λ_{FR} 表示硬件元素的故障率;λ_{RF} 表示残余风险;λ_{Total} 表示基本故障率;λ_{PVSG} 表示 PVSG 故障率;λ_{Det} 表示可检测和可控的 PVSG 故障率。

3. 为安全机制确定范围和诊断覆盖率目标

当指定安全机制作为 IC 或 IP 安全概念的一部分时，除其他要求外，应定义安全机制的范围和诊断覆盖率目标。范围界定应考虑以下几个问题：安全机制应该覆盖哪些硬件块？是否有任何子区块预期不包括在安全机制中？硬件块的失效模式是什么？安全机制应涵盖硬件块的所有失效模式，还是只涵盖选定的失效模式？

应该为整个硬件块定义或为个别故障模式单独定义诊断覆盖率目标，后者也被称为故障模式覆盖（FMC）目标。无论哪种情况，都应考虑下列问题：硬件块的 SPFM 目标是什么？与 SPFM 目标相比，是否存在大量的安全故障，从而降低了所需的诊断覆盖率？是否有其他安全机制计划覆盖相同的区块和故障模式，以正交或重叠的方式，从而降低相对于 SPFM 目标的每个安全机制所需的诊断覆盖率？

什么诊断覆盖率目标被认为是可以实现的？

如果没有详细的信息来支持更精确的诊断覆盖率规范，那么定义一个与表 6-10 中 ASIL 相关的 SPFM 目标相等的诊断覆盖率是合理的。换句话说，如果安全机制是为应用场景不清楚的 SEooC（Safety Element out of Context，独立于应用场景/具体项目背景的安全要素）开发的，那么可以假设 DC 目标等于表 6-10 中依赖 ASIL 的 SPFM 目标。

4. CPU 的 STL 开发

1) CPU STL 的范围和诊断覆盖率目标

以 ARM CPU 内核的 STL 为例，适用范围和诊断覆盖率目标的定义可能会提出对 STL 的以下要求。

（1）STL 应针对 CPU 核心中的所有永久性故障，非安全相关块除外。

（2）STL 应实现 90%DC 的诊断覆盖率目标（基于假定的 CPU 核心 ASIL B 用例）。

STL 是根据这些假设需求和诊断覆盖率目标开发的。

2) STL 体系结构

STL 的体系结构如图 6-23 所示。该体系结构分为 4 个组件，分别是简单的 API；调度器（Scheduler）；硬件块（Block）：表示处理器硬件块（如核心、MPU 等）的逻辑部件组，以确保 STL 的可配置性符合 CPU 配置；部件（Parts）：由受约束的随机测试生成器或针对特定逻辑编写的定向测试生成。约束随机测试主要针对特定的功能，例如，一个深度学习处理器（Deep learning Processing Unit，DPU）部件没有浮点计算单元（Floating Processing Unit，FPU）指令，因此即使在 FPU 不存在的情况下，它也可以被执行。这些测试是用汇编代码编写的，以实现高效执行，并避免 C 语言代码编译时被编译器优化。

构建 ARM STL 体系结构的主要原则是"简单性"。有一个基于 C 语言的 API 用于调用库，然后执行预定的测试。完成后，将控件返回给库的调用者，并返回执行测试的结果。如果测试导致失败，则提供关于失败的测试及其可能原因的附加信息。

可以配置从单个 API 调用运行的测试数量，这取决于可用的时间和内存。

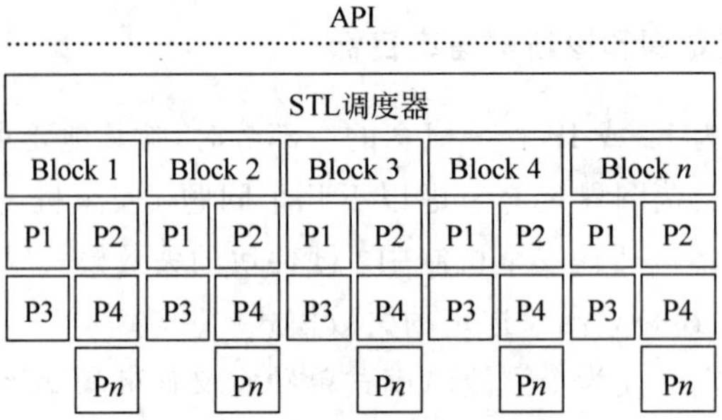

```
                              API
        ┌────────────────────────────────────────┐
        │              STL 调度器                │
        ├──────┬──────┬──────┬──────┬────────────┤
        │Block1│Block2│Block3│Block4│   Block n  │
        ├──┬───┼──┬───┼──┬───┼──┬───┼──┬─────────┤
        │P1│P2 │P1│P2 │P1│P2 │P1│P2 │P1│   P2    │
        ├──┼───┼──┼───┼──┼───┼──┼───┼──┼─────────┤
        │P3│P4 │P3│P4 │P3│P4 │P3│P4 │P3│   P4    │
        ├──┴───┼──┴───┼──┴───┼──┴───┼──┴─────────┤
        │  Pn  │  Pn  │  Pn  │  Pn  │     Pn     │
        └──────┴──────┴──────┴──────┴────────────┘
```

图 6-23　STL 的体系结构

3）STL 的流程

STL 的流程分为以下阶段。

(1) 探索：探索 CPU 中对整个 SPFM 影响最大的安全相关区域，如指令执行单元。首先实现对诊断覆盖率有最大影响的单元的检查和处理，可能会间接地使其他影响较小的单元受益。

(2) 测试编写：在可能的情况下使用工具生成伪随机测试，例如，针对执行指令的测试单元。这是通过创建随机指令序列来完成的，例如，为内存系统或中断控制器生成测试。此外，定向测试还用于击中某些难以到达的区域或随机测试无法击中的区域。

(3) 故障模拟：通常通过执行故障模拟以验证所编写的测试的质量。这是由一个合格的故障模拟器完成的。根据所获得的诊断覆盖率度量，对构成 STL 的零件和硬件块的质量进行了验证。如果没有实现所需的诊断覆盖率，IP 开发人员需要返回测试编写阶段，直到实现覆盖目标。

(4) 结束确认：在整个 CPU 上运行完整的测试集，以证明达到了预期的覆盖率，便可确认结束 STL 流程。在 STL 开发结束时，验证范围定义的实现情况，并测量或评估 STL 的实际诊断覆盖率。实际的诊断覆盖率度量被记录并报告给 CPU 核的用户和集成商，以支持对集成 CPU 核和整个系统的 IC 的定量分析。

5. IP 和 IC 级别考虑

硬件体系结构度量目标值是在系统级定义的，并且必须为系统的整个硬件实现它们。这就提出了一个问题：如果一个人没有开发一个完整的系统，而只是开发一个 IC 或 IP（如系统中的一个组件或子部件），那么度量目标是什么呢？遗憾的是，ISO 26262 没有提供任何要求，关于这个主题只有很少的指导。这些目标由 IC 或 IP 的开发人员来指定，例如，作为 SEooC 定义的一部分，对于 IC 或 IP 级度量目标值的规范，应考虑以下指导方针。

(1) SPFM：IC 或 IP 采用系统级 SPFM 目标值，基于目标 ASIL。

(2) LFM：IC 或 IP 应采用基于目标 ASIL 的系统级 LFM 目标值。

(3) IC 的 PMHF：对于 IC，建议假设 PMHF 目标为依赖于 ASIL 的整体系统级别 PMHF 目标值的 1%～10%。

(4) IP 的 PMHF：IP 不应该定义 PMHF 目标。

(5) DC：对于 IC/IP 安全机制的 DC 没有一般的目标。

ISO 26262 规定了实现相对和绝对硬件体系结构度量的要求（ISO 26262-5[3]，第 8 和

第9条)。必须满足所有要求才能符合 ISO 26262。这意味着不关心绝对的 PMHF 度量,而仅仅满足相对的硬件体系结构度量 SPFM 和 LFM 是不够的。这就是提出 ISO 26262 标准的动机:PMHF 度量代表汽车产品的剩余风险绝对值,必须加以限制。此外,相对的硬件体系结构量度代表了人们在减少系统残留风险方面应该投入的精力。对于具有较高固有风险(ASIL 较高)的系统,即使绝对剩余风险水平可能已经相对较低,投入的精力预计也会更高。

对于一个项目中的 PVSG 故障,必须同时满足 PMHF 和 SPFM 目标,这两种硬件体系结构度量中的一种将占主导地位。如果系统基本故障率较低,则可以使用默认 SPFM 目标来实现 PMHF 目标,如表 6-10 所示。然而,如果基本故障率非常高,这个默认 SPFM 目标可能不足以同时实现 PMHF 目标。在这种情况下,有必要达到更高的 SPFM。建议尽早执行 PMHF 预算和 SPFM 目标调整(例如,在 SEooC 定义或 IC 水平的安全概念规范期间)。

分别满足不同故障类型的硬件体系结构度量目标,不同的故障类型应分别进行分析,避免隐藏故障,降低故障率。对于 IC 或 IP,这意味着对于硅片上的永久故障和瞬态故障,以及与封装相关的永久故障,应分别指定和实现度量目标值。

6. 系统层级考虑

如果在 IP 或 IC 级别(如通过 STL)实现的实际 SPFM 低于目标要求,可通过以下方式改善:识别额外的环境敏感的安全故障并采取措施;在系统层面使用额外的安全机制或措施。

安全故障包括体系结构安全故障和依赖于应用程序的安全故障。体系结构安全故障指某些配置根据 IP 和网表被错误识别为安全的故障,例如,与门一个输入端发生故障,而由于另一个输入端接地,故障被阻塞从而无法被识别。

依赖于应用程序的安全故障取决于最终的应用程序工作负载和活动模式。在安全关键功能期间,部分 IP 中的损坏结果可能永远不会被应用程序读取,或者某个数据路径或完整块可能永远不会被执行。例如,如果实现中存在浮点单元(FPU),但该应用程序从未运行过浮点代码,那么如果 FPU 中的故障不干扰 IP 的其他活动部分,则可以认为是安全的。

如图 6-22 所示,故障总数是安全故障和可能违反安全目标或安全要求的故障的组合,安全故障数量的增加也意味着可能违反安全目标的故障数量的减少。基于各种因素在系统级识别额外的安全故障,有助于增强系统级的 SPFM。

STL 测试模式通常是为 IP 中的每个硬件块或硬件子块生成的。可以生成这样的测试模式:通过创建特定的场景来针对特定的逻辑或接口,系统地(即定向测试)或随机地[例如,通过使用随机指令集(RIS)生成工具]生成。

从 SEooC IP 或 IC 的角度来看,可以假设一个通用应用软件正在随机地运行和测试 IP 的整个部分或子部分,如 CPU。根据 ISO 26262 Part 6[6]推荐的集成软件安全机制,系统地为安全关键应用程序开发的应用软件可以为随机硬件故障提供诊断功能。这些用于错误检测的软件安全机制的例子(ISO 26262-6:2018 7.4.12 Note 2[6])包括以下几个。

(1)输入/输出数据的范围检查。例如,如果 ALU 有随机硬件故障并产生超出范围的结果,则下一个范围检查将检测到这一点。

(2)合理性检查。例如,使用所需行为的参考模型,包括断言检查,或比较来自不同来源的信号。

（3）在软件中实现的访问违规控制机制，用于授予或拒绝访问与安全相关的共享资源。它们可以检测寻址逻辑、内存保护单元(MPU)等方面的随机硬件故障。

（4）细粒度的程序流监控，结合超时或窗口看门狗，实现对程序序列的时间和逻辑监控。这可以检测随机硬件故障，影响适当的程序流程。

7. 总结

对 STL 供应商来说，STL 供应商在开发 STL 时，应努力实现 ISO 26262 为 ASIL 设定的相关硬件体系结构度量。然而，在 IP 级别的 SPFM 较低的情况下，系统集成商和系统开发人员可以在系统级别考虑特定应用，采用附加安全机制、测试或技术，以改进 IP 的 SPFM，以满足标准设置的默认 SPFM 目标。

对集成商或用户的来说，在 IP 或 IC 级别不满足 DC 和 SPFM 目标的 STL，仍然可以用于针对特定 ASIL（如 ASIL B）的应用程序中，因为硬件体系结构度量可以在系统级别上得到增强，在确定 IP 级别的 SPFM 时，不会考虑特定应用安全故障。此外，可在系统层面实施额外的安全机制、措施或测试，以弥合 IP 目标中的任何进一步差距。

6.4 车规级芯片软件安全设计

6.4.1 软件安全设计的简介

软件功能安全开发中主要解决的是软件的系统性失效问题，避免软件系统性失效的流程如图 6-24 所示。主要是针对各阶段的开发活动提出了相应的规范性要求，并对不同 ASIL 软件开发所需要进行的具体测试方法和内容进行介绍。

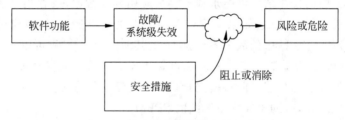

图 6-24　避免软件系统性失效的流程

软件功能开发遵循图 6-25 所示的 V 型模型开发原理，即从需求开始，分层次进行软件的体系结构设计、单元设计和具体的代码开发。与每阶段设计开发对应的是相应的集成和测试工作。

ISO 26262 中对软件开发的具体规范性要求有很多，并且比较详细。但对这些规范的合规性检查就是不太容易操作的事情了。对于代码的静态分析和语义代码分析，在开发中可以借助专业工具依据具体的规范标准（如 MISRA-C 等）进行检查，工具可以帮助查找所有错误和不符合项。而对于一些设计规则（如软件体系结构设计要注意层次性、高内聚、低耦合），这种指导性的要求，在实际开发中，开发者不太容易对开发产物进行准确评价。这里简单介绍一下业界使用比较广泛的体系结构设计标准和设计思路。

图 6-25 软件的 V 型模型开发原理

6.4.2 AUTOSAR 简介

AUTOSAR(Automotive Open System Architecture)是汽车电子领域最常用的软件体系结构设计标准之一,是主流汽车原始设备制造商、主流供应商和芯片企业等联合制定的软件开发体系,目标是实现供应商之间、整车应用之间和车辆平台之间的可互换性。AUTOSAR 采用了分层式的设计,实现了软硬件的分离复用。

AUTOSAR 的体系结构如图 6-26 所示,通过将中间层 RTE(RunTime Enviroment,运行时环境)作为虚拟总线,成功地实现上层应用软件层(Application Software Layer)和下层基于硬件的基础软件层(Basic Software Layer)的分离。在 AUTOSAR 体系结构下,进行应用层软件开发时,可以不考虑底层的软硬件,从而提高软件的可移植性。应用软件被划分为各个组件,通过系统配置,软件组件会被映射到指定的 ECU 上,而组件间的虚拟连接也同时映射到 CAN、FlexRay、MOST 等总线上。软件组件与 RTE 通信,是通过预先定义好的端口来实现的。各软件组件之间不允许直接互相通信,RTE 层封装好 COM 等通信层 BSW 后,为上层应用软件提供 RTE API,软件组件再使用端口的方式进行通信。

从更细致的角度来说,AUTOSAR 体系结构共分为 6 层,如图 6-27 所示。

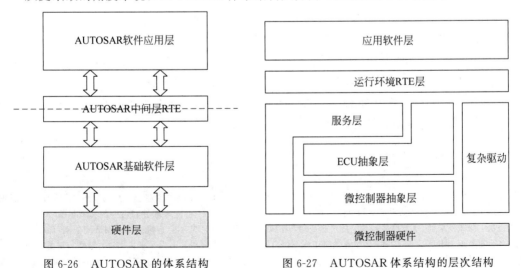

图 6-26 AUTOSAR 的体系结构   图 6-27 AUTOSAR 体系结构的层次结构

(1) 应用软件层。
(2) 运行环境 RTE 层。
(3) 服务层(Services Layer)。
(4) ECU 抽象层(ECU Abstraction Layer)。
(5) 微控制器抽象层(Microcontroller Abstraction Layer)。
(6) 复杂驱动(Complex Device Drivers)。

微控制器抽象层相当于传统嵌入式开发中的底层驱动,用于实现处理控制器依赖的各功能,包括 I/O 驱动、通信驱动、内存驱动等。

ECU 抽象层基于 ECU 依赖的各个功能,这一层经过微控制器抽象层的隔离,已经不依赖特定的微控制器了。ECU 抽象层主要包括 I/O 硬件抽象层、通信抽象层、内存抽象层和车载设备抽象层。ECU 抽象层将微控制器抽象层的各个功能抽象为 ECU 层的功能。

服务层主要包括通信服务、内存服务和系统服务。这一层可以隔离大部分 ECU 依赖的功能。

而在开发中,一些极高实时性的传感器采样、执行器控制等功能,需要通过专门的复杂驱动来实现。

软件开发中通过采用 AUTOSAR 体系结构成功地将应用层与底层隔离开了。从而车企或者 Tier1[①]可以专心进行与产品功能直接相关的应用层开发,在应用层上建立起区别于对手的特征。对于中间层和底层,可以交由专业的供应商来完成,而且这一部分有越来越趋同的现象。中间层和底层对用户是不可见的,车企对于这部分工作甚至可以采用共同的平台供应商,这样对成本和产品成熟、稳定性都是有很大帮助的。

当然,上面提到的 AUTOSAR 的优势只是理论上的。在实际产品开发中,应用层开发方或者最终产品负责方是不可能真的做到完全不管中间层和底层实现的,只是这种参与和投入程度相比传统的方式大大降低。作为系统开发和集成方,对于功能安全产品开发,其负责的工作不仅包括软件开发,也包括达到标准对硬件度量的要求。

而对于硬件设计,其是与采用的控制器型号、外围驱动和通信设备,甚至电容电阻直接相关的。对于硬件相关的诊断,大多需要相应的软件功能来调用和实现;对于很多软件功能的诊断,同样会对硬件设备提出要求。

在系统体系结构设计上,需要兼顾软、硬件的需求,合理设计系统体系结构。汽车设计中常采用的体系结构包括从传统发动机设计演变而来的如图 6-28 所示的 EGAS(电子油门系统)三层体系结构。在功能安全的系统体系结构设计中,可以考虑借鉴类似 EGAS 这种业界比较成熟的体系结构设计思路。

---

① 在汽车产业中,Tire1 和 Tire2 通常指汽车供应链中的两个级别。Tire1 通常指直接与汽车制造商合作的一级供应商,他们提供给汽车制造商零部件和组件。而 Tire2 则是指直接向 Tire1 供应零部件和组件的二级供应商。Tire2 经常是 Tire1 的子供应商,也有可能是独立的供应商。Tire2 的产品和服务通常不会直接被汽车制造商使用,而是在 Tire1 的加工和装配后使用。汽车电子模组通常属于汽车供应链中的 Tire1 级别。因为汽车芯片的关键性和重要性,汽车制造商通常会直接与芯片制造商合作,以确保芯片供应的质量和稳定性。但是,芯片制造商也需要从 Tire2 级别的供应商那里获得原材料和零部件。因此,汽车芯片作为 Tire1 级别的供应商,也需要与 Tire2 级别的供应商进行合作,以确保零部件和原材料的供应稳定。

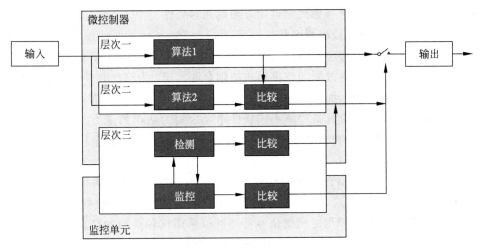

图 6-28 EGAS 三层体系结构

6.4.3 软件体系结构功能安全设计

软件开发的流程与硬件类似,由软件技术安全需求和系统需求可以确定软件的基本体系结构。软件安全要求以及与安全相关的其他软件要求需要与软件体系结构一起实施。在软件体系结构中,由于软件单元获得了分配给它们的不同软件安全性要求,需要考虑这些不同 ASILs 的要求是否可以共存在同一软件单元中。如果不能共存,则需要根据所有分配的安全要求的最高 ASIL 开发和测试软件。

软件体系结构包含静态和动态两方面。静态方面的要求涉及:软件结构,包括其分级层次;数据处理的逻辑顺序;数据类型和它们的特征参数;软件组件的外部接口;软件的外部接口及约束(包括体系结构的范围和外部依赖)。动态方面的要求则涉及:功能性和行为;控制流和并发进程;软件组件间的数据流;对外接口的数据流时间的限制。图 6-29 所示为软件体系结构设计示例。

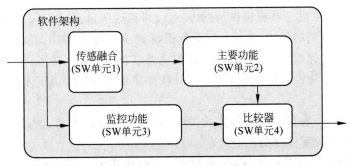

图 6-29 软件体系结构设计示例

为了说明这两方面,软件体系结构所用到的标记法有非正式标记法、半正式标记法和正式标记法;ASIL 越高,标记法越正式。

在软件体系结构设计中,需要重点考虑软件的可维护性及可测试性。在汽车行业,可维护性在软件的整个产品周期内都应当加以考虑。在 ISO 26262 标准中,测试是非常重要的一方面，任何设计都应该同时考虑到测试的方便性和容易性。

为避免因高度复杂性导致出现系统性故障，ISO 26262 列出了一些推荐的标准：设计的软件应具备层次性，软件模块应具备高内聚性，软件模块大小应被限制；软件模块之间的接口应当尽量少且简单，可以通过限制软件模块的耦合度实现；为确保软件单元的执行时间，软件调度应当避免使用中断，如果使用了中断，要注意考虑中断的优先级。

在软件体系结构层面，应具备检测不同软件单元之间的错误的能力。ASIL 越高，要求的安全机制越多。下面是 ISO 26262 中提到的一些安全机制，部分安全机制之间可能存在重复。

(1) 数据范围检查：数据在不同的软件模组读写时，这个简单方法可以确保数据在正常合理范围之内。任何超出这个范围的数据，都可以被认为是错误的数据。

(2) 真实性检查：软件模组之间的信号传递可以采用这种类型的合理性检查。同时可以采用参考模型或者其他来源信息来评估信号的合理性。

(3) 数据错误检查：有许多方法可以检查数据的正确性，如数据校验（Data Checksums），冗余数据备份等。

(4) 控制流监控：通过监控软件单元的执行流程，可以检测到某些故障，包括跳过的指令和软件卡在无限循环中。

(5) 多样化软件设计：在软件设计中使用多样性设计可以高效地检测软件故障。该方法是设计两个不同的软件单元进行互相监控；如果二者行为不同，那么说明其中一个故障。

一旦软件错误被检测到，应该有相应的错误处理机制。在软件体系结构级别 ISO 26262 详列的错误处理安全机制如下。

(1) 静态恢复机制：目的是从破坏的状态回到可以继续正常运行的状态。

(2) 适度降级：当发生故障时，该方法使系统进入一个安全运行模式。汽车软件的通常做法是亮起警示灯通知驾驶人某部件出现了问题。

(3) 独立并行冗余：该安全机制可能会需要硬件冗余，因此成本相对而言较高。这个概念假设基于两个冗余硬件同时发生错误的概率相对很低，并且有一个硬件一直处于正常无故障运行模式。

(4) 数据纠错码：对于数据错误，有机制可以纠正这些错误，这些机制都是基于添加冗余数据来提供不同级别的保护，使用的冗余数据越多，可以更正的错误就越多。这通常用于光盘（CD、DVD）随机存取存储器（RAM）等，但也可以在汽车领域使用。

一旦软件体系结构设计结束后，就需要对软件体系结构的需求进行测试。ISO 26262 详列了以下一些方法。

(1) 设计走查：一种同行审查的形式，软件体系结构设计者将这种体系结构描述为一组审查人员，目的是检测任何潜在的问题。

(2) 设计检查：与走查相比，检查更正式。它包括几个步骤：规划、离线检查、检查会议、返工和更改后续工作。

(3) 仿真：如果软件体系结构可以通过软件进行仿真，那么仿真是一种有效的方法，特别是在体系结构的动态部分找到故障。

(4) 生成原型：与仿真一样，原型设计对于动态部件来说也是非常有效的。分析原型和预期目标之间的任何差异也是很重要的。

(5)形式验证：这种方法用数学证明或反驳正确性，很少用于汽车行业。它可用于确保预期的行为，排除意外行为，并证明安全要求。

(6)控制流分析：这种类型的分析可以用在静态代码分析中。目的是在体系结构层的软件执行中找到安全关键路径。

(7)数据流分析：这种类型的分析可以用在静态代码分析。目的是在软件体系结构层面找到任何安全相关的关键变量。

6.4.4 软件功能安全测试

一旦软件安全要求确定了，单元级别的软件体系结构已完成，那么就可以开始软件单元的设计和实施。ISO 26262 支持手动编写的代码（Manually Written Code）和自动生成的代码。如果生成代码，则可以省略对软件单元的要求，前提是使用的工具已经通过 ASIL 认证。

与软件体系结构的规范一样，ISO 26262 规定了应用于软件单元设计的符号。ISO 26262 要求适当组合所使用的符号，并且始终强烈推荐自然语言。此外，该标准建议使用非正式符号、半正式符号和正式符号。

关于软件单元实施，ISO 26262 中提到了以下设计原则，有些可能不适用，取决于开发过程。有些也可能被使用的编码指南所涵盖。

(1)子程序和函数采用一个入口和一个出口：多个出口点通过代码使控制流复杂化，代码难以理解和维护。

(2)无动态对象或动态变量，在其产生过程中也没有在线测试：动态对象和变量存在两个主要挑战：不可预测的行为和内存泄漏。两者都可能对安全产生负面影响。

(3)变量初始化：没有初始化变量，变量可能是任何值，包括不安全的和非法的值。这两者都可能对安全产生负面影响。

(4)不能重复使用变量名称：使用相同名称的不同变量有风险。

(5)避免全局变量，否则需证明对全局变量的使用是合理的：全局变量从两方面来说都是坏的，它们可以被任何人读取并被任何人写入。开发安全相关的代码，强烈建议从这两方面控制变量。有时可能存在全局变量优先的情况，如果全局变量的相关风险的使用可以被证明是安全的，则 ISO 26262 允许这些情况。

(6)限制使用指针：使用指针的两个重大风险是变量值的破坏和程序的崩溃，两者都应该避免。

(7)无隐式类型转换：即使编译器支持某些编程语言，也应避免这种情况，因为它可能导致意外的行为，包括数据丢失。

(8)无隐藏数据流或控制流：隐藏的流程使代码更难以理解和维护。

(9)没有无条件跳转：无条件跳转使得代码更难以分析和理解。

(10)无递归：递归是一种强大的方法。然而，它使代码复杂化，难以理解和验证。

在软件单元设计和实现时，需要验证硬件-软件接口和软件安全要求是否满足安全需求。此外，应确保软件代码符合编码准则，软件单元设计与预期硬件兼容。ISO 推荐的方法基本和软件体系结构的一样。包括静态代码分析和语义代码分析。

① 静态代码分析：分析的基础是调试源代码而不执行它。通常包括语法和语义的分析、检查编码指南（如 MISRA-C）、变量估计、控制流和数据流的分析。

② 语义代码分析：该分析一般考虑到的是源代码的语义方面，是一种静态代码分析。可以检测包括未正确定义和以不正确方式使用的变量和函数等。

6.4.5 符合功能安全标准的软件开发流程

1. 细化软件安全需求

细化软件安全需求子阶段的目标如下。

(1) 指定或完善软件安全需求，这些需求源自技术安全概念和系统体系结构设计规范。

(2) 定义运行软件所需的安全相关功能和属性。

(3) 完善软硬件接口要求。

(4) 验证软件安全要求和软硬件接口要求是否适合软件开发，是否符合技术安全概念和系统体系结构设计规范。

在系统体系结构设计阶段，对技术安全要求进行了细化，并将其分配给硬件和软件。软件安全要求的规范特别考虑了硬件的约束以及这些约束对软件的影响。该子阶段需要细化软件安全要求，以支持后续阶段的设计工作。

软件安全要求应符合被分配的安全目标 ASIL，软件安全要求的细化应考虑到软件安全相关功能和特性，若软件安全相关功能和特性发生故障可能导致系统违反分配给软件的技术安全要求。软件安全要求有两类：一类直接源自分配给软件的技术安全要求；另一类是对软件功能和安全相关属性的要求。如果不满足这些要求，可能会导致违反分配给软件的技术安全要求。软件的安全相关属性包括对错误输入的稳健性、不同功能之间的独立性或无干扰性，或软件的容错能力等。软件的安全相关功能包括：使系统达到或保持安全状态/降级状态的功能；安全相关硬件元素与故障检测、故障指示和故障缓解相关的功能；与操作系统、基本软件或应用软件本身的故障检测、指示和故障缓解相关的自检或监控功能；允许在生产和服务期间对软件进行修改的功能等。

从技术安全要求、技术安全概念和系统体系结构设计衍生细化软件安全要求规范应考虑如下几点。

(1) 安全规范和管理要求符合 ISO 26262.8.6 中的规定。

(2) 指定的系统和硬件配置，如配置参数包括增益控制、带通频率和时钟预分器。

(3) 软硬件接口规范。

(4) 硬件设计规范的相关要求。

(5) 时序约束，例如，从系统级响应时间得出的执行时间或反应时间。

(6) 外部接口，如通信或用户接口。

(7) 每个操作模式以及车辆、系统或硬件操作模式之间的每个转换都会对软件产生影响，操作模式包括关闭或休眠、初始化、正常操作、降级和高级模式等。

2. 软件体系结构设计

软件体系结构设计子阶段的目标如下。

(1) 开发满足软件安全要求和其他软件要求的软件体系结构设计。
(2) 验证软件体系结构设计能够满足其安全目标 ASIL 的软件安全要求。
(3) 支持软件的运行和验证。

软件体系结构设计描述了软件体系结构组件及其交互的层次结构,在静态方面描述了如软件组件之间的接口,动态方面描述了如过程序列和时序行为。

软件体系结构设计能够满足软件安全要求以及其他软件要求。因此,在此子阶段,安全相关和非安全相关的软件要求应在一个开发过程中进行处理。软件体系结构设计提供了实现软件要求和为达到 ASIL 安全目标提出的软件安全要求的方法,以及管理体系结构具体设计和软件运行的复杂体系的方法。

为了避免软件体系结构设计以及后续开发活动中的系统性错误,软件体系结构设计的描述应该强调以下特征:可理解性、一致性、简洁性、可验证性、模块性、抽象化(可通过使用层次结构、分组方案等来支持,以涵盖体系结构设计的静态和动态方面)、封装性和易维护性。为了满足这些特征,软件体系结构设计需遵循表 6-11 中列出的原则。

表 6-11 软件体系结构设计的原则

原则		ASIL			
		A	B	C	D
1	软件组件具有适当的层次结构	++	++	++	++
2	限制软件组件的大小和复杂性	++	++	++	++
3	限制接口大小	+	+	+	++
4	软件组件之间具有高内聚性	+	++	++	++
5	软件组件之间具有低耦合性	+	++	++	++
6	具有适当的调度特性	++	++	++	++
7	限制中断的使用	+	+	+	++
8	软件组件间有适当的空间分隔	+	+	+	++
9	适当管理共享资源	++	++	++	++

表 6-11 中,"++"表示该 ASIL 强烈推荐该原则;"+"表示该 ASIL 推荐该原则。

在软件体系结构设计的开发过程中,应该考虑以下几点。

(1) 软件体系结构设计的可验证性,这意味着软件体系结构设计和软件安全需求之间具有双向可追溯性。
(2) 可配置软件的适用性。
(3) 软件集成测试过程中软件体系结构的可测试性。
(4) 软件体系结构设计的易维护性。

软件体系结构设计应包括以下两方面。

(1) 软件架构元素的静态设计方面,包括软件结构、数据类型和特征、软件组件的外部接口、嵌入式软件的外部接口、全局变量和约束等。
(2) 软件架构元素的动态方面,包括事件和行为的功能链、数据处理的逻辑顺序、进程的控制流和并发性、通过接口和全局变量的数据流以及时序约束等。

软件体系结构设计应该向下发展到能够识别软件单元的级别,软件安全需求应逐级分配到软件组件,再分配到软件单元。每个软件组件都应按照分配给它的任何要求中最高的

ASIL 进行开发。

软件体系结构应使用表 6-12 中列出的软件架构设计验证方法，验证软件架构实现了以下目标。

（1）软件体系结构设计符合软件要求，能达到相应的 ASIL 目标。

（2）设计具有适用性，能满足 ASIL 安全目标指定的安全要求。

（3）与目标环境兼容。

（4）遵循设计指南。

表 6-12　验证方法

	方　　法	ASIL			
		A	B	C	D
1	遍览设计	++	+	○	○
2	检查设计	+	++	++	++
3	设计的动态行为仿真	+	+	+	++
4	原型生成	○	○	++	++
5	形式验证	○	○	++	++
6	控制流分析	+	+	++	++
7	数据流分析	+	+	+	++
8	调度分析	+	+	+	++

表 6-12 中，"＋＋"表示该 ASIL 强烈推荐该方法；"＋"表示该 ASIL 推荐该方法；"○"表示该方法不适用或不推荐用于该 ASIL。

3．软件单元设计和实现

软件单元设计和实现子阶段的目标如下。

（1）根据软件架构设计、设计标准和分配的软件需求开发软件单元设计，以支持软件单元的实施和验证。

（2）实现指定的软件单元。

在软件体系结构设计的基础上进行了软件单元的详细设计。详细设计可以用模型的形式表示。源代码级别的实现可以根据软件开发环境从设计中手动或自动生成。在单个软件单元设计阶段，软件安全要求和非安全相关需求都需被实现。因此，在此子阶段中，安全相关和非安全相关需求在一个开发过程中处理。

软件单元设计和实现需要满足以下要求。

（1）能够适用于满足分配给安全单元的 ASIL 目标所指定的安全要求。

（2）与安全体系结构设计规范保持一致。

（3）与软硬件接口规范保持一致。

为了避免系统级故障，确保软件单元设计具有一致性、可理解性、易维护性和可验证性，软件单元应该使用表 6-13 中列出的标记法进行描述。其中，自然语言可以补充标记法的使用，例如，某些问题可以更容易地用自然语言表达，在设计复杂元素时，为了避免自然语言可能出现的歧义，可以使用活动图与自然语言结合进行说明。半正式标记法可以包括伪代码、UML、Simulink 或 Stateflow。

表 6-13 各安全等级的标记法

	标 记 法	ASIL			
		A	B	C	D
1	自然语言	++	+	++	++
2	非正式标记法	+	++	+	+
3	半正式标记法	+	+	++	++
4	正式标记法	+	+	+	+

表 6-13 中,"++"表示该 ASIL 强烈推荐该标记法;"+"表示该 ASIL 推荐该标记法。

软件单元的说明文档应描述其实现的功能行为和详细的内部设计,源码级应使用表 6-14 中列出的软件单元设计原则,以实现以下特性。

表 6-14 符合标准的设计原则

	标 记 法	ASIL			
		A	B	C	D
1	子程序和函数只有一个入口和一个出口	++	++	++	++
2	无动态对象或变量,或创建过程中的在线测试	+	++	++	++
3	变量初始化	++	++	++	++
4	变量名不重复使用	++	++	++	++
5	避免使用全局变量	+	+	++	++
6	限制使用指针	+	++	++	++
7	无隐式类型转换	+	++	++	++
8	无隐藏的数据流或控制流	+	++	++	++
9	无条件跳转	++	++	++	++
10	无递归	+	+	++	++

表 6-14 中,"++"表示该 ASIL 强烈推荐该标记法;"+"表示该 ASIL 推荐该标记法。

(1) 根据软件体系结构设计,正确安排软件单元内子程序和功能的执行顺序。
(2) 软件单元之间接口的一致性。
(3) 软件单元内部及软件单元之间的数据流和控制流的正确性。
(4) 简洁性。
(5) 可读性和可理解性。
(6) 稳健性,例如,能够防止数据流和控制流出错、运行出错、除以零等错误情况发生。
(7) 软件修改的适用性。
(8) 可验证性。

4. 软件单元验证

软件单元验证子阶段的目标如下。
(1) 证明软件单元设计满足分配的软件要求。
(2) 验证安全措施是否得到正确实施。
(3) 证明实现的软件单元符合单元设计,并满足 ASIL 分配的软件需求。
(4) 提供足够的证据证明软件单元既没有不需要的功能,也没有不需要的功能安全属性。

为了验证单个软件单元设计,同时考虑到软件安全需求和所有非安全相关需求,在此子阶段中,安全相关和非安全相关要求在一个开发过程中处理。如果软件单元为安全相关元素,则应满足以下要求。

软件单元设计和已经实现的单元应该按照表 6-15 所示的方法适当组合以进行验证,以证明以下几点。

(1) 符合关于单元设计和实现的要求。
(2) 源代码与设计规范保持一致。
(3) 与软硬件设计接口规范保持一致。
(4) 确保没有预期之外的功能和属性。
(5) 有足够的资源支持其功能和属性。
(6) 安全导向分析得到的安全措施的实施符合软件结构体系设计要求。

表 6-15 单元验证方法

	方 法	ASIL			
		A	B	C	D
1	整体浏览	++	+	○	○
2	结对编程	+	+	+	+
3	检查	+	++	++	++
4	正式验证	+	+	++	++
5	半正式验证	○	○	+	+
6	控制流分析	+	+	++	++
7	数据流分析	+	+	++	++
8	静态编程分析	++	++	++	++
9	基于抽象解释的静态分析	+	+	+	+
10	基于需求的测试	++	++	++	++
11	接口测试	++	++	++	++
12	故障注入测试	+	+	+	++
13	资源使用评估	+	+	+	++
14	模型和程序的背对背比较测试	+	+	++	++

表 6-15 中,"++"表示该 ASIL 强烈推荐该方法;"+"表示该 ASIL 推荐该方法;"○"表示该方法不适用或不推荐用于该 ASIL。

5. 软件集成和验证

软件集成和验证子阶段的目标如下。
(1) 定义集成步骤及集成软件元素,直至嵌入式软件完全集成为止。
(2) 验证由软件架构级别的安全分析所定义的安全措施是否得到适当实现。
(3) 证明集成的软件单元和软件组件按照软件架构设计实现各自的要求。
(4) 充分证明集成软件既不包含不需要的功能,也没有不需要的功能安全属性。

在这个子阶段,特定的集成层级和软件元素之间的接口根据软件架构设计进行验证。软件元素的集成和验证步骤与软件的层次结构有关。嵌入式软件可以由安全相关和非安全相关的软件元素组成。

软件集成方法应定义并描述将单个软件单元逐级集成成软件组件,直至嵌入式软件完全集成为止的步骤。软件集成应该结合使用表 6-16 中的方法,以证明实现了软件单元、软件组件和嵌入式软件的层次化集成。

表 6-16 软件集成验证方法

	方　　法	ASIL			
		A	B	C	D
1	基于需求的测试	++	++	++	++
2	接口测试	++	++	++	++
3	故障注入测试	+	+	++	++
4	资源占用评估	++	++	++	++
5	模型和程序的背对背比较测试	+	+	++	++
6	控制流和数据流分析	+	+	++	++
7	静态变成分析	++	++	++	++
8	基于抽象说明的静态分析	+	+	+	+

表 6-16 中,"++"表示该 ASIL 强烈推荐该方法;"+"表示该 ASIL 推荐该方法。

6. 嵌入式软件测试

嵌入式软件测试子阶段的目标是证明嵌入式软件:
(1) 在目标环境中运行时满足安全相关要求。
(2) 既不包含不需要的功能,也不包含有关功能安全性的不需要的属性。

为验证嵌入式软件在目标环境中满足软件安全要求,应在表 6-17 列出的合适的测试环境中进行测试。

表 6-17 用于进行软件测试的测试环境

	方　　法	ASIL			
		A	B	C	D
1	硬件在环仿真	++	++	++	++
2	电子控制单元网络环境	++	++	++	++
3	车辆	+	+	++	++

表 6-17 中,"++"表示该 ASIL 强烈推荐该方法;"+"表示该 ASIL 推荐该方法。

为验证嵌入式软件满足各自 ASIL 要求的软件要求,应使用表 6-18 中所列的方法对嵌入式软件进行测试。

表 6-18 嵌入式软件的测试方法

	方　　法	ASIL			
		A	B	C	D
1	基于需求的测试	++	++	++	++
2	故障注入测试	+	+	+	++

表 6-18 中,"++"表示该 ASIL 强烈推荐该方法;"+"表示该 ASIL 推荐该方法。

参考文献

第7章 芯片可靠性问题

7.1 芯片可靠性问题简介

汽车的安全性能与零部件的质量息息相关。对于用在汽车里的芯片来说，衡量其质量高低的一个重要因素就是其可靠性。本节将首先介绍芯片中存在的一些典型的可靠性问题，接下来将引入可靠性模型的概念并讲解如何通过这些模型来衡量芯片是否满足汽车里的可靠性要求。

7.1.1 可靠性问题的分类

可以把芯片的可靠性问题分类为与晶圆相关的可靠性问题，以及与封装相关的可靠性问题。在晶圆的层面又可以继续分类为与晶体管相关的和与金属互连相关的可靠性问题。

1. 与封装相关的可靠性问题

封装对于芯片来说是必需的，也是至关重要的。因为大多数情况下芯片必须与外界隔离，以防止空气中的杂质、水汽对芯片电路的腐蚀而造成电气性能下降。此外，封装后的芯片也更便于安装和运输。由于封装技术的好坏还直接影响芯片自身性能的发挥和与之连接的 PCB（印制电路板）的设计和制造，因此它是至关重要的。不同应用、不同大小、不同应用环境的芯片采用不同的封装形式，但是大多数封装类型都是需要将芯片贴装到基板，并通过不同的连接方式将硅片表面电路连接到封装引脚端。也需要使用密封材料将硅片与电路连接处包裹以达到绝缘性要求并提高封装的可靠性。封装相关的可靠性问题主要发生在硅片连接的贴片材料、表面电路连接材料和密封材料中。由于这些材料具有不同的膨胀收缩率，温度变化会引起封装结构内部产生应力而引起失效。以下是一些常见的与封装相关的可靠性问题。

1) 贴片的可靠性（Die Bond Reliability）问题

无论封装形式如何，在芯片封装的过程中通常需要将晶粒贴装到基板，而这一步骤为贴片。贴片的材料和工艺有很多种，而晶粒、基板以及贴片材料由于各自不同的材料特性，在工作条件下可能出现问题，导致芯片失效。

2) 引线键合的可靠性（Wire Bond Reliability）问题

引线键合是封装中的常用方式，用来连接晶粒表面电极到封装引脚。电极和引线间的结合处可能由于热应力的原因导致键合面出现疲劳而引起芯片失效。

3) 水汽引发的可靠性问题

封装中的有机物高分子材料的特点是多孔性和亲水性，当聚合物处在潮湿环境中时会吸收环境中的湿气。而封装内部的湿气则带来了例如短路、分层以及高温下产生蒸汽压力而造成的"爆米花"失效等风险。

4) 热应力引起的钝化层的破裂

晶粒表面通常会覆盖一层或多层致密的钝化层以防止湿气或移动离子等侵入晶粒内部导致电性能失效。在芯片工作的过程中由于温度的变化而产生的热应力可能导致钝化层发生断裂，进而导致芯片的电性能失效。

用在汽车中的芯片由于以上列举的任何可靠性问题引起的失效均有可能带来非常严重的后果，因此如何评估芯片的可靠性的高低则异常重要。而量化芯片可靠性不可或缺的则是可靠性模型，将在7.1.2节介绍可靠性模型的基本概念，以及用于衡量芯片可靠性的一些常见的模型。

2. 晶体管相关的可靠性问题

1) 电介质击穿问题

时间相关电介质击穿（Time Dependent Dielectric Breakdown）问题的来源是栅极介质层在偏压情况下产生缺陷，在缺陷数量积累足够多后造成了介质层的短路而引起失效。

2) 负偏置温度不稳定性问题

负偏置温度不稳定性（Negative Bias Temperature Instability）问题主要在PMOS中发生，在栅极反向偏压情况下观察到晶体管的阈值电压 V_{th} 与饱和电流 I_{Dss} 发生漂移。

3) 热载流子注入（Hot Carrier Injection）问题

当晶体管导通时，沟道里的电子会在电场作用下获得足够的能量成为热载流子。这些热载流子有可能隧穿过介质层的壁垒，并在介质层的表面产生新的陷阱，进而影响晶体管的阈值电压，使晶体管的性能发生退化。

4) 偏置温度不稳定性问题

与负偏置温度不稳定性问题类似，在正偏压的条件下晶体管也会显示出阈值电压等性能的漂移。早期的偏置温度不稳定性（Bias Temperature Instability, BTI）问题多来自于游离阳离子，这些离子在电场的作用下产生漂移，并在介质层里重新分布，影响晶体管的性能。通过对晶圆制造过程和环境的管控，可以将阳离子沾污降到最低。BTI对现代晶体管的影响已经逐渐变小。

3. 金属互连相关的可靠性问题

1) 电迁移（Electro-Migration）问题

金属互联中由于在电流作用下造成的金属离子的迁移，不均匀的金属离子的迁移会造成导线里局部的金属堆积或耗尽。一方面，由于金属离子耗尽产生的空洞带来导线电阻升高甚至造成开路引起失效。另一方面，由于局部金属离子的堆积产生的应力可能导致晶须或者小丘的出现,造成相邻金属导线间的短路而引起失效。

2) 应力迁移(Stress Migration)问题

通常芯片里金属互联被包围在介质层内,在温度循环的条件下,由于不同材料间的热膨胀系数的不同,在金属和介质层里会产生很大的应力。这时可能会引起例如分层或者形成空洞,造成芯片在实际应用环境里的可靠性问题。

3) 互联介质层击穿

互联介质层击穿(Inter-level Dielectric Breakdown)问题现象与栅极电介质击穿类似,只不过短路发生于不同金属层间的介质层间。该现象同样会造成芯片的失效。

7.1.2 可靠性的经验、统计和物理模型

可靠性模型是用来估算产品可靠性所建立的数学模型。20 世纪以前,可靠性的模型是基于实验数据的。例如,爱迪生发明灯泡也是基于大量的实验与试错,这种模型可以称作经验模型。这种经验模型需要通过实验产生大量的实验数据,非常耗时间,因此在 20 世纪后,人们利用统计理论发展了基于统计数据的可靠性模型。基于统计理论的模型大大提高了可靠性的可预测性,并被用于增强系统的可靠性设计中。在 1970 年以后,人们开始致力于开发基于物理模型的可靠性模型。这样的模型从失效的物理原理出发,并分析系统可靠性受哪些因素影响。计算机和计算软件的出现进一步帮助人们应用此类模型,因此它被广泛应用在诸如航天航空设计等领域。在微电子领域,随着半导体制程的不断进步,新的可靠性问题也随之出现,工业和科研机构都投入了大量的精力开发新的可靠性模型来理解和改善器件的可靠性。

7.1.3 加速老化实验与可靠性模型

在微电子领域,可靠性模型最重要的用途是设计加速老化实验来验证芯片是否可以满足实际工况下的产品寿命要求。加速老化实验通常是将器件置于比正常工作条件更为严苛的条件下,因此可以在更短的时间内引起产品的失效。再通过可靠性模型获得的加速因子来估算出在正常工作条件下器件的寿命分布。一个合理的加速老化实验必须考虑到设计合适的加速条件和足够数量的样本,以便可以同时获得平均寿命信息和统计分布。通常可以选择的加速条件包含温度、电压、电流等,并且可以通过选择恒定、递增或者循环等方法对器件施压。在选择施压条件时要注意避免在更严酷的条件下产生其他的失效模式,否则,这样获得的数据再通过模型推算出的寿命就不准确了。

在 7.1 节中已经列举了芯片中可能出现的典型的可靠性问题。对于一个芯片厂商来说,如何确保自己的产品的可靠性,一直是一个很重要的考量。相对于平均寿命只有 1~2 年的消费类电子产品而言,车规级芯片 10 年以上的使用寿命使得科学且合理的可靠性测试显得尤为重要。就现在的工业界而言,可靠性的测试大多是在实验室里通过加速老化实验来实现的。这类实验一般通过改变环境中的某一参数以达到通过若干小时的实验以模拟若干年的芯片老化过程,并且不同厂商也会有不同的标准,其中最为广泛接受且最基础的是 2014 年由汽车电子委员会指定的 AEC-Q100-REV-H 标准,简称为 AEC-Q100。

AEC-Q100 车规可靠性测试标准里定义了 A~G 等测试组。其中测试组 A 被称为加速环境应力测试。测试组 A 中的 6 项测试项均为加速老化测试项目，其目的主要是衡量高温、温度循环以及高湿度等严苛环境下产品的可靠性。这些测试通常是不带电的，因此在测试中衡量的主要是封装的可靠性。测试组 B 被称为加速寿命模拟测试，该组中的测试项目也均为加速老化测试项目。与测试组 A 不同的是，该组中的测试是针对处于工作条件下器件的性能，因此均为带电的测试。通常所有的新产品在释放之前都要进行测试组 A 和 B 里的可靠性评估。另外，芯片厂商在对产品进行任何变更时，也需要评估是否需要重新对某些具体的测试项目做评估。在 AEC-Q100 标准里也给出了对应不同变更推荐的具体测试项目。针对测试组 A 和 B 里的加速测试，AEC-Q100 里列举了加速测试用到加速模型，以及推荐的加速测试条件。根据典型工况下的工作条件和寿命要求，可以进一步利用加速模型推算出加速条件下的测试要求。表 7-1 列出了几个典型加速测试中使用的加速模型及其详细参数。

1. 高温工作寿命测试（HTOL）

某一环境下，温度成为影响产品使用寿命的绝对主要因素时，采用单纯考虑热加速因子（Acceleration Factor）效应而推导出的阿伦尼乌斯（Arrhenius）模型来描述测试，其预估到的结果会更接近真实值，模拟试验的效果会更好。在 1889 年，阿伦尼乌斯在总结了大量实验结果的基础上，提出了下列经验公式：

$$A(T) = A_0 \cdot e^{-E_a/(kT)} \tag{7-1}$$

其中：

$A(T)$——温度 T 时的反应速度常数；

A_0——指前因子，也称为阿伦尼乌斯常数；

E_a——实验活化能，一般可视为与温度无关的常数，其单位为 J/mol 或 kJ/mol；

T——绝对温度，单位为 K；

k——波尔兹曼常数。

假设引起芯片失效的反应速率 A 通过上述公式决定，由此可以得到高温下的加速因子 A_f：

$$A_f = \exp\left[\frac{E_a}{k} \cdot \left(\frac{1}{T_u} - \frac{1}{T_a}\right)\right] \tag{7-2}$$

其中，T_u 是在实际应用场景里的环境温度；T_a 代表在加速测试里采用的温度。

有了该加速因子，则可以通过应用场景中的环境条件和寿命要求计算出加速条下的芯片寿命要求。表 7-1 中的"高温工作寿命测试"例子里，汽车在典型的工况下要求满足 15 年的寿命。在 15 年的寿命中，芯片有约有 9% 的时间处于工作状态，并且平均的芯片温度为 87℃。即芯片在 87℃ 的工作条件下，需要满足约 12 000h 的寿命要求。根据阿伦尼乌斯的加速模型，可以等效得到芯片在 125℃ 的条件需要满足 1393h 的寿命要求。而 AEC-Q100 根据这一加速模型则定义 1000h 为高温工作寿命的可靠性达标的要求。

阿伦尼乌斯模型是一个经验模型，最早被用于描述化学反应速率与温度的关系。阿伦尼乌斯赋予了如下的物理上的解释：反应物在发生某化学反应的条件时要获得一个最小的能量 E_a，即前面提到的活化能。在某温度 T 的条件下，反应物中具有大于 E_a 的动能的分子

第 7 章 芯片可靠性问题　311

表 7-1　AEC-Q100 标准里的可靠性测试项目以及相应的加速模型

应力来源	典型工况条件	可靠性测试项目	加速测试条件	加速模型	模型参数	根据模型换算的加速测试下等效时间	AEC-Q100 测试要求
器件处于工作条件状态	汽车 15 年寿命中器件工作的平均时间为 12 000h，平均结温为 87℃	高温工作寿命测试（HTOL）	结温 125℃	Arrhenius 模型加速因子见式(7-2)	$E_a = 0.7 \text{eV}$；$k = 8.61733 \times 10^{-5} \text{eV/K}$	1393h	1000h
热机械应力	汽车 15 年寿命中引擎平均开关 54 750 次，工作和非工作状态下平均温度差为 76℃	温度循环测试（TC）	测试环境温度变化范围为 $-55℃ \sim 150℃$	Coffin Manson 模型加速因子见式(7-6)	$m = 4$	1034 次循环	1000 次循环
湿气（选项一）	汽车 15 年（15 年 = 131 400h）寿命；使用条件下平均相对湿度为 74%；平均工作环境温度为 32℃	湿度偏压测试（THB）	相对湿度为 85%；环境温度为 85℃	Hallberg-Peck 模型加速因子见式(7-3)	$P = 3$；$E_a = 0.8 \text{eV}$；$k = 8.61733 \times 10^{-5} \text{eV/K}$	960h	1000h
湿气（选项二）		加速老化测试（HAST）	相对湿度为 85%；环境温度为 130℃			53h	96h

比例可以通过统计热力学的方法计算得到。而这一结果由著名的麦克斯韦-波尔兹曼分布来决定，这一分布则决定了阿伦尼乌斯模型里的指数关系。显然，当我们将阿伦尼乌斯模型用于芯片可靠性的加速实验时，仅仅假设造成失效的物理机制是单一的，并且与化学反应速率一样类似地由温度加速，而不关心具体的造成失效的物理机制。因此在运用该公式进行芯片可靠性寿命估计时还是需要保持谨慎。

2. 温度偏压测试（THB）

与阿伦尼乌斯模型类似，Hallberg-Peck 模型综合考虑了温度、湿度影响，在基于阿伦尼乌斯模型引入了一个因子用来描述湿度条件对芯片寿命的影响，其表达式为：

$$A_f = \left(\frac{RH_a}{RH_u}\right)^n \cdot \exp\left[\frac{E_a}{k} \cdot \left(\frac{1}{T_u} - \frac{1}{T_a}\right)\right] \tag{7-3}$$

其中，RH_u 和 RH_a 分别是典型工况条件下（即非加速状态下）和测试条件下（即加速状态下）的相对湿度值。

芯片在高温高湿的环境下会受到水汽的入侵，当水汽逐渐通过在环氧树脂里的扩散，或者通过环氧树脂和框架间的分层到达芯片表面后，会引起金属表面的腐蚀而造成失效。Peck 等在分析了前人大量的高温高湿环境下的失效数据后提出了如上的式(7-3)。该公式里面的模型参数均为通过拟合实验数据得到的经验值。在 Peck 原始的文章里激活能 E_a 为 0.79eV，而幂指数 $n=2.7$。目前 AEC-Q 针对此模型推荐的默认激活能 E_a 为 0.80eV，幂指数 $n=3$。

与前面的例子类似，利用加速因子可以得到在湿度偏压测试的加速条件下，960h 等效于典型工况下约 15 年的寿命。AEC-Q100 也因此定义 1000h 为湿度偏压测试的通过标准。

3. 温度循环测试（TC）

Coffin 和 Manson 研究了热疲劳对金属接触的寿命的影响，并将温度循环的寿命与塑性应变（Strain）的关系由如下经验关系表示：

$$N(\Delta\varepsilon_p)^n = C \tag{7-4}$$

其中，N 为温循造成的失效的最大循环次数；n 是一个与材料和失效模式相关的经验常数；$\Delta\varepsilon_p$ 是塑性应变；C 是一个与材料相关的常数。通过式(7-4)可以得到温度循环下的加速因子：

$$A_f = \frac{N_u}{N_a} = \left(\frac{\varepsilon_a}{\varepsilon_u}\right)^n = \left(\frac{\alpha \cdot \Delta T_a}{\alpha \cdot \Delta T_u}\right)^n = \left(\frac{\Delta T_a}{\Delta T_u}\right)^n \tag{7-5}$$

其中，N_u 和 N_a 分别是在实际应用场景下（即非加速状态下）的温度循环寿命和测试条件下（即加速状态下）的温度循环寿命，α 则是热膨胀系数，ΔT_u 和 ΔT_a 则分别代表了在实际应用场景下和测试条件下温度循环时的最大温度差异。因此可以利用式(7-5)通过加速老化实验推断芯片在实际应用中的可靠性。举例而言，假设在实际应用中的温度范围为 $-30\sim 45℃$（即 $\Delta T_u=75℃$），为了衡量温度循环的寿命，可以设计在 $-55\sim 150℃$（即 $\Delta T_a=205℃$）加速条件下的温度循环实验。假设经验常数 n 为 4，加速测试中实际测试得到的平均循环寿命为 1000 次，则可以利用下式估计实际应用场景下的循环寿命为：

$$N_u = A_f \cdot N_a = \left(\frac{205}{75}\right)^4 \times 1000 = 55\,817$$

根据以上经验,公式中温度循环寿命仅仅与温度循环的温差相关,而与其他例如温度循环的频率等无关。在实验中我们发现这些因素也会对可靠性产生无法忽略的影响,因此也出现了更多的经验模型。其中一个比较著名的模型 Norris-Landzberg 加入了考虑温度循环频率的修正因子,因此有时也被称为修正的 Coffin-Manson 模型。尽管如此,所有这些模型都是基于经验的加速模型,模型中的参数通常通过实验中的经验数据得出。因此在利用这些经验公式时也要格外谨慎,特别是在引入新的材料或者观察到新的失效模式时,更是要验证使用的经验公式的可靠性。

上面介绍的模型均基于经验公式。通常我们通过加速因子需要将测试条件下的可靠性外推到客户实际使用场景下的时间范围。通常对于车规级的产品,客户对产品寿命的要求是 15 年,甚至更久。新的技术和新的材料的引入有可能导致失效的模式发生变化,而原有的基于历史数据的经验公式是否适用,也无法用实际数据去验证。

除了测试组 A 和 B 中的加速老化测试,AEC-Q100 中的测试组 D 涵盖了与晶圆相关的五项可靠性测试项,分别如下。

D1:电迁移。

D2:时间相关电介质击穿。

D3:热载流子注入。

D4:负偏置温度不稳定性。

D5:应力迁移。

这些测试项目是针对 7.1.1 节中介绍的晶圆级的几个典型的可靠性问题。通常在开发新的半导体制程时或者对已有的半导体制程做出变更时,都需要对测试组 D 里面的项目进行评估,用来保证在该制程上开发的产品能够在工作环境下达到预计的生命周期。与测试组 A 和 B 中的测试项目不同,AEC-Q100 中并没有定义测试组 D 中测试项目的具体条件和通过标准,而是允许芯片供应商用自己的测试方法和标准来衡量晶圆级别的可靠性是否满足要求。而在客户提出需求时,芯片供应商需要将可靠性衡量的数据和方法分享给客户。

晶圆级别的可靠性也是通过加速老化实验的方法来得到的。而其可靠性预测的准确性依赖于使用的模型,以下用一个介质层可靠性的例子来进一步说明这个问题。经验显示,通过增加栅极的电压可以加速介质层的失效。如图 7-1(a)所示,可以给晶体管施加不同的栅极电压 V_{G1}、V_{G2}、V_{G3} 并相应地观察栅极电流 I_G 随击穿失效时间的变化,并记录栅极的击穿时间 T_{BD1}、T_{BD2}、T_{BD3}。当将这些数据画到图 7-1(b)中的双对数图中后,可以观察到这几个观测点呈现接近线性的表现。通过这一经验模型可以推测在正常栅极工作电压 V_{G0} 的条件下的介质层击穿时间 T_{BD0}。显然通过这种方法得到的对介质层击穿寿命的估计取决于在小范围内观察到的线性关系是否在整个栅极电压范围内成立。图 7-1(b)中的虚线为基于介质层失效的物理机制建模而推导出的更为准确的物理模型。可以看到在接近正常工作电压的范围内,该模型不再呈现线性关系,而根据物理模型得到的介质层击穿寿命会远远大于经验模型。

通过图 7-1 可以看出,基于经验的可靠性模型的一个重要假设是器件的失效物理原理在更为严苛的加速的实验条件下(在上述例子中为更高的栅极电压)与在正常的工作情况下

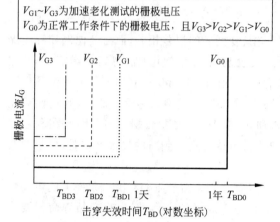 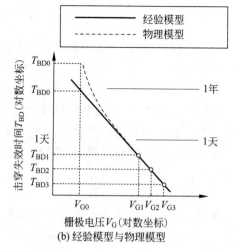

(a) 不同栅极电压下栅极电流随击穿失效时间的变化　　(b) 经验模型与物理模型

图 7-1　可靠性预测与使用模型的关系

是一致的,而当这一假设不成立时,根据模型做出的预测就会失去准确性。这时为了能够得到更准确的模型,需要进一步理解晶体管性能老化的物理机理。为了满足晶体管微缩的需要,人们在晶圆的制造过程中不断地引入新的材料和新的技术,因此这个问题对于晶圆级别的可靠性问题尤其重要。在近几十年内,对于晶体管的可靠性的机制有了深入的理解,并为可靠性的加速测试和可靠性寿命预测打下了坚实的基础。而晶体管的寿命与缺陷有着不可分割的关系,在介绍晶体管失效机制前,将在 7.2 节分别介绍在晶体、介质层以及晶体和介质层表面的缺陷。

7.2　缺陷的特征

7.2.1　晶体里的缺陷

在实际晶体中,晶格并不像理想晶格一样是完美的,晶格里这些对周期性产生破坏的地方称为缺陷。晶格里的缺陷分为点缺陷、一维缺陷、面缺陷、体缺陷和沉淀(Precipitation)缺陷。典型的点缺陷可以分为置换原子、空位(Vacancy)缺陷和填隙(Interstitial)缺陷,如图 7-2 所示。典型的一维缺陷主要以错位(Dislocation)的形式出现,如图 7-3 所示。常见的面缺陷则包括堆垛层错(Stacking Fault)。体缺陷则包含空洞区,或者局部非晶区域(Local Amorphous Region),或者是局部缺陷的沉淀。

晶体里的这些缺陷大多是无害的,例如我们为了改变半导体的导电能力故意引入的掺杂元素。另外,现代的大规模集成电路的器件大多数只用到了晶圆表面的区域,缺陷如果远离晶圆表面这些关键区域,本身也不会对器件的电性能造成不利的影响。但是随着先进半导体制程变得越来越复杂,这些缺陷有可能和制程中引入的其他杂质相互作用后变成有害的结构。

7.2.2　无定形态固体里的缺陷

非晶固体虽然不像晶体一样拥有周期性的晶格,但并不代表原子的分布是完全随机的。

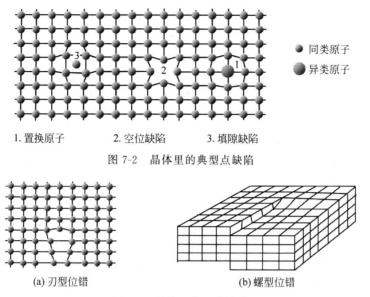

图 7-2　晶体里的典型点缺陷

图 7-3　晶体里的一维缺陷

图 7-4 用一个二维的例子来说明非晶体和晶体里原子排列的规律,在每张图的下面对应地显示了以 r 为半径画一个圆和在这个圆里的原子或分子数量 N 的关系。图 7-4(a)显示了原子或分子排列是完全随机的情况,这时 N 与 r 的关系是连续的并且正比于 r^2。而以图 7-4(c)里的晶体为例,由于晶体里的原子排列是完全规则的,所以这时的 N 与 r 的关系是离散的。而如图 7-4(b)所示的无定形态固体虽然在长程里没有任何的周期性,但在短程内却呈现一定的周期规律。而根本原因在于无定形态的固体的原子成键时还是要满足一定的条件。用无定形态二氧化硅玻璃来举例,Zachariasen 的无定形态二氧化硅形成的模型需满足以下条件。

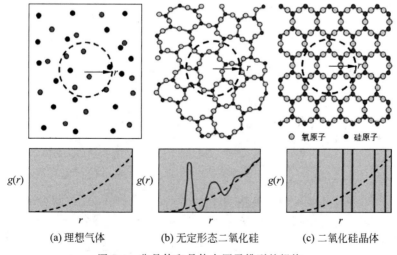

图 7-4　非晶体和晶体中原子排列的规律

(1) 每个硅原子与 4 个氧原子形成硅氧键,每个氧原子需与两个硅原子形成硅氧键。
(2) 在形成固体时,硅-氧键成键的距离及氧-硅-氧成键的角度不会发生改变。

(3) 可以变化的为硅-氧-硅成键的角度。

(4) 没有任何悬挂键(Dangling Bond),也没有任何的长程规律。

图 7-4(b)中显示了满足以上条件时可能形成的二氧化硅的原子排列的一个例子,可以发现,由于在成键上的限制条件,在短程内原子的排列还是呈现了一定的规律性:氧原子和硅原子会形成例如晶体一样的环,但是与晶体相比,一个环上的硅原子的数量可能会发生变化。最常见的是形成了由 5 个或 7 个硅原子构成的环。

图 7-5 显示了在满足以上条件下的无定形态固体里的环里硅原子数量的分布和氧-硅-氧成键角度的统计分布。可以看到,形成的环里的平均硅原子的数量和成键角度均与晶体接近。相应地,在图 7-4(b)里的径向分布函数也在短程内呈现了接近于晶体类的规律性。如图 7-6 所示,由于无定形态里的二氧化硅里原子的分布类似于晶体形成环状,因此它也会呈现出和晶体类似的能带结构。由于形成环里硅原子的数量和成键角度存在如图 7-5 所示那样的统计分布,因此会影响导带和价带边缘的位置。无定形态固体虽然没有长程规律,但是在满足以上条件的情况下,每一个硅原子都与相邻的 4 个氧原子成键,而每个氧原子都与相邻的 4 个硅原子成键,固体里没有缺陷。

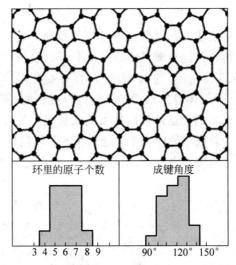

图 7-5　无定形态二氧化硅形成的环里原子数量和氧-硅-氧成键角度的统计分布

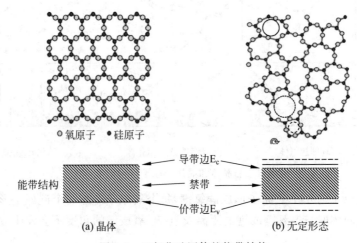

图 7-6　二氧化硅固体的能带结构

而当硅-氧键遭到破坏时,则会产生配位缺陷(Coordination Defect)。如图 7-7 所示,在无定形态二氧化硅里的某个环里缺失了一个氧原子,这时邻近的硅原子则会相应地产生一个 Si 悬挂键,这样的氧原子空位缺陷则会产生成在二氧化硅禁带内的陷阱能级,而相应地影响二氧化硅的绝缘性能。晶体管栅极介质层的可靠性与类似这样的缺陷息息相关。

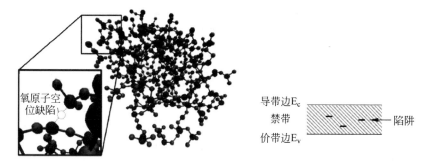

图 7-7 无定形态二氧化硅里的氧原子空位缺陷

7.2.3 边界的缺陷

在晶体的边界,晶体原子的周期排列发生了终结,因此晶体界面有可能出现在禁带内的能级。对于 MOSFET 而言,栅极的硅和介质层界面氢原子钝化的硅/二氧化硅的界面的性质会对晶体管的性能产生重大的影响。理解边界上的缺陷的来源、性质及它对晶体管性能和可靠性的影响非常重要。

以最常用的介质层材料二氧化硅为例,目前主要的观点是由于硅和二氧化硅的晶格常数的不同,在热氧过程中形成的二氧化硅没有办法和所有的硅原子成键,因此在这个界面会形成大量的硅悬挂键。而这些悬挂键则会产生在硅禁带内的能级,通常称这些能级为界面态(Interface State)。而界面态的存在则会对晶体管的阈值电压产生影响。图 7-8 通过球棍模型(Ball and Stick Model)显示了晶向为(111)的硅衬底上二氧化硅界面硅原子产生悬挂键的一个例子,其中白色的硅原子和其他三个邻近的黑色硅原子形成共价键,该硅原子有一个价电子没有和其他电子形成共价键而产生了一个悬挂键。这样的结构会产生一个在禁带中的能级,这样的缺陷叫作 Pb 中心。在晶相为(100)的衬底上也会有类似的悬挂键,相应地产生的缺陷被称为 Pb0 中心与 Pb1 中心。

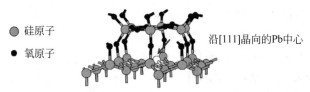

图 7-8 硅和二氧化硅界面的球棍模型

所有的这些悬挂键产生的界面态的来源是晶格周期性地被破坏,界面态的能级通常没有固定的能级,而是分布在整个禁带里。图 7-9 中显示了在热氧生长后界面态密度 D_{IT} 在禁带里的分布密度,通常在禁带中央的界面态密度可能达到 $10^{11} \sim 10^{12}$ 1/cm²-eV。在禁带中的这些界面态会随着费米能级的变化被占据或者处于空的状态,而产生额外的界面态电荷。因此界面态的密度会影响到MOS电容的大小。而为了减小界面态对MOS开关特性的影响，通常在半导体制造过程中加入一步在氢气环境下的退火。这么做的目的是让氢原子和悬挂的硅原子形成共价键。这么做可以减少界面态，通常也被称为界面态的钝化。如图7-9所示，通过在氢气环境下的退火，界面态的密度可以降低1~2个量级。

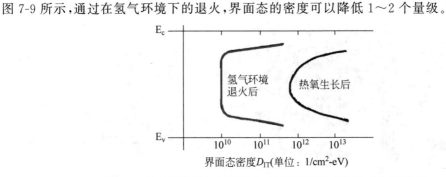

图7-9　热氧以及氢气环境退火对界面进行钝化后的界面态密度

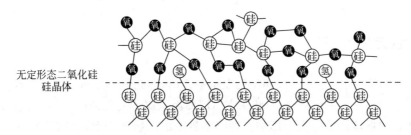

图7-10　氢气环境下退火时氢原子钝化界面的悬挂键

介质层和硅界面的缺陷对晶体管的可靠性有重要的影响，7.3节中提到的可靠性问题，例如，负偏置不稳定性和热载流子退火都与界面的缺陷（如Pb1中心）有着重要的联系。

7.3　晶圆级可靠性问题

7.3.1　负偏置温度不稳定性理论

1. 负偏置温度不稳定性的症状

NBTI（负偏置温度不稳定性）效应是指P型MOSFET施加负栅压而引起的场效应管电学参数发生退化，这主要表现在PMOS的阈值电压在反向偏压的条件下，逐渐发生了漂移。图7-11显示一个在施加栅极反向偏压之前和之后的PMOS的导通曲线的对比，可以看到施压后的PMOS的阈值电压升高了，换言之，在相同的栅极偏压下，漏极电流减小了。这个现象通常随着环境温度的升高而发生加速。虽然PMOS的阈值电压漂移并不会带来突然的灾难性失效，但是随着晶体管阈值电压的变化，设

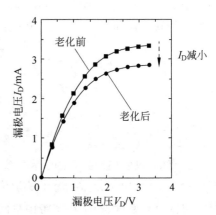

图7-11　施加栅极反向偏压之前和之后的PMOS的导通曲线的对比

计电路的功能会发生退化甚至导致电路的功能性失效。因此人们需要预测晶体管在工作的生命周期中 NBTI 带来的影响。

为了理解 NBTI 的来源，人们设计了各种各样的实验。在对实验数据进行分析后，大致可以观察到如下的几个规律。

（1）NBTI 仅仅出现在有表面沟道的 PMOS 里，而在掩埋沟道里观察看不到 NBTI 的现象。

（2）如果将钝化悬挂键的条件从氢气（H_2）改为氢原子同位素 D_2，NBTI 的出现会被延迟。

（3）在观察阈值电压的退化随时间的变化规律后，发现 NBTI 遵循幂次分布。

（4）NBTI 的退化速度随温度和电场场强的增加成指数性关系。

（5）在移除了负向偏压后，晶体管的性能会部分恢复。

以上这些规律为人们找到 NBTI 的原因提供了方向，一旦找到了 NBTI 引起晶体管老化的物理机制，便可以进一步试图找出适合的物理模型来描述 NBTI。

2. 负偏置温度不稳定性的物理原理

从以上观察到的第（1）个和第（2）个规律，人们推测 NBTI 和空穴于栅极硅和氧化层边界的 Si-H 键有关。目前普遍的共识是 Si/SiO_2 界面处经过氢钝化过程后形成的 Si-H 键，会捕获到沟道中的空穴。如图 7-12 所示，当空穴被捕获后，Si-H 键只有一个共价电子，在垂直电场作用下 Si-H 键进一步被弱化，最终导致了 H 原子脱离 Si-H 键。被释放了的 H 原子会在氧化层里自由扩散而留下一个带正电的 Si 悬挂键，并在导带中形成一个新的能态。因此随着时间的推进，在栅极偏压的作用下，在 Si 和 SiO_2 的界面不断地产生新的 Pb 中心，界面陷阱缺陷的密度 N_{IT} 不断增加，导致了晶体管的阈值电压发生漂移，相应的线性区漏极电流 I_{dlin} 和饱和区漏极电流 I_{dsat} 也发生漂移。当晶体管电性参数漂移足够严重时，则会导致整个电路的失效。这样的理论也能够解释为什么用氢同位素重氢钝化界面的悬挂键会改进晶体管的可靠性，因为 Si-D 键相对于 Si-H 键更稳定。另外，当偏压被移除后，造成 Si-H 破裂的正向反应速率降低。而这时介质层里的氢气会在界面重新钝化悬挂键，因此会看到晶体管性能的部分恢复。

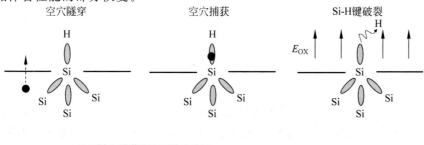

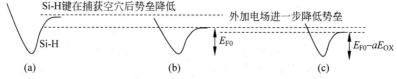

图 7-12 捕获空穴后 Si-H 键被弱化，导致 Si-H 键更容易被破坏

为了能够预测器件在 NBTI 下的可靠性,需要做加速的可靠性实验。通常对于 NBTI 来说,会通过施加高温或者高压条件来加速器件的老化。如图 7-13 所示,为了能够从加速实验外推出在正常工作时间下的器件寿命,则需要能够得到老化速度随时间变化的关系,以及高温及高压下的加速因子。而前面观察到的第(3)个和第(4)个规律则可被用来作为加速实验的依据。

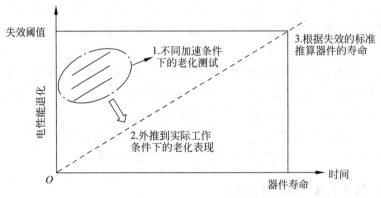

图 7-13　通过加速实验来衡量器件在正常工作条件下的方法

但是如何理解 NBTI 随时间变化的幂指数关系,以及电场和温度对 NBTI 的影响呢?这样的基于经验的关系是否有物理理论的支持?幂指数关系是否能够在被外推到几个数量级以外时还保持稳健性?如果不是,那么则会出现类似于图 7-1 中的问题,我们依据经验公式做出的可靠性判断会出现错误。下面将通过建立物理模型来理解 NBTI 条件下晶体管老化随时间、电场和温度的变化关系。

3. 描述负偏置温度不稳定性的反应-扩散模型

基于 Si-H 键被破坏而导致界面陷阱数量增多而造成 NBTI 的机制,可以用以下的反应-扩散模型来描述 NBTI。如图 7-14 所示,用一个一维的模型来描述由于界面 Si-H 遭到破坏而产生界面陷阱的速率。该模型中的 $x=0$ 处为硅和介质层的界面,该界面中由于 Si-H 键遭到破坏而产生的可移动的氢原子或氢离子通过扩散和漂移的方式离开界面。这时可以通过如下的两个方程来描述这一过程。

$$\frac{dN_{IT}}{dt} = k_F(N_0 - N_{IT}) - k_R N_H(0) N_{IT} \tag{7-6}$$

$$\frac{dN_H}{dt} = D_H \frac{d^2 N_H}{dx^2} + \frac{d}{dx}(N_H \mu_H E) \tag{7-7}$$

其中,N_{IT} 为由于 Si-H 键分离而产生的界面陷阱的密度;N_0 为 Si-H 键完全被钝化时的界面 Si-H 键的密度;k_F 和 k_R 分别为 Si-H 键遭到破坏这一反应的正向和反向速度;N_H 为分离后可以自由扩散的 H 原子的密度;D_H 和 μ_H 为扩散常数和迁移率;E 为电场强度。式(7-7)被称为反应方程,它描述了界面由于发生了空穴捕获和造成的 Si-H 分离反应而产生的陷阱的速度。因此产生陷阱的速率正比于还未被破坏的 Si-H 键的密度$(N_0 - N_{IT})$,同时,在界面氢原子也会重新钝化 Si 的悬挂键,这一速率则正比于在界面 H 的浓度 $N_H(0)$ 以及 N_{IT}。式(7-8)描述了由于 H 原子在氧化层里扩散或在电场的作用下漂移而造成的 H

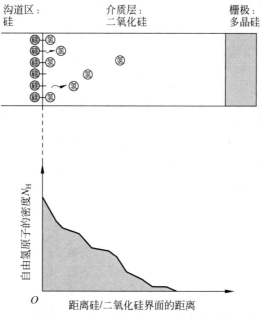

图 7-14　NBTI 的一维反应-扩散模型

原子浓度的分布。由于任何时间下,氢原子的数量必须守恒,界面陷阱的数量一定等于介质层中所有自由氢原子之和,因此可以得到如下的等式关系:

$$N_{\text{IT}}(t) = \int_0^{+\infty} N_{\text{H}}(x,t)\mathrm{d}x \tag{7-8}$$

为了简化方程的求解,可以假设在反应方程里面的正向反应(产生陷阱)和反向反应(氢原子重新钝化悬挂键)的速率远大于 $\mathrm{d}N_{\text{IT}}/\mathrm{d}t$,并且 N_{IT} 远小于 N_0。于是可以近似得到如下关系:

$$\frac{k_{\text{F}} N_0}{k_{\text{R}}} = N_{\text{H}}(0) N_{\text{IT}} \tag{7-9}$$

在以下几种假设下,可以对氢原子在介质层里的分布做一个近似,对以上方程做简化并通过式(7-8)的积分公式近似求解得到界面陷阱 N_{IT} 随时间变化的关系。

1) H 主要以单一的不带电氢原子的形式扩散

这时遭受破坏的 Si-H 键释放的 H 在介质层里通过扩散重新分布,N_{H} 的分布可以由图 7-15 所示的一个三角形分布近似,而式(7-8)的积分可以被简化为

$$N_{\text{IT}}(t) = \int_0^{+\infty} N_{\text{H}}(x,t)\mathrm{d}x = \frac{1}{2} N_{\text{H}}(0) \sqrt{D_{\text{H}} t} \tag{7-10}$$

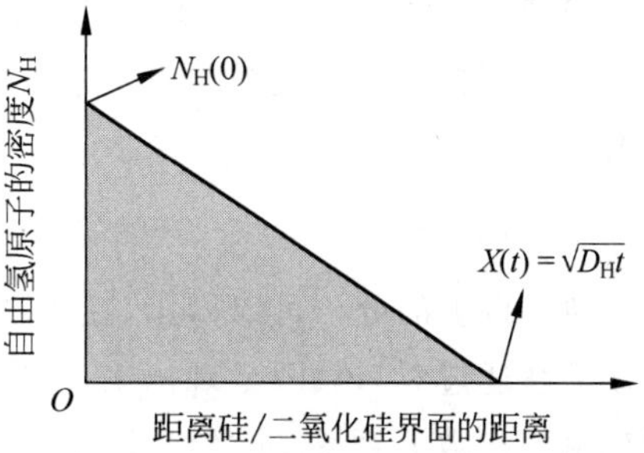

图 7-15　自由氢原子扩散后在介质层中的近似分布

联立式(7-9)和式(7-10)。可以得到 N_{IT}:

$$N_{\text{IT}} = \left(\frac{k_{\text{F}}}{2k_{\text{R}}}\right)^{\frac{1}{2}} (D_{\text{H}} t)^{\frac{1}{4}} \sim t^{\frac{1}{4}} \tag{7-11}$$

2)氢主要以带电的 H^+ 形式在电场的驱动下漂移

由于 H^+ 主要由电场驱动在介质层里移动,可以对 H^+ 的分布做如图 7-16 所示的近似。这时式(7-8)的积分也可以很容易得到:

$$N_{IT}(t) = \sqrt{\frac{k_F \mu_H E_{ox} t}{k_R}} \sim t^{\frac{1}{2}} \quad (7-12)$$

3)氢主要以不带电的 H_2 分子的形式扩散

类似氢原子的情形,这时我们同样可以将式(7-11)里的 H 原子替换为 H_2(见图 7-17),并根据三角形的近似分布求解 N_{IT}。唯一不同的是,这时要考虑到如下的反应:

$$2H = H_2 \quad (7-13)$$

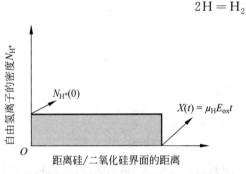
图 7-16 氢离子由于电场的驱动离开界面后在介质层的近似分布

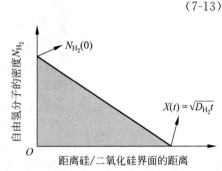
图 7-17 自由氢分子扩散后在介质层中的近似分布

由如上化学反应,可以得到在界面处氢原子和氢分子密度间的如下关系:

$$\frac{N_H(0)^2}{N_{H_2}(0)} = 常数 \quad (7-14)$$

这时式(7-11)可以重新被写为:

$$N_{IT}(t) \sim \left(\frac{k_F N_0}{2k_R}\right)^{\frac{2}{3}} (D_{H_2} t)^{\frac{1}{6}} \sim t^{\frac{1}{6}} \quad (7-15)$$

4)氢主要以带正电的分子 H_2^+ 的形式扩散

这时同样可以通过类似以上情形的方式修改式(7-12),得到如下的 N_{IT} 随时间变化的关系:

$$N_{IT} \sim t^{\frac{1}{3}} \quad (7-16)$$

通过以上的分析可以得出,在 NBTI 条件下界面陷阱产生的速度随时间呈幂指数关系。将该关系通过双对数图呈现出来,可以得到如图 7-18 所示的不同斜率的直线。而该直线的斜率由幂指数 n 决定,n 的大小则对应于界面由于 Si-H 被破坏而释放的游离的 H 在介质层里重新分布的形式和主要的驱动力。目前已有的文献显示,经过优化的成熟制程里,NBTI 造成的晶体管性能老化的幂指数接近 1/6,因此显示氢原子在介质层里最有可能是以 H_2 的形式进行扩散的。

温度和电场对 NBTI 的影响会通过式(7-6)里的反应速率 k_F 和 k_R 来影响。首先,Si-H 键破坏的正向反应速率 k_F 由如图 7-19 所示中的几个因素决定:①沟道中的空穴浓度;

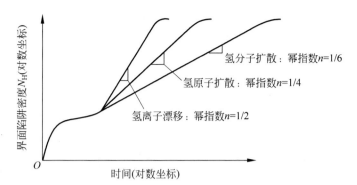

图 7-18 基于反应-扩散模型和不同的 H 扩散方式求解的界面陷阱密度 N_{IT} 随时间的变化关系

②空穴隧穿的传输速率；③在空穴被捕获后，Si-H 键被弱化以后破裂的可能性。因此可以用以下公式描述：

$$k_F = p_h T \sigma k_0 e^{-(E_{F0} - aE_{ox})/(kT)} \tag{7-17}$$

其中，p_h 为沟道中空穴的浓度；T 为空穴隧穿到介质层的概率；σ 为捕获截面积。E_c、E_{ox} 分别为沟道表面和介质层里的电场强度。图 7-12 所示 $E_{F0} - aE_{ox}$ 为界面处的 Si-H 键在电场 E_{ox} 作用下捕获空穴后发生破裂而需要克服的有效势垒，其中参数 a 为介质层里电场对势垒的影响因子。在界面处的空穴浓度 p_h 可近似正比于沟道表面电场 E_c。

空穴隧穿传输速率 T 可由如下的 WKB 近似来计算：

$$T(E_{ox}) \sim \exp\left[-2\int_0^{t_{int}} dx \frac{\sqrt{2qm_{ox}(\Phi_B - xE_{ox})}}{\hbar}\right] \tag{7-18}$$

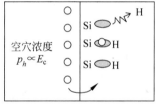

图 7-19 影响 Si-H 键破裂的正向反应速率的几个因子

其中，t_{int} 是空穴被捕获需要隧穿的距离；m_{ox} 为有空穴效质量；Φ_B 是 Si/SiO$_2$ 界面空穴势垒的大小。由一阶近似理论可以得到：

$$\ln(T(E_{ox})) \sim -\frac{\sqrt{2qm_{ox}\Phi_B}}{\hbar}t_{int} + \left(\sqrt{\frac{m_{ox}}{2q\Phi_B}}\frac{qt_{int}^2}{\hbar}\right)E_{ox} \tag{7-19}$$

定义参数 $\gamma_T = \sqrt{\frac{m_{ox}}{2q\Phi_B}}\frac{qt_{int}^2}{\hbar}$，则可以得到如下空穴隧穿概率与介质层中电场强度 E_{ox} 的关系：

$$T(E_{ox}) \sim e^{\gamma_T E_{ox}} \tag{7-20}$$

隧穿后被捕获的空穴会弱化 Si-H 键，而在电场 E_{ox} 的影响下 H 脱离 Si-H 键需要克服有效势垒 $E_{F0} - aE_{ox}$，这反映在式(7-17)中的最后一个指数因子中。

在 Si-H 遭到破坏的同时，自由的 H 也会在界面处和 Si 悬挂键发生反应，重新修复被破坏的 Si-H 键。这一反向反应的速率 k_r 与外加电场无关，反向反应速率可以写为：

$$k_R = k_{R0} e^{-E_{R0}/(kT)} \tag{7-21}$$

将以上所有的因素代入式(7-15),可以得到界面陷阱产生的速率:

$$N_{\text{IT}}(E_{\text{ox}}, T, t) \sim (E_c)^{\frac{2}{3}} \cdot e^{\frac{4[(kT\gamma_T + a)E_{\text{ox}} - E_{F0} + E_{R0} - E_A]}{6kT}} \cdot t^{\frac{1}{6}} \quad (7\text{-}22)$$

这时定义电场加速因子 γ 和等效活化能 E_A^*:

$$\gamma = \gamma_T + \frac{a}{kT}$$

$$E_A^* = E_A + 4(E_{F0} - E_{R0})$$

由此可以进一步推导出在恒定温度下的电场的加速因子:

$$N_{\text{IT}} \sim E_c^{\frac{2}{3}} \cdot e^{\frac{2}{3}\gamma E_{\text{ox}}} \cdot t^{\frac{1}{6}} \quad (7\text{-}23)$$

和在恒定电场下的温度的加速因子:

$$N_{\text{IT}} \sim e^{-\frac{E_A^*}{6kT}} \cdot t^{\frac{1}{6}} \quad (7\text{-}24)$$

有了这个完整的模型,可以设计不同温度和不同电压下的加速实验,通过以下步骤逐步确定模型参数。

(1) 设计实验获得不同温度和不同电场下的 N_{IT} 随时间变化的曲线。

(2) 通过以上结果获得 γ 随温度 T 变化的线性关系,并进而根据曲线截距和斜率得到 γ_T 和 a。

并根据实验结果推导出模型里的这几个参数 γ_T、a,并根据模型外推出在正常工作条件下晶体管可以可靠性的时间。

4. 介质层里的体缺陷对 NBTI 的影响

除了遭受到破坏的 Si-H 形成的界面陷阱会造成器件的性能退化,还要考虑到介质层里可能本来就存在的陷阱。这些陷阱在施加偏压的条件下也会通过隧穿效应被空穴占据,因影响晶体管的阈值电压从而导致晶体管的性能发生改变。在分析 NBTI 产生的缺陷对晶体管性能的衰减时一定要注意将这一部分的影响排除在外,否则将会得到错误的结论。如图 7-20 所示,在介质层里的陷阱是否被占据可以由如下三个因素决定:①由反型的沟道隧穿到陷阱的空穴电流,该空穴电流增加被占据的陷阱的比例 f_0;②捕获了空穴的陷阱也可能由于隧穿释放空穴,这时空穴可能隧穿到反型的沟道或者到栅极,这两个空穴电流将导致被占据空穴比例的减少。这两个因素的影响可以用以下公式来描述:

$$\frac{\mathrm{d}f_0}{\mathrm{d}t} = \sigma v_{\text{th}}[T_1 n_s(1-f_0) - T_1 p_s f_0 - T_2 p_G f_0] \quad (7\text{-}25)$$

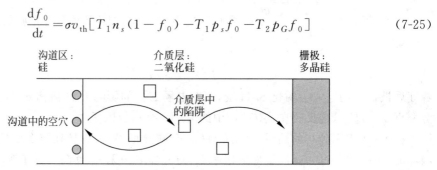

图 7-20 介质层中的陷阱通过隧穿效应捕获和释放沟道里的空穴

在式(7-25)中，f_0 为被捕获了空穴的陷阱占所有陷阱的比例；T_1 和 T_2 分别为从沟道隧穿到陷阱，以及从陷阱隧穿到栅极的概率；σ 为陷阱捕获面积；v_{th} 为空穴的平均热运动速度。求解这个差分方程得到 f_0 随时间的变化遵循如下的指数关系，其中 b 和 τ 是与空穴捕获和释放系数相关的常数。由这个结果可以看到，介质层里的陷阱会在栅极负偏的条件下快速被空穴占据，而随着时间的推移，被捕获空穴会如图 7-21 所示逐渐饱和。介质层内缺陷一旦捕获空穴会对晶体管的阈值电压造成影响，因此该现象对阈值电压造成的影响 ΔV_T 也将随时间的变化呈现饱和。

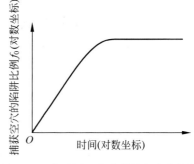

图 7-21　介质层里的陷阱被空穴占据的比例随偏压时间的变化规律

$$f_0(t) = b(1 - e^{-\frac{t}{\tau}}) \tag{7-26}$$

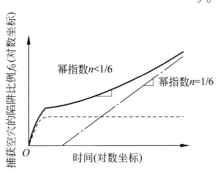

图 7-22　在反偏条件下 PMOS 阈值电压 V_T 的影响因素

在实际实验中观察到的阈值电压随时间的变化是由不断在 Si/SiO_2 界面产生的界面陷阱和空穴通过隧穿占据介质层中陷阱对叠加对晶体管阈值电压造成的影响的叠加。图 7-22 显示了这两个因素对 ΔV_T 的影响，其中 NBTI 的随时间的影响遵循我们推导出的幂函数关系（$\Delta V_T \sim t^{1/6}$）。可以看到，在施加负偏压的初始阶段，由于介质层中已有陷阱捕获空穴的影响，在双对数图中看到的曲线的斜率并不是由幂指数关系。该曲线的斜率将小于由反应-扩散理论推导出来的幂指数 1/6。而只有当实验的时间足够长，介质层中已有的陷阱造成的影响饱和后，曲线的斜率在逐渐趋于 1/6。如果不对这一现象进行修正，而依据早期的斜率做可靠性的推断则会得到过于乐观的结论。

5．负偏置温度不稳定性小结

通过实验观察到，NBTI 显示了非常明确的幂指数关系。基于空穴捕获弱化界面的 Si-H 键而导致其被破坏而产生界面陷阱这一物理现象，人们提出了反应-扩散模型来描述这一过程，而通过该模型可以得到非常符合实验结果的幂指数关系。通过分析模型里正向反应（Si-H 键破坏）和反向反应（氢原子重新钝化悬挂键）速率随温度和介质层电场的影响，可以建立一个完整的界面缺陷形成速率的物理模型。在有了模型以后，可以设计不同电场和温度下的加速实验，通过结果获得模型里的几个参数，并用来估计在正常工作环境下的晶体管寿命。这样的模型能帮助我们利用几个小时的加速实验下晶体管的电子特性推估十年乃至更长时间下晶体管的可靠性表现。但也要注意，在 NBTI 的实验里除了界面的陷阱的产生会影响晶体管的退化，介质层中存在的陷阱也会由于捕获沟道里的空穴隧穿而带正电，进而影响晶体管的性能。通过加速实验推测物理模型参数，进而做可靠性推断时一定要注意分离这两种现象。

7.3.2 栅极电介质击穿

1. 栅极电介质击穿的症状

随着晶体管的微缩,栅极介质层的厚度越来越薄,MOSFET 栅极的介电层击穿而带来的可靠性隐患也越来越突出。与 NBTI 中观察到的晶体管的阈值电压在电压下发生缓慢的漂移不同,我们通常认为栅极电解质击穿带来的是突然的灾难性的变化。并且厚的介质层和薄的介质层发生的击穿的现象存在明显的不同。通过实验通常可以观察到如下的一些现象。

(1) 对于比较厚的介质层,通常可观察到击穿呈现出一些例如像树枝一样的特有的图案,这表明了缺陷的形成是相互关联的。

(2) 而比较薄的介质层,缺陷的分布则是随机的。

(3) 随着栅极电压的增加,介质层击穿相应加速。

(4) 介质击穿失效时间呈现出韦布尔分布(Weibull Distribution)。

(5) 在非常薄的介质层里,即使产生了缺陷,也不一定带来灾难性的后果,发生击穿的 MOSFET 仍可以有效地工作。

理解以上的现象对于设计加速可靠性实验,并且通过结果定义介质层的可以有效工作的时间有着重要的意义。随着晶体管的微缩,介质层的厚度也在不断减薄,目前介质层的厚度已经达到了几个纳米的厚度。所以本章将着重介绍比较薄的介质层里发生缺陷的机制。另外,与 NBTI 不同,介质层击穿带来的影响通常不是随时间推移的晶体管性能的缓慢退化,而是发生灾难性的失效。而通常集成电路里上亿个晶体管中的某一个晶体管发生这样的失效时,整个集成电路都没有办法再正常工作,因此介质击穿发生的分布则尤其重要。最后,随着介质层的不断减薄,介质层里可能由于偏压产生缺陷,但是即使产生了缺陷,晶体管还能正常工作。

2. 栅极电介质击穿的物理原理

栅极电解质击穿可以通过增加栅极电压来加速,但是如图 7-1 所示,如果没有一个物理模型,基于经验模型,通过外推得到的正常工作电压的击穿时间可能存在非常大的错误。因此需要首先理解栅极电压击穿的物理原因,而基于物理图像的模型可以帮助我们更准确地描述缺陷随时间和电压变化的趋势,从而获得更准确的推断。

目前为大家接受的栅极电介质击穿的理论为阳极空穴注入(Anode Hole Injection)。以 NMOS 为例,MOSFET 在栅极偏压电子由体(Body)区域隧穿到达栅极,在介质层非常薄的情况下,由于在隧穿过程中电子几乎不损失能量,所以在到达栅极后这些热电子(图 7-23 中的实心圆球)的能量远高于栅极的费米能级,进而引发碰撞电离,而产生新的电子-空穴对。新产生的空穴(图 7-23 中的空心圆球)也会有一定的概率隧穿通过介质层,而在隧穿过程中空穴与电子复合释放大量的能量破坏介质层中的 Si-O 共价键,而产生了新的陷阱。缺陷陷阱的产生在介质层里的位置是随机分布的。如图 7-24 所示,随着陷阱数量的不断增多,最终的缺陷将形成一条从栅极到体区域的导通路径,大量的电子可以集中在这个区域流过,最终导致介质层的失效。

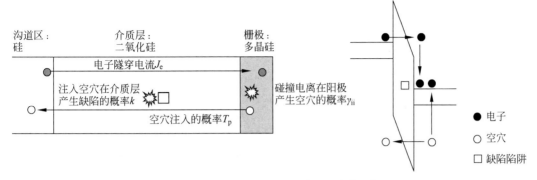

图 7-23 阳极空穴注入以及产生介质层中陷阱的物理过程

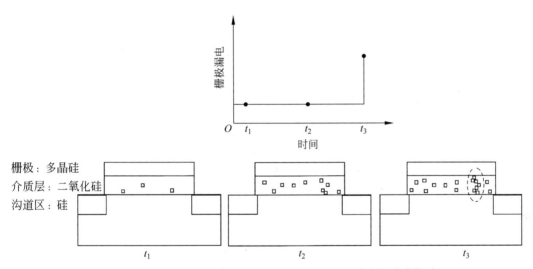

图 7-24 在施加栅极偏压下介质层里不断产生随机分布的陷阱缺陷

3. 栅极电介质击穿的物理模型

通常对于集成电路栅极电介质击穿的可靠性能由如下的方法决定。在晶圆上会设计一些用于做 TDDB 测量的测试电路,通常这样的测试电路为简单的 MOS 结构。这时会在不同的超于正常工作的栅极电压 V_G 的情况下,对样本做栅极偏压,并通过观察栅极漏电流来记录每个样本发生失效的时间。通常人们会选择合适的电压值,让栅极能在较短的时间下失效。这时可以提取 50% 测试样本发生失效的寿命 $t_{BD}^{50\%}(A_{test})$。这里的 A_{test} 为测试结构的栅极面积。实际的集成电路产品中栅极的面积与测试结构的面积不同,可以通过式(7-27)换算得到实际产品的平均失效寿命 $T_{BD}^{50\%}(A_{IC})$。这时根据应用场景下对产品可靠性的寿命的要求(对于车规级产品来说,寿命要求通常为 10 年甚至更长),以及在该寿命内最多允许存在的产品失效率为 $q\%$,通过式(7-28)及产品平均失效寿命计算出在加速电压的条件下产品出现 $q\%$ 失效的寿命。最后由式(7-29)可以通过电压加速因子 γ_V 得到为了满足产品可靠性要求的安全栅极电压。接下来将分别介绍每个公式及模型中的参数的物理意义。

$$T_{BD}^{50\%}(A_{IC}) = \left(\frac{A_{test}}{A_{IC}}\right)^{\frac{1}{\beta}} T_{BD}^{50\%}(A_{test}) \tag{7-27}$$

$$T_{BD}^{q\%}(A_{IC}) = \left[\frac{\ln(1-q\%)}{\ln(1-50\%)}\right]^{\frac{1}{\beta}} T_{BD}^{50\%}(A_{IC}) \tag{7-28}$$

$$V_{G\,safe} = V_{test} - \frac{\log\left[\dfrac{T_{lifetime}}{T_{BD}^{q\%}(A_{IC})}\right]}{\gamma_V} \tag{7-29}$$

首先介绍如何建立电压加速因子的模型。基于前面介绍的空穴注入模型,可以得知介质层里产生的陷阱缺陷的速度将由以下 4 个因素决定。

(1) 介质层电子隧穿电流:J_e。
(2) 电子碰撞电离的可能性:γ_{ii}。
(3) 碰撞电离产生的空穴重新进入介质层的概率:T_p。
(4) 进入介质层的空穴破坏 Si-O 产生陷阱缺陷的可能性:k。

而前 3 个因素受栅极施加的电压 V_G 或介质层里的电场强度 E 的影响,这里可以近似用如下的关系描述:

$$J_e = A_1 e^{-A_2/E} \tag{7-30}$$

$$\gamma_{ii} = B_1 e^{-B_2/E} \tag{7-31}$$

$$T_p = C_1 e^{-C_2/E} \tag{7-32}$$

假设由于电介质层击穿失效的时间 T_{BD} 与产生的陷阱缺陷 N_{BD} 成反比,可以得到如下关系:

$$T_{BD} \sim \frac{1}{N_{BD}} = \frac{1}{J_e \gamma_{ii} T_p k} \propto e^{1/E} \tag{7-33}$$

因此可以得到:

$$\log(T_{BD}) \sim 1/E$$

如图 7-25 所示,与实际的测试数据相比较会发现,在大的栅极偏压下,V_G 对栅极失效寿命的加速确实符合以上的 $1/E$ 的关系,但是随着栅极偏压的下降,加速因子偏离了如上的 $1/E$ 的关系。这主要是由于在该条件下,上面假设的碰撞电离不准确,通过更为精确的计算可以在这种情况下的碰撞电离做如下修正:

$$\gamma_{ii} \sim e^{DV_G} \tag{7-34}$$

这时,栅极偏压对栅极击穿寿命的影响也可以相应地修正为:

$$\log(t_{BD}) \sim -\gamma_V V_G \tag{7-35}$$

其中,γ_V 是栅极击穿电压加速因子,通过在不同栅极电压下测量的平均栅极寿命 $t_{testBD}^{50\%}(V_G)$ 可以提取出加速因子的值。

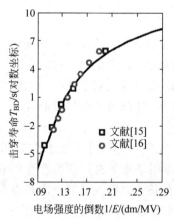

图 7-25 栅极介质层击穿寿命 T_{BD} 与电场的关系

4. 栅极电介质层击穿的渗透模型(Percolation Model)和统计分布

根据阳极空穴注入模型，介质层的失效是由于介质层里产生的陷阱引起的。由于介质层里产生陷阱的位置是随机的，因此在开始阶段，即使介质层里产生了新的陷阱，但是由于陷阱没有形成一条电流导通路径，栅极电流不会发生变化，晶体管可以正常工作。如图 7-26 所示，直到产生的陷阱对齐，形成了一条电流导通路径，这时栅极电流会突然增大，而发生介质层失效。在很薄的点介质层中陷阱产生的位置是随机的，因此介质层失效的时间 T_{BD} 也是随机的。而在集成电路中，最早失效的晶体管便可能导致整个集成电路的失效，因此需要了解 T_{BD} 的统计分布模型，并且依据该模型推断出最早产生失效的晶体管的寿命。

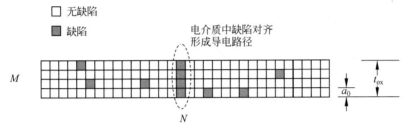

图 7-26　栅极介质层击穿的表现以及介质层里形成的导电路径

图 7-27 所示的简单模型可以用来解释失效寿命的统计分布，该图中晶体管的栅极介质层由图中 $M \times N$ 个的边长为 a_0 的长方形区域组成。这里的 a_0 为产生的缺陷的大小，因此图 7-27 中每个小正方形都代表了介质层中可能产生的缺陷的位置。因此通过介

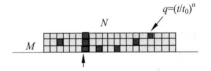

图 7-27　栅极介质层击穿的渗透模型

质层的厚度 t_{ox} 以及晶体管栅极的总面积 A 可以很快得到 M 和 N 的大小，分别为 t_{ox}/a_0 和 A/a_0^2，并且，N 远远大于 M。假设随着偏压时间 t，每个位置产生陷阱的概率均符合如下幂指数关系：

$$q = \left(\frac{t}{t_0}\right)^\alpha \tag{7-36}$$

由于每个位置产生陷阱的概率是互不相关的，因此在某一列里产生一列对齐的陷阱的可能性为：

$$p = q^M = \left(\frac{t}{t_0}\right)^{\alpha M} \tag{7-37}$$

如果 $F(p)$ 代表至少产生了一列对齐的陷阱的概率，则栅极在时间 t 下还没有发生击穿的概率为 $1-F(p)$。这一概率可以由 N 列长方形中没有一列产生对齐的缺陷计算出，即

$$1 - F(p) = (1-p)^N \approx e^{-Np} \tag{7-38}$$

将 p 代入式(7-38)并取对数则可以得到如下的韦布尔分布：

$$W \equiv \ln(-(\ln(1-F(p)))) = \alpha M \ln(t) - \alpha M \ln(t_0) + \ln(N) \tag{7-39}$$

该模型成功地解释了为何栅极介质层击穿的时间符合韦布尔分布。通过以上关系则可以根据测试结构栅极面积的大小 A_{test} 与实际产品中栅极面积的大小 A_{IC}，得到它们之间失效概率的关系：

$$W_{\text{IC}} - W_{\text{test}} = \ln(-\ln(1-F_{\text{IC}})) - \ln(-\ln(1-F_{\text{test}}))$$
$$= \ln\left(\frac{N_{\text{IC}}}{N_{\text{test}}}\right) = \ln\left(\frac{A_{\text{IC}}}{A_{\text{test}}}\right) \tag{7-40}$$

因此可以由测试结构的平均栅极寿命 $t_{\text{testBD}}^{50\%}$ 推导出实际产品的平均寿命 $t_{\text{IC BD}}^{50\%}$:

$$T_{\text{BD}}^{50\%}(A_{\text{IC}}) = T_{\text{BD}}^{50\%}(A_{\text{test}})\left(\frac{A_{\text{test}}}{A_{\text{IC}}}\right)^{\frac{1}{\alpha M}} \tag{7-41}$$

这时便推导出了式(7-27)。

同样通过韦布尔分布,也可以很容易地通过平均失效时间 $T_{\text{BD}}^{50\%}$ 换算出最多有 $q\%$ 晶体管失效的时间 $T_{\text{BD}}^{q\%}$:

$$W_{\text{IC}}^{q\%} - W_{\text{IC}}^{50\%} = \ln(-\ln(1-F_{\text{IC}}^{q\%})) - \ln(-\ln(1-F_{\text{IC}}^{50\%}))$$
$$= \alpha M(\ln(t_{\text{BD}q\%}) - \ln(t_{\text{BD }50\%})) \tag{7-42}$$

即

$$T_{\text{BD}}^{q\%}(A_{\text{IC}}) = \left[\frac{\ln(1-q\%)}{\ln(1-50\%)}\right]^{\frac{1}{\alpha M}} t_{\text{BD}}^{50\%}(A_{\text{IC}}) \tag{7-43}$$

将式(7-41)、式(7-43)、式(7-27)和式(7-28)相对比,可以得到 $\beta = \alpha M$。栅极介质层的厚度和缺陷的大小对介质层击穿寿命的影响也通过这一因子体现出来。随着晶体管的不断微缩化,栅极介质层变得越来越薄。相应地,β 也变得越来越小。根据式(7-43)可以看到,即使栅极介质层平均寿命相同,最早发生栅极失效的时间会大大提前,这将给晶体管的可靠性带来很大的挑战。好在介质层变得更薄时,即使当产生了如图7-26中所示的一个导通路径时,晶体管会呈现出栅极漏电的增加,而不会立即出现灾难性的失效,该现象被称为介质层的软击穿。

5. 栅极电介质层的软击穿

在之前对于介质层击穿的分析中的一个前提假设是当介质层中出现了一列发生对齐的缺陷时,晶体管会立即发生灾难性的失效。这一假设对于较厚的栅极介质层是成立的,随着晶体管的不断微缩以及栅极介质层不断地变薄,情况发生了一些变化。图7-28显示了拥有不同厚度栅极介质层厚度的晶体管在恒定电流偏压模式下测量介质层寿命的栅极电压,对于较厚的介质层,可以观察到,栅极介质层击穿后栅

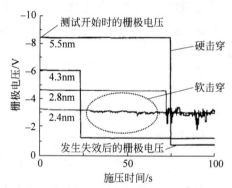

图7-28 不同厚度介质层在恒定电流的测量条件下发生硬击穿与软击穿的表现

极电压发生了急剧的下降,将这种情况称为硬击穿。随着介质层厚度的减薄,可观察到在发生了介质层击穿后的栅极电压下降幅度开始变小,在最薄的介质层的条件下甚至可以看到击穿后栅极电压只是呈现出一些噪声,并没有出现幅度上的改变。在这种情况下,晶体管虽然将在性能上发生一些变化,但它将还能继续维持正常工作。我们将这样的击穿称为软击穿。

可以同样通过图7-29所示的模型来计算考虑软击穿情况下晶体管的寿命统计分布,出

现 n 列对齐的缺陷的概率为:

$$p_n = C_N^n p^n (1-p)^{N-n} \approx \frac{(Np)^n}{n!} \cdot e^{-Np} \tag{7-44}$$

其中,p 由式(7-37)决定。晶体管的栅极介质层里出现 n 列或 n 列以上的对齐的缺陷时才会发生失效,在 $n \ll N$ 的情况下,失效的概率可以近似为:

$$F_n = 1 - \sum_{i=0}^{n-1} p_i = 1 - e^{-Np} \cdot \sum_{i=0}^{n-1} \frac{(Np)^i}{i!} \approx \frac{(Np)^n}{n!} \tag{7-45}$$

在 F_n 非常小时,韦布尔分布可以近似为:

$$W_n = \ln(-\ln(1-F_n)) \approx \ln(F_n) = n\beta \ln(t) - C \tag{7-46}$$

与式(7-30)对比可以看出,当考虑到允许有多次软击穿时,韦布尔分布的斜率会相应地增大 n 倍。这对于晶体管可靠性的影响可以从图 7-29 所示的例子看出,$n=1$ 时,即发生一次软击穿晶体管就发生失效的条件下,预计的晶体管的寿命将只有 10^3 s;而在 $n=2$ 的情况下,预计的晶体管寿命将提升到 10^9 s(约 3 年);在 $n=3$ 的情况下,晶体管的寿命将提升到 10^{11} s。可见晶体管软击穿的特性对提高其栅极可靠性寿命的影响相当可观,也正是因为这个原因,晶体管的持续微缩才成为可能。

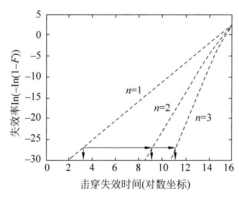

图 7-29 允许多次软击穿($n \geq 2$)对于晶体管寿命的韦布尔分布的影响

7.3.3 热载流子注入退化

1. 热载流子注入退化的表现

与前面介绍的 NBTI 不同,热载流子注入退化发生在 N 沟道的 MOSFET 里。在 NMOS 工作状态下,沟道中的电子在接近栅极附近时,在电场的驱动下获得足够多的能量并开始产生碰撞电离。而通过碰撞电离产生的新的电子和空穴具有极其可观的能量,当它们注入到栅极氧化层里时会导致 Si-H 和 Si-O 键的破裂,进而引起 MOSFET 的阈值电压发生漂移。通过实验观察到由于热载流子引起的退化有如下的表现。

(1) 热载流子注入引起的退化在 NMOS 导通的情况下出现,通常当 $V_G \approx V_D/2$ 时,热载流子引起的退化最为严重。

(2) 与 NBTI 类似,注入当用同位素 D_2 代替 H_2 去钝化 Si/SiO$_2$ 界面的悬挂键后,晶体管会更耐用。但是与 NBTI 不同,热载流子注入造成的退化在去掉偏压后恢复有限。

(3) 与 NBTI 类似，实验中大多数晶体管的热载流子注入退化也呈现出对应时间的幂指数关系（$\sim t^n$），幂指数 n 通常为 0.3～0.7。

(4) 对于拥有轻掺杂漏区（Lighted Doped Drain，LDD）结构的晶体管，热载流子注入退化随时间的变化不符合幂指数关系，通常可以观察到，随着时间的增加，晶体管的退化呈现出饱和的趋势，即幂指数 n 随时间的增加而变小。

(5) 更高的漏极电压 V_{DD} 会加速热载流子注入退化。

(6) 无论晶体管的退化是否符合幂指数关系，它们似乎都符合"普遍性"规律，即不同条件下晶体管老化的速度可以用相同的函数描述 $f[t/t_0(V_D)]$，只不过是在时间上做一个缩放。

这些规律为人们找到热载流子注入退化的原因提供了方向，一个合适的物理模型必须可以解释以上的现象。

2. 热载流子注入退化的物理原理

由以上观察到的现象可以推测出，同 NBTI 类似，热载流子注入引起的晶体管老化应该与界面层的 Si-H 键遭到破坏有关。但是 NBTI 的老化不需要晶体管导通，而仅仅在有栅极电压形成沟道的反型的情况下就可以发生。与之相反，人们观察到热载流子条件晶体管老化最严重时发生在 NMOS 开关的过程中。这时在沟道里存在大量的电流。特别是在 $V_G \approx V_D/2$ 的偏压条件下，在接近漏极结空间电荷区域，电子被电场加速获得足够的能量。这些电子的能量比热平衡状态下的能量要高得多，因此称之为热电子。当电子能量足够高时，它有可能直接破坏硅和介质层界面的 Si-H 键，产生界面的悬挂键。

另外，目前通常还认为热载流子还可能引起介质层表面 Si-O 键的破坏。Si-O 相较于 Si-H 键更为稳定，因此破坏 Si-O 键需要的能量要比破坏 Si-H 所需要的能量大得多。这个能量的来源来自于热电子碰撞电离后产生的电子-空穴对。当热电子的能量足够高时，会在介质层附件产生碰撞电离生成电子-空穴对。如图 7-30 所示，一部分的空穴有足够能量穿过介质层的势垒，被接近介质层表面的陷阱捕获并与电子复合。在介质层里的电子-空穴复合将释放大量的能量并破坏 Si-O 键，产生新的陷阱缺陷。前面已经介绍了介质层里的陷阱会通过热载流子的捕获影响晶体管的阈值电压，导致晶体管性能的退化，但是在 NBTI 的情况下，认为介质层中的陷阱数量是半导体生产工艺决定的，陷阱的数量不会随着时间的变化而产生变化，因此介质层内的陷阱捕获热载流子造成阈值电压漂移会随时间而饱和。但是在热载流子的影响下，介质层中的空穴数量也会增加，因此晶体管老化会呈现不同的趋势。

但是如何理解热载流子条件下的幂指数关系与 NBTI 不同？如何理解电压对热载流子老化的加速因子？我们会在后文的模型中加以解释。

3. 热载流子注入退化的物理模型

前面介绍了热载流子注入退化和 Si-H 键的破坏有关，下面将针对热载流子注入退化的特点修改 7.3.1 节中介绍的反应-扩散模型来解释实验中观察到的幂指数关系。在利用该模型来描述热载流子破坏的 Si-H 键时需要考虑到如下一个重要区别——NBTI 里的 Si-H 键遭到破坏的主要原因是，Si-H 键通过捕获到 PMOS 沟道里的空穴影响而被弱化，导致了成键的破裂而形成界面陷阱。NBTI 在仅有栅极偏压没有漏极偏压或者电流的时候即可发

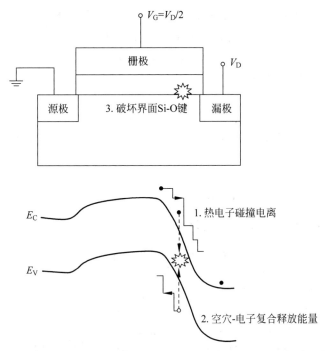

图 7-30　热载流子注入老化中电子-空穴复合释放能量破坏 Si-O 键产生新的陷阱

生,因此在利用反应-扩散模型时假设 Si-H 键在整个沟道里都均匀发生。而在热载流子注入退化里,破坏 Si-H 键的"罪魁祸首"是热载流子。热载流子直接冲击 Si-H 键而将其破坏。最利于热载流子注入退化的偏压条件为 $V_D > 0, V_G \sim V_D/2$。在该偏压条件下热载流子会集中在漏极边缘区域。NBTI 和热载流子造成的 Si-H 键破坏的区别如图 7-31 所示。在利用反应-扩散模型时一定要考虑到热载流子的局域分布特性。

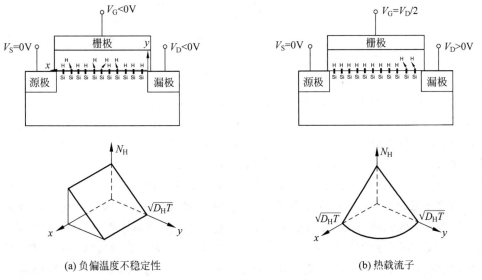

(a) 负偏温度不稳定性　　　　　　　　　　(b) 热载流子

图 7-31　对比 NBTI 和热载流子偏压条件以及介质层界面的 Si-H 破坏的区别

NBTI 和热载流子造成的局部分布决定了热载流子造成的 Si-H 键破坏也是局部的。而对于热载流子,考虑到遭到破坏的 Si-H 键集中在靠近漏极的区域,可以移动的氢原子的来源在漏极端,因此需要相应地修正氢原子在介质层里的分布的近似。假设氢原子通过扩散作用在介质层里移动,这时可以近似地用图 7-34(b)所示的圆锥来描述氢原子在 x 和 y 方向的分布。类似于 NBTI 里氢原子守恒的原理,通过对介质层里的氢原子做积分,可以得到界面缺陷密度随时的变化关系:

$$N_{\text{IT}}^{\text{Si-H}}(t) = \frac{\pi}{12} N_{\text{H}}^{(0)} (\sqrt{D_{\text{H}} t})^2 \tag{7-47}$$

假设 Si-H 键破坏后释放的 H 以不带电的 H 原子的方式在介质层里扩散,结合式(7-10)可以推导出:

$$N_{\text{IT}}^{\text{Si-H}}(t) = \sqrt{\frac{k_{\text{f}} N_0}{k_{\text{r}}}} (D_{\text{H}} t)^{1/2} \tag{7-48}$$

同理,如果 H 以 H_2 的形式扩散,则有:

$$N_{\text{IT}}^{\text{Si-H}}(t) = \left(\frac{\pi k_{\text{f}} N_0}{6 k_{\text{r}}}\right)^{2/3} (D_{\text{H}} t)^{1/3} \tag{7-49}$$

从以上结果已经可以看出,热载流子注入退化虽然呈幂指数关系,但是由于产生缺陷的位置是局域性的,幂指数与 NBTI 情况下沟道中均匀地产生界面陷阱不同。推导出来的幂指数 0.33~0.5 也非常接近实验中观察到的幂指数。

图 7-32 显示了包含长沟道、短沟道及不同类型 MOSFET 热载流子状况下发生退化的情况,可以看到除了图 7-32(b)中的带有 LDD 的长沟道 MOSFET,所有其他的晶体管退化都符合幂指数关系。而对于图 7-32(b)中的晶体管,可以看到,随着时间的推移,晶体管的退化逐渐呈现出饱和状态。显然,基于如上 Si-H 键破坏的反应-扩散模型没有办法解释这样的现象。对于这样的情况,如果简单地通过加速实验早期观察的幂指数做出晶体管寿命的推断,会得到过于悲观的结果。对于类似图 7-32(b)这样偏离幂指数关系的退化现象的理解还存在着争议。目前比较普遍地认为,热载流子除了可能造成界面 Si-H 键的破坏,还可能造成在介质层中接近沟道处的 Si-O 键的破坏,产生额外的界面陷阱 N_{IT}。目前具体的缺陷形成的原理还存在不同的解释,下面将介绍其中一个 Bond Dispersion 模型(简称 B-D 模型),通过介质层中 Si-O 的成键强度的分布来解释热载流子注入老化呈现非幂指数这个现象。

B-D 模型中一个最主要的假设是无定形态二氧化硅介质层里由于存在不同长度的环,Si-O 成键的能量并不是一个固定的值,而是遵循一定的统计分布。而由于 Si-O 键的强弱不同,在热载流子的影响下较弱的键会较早地开始破裂,而较强的键会在更晚的时候破裂。而这一现象可以解释热载流子老化为什么偏离幂指数关系。Si-O 键除了这个特点与 Si-H 键不同,另外一个显著的区别是 Si-H 键非常弱,遭受破坏后可以很容易与附近的 H 原子发生重新钝化而得到修复,而 Si-O 键非常强,一旦 Si-O 键被破坏后就没有办法自动修复。

首先考虑成键强度为 E_{i} 的 Si-O 键,如下的差分方程可以描述界面陷阱的产生速度,其中 $k_{\text{f}}(E_{\text{i}})$ 是破坏 Si-O 的反应的反应速率,k_{f} 是 E_{i} 的函数,E_{i} 越大则破坏 Si-O 键需要的能量越大,相应的正向反应速率 k_{f} 则越小。N_0 为初始时没有被破坏的具有 E_{i} 成键能量的 Si-O 键的数量。

$$\frac{\text{d} N_{\text{IT}}^{\text{Si-O}}(E_{\text{i}})}{\text{d} t} = k_{\text{f}}(E_{\text{i}}) \cdot (N_0 - N_{\text{IT}}^{\text{Si-O}}(t)) \tag{7-50}$$

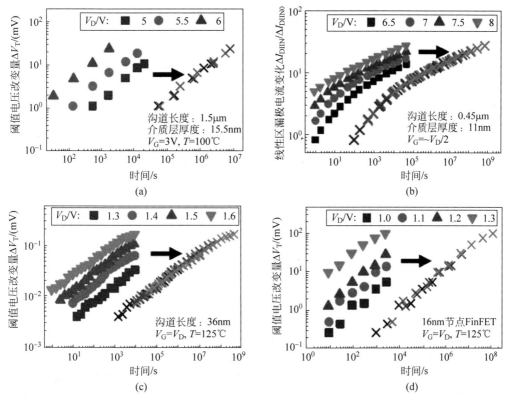

图 7-32 实际测量的不同晶体管的热载流子老化曲线

通过求解一阶微分方程得到如下结果：

$$N_{\mathrm{IT}}^{\mathrm{Si\text{-}O}}(E_i) = N_0(1 - e^{-k_f(E_i)t}) \quad (7\text{-}51)$$

通过此式，可以得到由于热载流子破坏具有成键能量为 E_i 的 Si-O 键而形成的界面陷阱密度的数量随时间的变化的关系。这一趋势如图 7-33 所示，在初始阶段，陷阱密度的数量呈现近似幂指数关系的增长，而在最后所有可能破裂的 Si-O 键都破裂后呈现出饱和状态。

这时再考虑不同能级上的 Si-O 键对 N_{IT} 的影响，由于不同能级上的陷阱产生速率是互相独立的，可以通过式(7-52)对不同能级做积分，得到总体的界面陷阱产生的速度。图 7-34(a) 显示了一个一个假设的 Si-O 键的能级

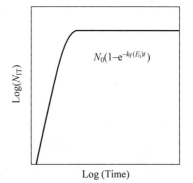

图 7-33 单一能级下产生的界面陷阱随时间的变化规律

密度分布，而 7-34(b) 中所示的每一条虚线则代表了在不同能级 E_i 下的 $N_{\mathrm{IT}}(E_i)$ 随时间变化的关系，积分后可得到图 7-34(b) 中所示的实线，代表由于 Si-O 键遭到热载流子破坏对 N_{IT} 的影响。可以看到，该曲线与实际测量的热载流子退化非常吻合。

$$\frac{dN_{\mathrm{IT}}^{\mathrm{Si\text{-}O}}}{dt} = \int_{E_0-n\sigma}^{E_0+n\sigma} k_f(E)[g(E) - f(E,t)]dE \quad (7\text{-}52)$$

$$N_{\mathrm{IT}}^{\mathrm{Si\text{-}O}} = \sum_E g(E)(1 - e^{k_f(E)t}) \quad (7\text{-}53)$$

目前普遍认为在热载流子条件下晶体管的退化与 Si-H 键和 Si-O 键遭到破坏均有关

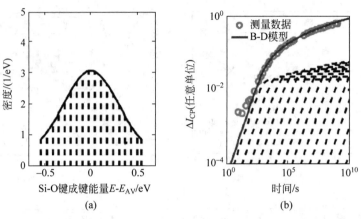

图 7-34 假设 Si-O 键的能级密度分布与不同能级 E_i 下的 $N_{IT}(E_i)$ 随时间变化的关系

系。前面介绍的基于 Si-H 键破坏的反应-扩散模型和 Si-O 键破坏的 B-D 模型虽然在某些特定的情况下能够成功地解释晶体管热载流子退化的现象，但均没有办法很好地完全解释所有的实验数据。尽管如此，人们观察到无论晶体管热载流子退化是否符合幂指数关系，它们似乎都符合"普遍性"规律。这一点在图 7-32 里的表现如下：对于所有的时间结果，如果将不同偏压 V_D 下测量的 ΔV_t 在时间轴上做适当的缩放，则不同偏压下的曲线非常好地重合在了一起。换句话说，不同条件下晶体管老化的速度可以用相同的函数描述 $f[t/t_0(V_D)]$。该函数通常称为热载流子退化的"普遍性"函数。其中 t_0 是时间轴上缩放的大小，其大小取决于施加偏压 V_D。基于这一结果，可以在不同的加速电压条件下做晶体管老化的实验，通过不同的加速条件发现老化的"普遍性"函数。图 7-35(a) 显示了在 4 个不同漏极电压下实际测量的晶体管老化产生陷阱 N_{IT} 的速度。通过对图 7-35(a) 中的 4 条曲线做时间上的变换，可以得到那实线的"普遍性"曲线。由"普遍性"规律可以得知，这条曲线则完全描述了在热载流子条件下界面缺陷产生速度随时间变化的关系。接下来可以通过将这条曲线时间做不同的缩放与实际不同偏压下的测量数据相对应，如图 7-35(b) 所示，从而得到相应偏压下的晶体管寿命 T_1、T_2、T_3。

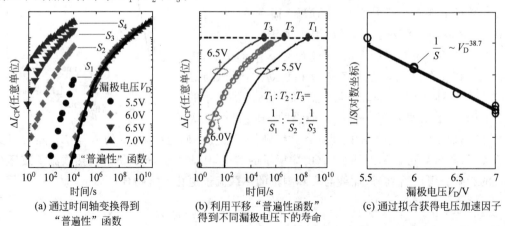

图 7-35 通过设计不同电压下的加速实验得到电压加速因子

电压的加速因子通常可以通过对实验得到的数据利用函数拟合的方法得到。通常如下的指数关系或者幂指数关系被用于热载流子退化的电压加速因子。

(1) $\log(t_0^{\mathrm{HCI}}) \sim \dfrac{A}{V_\mathrm{D} - V_\mathrm{Dsat}}$ 或 $\log(t_0^{\mathrm{HCI}}) \sim \dfrac{A}{V_\mathrm{D}}$

(2) $t_0^{\mathrm{HCI}} \sim \left(\dfrac{1}{V_\mathrm{D}}\right)^\alpha$

以图 7-35(c)为例,采用了幂指数模型描述电压加速因子。可以看到在对纵轴进行对数变换后,实测的电压加速因子与加速偏压呈现出非常好的线性关系。根据这一模型则可以进一步地推测出在任何电压下晶体管的寿命。

7.3.4 电迁移

1. 电迁移的症状

在集成电路里所有的晶体管需要由金属互连层连接起来。在晶圆制造过程中,形成金属互连的步骤通常被称为"后道制程"。基于铝和铜的金属互连是目前常用的两种金属互连系统。图 7-36 描述了这两种互连系统的主要结构。

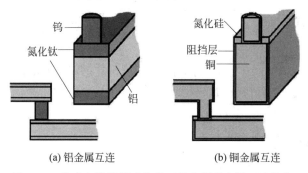

图 7-36 集成电路里用到的基于铝和铜的金属互连结构

图 7-36(a)所示的铝互连是通过先沉积一层铝膜,然后利用光刻定义处需要被刻蚀的区域并通过刻蚀去除这部分的铝膜而形成所需要的图形。通常在铝层的底部和顶部还会沉积一层相对较厚的难熔金属(如氮化钛),作为提高光刻质量的抗反射涂层。不同层次间的金属间依靠通孔互连,通常通孔里面的金属材料为钨(W)。基于铝的金属互连在早期的集成电路中被广泛使用,随着集成电路的不断微缩,以及特征尺寸的变小,金属互连线也变得越来越细,造成金属导线的电阻 R 升高。同时由于线间的间距减小,导线间的寄生电容 C 在变大。因此金属互连的等效 RC 延时成为了限制信号传播的主要原因。由于铜相较于铝有更低的电阻率,在 1997 年 IBM 成功推出了基于铜的金属互连,颠覆了传统的基于铝的"后道制程",极大地降低了金属互连的电阻,并在 $0.18\mu\mathrm{m}$ 工艺节点后被广泛使用。图 7-36(b)所示的铜互连的结构,由于铜没有办法像铝一样通过刻蚀来形成图形,铜互连的工艺步骤与铝互连存在很大的不同。通常,目前的铜互连由"大马士革"镶嵌工艺来形成。图 7-36(b)里显示一种由"双大马士革"工艺形成的互连,在该工艺里通过两次光刻分别在介质层里进行刻蚀而形成通孔和沟槽,然后通过电镀将铜填充到这些通孔和沟槽里。最后再通过化学机械抛光,将多余的金属去掉。由于铜很容易在介质层里扩散,因此在填充铜之前需要在介质层上先沉积一层难熔金属的阻挡层,如 Ta(钽)或者 TaN(氮化钽)。另外,铜层的表面也通常

会沉积一层氮化硅作为阻挡层,防止铜的扩散。

电迁移是集成电路里影响金属互连的主要可靠性问题。这种失效出现在电流密度较高的金属导线里。通常由于电迁移带来的失效机制有两种:一种是金属导线的某些部位出现了空洞,造成了电阻的增加甚至开路;另外一种是金属导线的某些部位出现了晶须或者小丘,而导致了与邻居金属的短路。

基于铝和铜的金属互连都存在电迁移的问题,在随后的章节里将可以看到基于铝和铜的金属互连电迁移的表现不仅仅与选择金属本身的物理特性有关,也与金属互连的制程、通孔、介质层的性质紧密相关。例如,在铝和铜金属互连里用到的难熔金属均不受金属迁移的影响,因此即使在被包裹的铝或者铜离子发生了迁移产生了空洞后,电流还可以通过难熔金属形成导通而不会产生开路。但是由于难熔金属很薄的厚度和更高的电阻铝,金属导线的电阻会发生明显的升高。总体而言,可以观察到由于电迁移带来的失效大概呈现出如下现象。

(1) 铜的电迁移表现相对铝的更佳。

(2) 采用铝-铜或铝-硅-铜合金有利于改善铝互连的电迁移表现。

(3) 金属层通常是多晶结构,而多晶的微结构,如晶粒度会极大地影响金属层的电迁移表现。

(4) 在集成电路里,金属互连由例如二氧化硅、氮化硅或者其他低介电系数的介质层或钝化层所包裹,介质层的性质,如应力、导热性也会影响金属电迁移的表现。

(5) 通常可以观察到,对于一段金属导线来说,在某个固定的电流密度下存在一个阈值长度,导线长度小于这个阈值长度时,导线不会发生由于电迁移产生的失效。

(6) 电迁移的失效时间遵循对数正态分布。

2. 电迁移的物理原理

通常用于芯片金属互连的铝和铜都存在着电迁移的问题,尤其随着线宽的不断缩小,在很窄的金属导线里的电流密度变得非常大,甚至超过了 10^5A/cm^2,电迁移可能导致金属原子的位移,造成金属导线的电阻上升,严重情况下甚至会导致金属导线的断裂,从而造成芯片的失效。

导体里的电流对金属离子施加两种力:第一种受力为静电力或库仑力,由于带正电的金属离子被带负电荷的电子给屏蔽(Shielding),库仑力通常可以忽略不计。更为主要的力由电子动量传递给金属离子而产生,如图 7-37 电子风沿着电流方向吹动着金属离子,而当这个力超过一定阈值后,金属离子像被吹落的树叶一样沿着电子风的方向朝阳极发生了扩散,这就是电迁移的本质。可以想象,如果电迁移带来的金属离子迁移在整个导体内是均匀一致的,那么导线的形貌不会发生改变。可在实际的电路里,金属互连存在很多由于设计和制造流程带来的不连续性,这些不连续性造成了金属离子迁移的不连续性,从而带来可靠性的风险。这些不连续性包括导线的起始、导线的方向发生改变、电流密度发生改变、导电路径中材料的改变、周围环境温度和应力的改变以及制造过程中本来就带有的缺陷等。所有这些都有可能带来金属原子在这些地方的堆积或者耗尽。

图 7-38 举例说明了铜互连里两种不同的耗尽情景。在图 7-38(a)中的电子由 M2 通过通孔流向 M1。在电子风的作用下铜原子沿着电子的方向从 M2 向通孔处扩散。在这种情

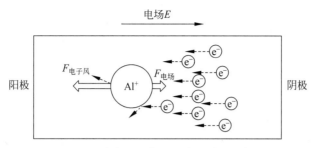

图 7-37　造成金属离子迁移的受力示意图

况里由于 Ta 或者 TaN 形成的垫层（Liner）几乎没有任何的电迁移，所以可以有效地阻挡来自 M2 的铜，而在 M1 里的铜原子被电子风继续推向下游，因此会在 M1 里接近通孔的位置形成空洞。同理，如果电流的方向反向，由于垫层的阻挡，空洞则会在通孔里形成。另外在空洞开始形成以后，由于导线的横截面积减小，电流的密度进一步增大，导线里产生热量增高导致温度的上升。电流密度和温度这两个因素都可能会形成一种正向反馈进一步加速电迁移。

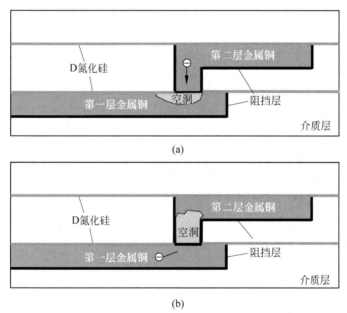

图 7-38　铜互连里由于电流方向不同产生的两种不同的空洞

可以看到，这两种状况下形成空洞的严重性是不一样的，在第一种情况里，一旦空洞开始在通孔下面形成，只要大小超过了通孔的大小则会造成开路，造成电路失效。这种情况通常被称为由空洞形成造成的失效。而在第二种情况由于在通孔表面还有一层难熔金属作为阻挡层，即使在通孔区内开始出现了空洞，电流还是可以通过阻挡层导通。虽然如此，随着空洞的不断扩大，金属互连的电阻会上升，最终还是可能引起电路的失效。这种情况通常称为由空洞体积扩张造成的失效。

在半导体制程中的金属一般都呈现多晶态。在多晶态金属里，如图 7-39 所示，金属离子在电子风的作用下有几种迁移途径，分别是沿着晶界、在晶体内部、在金属表面。

在晶体内部的金属离子有很稳定的成键，因此金属离子只有在晶格附件存在如空位或

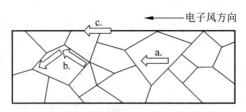

图 7-39 多晶态金属里金属离子的不同迁移路径

位错等缺陷时才能离开它原来的位置发生迁移。而在晶界或者在表面的金属离子受周围环境的影响成键较弱,因此更容易发生迁移。在晶格内部、晶界和金属表面发生迁移的难易程度可以从活化能体现出来。表 7-2 列举了铝和铜在 3 种不同途径中扩散的活化能。可以看到,对于铝来说,金属离子通过晶界的扩散起主导作用。为了增加铝线的电迁移表现,通常会在铝中掺入少量的铜。这么做的主要原因就是铜在铝多晶结构里会占据晶界里的位置,从而堵塞了铝离子通过晶界迁移的路径。

表 7-2 在铝和铜里通过不同途径离子迁移的活化能

迁 移 途 径	迁移活化能/eV	
	铝	铜
晶体内部迁移	1.2	2.3
沿着晶界迁移	0.7	1.2
金属表面迁移	0.8	0.8

此外,金属的微结构,特别是晶粒的大小和晶界的方向,也会影响电迁移的表现。多晶铝薄膜中的晶粒的平均直径为 $2\sim4\mu m$,随着线宽的减小,铝线的薄膜的宽度变得小于铝晶粒的平均值,这时铝线呈现出如图 7-40 所示的"竹子"结构。在这种结构下,晶界的方向与电流流动的方向几乎垂直,金属最容易发生迁移的路径被晶粒阻断了,因此这种"竹子"结构的铝线的电迁移表现将大大得到提升。

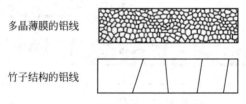

图 7-40 不同金属细导线的微结构

而对铜来说,在金属表面的扩散是电迁移占主导。因此阻挡层和铜界面的性质对于铜互连的电迁移特性起到了很关键的作用。这里特别要提到的是在铜互连工艺中,最后冗余的铜是通过化学抛光的形式去除的,这样半物理式的去除方式改变了铜线上表面的表面性质,引入了大量的缺陷。因此这个界面更容易造成铜离子的迁移,因此通常可以观察到,在铜互连里,空洞更多地出现在铜线的上表面。

介质层对金属电迁移的影响不仅仅在于提供了快速迁移的路径,由于介质层对金属层的包裹,金属离子迁移后相应产生的金属导线里的应力的分布也会造成金属离子的迁移,而迁移的方向与电迁移的方向相反,在某些情况下,两种通量可能会互相抵消。金属导线存在一个阈值长度,因此在该长度之下不会发生由于电迁移产生的失效。在先进制程中,为了进一步降低导线间的分布电容而提高芯片的数据传输速率引入了低介电常数的介质层。这种新的介质层材料密度及坚硬度均会降低，并会间接影响金属导线的电迁移表现。

3. 电迁移的经验和物理模型

电迁移的测试是评估金属互连可靠性的最重要的测试之一。电迁移测试的基本方法是在高温条件下，对特殊设计的金属导线施加某个电流，并监测导线的电阻。由于电迁移的影响，导线的电阻会逐渐上升。可以通过设定一个电阻上升的比例来作为电迁移失效的标准，并记录每个样品在该测试条件下的失效寿命(Time To Failure，TTF)。由于电迁移的失效机制与金属导线里空洞的产生有关，而这一过程通常有一定的随机因素，因此相应的失效寿命通常呈现某种特殊的分布。实验中观察到，对数正态分布通常可以很好地描述电迁移失效寿命。因此通过测试一定数量的样本可以将实验数据进行分布拟合，并推测出能够满足一个低失效率的（如 0.1%）失效寿命。

这时可以用到如下一个经典的经验公式来换算出在正常工作电流和温度下的导线寿命：

$$\text{TTF} = AJ^{-n} e^{\frac{E_a}{kT}} \tag{7-54}$$

其中：A 表示与导线截面积有关的一个常数；n 表示电流密度指数（通常取值为 1 或者 2）；J 表示电流密度；E_a 表示活化能；k 表示波尔兹曼常数；T 表示温度。

通常用于电迁移测试的导线可能是如下几种。

(1) 满足最小线宽的金属导线。

(2) 宽度大于平均晶格大小的宽导线。

(3) 金属导线通孔链。

(4) 起始和末端有通孔的金属线（铜互连）。

通常用到的测试电流密度在 10^6A/cm^2 量级。对于铝互连加速测试的温度通常选取在 200℃～280℃以上，而铜互连测试的温度通常选取在 350～380℃。这么选择可以使实际的寿命测试时间不会太长，另外也不会由于温度过高使其他失效机制影响测试结果。通常，测试会在封装好的样品上完成，但是有时为了快速获得结果，也会进行晶圆级别的电迁移测试。在晶圆级测试时由于通过晶圆载座来加温的限制（载座温度通常被设置在 150℃），所以通常人们会通过增加电流密度，从而利用金属导线自身的发热来达到更高的测试温度，从而使寿命测试时间在可以接受的范围内。

而在利用经验公式做正常工作条件下电迁移寿命的换算时，需要确定活化能 E_a 和电流密度指数 n。这可以通过设计不同温度和不同电流密度下的实验来分别确定这两个参数。常用的掺杂铜的铝合金（AlCu 或者 AlSiCu）互连系统的活化能 E_a 在 0.7eV 左右，AlSi 的活化能则相对较低，接近 0.55eV，而铜金属互连系统的活化能则在 0.85eV 左右。有研究指出，电流密度指数与失效的主导模式有关，如果失效是由类似图 7-38(a)那样的金属内空洞的形成造成的，则电流密度指数为 2，对很多铝金属互连会使用指数 2。而类似图 7-38(b)那样由于空洞的体积扩张造成的失效，则更适合使用电流密度指数 1。

显然电迁移的表现与金属离子在电子风的作用下的扩散率有关，因此可以用扩散率来衡量。现在来考虑一个简单的情形，一段完全被介质层包裹的金属导线（见图 7-41），来计算

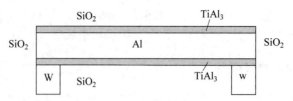

图 7-41 一段完全被介质层包围的铝线

在电流作用下导线力应力的变化情况。首先电子风作用在金属离子上的力为：

$$f_e = Z^* e\rho j \tag{7-55}$$

其中，Z^* 为等效电荷数；e 为电子电荷；ρ 为金属的电阻率；j 为电流密度。由爱因斯坦关系可以得到金属离子在电子风作用下迁移的流量为：

$$J = \frac{DZ^* e\rho j}{\Omega kT} \tag{7-56}$$

其中，Ω 是金属原子占据的体积；D 是金属离子的扩散系数。D 可以写为如下形式：

$$D = D_0 e^{-\frac{E_a}{kT}} \tag{7-57}$$

在多晶金属里，金属离子有不同的扩散途径，因此扩散系数可以理解为是这些不同路径的等效扩散系数。

当金属在电子风的作用下朝阳极移动时，金属导线里的应力开始产生，靠近阳极的金属被挤压处于压缩应力状态，反之靠近阴极的金属则处于拉伸应力状态下。导线里沿着电流方向的应力 σ 的变化也会施加额外的力给金属离子，这时金属离子受的合力为：

$$f = Z^* e\rho j + \Omega \frac{d\sigma}{dx} \tag{7-58}$$

如果施加的电流不大，在足够长的时间下，金属导线里的应力不足以致使空洞的形成或者来释放应力，金属导线内的应力会达到一个平衡状态，这时电子风与应力的作用正好互相抵消，有如下关系：

$$\Omega \Delta\sigma = Z^* e\rho j L \tag{7-59}$$

其中，$\Delta\sigma$ 是金属导线两端的应力的差值。在制造过程中制造温度 T_0 冷却到室温 T 会导致介质层与被包裹的金属产生体应变 $3\Delta\alpha(T_0-T)$。在足够长的时间下，金属内部的应力可以呈现两种可能的平衡状态：①金属力没有任何空洞，整个导线处于静水应力状态；②金属通过形成空洞释放应力，最终处于无应力状态。这时可以得到饱和空洞体积 $3\Delta\alpha(T_0-T)V$，其中 V 为整个金属导线的体积，而 $\Delta\alpha$ 为金属和介质层的热膨胀系数差。而在有限的时间下，金属会介于其中的状态，即金属里由于热应力的影响已经局部存在空洞，并通过空洞形成释放了部分应力。这时金属里的初始应力分布如图 7-42 所示($t=0$)。可以看到，这时金属导线里有两处局域的空洞。

在电子风的作用下，金属离子开始朝阳极发生迁移，金属里已有的空洞逐渐消失，最终在阴极端留下了一个唯一的空洞。这时阴极端的应力为 $\sigma(0,\infty)=0$，而金属内部的应力可以写为：

$$\sigma(x,\infty) = -\frac{Z^* e\rho j x}{\Omega} \tag{7-60}$$

这一结果如图 7-42 中标有 $t=\infty$ 的曲线所示。导线中最大的应在阳极处，应该注意当应力过大时,会有可能导致介质层的开裂造成失效,所以应力最大值小于导致介质层被破坏的阈值 $\sigma_{\text{extrusion}}$,即

$$j_c L < \frac{\Omega \sigma_{\text{extrusion}}}{|Z^*|e\rho} \tag{7-61}$$

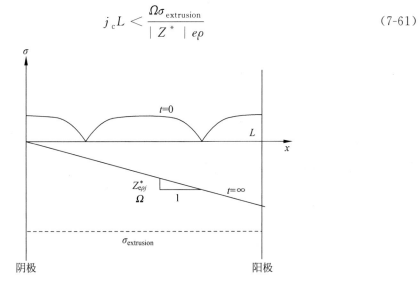

图 7-42 导线中的应力在初始阶段($t=0$)和在达到平衡状态下($t=\infty$)的分布

而在阴极端的空洞大小 V_{sv} 由初始的热应力和电子风产生的额外应力两部分组成。其中 B 为介质层的弹性系数:

$$\frac{V_{\text{sv}}}{V} = 3\Delta\alpha(T_0 - T) + \frac{Z^* e\rho}{2\Omega B}jL \tag{7-62}$$

假设当 V_{sv}/V 的比例在某个范围内时金属导线不会发生由于电迁移带来的失效,这时可以通过式(7-61)计算在任意温度下的阈值电流密度 j_c。结果如图 7-43 所示,在图示直线以下的区域电流密度小,温度高,导线阴极侧空洞的大小相应较小而不会引起失效。反之,在图示直线以上的区域,导线阴极侧的空洞太大造成导线的失效。

基于以上的分析,如果电路的设计可以容忍金属导线的电阻值有一定增加,而不产生功能失效,那么可以根据以上的结果做出永不会被电迁移损害的金属导线设计。在满足这种条件下的金属互连中的金属迁移最终会达到一个平衡状态。但是,可以看到这样的设计受到了如导线长度的额外的限制,因此可能要在芯片的性能或成本上付出相应的代价。

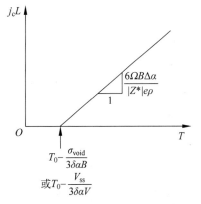

图 7-43 造成电迁移失效的关键阈值电流密度 j_c 同温度的关系

7.4 封装端的可靠性问题

芯片封装形式虽然很多,但是大多数封装类型都是需要将芯片贴装到基板,并通过不同的连接方式将晶片内部电路通过表面电极连接到封装引脚端。也需要使用密封材料将晶片与电路连接处包裹以达到绝缘性要求并提高整个封装的可靠性。封装级别的可靠性问题主

要发生在连接晶片的贴片材料、晶片表面电路连接材料以及密封材料中。封装体内部不同材料不同的热膨胀系数随温度变化引起封装结构内部应力导致的内部结构连接处失效。密封体材料内部的聚合物在潮湿环境下吸收的湿气引起的吸湿膨胀,在高温条件下蒸汽压力导致的聚合物剧烈膨胀也会增加封装的内部结构应力,引起内部结构失效。

7.4.1 芯片焊接的可靠性

1. 封装贴片材料的种类

不同类型的芯片,不同的封装工艺和封装形式会使用不同的贴装材料和工艺。表7-3列出了贴片材料的类型、常用材料及其应用与特点。

表7-3 贴片材料的类型、常用材料及其应用与特点

材料类型	贴装常用材料	应用与特点
非导电胶、导电胶	环氧树脂、添加银粒子颗粒的环氧树脂	应用:多用于对散热要求不高的小尺寸封装,工艺简单。 特点:导电胶黏结耐热性差,在高温下有分层和断路的风险
含铅焊料	含铅焊料	应用:高铅焊料,多用于芯片结温较高、散热要求较高、可靠性要求高的功率芯片。 特点:作业性好、可靠性高、成本低
无铅焊料	锡银铜焊料、锡银焊料、锡锑焊料、金基合金焊料、铋基焊料和锌基焊料	应用:随着含铅焊料的使用被越来越严格地限制,各种无铅焊料开始广泛替代含铅焊料。 特点: 锡银铜焊料和锡银焊料:作业性良好,成本适中,对晶片的保护也比较好,被广泛应用于各种芯片封装中; 锡锑焊料:随着功率芯片的结温越来越高,低熔点的锡银铜焊料和锡银焊料的可靠性问题越来越明显,锡锑焊料的熔点比锡银铜焊料高出20℃左右,在现阶段被广泛应用在工作结温150℃或者175℃的功率芯片中; 金基合金焊料:熔点高,可靠性好,价格昂贵; 铋基焊料和锌基焊料:熔点高,焊料本身比较脆,容易开裂
瞬态液相键合	铜镍银-锡、金铜-铟	应用:可以应用在基板类铜柱键合芯片中。 特点:低温键合,高温工作。但生成的金属键化合物易裂。工艺上需要高压与长时间才能减小键合空洞风险
金属烧结	纳米无压烧结银、压力烧结银	应用:应用于高结温、高导热、高导电、高可靠性的封装中。纳米银最有可能实现低温无压烧结。纳米粒子价格高昂,键合层均匀性比较差。微米银粒子颗粒压力烧结成为车用碳化硅封装的主流。 特点: 纳米无压烧结银:设备投入低,材料单价非常高,常应用在信号类芯片封装中; 压力烧结银:设备投入大,材料单价低于纳米无压烧结银,常应用在车规级碳化硅功率芯片中

导电胶和非导电胶是工艺最简单的贴片材料,非导电胶主要应用于硅片发热量不大,硅片底部也没有导电性要求的封装。导电胶的成分含有分散的银离子,可以实现硅片底部和基板的电特性连接并提高贴片材料的散热能力。但是导电胶的耐热性差,在高温下黏接硅片和基板的能力比较弱,容易发生分层和断路风险。对于导电和导热要求较高的封装,可以根据封装类型的用途和成本考虑不同的焊接方式。

2. 含铅焊料

对于发热量较大,对散热能力有一定要求的芯片,大都使用了焊料作为芯片贴装材料。因锡铅焊料具有良好的浸润性、广泛的固相/液相温度范围、较低的成本与较高的可靠性,使得锡铅焊料在过去成为芯片封装中应用最广泛的焊料。但是,根据欧盟 RoHS 的规定,含铅焊料在芯片封装中正在被无铅焊料替代。目前,熔点较低的焊料已经被无铅焊料广泛替代。但是,高温无铅焊料或者是成本太高,或者是性能、工艺、可靠性都还没有完全达到要求,还无法完全替代高温含铅焊料。

图 7-44 所示为锡铅焊料的金属晶相图,焊料中不同的含铅量具有不同的固态温度与液态温度。当温度超过固态温度时,焊料中的共晶部分开始融化,但是只有当温度超过液态温度点时,焊料才会完全变成液态。芯片贴装工艺通常要求焊接温度超过液态温度点。图 7-44 中最左边纯铅的熔点为 372℃,最右边纯锡的熔点为 232℃,含铅量为 38.1% 和含锡量为 61.9% 的共晶锡铅焊料的熔点为 183℃。成分比例越接近上面 3 个值的焊料,从固态转换到液态的温度范围值就越窄,焊料的工艺性越好。通常焊料的成分大多会选择接近这 3 个比例。如熔点较低的 62Sn36Pb2Ag 和熔点较高的 Pb92.5Sn5Ag2.5。

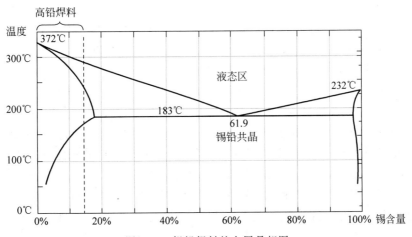

图 7-44 锡铅焊料的金属晶相图

对于焊料可靠性,通常有一个经验法则,就是芯片工作时焊料的 K 氏温度不能超过焊锡的熔点 K 氏温度的 80%。否则,焊料会因为温度过高而产生剧烈的蠕变并降低可靠性。目前,一些汽车驱动电机芯片的工作温度甚至到了 150℃,这就要求焊料的熔点高于 255℃。高铅(含铅量高于 85%)焊料固态温度点和液态温度点高,温度差小,焊接工艺作业性好。表 7-4 列出了功率芯片中常用的几种高温高铅焊料。

表 7-4 几种高铅焊料的固态温度与液态温度　　　　　　　　　　　单位：℃

高温高铅焊料	固态温度点	液态温度点	温　　差
Pb92.5Sn5Ag2.5	287	296	9
Pb95Sn5	308	312	4
Pb95.5Sn2Ag2.5	299	304	5

3. 无铅焊料

因为铅在芯片封装工艺和产品回收利用时对环境的破坏，含铅焊料被越来越严格地限制。目前，熔点较低的含铅焊料已经被锡银铜（SAC）焊料广泛替代。但是高温无铅焊料的要求太高，目前所有的高温无铅焊料只能满足部分条件。下面是目前对于开发高温无铅焊料的一些主要的要求，在工程应用中，需要根据产品类型、性能要求、工艺与成本来选择不同的焊料。

（1）能够承受 250℃～260℃ 的回流高温而不产生焊接或者封装的退化。

（2）焊接性能良好，可焊性高，浸润性良好。

（3）优良的导热导电性能。

（4）优良的延展性能。

（5）低应力，可以降低封装材料对晶片的应力，提高晶片可靠性。

（6）成本低廉。

下面就介绍目前正在广泛使用的无铅焊料（锡银铜焊料）以及高温无铅焊料（锡铜系焊料、锡锑系焊料、金基焊料和铋基焊料）的特性与可靠性问题。

1）锡银铜焊料

锡银铜焊料是芯片中用途非常广泛的无铅焊料，常见的焊料有 SAC105（Sn98.5Ag1.0Cu0.5）、SAC305（Sn96.5Ag3.0Cu0.5）、SAC387（Sn95.5Ag3.8Cu0.7）、SAC405（Sn95.5Ag4.0Cu0.5）。这些焊料的可焊性较高，浸润性良好，易于工艺作业。这些焊料的熔点都在 217℃ 左右，比锡铅焊料 $Sn_{63}Pb_{37}$ 的熔点要高，所以其硬度和抗蠕变能力更高。对于应用场景不是很苛刻的芯片，锡银铜可以满足绝大部分的应用。但是，对于工作结温较高的芯片，其可靠性还不能完全满足，主要是有两个原因。第一个原因就是在超过 125℃ 以后，锡银铜会发生明显的蠕变特性，严重降低其可靠性；第二个原因就是锡和铜之间的界面会形成柯肯达尔空洞（Krkendall Voids）导致结合面强度降低。

图 7-45 显示了锡银铜焊锡和铜界面金属间化合物形成的两个过程。第一个过程是焊料在高温条件下，熔化后与铜基板接触后，部分固态铜溶解于焊料中，随着锡原子和铜原子的迁移、扩散、渗透与互相结合，在焊料和铜基板的界面形成一层扇形的金属间化合物 Cu_6Sn_5，并且向着焊料端生长。随着这层金属间化合物尺寸变厚，阻断了铜向液态焊料溶解与后续的金属间化合物的进一步成长，然后温度降低，焊料凝固，焊接过程完成。第二个过程是在后期使用过程或者可靠性测试过程中，金属原子不断扩散导致的。在焊料一端，锡与 Cu_6Sn_5 达到平衡。但是，在铜基板一端，铜原子和 Cu_6Sn_5 金属间化合物处在非平衡状态，Cu_6Sn_5 会转换为 Cu_3Sn 和锡原子，在一定温度下，随着时间的增加，铜原子的扩散速度又高于锡原子的扩散速度，当铜基板处的铜原子扩散，但是原子空位上并没有锡原子补充时，在 Cu_3Sn 附件中将形成永久的空位甚至是空洞，随着空洞的长大，较小的变形就能形成

界面断裂。

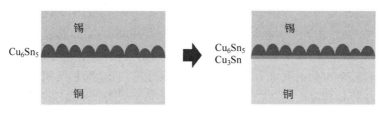

图 7-45　铜锡金属间化合物在焊接后,锡和铜在表面形成粗大的 Cu_6Sn_5

2) 锡铜系焊料

锡铜合金具有良好的力学性能和可靠性,成本也较低,应用比较广泛。图 7-46 所示为锡铜合金的金属晶相图,虽然锡铜合金 Sn0.7Cu 的共晶温度只有 227℃,无法作为高温焊料。但是,随着铜含量的增加,焊料的液态温度点会迅速升高,焊料内部也会产生金属间化合物 Cu_6Sn_5。锡与 Cu_6Sn_5 混合物组成的焊料硬度较高,较脆,延展率降低,焊料的可靠性降低。另外,锡铜合金增加铜以后,虽然液相温度增加了,但是在高温条件下(如回流焊工艺),焊料内部液相比率较高,体积膨胀较大,比较容易对封装内部产生破坏。

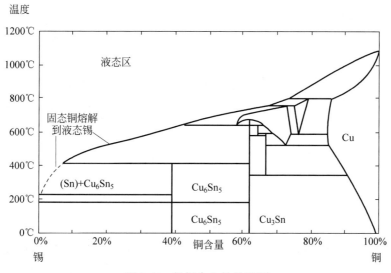

图 7-46　锡铜合金的晶相图

3) 锡锑系焊料

锡锑系合金没有共晶成分,这一体系的合金的液相温度会随着锑元素含量的增加而增加。例如,常用的焊料里面,Sn_5Sb 的液相温度约为 240℃,$Sn_{10}Sb$ 的液相温度约为 250℃。但是,为了确保焊料不会产生大量的块状金属间化合物而降低机械性能,锡锑系合金中锑的重量百分比一般不超过 10%。锡锑焊料的熔点虽然没有高于回流焊的温度,但是和常用的无铅锡银铜焊料 SAC305(固相线为 217℃,液相线为 218℃)相比,熔点提高了 20℃~30℃,在高结温工况下,焊料的蠕变特性也低,可靠性能够得到很大提高。在 IGBT 功率模块产品的功率循环测试(测试过程结温 110℃~150℃,加热时间为 1s,冷却时间为 1s)的结果中显示:锡银铜系列无铅焊料在 $4×10^6$~$6×10^6$ 次循环以后发生可靠性失效(焊锡部分断裂,失效准则:IGBT 热阻 j_c 升高 20%)。但是,锡锑系合金焊料在 $15×10^6$ 次循环仍然没有达到焊锡失效。

4）金基焊料

金（Au）基焊料的主要成分是贵金属金，焊料的原料成本高昂，但是优良的工艺特性与可靠性使得金基焊料已经处于实用化阶段。金基焊料主要是利用金与其他材料的共晶化合物实现互连，例如，金与硅的共晶化合物可以实现互连。通过气相沉积在连接处形成金薄膜，在高于金/硅的共晶温度（363℃）的条件下，将硅与金进行摩擦加速反应实现共晶烧结，待冷却后就实现了金与硅的连接。除了金硅（金：97%，硅：3%）合金，还有金锗（金：88%，锗：12%）与金锡（金：80%，锡：20%）合金也在实际产品中得到了应用。金锗与金锡通常会制成合金焊片或者焊膏。这两类金基合金焊料的应用中，通常会在基板和芯片电极端镀金。金的抗氧化性使得金基焊料不需要使用助焊剂，这个良好的工艺特点使得金基焊料在对污染和腐蚀敏感的产品中也有广泛的应用。另外，这两类金基焊料的成分配比几乎都是共晶合金的成分配比，所以焊料的固相线温度和液相线温度非常接近，在整个钎焊工艺过程中，很小的过热度就可使焊料完全熔化并浸润，在降温过程中，凝固过程也很快，整个焊接工艺对时间的要求都很低。金基合金，尤其是金锡，在融化状态其黏度很低，浸润性良好，可以填充较大的空隙。

总体来说，金基焊料的优点包括：与金电极有优良的相容性，不需要助焊剂，抗氧化，抗腐蚀，热导系数高，热膨胀系数低。表7-5列出了常用的高铅焊料、无铅焊料和3种金基焊料的材料特性对比。

表7-5 常用的高铅焊料、无铅焊料和3种金基焊料的材料特性对比

焊料	熔点/℃	导热系数/(W/mK)	热膨胀系数/(ppm/℃)	屈服应力/MPa
Pb92.5Sn5Ag2.5	287	25	29	19
SAC305	217	59	23.5	30
Au20Sn	280	57.3	15.9	275
Au12G2	356	44.4	13.3	185
Au3Si	363	27.2	12.3	220

金基合金具有较低的热膨胀系数，因此，在一些大尺寸的碳化硅芯片的贴片连接工艺中得到了较多的应用。和传统的硅相比，碳化硅的硬度更高，在可靠性测试过程中，温差变化导致的应力应变几乎都作用在和碳化硅相连的焊料中。这包括了碳化硅和基板之间的热膨胀系数不匹配，以及碳化硅和焊料之间的热膨胀系数不匹配。

在贴片过程中，从高温降低到共晶熔点温度时，碳化硅和基板开始随着焊料的凝固而在结合面保持相同位移。碳化硅随温度降低而发生的体积收缩非常慢，基板和焊料的收缩率更大，所以收缩更快。3种材料收缩率不同的影响都会累积在基板和焊料的结合面或者焊料和碳化硅的结合面。这也导致了失效都会发生在结合面处。更换基板材料和降低基板的热膨胀系数可以较好地降低贴片可靠性失效的风险，例如，基板的材料从铜（单管封装）改变为覆铜烧结陶瓷（模块封装），再例如，将功率模块底部的铜基板更换为热膨胀系数更小的铝碳化硅基板。但是随着碳化硅芯片尺寸的增加，以及应用的过程中结温升得越来越高，焊料的高热膨胀系数带来的影响也越来越影响到其可靠性。因此，低热膨胀系数的金基焊料也越来越多地应用在大尺寸碳化硅模块中。

当然，金基焊料也有不少的缺点。第一个缺点就是金基合金全部都是硬度很大的金属间

化合物,金属间化合物内部的晶体较难发生滑移,材料本身的塑形变形能力较差,具有屈服应力太高、延展率太低、缺乏应力松弛的缺点;第二个缺点就是金基焊料含有大量的金(80%~97%),价格非常昂贵,在大规模量产中也比较难推广。

5) 铋基焊料和锌基焊料

铋(Bi)基焊料熔点通常可以到260℃以上,但是铋基焊料也有两个非常重要的缺点。第一个缺点是铋基焊料的延展率比较差,比较脆,可靠性差。当焊料中含有铋元素时,跌落、冲击和振动试验的可靠性都会很低。第二个缺点是铋基焊料电阻率比较高,其电阻率是高铅焊料电阻率的5~6倍,在大电流功率芯片中限制了其应用。

锌(Zn)基焊料的延展率很高,耐热疲劳性能远优于高温高铅焊料。但是锌本身的熔点在420℃左右,锌基焊料焊接温度将近450℃,对封装工艺是巨大的挑战。在锌基焊料中添加铝和镁金属成分虽然可以降低熔点,但是大量的金属间化合物导致焊料变得非常脆,可靠性变差。

4. 瞬态液相扩散键合

瞬态液相扩散键合(Transient Liquid Phase Bonding)的方法是一种多层金属材料扩散焊接的方法。一般会将低熔点的金属放在中间,加热后中间金属融化形成液态并向上下两层金属扩散形成熔点更高的金属间化合物。瞬态液相扩散键合方法在20世纪50年代就已经开发出来,主要应用于耐热钢和耐热合金的连接。最近几年在小间距的阵列键合中得到了应用。

图7-47所示是在铜电极通过气相沉积或者通过镀覆的方法覆盖一层纯锡焊料,当温度升高到250℃时,锡融化(锡的熔点是232℃)并和上下两层铜发生反应形成熔点更高的Cu_6Sn_5和Cu_3Sn。

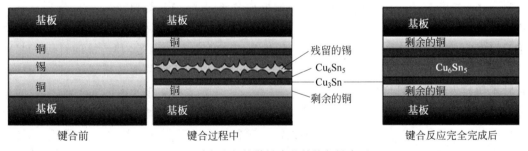

图7-47 瞬态液相扩散键合的结构与键合原理

瞬态液相扩散键合目前遇到瓶颈包括:

(1) 在键合过程中,液态锡中溶解了固体铜原子后,生产的金属间化合物Cu_6Sn_5会阻隔液态锡和固态铜,使焊接存在残留的金属锡和空隙。甚至在长时间保温并加压的条件下,仍有比较大面积的锡未和铜发生键合反应,从而在后期使用或者可靠性测试过程中降低可靠性。

(2) 所有生成的金属间化合物都比较脆,容易断裂。在Cu_6Sn_5变成Cu_3Sn以后出现柯肯达尔空洞,材料会变得更容易断裂,可靠性变差。

瞬态液相扩散的这些瓶颈在大面积芯片贴装的情况下还无法得到根本性的解决,目前只能应用在小尺寸键合,如硅片倒装焊接的铜柱结构阵列和基板的键合中。

5. 烧结银

随着新能源汽车销量的不断扩大，碳化硅得到了越来越广泛的应用。和传统的硅基 IGBT 相比，碳化硅 MOSFET 拥有更高的功率密度、更高的工作结温。这就要求芯片键合材料能承受更高的功率密度、更高的导热率与更高的熔点。高结温越来越突出地成为影响车用芯片可靠性的瓶颈，高温贴片材料的需求越来越紧迫。虽然有很多种无铅高温贴片焊料正在研发过程中，但是，每种焊料都有各自的难点与瓶颈等待解决。目前，除了成本高昂的金基合金外，还没有一种无铅高温焊料可以在实际量产中完全替代高温高铅焊料。另外一种烧结银的贴片材料却随着工艺的逐步完善得到了越来越广泛的应用。

表 7-6 对比了各种常见的焊料和烧结银的材料参数，烧结银在高熔点、高电流密度、高导热率方面都有非常明显的优势。最近几年，随着压力烧结设备的不断进步及未来车用碳化硅芯片的广泛前景，烧结银技术在车用芯片中将逐渐得到应用。

表 7-6 常见的焊料和烧结银的材料参数

贴片材料	最高工作温度/℃	热传导系数（W/mK）	电导率（MS/m）	热膨胀系数（ppm/K）	弹性模量/GPa
无铅焊料 SnAg	220	60	8	25	30
高铅焊料	296	25	5	29	23.5
金基焊料 AuSn	280	58	5	15.9	68
压力烧结银	>380	>150	40	20	40～55

在传统的焊料贴片工艺中，焊料在室温状态下是固态，当温度升高到焊料熔点以上时，焊料融化为液态并与被焊接材料表面的金属形成金属间化合物，等到温度降低，焊料从液态再转到固态时，贴片焊接工艺就结束。这一类焊料的特点是工作温度一般不会超过其熔点绝对温度的 80%，高结温的芯片就要求使用熔点更高的焊料。但是，和传统的钎焊工艺相比，烧结银并不需要在工艺过程中产生融化银粒子颗粒，只是当温度升高到 250℃ 左右时，银粒子颗粒表面的活性增加，两颗接触的固体银粒子颗粒表面的银元素扩散能增加，从而在固态的条件下实现了银粒子颗粒与银粒子颗粒的连接，从而使众多的银粒子颗粒变成一个富含孔隙的烧结银。烧结银一般需要和银粒子颗粒结合的基板和芯片表面也镀有一层银，这样就可以使芯片和基板通过中间的银实现互连。

在 1986 年，SIMENS 公司的 Herbert Schwarzbauer 博士申请了在电子产品中应用烧结银技术的专利，这是在电子产品中应用烧结银技术的第一次尝试。1991 年，Herbert Schwarzbauer 博士和 Reinhold Kuhnert 博士在 IEEE Transactions on Industry Applications 期刊上发表了一篇关于压力烧结银的论文，论文中详细介绍了烧结银的工艺方法，如图 7-48 所示。

（1）使用片状银粉末混合有机溶剂后喷涂在基板表面。

（2）经过 250℃ 的预烘干后，有机溶剂挥发，形成了一个含有 60% 孔隙率的海绵状烧结银团。

（3）把硅基芯片放在海绵状的烧结银团上面。

(4) 在硅基芯片上面放置一层聚四乙烯 (PTFE)，并在上面施加 40MPa 的压力，再一次高温烧结，直到厚度降至原来的一半，孔隙率降低到 20% 左右。

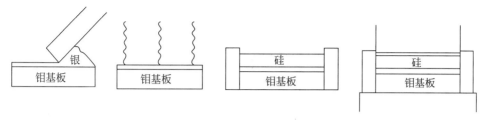

图 7-48 烧结银的工艺方法

经过工程师们 30 年来对材料、工艺参数与设备的不断优化与开发，烧结银材料与工艺已经逐渐成熟并形成产业化，在车载碳化硅基的芯片中得到了广泛的应用。

目前的烧结银原材料由黏合剂、有机溶剂、添加剂和银粒子颗粒均匀混合而成。其中黏合剂的作用就是保证银粒子颗粒的均匀分散。黏合剂附着在银粒子颗粒的表面，防止银粒子颗粒与相邻银粒子颗粒之间在室温阶段就因为银原子扩散而发生团聚现象。有机溶剂的作用是调整膏状的原材料的流动性，使银膏可以用于分配或者印刷，在特定的位置形成特定的形状。添加剂的作用是作为还原剂保证烧结质量。银粒子颗粒包括不同形状和不同大小的银粒子颗粒，有球形和片状的银粒子颗粒，有微米尺寸的和纳米尺寸的银粒子颗粒。在烧结银工艺过程中，黏合剂、有机溶剂和添加剂会被分解挥发，剩下的银粒子颗粒会在高温和压力的作用下烧结。

球形的银粒子颗粒的烧结效果通常比片状的银粒子颗粒烧结效果要好，纳米级别的银粒子颗粒比微米尺寸的银粒子颗粒的烧结效果要好。在烧结银发展的实验阶段，很多研究都集中在纳米尺寸(长度或者直径小于 100nm 的尺寸就是纳米尺寸)的银粒子颗粒中。但是在实际应用中，工程师们发现，纳米尺寸银粒子颗粒的生产成本太高且效率偏低。还有一个问题是纳米银粒子颗粒非常容易出现团聚现象，这导致了纳米银粒子颗粒在烧结工艺开始前的原材料阶段就发生自烧结现象，出现自烧结后纳米银粒子颗粒的尺寸增大并降低了烧结效率，甚至最终纳米银粒子颗粒的烧结效果和微米银粒子颗粒的烧结效果差不多。所以在大规模量产中，工程师们还是改成了微米尺寸银粒子颗粒，在其中掺杂了少量的纳米尺寸银粒子颗粒和亚微米(100nm~1μm)尺寸银粒子颗粒。

图 7-49 显示了烧结银烧结驱动力，颗粒尺寸和烧结过程中施加外部压力的关系。图中由白色方块连成的斜线显示了烧结银粒子颗粒尺寸和烧结效率驱动力的关系，纳米银粒子颗粒尺寸和烧结效率的驱动力成反比关系，颗粒尺寸越小，烧结效率的驱动力越明显。图中白色三角形连成的水平线显示了外部压力对于烧结效率驱动力的影响，当纳米银粒子颗粒尺寸小于 20nm 的时候，纳米银粒子颗粒尺寸对烧结驱动力贡献比压力要大很多，当纳米银粒子颗粒尺寸增大到 20~30nm 的时候，加压的效果和银粒子颗粒尺寸的效果接近。当纳米银粒子颗粒大于 30nm 的时候，烧结效率驱动力主要来自于外部压力。

图 7-50 显示了不同烧结温度和不同烧结压力下银的孔隙率。图 7-51 显示了不同孔隙率烧结银的热传导系数和电传导系数。

在铜、银和金这些可以作为表面镀层的材料里面，银镀层和烧结银之间的相互扩散率是最高效的。虽然银向金扩散方向的扩散能力很强，但是金向银方向的扩散能力却很弱。银

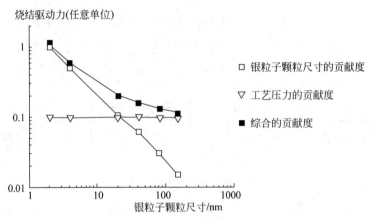

图 7-49　烧结银驱动力因素：银粒子颗粒尺寸和烧结工艺压力的关系

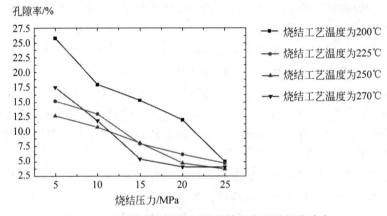

图 7-50　不同烧结温度和不同烧结压力下银的孔隙率

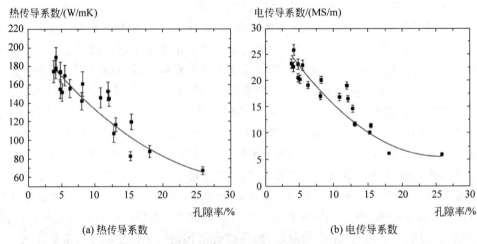

(a) 热传导系数　　　　　　　　　(b) 电传导系数

图 7-51　不同孔隙率烧结银的热传导系数和电传导系数

向铜方向、铜向银方向的扩散能力都比较弱。所以，目前最理想的烧结材料还是银与银。

图 7-52 展示了不同界面和烧结银的材料的原子扩散能力。从图 7-52 中可以看出，银和银之间扩散得非常均衡，银原子向另外一个块银金属扩散的深度为 0.229nm。两块银微粒接触后，都有相同的扩散率，扩散深度也较深，烧结效果最好。银原子向金扩散的深度最

深，为 0.642nm，但是，金原子向银微粒扩散的深度却非常浅，只有 0.055nm。银微粒和金接触后，主要的扩散是银向金的扩散，虽然扩散深度很深，但是两种金属扩散得并不均衡，烧结的效果并不太好。银原子向铜的扩散深度也很浅，为 0.09nm，铜原子向银金属的扩散深度也只有 0.151nm。两种金属之间的扩散都很弱，烧结效果最差。所以，烧结银工艺要求在基板或者晶片背面镀有金属，在所有金属里面，镀银是最佳的选择。其次，在基板或者晶片表面镀金也是不错的选择。如果是裸铜的基板，那么烧结的效果就要差很多。

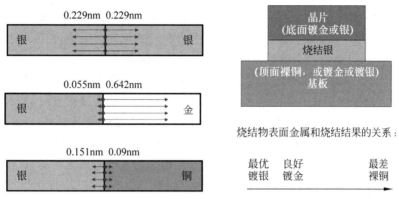

图 7-52 不同界面和烧结银的材料的原子扩散能力

芯片焊料键合的可靠性失效主要有两个原因，第一个原因是在长时间的高温条件下，焊料的金属间化合物发生变化，或者是金属间化合物生长（金属间化合物通常硬且脆），或者是金属间化合物变成了另外一种延展性更低、更容易断裂的材料。如铜锡合金从 Cu_6Sn_5 变成了更易裂的 Cu_3Sn。第二个原因是因各种材料的热膨胀系数（CTE）不同，随着温度的变化产生了累积的塑形变形和蠕变应变使裂纹扩展，并导致最终失效。

芯片烧结银键合并不是靠金属间化合物，而是依靠银微粒表面的银原子和基板/晶片表面的银镀层之间的扩散键合。在实际使用的过程中，或者可靠性测试的过程中，长时间的高温并不会令烧结银在键合处发生金属间化合物那样的退化，反而是在长时间高温的条件下，银微粒表面的银原子相互扩散得更牢固，键合效果更好。所以，烧结银的主要失效原因变成了不同材料的热膨胀系数不同引起的累积塑形变形和蠕变应变。

蠕变失效是一种随时间变化的失效，因为材料晶体的位错滑移、位错蠕变等，最终永久变形并发生断裂失效。一般材料在 0.4 倍的熔点（绝对温度 $0.4T_m$）条件下会开始发生蠕变效应。但是，对于某些多孔的无压烧结银，在 0.24 倍的熔点（绝对温度 $0.24T_m$），也就是在室温条件下就会发生蠕变效应。因此降低烧结银的孔隙率、提高烧结银的密度不仅可以提高导电和导热性能，也能提高抗蠕变能力。但是烧结银中间的孔隙也可以作为缓冲层释放封装各种材料间热膨胀系数导致的应力。有研究表明：当烧结银的密度为纯银的 80% 左右时，芯片键合可以达到最佳的热机械疲劳寿命。

7.4.2 引线键合的可靠性

1. 球焊

球焊的材料种类比较多，包括金、银合金和铜线等。其中，金线较软，高温下不易氧化，材料稳定可靠,金线的这些优点使其曾经成为主要的球焊键合线材料。金线的主要缺点是成本高,且在键合面的可靠性风险也较高。当温度高于200℃以后,两种金属扩散速率的差别会非常明显,从而形成柯肯达尔空洞。所以,金线焊接通常控制在200℃左右。后来随着铜线技术的成熟,金线逐渐被铜线替代。铜线的硬度较大,容易在硅片表面金属层形成弹坑,且高温高湿下容易被氧化或腐蚀。为了防止铜线的氧化,在铜线表面镀了一层钯。但是,铜线的成本比金线和银合金线的成本都要低很多。铜线焊点的金属间生长速度慢,电阻率低,高温下不容易产生柯肯达尔空洞。材料本身较高的硬度使铜线在塑封注塑的过程中,抵抗下垂和塌丝的能力更强。注塑充填过后焊线偏移更小,焊线短路的风险更小,工艺稳定性更好。银合金线的主要优点是硬度低,不容易在硅片表面产生大应力,不容易产生弹坑破坏表面金属层;缺点是银合金线比较容易拉断,应用受到很大限制。

在焊接过程中,焊接完第一个焊点后,劈刀会向上抬起,并且在这个向上的过程中变换位置折弯焊线,使焊线形成一定的弯曲形状。当劈刀达到设定的最高点时,劈刀会以第一个焊点为圆心,以圆弧形的位置压倒相应的第二个焊点(可以是引线框架上,可以是基板上,也可以是另外一个芯片的一个电极上)。这个过程中,第一个焊点的颈部承受了较大的弯曲。因为金本身的再结晶温度比较低,焊球融化后在颈部因为受热形成再结晶组织,晶粒比较粗大,所以颈部是球焊的一个薄弱点。在第二个焊点,劈刀会挤压焊线,直到焊线被压断并形成一个燕尾形的第二个焊点。第二个焊点的薄弱点是焊接强度低。所以,为了提高第二个焊点的强度,会采用下面两种方法:第一种方法是在焊线的第二个焊点位置上再焊一次焊球(FAB),并用劈刀在第二次焊接的颈部切断焊线;第二种方法是在焊接前,先在第二个焊点的位置焊一次焊球,将焊球压扁后用劈刀在颈部位置切断焊线,形成一个平整的平台,然后再焊焊线,将第二个焊点的位置选择在被劈刀切割平整的位置(这种方法可以用来增强第二个焊点的焊接强度,也可以用在硅片与硅片的连接上)。

2. 铝线楔焊

和球焊工艺不同,楔焊不需要在高温条件下进行,通常都是在室温对焊线施加压力和超声条件下进行的。在较粗的铝线上施加压力和超声可以破坏铝层表面的氧化层,使铝线和功率芯片表面的铝金属结合。铝线和铝电极的结合在可靠性方面表现得比较稳定,所以楔焊适用于大电流的应用(如大功率的 MOS 或者 IGBT),常用的焊线直径一般在 300μm 以上。楔焊施加的超声方向是沿着焊点所在这一段焊线的方向。所以当第二个焊点和第一个焊点存在角度偏转的时候(见图7-53),会在第一个焊点的颈部(第一个焊点键合面上方,紧挨着键合面的一小段)处产生较大的塑形变形。铝线的延展率比较低,在第一个焊点的颈部的塑性变形会降低键合线在后期可靠性测试中的寿命。

对于比较细的焊线(如150μm左右),偏转角度通常都比较小,只有20°~30°。对于常用的粗铝线(如300~500μm),偏转角度可以适当放大到60°~70°。

铝线楔焊的第二个焊点,焊点区域可能是铜引线框架,也可能是覆铜烧结陶瓷的基板。第二个焊点的表面粗糙度、焊点表面金属晶粒的粗细、表面残留的污染都有可能影响到焊接质量。所以,第二个焊点的焊接条件比较差,尤其是对于那些线径比较细的铝线(如线径是50~125μm 的细铝线)。参考金线球焊 BSOB 的方法,工程师们开发了一个新方法,即在第二个焊点处先焊接一个粗铝线的焊头,在粗铝线焊头上打细铝线的第二个焊点。这个方法

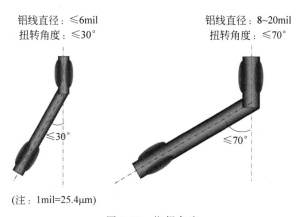

图 7-53 楔焊角度

提高了细铝线的第二个焊点的可靠性。图 7-54 显示了这个铝线第二个焊点的结构图。具体楔焊过程如下。

第一步：在引线框架的表面先打一个粗铝线焊点并将其余铝线切除。这个过程中，可以利用粗铝线焊接工艺中较大的压力，超声功率与接触面积可以提高键合效果。

第二步：在芯片表面铝电极处焊接细铝线的第一个焊点。

第三步：在引线框架的粗铝线焊点上面，焊接细铝线的第二个焊点。铝线和铝线的焊接面保证了第二个焊点的可靠性。这个焊点即使用较小的功率焊接，也可以降低颈部断裂的风险，并提高细铝线颈部的可靠性。

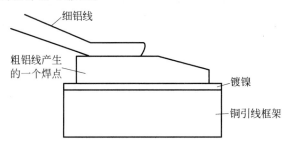

图 7-54 粗铝线焊点上键合细铝线的第二个焊点

铝线和铝电极间没有金属间化合物和柯肯达尔空洞，粗铝线键合也可以在工艺上实现，因此，在大功率芯片封装中得到广泛应用。但是在长期的使用过程中，大功率的 MOS 或者 IGBT 的大电流产生的高结温（芯片表面的温度）会加剧芯片表面铝线和芯片间的热应力。周期性的热应力也会导致铝线在键合面疲劳失效。

对于灌胶封装，工程师们总结出了功率循环可靠性测试中，单次循环最高结温和最低结温的温度差与焊线寿命的关系。如图 7-55 所示，铝线键合面寿命的对数和单次循环结温温差成反比关系。

上面的方法可以大致地预测灌胶封装、硅基芯片上焊线的可靠性。但是，实际应用中，硅片的厚度、覆铜陶瓷基板的材料（陶瓷的种类，如常用的有氧化铝陶瓷 Al_2O_3、氮化铝 AlN 和 氮化硅 Si_3N_4）和结构（如陶瓷层的厚度、铜层的厚度）都会对焊线的可靠性有一些影响。对于塑封模块，塑封材料的热膨胀系数介于铝线和硅片之间。较大的杨氏模量与适中的热膨胀系数可以为铝线键合面起到保护作用。铝线键合面的可靠性也会因此提高不

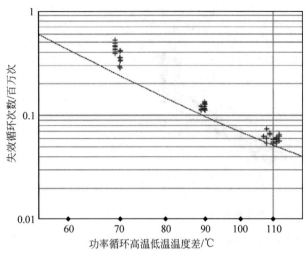

图 7-55 焊线寿命预测公式与不同线径的实际测试结果

Ralf Schmidt测试结果：
5%样品失效循环次数(百万次)

温度差/℃	第二组 直径400μm铝线	第二组 直径500μm铝线
70	0.273	0.319
90	0.106	0.108
110	0.052	0.048

少。这样的封装需要用到有限元仿真才能较为准确地预测焊线键合面的可靠性。

粗铝线和硅基芯片的键合面可靠性失效（键合面脱落）主要是铝合硅的热膨胀系数不同造成的。所以降低键合线的热膨胀系数是提高焊线键合面可靠性的主要方向。

表 7-7 列出了晶片与焊线材料的热膨胀系数，硅和碳化硅的热膨胀系数很小，铝的热膨胀系数太大。晶片和铝线之间的热膨胀系数差别导致了在可靠性测试过程中，随着温度变化，由于两种材料膨胀和收缩差别太大而导致铝线在键合面脱落。材料从铝更换为铜以后，键合线与晶片热胀冷缩不匹配可以降低大约 40%。另外，铜的导电性能要高于铝，所以，铜线可以很好地提高键合的导电能力和封装的可靠性。丹佛斯推出的 ShowerPower® 模块采用的 DBB(Danfoss Bond Buffer®)技术就是将焊线的材料从铝换成了铜。如图 7-56 所示，在功率循环（高低温的温度差为 100℃ 的条件下）测试结果中显示，采用铜线的这项技术的寿命是直接用铝线的技术寿命的 15 倍。

表 7-7 晶片与焊线材料的热膨胀系数

材料	热膨胀系数/(ppm/℃)
硅	3.2
碳化硅	4.2
铝	25.3
铜	17

铜焊线直接打在芯片的铝电极上会伤到铝电极下面的绝缘层和电路器件等，一般会在铝电极上面镀一层 5~10μm 厚的铜层，因此，影响了该技术的推广。另外一个方法就是将晶片器件互连从原来的铝互连改为铜互连。但是，铜原子在器件内部的扩散率比铝原子在器件内部的扩散率要高很多，很容易破坏器件的性能。为了有效地阻止铜的扩散，需要在铜和其他物体结合的表面沉积一层薄膜阻挡层将其完全封闭起来。这大大提高了铜互连的难度与成本。

除了上面这两个方法是在晶片器件表面做一些更改，贺利氏开发了两个在封装材料方面的新技术，实现晶片表面的铜线互连。第一个方法是铜心铝线（Copper Core Aluminum

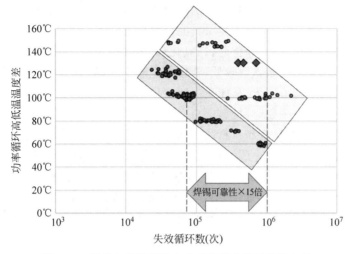

图 7-56 铝线与铜线封装在功率循环中的可靠性表现

Wire)。图 7-57 所示的是铜心铝线的两个剖面示意图。图 7-57(a)是沿着键合线方向的一个剖面图,图 7-57(b)是垂直于键合线长度方向的剖面图。可以看到,圆心处是一个铜心,外面一圈是铝。第二个方法是在芯片上表面通过烧结银连接一层 100μm 左右厚度的薄铜层,然后再在铜表面键合铜线。这两个方法都可以在封装端通过实现铜线键合来提高可靠性。

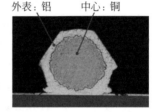

(a) 沿键合方向的剖面图　　(b) 垂直于键合线长度方向的剖面图

图 7-57 铜心铝线的剖面图

7.4.3 热应力引起的可靠性问题

在所有导致芯片可靠性失效的因素里面,温度变化引起的热应力是最重要的一个,其次是湿气,以及振动和灰尘等。在温度循环、功率循环等可靠性测试中,各种材料不同的热膨胀系数引起的热应力在多次循环往复的过程中加速了芯片器件内部结构或者芯片封装连接材料的可靠性。本节将介绍各种不同材料的弹性模量、热膨胀系数、泊松比等力学参数,以及封装芯片在可靠性与应用中的热应力相关的可靠性问题。

1. 不同种类材料的参数

晶片和封装材料大体可以分成 3 种。第一种是脆性材料,包括晶片、晶片表面的钝化层、封装中的陶瓷等。第二种是金属材料,对于熔点比较低的焊料来说,一般都要考虑黏塑性本构模型;对于熔点较高的金属,通常只需要考虑其弹塑性模型。第三种就是聚合物高分子材料。封装中的胶、膜一般都是单一的高分子聚合物,封装中的基板、塑封材料,以及终端应用的 PCB 都是由高分子聚合物和填料混合而成的。

芯片内的脆性材料包括硅、碳化硅、二氧化硅、氮化硅、氧化铝陶瓷、氮化铝等。这些材料的力学特性通常都是热膨胀系数较低,弹性模量较高。脆性材料的特点是在材料受到较大外力时自身不会发生塑形变形,只能发生幅度很小的弹性变形以承受外力,当抵御外力而产生的内应力超过其断裂强度时,材料就会发生断裂。

芯片包含多种金属材料,金属材料通常都是弹塑性材料,对于熔点较低的材料还需要考虑其蠕变等粘塑性变形。一般金属材料在 0.4 倍的熔点 T_m(绝对温度)条件下会开始发生蠕变效应,表 7-8 列出了晶片与焊线材料的热膨胀系数。铜和银的熔点较高,蠕变风险较低。铝的熔点较低,功率芯片表面的铝层在温度循环、高温老化试验等条件下也会发生蠕变,从而增加铝层上面的钝化层发生开裂的风险。高铅焊料和无铅焊料的蠕变风险都很高,焊料开裂也是封装中常见的可靠性风险。

表 7-8 晶片与焊线材料的热膨胀系数

材　料	熔点 T_m		蠕变开始温度 $0.4T_m$	
铜	1083℃	1356K	542K	269.4℃
银	961℃	1234K	493.6K	220.6℃
铝	660℃	933K	373.2K	100.2℃
高铅焊料	287℃	560K	224K	−49℃
锡银铜无铅焊料	207℃	480K	192K	−81℃

塑封材料作为很多功率类芯片的主要封装材料之一,是一种混合了二氧化硅微粒填料、树脂、硬化剂以及其他辅材的混合物,原材料为压合成饼状的粉末混合物。高温下融化并浇筑进塑封腔,包裹晶片与部分引线框架。经过环氧树脂发生交联反应固化形成热固性高分子聚合物。固化后,由于分子间交联形成网状结构,因此刚度大、硬度高、耐高温、不易燃。加热后不会再发生流动,但是当温度过高以后会发生分解或者碳化。

塑封材料有一个玻璃化温度,当温度降低到玻璃化温度以下,塑封材料显示的是玻璃态特性,具有较高的弹性模量和较低的热膨胀系数。当温度升高到玻璃态温度以上时,塑封材料就从玻璃态转变为类似于橡胶的黏弹性材料。测量玻璃态温度的方法有很多种,可以用热机械分析(TMA)方法测量、动态热机械分析(DMA)方法测量,也可以用差示扫描量热法(DSC)等方法测量。一般原材料供应商会提供一种由热机械分析方法测量的玻璃化温度数值,以及低于玻璃化温度的热膨胀系数和高于玻璃化温度的热膨胀系数。图 7-58 示意了塑封材料在不同的温度条件下,随温度变化的膨胀量的变化曲线,温度点 T_1 和 T_2 低于玻璃态温度,从温度 T_1 膨胀到温度 T_2,塑封材料的膨胀量较小。温度点 T_3 和 T_4 高于玻璃态温度,从温度 T_3 膨胀到温度 T_4,塑封材料的膨胀量较大。

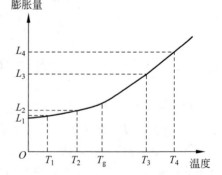

图 7-58 塑封材料热膨胀系数

图 7-59 显示了材料的弹性模量和泊松比随温度变化的曲线,其中虚线显示的是材料的

弹性模型与温度的关系,点线显示的是泊松比与温度的关系。在温度远低于玻璃化温度的上下边界范围时,材料的弹性模量和泊松比较稳定。在玻璃化温度附近(100℃~150℃),随着温度的升高,塑封材料弹性模型迅速降低到低温的1/10左右,泊松比迅速从原来的0.21升高到0.425左右。当温度从150℃升高到250℃附近时,塑封材料的弹性模量和泊松比也比较稳定,几乎不随温度的变化而发生变化。

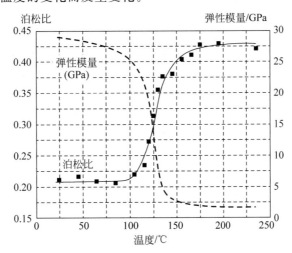

图 7-59　塑封材料的弹性模量和泊松比随温度变化的曲线

在基板类封装(如 FCLGA、SIP 封装)中的多层复合基板,以及终端应用的 PCB,都是环氧树脂压合玻璃纤维而成的。基板类封装多适用于小尺寸芯片倒装贴片,为了保证焊点的可靠性,降低基板与晶片的热膨胀系数差别,通常都会采用高玻璃化温度的材料(通常都会比焊点焊锡的熔点更高),并降低基板的整体热膨胀系数,从而实现焊点的高可靠性。但是 PCB 的尺寸比要比基板大很多,从成本的角度考虑会采用玻璃化温度低一些的环氧树脂。PCB 主材是玻璃纤维环氧树脂覆铜板(FR4),通常 PCB 的尺寸大而且大尺寸、大面积覆盖铜,从设计上要求 PCB 玻璃纤维环氧树脂的热膨胀系数和铜接近,从而防止铜层和玻璃纤维环氧树脂发生分层。从芯片封装的角度看,要求基板和塑封材料的热膨胀系数降低,以提高芯片键合和连接端的可靠性。PCB 散热和布线要求 FR4 热膨胀系数和铜接近以提高 PCB 自身的可靠性。因此,在芯片和 PCB 端连接的板级焊锡也需要从封装设计时就优化以提高其可靠性。

2. 芯片表面钝化层可靠性

芯片器件的表面互连层通过铝焊盘将内部电路连接到外部世界,图 7-60 所示的是一个功率芯片封装结构和晶片表面焊盘一角的结构图,在 4~5μm 厚的铝金属焊盘上面覆盖有氮化硅薄膜钝化以防止湿气侵入器件内部。

整个芯片封装从塑封和固化温度降低到室温,塑封材料的收缩率高于硅片的收缩率,因此在硅基晶片表面产生剪应力。晶片中间的应力最小,四周边缘和角落处的剪应力最大。剪应力的大小随着温度变化而变化,但是剪应力的方向始终指向中间。

在温度循环过程中,从高温降到低温,塑封材料和晶片表面的剪应力会使晶片表面的铝电极发生不可逆的塑形变形。从低温升高到高温,剪应力减小但是塑形变形不可逆。随着

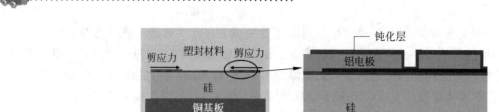

图 7-60　功率芯片封装结构和晶片表面焊盘一角的结构

循环次数的增加，金属电极中的塑形剪应变会一个周期一个周期地逐渐累积，这种现象称为棘轮塑性变形。金属电极在剪应力的作用下向中心做棘轮状移动时，会拉着覆盖在其上面的钝化层一起向中心移动并产生较大的应力，从而导致钝化层中的裂纹一次又一次地萌生和稳定生长，这种失效模式称为棘轮诱导稳定开裂。图 7-61 显示了覆盖铝层的钝化层由于应力而产生的裂纹。

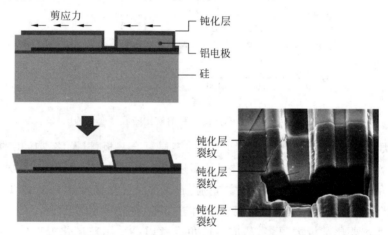

图 7-61　覆盖铝层的钝化层由于应力而产生的裂纹

为了降低钝化层断裂的风险，封装端和晶片结构方面都做了很多设计优化。封装端通常会选择热膨胀系数小的塑封材料和基板。小尺寸的晶片也可以降低其表面的剪应力，从而降低钝化层断裂的风险。更多的设计优化是从晶片开始的，图 7-62 显示了在钝化层表面添加了一层聚酰亚胺作为柔软的缓冲层，这层缓冲层在温度循环的过程中可以降低铝电极的塑形变形，从而减缓钝化层的裂纹生长速度。

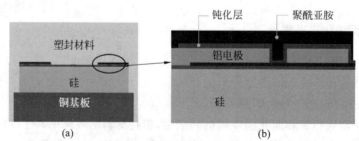

图 7-62　钝化层表面添加一层聚酰亚胺作为缓冲层

钝化层宽度的减小和厚度的增加也可以降低应力水平。例如，在宽大的钝化层中开槽或者将其变狭窄是一种实用的方法。在图 7-63 中显示了三种钝化层设计在温度循环测试过程中的应力。第一种设计钝化层的宽度为 $150\mu m$，第二种设计为在 $150\mu m$ 宽的钝化层中开 $50\mu m$ 宽的槽沟，第三种设计是将钝化层的宽度降低到 $50\mu m$，结果显示第二种设计能降低钝化层在角落的应力，但是在未开槽的局部还有略大的应力。第三种窄钝化层设计能非常明显地降低钝化层的应力并提高可靠性。

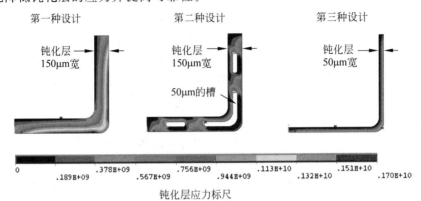

图 7-63　不同宽度钝化层在温度循环中的应力

图 7-64 显示了晶片表面的第三个优化方案：在铝电极中添加多层薄的氮化钛。氮化钛硬度大，具有较好的导热导电能力。在温度循环测试过程中，金属铝夹多层氮化钛的结构可以有效降低棘轮塑性变形，从而降低钝化层断裂的风险。

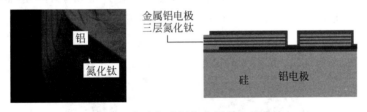

图 7-64　铝电极中添加多层薄的氮化钛

图 7-65 显示了晶片表面的第四个优化方案：在金属电极的边缘处增加刻蚀工艺，使边缘从直角变为一个倾斜或者下凹的形状。在温度循环测试条件下，这样的金属电极形状比较稳定，塑形变形较小。实际测试和有限元三维模拟仿真都证实了这样的结构可以减少钝化层断裂的风险。

图 7-65　金属层边缘刻蚀

7.4.4　湿气引起的可靠性问题

半导体芯片在存储和运输的过程中，会不可避免地遇到湿气。封装材料中的无机材料的内部结构排列紧密，没有太多的空隙，无机物吸湿能力很小。但是，封装中的有机物高分子材料的特点是多孔性和亲水性，当聚合物处在潮湿环境中时，聚合物会吸收环境中的湿气，从而产生可靠性问题。湿气会引起芯片的 4 种失效模式：第一种是电化学迁移导致的短路；第二种是吸湿膨胀导致分层；第三种是湿气引起的黏结性能退化；第四种是在高温下，封装内部的水分变成的水蒸气被压缩在封装内部细微空洞中产生蒸汽压力，蒸汽压力加剧了聚合物的膨胀,也增加了发生"爆米花"现象的风险。

1. 湿气引起的电化学失效

芯片封装所用的聚合物内部都有微米或者纳米尺寸的小孔,在含有湿气的环境中,这些小孔会吸收空气中的水分。当这些聚合物吸收了水分以后,聚合物的重量会增加。对于像塑封材料、基板或者芯片黏结胶这些聚合物,最简单的测量吸水率的方法就是将聚合物做成一个固定的尺寸,放在一定的潮湿环境中,在一定的时间以后,测量这个聚合物重量的变化比例,得到的这个数值就是吸湿增重比。聚合物内部的湿气扩散速度越快,聚合物的饱和吸湿率越高,体现出来的吸湿增重比就越大。从一定程度来看,吸湿增重比可以简单快速地用于判断一种聚合物的吸湿能力,在聚合物材料供应商的技术数据表里,通常可以查到这个吸湿增重比。相同的湿度条件下,吸湿增重比大的聚合物,其内部的湿气含量高,电化学反应也更剧烈。

在基板类的封装产品中,会有两种电化学迁移。在基板表面表现为阴极端枝晶生长。在基板内部表现为从阳极开始沿着玻璃纤维和环氧树脂界面向阴极生长的金属丝。这两种电化学迁移都会导致短路失效。

枝晶是基板表面阳极金属铜溶解,并在阴极电镀的结果。在基板表面,阳极的铜金属被电解成铜离子,聚集在基板表面的湿气为铜离子提供了传输路径,使金属离子可以从阳极向着阴极传输,在阴极处发生还原反应并沉积在阴极端。图7-66所示的就是在基板表面的阴极端沉积了大量的枝晶。随着铜离子不断迁移到阴极端,枝晶不断生长,最终会导致阳极-阴极短路失效。

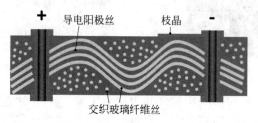

图7-66 基板表面的阴极端沉积了大量的枝晶

基板内部除了铜电极之外,主要由环氧树脂和玻璃纤维丝组成。多股玻璃纤维丝被绞合并组成网状,通过环氧树脂压合形成了绝缘的基板材料。玻璃纤维丝的低热膨胀系数可以降低基板的热膨胀系数,从而保证硅片和基板连接的可靠性。随着湿气进入基板,环氧树脂吸收湿气后产生膨胀,并降低了环氧树脂和玻璃纤维丝的结合力,导致环氧树脂和玻璃纤维丝发生分层。在基板内部电极上的铜金属被电解溶解,但是随着pH值的梯度变化,可溶盐转变为不溶盐在阳极上形成金属丝。

2. 吸湿膨胀失效

高分子聚合物吸收湿气后,除了会引起电路的电化学反应,还会使高分子聚合物发生吸湿膨胀。高分子聚合物中的水分子可以分成两种形式,第一种是"自由的",或者是"未和高分子结合的"水分。这类水分存在于高分子聚合物的空隙和纳米孔隙中,而且容易在高分子聚合物的空隙中移动。这第一种水分通常很少会使高分子聚合物的体积发生明显的膨胀。

第二种是"和高分子聚合物氢键结合的"水分。这第二种水分和高分子聚合物分子链发生了反应,导致高分子聚合物体积发生膨胀。但是,封装内部的金属、陶瓷和晶片等无机物因为内部结构紧密,并不吸湿,也不会因与水分发生反应而体积膨胀。因此,在湿气条件下,芯片吸湿后会在高分子聚合物和无机物的黏结面上产生剪应力,这会增加黏结面的分层风险。

芯片结构内部不同材料的热膨胀系数也不同。随着温度的变化,芯片内部不同材料的热膨胀系数不匹配同样会在高分子聚合物和无机物的黏结面上产生剪应力。在湿热环境下,芯片内部不同的吸湿膨胀量叠加不同的热膨胀后会增加芯片内部封装结构的分层风险。

在工程应用中,用来描述材料含水量和体积变化关系的参数叫作吸湿膨胀率。目前,这个参数无法通过直接测量得到。比较常用的方法是通过热重分析仪(TGA)和热机械分析仪(TMA)两个并行测量的结果,耦合被测材料含水量和体积变化的关系。具体的测量过程是选取两块同样尺寸、同样湿度的高分子聚合物,在同样的初始温度和同样的温度变化率的条件下,分别测量含水量的变化量和体积变化量。高分子聚合物的含水量可以通过重量变化测量结果计算得到,通过热重分析仪可以测量高分子聚合物材料温度和重量(含水量)的关系。通过热机械分析仪测量高分子聚合物材料温度和体积的关系。两种测量的数据不同,但是都是某项参数随含水量的变化,通过确保两种测量过程的温度变化率完全相同,最终耦合两种测量数据可以得到高分子聚合物的吸湿膨胀率。

3. 湿气引起的黏性退化

聚合物高分子材料内的水分会通过3种方式影响其在界面上与金属材料的黏结力:第一种方式是水分和聚合物高分子的氢键结合后,会降低聚合物高分子与金属材料的黏结力。在聚合物高分子材料和金属材料的界面上,局部湿气浓度因为聚集效应而比较大,会明显降低高聚合物分子材料的黏结力。第二种方式是水分改变了聚合物的力学性能。水分会改变材料的弹性模量,能够改变高分子聚合物的玻璃态温度。通常塑封材料都会测量一个干燥状态下的玻璃态温度和一个饱和吸湿状态下的玻璃态温度,饱和吸湿状态下的高分子聚合物的玻璃态温度会比干燥状态下的玻璃态温度略低一些。第三种方式是高分子聚合物吸湿膨胀后,在高分子和金属的结合面发生部分黏结界面脱落分层。

通过对塑封材料和铜金属的黏结实验表明:两种材料暴露在湿气中,保持塑封材料吸湿的状态下,其黏结力会明显降低。但是,如果塑封材料只是短时间放在潮湿环境中,通过温和烘烤去湿以后,塑封材料对铜的黏结强度有部分能够恢复。如果塑封材料长期放在潮湿环境中,通过温和烘烤去湿以后,塑封材料对铜的黏结强度不能得到恢复,这可能是由于水分子和界面处高分子的氢键发生反应后造成的。

4. 蒸汽压力引起的失效

湿气对封装的另外一个影响就是"爆米花"现象。封装的高分子有机材料(塑封材料、胶、基板等)内部都有很多纳米级别尺寸的小孔。空气中的水分被封装吸收以后,或者存在于塑封材料等有机材料的纳米孔中,或者存在于两种材料的分界面处。在芯片被焊到PCB上的过程中,回流焊的高温使封装表面的水分蒸发,但是封装内部的水分无法在短时间内迅速挥发,高温使封装内部的水分产生蒸汽压力,会令塑封材料膨胀。同时,当温度超过塑封材料等高分子有机物的玻璃态温度时,这些高分子材料就会从脆性材料变成类似于橡胶的特性材料。塑封材料的杨氏模量会下降到原来的几十分之一，热膨胀系数会变成原来的好几倍。蒸汽压力和突然变小的杨氏模量及突然变高的热膨胀系数都会加速塑封材料的膨胀，引线框架 DAP 处因为面积巨大，承受了最大的应力。此外，塑封材料和铜基板黏结力也可能大幅度下降，因此，在 DAP 的边缘和角落就容易发生分层。随着分层引发的局部空间变大和气压降低，附近的纳米小孔中的水分也会变成水蒸气进入分层空间中，这又加剧了分层的扩张，最终导致整个 DAP 底面全部分层。周围的水分都会变成水蒸气冲入分层的空间，令整个封装发生膨胀。当分层空间内的水蒸气压力增大到塑封材料的断裂强度时，塑封材料发生破裂，水蒸气逃逸到封装外部，甚至有时可以听到开裂的声音。图 7-67 显示了整个吸湿、分层到水蒸气令封装膨胀并爆裂的过程。这个原理和制作爆米花的过程非常相似，因此也被称为"爆米花"现象。

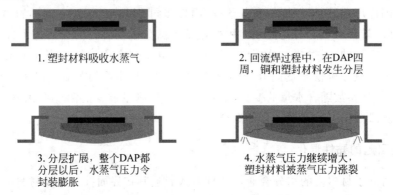

图 7-67 蒸汽压力引起的封装"爆米花"现象

参考文献

第 8 章 车规级芯片可靠性设计

本章将以各种可能引起芯片失效的物理现象为出发点，介绍设计和版图之间的交互，以及它们对芯片的可制造性、生产良率以及可靠性的影响。在这一基础上，提出了实现高良率和高可靠性的设计的一些建议。最后分别针对前道和后道工序中具体的层别的设计和版图给出了详细的设计指南。

8.1 设计、布局、制造和可靠性之间的交互

8.1.1 颗粒污染造成的缺陷

在制造过程中，沾污颗粒会沉积在晶圆上，发生了这样的情况会产生如下的风险：一方面，沾污可能导致芯片的电性能失效产生低良率；另一方面，沾污可能不会立即导致芯片的电性能失效，但是芯片可能已经受到了损伤，而在实际的应用过程中出现过早的失效。换句话说，就是出现了可靠性问题。颗粒污染（Particle Contamination）的来源很广泛，有些来自人类与环境（粉尘），但大部分来自生产过程和工具，如聚合物残留物、腔壁上的碎片、光刻胶中产生的气泡、机械化学研磨液残留物以及过程中产生的划痕。为了良率的改善，晶圆厂会一直搜寻沾污颗粒的来源并不断试图降低沾污颗粒的密度，但这些颗粒是不可能被完全排除的。

芯片设计版图对沾污颗粒的敏感性可通过关键区域分析（Critical Area Analysis，CAA）的方法进行判断。因为小的颗粒往往比大的颗粒出现得更加频繁，因此版图中一些拥有较为精密的尺寸的图形，例如，不同层间重叠的大小、线的宽度和间距，会在制造过程中受到颗粒的影响而发生失效。由于颗粒污染产生的缺陷可能也会出现在接触孔和通孔的内部、上方和下方，因此通孔冗余是另一个重要因素。最近几年，基于机器学习（Machine Learning）的 CAA 也有被应用在半导体一线的设计公司的版图设计优化中。

8.1.2 光刻

在先进的集成电路制程里，深紫外（Deep Ultra Violet）光刻机的波长（如由 ArF 激光产生的 193nm 深紫外光）远大于图形尺寸（如 65、40、28nm 甚至更小的尺寸）。在这种情况下，利用曝光无法将掩膜版上的图形完美地转移到晶圆上。

首先，较为精细的图形的实际尺寸将依赖于其周围的图形：打印一条密集线阵列（"嵌套线"）中的线的实际线宽将不同于打印一条同样尺寸的"独立的"线的线宽。因此，为了使两个图形在转移到晶圆上后能够尽可能相似，它们不仅自身必须在掩膜版上设计的一样，图形所处的环境即其周围的图形也要尽可能一致。其次，掩膜版上的图像无法完全线性地转移到晶圆上，换句话说，宽线与窄线在打印到晶圆上后可能会产生不同的偏移。最后，对于一个二维的图形，光刻通常具有"倒角"作用。例如，一个尖锐的矩形转折会变成 S 形，这对电路的性能有可能是有利的也有可能是有害的。一个小方块会变成一个圆圈。线端会被"拉回"，而切口会被"推出"。光学邻近校正（Optical Proximity Correction，OPC）可以补偿光刻对这些图形的影响，但它所能起到的作用存在限制。例如，OPC 会在线端增加区域以减少或补偿"拉回"，但这仅限于在有可用空间的情况下。在 OPC 的模型下，简单和标准化的形状比复杂的形状更加容易处理。

除此以外，实际打印出图形的尺寸和保真度还会受到曝光剂量、对焦和对准等因素的影响。另外，通常实际打印出直线的边缘无法达到完全笔直，而是会产生一些线边缘粗糙度（Line Edge Roughness），因此晶体管的宽度和长度会受到影响而在电性能上产生一定的差异性。由于同样的原因，金属导线的宽度也会产生变化，导致金属连线的电阻产生一定的差异性。利用深紫外光刻机，即使采用最先进的光刻技术，也无法通过一次曝光打印出低于约 20nm（线宽 20nm，线距 20nm）的图形。这种情况需要改用多重曝光（Multiple Patterning or Multi-Patterning）。比较常见的是用双重曝光（Double Patterning）的光刻的方法，将实际要打印的形状分布到两个掩膜板上。经过两道曝光工序，最终需要的精细图形在晶片上进行重新合成。双重光刻的方法有多种，例如，自对准双重成像和 LELE 双重光刻，无论哪种方法都需要在设计和版图方面采取特殊的措施，以及需要相关的 EDA 工具用来进行版图设计和验证。

8.1.3 化学机械抛光

化学机械抛光（Chemical-Mechanical Polishing，CMP）是一种利用化学腐蚀和机械力对晶圆进行机械抛光的方法。抛光过程中，晶圆被固定在抛光头的最下面，抛光垫放置在研磨盘上。抛光时，旋转的抛光头以一定的压力压在旋转的抛光垫上，在机械摩擦和研磨液的共同作用下实现薄膜抛光和平坦化。研磨液的成分可按需求进行调整，抛光率则取决于被抛光的材料的性质。由于这一性质，可以设计出针对不同材料有很高抛光选择比的 CMP 步骤。例如，可设计一个 CMP 菜单使得该工序能够快速去除铜，而去除氧化物则缓慢得多。CMP 工艺是第 7 章中介绍的基于铜金属互连的双大马士革金属化中的一个核心工艺。CMP 除了被用于晶圆制造的后道工序里，也在前道工艺里被广泛使用。除了选择性之外，CMP 还具有平坦化作用，其作用仍可通过抛光垫的硬度以及其他工艺参数进行调整。CMP 制程对图形的密度非常敏感。通常在金属 CMP 中，金属填充密度高的区域的抛光速度更快，因此会产生"金属碟型缺陷"（Metal Dishing）。其次，图形的线宽也在发挥作用。也就是说，用细线填充了 50% 的区域，其表现可能仍和填充密度同为 50%，但使用了更宽的线或有大块金属场板的区域不同。更重要的是 CMP 具有长程效应，举例来说，如果芯片上的金属图形的密度（或者图形线宽）覆盖不均匀，会影响到相当大的距离外的图形（大至

1mm 甚至更大)。当 CMP 抛光去除材料的速率不均匀时,会产生其他若干不良影响:表面的非平面度会产生光刻曝光时的对焦问题;作为导线的金属层的厚度变得不均匀;还有,在严重的情况下,金属无法从表面完全去除,形成像水坑一样的金属残留区域;或者反之,金属会被彻底抛光掉。最后,如果许多金属层一层层叠在一起,这些不良影响都会被放大,也就是说,在多次的金属沉积后,表面的非平整度累积了起来。正是由于这些负面影响,人们必须在设计版图时采取相应的预防措施来减轻这些因素对最后芯片性能的影响。

8.1.4 STI 应力和阱邻近效应

来自 STI(Shallow Trench Isolation,浅沟槽隔离)沟槽的机械应力会影响附近晶体管里载流子的迁移率,从而导致器件参数(如阈值电压 V_{th} 和导通电流 I_{on})发生偏移。虽然人们可以通过适当的模型来描述应力造成的器件电参数的影响,并在设计过程中相应地对之进行补偿,但是在复杂的布局情况下,这种模型的准确性还欠佳,因此最好在进行布局时就考虑到 STI 的影响,尽量避免晶体管的电参数受到应力的影响。

阱邻近效应(Well Proximity Effect,WPE)是指器件靠近阱(Well)引起的器件参数偏离的效应,从而影响器件的性能。在普通的单阱(Nwell)工艺中,只有 PMOS 有此效应;在双阱工艺中,PMOS 和 NMOS 都有该效应。由于阱区离子注入时光刻的光阻边缘散射出掺杂原子,这导致了靠近阱边缘的晶体管内的掺杂变得不均匀,相应的晶体管的阈值电压 V_{th} 会受到影响。该效应与栅极介质层厚度与光阻胶厚度相关,具有厚栅极氧化层的晶体管对其更为敏感。与 STI 应力效应类似,虽然阱邻近效应可以通过建模的方式来进行补偿,但是由于模型精确度有限,在复杂布局情况下的准确度还有待提高。

8.1.5 晶体管老化

晶体管的可靠性或者性能的老化是一个很大的话题,通常在半导体公司内晶体管的可靠性由专门的部门负责,在第 7 章中已经对晶体管在不同的环境温度和电压条件下的不同的老化机制做了详细的说明。此处只简明扼要地做一下总结。

1. 介质层击穿

栅极介质层击穿(Time Dependent Dielectric Breakdown,TDDB)长期以来一直被认为是薄栅氧化层的故障机制。第 7 章中已经详细介绍过栅极介质层击穿的物理机制。可以看到当在栅极偏压的情况下,在介质层里会不断地产生随机分布陷阱,而当陷阱在某个位置发生对齐时,则会产生一条从沟道到栅极的漏电路径。对于较薄的介质层,发生这样的情况时并不一定会马上造成灾难性的失效,而只是会变现为栅极漏电流发生增加。我们称这样的击穿为软击穿。因此,在发生了软击穿时电路还有可能继续正常的工作。正是由于这一特性,栅极介质层的可靠性和寿命可以得到大大提高。但尽管如此,软击穿造成的漏电流的不断增加最终将发展为引起电路失效的灾难性硬击穿。

除此之外,在晶圆制造过程中的等离子刻蚀可能损伤栅极的薄氧化层(Plasma Induced Damage)。在薄氧化层晶体管(T_{ox}<3nm)中由于等离子体造成的缺陷密度大概在 200ppm

左右。在这些缺陷处,穿过栅极介质层的栅极漏流可能高达 100nA。请注意,由于软击穿造成的栅极电流会随时间波动,类似于突发噪声。栅极漏电流的波动会导致高欧姆节点处的电压波动。由于无法通过电性测试检测到这些软击穿,因此应该在设计中避免在高欧姆、电压敏感节点使用类似的薄氧化层的 MOS 电容。

如果较大的金属结构(如"天线")连接到相对较小的薄氧化物区域,天线会在等离子体过程中收集电荷,且大量电流会流过氧化层,导致软击穿或硬击穿。这种影响可通过以下措施减轻。

- 调节等离子制程,使充电效应得以弱化。
- 添加反向偏置保护二极管,可在等离子体过程中导电,并将电流分流至地面。
- 在设计中限制金属区域和氧化层区域的比例(如"天线检查"),例如,通过断开长导线,并通过不同金属层中金属的互连来实现连接,这样可以减少在单一金属层里金属区域的面积。

先进制程中用到的低介电常数电介质材料也可能在高电场的施压下发生失效。因此,在设计具有高电压差的金属导线时要尤其注意它们之间的间隙,避免介质层内出现高电场区域。

2. 热载流子注入和偏置不稳定性

热载流子注入(Hot Carrier Injection)或热载流子应力(Hot Carrier Stress)是晶体管老化的一个重要原因之一,载流子通过漏极边缘处的高电场加速获得额外的能量,在碰撞电离的影响下会产生新的电子-空穴对,引发衬底电流。而同时,获得了足够多的能量的热载流子会产生栅极漏电流导致器件退化。在 NMOS 中,沟道中的热载流子为电子。在 PMOS 中,载流子也可以是电子,但在先进制程中主要是"空穴捕获"。发生热载流子退化的偏压条件通常如下。

- NMOS(因为电子的迁移率 μ_N 大于空穴的迁移率 μ_P)。
- 最大 V_{DS} 偏压下(产生沿沟道方向的高横向电场)。
- 中等栅极偏压($V_{GS} \approx 0.5$ 倍 V_{DS}),在先进制程中热载流子注入在 $V_{GS} = V_{DS}$ 的偏压条件下更为突出。
- 低温(载流子迁移率随温度减小而增高),在先进制程中在高温条件下更为突出。
- 短沟道器件(横向电场更强)。

NMOS 中的器件参数变化为 V_{th} 升高、I_{DS} 降低、g_m 降低。在旧制程里的 PMOS 器件中,$|V_{th}|$ 降低,而 $|I_{DS}|$、I_{off} 和 g_m 升高。新制程中,由于空穴捕获占主导地位,因此这种趋势在 PMOS 中已经翻转。由于热载流子的多少主要与沟道边缘耗尽区的电场强度有关,如 LDD、HALO 等针对短沟道器件的措施有助于降低最大电场强度并因此减轻热载流子对晶体管寿命的影响。

偏置温度不稳定性(BTI),分为负/正偏置温度不稳定性(NBTI/PBTI),在先进制程中 NBTI 的影响更为严重。它是由栅极氧化层界面的载流子捕获所引起的。与热载流子注入不同,发生老化无须电流。在如下的偏置条件下该现象最为明显。

- PMOS(NMOS 受到的影响要小得多)。
- 沟道发生反型,$V_{DS} = 0$。

- 最大 V_{GS}(栅极氧化层上的高场)。
- 高温。
- 薄栅氧化层(在先进制程 BTI 的影响更为突出)。

BTI 退化导致 $|V_{th}|$ 升高和 $|I_{DS}|$ 降低。这在一定程度上是可以恢复的,也就是说在偏压去除后,晶体管性能的退化会发生修复,因为陷阱也可以自发放电("去陷阱")。由于 BTI 造成的晶体管退化仅仅需要栅极的偏压形成沟道反型,在晶体管没有电流的条件下也会发生,因此芯片在非工作或省电模式状态下,晶体管退化也会发生。因此在该状态下尽量关闭栅极的偏压,避免器件发生老化。另外,在设计时也要特别注意一些电位浮动的节点,它们可能在充电的条件下产生过高的栅极电压,导致晶体管的老化加速。

3. 电迁移

电迁移(Electromigration)是动量从运动的电子转移到金属离子而造成金属离子发生位移的过程。当金属离子均匀流动时,它可能不是一个问题,但如果金属离子的移动是非均匀的,它就变得至关重要。底部有阻挡层的通孔会造成这种金属离子流动的中断。如果电流主要流向一个方向,离子将从导线的一端被移除,形成空洞。而在导线的另一端形成聚集,在应力超出阈值后破坏包围金属导线的介质层而形成突出。线宽和线长是形成类似缺陷的关键因素。线宽影响晶粒的尺寸和结构,从而影响金属原子的迁移率。线长的关键在于,短线中由于金属迁移产生的应力能够限制或甚至完全抵消金属离子的迁移。这一效应被称为"短尺寸效应"(Blech Effect)。此外,通孔附近的几何结构、通孔排列和电流方向将对电迁移行为产生影响。在第 7 章中已经对这些现象做了详细的解释和分析。

4. 应力迁移

应力迁移(Stress Migration)也称为应力诱导空洞(Stress Induced Voiding),是金属在机械应力影响下的空位传输过程。应力作用下产生的空洞也会导致可靠性问题,这一现象在基于铜的金属化互连结构中更为明显。

金属和绝缘体之间的热膨胀系数(Coefficient of Thermal Expansion)不匹配会导致热机械应力。由于加工过程中的不同温度步骤,材料中会不可避免地产生残余应力。随后在实际应用中的环境温度与局部由于电流产生的焦耳加热会产生额外的热应力。最后,特别是在铜技术中,金属退火过程中会产生相当大的晶粒生长应力。由于晶粒尺寸取决于特征尺寸(长度、宽度),晶粒生长应力受布局几何结构的影响。

由这些应力源引起的局部应力梯度会导致空位的定向迁移。一旦足够数量的空位迁移到某个特定位置,就会形成一个空洞。而空洞可能会导致金属横截面积的减小,从而增加金属导线的电阻。与窄线或通孔相比,大金属板会提供更大的应力和更大的空位储备,并且是应力迁移问题的根源。因此,要尤其注意连接到大块金属场板区域的细线以及连接到大块金属区域上的隔离通孔。由于空洞通常在通孔上方、内部和下方形成,因此如何布局通孔及其周围的金属在此处起到重要作用。

在版图设计时人们有时也会将多根金属细线通过一个通孔连接,这样的设计对应力迁移也会非常敏感,因此要加以注意。

8.1.6 外在可靠性故障

电迁移和应力迁移限制了电路元件在特定应用条件下的"内在"使用寿命。然而,我们在实际应用中通常还观察到有一部分的产品在"内在"使用寿命内过早地发生失效。这些早期失效通常受外在因素所影响,当将失效率与产品的寿命以图像的方式展现出来时,"外在"因素使得该曲线呈现类似"浴缸"的形状,俗称"浴缸曲线"。通常设计中的单通孔和单接触孔具有无法忽视的外在故障率,这一点在设计大型(SoC)和高度可靠的产品时不容忽视。

8.2 针对高良率和可靠性设计准则

针对以上这些可能出现的良率和可靠性风险,可以在设计和版图中进行优化来减小出问题的风险。由于问题的物理机制不同,针对每个问题在版图设计上都有不同的优化方法。在详细介绍这些有针对性的方法前,想引入以下的总体原则,设计人员在版图设计过程中如果遵循这些准则,将大大减少后期发生问题的概率。

1. 图形简易化

复杂形状比简单形状更难制造。比如,矩形比 U 形、L 形或 H 形更容易通过光刻来实现。长直线比带转折或宽度变化的线更容易通过光刻实现。也就是说,首要任务是简化形状。如果遇到无法简化的地方,它有助于放宽复杂形状周围的尺寸。例如,如果一条线无法避免有转折,则转折的那条线应画得比设计规则中的最小值宽一点(如将宽度增加到最小值的 1.2 倍)。在现代制程中,特殊的设计规则中(如"嵌套线端"规则)反映了这个问题。此外,OPC 对简单和标准化的形状比复杂的形状处理起来要更为容易。使用简单图形的另一个好处是,对于简单的形状来说,将诸如 STI 应力等副作用纳入器件模型中要更加容易和准确。

2. 标准化

每当两个结构用于相同或相似的目的时,它们应该以相同的方式绘制。这是因为每个设计都有自己的最佳"制程条件窗口"条件。也就是说,每个设计都会容忍制程中的参数(如焦距和未对准等光刻条件)在规定区域发生一些变异,而不出现性能失效。当使用多个不同的设计时,总体的"制程条件窗口"是所有单个"制程条件窗口"的交集。显然这个交集总是小于任何单个窗口。也就是说,当仅使用一种类型的设计时,总的"制造条件窗口"较大。例如,在实际设计中通常会要求(在某些情况下是强制性的)让所有 SRAMs 处于相同的方向。在选择标准设计时自然会希望该设计可以将"制造条件窗口"最大化。而最佳的标准设计方案可以通过使用基于物理模型的光刻仿真软件来确定。

此外,使用标准化形状还简化了测试结构的构建以及流程开发和验证。对于晶圆厂来说,将流程调整到"典型"布局配置的最佳条件相对容易。在流程开发和验证过程中,所有"看起来不同"的东西可能都没有被考虑在内,而它们可能会引发意外。请注意,这并不是一个新理念:如欧姆接触和通孔通常具有标准化的形状和尺寸,标准单元中的晶体管具有统一的长度和方向,等等。

3. 推荐规则

晶圆代工厂经常会提供大量"推荐规则"(Recommended Rules)来降低设计对缺陷的敏感性,提高电路的可靠性,增加图像的可打印性,并且保证器件模型的准确性等。遵循这样的推荐规则会降低设计的风险,然而如下种种原因导致在实际芯片设计中无法完全的使用推荐的规则。

(1) 完全符合一个推荐规则的布局很可能没有办法做到芯片面积的最小化,导致设计的产品没有竞争力。

(2) 假设"一些"违规是可接受的,布线的程序通常无法做出智能的判断。例如,在某个芯片布线设计中发现了 1000 个违规,这样的设计可以被接受吗?这其中哪些违规是需要去修复的?哪些违规是应该优先解决的?通常布线的程序对这些问题难以做出回答。

(3) 有些违规在设计/布局的后期阶段将很难进行修复,通常当设计已经较为固定时,修改布局将大大的受限,因此在设计后期阶段针对某些违规进行修改将耗费大量的时间。

4. 平衡

如果两种影响相互竞争,最好不要走极端,而是在二者之间找一些合理的平衡。线宽和空间的平衡就可以很好地说明这一点。

考虑到颗粒缺陷的影响,如果可以使用更大的线宽和线间的距离,则芯片受到颗粒缺陷的影响则更小。通常来说对于颗粒缺陷的敏感度近似的与线宽成反比,也就是说,将线宽加倍会使其对开路的灵敏度降低一半。同样的规则也适用于线的间距。例如,假设线的宽度为 1000nm,最小间距为 100nm,颗粒缺陷可能造成"开路"和"短路"。很显然,这样的设计的主要风险将来自于正好处于两条线之间的颗粒缺陷而造成的短路。如果将线间距增加到 200nm 而将线宽降低到 900nm,可将此短路的风险降低 2 倍。而相应的由于线宽由 1000nm 降低到 900nm,由于颗粒造成的开路的风险将仅略微的增加。可以很容易地看到,这样条件下的最佳布线是选择相等的线宽和线间距。

5. 最小尺寸的使用和"优化改进"

如果线宽度或间距处于或接近设计规则的最小值,则图案对光刻的敏感性会非常大。因此,只要有可用空间,最合理的做法是将间距和线条加宽到比最小值高约 1.2 倍以避免此类"系统性"问题。进一步加宽至约 2.0 倍有利于缺陷敏感性。虽然具体有最小尺寸的直线光刻中图案可以被很好地转移,但在非规律的图案中一定要避免图形中使用最小的尺寸。

更普遍地说,有许多机会可以不付出代价地避免明显或潜在的风险。例如,在提供足够间距的连接处放置更多通孔总是有用的。在设计中,两个不同金属(Metal)层的金属线通过一个 via 孔相连,如果这个 via 孔在制造过程中制造失败时,将导致层间互连失败。在制造过程中,掉落的微尘或电迁移效应皆可使连线通孔 via 在长期操作下产生空洞(Void)而造成断线,使产品良率降低,可以通过增加 via 孔的数量来解决该问题。via 孔的电阻率大于金属线,增加并联 via 孔可以减少电阻,减少延时,改善时序。这就是在 DfR(Design for Reliability,针对可靠性的设计)中常常说的 Redundant via Insertion(插入冗余通孔)的办法。

6. 芯片面积

芯片面积是最重要的成本因素。虽然许多DfM(Design for Manufacturing,针对可制造性的设计)和DfR方法可以在不增加芯片面积的情况下实施,但有些方法则需要增加设计的面积。理论上,如果已知布局对良率和面积的影响均是已知的,确定良率和面积的最佳值则非常简单。当产品的良率除以面积被最大化时,则该设计的成本达到最优。而芯片设计对其可靠性的影响通常没有办法用简单的方法来衡量。因此,通常需要依赖一些经验法则来在面积、良率和可靠性之间做出合理的权衡。

近似来说,仅仅简单地缩放版图中所有的尺寸不会改善由于缺陷造成的良率。举例来说,对版图做整体的放大使得设计中关键尺寸相应地变大,从而使设计对沾污颗粒的敏感度降低。此外,由于芯片面积相应地会变得更大,因此每个芯片上的沾污颗粒的数量会变更多。只要没有出现所谓的"系统性"影响(印刷和制图问题),这两种效应就会相互抵消。这也就意味着设计人员无法仅仅通过"让所有东西变大"来改进版图。

通常认为,增加冗余接触孔和通孔有利于提高可靠性,而对于具有高可靠性要求的应用在汽车上的芯片,使用单通孔则应该更为小心谨慎。从改善良率的角度考虑,如果增加冗余通孔带来的良率的好处大于加入冗余通孔需要付出的额外芯片面积,就应该考虑增加冗余。而通常在设计中在很多地方可以在不付出任何芯片面积代价的条件下加入冗余通孔,这时加入冗余是一个好的做法。

另外,许多DfM的法则对良率的影响其实非常小,甚至没有实际的数据来证明它们是有效的。这样的一个例子是在通孔上增加金属重叠。与上面的经验法则类似,如果应用这些法则会增加芯片的面积,那么强制实施这些法则其实对于增加良率没有任何意义。

7. 不连续性

从图案的角度来看,芯片边缘的图形周围的环境是不连续的。因此通常不要在芯片边缘附近放置敏感的电路。最好用一个全方位的垫环作为"缓冲"结构。存储单元阵列或者其他的具有相同元件的阵列应被一排或多排没有真实功能的dummy单元格/元胞包围,以避免在边界的器件由于周围环境的不一致造成性能与位于中心器件的电性能产生差异。

8.2.1 利于光刻的版图设计

上一节中介绍了芯片版图和设计的基本指导思想。下面将给出如何设计利于光刻的版图的具体指导。这适用于所有层,如扩散层、多晶硅层和金属层。

1. 避免复杂形状

矩形区域总是比复杂的多边形打印效果更好。一个简单的矩形或L形线端将会比带有许多边角的复杂线端打印效果更好。

2. 在复杂形状中避免最小尺寸

简单线条/空间图案的最小尺寸的打印效果往往非常好(甚至可能比尺寸稍大的效果更好)。这是因为光刻技术聚焦于所有参数的调整上,以最高精度满足这些最小尺寸。但是,在复杂的二维几何图形中,最好使用稍大的尺寸(≈ 1.2倍最小尺寸)。如果密集结构附近有空闲空间,建议利用这些空间将设计变得更宽松一点。

无论是在什么节点,对于光刻来说有一些众所周知的特殊的形状将特别敏感。一个主要原因是对于这样的图形来说,邻近光学矫正(OPC)的优化存在内置冲突,而难以在短路和开路的风险之间取得一个很好的平衡。一些典型的形状如下。

- 宽线之间的狭窄间距。
- 缺口,"锤头"(见图 8-1)。
- 不必要的复杂形状(见图 8-2)。
- 连续的阶梯图形(见图 8-3)。
- 线端之间的线("夹线",见图 8-4)。

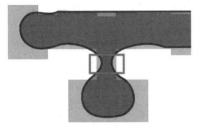

图 8-1　锤头形状

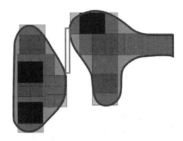

图 8-2　不规则的形状

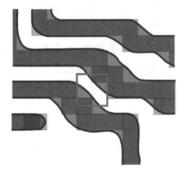

图 8-3　连续的阶梯图形

图 8-4　夹在线端之间的线

在最新的制程节点中,有时可能甚至需要通过光刻模拟仿真来识别有可能产生风险的图形。通常这样的图形被称为"热点"。识别热点并对其版图进行优化是符合 DfM 和 DfR 的思想的。

8.2.2　模拟区域的设计和版图

数字区域与模拟区域之间存在如下几点根本差异,需要在设计模拟区域时考虑这些差别的影响。

(1) 数字电路中的潜在错误可以通过有效的测试手段侦测出来。例如,通过监测静态漏电流 I_{DDQ} 和统计静态时序分析(Statistical Static Timing Analysis)等标准方法可以发现和分析故障。对于模拟电路,这些方法只是部分可用。

(2) 如必须降低早期失效故障率(Early Life Fail Rate),数字电路可以通过电源电压升高来加速故障的发生从而对产品进行筛选。这对于模拟电路来说更加困难,通常模拟电路里由于有稳压器件的原因,升高外部电源电压无法传递到稳压器后级。

(3) 晶体管电参数的漂移在模拟电路中往往更为关键。举例来说,模拟电路中经常需要用到匹配的结构,对于这样的结构一些轻微的电性能漂移也可能导致严重的失配,使得整个电路失效。

(4) 模拟电路中经常会需要使用到较大的电容,这时薄氧化层区域可能在模拟电路中占据了很大部分的芯片面积。或者相邻层中的金属重叠也通常很大。这些区域导致了器件良率对沾污颗粒的敏感度要更大。一定程度上,这一风险可以通过预老化措施降低。

(5) 模拟电路中大多数电路(指状电容器和嵌入模拟电路中的逻辑标准单元阵列属于例外)的金属连线可以通过宽松的尺寸实现。大多数金属连线的设计可以比最小尺寸宽得多,且通常很容易使用阵列状的接触孔和通孔。这样的冗余设计使得电路对缺陷的敏感性会降低很多。

由于以上这些原因,模拟电路设计中金属连线应当尽可能避免使用设计规则允许的最小尺寸,并且在通孔上应该尽量使用冗余的通孔。相对于数字电路,通常在模拟电路中由于非优化的设计造成的可靠性风险不像在数字逻辑中那样容易被发现,并且这些风险可以更为容易地在不影响芯片面积的条件下通过设计优化来规避。因此建议使用关键区域分析的方法来发现设计中存在的非必要的密集布线和使用了小尺寸的区域。

在电路的数字部分建议使用最新版本的标准单元库。在单元库里的标准元件的终端通常使用双欧姆接触孔和双通孔。在利用现代的自动布局布线工具时,通常设计人员也可以选择插入冗余的通孔。即使在大规模的数字电路里,通常也只需要付出很小的额外芯片面积来实现高于 99.5% 的冗余率(这里请注意不同的工艺节点、不同的代工厂对冗余率的要求是不一样,实际操作过程中如果能和工艺开发的工程师进行拉通确定冗余率目标是比较好的)。通常模拟芯片上数字电路的部分较小,因此更应该尽可能地利用冗余设计。

最小尺寸的布线有时也会出现在类似总线的结构中。对于应用在总线中的金属布线,可以通过加宽总线或将线路分配到更高和更低的金属层来进行优化。但要注意如果将布线分配到不同的金属层里,需要尽可能地避免不同层级里的金属的重叠,从而降低不同金属层级间短路的风险。另外,不同层级中金属线条的宽度和间距应该大致相等。

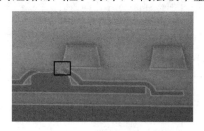

图 8-5 双层多晶硅电容器顶板与金属 1 中的信号线之间的潜在短路

由于存在潜在缺陷,生产中会存在一些比例的产品,它们的使用寿命相对于正常的产品大幅度地提前。这一现象被称为"早期失效期",也与通常讲的"浴缸曲线"中的早期故障率阶段紧密相关。有这样一个例子,在晶体管被栅氧层覆盖的可能形成导电的颗粒,在初始阶段晶体管可能电性表现是正常的,但是在施加栅极电压的条件下,由于颗粒的原因,栅极氧化层会很快出现失效。图 8-5 显示了一个这样的例子,在图中由于颗粒的影响造成了多晶硅和金属层的早期失效。另外一种情况里,实际金属布线可能由于颗粒的影响已经接近开路,在初始阶段由于电流可以导通,电路还能呈现出正常的性能。但是在持续的工作状态下,导线可能因为过大的电流密度在电迁移的影响下很快出现断裂,而造成早期的失效。本节中介绍的良好布局的一些实践有助于减少产品中由于类似缺陷带来的最终产品早期失效率。有些情况下,即便使用了优化的布线措施,产品的早期失效率仍然会超出客户的要求,在这种情况下,可以给产品施加超过常规应用的高温和偏压来加速老化,并通过加速测试筛选存在潜在缺陷的产品。通常在电路中对早期失效比较敏感的结构为如下。

- 电容(特别是使用 ONO(SiO_2、SiN、SiO_2)结构作为介质层)。
- DMOS(受到 STI 应力的影响)。
- 多晶硅形成的电阻(受到 STI 应力的影响)。

通常,在生产过程中,在某个制程中选择一个有代表意义的参考产品是利用老化的方式来做筛选的。其他的产品如果在设计上与参考产品的设计接近,可以依据参考产品的筛选结果考虑减少筛选的频次。

实现适当的预老化需要选择适当的方法和施压参数,非常重要的是能够找到电路中的关键电路节点,并且在这些节点升高电压,并能够相应的观察到可能发生的损坏(漏电)。此外,也要确保电路中敏感的电路部分不会受到预老化的影响过早地发生性能退化。要做到这一点,需要采取以下的措施。

(1) 在芯片设计中针对早期失效率监测和降低早期失效率做特殊处理。

(2) 保证能够对数字和模拟电路的关键节点施加外部电压,并可以相应地监测漏电流。如果在电路关键节点前存有稳压器,确保可以绕过这些电路直接在关键节点上施加更高的电压加速老化。

(3) 在设计的初期就要开始定义和实施适用的可测试性设计(DFT)。

(4) 必须启用数字和模拟电路(I_{DDQ})中的泄漏电流测量。

(5) 确保电路中的模拟子模块可以切换到断电模式(或低漏电流模式),保证可以通过监控漏电流识别可能产生的缺陷。

(6) 确保可以关闭如二极管或其他电流源等电流吸收器。

(7) 考虑使用数字和模拟子模块的分离来降低电流。

(8) 必须采取预防措施以避免老化对电路功能产生不必要影响,影响产品的寿命。

在评估由于栅极介质层中缺陷造成的晶体管的故障率时,仅仅知道栅极介质层面积是不够的。这样的评估结果会非常悲观,因为并非所有的晶体管时时刻刻都处于最大的栅极偏压状态下。设计人员应该提供晶体管在应用中实际的工作场景来评估故障率,例如,考虑接近真实应用的栅极电压和占空比。

晶体管由于老化带来的电参数的漂移对于模拟电路很重要。在某种程度上,漂移是不可避免的,在做电路设计时设计人员应该考虑可能的漂移并留有一定的冗余,保证电路能够长时间的正常工作。但是在模拟电路中的某些结构会对电参数的漂移非常敏感,例如,匹配结构、差分输入和校准结构。设计人员必须考虑到这些敏感的电路,确保在老化中不会出现不对称偏压条件(例如,在断电模式下以及浮动节点)导致老化后的性能不匹配。

8.3 晶圆制造前道工序的版图设计指南

晶体管相关的层的布局设计有可能会影响到晶体管的电参数性能,或者带来更大的变异性。因此在布局时要尽量注意,需保证实际晶体管的参数与模型相匹配。

8.3.1 扩散区域版图设计指南

最佳 OPC 和可印刷性的扩散布局样式应考虑到扩散区域的边角。光刻没有办法将尖锐的边角的图形转移到晶圆上，实际打印出的光刻胶的图形中这些尖锐的边角会变圆（见图 8-6）。这样的特性会影响到实际晶体管的性能，特别是小宽/长比的器件（宽度/长度 < $3w_{min}/l_{min}$）中，由于各种随机因素的叠加导致实际的导通电流 I_{on} 可能存在 5%～15% 的变异性。并且不同器件之间的匹配也会变差。

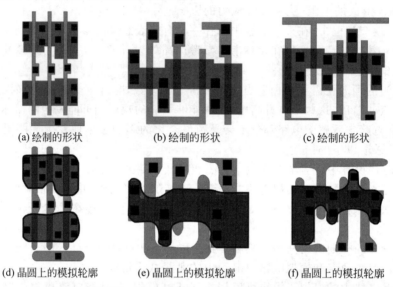

(a) 绘制的形状　　(b) 绘制的形状　　(c) 绘制的形状

(d) 晶圆上的模拟轮廓　(e) 晶圆上的模拟轮廓　(f) 晶圆上的模拟轮廓

图 8-6　晶体管形状上的扩散和多边形角倒角的效果示例

为了尽量减小这个问题，应将形状拉直，特别要避免 U 形。避免或尽量减少转折。最佳的扩散形状是矩形。针对栅极宽度较小的器件应该尽量将扩散角远离栅极区域。

图 8-7 列举了一个逻辑器件不好的布局的例子和好的布局的例子。

STI 应力：来自 STI 沟槽的应力会影响晶体管的 V_t 和 I_{on} 等重要参数。虽然可以在器件模型加入应力的影响，考虑器件的大小、器件类型、到下一个扩散区域等因素对晶体管性能的影响，但对于像凹口或 U 形模型这样的复杂布局情况，这些模型精度是有限的。正是由于以上的原因，在设计时尽可能遵循以下几点原则。

- 扩散区域避免出现转折和凹口，因为它们无法针对 STI 应力作用进行准确建模。
- 增加从 STI 边缘到栅极区域的距离至超过实际规则里最小值约 2 倍（见图 8-8）。
- 对于性能需要匹配的器件使用同样的布局设计。

阱邻近效应：位于阱边缘附近的器件的阈值电压 V_{th} 会发生变化，这是由于在进行阱

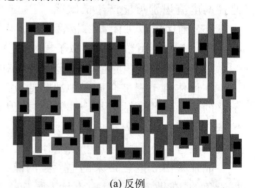

(a) 反例

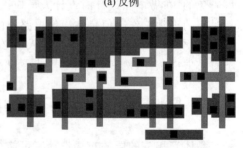

(b) 正例

图 8-7　关于晶体管形状保真度的逻辑标准单元的反例和正例

离子注入时注入的离子会在光刻胶边缘处(见图 8-9)发生散射。这一现象通常与栅极氧化层的厚度成比例,厚氧化层器件的阈值电压会更加敏感。而对器件性能产生的影响还取决于器件栅极的宽度;小宽度器械受到阱邻近效应的影响更为明显。与 STI 应力一样,虽然该效应可以通过模型来模拟(考虑器件的尺寸、类型、晶体管离阱边缘的距离等参数)中实现。但是,复杂的布局会导致模型准确性受限。同样,对于需要匹配的关键模拟器件应遵守推荐的设计规则。

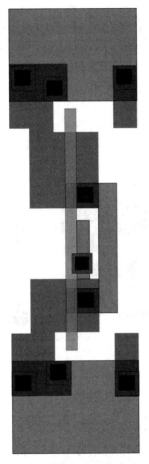

图 8-8　增大 STI 到栅极的距离有助于减小 STI 效应对晶体管性能的影响

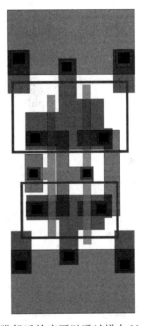

图 8-9　阱邻近效应可以通过增大 N 阱使得到晶体管的距离来减小

8.3.2　多晶硅版图设计指南

对多晶硅层的版图设计中应该尽量减少转折,并且避免如图 8-10 中所示的"阶梯"式的设计。并且一般不要如图 8-11 那样利用多晶硅层来做连线。为了得到更好的 OPC 的效果,试着保持至少多晶硅连线一侧是一条直线,特别是在需要放置多晶硅接触孔的地方(见图 8-12)。另外,需要避免在如图 8-13 所示的转折处放置多晶硅为接触孔。

在完全规则的多晶硅布局条件下(如具有恒定距离的平行栅极)最容易实现与模型相匹配的晶体管性能,并且保证各个器件的均匀性。在实际设计中,由于受到各种条件的限制,

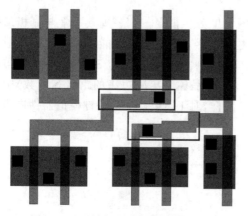

图 8-10 避免多晶硅阶梯(版图反例)

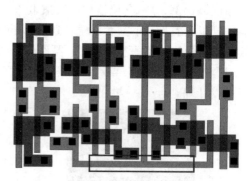

图 8-11 避免多晶硅布线(版图反例)

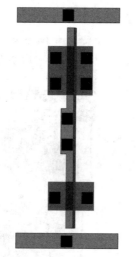

图 8-12 保证多晶硅布线一边是一条直线
(版图正例)

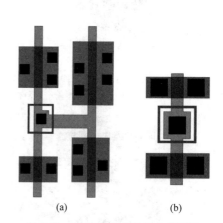

图 8-13 避免在转角处加入接触孔
(版图反例)

无法总是遵循这一原则来设计电路,但设计人员还是要尽可能做到如下几点。

- 尽可能在一个元胞、一个模块,甚至最好在整个芯片上将栅极布局的方向保持一致。
- 如图 8-14 所示,将所有间隔紧密的栅极延长至相同长度。
- 如图 8-14 所示,尽可能使用恒定的栅极间距,或者至少在设计中限制使用几个固定的栅极间的距离。
- 如无法保证恒定的栅极间距,必要处需添加冗余多晶硅图案(打印分辨率辅助图形(PRAF))来保证恒定的栅极间距。特别是标准单元两端应该考虑添加冗余多晶硅图案。如图 8-15 所示的左右边缘处添加的多晶硅图形就起到了增加打印分辨率的作用。

在先进制程中,可以在流片后期的数据预处理期间生成被称为 PRAF(会在生产中被打印到晶圆上的图形)和 SRAF(亚分辨率辅助图形,只起到辅助图形的作用,实际在生产中不会被打印到晶圆上)的冗余图形用于图形校正,以确保每个栅极所处的周边的图案是类似的,这样可以使掩膜版上的栅极图形可以被较为精确地转移到晶圆上。然而,有时仅仅依赖后期处理过程中自动产生的辅助图形并不能得到最佳的效果,因此设计人员需要在流片前就将这些用于提高打印精度的辅助图形考虑在内。

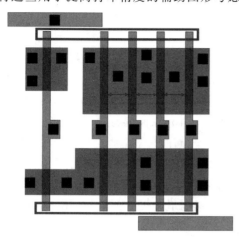

图 8-14　将所有多晶硅延长至相同长度（使用一组固定的栅极-栅极间距）（布局正例）

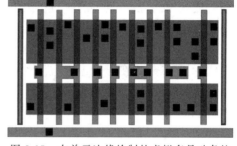

图 8-15　在单元边缘绘制的虚拟多晶硅条纹（布局正例）

如图 8-16 所示，在元胞边界处的多晶硅布线尽量保持为一条直线，这样有利于放置例如 SRAF 这样的光学矫正图形，从而保证晶体管的性能可以在较为宽松的制程窗口条件下得以实现。多晶硅布线有转折的地方，尖锐的转角会在实际图形转移到晶圆上后变得没有那么尖锐，类似如图 8-17 所示结构，如果太靠近实际晶体管的栅极区域，将影响晶体管的电性能参数。因此对于栅极宽度比较小的晶体管，在布局时应该尽量使这样的转角图形远离栅极区域。在有些设计工具包中会提供额外的更为严格的实际规则，以保证线宽在整个芯片中能够有更好的一致性。

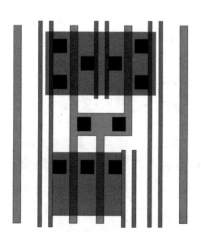

图 8-16　在元胞边界处使用直线多晶硅并辅以 SRAF（版图正例）

图 8-17　多晶硅转角与晶体管区域的距离对晶体管性能一致性的影响（版图反例）

8.3.3 扩散区接触孔的版图设计指南

在设计中加入冗余的接触孔是提高良率和可靠性的最佳方式。此外,接近扩散边缘的接触孔有漏电的风险,因此建议在可能的情况下增加扩散孔到扩散区边缘的距离。如果由于金属布线的限制,没有足够的空间在源极和漏极两侧同时增加冗余的接触孔,要优先考虑在源极侧(连接 V_{DD}/V_{SS} 的位置)加入冗余的接触孔。因为源极侧(连接到 V_{DD}/V_{SS})的接触电阻的增加会在很大程度上导致设备性能的下降。较高的接触电阻会导致有效栅源电压 V_{GS} 降低(由于额外的在 R_{source} 上电压的损耗),从而导致晶体管性能的退化。

如图 8-18 所示,扩散区域接触孔布局时尽量避免如图 8-18(a)所示的不对称的设计,并且在有可能的条件下加入如图 8-18(c)所示的冗余的接触孔。图 8-18(a)~图 8-18(c)是版图设计逐渐优化的过程。

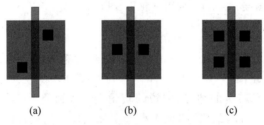

图 8-18 扩散区域接触孔的布局

8.3.4 多晶硅接触孔版图设计指南

一般不建议用多晶硅做不同晶体管间的连接,而仅仅使用多晶硅作为栅极的电极。因此大多数的多晶硅的接触孔里不会通过直流的电流,而仅仅通过交流的电流来为栅极充电。因此与连接扩散区域的金属连接相比,栅极的接触孔和与之相连的金属导线里的电迁移的风险要小很多。尽管如此,增加多晶硅的接触孔还是对提升良率和电路的可靠性有帮助。增加多晶硅接触孔通常会增大单位晶体管的面积,从而导致整个芯片的面积相应增加。因此,在做接触孔布局的时候要做适当的权衡,在芯片面积的限制下应该优先考虑优化扩散区域的接触孔。

如图 8-19 所示,在接触孔下的多晶硅区域与多晶硅布线尽量保持有一边是对齐的,这样一来如果采取了打印分辨率辅助图形,至少有一边是可以不被打断的,因此尖锐的边缘不会那么明显。

与扩散区域接触孔类似,如果有可能尽量使得多晶硅布线的边缘是一条直线,如图 8-20 所示。类似图 8-20(b)中的 H 形状的多晶硅图形在打印时会造成尖锐的边缘变得圆滑。这些边缘如果离晶体管的栅极足够远,则不会对晶体管的性能产生太大的影响。

如果要在 S 型的多晶硅上加入接触孔,则可参考图 8-21 所示的例子尽量让接触孔周围的多晶硅线条的边缘保持为一条直线。

如图 8-21 和图 8-22 所示,在设计中尽可能地避免使用较长的多晶硅作为电路的连接。并且将接触孔开在离晶体管栅极较近的地方。

 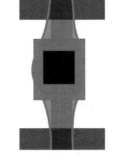  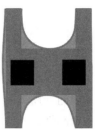

(a) 多晶硅版图正例　　　　(b) 多晶硅版图反例　　　　(a) 多晶硅版图反例　　　　(b) 多晶硅版图正例

图 8-19　接触孔下的多晶硅线条至少保证一边是直线　　图 8-20　多晶硅布线的边缘尽可能是一条直线

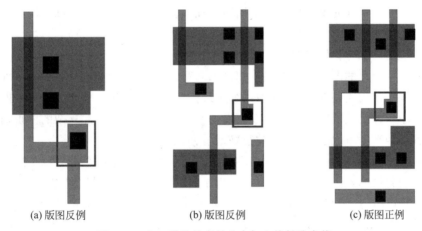

(a) 版图反例　　　　　　　(b) 版图反例　　　　　　　(c) 版图正例

图 8-21　在 S 形状的多晶硅中加入接触孔布线

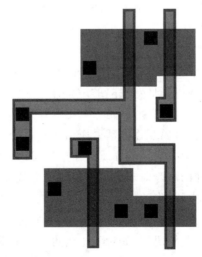

图 8-22　多晶硅的接触孔的布局的反面例子（接触孔远离晶体管栅极区域）

8.4 晶圆制造后道工序的详细版图设计指南

8.4.1 金属连线版图设计

在后端制程中，金属布线里最容易出现的问题是由于生产过程中的沾污颗粒造成的金属连线的开路或者短路。适当地优化金属连线的布局可以降低缺陷（开路和短路）对沾污颗粒的敏感性。一般来说，狭窄的间距和宽度比更大的间距和宽度对粒子缺陷更敏感。根据经验，将金属的宽度和间距增加 k 倍，则缺陷对沾污颗粒的敏感度降低到 $1/k$。由于这个原因，适当地增加线宽和线间距会带来很大的改进，例如，将线宽增加 1 倍会使得缺陷的密度降低 50%。进一步继续增加线宽和间距带来的好处则没有那么明显。

这一现象对于保证光刻稳定性更加明显。在大多数情况下，将打印的尺寸从设计规则中允许的最小值增加 20%，足以帮助我们避免光刻中碰到的问题。特别当设计中存在复杂图形时，这一改善尤其明显。但应在此提及的是，现代光刻技术经过优化通常能够以很高的保真度打印某些特定的图案。具有最小宽度和间距的平行线阵列通常是这些"黄金"图案中的一种。当没有使用这些图形时，即使增加了线条的宽度和间距，图形的打印效果可能还是比不具有最小设计线宽的"黄金"图形要更差一些。当设计中有非常复杂的图形时，应当寻求光刻工程师的帮助，保证图形能够被很好地转移到晶圆上。

在金属布线时要平衡金属线的宽度和间距。避免在较粗的金属线或大的金属场板旁边使用设计规则允许的最小的间距（虽然在先进制程中，大多情况下都会制定相应的与线宽相关的间距规则，保证这一情况不会发生）。另外大量的失效分析的结果显示，由于短路导致的芯片发生早期失效的频率要比开路造成的失效大得多。也就是说，在优化金属线的布局时应该优先考虑加宽金属导线的线间距。

在具有超高可靠性要求的产品中，应特别注意金属布线对缺陷的敏感性。有些缺陷在测试期间不会导致直接的短路或开路失效，但是会造成产品过早地发生失效。使用预老化测试可以筛选出存在早期失效风险的产品。然而，由于电路设计的问题，通常没有办法通过同时提升电路内所有节点电压的方式实现老化加速，对这样的电路区域应该在设计时更为小心，优化这些区域的金属布线以降低对缺陷的敏感性。通常以超过金属布线的最小尺寸 20% 的线宽和距离来设计这些区域的金属，是一个比较好的折中的方法。

在先进的制程中，为了降低金属互连的延迟而引入的低介电常数的电介质也带来了更多的与沾污颗粒无关的失效风险。这样的介质层在长时间施加的高电场下可能发生类似于栅极介质层的击穿失效。这样的风险对于施加高电压的导线尤其明显，这时也可以通过增加线之间的间距来避免可能出现的失效。

综上所述，如果在布线密集的结构附近有可用空间，则考虑使用如上的方法，适当放松金属导线的宽度和间距。在某些情况下，如对于总线的金属来说，将线的排布分拆到两个金属层中可能也是有利的。在布线中，可以通过定义"布线指导"的设置将例如 M2 和 M3 并行排布来实现这样的功能。

对于不同金属层间的垂直短路，可通过最小化金属的重叠面积来规避。该问题（尤其是横向和纵向缺陷的比例)目前还没有得到充分研究。如果设计中可以很简单地避免不同层的金属重叠,应该尽量遵循这一原则。

关键区域分析可以帮助设计人员发现潜在的风险,从而帮助设计人员自动计算布局中不同区域对的缺陷的敏感性,并以可视化的形式将风险区域标注出来。图 8-23 显示了一个使用关键区域分析的典型应用,在该例子中,芯片中的敏感区域被标注出来。设计人员可以迅速找到这些关键区域,在放大布局后寻找并识别有可能在设计上进行优化的的可能性。设计人员可以通过关键区域分析的结果迅速找到热点,并考虑加以优化。

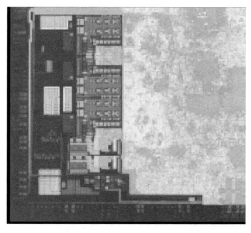

图 8-23　关键区域分析对整个芯片的缺陷敏感度评估的结果显示

1. 模拟区域

在模拟电路中,很多内部节点的电压是无法通过改变外部偏置电压的方式来随意调节的,因此模拟区域通常难以通过升压的方式做预老化。尽管在模拟电路中金属的布线通常没有那么密集,因此对缺陷的敏感性相对较低,但由于无法通过预老化来做筛选,因此在设计阶段就能够找到敏感性相对较高的区域而对之进行优化,降低良率和可靠性的风险就更为重要。在设计过程中需要避免以下几个可能会遇到的问题。

(1) 尽量使用最新的包含了所有 DfM 和 DfR 的经验的最新的单元库。例如最新的库里可能已经在设计里加入了冗余的双重接触孔和通孔,而在老的库里还未进行更新。

(2) 不要忘记尽量加入冗余的通孔,在模拟区域通常有足够的空间让设计人员加入更多的通孔。

(3) 尽量避免用最小的线宽和线距设计。在有可能的情况下尽量利用周围的剩余空间尝试放宽线距和线宽。甚至可以考虑将总线分散到相邻的上下金属层里。尽量使得实际的金属线宽和间隙至少达到最小设计规则的 2 倍左右。在有空间限制的情况下,根据短路和开路的风险分别选择适当的宽度和间隙,以达到平衡。

2. 存储器

对于电路中的存储器区域,也应该考虑如下的设计指南。

(1) 在外围电路中使用双接触孔和通孔。

(2) 通过纠错码(Error Correction Code)保护存储器,进行纠错。通常纠错码只能对一字节中单一数位发生的错误进行纠正。因此在布局存储器区域时尽量使各个数位的物理排布上相对独立,这样由于沾污颗粒造成相邻的数位同时发生故障的可能性会相应地降低。而当发生了单数位失效时,纠错码可以对之进行校正。

(3) 提供足够的冗余,加入备用字节和位线。

(4) 在存储阵列的布局周围加入冗余结构填充,保证存储器阵列中接近边缘的元件的一致性。

3. 逻辑区域

对于电路中的逻辑区域,设计中应注意如下几点。

(1) 尽量使用最新的包含了所有 DfM 和 DfR 的经验的最新的单元库(特别注意库里的元件是否包含双接触孔,是否增加了终端金属面积并使用了双通孔)。

(2) 在布线算法里设置增加冗余通孔。

8.4.2 通孔版图设计

同 8.4.1 节中介绍的接触孔布局一样,在可能的情况下通孔里也应该增加冗余,尽量加入双通孔甚至更多的通孔。尤其在连接会流过较大的直流电流的金属场板或者宽的金属导线时要优先使用双/多通孔。与前面介绍的接触孔类似,优先级较低的是较短的信号线和连接栅极的通孔。由于在这样的金属线里电流较小而且是交流电流,因此产生电迁移的风险较低。即使在电路的生命周期里,由于发生老化金属连线的电阻值略微变大,对电路的性能的影响也是可以接受的。

在大的场板和较宽的金属连线上放置双/多个通孔通常比较容易实现。很多情况下,在这样的结构中如果出现了单个通孔的设计,通常是由于设计人员的疏忽遗忘了冗余的通孔。

一个比较有争议的与通孔设计相关的设计规则是金属与通孔的重叠。通常情况下代工厂会推荐使用更大的金属-通孔重叠。但是在设计规则允许的前提下,可以考虑允许如图 8-24 所示的通孔设计,在该设计中通孔与之连接的下层的金属的重叠为零。允许这样的规则显然可以帮助节省面积。除此以外,这样的设计还可以利用包裹下层金属的沉淀层和阻挡层金属,实现所谓的"衬垫层冗余"。如图 8-25 所示,"零重叠"的通孔会使得通孔里的沉淀层和阻挡层金属和下层金属里衬垫/阻挡层金属直接相连。而由于这些衬垫层和阻挡层的金属通常不会受到电迁移的影响发生空洞,因此这样的结构理论上会呈现出更可靠的电迁移特性。然而,实际的实验结果似乎并无法证实这样设计的优点。如果决定使用这样的设计,

图 8-24 通孔与下层金属"零重叠"设计

图 8-25 金属边缘上过大和未对准的通孔会导致短路或 TDDB 问题

一定要确保通孔与金属层在沿着电流方向上有足够的重叠,以确保在制程里出现对位不齐或者过曝光剂量不足造成的金属线变得更短时,通孔还能与金属层有良好的接触。通孔与上层金属的设计规则里应该总是保留一定的重叠,因为与上层金属的接触没有"衬垫冗余"这一优势。在可能的情况下尽量使用双通孔和/或多通孔,一般情况下使用最小重叠规则设计的通孔都不会出现太多问题。

8.4.3 填充密度和冗余填充结构

在先进制程中铜金属互连替代了铝被广泛使用。在第 7 章中介绍了铜互连中使用的(双)大马士革金方法,而在这一流程中化学机械抛光(CMP)是其中一步关键的步骤。而化学机械抛光的表现对布局中的金属密度、金属形状等相当敏感。现代的制程工艺中通常要用到很多层的金属互连,为了保证晶圆表面在多层的化学机械抛光后还能保证非常好的平整度和均匀性,每一层中的金属布线密度均要保证一定的均匀性。而根据电路设计的不同,每一层中电路不同的区域中需要实际用来进行电路连接的金属布线密度会发生很大的差异,因此,现代技术需要用冗余填充结构金属填充来避免极端的金属密度,保证金属层别版图的均匀性。通常晶圆厂或代工厂会根据自己制造制程的参数提供推荐的金属密度。根据经验,平均 45% 的金属密度是个不错的参考值,通常金属密度允许在一定的范围内发生变化(如 20%~80%)。

虽然冗余填充结构在先进制程中由于化学机械抛光工艺的特性变得必不可缺,但实际上即使是较早的基于铝金属互连的工艺中,保证适当的金属密度的均匀性也会给带来好处。举例来说,在铝金属互连里,铝层通常是通过等离子刻蚀的方法来形成图形,而保证一定的金属密度均匀性有助于减小等离子刻蚀中的负载效应,保证刻蚀速率的一致性。

冗余填充结构形状可以是连接到固定的电位,如电源或接地,也可以是浮空的。通常的冗余填充结构电位一般都是浮空的,仅仅在特殊情况下冗余填充结构需要连接到固定的电位。如果一定要使用这样的冗余填充结构,要注意以下几点。

(1) 因为必须要和电源和/或地线做连接,冗余填充结构的设计将更复杂。

(2) 浮空的冗余填充结构通常不会导致功能故障,但一旦冗余填充结构与电位相连,它们会提高导致电路失效的致命短路的可能性。这时不仅仅要考虑到冗余填充结构与相邻的金属连线的距离,即与上下相邻的金属导线垂直短路的概率也会增加。

(3) 如果冗余填充结构与电位相邻,可以很好地起到屏蔽的作用,减少不同导线间的串扰。

(4) 冗余填充结构如果与电位相连,那么很容易通过模型计算出它们对寄生电容的影响。而浮空的冗余填充结构由于可能被充电处于不确定的电位,而对附近的晶体管产生不良影响。因此在比较老旧的制程中,浮空的结构是不受欢迎甚至是被禁止的。但由于铜金属互连的出现以及化学机械抛光的广泛应用,浮空的金属结构不再是个禁忌。

以下为冗余填充结构时经常被用的填充图形。

(1) 图 8-26(a)是一种经典的填充图形,这里的冗余填充结构图形呈现正方形或长方形,通常被称为单一正方形填充。

(2) 多正方形填充,如图 8-26(b)所示,与图 8-26(a)类似,但使用起来更加灵活。它可以实现更高的填充密度,用于单一正方形填充无法充分填充的区域。

(3) 图 8-26(c)所示的"轨道"填充是基于长条金属线条状图像的一种冗余填充结构。它能被非常灵活地应用到非常小的开放区域,达到所需要的最佳的金属密度并保证其均匀性。此外,由于它的性质与电路中真实的金属线非常相似,因此冗余填充结构在制造过程中的表现与真实的导线相同,不会导致 CMP 制程的其他问题。但是这样的冗余填充结构也存在着明显的缺点,由于这样的结构形状复杂并且数量庞大,这将大大增加文件的大小和数据处理时间(如 OPC)。另外,如果在进行冗余填充结构时不限制冗余填充结构与实际导线间的距离,那么这样的冗余填充结构对实际电路的寄生电容的影响将非常大。

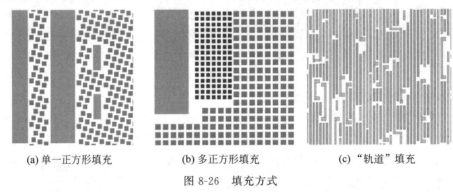

(a) 单一正方形填充　　　(b) 多正方形填充　　　(c) "轨道"填充

图 8-26　填充方式

以下一些内容将有助于设计优化的金属冗余填充结构,满足金属填充密度要求并尽量减少由于冗余填充结构带来的对芯片的负面影响。

避免过度填充,尤其是模块的设计过程中,尽量不要使金属密度过大。请注意,填充布线结构中的典型金属密度为 $25\%\sim45\%$。即使设计规则允许,某一区域金属填充密度过高可能会造成金属密度梯度与相邻模块相比过大而产生报错。如果被填充的空间非常小,通常不适合加入冗余填充结构。所以在设计中尽量避免金属间的距离正好在小于可被冗余填充结构的距离(2 倍最小冗余填充结构到实际金属导线距离与最小冗余填充结构宽度的和)。如果设计中没有注意到这一点,那么很有可能最后的设计的金属密度无法达到最佳密度,但却没有办法在开放的空间中放入冗余填充结构。这一点在设计标准的逻辑单元时尤其要加以注意。尽量在电路模块的边界保证填充的密度在较合理的范围内,避免填充不足或者过度填充。因为模块相邻处会放置什么电路是个未知数,所以模块边界附近的任何"异常"密度都可能导致填充密度梯度违规,并在设计流程的最后期被检测到。举一个简单的例子,例如一个 SRAM 的电路在 M4 金属层的填充密度为 80%,这时如果把一个模块放置在与之相邻的位置,并且设计规则不允许出现 M4 相邻的金属填充密度的差距在 40% 以上。这时如果模块周围的 M4 金属密度小于 40% 并且由于类似上面描述的限制无法加入冗余填充结构,则会出现麻烦。因此如果有这样难以加入冗余填充结构,请尽量避免将其放置在模块边缘的区域。

在做冗余填充的时候一定要注意填充是会影响电路的寄生电容和时序的。即使冗余填充结构和真实的金属导线之间可能存在相当大的距离,冗余填充结构有可能引起相当大的垂直方向寄生电容。填充总是增加电路中任何节点/网络的寄生电容,也有可能影响不同节点之间的耦合电容。特别是在先进制程中,由于冗余填充结构带来的寄生电容和耦合电容的影响可能会对时序产生非常大的影响。因此设计人员需要把握好达到最佳金属密度和保证不增加过多的寄生电容的这一平衡。对于冗余填充结构带来的寄生电容的影响,可以用如下几种方法来处理。

(1) 如果设计的电路对寄生电容不敏感,那么可以选择忽略冗余填充结构带来的可能的影响。此方法仅在尚未考虑时序的早期设计阶段推荐。

(2) 另外可以采取"虚拟填充"的方法来评估冗余填充结构对电路时序的影响。与直接插入冗余填充结构后再来进行时序分析不同,虚拟填充功能可以直接在参数提取过程中根据实时的模型文件去模拟冗余填充结构的影响,并预估它们会带来的寄生参数的影响,由此直接进行各种物理信息及时序信息的仿真。这个方法相较于插入冗余填充结构后进行提取的方法相比速度快,耗费资源少,但是这种方法的结果不精确。它要求根据填充形状和样式对模型参数进行经验调整。

(3) "填充后时序"(Fill aware Timing,FaT)——在电路版图完成后插入冗余填充结构,并在考虑填充形状的情况下进行寄生提取和后续时序分析。这样做非常精准,但如果时序分析失败则需要重新优化冗余填充结构,这样必然会影响整个设计周期。

(4) "时序感知填充"(Timing aware Fill,TaF)——这是一种可用于逻辑电路的冗余填充结构方法。利用这种方法时,在布局布线期间创建填充形状会估计其时序影响,并在填充后可能产生关键影响的地方(即关键路径附近)将其自动移除。利用这样的方法可以保证时序不会受到影响,而一个明显的缺点是会降低金属填充密度,并导致填充密度或者填充密度梯度的违规。

总而言之,在考虑实际冗余填充结构形状的情况下进行寄生提取和时序分析,将得到最为准确的结果。但是这样的方法非常耗费时间和计算资源,并且有可能需要通过多次迭代才能找到合适的填充方案。在逻辑区域中,可以通过采取"时序感知填充"的方法做一次成功的冗余填充结构填充。这时可能会无法保证达到最佳的填充密度。在任何情况下,都尽量避免把时序关键的路径布局在模块边界附近。如果大量的时序关键信号被布局在模块边界的某一金属层里,为了减小对时序的影响,与之相邻的金属层中的布线密度将很小。

为了方便诸如关键区域分析等后续分析,需要将生成的冗余填充结构图形单独存储在特殊的GDS层别上,否则将无法将它们与电路里真正的金属结构区分开来。另外,建议在芯片设计的早期就提前主动地关注冗余填充结构可能碰到的问题并相应地优化设计。即使在设计的后期碰到冗余填充结构的问题一般都能够有效得到解决,但是通常这样的解决方案会耗费很长的时间,延长设计的周期。

参考文献

第 9 章 车规级芯片工艺与制造

9.1 芯片制造

随着汽车智能化程度的不断提高,当代汽车上装载的芯片无论是种类还是数量,都在迅速地逐年增长。从制造工艺的角度,车规级芯片主要可分为 CMOS 芯片、功率半导体芯片与 MEMS 传感器芯片。其中车用 CMOS 芯片主要包含微控制器(MCU)、自动驾驶处理器、数据转换器(A/D 转换器和 D/A 转换器)和电源管理芯片等;车用功率半导体芯片主要包含功率 MOSFET 与绝缘栅双极型晶体管(IGBT);车用 MEMS 传感器芯片包含压力传感器、陀螺仪、惯性传感器和光学扫描仪等。下面将分别对上述 3 种车规级芯片的制造工艺进行介绍。

9.1.1 CMOS 芯片的制造工艺

CMOS 芯片制造工艺的开端是半导体级别的高纯度单晶硅衬底,人们在单晶硅衬底上反复进行氧化、光刻、沉积、掺杂、刻蚀等一系列工艺步骤,最终完成整个 CMOS 芯片的制造工艺流程。下面分别介绍 CMOS 芯片制造工艺中的各个步骤。

1. 晶圆制备

作为地壳中含量第二高的元素,硅在自然界中广泛存在。然而硅在自然界的主要存在形式为硅酸盐或者二氧化硅,极少以单质的形态存在。从石英砂原料(其化学本质为二氧化硅)到现代集成电路制造所需的高纯度(纯度达到 99.999 999 999%)单晶硅,这中间需要经过一系列复杂的流程。

1) 冶金级硅单质制备

首先是从石英砂制备冶金级硅单质。这一过程需要将石英砂和煤炭或者焦炭一起在熔炉中加热到将近 2000℃ 高温,使二氧化硅和碳单质之间发生氧化还原反应,生成硅单质和一氧化碳。

$$SiO_2 + 2C \xrightarrow{\text{高温}} Si + 2CO \tag{9-1}$$

这一过程得到的硅单质被称为"冶金级硅",其纯度可达 98%,其中主要的杂质元素为铝和铁。

2）电子级多晶硅制备

在冶金级硅的基础上，接下来还要再进行提纯。这一过程需要在高温和催化剂的条件下，让冶金级硅粉末和氯化氢气体发生反应，生成硅烷、一氯硅烷、二氯硅烷、三氯硅烷和四氯硅烷等一系列产物，然后再通过分馏的方式，分离出高纯度的三氯硅烷。接下来，再让气态的三氯硅烷和氢气发生反应，生成氯化氢气体和多晶硅单质。

$$SiHCl_3 + H_2 \xrightarrow{高温} Si + 3HCl \tag{9-2}$$

这一过程，从冶金级硅提炼得到的多晶硅单质被称为"电子级多晶硅"，其纯度相比于冶金级硅得到了进一步提升。

用电子级多晶硅制备现代集成电路制造所需的 99.999 999 999% 高纯度单晶硅的工艺主要有 Czochralski 直拉法（下面简称直拉法）和悬浮区熔法，这两种工艺提纯硅的原理都是杂质在固相硅中的溶解度小于杂质在液相硅中的溶解度，即杂质在硅中的分凝系数小于 1。从而通过一个将硅先熔融为液态再结晶成固态的过程，达到提纯的效果。

$$分凝系数\ k = \frac{杂质在固相中溶解度\ C_s}{杂质在液相中溶解度\ C_l} \tag{9-3}$$

3）直拉法生长单晶硅

直拉法生长单晶硅需要把电子级多晶硅（如果需要制备出的单晶硅含有掺杂，则加入少量含掺杂的硅单质）熔化在一个石英坩埚中，控制温度稍高于硅单质的熔点。然后用一小块单晶硅作为籽晶，放在熔融硅的液面处，籽晶附近的熔融硅凝固到籽晶上。籽晶顺着晶向不断生长的同时，设备不断地向上提拉籽晶，形成柱状的单晶硅。提拉过程中降低提拉速度，就能让提拉出的硅柱直径增大，达到目标直径后，保持提拉速度恒定使得之后产生的硅柱直径均匀，最终提拉出的更高纯度的柱状单晶硅被称为"硅锭"。上述直拉法生长单晶硅的过程如图 9-1 所示。直拉法制备单晶硅能够比较容易地得到大直径的硅锭，从而在之后的切割硅锭的流程中切出大直径的晶圆（Wafer）。直拉法的缺陷在于石英坩埚的使用会引入以碳和氧为主的杂质。

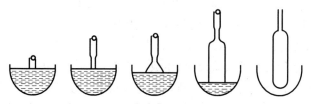

图 9-1　直拉法生长单晶硅的过程示意图

4）悬浮区熔法生长单晶硅

悬浮区熔法制备单晶硅不需要坩埚，其用到的原材料为两端夹持的电子级多晶硅棒，硅棒的一端与单晶硅籽晶接触。悬浮区熔法制备单晶硅的设备如图 9-2 所示。生长的过程中，一个环绕硅棒的射频线圈在硅棒中产生感应电流，感应电流的焦耳热将射频线圈套住的硅棒区域熔化。硅棒的熔融区域随线圈一起从单晶硅籽晶一端缓缓移动至硅棒另一端，这一过程中多晶硅棒上面被熔化之后又凝固的区域会结晶为单晶硅，最终产生一根单晶硅棒，也就是"硅锭"。悬浮区熔法引入掺杂的方式是以含掺杂的多晶硅棒作为原料或者在低浓度杂质氛围中进行单晶硅制备。由于避免了坩埚引入的杂质污染，悬浮区熔法制备出的单晶硅杂质含量（尤其是氧含量）更低，电阻率更高，这样的单晶硅被用于一些功率器件的制造。

悬浮区熔法的缺点在于，制备过程中，硅棒中间有一段熔融区域，导致硅棒直径较大的情况下系统会不稳定，所以悬浮区熔法制备出的硅锭直径也就是切割出的晶圆尺寸受限。当前大直径的晶圆制备还是以直拉法为主。

2. 氧化

1) 氧化层生长工艺

二氧化硅在 CMOS 芯片中大量存在，主要用作绝缘介质层与掩膜层，发挥着十分重要的作用。CMOS 工艺在硅衬底上形成的二氧化硅层主要采用热氧化工艺，根据工艺过程中反应温度与反应物的不同，具体可以分为干氧氧化、水汽氧化和湿氧氧化。

干氧氧化工艺采用纯氧气来对硅进行氧化。

$$Si + O_2 \xrightarrow{\text{高温}} SiO_2 \qquad (9\text{-}4)$$

干氧氧化的特点是氧化层生长速率慢，均匀性和重复性好，生长出的氧化层较为致密，因此用作掩膜时阻挡效果好；由于氧化过程中没有引入水，所以氧化层干燥，与光刻胶之间粘附性好。

水汽氧化工艺用氧气和氢气混合燃烧产生的水蒸气来对硅进行氧化。

$$Si + 2H_2O \xrightarrow{\text{高温}} SiO_2 + 2H_2 \qquad (9\text{-}5)$$

氧化层生长速率快，但生长出的氧化层结构疏松，表面缺陷较多，质量较差，与光刻胶之间的粘附性也不如干氧氧化生长出的氧化层。

湿氧氧化工艺采用氧气和水蒸气作为氧化剂。实际工艺过程中是将干燥纯净的氧气通入加热到 95℃ 左右的高纯水中，使氧气流中携带一定量的水蒸气。湿氧氧化工艺的氧化层生长速率和氧化层质量均介于干氧氧化和水汽氧化之间。

有些情况下，氧化工艺中还会掺入少量氯化氢或者三氯乙烷气体，目的是通过引入氯元素，与硅中含有的痕量金属离子杂质反应，生成可以在高温下升华为气态，进而被排出反应体系的产物，从而将痕量金属离子杂质去除，避免金属离子杂质在氧化层中形成可动电荷，影响半导体器件的特性。此外，氯源的引入还会影响氧化层的生长过程，微微提高氧化层的生长速率。

2) 氧化层质量监测手段

在实际 CMOS 工艺生产过程中，对生长出的氧化层质量进行监控尤为关键。表征二氧化硅（以及其他电介质层）质量的实验手段主要可以分为机械测量、光学测量和电学测量。

机械测量需要在某些区域将氧化层刻蚀掉，露出衬底，然后用扫描隧道显微镜、原子力显微镜等仪器探测衬底和氧化层上表面之间的台阶高度，即可测量出氧化层的厚度，如图 9-3 所示。

光学测量的手段主要有干涉法和椭偏仪。干涉法的原理是在已知入射光波长和入射角度以及氧化层介电常数的条件下，利用氧化层与衬底界面处反射光与氧化层上表面反射光

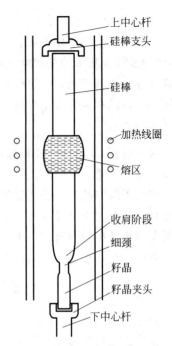

图 9-2 悬浮区熔法设备示意图

之间的干涉现象来确定氧化层的厚度。然而在氧化层厚度很薄，或者氧化层介电常数不能精准确定的情况下，上述干涉法不再适用，此时采用椭偏仪是一个更佳的选择。椭偏仪的原理是根据椭圆偏振光经过氧化层和衬底界面反射后偏振状态的改变来测定氧化层折射率与厚度的。

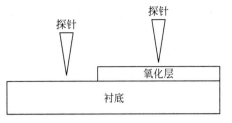

图 9-3 机械测量法的示意图

电学测量手段中最常用的是电容-电压法（CV 法），这种测量方法在氧化层上方的金属电极、氧化层本身，以及氧化层下方的半导体衬底构成的 MOS 电容两端进行直流电压扫描，并且在每个直流电压扫描点上叠加一个交流小信号，测量 MOS 电容结构的交流小信号电容，得到 MOS 小信号电容随直流偏置电压的变化曲线，即"CV 曲线"。这种测量方法不仅可以在已知氧化层介电常数的基础上得到氧化层的厚度，还可以给出许多其他直接跟半导体器件相关联的氧化层本身以及氧化层和半导体衬底界面的丰富信息。

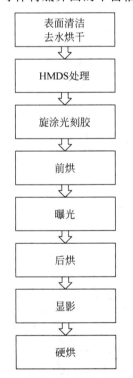

图 9-4 典型的光刻工艺流程

3. 光刻

光刻工艺的作用在于定义集成电路制造过程中所需的微小图形尺寸，是集成电路制造过程中十分关键的工艺步骤。一个典型的光刻工艺流程如图 9-4 所示。

1）表面清洁，去水烘干

首先是表面清洁与去水烘干，表面清洁主要是对晶圆进行湿法清洗和去离子水冲洗，目的是去除晶圆表面的污染物；表面清洁之后还需要对晶圆进行去水烘干，去除晶圆吸附的水分。

2）HMDS 处理

去水烘干之后要立即用 HMDS（六甲基二硅胺烷）对晶圆进行表面成膜处理，达到增强晶圆与光刻胶之间黏附的效果。

3）旋涂光刻胶

HMDS 处理之后的下一步是给晶圆旋涂光刻胶。这一步操作需要用到匀胶机，首先要将晶圆吸附在匀胶机的真空载片台上，然后在晶圆的中心位置滴加适量的光刻胶，最后启动匀胶机，让晶圆按照设定的转速旋转，使晶圆上的光刻胶形成覆盖整个晶圆的均匀薄膜。旋涂光刻胶典型的工艺参数是转速 3000～6000r/min，光刻胶的厚度为 $1\mu m$ 左右。

4）前烘

晶圆上旋涂光刻胶之后，必须要进行前烘（也称为软烘），作用是挥发掉光刻胶中的部分溶剂，增加光刻胶的粘附性、均匀性和机械强度。前烘操作的实质就是给晶圆加热，加热温度以及时间与光刻胶的种类与厚度有关。

5）曝光

接下来就是光刻工艺中最核心的曝光环节，这一环节的关键在于掩膜版与光刻机。

最简单的掩膜版就是一块主体由透明的石英玻璃构成的平板，石英玻璃表面由不透明的金属铬构成想要转移到晶圆上的图形。

作为光刻工艺流程中最核心也最昂贵的设备,光刻机的主要作用在于通过一套细微精准的控制系统将掩膜版上的图形与先前晶圆上已经制形成的图形对准;以及通过一套复杂精密的光学系统完成曝光,将掩膜版上的图形转移到晶圆上的光刻胶。

曝光主要可分为3种典型的模式,分别为接触式曝光、接近式曝光和分步缩小投影式曝光。

接触式曝光过程中,掩膜版带有图形的金属铬的一面和晶圆上的光刻胶紧密接触,转移到晶圆上的图形尺寸和掩膜版上的图形尺寸大小相等,光的衍射效应很弱,需要的曝光系统复杂度较低,从而成本也比较低。如图9-5所示,接触式曝光的主要缺点在于需要掩膜版与光刻胶发生接触,从而容易造成掩膜版与光刻胶损伤。

如图9-6所示,接近式曝光过程中,掩膜版与光刻胶间距几个微米,转移到晶圆上的图形尺寸仍然和掩膜版上的图形尺寸大小相等,避免了掩膜版与光刻胶之间的直接接触,但缺点在于曝光出的图形会受到近场衍射(菲涅尔衍射)的影响。

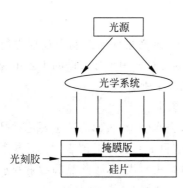

图9-5 接触式曝光的示意图

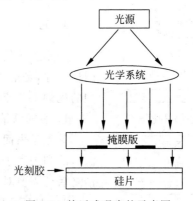

图9-6 接近式曝光的示意图

如图9-7所示,分步缩小投影式曝光过程中,掩膜版上的图形经过复杂的光学系统,以扫描的形式被投影到晶圆上,转移到晶圆上的图形尺寸是模版上的图形按比例缩小后的尺寸,同时晶圆以步进的方式移动,使得晶圆上不同区域都被曝光。分步缩小投影式曝光在晶圆上产生的图形受到远场衍射(夫琅禾费衍射)的影响,但这一影响可以通过在掩膜版制作时引入光学邻近效应修正等手段来弥补。在先进的工艺节点下,晶圆上图形的线条尺寸越来越小,分步缩小投影式曝光用到的掩膜版尺寸等比例放大,就降低了掩膜版制作精度的要求。不仅如此,分步缩小投影式曝光具有扫描和步进速度快、光刻机产能高的巨大优势。综合以上原因,现代先进的光刻机采用的都是分步缩小投影式曝光。

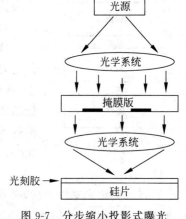

图9-7 分步缩小投影式曝光的示意图

6) 后烘

曝光过程中,入射光与光刻胶和衬底界面处反射光之间发生干涉,会使得曝光区域与非曝光区域交界处曝光强度强弱相间,即发生"驻波效应"。驻波效应会导致后续显影得到的曝光区域与非曝光区域交界处光刻胶侧壁上产生降低图形线条分辨率的条纹。

所以晶圆上的光刻胶经过曝光之后还要进行一步后烘,其主要作用在于通过加热晶圆,让曝光区域与非曝光区域交界处的光刻胶在高温下发生扩散,使得交界处曝光强度更加均匀,从而抑制驻波效应。

7)显影

后烘完成之后就可以对晶圆上的光刻胶进行显影。对不同种类的光刻胶进行显影,需要采用对应的显影液来清洗光刻胶。按照显影效果的不同,光刻胶可分为正胶和负胶。如果先前旋涂在晶圆上的是正胶,那么对应的显影液将会洗去被曝光区域的光刻胶,保留未被曝光的部分;反之,如果先前旋涂在晶圆上的是负胶,那么对应的显影液将会洗去未被曝光区域的光刻胶,保留被曝光的区域。

8)硬烘

显影操作已经让留在晶圆表面的光刻胶显现出了预期的图形,但是在进行其他工艺步骤之前,还要对光刻胶进行一步硬烘(也称为坚膜)。硬烘的作用在于通过加热,完全蒸发掉光刻胶中的溶剂,增强光刻胶对晶圆表面的粘附性,并且提高光刻胶的强度和稳定性,使其在后续的刻蚀或离子注入等工艺过程中更好地起到掩膜的保护作用。

4. 沉积

CMOS芯片制造工艺流程中需要通过沉积的方式在衬底上形成各种薄膜材料层,沉积工艺可以划分为物理气相沉积与化学气相沉积两大类。

1)物理气相沉积

PVD(Physical Vapor Deposition,物理气相沉积)是在真空环境下,通过一系列物理手段,将材料气化后在晶圆表面凝结成膜的沉积工艺(见图9-8)。PVD可以分为蒸镀和溅射两类。

(1)蒸镀。

蒸镀是在真空环境下,通过一定的加热方式使得材料蒸发,并在晶圆表面凝结成膜的工艺。根据气化材料的方式,蒸镀可以分为加热蒸镀和电子束蒸镀两种。

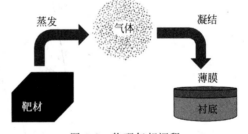

图9-8 物理气相沉积

加热蒸镀通过直接加热高温坩埚(如钨坩埚)内的材料,使其熔化蒸发产生气体。图9-9展示了加热蒸镀溅射铝膜。虽然坩埚选取熔点高的材料,但是高温高真空的环境下,仍然会有少量原子从坩埚上脱附,沉积在晶圆上,造成污染。

电子束蒸镀通过磁场,控制电子束集中轰击材料表面的某点,使其迅速升温,局部熔融并蒸发(见图9-10)。相较于加热整个坩埚,电子束蒸镀只加热局部区域,加热熔融的材料被同种材料"包裹",

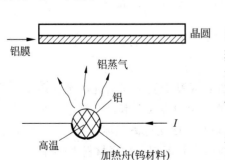

图9-9 加热蒸镀

不会因引入其他材料而造成污染。

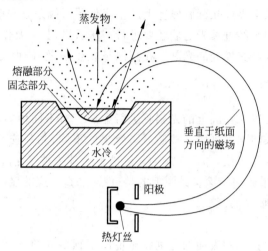

图 9-10 电子束蒸镀

饱和蒸气压指液体或固体处于相平衡(即宏观上没有物态变化的状态)时,同种物质的气体所具有的压强。饱和蒸气压越高,物质越容易气化。饱和蒸气压随温度的升高而增大。蒸镀过程中为了获得高材料蒸发速率,要保持高温高真空的状态。图 9-11 展示了不同金属元素的饱和蒸气压随温度的变化,可以看到钨的饱和蒸气压是最低的,因此蒸镀的坩埚材质通常选取钨。

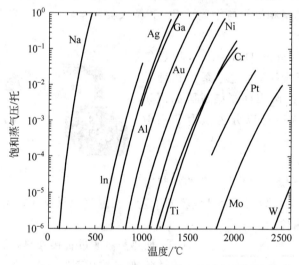

图 9-11 不同金属元素的饱和蒸气压随温度的变化

(2) 溅射。

虽然蒸镀沉积工艺简单,但是也有一定的局限性:蒸镀不能沉积由饱和蒸气压不一样的金属构成的合金;蒸镀不能直接检测膜厚;蒸镀的台阶覆盖性和膜厚一致性一般。在半导体工艺中,溅射是更常应用的沉积技术。溅射通过射频电磁场电离气体(一般是氩气)产生离子,施加电压驱动离子轰击材料,使材料原子从表面逸出并沉积在衬底材料上(见图 9-12)。溅射可以沉积合金材料,溅射工艺中的沉积速率只与物质量有关而与物质种类无关。溅射工艺主要分为直流溅射与射频溅射。

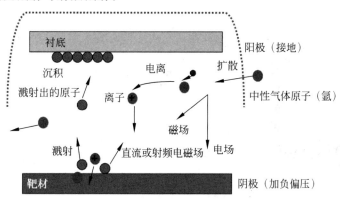

图 9-12 溅射沉积

直流溅射通过在材料和晶圆两端施加直流电压,使气体电离并驱动离子轰击材料(见图 9-13)。通过记录电流,直流溅射只适用于溅射导电性好的材料。对于绝缘体,如金属氧化物,离子携带的电荷会积累在材料表面形成屏蔽层,最终屏蔽外加电压使溅射无法继续。

射频溅射可以用来溅射绝缘材料。如图 9-14(a)所示,通过在材料与晶圆之间施加快速变化的射频电压,使气体电离。带正电的气体离子和带负

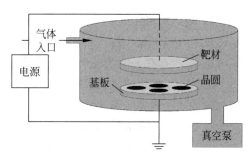

图 9-13 直流溅射

电的电子在电场的作用下,在材料和晶圆之间反复运动。通过控制射频电源的频率,使得离子在撞击到材料前改变运动方向。电子的质量远远小于离子,因此运动的速度更快,会在改变方向前撞击到材料。电子积累在材料上,如图 9-14(b)所示,会降低材料处的电势,形成指向材料的电场,牵引离子轰击材料。

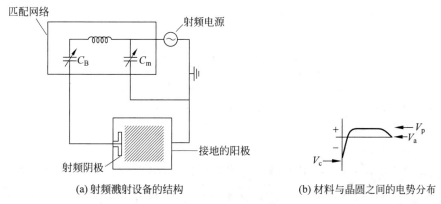

(a) 射频溅射设备的结构　　　　　　　　(b) 材料与晶圆之间的电势分布

图 9-14 射频溅射设备的结构与材料和晶圆之间的电势分布

通过如图 9-15 所示的不对称的电极结构,可以使离子在射频电场反向时,轰击到晶圆的概率小于反向前轰击到材料的概率。这样就避免了溅射到晶圆上的材料又被离子轰离。

通过如图 9-16 所示的大面积材料进行溅射,可以获得较好的厚度均一性。因为大面积

材料可以看作多个小面积材料的叠加,当材料面积足够大时,射向晶圆各处的"材料流"的流密度近似一致。

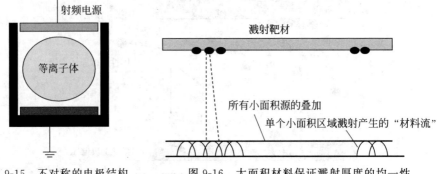

图 9-15 不对称的电极结构　　图 9-16 大面积材料保证溅射厚度的均一性

2)化学气相沉积

化学气相沉积(Chemical Vapor Deposition,CVD)是通过引入气相反应物,使其在晶圆表面发生反应,在晶圆表面产生一层目标产物薄膜的沉积工艺。

化学气相沉积的基本过程可分为以下 5 个主要阶段,如图 9-17 所示。

① 气相反应物扩散到晶圆表面。

② 反应物在晶圆表面吸附。

③ 化学反应进行。

④ 气相副产物脱附。

⑤ 副产物气体排出。

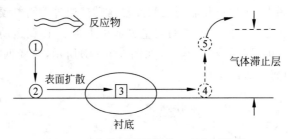

图 9-17 化学气相沉积的 5 个主要阶段

按照反应条件,化学气相沉积工艺主要可以分为常压化学气相沉积(Atmospheric Pressure CVD,APCVD)、低压化学气相沉积(Low Pressure CVD,LPCVD)与等离子体增强化学气相沉积(Plasma Enhanced CVD,PECVD)。

(1) 常压化学气相沉积。

在常压化学气相沉积工艺中,化学反应在常规大气压强条件下进行。一种典型的常压化学气相沉积工艺设备如图 9-18 所示。常压化学气相沉积工艺的薄膜沉积速率主要由衬底表面反应物浓度决定,受到反应物扩散的限制。作为最早出现的化学气相沉积工艺,常压化学气相沉积在现代 CMOS 工艺中已经很少被使用。

(2) 低压化学气相沉积。

低压化学气相沉积工艺通常指反应压强低于 0.1MPa 的化学气相沉积工艺。

常压化学气相沉积工艺的薄膜沉积速率主要由衬底表面反应物的浓度决定,而为了保

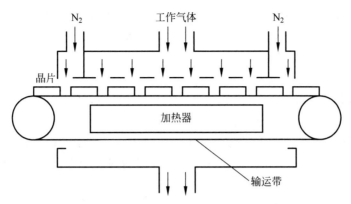

图 9-18 常压化学气相沉积工艺设备的示意图

证薄膜的均匀性,就需要控制每片晶圆表面各处的反应物浓度具有很好的一致性,做到这一点需要对反应气体的输运过程进行精确的控制,导致晶圆只能采取平铺的放置方式,如图 9-18 所示。

而在低压化学气相沉积工艺的低气压条件下,薄膜沉积速率的限制因素由反应物扩散转变为晶圆表面处的反应速率。其优势在于通过控制使每片晶圆表面各处的温度一致,即可实现均匀的薄膜沉积厚度;并且由于薄膜厚度的均匀性对于各处反应物浓度的依赖关系得到了减弱,系统不再需要对反应气体的输运过程进行十分精确的控制,工艺设备中的晶圆可以采取紧密排列的放置方式,如图 9-19 所示,这样就提升了工艺设备的生产吞吐量。

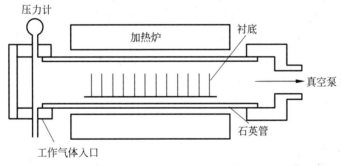

图 9-19 低压化学气相沉积工艺设备的示意图

(3) 等离子体增强化学气相沉积。

在低压化学气相沉积工艺的基础上,等离子体增强化学气相沉积采用等离子体来提供反应发生所需的活化能,降低了反应所需的温度,其典型的工艺设备如图 9-20 所示。

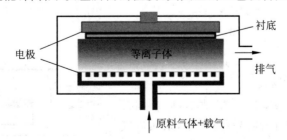

图 9-20 等离子体增强化学气相沉积工艺设备的示意图

在某些情况下,例如,先前的工艺步骤已经制作好了金属连线层这样不耐高温的结构,此时晶圆就无法再承受较高的温度,如果强行在较低温度下采用低压化学气相沉积,那么不仅沉积速率很慢,并且沉积出的薄膜也会疏松多孔,质量极低。此时就只能采用所需反应温度较低的等离子体增强化学气相沉积。

除反应温度较低的优势外,等离子体增强化学气相沉积还能在薄膜沉积之前,先对工艺设备中的晶圆表面进行一步起到清洁作用的刻蚀操作。

等离子体增强化学气相沉积的劣势在于相比起正常条件下的低压化学气相沉积,其沉积出的薄膜致密性和质量都较低,并且其工艺过程影响因素众多,参数复杂,可控性与可重复性较差。

5. 掺杂

半导体材料的独特特性之一是其电导和载流子类型(N型和P型)可以通过在材料中引入特定的杂质(施主或受主)来进行控制。晶体管和二极管的功能建立在不同掺杂材料组成的P-N结和N-P结上。结本质上是富含负电子的区域(N型区域)和富含空穴的区域(P型区域)之间的分界线。结的确切位置是电子浓度等于空穴浓度的地方。下面将介绍半导体工艺中定义P-N结的掺杂技术。

通过离子注入或热扩散过程,可以在硅材料内定义特定的掺杂区域形成P-N结。热扩散(见图9-21(a))是通过加热使杂质从硅的表面扩散到硅体内的工艺,通常通过在硅表面的氧化层打孔来控制引入杂质的区域。通过控制加热的时间和温度,可以控制杂质在硅体内扩散的深度,具体的控制方法将在下文介绍。离子注入(见图9-21(b))是将杂质离子直接射入硅材料的过程,杂质离子被射入硅体内部一定深度。注入杂质的扩散也通过加热过程进行控制。在平面MOS的工艺中,离子注入逐渐取代热扩散成为主要的掺杂方式。然而随着FinFET(Fin Field-Effect Transistor,鳍式场效应晶体管)技术在先进工艺节点被采纳,热扩散掺杂技术又再一次获得关注。

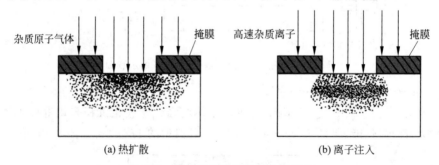

图9-21 热扩散和离子注入掺杂工艺

1) 热扩散

(1) 热扩散的设备和源。

热扩散设备的结构如图9-22所示,硅晶圆被放置在800℃~1000℃的高温石英炉中,杂质以气体的形式被通入石英炉中,气体分压和流量决定了掺杂的原子数。

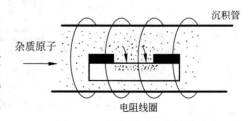

图9-22 热扩散设备的结构

对于硅来说,P 型掺杂的杂质为硼(B),N 型掺杂的杂质为磷(P)和砷(As)。这三种元素在硅中的溶解度在热扩散的温度下都可以达到 $10^{20}\,\mathrm{cm}^{-3}$ 以上。杂质的源可以分为固体源、液体源和气体源三种,半导体工艺中最常使用液体源。气体源可以直接通入石英炉中,而固体源和液体源一般通过与氧气或氢气反应形成气体产物后通入石英炉中。

(2) 预注入和向下扩散。

热扩散工艺通常分为预注入(Predeposit)和向下扩散(Drive-in)两步。预注入过程中通过控制通入杂质气体的气体分压和流量,控制注入硅中的杂质原子数量。向下扩散过程中停止通入杂质气体,通过控制温度和加热时间控制杂质原子扩散到硅内部的距离。预注入和向下扩散的杂质原子分布如图 9-23 所示。其中,N_0 为预注入/向下扩散后表面杂质浓度;$N(x)$ 为杂质浓度;x_j 为杂质预注入/向下扩散深度;N_{sub} 为衬底杂质浓度;x 为深度。可以看到,预注入时杂质原子主要集中在硅的表面处,向下扩散使得杂质原子向下扩散一定深度,调节了掺杂区域和掺杂浓度。

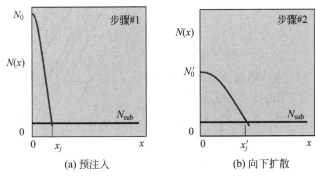

图 9-23 预注入和向下扩散的杂质原子分布

(3) 热扩散的杂质分布。

杂质在硅中的分布可以通过费克定律(Fick's Law)进行求解。杂质的漂移扩散由费克第一定律描述:

$$J = -D \cdot \nabla C \tag{9-6}$$

其中,J 为杂质原子流浓度,D 为杂质的扩散系数,C 为杂质的浓度。物质守恒由费克第二定律描述:

$$\frac{\partial C}{\partial t} = -\nabla \cdot J \tag{9-7}$$

联立两式得到方程:

$$\frac{\partial C(z,t)}{\partial t} = D\frac{\partial^2 C(z,t)}{\partial^2 t} \tag{9-8}$$

其中,z 为深入硅体内的深度,t 为时间。

预注入和向下扩散过程有不同的边界条件,分别对应着不同的杂质分布解。在预注入过程中,初始时刻的掺杂浓度为 0,表面处的掺杂浓度最大,等于杂质的溶解度 C_s,在硅体内十分深处的杂质浓度几乎为 0,得到边界条件:

$$C(z,0) = 0, \quad C(0,t) = C_s, \quad C(\infty,t) = 0 \tag{9-9}$$

解得预注入过程的杂质分布:

$$C(z,t) = C_s \,\text{erfc}\left(\frac{z}{2\sqrt{Dt}}\right), \quad \text{erfc} = \frac{2}{\sqrt{\pi}}\int_x^\pi e^{-\eta^2}\,d\eta \qquad (9\text{-}10)$$

由此可以得到 t 时间内注入硅中的杂质原子总量：

$$Q_T(t) = \int_0^{+\infty} C(z,t)\,dz = \frac{2}{\sqrt{\pi}} C(0,t)\sqrt{Dt} = \frac{2C_s\sqrt{Dt}}{\sqrt{\pi}} \qquad (9\text{-}11)$$

向下扩散过程中，假设扩散长度远远大于初始杂质分布，可以认为初始时刻仅硅表面处有杂质分布，硅体内杂质浓度为0，同时总杂质原子总量 Q_T 不变，边界条件变为：

$$C(z,0) = 0, \quad z \neq 0, \quad C(\infty, t) = 0,$$
$$\int_0^{+\infty} C(z,t)\,dz = Q_T \qquad (9\text{-}12)$$

此时扩散方程的解为：

$$C(z,t) = \frac{Q_T}{\sqrt{\pi Dt}} e^{-\frac{z^2}{4Dt}} \qquad (9\text{-}13)$$

对于在有掺杂的硅区域内掺杂相反类型的杂质原子形成 P-N 结的情况下，设本底杂质浓度为 C_B，P-N 结深度 x_j 通过求解：

$$C(x_j, t) = C_B \qquad (9\text{-}14)$$

得到：

$$x_j = \sqrt{4Dt \ln\left(\frac{Q_T}{C_B\sqrt{\pi Dt}}\right)} \qquad (9\text{-}15)$$

杂质的扩散系数由温度 T 和杂质原子在硅内的激活能 E_a 决定：

$$D(T) = D_0 \cdot e^{-\frac{E_a}{kT}} \qquad (9\text{-}16)$$

图 9-24 展示了不同杂质的扩散系数随温度的变化趋势，表 9-1 展示了不同杂质的扩散系数典型值。

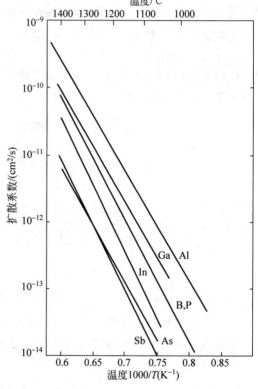

图 9-24　不同杂质的扩散系数随温度的变化趋势

表 9-1　不同杂质扩散系数的典型值

元　　素	扩散系数/(cm²/s)	激活能（eV）
B	10.5	3.69
Al	8.00	3.47
Ga	3.60	3.51
In	16.5	3.90
P	10.5	3.69
As	0.32	3.56
Sb	5.60	3.95

快速扩散杂质，如金（Au）、铜（Cu）、钠（Na）等在硅中的扩散系数要比一般杂质（B、P、As）高出 5～6 个数量级。这些元素不能用于硅的掺杂，而且在半导体工艺流程中必须严格

杜绝这些元素与硅直接接触,否则这些元素会在硅中迅速扩散,破坏器件掺杂分布,使得整个芯片失效。

如图9-25所示,杂质离子的扩散既包括向硅体内的纵向扩散,也包括水平方向的横向扩散,横向扩散的距离一般是结深度的0.75～0.85倍。横向扩散导致了P-N结面积的增加,对寄生电阻与电容都有一定影响,是设计半导体工艺时必须考虑的因素。

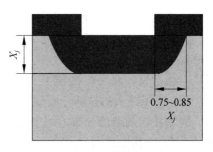

图9-25 杂质横向扩散

2) 离子注入

(1) 离子注入的设备和源。

在热扩散法中,杂质的表面浓度和扩散深度有关,杂质浓度最大的地方在硅的表面,杂质的分布只能获得高斯分布。这些限制了对杂质浓度和深度的进一步控制。而离子注入则可以更加精确地控制杂质数量并灵活调节其分布。离子注入设备的结构如图9-26所示。离子注入的源有气体源和固体源两种,在半导体工艺中通常使用气体源。通过保持低压的情况对气体源进行放电,使电子轰击气体原子打破其化学键产生离子和离子团,如电子轰击BF3原子产生B^+、BF^+、BF^{2+}、BF^-等离子。

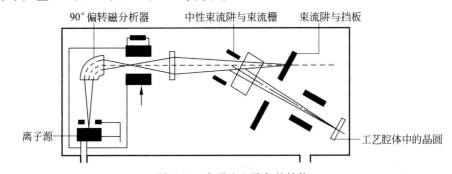

图9-26 离子注入设备的结构

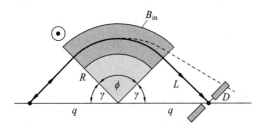

图9-27 质量分析器

生成的离子在经过电压加速后进入如图9-27所示的质量分析器中。通过施加与运动方向垂直的磁场B,离子进行半径为R的圆周运动,其取值为:

$$R = \frac{1}{B}\sqrt{2\frac{m}{q}V_{\text{ext}}} \quad (9\text{-}17)$$

所有离子经过相同的外加电压V_{ext}加速,因此圆周运动的半径由离子核质比m/q决定。质量分析器圆弧轨道的半径固定,在出口处有狭缝,通过这种方式可以筛选出想要的杂质离子。

离子离开质量分析器后进入加速管,加速管两端施加加速电压,使杂质离子加速到能够穿透晶圆表面的速度,加速的速度决定了离子注入硅体内的深度。在离子加速后,需要通过如图9-28所示的静电偏转系统才能注入晶圆。静电偏转系统通过产生电场,使得只有带电荷的杂质离子才能在电场的作用下偏转射入晶圆上,而中性的杂质原子不偏转因而不会射向晶圆。虽然离子注入设备内部被抽至高度真空,但是仍会有痕量气体分子存在。杂质离子撞击到这些气体分子后可能获得电子变为中性原子。静电偏转系统排除这些中性原子,保证了掺杂的一致性,因为杂质离子撞击气体分子后势必损失一定的速度。此外,离子注入设备是通过电流来检测掺杂量的,排除中性原子也能保证对掺杂量的准确控制,避免过度掺杂。

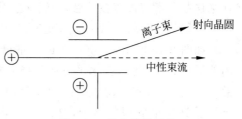

图 9-28 静电偏转系统

(2) 离子注入的杂质分布。

离子注入的杂质分布不同于热扩散预注入的杂质分布,杂质浓度的最大值不出现在硅表面处,而出现在硅体内的一定距离处。如图 9-29 所示,随着入射杂质离子的能量越大,杂质分布的最大值点越深入硅体内。因此离子注入可以实现深入硅体内较大距离的区域的掺杂。离子注入的杂质分布可以用高斯分布进行描述。注入后通过加热也可以实现杂质在硅体内的扩散,控制掺杂区域的尺寸。

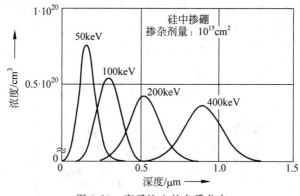

图 9-29 离子注入的杂质分布

(3) 晶格损伤。

在离子注入的过程中,杂质离子轰击硅晶格,可能造成晶格结构的损伤。同时杂质可能并不形成替位缺陷,而是射入晶格缝隙形成间隙缺陷。可以通过高温退火工艺修复晶格损伤并且使杂质形成替位缺陷,如图 9-30 所示。炉中退火将晶圆放置在通氢气的加热炉中,加热至 600℃～1000℃ 保持 15～30min。而快速热退火技术则通过脉冲激光将晶圆表面迅速加温至 1000℃ 以上,在几秒内迅速地完成退火。

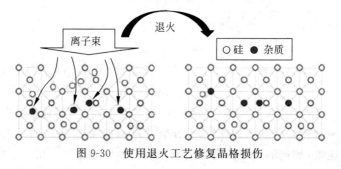

图 9-30 使用退火工艺修复晶格损伤

通过掺杂,硅的电阻率能够发生数量级的改变。

6. 刻蚀

刻蚀就是通过物理与化学方法将下层材料中没有被上层掩膜材料掩蔽的部分去掉,从而在下层材料上获得与掩膜图形完全对应的图形(见图 9-31)。刻蚀工艺的主要目标是将光刻形成的图形精确地转移到晶圆表面。

刻蚀工艺的指标有如下几个。

均一性：$\left(\dfrac{R_{\max}-R_{\min}}{2R_{\text{ave}}}\right)\times 100\%$，衡量各个位置刻蚀深度的一致性，理想情况下，各处刻蚀的深度应该一致。

过刻率：$\left(\dfrac{\text{额外刻蚀时间}}{\text{目标刻蚀时间}}\right)\times 100\%$，衡量超出目标刻蚀厚度的程度，理想情况应该无过刻。

各向异性：$1-R_h/R_v$，衡量刻蚀的方向性，理想情况应该只有竖直方向被刻蚀，刻蚀产生的台阶应该垂直于水平方向。

选择比：R_f/R_s，衡量对目标材料和其他材料的刻蚀能力，理想情况应该只有目标材料被刻蚀，而其他材料不应该被刻蚀。

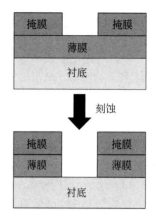

图 9-31　刻蚀工艺

1）湿法刻蚀

湿法刻蚀是最早使用的刻蚀工艺。如图 9-32 所示，湿法刻蚀将晶圆在液体刻蚀剂中浸泡一定的时间，通过刻蚀剂和与材料发生化学反应实现刻蚀，刻蚀完毕后去除晶圆进行漂洗和甩干。湿法刻蚀通常用于刻蚀尺寸大于 $3\mu m$ 的产品，更小尺寸的图形需要利用更精准的干法刻蚀进行。

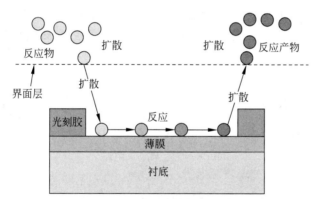

图 9-32　湿法刻蚀

湿法刻蚀的均一性通过加热和搅拌进行控制。因为湿法刻蚀是一种化学刻蚀，所以具有很好的选择比，能够干净地去除顶层材料而不刻蚀掉下一层的材料。通常湿法刻蚀的时间设定为最小以保证刻蚀的均一性和高生产效率。湿法刻蚀的最大刻蚀时间为光刻胶能够黏附在表面的最长时间。刻蚀不同材料的薄膜通常需要不同的刻蚀剂和刻蚀条件。

虽然湿法刻蚀的工艺相对简单，但是其具有如下许多缺点。

(1) 湿法刻蚀只能刻蚀尺寸大于 $2\mu m$ 的图形。

(2) 湿法刻蚀是各向同性刻蚀，不但会向竖直方向刻蚀，也会向水平方向刻蚀，刻蚀形成的侧壁不陡直。

(3) 湿法刻蚀需要清洗甩干。

(4) 湿法刻蚀的刻蚀剂通常具有强腐蚀性或者有毒,使用起来比较危险。

(5) 液体内的反应容易引入其他污染。

(6) 当光刻胶没有很好地黏附在晶圆表面时,刻蚀剂会渗入光刻胶下方并刻蚀下方的材料。

2) 干法刻蚀

在先进的制程中,通常使用干法刻蚀取代湿法刻蚀来对小尺寸的图形进行刻蚀。干法刻蚀的主要刻蚀介质是气体和等离子体,在干燥的条件下对晶圆进行物理和化学刻蚀。干法刻蚀根据原理可以分为三类:反应气体刻蚀、离子束刻蚀和反应离子刻蚀。

(1) 反应气体刻蚀。

反应气体刻蚀(见图9-33)的原理和湿法刻蚀类似,区别在于反应气体刻蚀使用气体反应物进行刻蚀。反应气体刻蚀过程中生成挥发性反应产物,不需要漂洗和甩干操作,消除了引入污染的可能。反应气体刻蚀与湿法刻蚀一样,具有高选择比,但是刻蚀的各向异性差。

  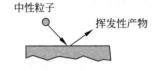 

图 9-33 反应气体刻蚀

(2) 离子束刻蚀。

离子束刻蚀(见图9-34)不同于前面的刻蚀,它是一种物理刻蚀。离子束刻蚀利用射频电磁场将氩气(Ar)电离生成氩离子,对氩离子施加竖直方向电场使其轰击晶圆表面,将晶圆表面材料轰离,从而达到刻蚀的效果。离子束刻蚀是一种各向异性的刻蚀方法,刻蚀产物是非挥发的(即被轰离的刻蚀材料)。

  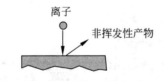

图 9-34 离子束刻蚀

(3) 反应离子刻蚀。

反应离子刻蚀(见图9-35)结合了反应气体刻蚀和离子束刻蚀的原理。通过在低压下施加交频电磁场,使反应气体电离成为等离子体,并在竖直方向施加电场,使得离子沿竖直方向射向晶圆表面。离子与中性反应气体分子的耦合作用加速了化学反应,使得竖直方向的刻蚀速度大于水平方向的刻蚀速度。因此反应离子刻蚀相较于反应气体刻蚀具有较好的各向异性,但是离子的引入使得其选择比可能弱于反应气体刻蚀。

 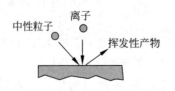

图 9-35 反应离子刻蚀

如图 9-36 所示,通过溅射聚合物阻挡层,可以大大提高刻蚀的各向异性。在竖直电场的作用下,离子定向移动轰离底部的聚合物阻挡层。露出的底部材料与反应气体发生化学反应,而侧壁的聚合物阻挡层未被轰掉,保护了侧壁免受刻蚀。

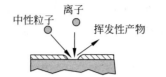
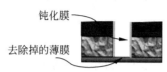

图 9-36 聚合物阻挡层配合反应离子刻蚀

表 9-2 展示了不同材料进行干法刻蚀的反应气体。刻蚀硅和氧化硅通常采用氯元素,而刻蚀铝和其他金属通常采用氟元素。

表 9-2 不同材料进行干法刻蚀的反应气体

薄　膜	刻　蚀　剂	典型的气体化合物
铝	Cl	BCl_3、CCl_4、Cl_2、$SiCl_4$
钼	F	CF_4、SF_4、SF_8
聚合物	O_2 DF_4、SF_6	
硅	Cl、F、CF_4、SF_4、SF_6	BCl_3、CCl_4、Cl_2、$SiCl_4$
二氧化硅	Cl、F	CF_4、CHF_3、C_2F_6、C_3F_8
钽	F	"
钛	Cl、F	"
钨	F	"

常用的干法刻蚀的设备主要有 CCP(Capacitively Coupled Plasma,电容耦合等离子体)和 ICP(Inductively Coupled Plasma,电感耦合等离子体)两种,分别用于刻蚀导体和电介质。

CCP 刻蚀设备(见图 9-37)通过将上下两个平行板电容连接射频电压源,产生射频电场,使反应气体电离形成等离子体。CCP 射频源的大部分能量转换为离子的动能,因此 CCP 刻蚀设备中离子的能量强,而产生的等离子体浓度相对较低。因为射频电场方向为竖直方向,CCP 刻蚀设备无法独立控制等离子体的浓度和离子能量。

与 CCP 刻蚀设备相反,ICP 设备(见图 9-38)通过将线圈连接射频电流源,产生射频磁场,射频磁场进而产生垂直于竖直方向的射频电场,使反应气体电离形成等离子体。ICP 刻蚀设备中的等离子体浓度高,而离子能量相对较低。同时 ICP 设备也可以在平行板电容上施加电场,可以独立控制等离子体的浓度和离子能量。

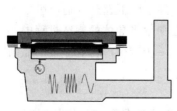

图 9-37 CCP 刻蚀设备

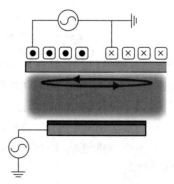

图 9-38 ICP 刻蚀设备

9.1.2 功率半导体芯片的制造工艺

随着人们对全球变暖等一系列环境问题的重视,对汽车节能减排的要求也越来越迫切,清洁低污染的新能源汽车已然成为了政府大力支持、车企大力研发、人民广为青睐的汽车界新宠。

而以电力作为能源的新能源汽车自然需要大量用到起着关键的电力控制作用的功率半导体芯片。目前占据功率半导体芯片市场主流的仍然是硅基功率半导体,所以其制造工艺包含硅基 CMOS 集成电路工艺中的光刻、沉积、掺杂、刻蚀等基本步骤,这在 9.1.1 节中已经进行过简要介绍。本节将重点介绍功率半导体工艺中与 CMOS 工艺有所不同的部分,主要是晶圆减薄以及少子寿命控制工艺。

1. 晶圆减薄

一个典型的垂直型功率 MOSFET 器件纵剖截面如图 9-39 所示。图中用电阻符号标注出了器件导通状态下,源极和漏极之间电流通路上各部分电阻的分布情况,其中 R_{sub} 表示 n^+ 型硅衬底的电阻。

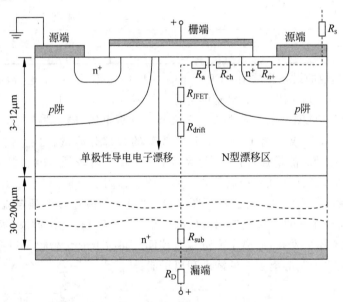

图 9-39 垂直型功率 MOSFET 器件纵剖截面图

晶圆背面的硅衬底越薄,硅衬底部分的电阻就越小,从而器件导通状态下总的导通电阻就越低,进而器件自身的电压降与功率损耗就越小。除了降低器件导通电阻之外,更薄的硅衬底还能促进功率器件散热。为了达到上述目的,在功率半导体的制造过程中,完成所有在晶圆正面进行的工艺流程之后,还要对晶圆背面进行一步减薄硅衬底厚度的晶圆减薄工艺。晶圆减薄工艺主要由机械减薄和应力释放这两步操作构成。

1)机械减薄

机械减薄主要是通过对晶圆背面进行机械摩擦来磨薄晶圆硅衬底的厚度,机械减薄主要可分为传统工艺和日本 DISCO 公司研发的 TAIKO 工艺两大类。

(1) 传统工艺。

传统工艺的机械减薄如图 9-40 所示,上方砂轮转动的同时,下面被吸附在卡盘上的晶圆也随卡盘一起转动,在砂轮的研磨作用下,整片晶圆各个部分的厚度都被同样地减薄,最终减薄后的晶圆如图 9-41 所示。

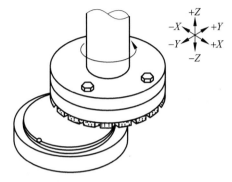

图 9-40　传统工艺的机械减薄装置的示意图　　图 9-41　传统工艺——机械减薄后的晶圆截面图

晶圆厚度减薄带来的负面影响是降低了晶圆的机械强度,和常规 700μm 左右厚度的晶圆相比,减薄至 200μm 以下的超薄晶圆在其自身重力的作用下就可能发生弯曲甚至断裂,所以传统工艺机械减薄之后的晶圆需要黏附在玻璃或者塑料载板上来得到机械支撑。

但是由于晶圆和载板之间的热膨胀系数不匹配,晶圆减薄后如果再进行一些背面金属化等高温工艺,晶圆和载板之间就会产生严重的热失配应力,这一点限制了由载板支撑的超薄晶圆的应用场景。

(2) TAIKO 工艺。

与传统工艺的机械减薄不同,如图 9-42 所示,TAIKO 工艺的机械减薄采用的砂轮尺寸要小于晶圆本身,并且减薄范围只限于晶圆内部,而距离晶圆边缘 2～3mm 的外圈部分并不被减薄,最终在晶圆外圈形成一个支撑环的结构,减薄后的晶圆如图 9-43 所示。由 TAIKO 工艺减薄后的晶圆中间薄的部分形似鼓皮,外圈的支撑环形似鼓身,整体就好似日本传统乐器——太鼓("太鼓"在日语罗马字中写作"Taiko"),TAIKO 工艺因此得名。

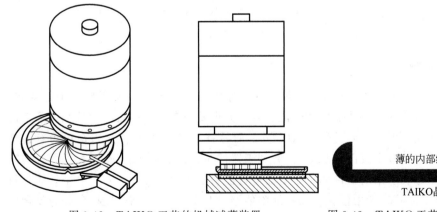

图 9-42　TAIKO 工艺的机械减薄装置的示意图　　图 9-43　TAIKO 工艺的机械减薄后的晶圆截面图

相比传统工艺，TAIKO 工艺减薄的晶圆受到外圈支撑环的机械支撑作用，晶圆的机械强度更高，翘曲程度更低，无须载板保护，不存在热失配应力问题，可以经受高温工艺，并且由于晶圆自身的机械强度足够高，还具有无须特殊的夹持和运送设备的优势。

然而 TAIKO 工艺也存在着一些缺点，首先是晶圆外圈的支撑环结构减少了晶圆的可用面积，此外，晶圆外圈的支撑环结构还会给芯片封装中的划片操作带来困难，所以需要在芯片封装之前额外引入一步通过机械或者激光切割来去除支撑环的操作。

2) 应力释放

无论是传统工艺还是 TAIKO 工艺，机械减薄不可避免地会在晶圆背面产生损伤，而这些损伤处容易产生应力集中，导致晶圆的机械强度降低，容易碎裂，所以机械减薄操作之后还要对晶圆再进行一步应力释放操作，其原理是通过刻蚀来去除晶圆背面表层的受损部分，如图 9-44 所示。

应力释放操作的具体实现方式主要有湿法刻蚀、干法刻蚀、化学机械抛光以及干法抛光。

(1) 湿法刻蚀。

湿法刻蚀又可按照所采用刻蚀剂的酸碱性分为碱性湿法刻蚀（氢氧化钾溶液）与酸性湿法刻蚀（氢氟酸、硝酸混合溶液），碱性湿法刻蚀的刻蚀速率低于酸性湿法刻蚀，但是具有更高的刻蚀选择比。

(2) 干法刻蚀。

干法刻蚀利用等离子体反应来刻蚀晶圆背面表层的受损部分，干法刻蚀可以有效地降低表面粗糙度，进而缓解应力集中问题，但是其缺点在于生产效率较低。

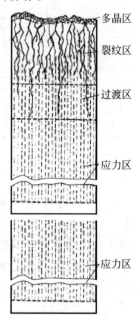

图 9-44　应力释放工艺原理的示意图

(3) 化学机械抛光。

化学机械抛光采用化学腐蚀与机械抛光协同作用的原理，在机械抛光过程中加入含有化学腐蚀剂和研磨颗粒的抛光液来促进抛光过程。

(4) 干法抛光。

干法抛光纯粹通过机械摩擦的方式来去除表面受损部分，相比前三种应力释放工艺，其优点在于无须化学试剂，对环境非常友好；缺点在于抛光速度非常慢。

2. 少子寿命控制

所谓"少子"就是少数载流子的简称，即 p 型半导体中的电子或 n 型半导体中的空穴。少数载流子的寿命对功率半导体器件的性能有着十分重要的影响，一方面，少数载流子寿命更长能够使器件导通态下的电阻更低，损耗更小；而另一方面，少数载流子寿命更短有助于缩短器件关断时间以及减少反向恢复电荷，有利于器件在高频下工作。所以，根据器件实际工作场景的性能指标要求来对器件的少子寿命进行控制是非常重要的。对于硅半导体材料来说，少子寿命主要由硅禁带中位置较深的缺陷能级，即"复合中心"来控制，合适的复合中心能够起到促进非平衡载流子复合，从而降低少子寿命的作用。向硅材料中引入复合中心主要有杂质原子扩散以及高能粒子辐射这两类方法。

1）杂质原子扩散

对硅材料进行杂质扩散是人们最早采用的少子寿命控制方法。理论上许多杂质元素都可以在硅材料的禁带中产生复合中心，然而实际被大量商用的只有金元素和铂元素，它们在硅禁带中引入的缺陷能级位置如图9-45所示。

金/铂元素扩散的工艺温度通常为800℃～900℃，通过调节工艺温度，可以改变金/铂在硅中的固溶度，从而调控掺杂浓度。完成高温扩散之后，需要对晶圆进行快速降温，以达到将杂质原子"冻结"在晶格中，从而将杂质浓度分布固定下来的目的。由于金和铂在硅中的扩散速度要比常规的杂质元素（如硼和磷）快得多，所以往往最终会形成靠近晶圆上表面处浓度更高的U形杂质分布，如图9-46所示。

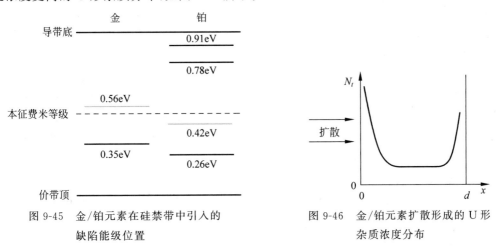

图9-45　金/铂元素在硅禁带中引入的缺陷能级位置

图9-46　金/铂元素扩散形成的U形杂质浓度分布

和铂元素相比，金元素用于少子寿命控制的优势在于其能够在器件正向导通压降与反向恢复电荷之间达到更好的折中效果；然而金元素的劣势在于它在硅的禁带中会引入一个位置特别靠近禁带正中央的缺陷能级，在器件阻断状态下，这一缺陷能级同样可以作为有效的产生中心，从而在温度升高时产生较大的反向漏电流。最后，无论是用金还是铂元素来进行少子寿命控制，它们有一个共同的缺点：扩散温度发生小的扰动就会造成器件特性发生很大的变化，这一点导致工艺重复性以及器件参数一致性较差。

2）高能粒子辐射

用高能粒子辐射的方法在硅材料中产生晶格缺陷，同样可以在硅禁带中产生较深的缺陷能级，起到引入复合中心的作用。常用的高能粒子有高能电子、γ射线、高能氢离子以及高能氦离子。用高能粒子辐射法来控制少子寿命有如下诸多优势。

（1）工艺可以在室温下进行。

（2）通过调控高能粒子剂量可以精确地调控少子寿命。

（3）工艺可重复性以及器件参数一致性好。

（4）对器件进行电学测试后还可以再用高能粒子辐射法调整少子寿命。

（5）如果测试发现辐射剂量过高，还可以对器件进行400℃退火来修复部分缺陷。

（6）相比杂质扩散法更加清洁，不会污染工艺设备。

9.1.3 MEMS传感器芯片制造工艺

支撑当今时代汽车智能化程度不断提高的除了汽车MCU越来越强大的算力之外,还有汽车传感器系统对汽车内部与外部环境信息越来越强的感知与采集能力。由于MEMS高度微型化、高度集成、易于大批量制造以及低成本的优势,汽车雷达、胎压监测、发动机管理等诸多系统中都大量采用了MEMS传感器。

MEMS传感器的加工制造仍然主要是基于硅衬底以及硅基CMOS集成电路工艺,下面重点介绍MEMS工艺中与CMOS工艺有所不同的部分,主要可分为体微加工技术和表面微加工技术。

1. 体微加工技术

体微加工技术是指通过刻蚀硅衬底来形成机械机构的一种工艺技术。9.1.1节介绍过CMOS工艺中的各同向性湿法刻蚀,MEMS不仅用它来去除不需要的材料层,还用来在硅衬底上刻蚀形成沟槽;除此之外,MEMS的湿法刻蚀工艺中还会用到一种硅的各向异性刻蚀。在干法刻蚀方面,除了一般的反应离子刻蚀,MEMS工艺中还会用到反应离子深刻蚀(Deep Reactive-Ion Etching,DRIE)。

1)湿法刻蚀硅衬底

为了在硅衬底上湿法刻蚀形成具有目标几何形状的沟槽结构,往往需要在硅衬底表面沉积一层耐刻蚀的二氧化硅或者氮化硅掩膜层,并且通过光刻加刻蚀的方法在合适的位置制作开口,如图9-47所示。

若采用氢氟酸溶液作刻蚀剂,则对硅衬底产生各向同性的刻蚀效果,刻蚀出的沟槽截面呈现出光滑的形状,并且会刻蚀到掩膜层下方的区域,如图9-48所示。

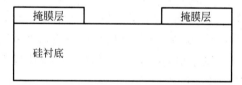

图9-47 硅衬底表面掩膜层开口

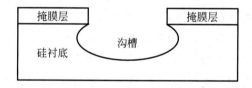

图9-48 氢氟酸溶液刻蚀硅衬底形成的沟槽形貌

若采用氢氧化钾溶液、四甲基氢氧化铵(TMAH)溶液或者乙二胺和邻苯二酚(EDP)溶液作刻蚀剂,则由于刻蚀剂沿硅的不同晶向的刻蚀速率存在巨大差异(氢氧化钾溶液在硅<110>、<100>和<111>晶向上的刻蚀速率比约为600:400:1),所以会产生各向异性的刻蚀效果;并且由于刻蚀剂沿硅<111>晶向的刻蚀速率极慢,所以最终刻蚀形成的沟槽结构的侧壁都是硅的(111)晶面。对于MEMS工艺经常采用的表面为(100)晶面的硅衬底,刻蚀出的(111)晶面沟槽侧壁与衬底表面之间呈54.74°夹角,典型的沟槽截面形状如图9-49所示。

2)反应离子深刻蚀

虽然常规的反应离子刻蚀已经能够取得竖直方向刻蚀速度大于水平方向刻蚀速度的方向选择性,但是其刻蚀出的凹槽内壁相对于深度方向仍存在一个夹角θ,如图9-50所示,难以形成一些MEMS机械结构所要求的侧壁垂直的高深宽比结构。

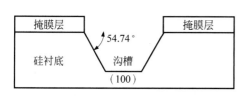

图9-49 各向异性湿法刻蚀(100)面硅衬底形成的沟槽形貌

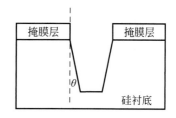

图9-50 常规反应离子刻蚀形成的凹槽内壁与深度方向间的夹角

反应离子深刻蚀工艺能够弥补上述常规反应离子刻蚀的局限,在硅衬底上形成侧壁垂直的高深宽比结构。反应离子深刻蚀工艺主要分为两种,即Bosch法和低温法。

(1) Bosch法。

Bosch法反应离子深刻蚀工艺于1996年由德国Bosch公司发明。其基本原理是在刻蚀过程中交替地向反应腔室中通入刻蚀气体与保护气体,通入刻蚀气体的阶段,反应腔室内发生反应离子刻蚀过程;而通入保护气体的阶段,保护气体在射频源的作用下产生的等离子体可以在刻蚀出的表面上形成钝化层。由于反应离子刻蚀在竖直方向上的刻蚀速率比较快,所以通入保护气体阶段在沟槽底面形成的钝化层在刻蚀阶段会被完全刻蚀掉,并且下面的衬底也会被刻蚀掉一定深度;而由于水平方向的刻蚀速度较慢,所以侧壁上的钝化层不会被完全刻蚀掉,相当于侧壁被钝化层完全地保护了起来。在上述刻蚀-侧壁保护的循环下,Bosch法反应离子深刻蚀最终能够形成侧壁垂直(但是侧壁表面形貌会有锯齿状起伏)的高深宽比结构,如图9-51所示。

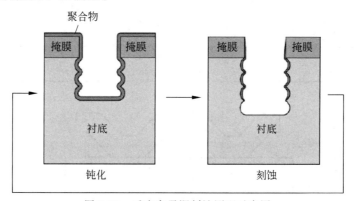

图9-51 反应离子深刻蚀原理示意图

(2) 低温法。

低温法反应离子深刻蚀要求晶圆表面反应温度达到-70℃甚至更低,基本原理如图9-52所示,在精确控制的反应条件下,六氟化硫与氧气混合气体作用于硅衬底,整个工艺过程中刻蚀与侧壁保护之间达到精细的平衡,从而刻蚀出侧壁光滑垂直的高深宽比结构。

低温法反应离子深刻蚀工艺的缺点在于对温度条件的敏感性较高,工艺稳定性与可重复性可能因此受到影响。

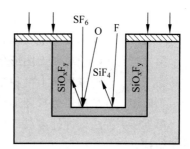

图9-52 低温法反应离子深刻蚀原理示意图

2. 表面微加工技术

表面微加工技术是指将 MEMS 器件制作在硅衬底表面的一种微加工技术。除了 9.1.1 节已经介绍过的 CMOS 工艺中的薄膜沉积之外，MEMS 表面微加工技术还包含十分重要的牺牲层工艺。这里所谓的牺牲层，是指为了最终能够实现悬空、镂空等复杂结构而在工艺的中间过程引入，并且在后续过程中还会被刻蚀掉的起到过渡作用的材料层。

简单来说，牺牲层工艺的一般流程包含以下 5 个主要步骤。

第一步：沉积牺牲层。

第二步：对牺牲层进行光刻、刻蚀等步骤，在上面形成预期的图形。

第三步：在牺牲层之上沉积结构层。

第四步：对结构层进行光刻、刻蚀等步骤，在上面形成预期的图形。

第五步：湿法刻蚀掉牺牲层，使得上面的结构层与衬底部分分离，形成悬空的可以自由活动的 MEMS 机械结构。

下面通过一个简单的多晶硅悬臂梁机械结构的制作工艺流程，如图 9-53 所示，对牺牲层工艺进行说明。

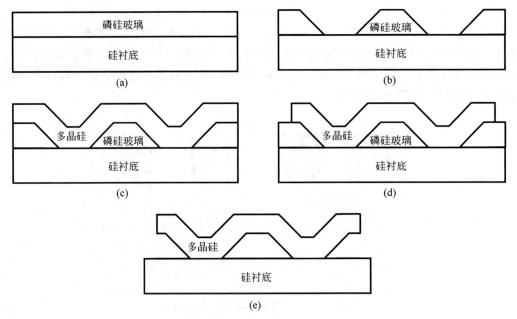

图 9-53　多晶硅悬臂梁机械结构的制作工艺流程

第一步：在硅衬底上沉积磷硅玻璃。

第二步：在磷硅玻璃上图形化出多晶硅梁与衬底接触位置的图案。

第三步：在磷硅玻璃上沉积多晶硅结构层。

第四步：对结构层进行图形化，产生需要的几何结构。

第五步：湿法刻蚀掉多晶硅结构层下面的磷硅玻璃牺牲层，最终得到部分悬空的多晶硅梁结构。

9.2 芯片封装

晶圆厂生产出的裸片（Die）已经具备了所有的电路功能，但在连接至板级电路之前，还需要进行封装。芯片封装通过将裸片安装在金属、塑料、玻璃或陶瓷的外壳以起到保护的作用，同时从外壳中引出金属引线或焊球，为芯片提供对外连接的引脚，便于其连接在板级电路上。这种类型的封装也被称为第一级封装，PCB（Printed Circuit Board，印制电路板）为第二级封装，系统外壳为第三级封装。

随着芯片集成度和电路复杂度的不断提高，封装对于芯片的性能与可靠性的提升变得至关重要。具体而言，半导体封装保护芯片在搬运和安装到 PCB 等过程中不受机械应力（振动、从高处坠落）、环境应力（如湿度和污染物）和 ESD（Electro-Static Discharge，静电放电）的影响。同时，封装是芯片用于电气测试、焊接和下一级互连的机械接口。封装还必须满足芯片物理、机械、电气、热等各种性能要求。在封装满足质量和可靠性的规格的同时，也应基于最终产品的成本效益对封装类型加以选择。总而言之，半导体封装是电子系统的重要组成部分。

在半导体工业的早期，大部分半导体封装是陶瓷或金属封装。因为最早使用半导体的是军事和航空航天工业，密封式陶瓷与金属封装能够最大程度抵御恶劣环境，保证可靠性，防止任何污染物，无论是气体、液体还是微粒，到达封装腔内的半导体芯片表面。然而这种材料的成本很高，由于其硬度和脆性，加工的难度也大。这种封装往往又大又重，这导致 PCB 和整个外壳也必须又大又重，以支撑它的重量，严重限制了系统的小型化和集成化。从 20 世纪 70 年代开始，半导体行业大规模转向使用有机材料和塑料封装，以节省成本并增加封装的集成度。目前部分 MEMS 仍然采用陶瓷封装。

DIP（Dual In-line Package，双列直插式封装）是最早的广泛采用的封装类型。如图 9-54 所示为长方形塑料封装，长方形两侧伸出金属排针。DIP 的引脚焊接在 PCB 的穿孔中，往往会带来较大的寄生电容和电感，而且占用较大面积。到 20 世纪 80 年代末，SMT（Surface Mounted Technology，表面贴装技术）出现，基于 SMT 的 QFP（Quad Flat Package，方型扁平式封装）逐渐取代 DIP，成为最主流的芯片封装类型。如图 9-55 所示，QFP 封装为方形封装，引脚从四侧引出。不同于 DIP，QFP 的引脚直接被焊在 PCB 的焊点上，大大降低了寄生电容和电感并增加了集成度。

图 9-54　DIP 示意图

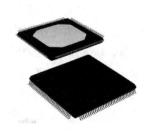

图 9-55　QPF 示意图

芯片封装用到了多种不同物理性质的材料，应用范围最广的是用作电路连通的金属材料，如金、铜、铝、锡等，这种金属需要满足电阻低、物理性质稳定、热导率高、熔点不至于过高等要求。如何在限定成本的条件下找到最合适的金属材料，是封装技术的一个关键问题。表9-3展示了封装中经常涉及的一些材料及其物理性质。

表9-3 半导体封装涉及的材料及其物理性质

材 料	热膨胀系数 （$\times 10^{-6}$/℃）	密度/ (g/cm^3)	热导率/ (W/m·K)	电阻率/ (μΩ·cm)	抗拉强度/GPa	熔点/℃
硅	2.8	2.4	150	N/A	N/A	1430
模塑料	18~65	1.9	0.67	N/A	N/A	165(T_g)
铜	16.5	8.96	395	1.67	0.25~0.45	1083
铁镍定膨胀合金	4.3	N/A	15.9	N/A	0.64	1425
金	N/A	19.3	293	2.2	N/A	1064
共晶铝合金	23.8	2.80	235	2.7	83	660
锡铅焊料	23.0	8.4	50	N/A	N/A	183
氧化铝	6.9	3.6	22	N/A	N/A	2050
氮化铝	4.6	3.3	170	N/A	N/A	2000

为了保证芯片与系统接口标准的统一，芯片封装的标准由JEDEC（Joint Electron Device Engineering Council，固态技术学会）统一规划。JEDEC是EIA的下属机构，为整个电子行业制定产业标准。所有注册的封装信息都可以从JEDEC官网的出版物95（JEP95）上找到。

目前汽车电子芯片封装可以按照功能分为三类：CMOS封装、MEMS封装和功率半导体封装。

9.2.1 CMOS封装

CMOS集成电路是最普遍的芯片类型，涵盖了最主流的数字电路和模拟电路芯片，汽车上的大多数芯片，如MCU、AD/DA等都属于CMOS集成电路。CMOS集成电路对成本十分敏感，可靠性要求高，一般采取成熟的引线框架封装（Lead Frame Package），这种封装通过打线（Wire Bonding）使裸片和导线架被线材连接起来，打线的工艺流程如图9-56所示，主要由两步焊接完成。首先将线材安装在瓷嘴（Capillary）上，在瓷嘴的开口处施加高压电，使线材熔融，形成熔融金属焊球，这个过程称为放电结球（Electronic Flame Off）。然后将熔融的焊球压至裸片上的引脚（Pad）处，完成第一焊（First Bond）。然后移动瓷嘴至导线架的引脚（Pin）上方，移动的过程中线材从瓷嘴中穿过，形成连线的结构。最后下压瓷嘴完成第二焊（Second Bond），并且截断线材。完成一次打线后重复同样的步骤，直到所有引脚焊接完毕。为了增加接合强度，在第二焊接点处，再压上一颗球，称之为BBOS（Bond Ball on Stitch）；或先压上一颗球，再把第二焊接合在球上，称为BSOB（Bond Stitch on Ball）。

目前打线封装的工艺基本实现了自动化操作，图9-57展示了转移压膜机的基本结构，通过预先设定操作流程，转移压膜机就可以自动地为芯片打线。

以汽车上数量最多的MCU芯片为例，几款主流的汽车MCU封装形式如表9-4所示，

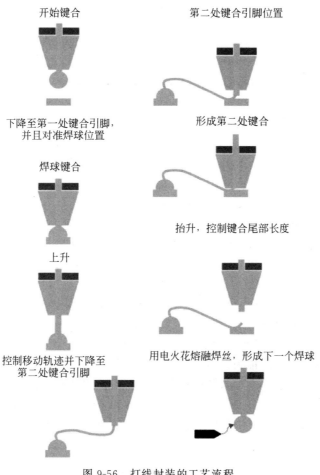

图 9-56　打线封装的工艺流程

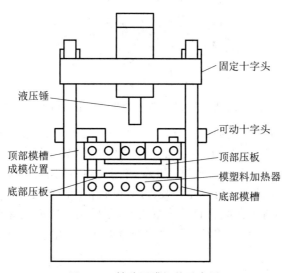

图 9-57　转移压膜机的示意图

可以看到几乎均采用 QFP。为了进一步减小寄生电容和电感，提高集成度，车用 MCU 一般使用 LQFP(薄型 QFP)。

表 9-4　主流汽车 MCU 的封装形式

芯片	NXP S32K	Cypress	RH850	AC781x	ASM3XA
厂商	恩智浦	英飞凌	瑞萨电子	杰发科技	赛腾微
封装	LQFP	LQFP	FQFP	LQFP	QFP

9.2.2　功率半导体封装

功率半导体是汽车电气系统的核心,相较于 MCU,功率半导体的封装更注重电气性能(Electrical Performance)、热量管理(Thermal Management)和机械应力(Mechanical Strength),同时也兼顾功率模块尺寸与集成度。

功率半导体封装的连线方式主要有焊合(Solder)、银烧结(Silver-Sintering)和瞬时液相连接(Transient Liquid-Phase Bonding)。连线方式的选择需要考虑线材的熔点、热导率和热膨胀系数(CTE),目前铝是最主流的线材。因为电流密度大及热容量小,线材通常需要承受快速大幅度温度周期变化,这个过程中热胀冷缩产生的应力可能会导致连线断裂或剥落。事实上,连线的破坏已经是功率模块失效的主要原因。因此在选择连线材料时,业界逐渐把目光从铝转移到电导率与热导率更高,热膨胀系数更低的铜上。

如图 9-58 所示,在功率半导体封装中,芯片一般被焊在一个基盘上,基盘下面有散热模块,这样可以提升芯片的散热能力并为芯片提供机械支撑。在基盘和散热模块之间用热导率高的热胶连接,这层热胶填充芯片与散热模块之间的缝隙,以此减小接触热阻。基盘通常由碳化硅铝(AlSiC)或铜制成。为了同时保证低热膨胀系数和高热导率,也会选取合金材料,如钨铜、钼铜合金等。在更先进的封装中,散热模块被集成在基盘中,以进一步提升散热能力和集成度。

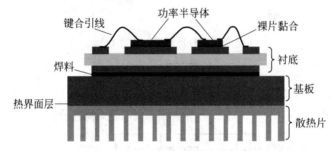

图 9-58　通过导热材料安装在散热模块上的功率半导体

通常来说,功率半导体封装的外壳至少有两层。为了保证绝缘以限制漏电流,裸片的顶部表面覆盖一层薄钝化层,这层钝化层通常是聚酰胺材料,具有很高的击穿电场,达到 100～280kV/mm。在钝化层之上的外壳层进一步隔离模块内不同的传导区域,保护模块不受环境的影响。通常,这一层的材料可以是硅胶、环氧树脂和硅酮弹性体。外壳材料的厚度由电压和温度决定。由于传统的封装材料导热系数低,业界正在研究用无机材料如陶瓷作为外壳,研究人员预估陶瓷外壳可以将功率模块的寿命提高 3.5 倍。

9.2.3　传感器芯片封装

随着自动驾驶技术的发展,越来越多的传感器模块,如雷达传感器、CMOS 图像传感器等,被安装在汽车上,这些传感器模块的封装要求更高的集成度以满足性能和成本的要求。随着传感器芯片封装技术的不断进步,汽车 MEMS 传感器芯片的封装逐渐从引线框架封装发展为系统级封装(SIP)。不同于传统的每个芯片独自封装,SIP 将多个芯片封装在一起,提高了集成度。因为芯片之间的互连不需要经过板级电路,互连导线引入的寄生效应被大大抑制,使得芯片间可以用更大的带宽进行数据交换,提高了系统的性能,增加了系统的可靠性。先进的传感器往往需要先进的封装技术,自动驾驶技术不仅令汽车配备了更多先进传感器,同时也为汽车芯片封装技术带来了新的发展动力。

参考文献

第10章 车规级芯片的可靠性生产管理

10.1 基本介绍

为了协调国际汽车质量系统规范，由世界上主要的汽车制造商及协会于1996年成立了一个专门机构——国际汽车工作组（International Automotive Task Force，IATF）。IATF的成员包括国际标准化组织质量管理与质量保证技术委员会（Technical Committee 176 of the International Standard Organization，ISO/TC176）、意大利汽车工业协会（意大利文全称为Associazione Nazionale Filiera Industria Automobilistica，ANFIA）、法国汽车制造商委员会（法文全称为Comité des Constructeurs Français d'Automobile，CCFA）、汽车装备工业联盟（Federation of Vehicle Equipment Industries，FIEV）、德国汽车工业协会（德文全称为Verband der Automobilindustrie，VDA）和汽车制造商，如宝马、克莱斯勒、菲亚特、福特、通用、雷诺和大众等。IATF推动和建立了世界各国汽车行业大都认可的质量管理体系标准和实施规范，即在ISO 9001基础之上建立的ISO/TS16949，并于2016年结合ISO 9001：2015标准发布了新版的汽车质量管理体系标准IATF 16949：2016。为了按照此标准进行第三方认证，IATF建立了一套完整的认证管理方案，包括IATF认证机构的要求、审核过程一般要求、审核、不同审核类型的管理、认证退出过程等。为了达到IATF 16949质量体系的要求，汽车工业行动小组（Automotive Industry Action Group，AIAG）联合各大汽车制造厂商开发了一系列质量管控方法，确保能够生产出高质量的产品并按时交付客户。其中5个核心的IATF 16949的质量工具分别如下。

(1) 产品质量先期策划（Advanced Product Quality Planning，APQP）。
(2) 失效模式与效果分析（Failure Mode and Effects Analysis，FMEA）。
(3) 测量系统分析（Measurement System Analysis，MSA）。
(4) 统计过程控制（Statistical Process Control，SPC）。
(5) 生产批准程序（Product Part Approval Process，PPAP）。

本章将结合实际的案例对这五大工具做一个基本的介绍，并通过一些简单的半导体行业中实际的例子来说明这些工具在芯片制造过程中的应用。

一个符合车规级芯片要求的生产企业通常会对生产过程有特别的管控，以保证能帮助客户满足车规级半导体芯片的高可靠性挑战和"零缺陷"的要求。晶圆代工厂也会给车规级芯片客户提供一个车规级别的半导体工艺平台，并提供额外的车规服务选项(Automotive Service Package)。而通常这些服务选项里会涵盖以下一些特别管控内容。

(1) 加强生产流程管控,增加额外的 SPC 的规则。

(2) 优选或指定制造设备。

(3) 更多在线检查并收紧报废条件。

(4) 收紧晶圆允收测试条件。

(5) 收紧芯片测试的测试条件,运用例如平均测试(Part Average Testing)和统计良率限制(Statistical Yield Limit)等基于统计分布的测试规格。

(6) 收紧晶圆外观出货检查标准。

除了增加检测和收紧检测的标准,车规的质量体系里还要求对一些特殊的情况有额外管控,在本章中将通过如下几个例子来说明企业是如何处理如下的情景的。

(1) 可疑批次隔离。

(2) 安全量产投放。

(3) 客户投诉的处理。

所有的这些措施和体系均是为了确保不合规和可疑的产品不会流出到客户端,造成可能的风险。此外,对整个生产流程的严格记录,使一旦发生问题,企业可以迅速地回溯发生问题的批次,迅速做出响应,将有可能发生问题的批次迅速隔离出来。在发生客户投诉的情况下,则可以利用系统的方法(如业界里常使用的 8D 问题解决法),迅速协助人们有计划地找到问题发生的根本原因,并可以快速地做出纠正。

另外,在汽车行业的供应链里,确保供应商有合格的质量管理体系,并且有能力对制造的过程提供严格的质量保障是非常重要的。而为了达到这一目的的其中一个很重要的工作就是对供应链中的企业做审核。在本章的最后,将会介绍汽车行业里常常用到的审核。这包含了对质量管理体系的审核和基于过程能力的审核。下面将分别介绍不同审核的主要内容和目的。

10.2 质量管控工具

10.2.1 产品质量先期策划

产品质量先期策划(APQP)概念中的核心在于"先期策划",即认为产品的质量是设计出来的,需要在项目的早期阶段就开始规划。所以 APQP 的实质是要求我们在项目管理的过程中提前将产品质量规划在内,把可能出现的问题在项目的早期就进行系统性的规划,则可以避免和防止失败发生。通过结构化的过程 APQP,目的是确保新工艺能增加客户的满意度。APQP 实现起来有 5 个阶段,分别是计划和定义;产品设计与开发;制造过程设计和开发;产品和制造过程的确认;反馈、评定和纠正措施。

第一阶段:产品计划和定义

第一阶段主要是确定范围和可行性评审阶段,这一阶段的主要任务为确定客户的需求,在该阶段的主要任务包含以下几项。

(1) 与客户沟通，获得与产品相关的要求以及文件。
(2) 了解客户的需求和对产品的期望。
(3) 识别满足客户要求的可能存在的约束条件和风险。
(4) 识别满足客户需求需要的供应商和制造流程。
(5) 完成产品制造方案的可行性分析。
(6) 收集和回顾历史数据和相关产品的质量信息。

在第一阶段中的输入信息为客户的呼声，包括对产品性能的要求、产品可靠性的要求等。而客户的要求可以通过多种方式来实现，例如，通过直接与客户面谈、问卷调查等。另外还可以通过对竞争对手产品的性能和质量标准做分析来实现，如分析以往类似产品的历史数据和过往的经验总结等。同时在这一阶段还需要定义大致的商业计划和营销策略，例如，产品开发的进度、客户对样品的需求节点和数量、对成本的要求、需要的研发资源等因素将有可能成为项目中的制约条件。而这一阶段的主要输出内容包含①设计目标，如目标产品规格书；②可靠性和质量目标，如可靠性验证标准、目标 PPM 等；③初步的设计和制造流程，如芯片所需要的封装形式、所需要的工艺制程；④产品验证计划，如测试的策略；⑤识别需要满足客户需求而需要的资源，包括项目的时间、研发资源以及生产产能的要求等，并且获得管理层的支持。而这些输出的内容则会作为下一阶段产品设计和开发的输入。

第二阶段：产品设计与开发

第二阶段是在对客户需求有了明确定义以后，基于上一阶段的输出，对工程和技术要求进行进一步深入的评审，以确保产品可以满足客户的需求和期望，本阶段包含的主要任务如下。

(1) 分析设计目标，通过建模和仿真数据评审，确保产品制造的可行性。
(2) 运用 DFMEA 工具，识别产品设计上潜在的问题和风险，并制订相应的计划做可能的改善。
(3) 识别满足客户需求的产品特殊特性，形成特殊特性列表。
(4) 编制测试验证计划来验证产品设计要素。
(5) 编制初版的过程流程图和样件控制计划。
(6) 编制防错措施降低产品风险。
(7) 确定产品质量保证计划，如质量认证实验列表。
(8) 设计变化管理的方案。

第二阶段的主要输出包含①设计失效模式和效果分析（DFMEA），通过该分析识别潜在的风险；②产品的设计和验证，这将包含例如芯片的版图的设计、芯片封装的设计方案等；③设计验证计划，如产品测试方案用来保证第二阶段客户的需求能够得以满足；④样品制造的控制计划，通常包含前端晶圆制造和后端封装测试过程的初版控制计划；⑤完成控制计划所需要的监控项目的相应测试设备以及能力的识别；⑥如果实现新产品还需要购置新的生产设备，则需要有详细的计划，保证新设备的导入和调试能够满足样品生产的需求。

第三阶段：制造过程设计与开发

第三阶段是为了满足客户期望和产品要求，对产品生产制造过程的改进。在此阶段会运用过程失效模式及效果分析工具（PFMEA），识别制造过程中的潜在问题和风险，从而进行过程设计改进，保证实现一个有效的制造和生产过程以满足客户的需求。本阶段中的主要任务如下：

(1) 考虑产线、车间和设备的布局,形成制造过程流程图。
(2) 策划产品在生产过程中的实际移动路线。
(3) 运用 PFMEA 工具,识别制造过程中的潜在问题和风险,并制定相应的措施进行过程设计改进。
(4) 编制作业指导书。
(5) 形成生产所需要的设备和量具清单。
(6) 编制试产阶段的生产控制计划。
(7) 形成过程及设备能力研究计划以及测量系统分析计划。
(8) 形成并执行产品包装和运输规范。

第四阶段:产品和制造过程的确认

第四阶段是为了通过对生产试运行的评估来验证产品特性和过程特性,并形成生产件批准文件(PPAP),主要如下。
(1) 确定试产生产计划。
(2) 编制生产控制计划。
(3) 测量系统分析,形成测量系统可重复性和再现性报告。
(4) 对关键设备能力进行分析,形成设备能力报告。
(5) 初始过程能力分析,形成过程能力报告。
(6) 过程确认,形成试生产记录和试生产检验记录。
(7) 工时研究,形成标准工时研究报告。
(8) 生产件批准,形成外观批准报告、全尺寸检验报告、材料检验报告、性能试验报告、零部件提交保证书(PSW)。
(9) 包装评价,形成包装评价报告。
(10) 编制关键设备预防性维护计划。
(11) 编制量产交接清单。

第五阶段:反馈、评定和纠错措施

第五阶段是交付产品给客户,并搜集客户的反馈,以及对可能进行改进的地方进行不断的优化。本阶段的主要工作内容如下。
(1) 减少生产中存在的变异。
(2) 搜集客户反馈,对客户满意度进行评价。
(3) 对项目中学习到的经验进行总结和归档记录。

这一阶段的主要输出有①持续改进计划,通过减少生产制程中的变异来进行良率的提升或者成本的降低;②搜集客户的反馈,分析是否能够满足客户对产品性能、质量以及生产交期和成本的期望。当客户出现客诉时,是否能够及时提供反馈并纠正偏差;③总结经验教训,归纳出最佳实践措施,并以适当的方式将学习到的经验教训做归档,分享给公司里相关的人员,保证在将来的项目里这些经验教训和最佳实践措施能够得到有效的应用,避免重复相同的错误。请不要忽略这一步的作用,这些经验的积累对于公司来说相当有益处,这些过往的经验和最佳实践措施的积累将帮助项目组的人员能够在早期阶段识别风险,降低失败发生的可能性。

总而言之,APQP 是一种现代的质量管理理念,它认为质量是设计出来的,而这一理念尽量将质量的保障提前考虑。使用质量管理工具——APQP 的目的是提前识别质量问题,以便采取预防措施。另外,APQP 是一种用来确保产品最终能够使客户满意所需步骤的结构化方法,使用它可以提高工作效率以低成本提供优质产品。APQP 使策划过程具有可重复性,为改进提供便利,有益于质量管理,取得有效的结果。其最终的目的是最有效地引导资源使得客户的需求和期望能够得以满足。

10.2.2 失效模式和效果分析

失效模式和效果分析(FMEA)的目的在于系统性地分析产品的设计与工艺过程中的子系统和工序进行风险评估,并根据相应的结果采取措施以提高产品的质量与可靠性。该方法的核心在于预防潜在的失效,提前预判失效发生带来的影响。它作为一个重要的工具被用于 APQP 中产品和过程设计这个环节里,并贯穿于产品的整个生命周期中,作为一个衡量风险的工具被不断更新。

FMEA 的核心工作在于找出失效模式,失效带来的影响和产生失效的原因。3 个因素之间的关系如图 10-1 所示。

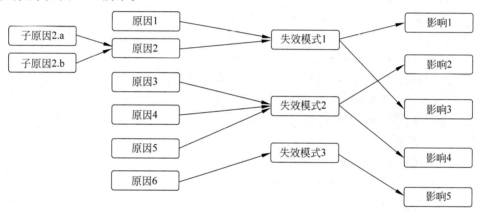

图 10-1 失效模式和效果分析中原因、失效模式和影响之间的关系

在 FMEA 中用风险优先指数(RPN)来衡量某个潜在失效的严重性。这个指数可以通过如下公式计算:

$$RPN = S \cdot O \cdot D$$
(S、O 和 D 的取值为 1~10 的任意整数) (10-1)

其中,S 是单词 Severity 的首个字母,代表该失效出现带来后果的严重程度,严重程度越高则该项目得分越高;O 是单词 Occurrence 的首个字母,代表该失效出现的频率,失效出现的越频繁则得分越高;D 是单词 Detection 的首个字母,代表该失效能被发现的可能性,失效越不容易发现则得分越高。RPN 为 3 个因素的乘积,因此它的取值范围为 1~1000,RPN 的分数越高则风险的严重程度越高。

FMEA 的评分通常会请有相关设计和制程经验的专家们作为评审员,评审员根据实际的数据、历史的经验给每一项评分。在开发新产品的过程中,初期的 FMEA 往往存在没有实际的数据作为风险评估的参考,这时评审员大多数会依赖以往的经验来评分,因此在评分上会存在一定的主观性。为了保证对风险评估存在可比性,通常会定义较为容易执行的打分规则给评审员作为参考。而芯片制造过程中通常参考用如下的规则来对 S、O 和 D 评分。

后果严重程度 Severity

1~3：影响很小，可以被忽略。产品性能可以达到标准，但有可能产品性能不稳定。

4~7：可能造成一定程度的废品率和返工，甚至有可能在工厂内部需要产生报废。

8~10：可能造成 0 小时的失效，可靠性的失效，最严重的问题可能对客户的生命安全产生危险。

失效出现的概率 Occurrence

1：问题几乎不会发生，失效率小于 10^{-4}% 或者发生概率小于 1 次/年。

2：失效发生的概率极小，失效率小于 2×10^{-3}% 或者失效发生概率小于 3 次/年。

3：失效发生的概率非常小，失效率小于 5×10^{-2}% 或者失效发生概率小于 1 次/月。

4：失效发生的概率很小，失效率小于 0.2% 或者失效发生概率小于 2 次/月。

5：失效可能发生，失效率小于 0.5%。

6：失效经常发生，失效率为 0.5%~1%。

7：失效发生的概率高，失效率小于 2.5%。

8：失效发生的概率非常高，失效率小于 5%。

9：失效发生的概率极其高，失效率小于 12.5%。

10：失效几乎一定会发生，持续发生且失效率>12.5%。

失效被发现的可能性 Detection

1：一定会被发现，出现问题时后续工序无法进行。

2：可以容易地被测量设备发现。

3：通过自动光学检测时无须人工干预即可被发现。

4：通过光学自动检测时可被发现，需工程师或技术人员协助。

5：人工手动检测时可被发现。

6：在本制程过程中很难被检测，但在下面的工序中可以很容易地被检测出来。

7：人工检测很难检测出问题。

8：只有在出货给客户的最后的检测中可以被发现，如产品的终测时。

9：季度抽查时会被发现。

10：无法在公司内部被发现。

在完成了 FMEA 和每项风险优先指数的评估后，通常需要对高风险项采取相应的措施来降低风险。这些措施一般可分为两种，第一种措施可降低可能发生的风险的概率，这样的措施通常是通过分析失效发生的根本原因，并直接对其进行优化来完成的。这样的措施可以降低风险评估中的 O 评分值。另外一种措施的目的在于提高失效被发生的可能性，通常通过改善现有的检测方法或增加额外的检测步骤来提高失效被发现的可能性，通过这样的手段来降低风险评估中 D 的评分值。通常第一种改善措施应该优先得以实施，从设计和制程上进行改进，降低失效发生的概率是一种最有效的提升产品质量的方式。

而企业里通常会定义一些规则来决定什么样的风险需要采取措施来改善。一个通常比较常见的规则是用 RPN=100 作为标准，即任何 RPN 大于 100 的风险均需要采取措施进行改善。如果最终改善无法将 RPN 的值降低到 100 以下，这时通常需要得到内部的特别审批。另外，有的企业还有持续改善计划，即使所有的 RPN 都达到了标准，还是会找到 RPN 值里最高的风险项进行持续改进。

表 10-1 为封装制程中一个假设的过程 FMEA 案例的截取部分，用这个简单的 FMEA

表 10-1 摘录一个典型的封装制程 FMEA 中的风险项目

制程步骤	功能	潜在失效	S	失效原因	O1	防止措施	检查措施	D1	RPN1	推荐改进措施	实施措施	O2	D2	RPN2
晶圆切割	将晶圆切割成可封装的单颗晶粒	芯片裂纹	8	切割刀片选择错误	3	标准操作流程	操作员每个批次选取一片晶圆目检	5	120	MES系统管控刀片选择	MES系统管控刀片选择	1	5	40
				切割菜单错误	1	MES菜单管控	操作员每个批次选取一片晶圆目检	5	40					
				Spanker 选择错误	2	Spanker ID 标注在工单，在标准操作流程中增加重复确认这一过程	各班次均进行黏合剂层厚度测试	5	80					
芯片键合	将芯片键合到引线框架上	黏合剂层厚度过小	8	Spanker 安装不佳	2	增加 Spanker 安装后的检验标准，每次安装后需确认是否符合标准	各班次均进行黏合剂层厚度测试	5	80					
				焊线给线速度太慢	2	检查焊线速度是否符合规范	各班次均进行黏合剂层厚度测试	5	80					
				氮气流量过大	2	操作员目检氮气流量	各班次均进行黏合剂层厚度测试	5	80					

续表

制程步骤	功能	潜在失效	S	失效原因	O1	防止措施	检查措施	D1	RPN1	改进结果			
										推荐改进措施	实施措施	O2	D2	RPN2
引线键合	打线连接芯片引线焊盘和引线框架	第1键合点脱离	8	键合超声能量错误	4	①月度设备保养和校准 ②设备在线监测超声能量转换器阻抗	①操作员对每个批次进行显微镜镜检 ②设备自动拉力测试	3	96					
				人工触摸键合线造成沾污	4	标准操作流程	操作员针对各批次均进行显微镜镜检	3	96					

MES：生产制造企业车间信息化管理系统。

例子来说明 FMEA 如何帮助我们衡量设计中的风险，并做出相应的改进。通过 FMEA 看到，封装过程中的切割这个步骤有发生芯片裂片的风险，而其中一个原因是切割刀的选择错误。而风险优先值经过评估，RPN 大于 100，因此又采取相应的改进措施，通过 MES 系统来管控刀片的选择，这样可以降低风险发生的频率。通过改善使 RPN 的值降低到 100 以内。

从以上的例子可以看出，FMEA 是一个量化的风险评估工具，它在芯片设计和制造中得到了广泛的应用。有车规级要求的芯片尤其需要注重 FMEA，保证在早期阶段就利用该工具对可能产生的风险做出评估，并采取相应的措施管控风险。有效的 FMEA 可以是低成本地对产品和制程进行改善，避免在后期发生危机后再重新修改，保证新产品开发的时间和成本都能够被缩短。

另外需要指出的是，FMEA 不是一个只需要在产品开发阶段生成的静态文档。它会伴随着整个产品的生命周期，并需要及时得到更新。例如，进入了量产阶段后，在生产过程中如果出现了未知的异常状况，或者出现了客诉，最终的分析结果指向了以前未被发现的风险，这时我们都需要将新的风险加入 FMEA 并进行评分。在引入工程变更等情况下也需要对 FMEA 进行重新审核。除此之外，随着生产数据的增多，也可以根据实际的数据对已有风险的评分进行更新。另外，FMEA 里面的风险优先指数过高的项目需要负责人进行改善，而改善后需要对风险进行重新打分，从而保证风险优先指数在可接受范围内。

10.2.3 测量系统分析

在进行生产过程的质量管控时通常都依赖于获得的测量数据，而测量数据的质量有高低之分。数据测量质量的高低取决于测量系统多次测量的统计特性。如果这些多次测量值均与实际参考值接近，那么则认为测量数据的质量很高；反之，如果部分或全部测量值与实际参考值偏离很远，那么则认为测量数据的质量很低。测量的过程实际上是一个制造数据的过程，获得高质量的测量数据则是保证产品质量的第一步。如果不能科学、客观地评价测量系统产生测量数据的可靠性，就无法对测量系统的有效性进行控制，质量管理和控制就失去了最基本的依据。因此，测量系统分析（MSA）是 IATF 16949 汽车行业质量体系标准中的重要组成部分。MSA 通过统计分析的手段，对构成测量系统的不同的影响因子进行统计变差分析和研究，并以此为依据来判断测量系统是否准确可靠。MSA 的目的是确定测量数据的可靠性，它实际上是一个对测量系统的监督检查程序，在一定程度上可以看作一个检验产品控制计划满足程度的把关程序。即对已判定为合格的零件进行抽样检查，经过科学的统计理论分析，找出因测量系统因素导致不合格的因素，并加以整改。

一个测量系统的好坏可以通过以下 5 个基本特性来衡量，这 5 个基本特性可以被分为两类：第一类特性用来衡量测量的准确性，即实际测量的平均结果与真实结果的差距。

（1）稳定性（Stability）：衡量一个测量系统是否能够随着时间的变化产生一致的结果。稳定的测量系统由时间引入的测量结果变异仅由普通原因而不是特殊原因造成。

（2）偏差（Bias）：衡量一个测试系统的平均测试值与实际值的差距。

（3）线性度（Linearity）：衡量测试系统的偏差在测量范围内的一致性。例如，某测试系统可能在某测试范围内偏差很小，而在另外的测试范围内偏差很大。

第二类特性则用来衡量测量的精确性,或者说测量结果的变异。

(4) 可重复性(Repeatability):衡量同一测试人多次测量同一样品时是否能够获得同样的数值。

(5) 可再现性(Reproducibility):衡量不同的测试人测量同一样品时是否能够获得同样的数值。

图 10-2 形象地显示出了测量系统准确性和精确性的区别。一个有能力胜任测量任务的测试系统应该满足如下几个基本要求。

(1) 测试结果随时间变化呈现统计稳定性。

(2) 测量的精确性,或者说测量系统带来的变异要小于被监控的制程参数的变异。

(3) 测量的准确性,或者说测量系统带来的变异要小于规格界限的范围。

(4) 测量系统的解析度要小于被监控的制程参数的变异。作为一个经验法则,测量系统的解析度应该小于制程参数变异的 1/10。如果测量系统解析度过大,则无法准确衡量制程参数的变异。

   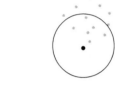

● 真实值
· 测量值

(a) 测量系统准确性和精确性都很好　　(b) 测量系统准确性很好,精确性不佳　　(c) 测量系统准确性不佳,精确性很好　　(d) 测量系统准确性、精确性均不佳

图 10-2　测量系统准确性和精确性的区别

1. 衡量测量系统的稳定性和偏差

测量系统的稳定性和偏差可以通过以固定的周期去测量标准件的方法来监控。利用统计过程控制(SPC)的方法,如 X-bar-R 控制图的方式可以监控测量系统是否处于受控状态,如果 SPC 控制图出现某种趋势,则有可能需要对测量系统进行重新校准。

2. 衡量测量系统的可重复性和可再现性

测试系统的可重复性衡量的是同一个测量者使用测量仪器测量同一个样品时的变异。这也有时被看作测量系统的自身的精确性。图 10-3 显示了不同的两个测量仪器在重复测量同一样本时测量结果的统计分布,可以看到仪器 B 相较于仪器 A 有更好的可重复性。如图 10-4 所示,不同的操作员在测量时还可能引入额外的变异,这种由于人员之间的差异引入的额外的变异可以由可再现性来衡量。

因此为了衡量测量系统的可重复性和可再现性能力,通常可以设计如下的实验,由不同的测量者使用被衡量的测量系统重复测量一定数量的样品。这时所有测量样本的总体变异由测量样本本身的变异 V_{Product}、仪器测量的可重复性变异 $V_{\text{Repeatability}}$ 和不同测量者的可再现变异 $V_{\text{Reproducibility}}$ 决定:

$$V_{\text{Total}}^2 = V_{\text{Product}}^2 + V_{\text{Repeatability}}^2 + V_{\text{Reproducibility}}^2 \tag{10-2}$$

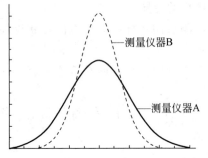
图 10-3 比较两个测量仪器的可重复性

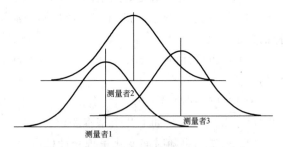
图 10-4 比较不同测量者测量的结果分布

而由于测量系统带来的总体变异为：

$$V_{R\&R} = \sqrt{V_{\text{Repeatability}}^2 + V_{\text{Reproducibility}}^2} \tag{10-3}$$

这时可以通过比较 $V_{R\&R}$ 占总体变异 V_{Total} 的比例，或者 $V_{R\&R}$ 与测试规格界限的范围的比例来衡量测量系统的变异是否可以被接受。具体选择哪一种方法作为衡量测量系统的标准取决于被测量数据的目的。如果测量系统是用来做统计过程控制的，则通常选择用 $V_{R\&R}$ 与总体变异 V_{Total} 作比较；如果测量系统的目的是衡量测量参数是否达标，那么通常将 $V_{R\&R}$ 与测试规格界限的范围做比较。根据经验法则，如果这一比例小于 10%，则测试系统可以被接受；如果大于 30%，则测量系统变异过大，需要做改进或优化；如果比例介于两者之间，则需要依据被测量数据的重要性以及提升测量系统的成本综合考虑是否需要做改进。举例来说，如果被监控的数据是 PPAP 的一部分，那么使用这样的测量系统则有可能需要请客户进行特批。通常改进的第一步是去衡量变异的主要来源是否是由不同的测试者造成的，如果是这种情况，对测试者做培训或者优化测试操作程序通常可以带来改进。

AIAG 的《测量系统分析手册》中提到了 3 种不同的方法分析测量系统的变异。第一种方法称为极差法，极差法是一种经修正的计量型量具的研究方法，此法能对被测量变差提供一个快速的近似值。这种方法只能对测量系统提供整体的变差情况，不能将变差分解成重复性和再现性。它通常被用来快速验证测量系统的可重复性和可再现性是否发生了变化。这种方法是在早期为了降低计算的难度所采用的近似的计算方法，在当前统计软件大量普及的情况下基本上不再采用。第二种方法称为平均值和极差法（XBar-R 法），是一种可同时对测量系统提供重复性和再现性估计值的研究方法。与极差法不同，这种方法可以将测量系统的变差分解成重复性和再现性两个独立的部分，但不能确定两者之间的交互作用。该方法可以很容易地以 Excel 的形式得以实现，因此在实际中得到了广泛的应用。第三种方法称为方差分析法（ANOVA 法），方差分析法除了可以将测量系统的变差分解成重复性和再现性两个独立的部分，还可以进一步将再现性划分为其操作员以及操作员与部件交互作用这两个要素。随着统计软件的大量普及，方差分析法也得到了比较广泛的应用。

本书不对 3 种方法做详细的介绍，但是希望用一个例子来说明实际操作中是如何设计 Gage R&R 的实验的，并利用平均值和极差法来快速计算测量系统的变异，作为判断测量系统是否需要改进的依据。在晶圆制造的过程中会利用光刻来实现图像从光刻版到晶圆光阻的转移。衡量这一过程的一个关键标准为光刻版里关键尺寸的大小（Critical Dimension，CD）。因此在每一步的光刻步骤中人们都会利用特别的监测图像来测量关键尺寸的大小。

下面来介绍如何设计一个 Gage R&R 的实验来衡量测试系统是否满足要求。

可以选取 3 个均受过训练且可熟练使用测量设备的测试者,并且提供 10 个随机抽样的能够代表正常制程水平能力的晶圆,并请每个测试者对每个样本进行 3 次测试。这 3 次测量的结果如表 10-2 所示。

表 10-2　设计衡量关键尺寸 CD 测量系统 Gage R&R 的实验

CD 测量 Gage R&R　　　LSL:1.9μm　　USL:2.1μm　　　　　　　　　　　　单位:μm

测试者	测量次数	样本									
		1	2	3	4	5	6	7	8	9	10
A	1	2.0204	2.0157	2.0007	2.0199	2.0077	2.0333	2.008	2.0098	1.9907	2.0273
	2	2.0271	2.0211	2.0096	2.0181	2.0096	2.0273	2.01	2.0148	1.9973	2.0324
	3	2.0254	2.0218	2.0057	2.0234	2.0105	2.0273	2.0132	2.0123	1.9878	2.0294
B	1	2.0234	2.0167	2.0176	2.0217	2.0037	2.0256	2.0057	2.0078	1.9936	2.0328
	2	2.0238	2.0254	2.0167	2.0229	2.0011	2.0293	2.0077	2.0053	1.9875	2.0352
	3	2.0333	2.0234	2.0151	2.0185	2.0077	2.0231	2.0089	2.0123	1.9919	2.0307
C	1	2.0356	2.019	2.0098	2.0343	2.0167	2.0254	2.0121	2.0062	2.0078	2.0236
	2	2.0277	2.0176	2.0061	2.0358	2.0098	2.0229	2.013	2.0149	2.0118	2.0241
	3	2.0335	2.0165	2.0041	2.0314	2.0082	2.0277	2.0148	2.0118	2.0053	2.0263

利用平均值和极差法可以分别计算出样本总体的变异,由测量系统的可重复性和可复现性引起的变异,以及样本本身的变异,结果如表 10-3 所示。这时可以计算得到测量系统引起的变异 $V_{R\&R}$ 与样本总体变异 V_{Total},以及测试规格范围的比值分别为 35.0% 和 9.7%。基于这个结果可以得到如下的结论:如果该测量系统是用来做 CD 的 SPC 监控,目的是衡量光刻这一过程是否受控,那么测量系统重复性和复现性带来的变异相比于制程本身的能力过大,因此测量系统需要被改善;如果该测量系统的目的是判断 CD 的范围是否在规格上下限内,那么该测量系统由于重复性和复现性带来的变异是可被接受的。

表 10-3　根据平均值-极差法评价测量系统的可重复性和可再现性的结果

变异来源	数值	V_x/V_{Total}	$V_x/(USL-LSL)$
V_{Total}	0.05536		
$V_{Repeatability}$	0.01767	31.9%	8.8%
$V_{Reproducibility}$	0.00801	14.5%	4.0%
$V_{R\&R}$	0.0194	35.0%	9.7%
$V_{Product}$	0.05185	93.7%	25.9%

10.2.4　统计过程控制

过程控制系统是一个反馈系统,而基于统计的过程控制是其中的一类。控制系统的四大要素如下。

(1) 过程。

(2) 关于过程性能的信息。

(3) 对过程采取措施。

(4) 对结果采取措施。

仅仅对输出进行检验并采取措施可以作为一种临时的措施,并不是一种有效的过程管理方法。而生产中更应该将重点放在过程信息的收集和分析上,以便对过程本身采取纠正措施。

生产过程包含很多引起变异的原因,这些因素通常可以分为以下五大种类:操作的人员、生产的机台、使用的物料、操作的方法和生产的环境。每个种类中又有可能存在多种的因素,例如,生产环境下温度、湿度、光线和振动都会对生产造成影响,因此没有两件产品是完全一样的。这些原因有的是短期的,有的则经过较长的时间逐渐对输出产生影响。当对收集的一组数据进行分析时,会发现它们一般会趋于形成一个分布,并由以下特性描述。

(1) 中心值。

(2) 分布宽度(最大值和最小值的距离)。

(3) 形状(对称、偏斜等)。

而造成变异的原因可以分为普通原因和特殊原因两种。普通原因指的是那些即使经过了小心的控制后还无法排除的、随机的、始终作用于过程的误差来源。随着时间的推移,普通原因产生的误差会是一个稳定的且可重复的分布。通常当过程输出的变异的来源是多种普通原因造成的时,根据中心极限定理,输出的特性会呈现正态分布,在这种情况下称该过程处于统计上受控状态,或简称为受控。在统计受控状态下,该过程的输出是可预测的。

特殊原因指的是一些间隙发生的,以不可预测的方式影响过程输出的原因。当有特殊原因影响时,通常输出表现为输出出现非随机模式,随着时间的推移,输出变得不稳定。当出现这种状况时,应当识别出这些原因。如果特殊原因对输出结果有害,要想办法消除它;如果原因都是有利的,则应该想办法加以利用,使其成为过程中恒定的一部分。

统计过程控制(SPC)的核心就在于它是利用统计的方法来监控过程的状态的,用其来发现生产过程是否处于受控状态。该方法可以对生产过程进行客观的评价,提示过程可能处于由非随机因素影响下的非受控状态。因此人们可以及时采取措施消除其影响,保证过程处于仅受随机性因素影响的受控状态,以达到控制质量的目的。而使用这一方法的基础是过程的波动具有统计规律性。当过程处于受控状态时,过程特性一般服从稳定的随机分布;而失控时,特性的分布也将发生变化。统计过程控制正是利用过程波动的统计规律性对过程进行分析控制。统计过程控制强调过程在受控和有能力的状态下运行,而在这样的状态下生产制造的产品则能够稳定地满足客户的要求。

芯片生产的过程必须是稳定、可重复的。企业中的管理层、工程师和线上的操作员都要不断地投入精力优化生产过程,降低生产过程中的变异性。统计过程控制是一种借助数理统计方法的过程控制工具。它对生产过程进行分析评价,根据反馈信息及时发现系统性因素出现的征兆,并采取措施消除其影响,使过程维持在仅受随机性因素影响的受控状态,以达到控制质量的目的。利用统计的方法来监控过程的状态,确定生产过程在管制的状态下,以降低产品品质的变异。

实施统计过程控制的前提是已经完成了10.2.3节介绍的测量系统分析,保证测量系统自身的变异相对于我们希望监控的制程本身的变异是足够小的。通常认为测量系统的带来的变异在总体变异的10%以内的测量系统是比较理想的。

实施统计过程控制的过程一般分为两大步骤:首先用统计过程控制工具对过程进行分析,如绘制分析用控制图等;根据分析结果采取必要措施:可能需要消除过程中的系统性因素,也可能需要管理层的介入来减小过程的随机波动以满足过程能力的需求;其次则是用控制图对过程进行监控。

控制图是统计过程控制中最重要的工具。控制图的种类有很多，分别用于不同类型数据的监控。目前在实际中大量运用的是基于 Shewhart 原理的传统控制图。近年来又出现了一些更为先进的控制工具，如对小波动进行监控的 EWMA 和 CUSUM 控制图、对小批量多品种生产过程进行控制的比例控制图和目标控制图，以及对多重质量特性进行控制的控制图。

控制图的目的是用来监测生产过程中可能出现的偏差，以便于及时发现、纠正问题的来源，使生产过程重新处于受控状态。控制图主要分为计量型和计数型控制图。图 10-5 列举了一些常见的控制图。被控过程本身决定了使用何种类型的控制图：如果取自过程的数据是类似"通过/不通过"这样的离散型数据，则通常会使用计数型控制图；如果数据是类似长度、重量等连续型的数据，则通常使用计量型控制图。在条件允许的情况下，好的过程控制优选计量型数据，这种类型的数据提供了更多有用的信息。相比之下计数型数据提供的信息更少，可能需要抽取更大的样本，才能使得结果有同样的置信度。

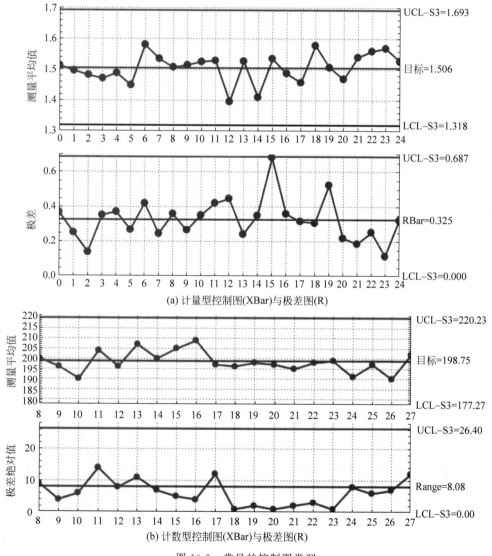

图 10-5　常见的控制图类型

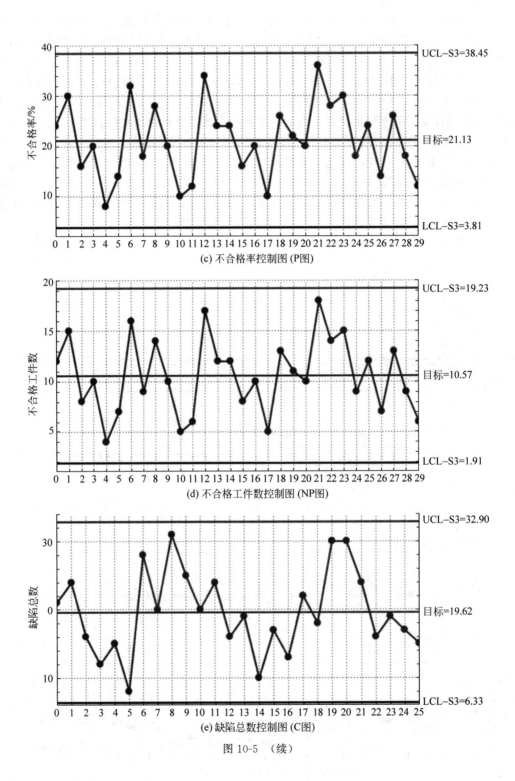

图 10-5 （续）

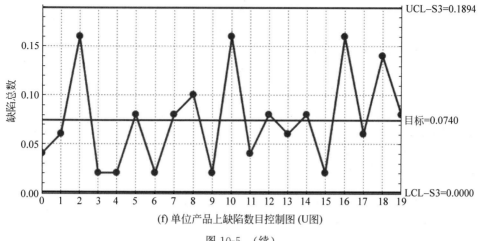

(f) 单位产品上缺陷数目控制图 (U图)

图 10-5 （续）

控制图的实质则是一系列的假设检验（Hypothesis Testing），用于判断被检验的生产过程是否处于可控状态。假设检验的基本思想是"小概率事件"原理，其统计推断方法是带有某种概率性质的反证法。小概率思想的核心是指小概率事件在一次试验中发生的可能性非常低。因此可以先提出检验假设，再用适当的统计方法，利用小概率原理，确定假设是否成立。判断的方法为反证法：为了检验一个假设 H_0 是否正确，首先假定该假设 H_0 正确，然后根据样本对假设 H_0 做出接受或拒绝的判断。如果样本观察值导致了"小概率事件"发生，那么很有可能是因为假设出现了错误，这时就应该拒绝假设 H_0，否则应接受假设 H_0。控制图中在控制线范围内的一个测量点代表了接受"生产过程是可控"的这一假设。反之，控制范围内的一个测量点则代表了拒绝"生产过程是可控"的这一假设。

我们做假设检验时会发生两种类型的错误。当假设 H_0 正确时，小概率事件也有可能发生，此时我们会拒绝假设 H_0。因而犯了"弃真"的错误，称此为第一类错误，犯第一类错误的概率恰好就是"小概率事件"发生的概率 α。当假设 H_0 不正确，但一次抽样检验未发生不合理结果时，会接受 H_0，因而犯了"取伪"的错误，称此为第二类错误，记 β 为犯第二类错误的概率。接下来以几个常用的检测为例来说明。

而对总体样本的参数（如均值和方差）做估计时，则通过随机抽样，用样本来估计总体的情况。并常用的假设检验方法有 Z 检验、T 检验、χ^2 检验、F 检验等，它们分别对应着在正态总体情况下得到的抽样分布 Z 分布、T 分布、χ^2 分布和 F 分布。Z 分布和 T 分布分别可以用来推测方差已知和未知情况下满足正态分布样本的均值。而 χ^2 可以用来推测正态随机变量的方差。T 分布则通常被用来比较两个随机变量的方差。

1. 随机变量的方差已知，检测均值

假设 x 为均值 μ 未知，但方差 σ^2 已知符合正态分布的随机变量。希望通过检测来判断 μ 是否等于某个值 μ_0。这时可以写出如下两个假设：

$$H_0: \mu = \mu_0$$

$$H_1: \mu \neq \mu_0$$

接下来可以通过抽样 n 个随机样本，构建如下的检验统计：

$$Z_0 = \frac{\overline{X} - \mu_0}{\sqrt{n} \cdot \sigma} \tag{10-4}$$

在 H_0 成立的假定下，Z_0 则应服从 $N(0,1)$，即均值为 0、方差为 1 的标准正态分布。在给定的显著水平 α 条件下，可以通过查标准正态分布表得到临界值 $Z_{\alpha/2}$。这时有如下的概率：

$$p(Z > Z_{\alpha/2}) = \alpha \tag{10-5}$$

因此可以看到当 H_0 成立时发生 $Z > Z_{\alpha/2}$ 这一情况是一个小概率事件，所以当出现这一情况时有理由怀疑 H_0 的正确性。因此可以构建如下的检验：

$Z < Z_{\alpha/2}$ 则接受 H_0；

$Z \geqslant Z_{\alpha/2}$ 则拒绝 H_0，而接受备择假设 H_1。

可以看到，这里的显著水平 α 等于发生第一错误的概率。

2. 样本方差未知，检测均值

假设 x 为均值 μ 未知，方差 σ^2 也未知，符合正态分布的随机变量。希望通过检测来判断 μ 是否等于某个值 μ_0。这时可以写出如下两个假设：

$$H_0: \mu = \mu_0$$
$$H_1: \mu \neq \mu_0$$

因为方差未知，所以必须通过样本的方差 s^2 来作为随机变量方差的估计。这时需要通过建立如下的检验统计：

$$t_0 = \frac{\overline{X} - \mu_0}{s/\sqrt{n}} \tag{10-6}$$

在给定的显著水平 α 条件下，如果 $|t_0| > t_{(\alpha/2, N-1)}$，则要拒绝 H_0。

3. 检测方差

假设要检测一个正态分布的随机变量 x 的方差 σ^2 是否等于某个已知值 σ_0^2，可以写出如下两个假设：

$$H_0: \sigma^2 = \sigma_0^2$$
$$H_1: \sigma^2 \neq \sigma_0^2$$

这时可以通过构建如下的检测统计来进行假设检验：

$$\chi^2 = \frac{(n-1)s^2}{\sigma_0^2} \tag{10-7}$$

其中，s^2 是通过随机抽样产生样本的样本方差；n 为抽样样本数；$n-1$ 为自由度。在给定的显著水平 α 条件下，如果 $\chi^2 > \chi^2_{(\alpha/2, n-1)}$ 或者 $\chi^2 > \chi^2_{(1-\alpha/2, n-1)}$，则要拒绝 H_0。这里 $\chi^2_{(\alpha/2, n-1)}$ 和 $\chi^2_{(1-\alpha/2, n-1)}$ 分别是 $n-1$ 自由度的 χ^2 分布的 $\alpha/2$ 和 $1-\alpha/2$ 上端点和下端点的临界值。

如果有两个符合正态分布的随机变量，它们的方差分别为 σ_1^2 和 σ_2^2。为了比较这两个随机变量的方差的大小，可以通过对两个样本进行样本数为 n_1 和 n_2 的抽样，并做如下的检验假设：

$$H_0: \sigma_1^2 = \sigma_2^2$$
$$H_1: \sigma_1^2 \neq \sigma_2^2$$

这时可以抽样样本的方差 s_1^2 和 s_2^2 构建如下的检测统计来进行假设检验：

$$F_0 = \frac{s_1^2}{s_2^2} \tag{10-8}$$

在给定的显著水平 α 条件下，如果 $F_0 > F_{(\alpha/2, n_1-1, n_2-1)}$ 或者 $F_0 < F_{(1-\alpha/2, n_1-1, n_2-1)}$，则要拒绝 H_0。$F_{(\alpha/2, n_1-1, n_2-1)}$ 和 $F_{(1-\alpha/2, n_1-1, n_2-1)}$ 分别是自由度为 n_1、n_2 的 F 分布的 $\alpha/2$ 和 $1-\alpha/2$ 上端点和下端点的临界值。

接下来利用一个 XBar 控制图监控研磨后晶圆厚度的实际例子来说明如何建立统计过程控制。假设已经调整了研磨的制程，使它处于一个可控的状态，并且也对厚度测量的系统做了校准。为了建立控制的上下限，需要估计制程的分布的参数，如中心值和方差。这可以通过对小批量的生产数据进行抽样来获得。例如，可以对生产进行 25 次抽样测量（$m=25$），每组 5 个样本（$n=5$）进行晶圆厚度的测量。这时，对整体样本中心值的最佳估计可以由抽样样本的中心值得到：

$$\overline{\overline{X}} = \overline{X_1} + \overline{X_2} + \cdots + \overline{X_m} \tag{10-9}$$

因此 $\overline{\overline{X}}$ 可以作为 XBar 图中的中心值。

而抽样样本的范围 R 可以作为对整体样本方差 σ 的估计。在这里，范围 R 被定义为每组抽样中最大测量值和最小测量值的差距，即

$$R = X_{\max} - X_{\min} \tag{10-10}$$

因此平均范围 $\overline{R}$ 可以由下式计算：

$$\overline{R} = \frac{R_1 + R_2 + \cdots + R_m}{m} \tag{10-11}$$

这时样本方差 σ 可以由下式估计：

$$\bar{\sigma} = \frac{\overline{R}}{d_2} \tag{10-12}$$

其中，d_2 与抽样数 n 有关，可以通过查表得到。当抽样数很小时（例如本例中 $n=5$），范围 R 可以很好地作为整体样本方差的估计。这时可以通过以下公式的估计构建 XBar 控制图的上下限：

$$\text{UCL} = \overline{\overline{X}} + \frac{3\overline{R}}{d_2 \sqrt{n}}$$

$$\text{中线} = \overline{\overline{X}}$$

$$\text{UCL} = \overline{\overline{X}} - \frac{3\overline{R}}{d_2 \sqrt{n}}$$

与上面的公式对比可以看到，在构建控制图上下限时取值了 3σ。当这个值选择过小时，会出现更多的第一类错误，即出现了假警报；而当这个值选择过大时，则出现第二类错误，即漏报警的概率会增加。通过实践，认为 $\pm 3\sigma$ 作为标准可以比较好地平衡发生第一类错误和第二类错误而产生的比例，不会因为过多的假报警而增加额外的成本，是一个比较经济的选择。通常把这样的控制图称为 3σ 控制图（$z_{\alpha/2}$ 选择为 3）。通过查标准正态分布表，

可以得到 α 约为 0.3%。

在图 10-6 这个 XBar 控制图例子里的每个点对应着一次对"H_0：研磨厚度的均值 $\mu = 100\mu m$"这一假设的检验。如果该点在控制上下限之内，则接受 H_0 这一假设，即认为研磨的过程处于受控范围内；如果有测量点在控制上下限范围外，则认为研磨厚度的均值偏离了 $100\mu m$。这时需要按照失控行动计划依照树图表对失控时的症状进行诊断，并相应地采取纠正行动。从图 10-6 可以看出目前的所有样本均在控制线的范围内，这即代表着生产处于受控状态。

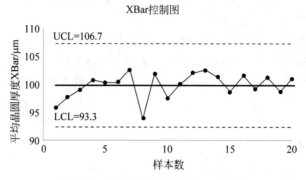

图 10-6　晶圆研磨厚度的 XBar 控制图

另外一个与统计过程控制紧密相连的概念为制程能力（Process Capability）。制程能力衡量的是当制程可控的条件下展现的品质能力。而品质能力的好坏则与规格上下限的大小有关。以上面晶圆研磨的例子为例，假设最后晶圆研磨的厚度一定要被控制在 $100 \pm 20\mu m$ 内，这样才能保证最后的产品不发生质量问题，这时 $120\mu m$ 和 $80\mu m$ 则是晶圆研磨这道工序的规格上限（Upper Specification Limit，USL）和规格下限（Lower Specification Limit，LSL）。通常用过程能力指数 C_p 来衡量制程能力的好坏：

$$C_p = \frac{USL - LSL}{6\sigma} \tag{10-13}$$

另外一个衡量过程能力的指数 C_{pk} 定义为：

$$C_{pk} = \min \cdot \left(\frac{USL - \mu}{3\sigma}, \frac{\mu - LSL}{3\sigma} \right) \tag{10-14}$$

与 C_p 不同，C_{pk} 描述当样本平均值不在规格上、下线中间时的制程能力。

通常对 C_{pk} 做如下的评级并采取相应对策。

- A++级：$C_{pk} \geq 2.0$，特优，可考虑成本的降低。
- A+级：$2.0 > C_{pk} \geq 1.67$，优，保持。
- A级：$1.67 > C_{pk} \geq 1.33$，良，良好，状态稳定，但应尽力提升为 A+级。
- B级：$1.33 > C_{pk} \geq 1.0$，一般，应利用各种资源及方法将其提升为 A 级。
- C级：$1.0 > C_{pk} \geq 0.67$，差，必须提升其能力。
- D级：$0.67 > C_{pk} > 0$，不可接受，其能力太差，应考虑重新整改设计制程。

在芯片制造过程中，通常要求制程能力能够达到 A+级以上，即 $C_{pk} > 1.67$。如果有任何项目的制程能力无法达到这一标准，通常需要制订改善计划，在实在没有办法满足 $C_{pk} > 1.67$ 要求的情况下，需要提供足够的理由证明产品的质量不会受到影响，并获得客户的特殊批准。

10.2.5 生产批准程序

生产件批准程序(PPAP)规定了包括生产材料和散装材料在内的生产件批准的一般要求。PPAP的目的是用来确定供应商是否已经正确理解了客户工程设计记录和规范的所有要求,以及其生产过程是否具备潜在的稳定生产能力,在实际生产过程中,在约定的交付时间内能否生产满足客户要求的产品。PPAP是让客户知道,元件供应商为了满足客户的要求,采取了措施规划其设计及生产程序,有效率地使用APQP来减少失败的风险。因此供应商元件承认的请求需伴随着正式的PPAP文件,在需要时也可以提出对应的报告文档。

PPAP里包含了许多的文件,集中以文档或是电子文件的方式提供给客户。PPAP包的文件需由供应商正式认证和签核,并且需要由客户核可和签核。其中供应商的认证是表示供应方的负责人(通常是品质工程师或品质经理)已确认过文件。客户签核则由客户端负责人(也是品质工程师或品质经理)完成,表示接受PPAP文件。

由AIAG发行的PPAP手册列出要取得PPAP核可的一般要求。除了这些基本的要求,客户还有可能会提出额外的客户特殊要求,而这些特殊要求也有可能被包含在PPAP里面。

当有新的产品要导入生产或是对已有产品的设计或是制程发生了变更时,供应商需要取得车辆制造商的PPAP核可。供应商要取得PPAP核可,就要提供样品或是文件以证明以下的事项。

(1) 供应商了解客户的需求。
(2) 供应的产品符合客户的需求。
(3) 制程(包括上游供应商的制程)可以产生合格的产品。
(4) 量产的控制计划以及品质管理不会让不合格品流到客户端,也不会让整车的安全性或可靠性受到影响。

整车中的所有零件及材料都要通过PPAP,若零件是由外包商提供的,供应商也可以要求外包商提供PPAP。图10-7为PPAP的流程图。

下面以芯片产品为例,说明一般PPAP文件包含的内容。

1) 设计记录(Design Records)

通常芯片厂商会附上完整的产品规格说明书,并提供相应的提供制造地点的信息。这里会包括晶圆厂、芯片测试厂、封装厂和产品终测的生产厂商的名称和地址。另外,通常芯片厂商还需要提供如下与产品相关的信息。

(1) 芯片相关的信息。

晶圆尺寸、制程名称、芯片的名称、制程中光刻的层数、芯片的大小和厚度、金属互连层和钝化层的结构等。除此以外,还可能包括芯片的照片或者图纸,以及简单的工艺流程的截面图等。

(2) 封装相关的信息。

晶圆切割的方法、芯片贴装的方法和材料、封装的种类和型号、塑封料的型号和成分、金属键合引线数量/材料和尺寸、框架的尺寸和材料等。除此以外,通常还需要提供封装的外观图纸、金属键合打线图、芯片上的激光印字等。

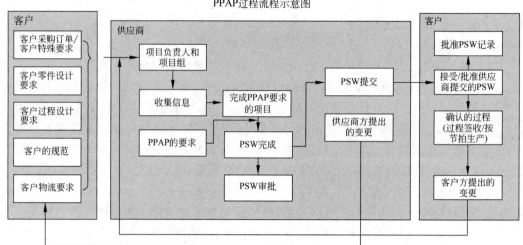

图 10-7　PPAP 的流程图

注：(1) 所示全部活动不是每次都出现。(2) 记录可以以各种载体形式，保存在不同地点。

(3) 产品包装相关的信息。

芯片包装和载带的说明以及图纸、封装盒上标签的说明。

(4) 环境合规说明。

例如欧盟限制在电子电气设备中使用的某些有害成分指令（Restriction of Hazardous Substance，RoHS）、中国 RoHS 以及欧盟报废车辆指令（End-of-Life Vehicle，ELV）合规说明、详细的化学成分说明等。

2) 授权工程变更文件

文件说明变更的具体内容。一般这份文件会称为工程变更通知（Engineering Change Notice），不过也可能包括在客户的采购订单或是其他工程授权文件内。

3) 客户工程审批

如果客户对产品工程样品有审批的需求，需要在这里留下相应的记录。

4) DFMEA

芯片设计失效模式及效果分析（DFMEA）的复本。多数情况下对于芯片公司，DFMEA 含有大量的涉及知识产权的秘密的信息，因此通常芯片厂商不会提供完整的 DFMEA 资料给供应商。如果客户希望得到相关的资讯可以提出要求。另外，通常 DFMEA 在审核的过程中也可以在现场呈现给客户检查。

5) 过程流程图

通常芯片厂商需要提供简单的晶圆厂的流程图和封装测试的流程图。这里的流程图通常仅含有非常粗略的制造步骤。

6) PFMEA

PFMEA 指的是晶圆制造以及封装测试过程失效模式及影响分析（FMEA）。与 DFMEA 类似，多数情况下对于芯片公司，PFMEA 含有大量的涉及知识产权的秘密的信息，因此通常芯片厂商不会提供完整的 PFMEA 资料给客户。如果客户希望得到相关的资讯，可以提出要求。另外，通常 PFMEA 在审核的过程中也可以作为审核的内容呈现给客户。

7）控制计划

芯片制造商需要提供晶圆制造过程和封装测试过程的控制计划信息，由供应商及客户评审及签核。与 FMEA 类似，控制计划里也含有了大量的设计知识产权的信息，因而通常芯片厂商不会提供控制计划的具体内容而一般仅仅提供控制计划的抬头。同 FMEA 一样，如果客户有特别的需求可以提出，并且在审核的过程中可以在现场呈现给客户检查。

8）测量系统分析

此处芯片制造商需要提供晶圆制造和封装测试里关键特性的测试系统的信息以及其 MSA 的结果，确认量测特性的仪表有进行校正。

9）尺寸检测结果

此处芯片制造商需要提供实际的封装外形尺寸的测量结果，并且显示结果符合外观尺寸的规格。

10）材料/性能测试记录

此处芯片制造商需要提供特别的测试的结果，通常这里可能包含电参数测试、可靠性测试的测试项目和结果。另外也需要提供与产品失效率以及寿命相关的参数（如 FIT、Failures In Time 和 MTTF，Mean Time To Failure）的计算方法和结果。

11）初始制程能力研究

此处芯片制造商需要列出晶圆制造和封装测试里关键制程步骤的初步 C_{pk}。

12）合格的实验室文件

此处芯片制造商需要提供晶圆制造工厂和封装测试工厂的有效 IATF 16949 资质证书。

13）外观批准报告（Appearance Approval Report）

对于芯片类产品，此项通常不适用。

14）零件样品（Sample Production Parts）

芯片制造商可以提供样品的信息包括客户可以以何种途径获取样品。

15）标准样品（Master Sample）

芯片制造商可以提供标准样品的信息包括客户可以以何种途径获取样品。

16）检验辅助设备

若在检测时需要特殊的辅助设备，供应商需要罗列出来，通常此项对于芯片产品不适用。

17）客户特殊需求

客户可能会在 PPAP 文件以外增加其他的文件要求。如果与客户有额外的约定，则需在该项目中提供相应的信息。

18）零件提交保证书（Part Submission Warrant，PSW）

这是所有 PPAP 文件包的摘要。其中会列出提交的原因（设计变更、年度重新确认等），以及给客户文件的等级。并对整个文件包结果是否符合规范要求做书面的确认。

10.3　车规生产特殊管控内容

本节将着重介绍车规级芯片在生产中常见的一些特别的管控措施。从这些例子中也可以看到人们是如何把这些质量工具付诸实践的。

10.3.1 更严苛的监控

1. 加强在线监控

一般来说,半导体晶圆厂会先定义技术平台上面的关键工艺节点(Key Process Steps),然后对关键工艺节点进行更严格的质量管控。在10.2.4节介绍统计过程控制(SPC)时曾提到,通常一般非车规级的产品会遵循±3σ的原则来选择控制上下限,对工艺窗口进行管控。这样的选择是为了平衡处理"假警报"和"漏报警"的风险和成本。在车规级的产品管控上,为了防止"漏报警",会在关键工艺的管控上将控制上下限收紧到通常±3σ的85%~95%。通过收紧控制上下限,可以继续降低"漏报警"的概率,从而防止制造过程处于失控的状态。当然,收紧控制的上下限会增加"假报警"的概率,从而增加生产的成本。表10-4展示了一个例子来显示车规级和非车规级产品在控制上的区别。

表10-4 晶圆制造过程中收紧在线关键工艺步骤的规格上下限的例子

关键工艺步骤	规格上下线	非车规级产品控制上下限	车规级产品控制上下限	单 位	控制限收紧比例
1	−1500~1500	−900~900	−800~800	任意单位	89%
2	0.05~0.15	0.075~0.125	0.078~0.122	任意单位	88%
3	200~1000	500~700	520~680	任意单位	80%
4	−200~200	−80~80	−75~75	任意单位	94%
5	−0.012~0.012	−0.08~0.08	−0.07~0.07	任意单位	88%

2. 更多的SPC规则

在用统计过程控制来管控制程时最常使用的规则是±3sigma规则,在半导体生产过程中除了可以通过收紧控制上下限来达到更佳的管控,还可以通过运用其他的规则来侦测是否出现了其他非随机的分布。这些规则通常通过分析历史数据的分布,发现超出±3σ控制线前的历史数据的非随机模式,从而提前提示该制程可能属于失控状态。通常在芯片制造过程中,会参考使用如下两个常见的规则。

1) WECO 和 Nelson 规则

WECO规则是由美国的西部电气公司(Western Electric Company)提出的。该公司是一家20世纪初至20世纪80年代的美国电信设备制造商,主要生产电话和通信设备,总部位于美国伊利诺伊州芝加哥。在20世纪20年代,西部电气公司开始研究和发展统计过程控制(SPC)方法,并提出了一系列用于控制图分析的规则,即所谓的WECO规则。这些规则被用于监控生产过程中的异常和变化,以确保产品质量符合要求。图10-8为基于控制图里不同的分区而制定的更多的SPC规则。在1984年,Lloyd S. Nelson博士对规则进行了更新,并将结果发表在了1984年4月出版的《质量技术杂志》中。这些规则制定的基础与假设检验类似,在假设制程属于受控情况下对出现的不同的数据模式的概率进行计算,当该事件为小概率事件时(如发生概率小于1%),那么则有理由对制程处于受控状态这一假设进行质疑。为了应用上的简单方便,通常以中心线、±1σ、±2σ和控制上下限(即±3σ)为界将控制图分为8个区域,并利用如下的规则来判别制程是否处于受控状态。

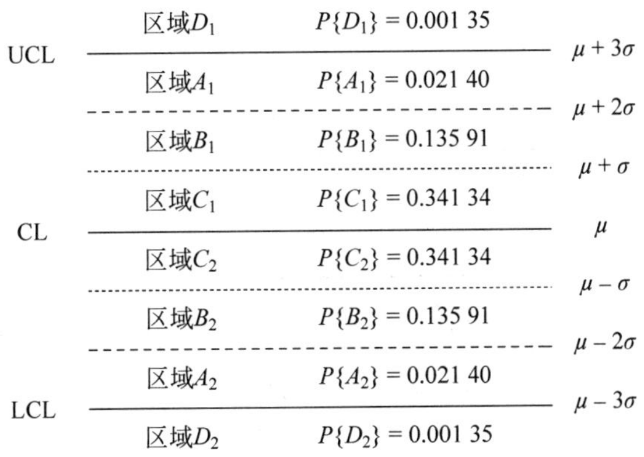

第 10 章　车规级芯片的可靠性生产管理　441

	区域 D_1	$P\{D_1\} = 0.001\,35$	
UCL			$\mu + 3\sigma$
	区域 A_1	$P\{A_1\} = 0.021\,40$	
			$\mu + 2\sigma$
	区域 B_1	$P\{B_1\} = 0.135\,91$	
			$\mu + \sigma$
	区域 C_1	$P\{C_1\} = 0.341\,34$	
CL			μ
	区域 C_2	$P\{C_2\} = 0.341\,34$	
			$\mu - \sigma$
	区域 B_2	$P\{B_2\} = 0.135\,91$	
			$\mu - 2\sigma$
	区域 A_2	$P\{A_2\} = 0.021\,40$	
LCL			$\mu - 3\sigma$
	区域 D_2	$P\{D_2\} = 0.001\,35$	

图 10-8　基于控制图里不同的分区而制定的更多的 SPC 规则

规则 1：单点在 3σ 范围外，这是控制图里通常用到的规则。在 10.2.4 节中介绍假设检验和 SPC 的关系时已经得知，当制程属于受控状态时出现这种情况的概率仅仅为：

$$P_1 = 2 \times P(D_1) \times 100\% = 0.27\%$$

出现该情形则强烈地指示制程可能已经处于非受控状态，如图 10-9 所示。

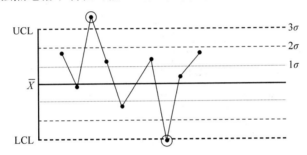

图 10-9　触发规则 1 的例子，出现单点在 3σ 范围外

规则 2：9 个连续点在中心值的同一侧，在制程受控情况下出现这种情况的概率为：

$$P_2 = 2P[A_1 \mid B_1 \mid C_1 \mid D_1]^9 = 2 \times (0.5)^9 \times 100\% = 0.39\%$$

该情况如果出现极有可能是制程的中心值出现了偏移，如图 10-10 所示。

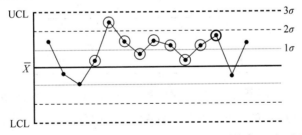

图 10-10　触发规则 2 的例子，9 个连续点在中心值的同一侧

规则 3：6 个连续增加或减少的点，出现该情况的概率为：

$$P_3 = \frac{1+1}{6!} \times 100\% = 0.28\%$$

该情况通常提示了制程可能出现了逐渐漂移离开中心值的趋势，如图 10-11 所示。

规则 4：14 个连续点发生交替，该情况在制程受控的情况下出现的概率为：

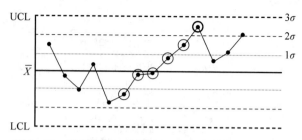

图 10-11　触发规则 3 的例子，6 个连续增加或减少的点

$$p_4 = \frac{398\,721\,962}{14!} \times 100\% = 0.46\%$$

该情况反映了超出常规的振荡，提示了可能存在某种周期性因素影响制程，如图 10-12 所示。

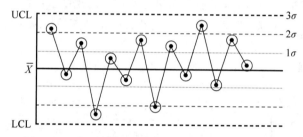

图 10-12　触发规则 4 的例子，14 个连续点发生交替

规则 5：3 个连续点内有两个点在同一边的 2σ 范围外，当制程处于受控状态下时出现这样的情况的概率为：

$$P_5 = (2 \times 3 \times [P(A_1 \mid D_1)]^2 \times [1 - P(A_1 \mid D_1)] + 2[P(A_1 \mid D_1)]^3) \times 100\% = 0.31\%$$

出现这样的情景提示着制程已经处于非受控状态，离中心值可能有一个大幅度的漂移，如图 10-13 所示。

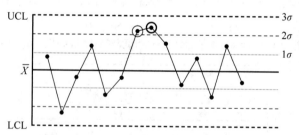

图 10-13　触发规则 5 的例子，3 个连续点内有两个点在同一侧的 2σ 范围外

规则 6：5 个连续点内有 4 个点在同一侧的 1σ 范围外。与以上规则类似，在制程处于受控状况下出现这种情况的概率为：

$$P_6 = (2 \times 5 \times [P(D_1 \mid A_1 \mid B_1)]^4 \times [1 - P(D_1 \mid A_1 \mid B_1)] + 2 \times [P(D_1 \mid A_1 \mid B_1)]^5) \times 100\%$$
$$= 0.55\%$$

因此该情况是一个相对比较弱的指示，提示该制程可能已经处于非受控状态，离中心值可能有一个小幅度的漂移，如图 10-14 所示。

规则 7：15 个连续点均在 1σ 范围内，制程的变化明显小于预期。在制程处于受控的状

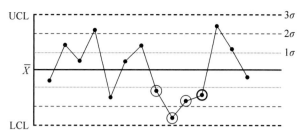

图 10-14 触发规则 6 的例子，5 个连续点内有 4 个点在同一侧的 1σ 范围外

况下时出现该情况的概率为：

$$P_7 = [P(C_1 \mid C_2)]^{15} \times 100\% = 0.33\%$$

因此这种方差持续较小的情况提示着制程可能已经处于非受控状态，如图 10-15 所示。

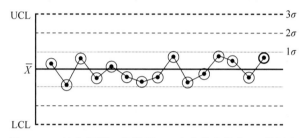

图 10-15 触发规则 7 的例子，15 个连续点均在 1σ 范围内

规则 8：8 个连续点均在 1σ 范围外，出现该情况的概率为：

$$P_8 = [P(D_1 \mid A_1 \mid B_1 \mid B_2 \mid A_2 \mid D_2)]^8 \times 100\% = 0.01\%$$

出现这样的情况也强烈地提示制程已经可能处于非受控状态，如图 10-16 所示。

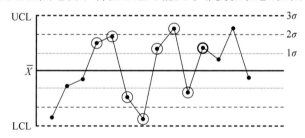

图 10-16 触发规则 8 的例子，8 个连续点均在 1σ 范围外

2）AIAG 规则

AIAG 在发布的统计过程控制手册中推荐了如下 SPC 规则。

（1）单点在 3σ 范围外。

（2）7 个连续点在中心值的同一侧。

（3）6 个连续增加或减少的点。

（4）14 个连续点发生交替。

（5）3 个连续点内有两个点在同一侧的 2σ 范围外。

（6）5 个连续点内有 4 个点在同一侧的 1σ 范围外。

（7）15 个连续点均在 1σ 范围内。

（8）8 个连续点均在 1σ 范围外。

可以看到,与 Nelson 规则的主要区别在第(2)条和第(3)条上,AIAG 推荐了 7 个点在中心值的同一侧或者有 6 个增加或减少的点则可能出现了制程不受控。AIAG 的规则相对于 Nelson 规则要更严格,因此可以更好地发现制程发生的漂移,但相应地"误报警"的概率也可能会增加。

最后需要指出,虽然每引入一条 SPC 规则,都会增强我们侦测到制程失控的可能性,但每一项 SPC 规则都会产生"误报警"。所以相应地也会增加生产的成本,因此通常根据经验来选择以上两组中的某些规则作为 SPC 的控制,而不会同时应用所有规则。

3. 在发生晶圆碎片时加入更多的在线缺陷检测

如果在线的生产晶圆发生了碎片,可以加强对相邻晶圆的 KLA 检测。例如,对碎片前后相邻的 3 片进行 KLA 检测。并且可以定义其他的规则,如最后扫描的晶圆的良率要在一定指标以上,否则要继续对后续邻近的晶圆扫描,直到达到该标准。

4. 收紧晶圆允收测试标准

在晶圆制造完成了所有制程后,会针对硅片上的测试结构进行电性测试。该测试通常被称为 WAT 测试,或翻译成晶圆允收测试。有时也会将该测试叫作 PCM(Process Control Monitor,工艺控制监控)测试。这些测试结构会包含集成电路里的常用器件,以及一些监控制程中的关键工艺,如栅氧、不同的扩散层、接触层、多晶硅层和金属层特性的特殊测试结构。一种普遍的做法是将这些测试结构放在芯片之间的切割道中。通常在 6 寸或 8 寸晶圆中,人们会在晶圆上均匀选取 5 个位置(上、下、左、右、中),并对这些结构做测试。在 12 寸晶圆中,则通常会在晶圆上均匀选择 9 个位置做测试。通常会定义一些关键的测试项,并将测试的结果作为是否能出货的标准。

一种比较常见的标准是在定义的关键测试项中 WAT 的 5 个位置中可以允许有 2 个位置出现不达标。而对于车规级的产品,WAT 的标准则会更为严苛。具体的标准依据不同供应商、制程平台的成熟度、不同客户和不同产品的需求而不同,以下将列举一些通常可能出现的针对车规级产品的更加严格管控的方式。图 10-17 为 8 寸和 12 寸晶圆的 WAT 检测位置。

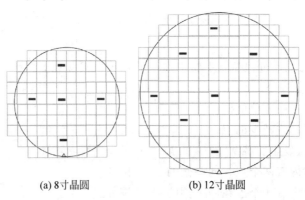

(a) 8 寸晶圆　　　　(b) 12 寸晶圆

图 10-17　8 寸和 12 寸晶圆的 WAT 检测位置

通常在 WAT 或者 PCM 测试中会将测试项区分为关键和非关键测试项,分类的标准可以依据不同产品而定义,通常弱检测项与器件的可靠性相关则会被分类为关键测试项。针对车规级产品,通常会对关键的或者与可靠性相关的测试项目加入更多的规则来收紧测试标准。以下举几个常见的例子来说明。

(1) WAT 测试中出现了一个不达标的位置,则需对整片晶圆上的所有 PCM 结构进行测试。如果出现了更多的失效则将晶圆报废;如果没有出现更多的失效,则允许将晶圆出货给客户。这时需要采取一些防御措施,例如将失效 PCM 结构周围一定范围内的芯片标记为无效芯片。

(2) 一旦出现了报废的晶圆,则需要对报废晶圆邻近的晶圆进行更严格的检查。例如对前后相邻的 4 片晶圆所有的 PCM 位置进行量测。如果在相邻晶圆里出现了更多的报废晶圆或者在这些晶圆里出现了超过 3 个失效的 PCM 结构,则需对整个晶圆批次进行 100% 的 PCM 量测。

(3) 当整个晶圆批次里出现了超过一定数量的报废晶圆时,则需要将该批次作为特殊批次进行隔离,只有在工程人员评估后才能将获得批准的晶圆出货给客户。在 10.3.3 节中会针对异常批次的处理进行更为详细的讲解。

5. 收紧晶圆测试的标准

对于完成了晶圆制造并通过了 WAT 测试的晶圆,人们通常会对晶圆上的芯片做晶圆级的测试,这一测试通常被称为 CP(Chip Probing,晶圆)测试,有时也被称为 Wafer Sort 或者 Wafer Test。通常人们会将测试机通过针卡来接触芯片表面的金属引线焊盘,并做一些基本的电性测量。通过这种方法能够很快地筛选出功能存在问题的芯片,并将之标注出来。这样在封装时可以避免将这些已知的无效芯片进行封装,而造成浪费。芯片的大小决定了一片晶圆上芯片的总数,一片晶圆上芯片的数量可能从几千片到几十万片不等。通常人们会根据晶圆上芯片的数量、芯片的成本等因素选择做 100% 或者进行抽样测量。而对于车规级的芯片,人们往往会采取如下的方法来加压 CP 测量的标准。

1) 引入基于统计的良率标准(Statistical Yield Limits,SYL)

通常生产过程中存在的异常会造成良率上的损失,有时候异常状况会造成明显的良率出现偏差,而出现了良率偏差的晶圆或者晶圆批次往往存在着质量的风险。而选用固定的良率标准有时无法及时发现这一良率偏差,这时使用基于统计的良率标准则有助于发现这样的异常晶圆或者晶圆批次。一旦发现了这样的情况,可以采取相应的措施对异常晶圆进行隔离,并由相关工程部门进行更为细致的评估,决定是否存在有质量上的风险。

基于统计的良率标准通常可以由如下方法来决定,首先在生产初期,人们会搜集 6 个晶圆批次的 CP 数据,来分析良率的平均值(Mean)和方差(Sigma)。通过这些数据可以设立如下的良率统计标准 SYL1 和 SYL2:

$$SYL1 = Mean - 3\sigma$$
$$SYL2 = Mean - 4\sigma$$

而在量产过程中可以以一个固定的周期根据生产的良率数据来更新这两个良率标准。而对于测试良率低于 SYL1 的批次,将其定义为异常批次,而需要由工程人员做额外的评估,经过批准后才能出货;而对于良率低于 SYL2 的批次,通常需要通过对失效的芯片进行更为详细的失效分析来做风险评估。这样的批次通常还需要将分析结果和结论分享给客户,并在获得客户的特别批准的情况下才能允许出货。

2) 动态平均测试(Dynamic Part Average Test,Dynamic PAT)

与使用固定良率标准来衡量晶圆存在的无法尽早发现异常的晶圆批次类似,在晶圆测试中针对某测试项使用固定的测试上下限有可能无法排除一些明显的、异常的、确有在测试上下限范围内的、有风险的芯片。如图 10-18 所示,其中正常芯片的分布如接近正态分布的区域所示;还有一些明显存在着特殊差异造成的偏离正态分布的芯片。这些异常的芯片虽然其性能还在测试上下限的范围内,但有可能存在着潜在的质量风险。这时通过采取动态的平均测试法,则可以有效地将大部分有风险的芯片排除在外。

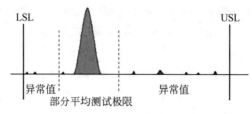

图 10-18　动态的平均测试法

通常对于 $C_{pk} > 2$ 的测试参数,人们建议采用动态平均测试法。这时测试参数的动态上下限是随着每个晶圆测试时实际测得的平均值和方差由如下公式决定的:

$$PAT(上限) = Mean + 6\sigma$$
$$PAT(下限) = Mean - 6\sigma$$

3) 引入额外的区域良率处理规则

另外,针对车规级的产品,还可以引入特别的区域规则来排除潜在的风险。这里举两个比较常见的例子。

(1) 坏区域中的好芯片处理规则(Good Die in Bad Cluster,GDBC)。

在进行 CP 测试时,有时会观察到如图 10-19 所示的状况,即存在一片有大量测试失效的芯片区域,而这时在该区域中的芯片即使能够通过测试,也存在着质量上的潜在风险。这时可以设置额外的标准来衡量这些芯片是否可以被接受。通常可以将相邻芯片的失效率作为一个标准,例如,对于不处于晶圆边缘的一颗通过测试的芯片,如果与之相邻的 8 颗芯片中有大于 6 颗芯片均为失效芯片,那么可以将这该芯片也作为有风险的芯片标记出来。针对在晶圆边缘的芯片,也可以采取类似的规则来剔除存在潜在风险的芯片。图 10-19 所示为根据相邻坏芯片的数量标记出坏区域中好芯片为有风险芯片的过程。

(2) 晶圆分区的良率规则。

另外,在有些情况下,人们除了考察整片晶圆的整体良率之外,还可以通过进一步对晶圆进行分区,分别考量每个子区域里的晶圆良率情况并引入更多的规则来排除潜在的存在风险的芯片。如图 10-20 所示,通常人们将晶圆从内到外分成几个面积相同的区域来分别考察良率。

6. 收紧出货前外观检查报废标准

晶圆在完成了所有电性能测试后,在出货前还需要经过最终的外观检查。外观检查通常可以分为自动光学检查(Automatic Optical Inspection,AOI)和人工目检(Manual Visual

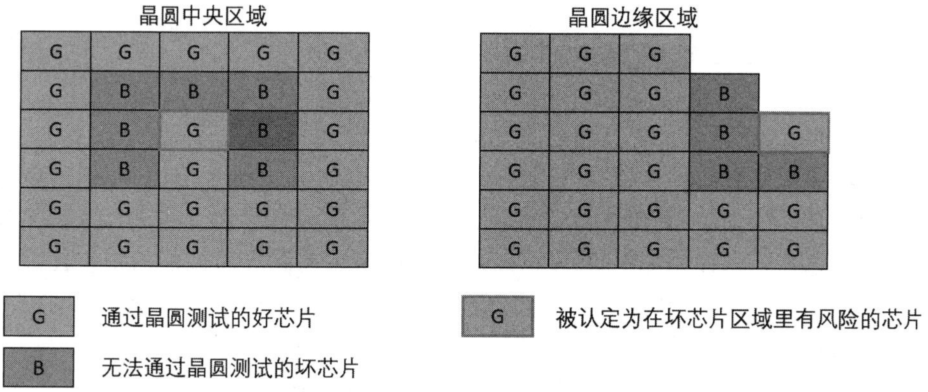

晶圆中央区域 晶圆边缘区域

| G | 通过晶圆测试的好芯片 | | G | 被认定为在坏芯片区域里有风险的芯片 |
| B | 无法通过晶圆测试的坏芯片 |

图 10-19 根据相邻坏芯片的数量标记出坏区域中好芯片为有风险芯片的过程

Inspection,MVI)两类。针对车规类型的产品,通常会对晶圆上所有的芯片做 100% 的自动光学检查。自动光学检查的目的是通过对芯片表面的照片做数字处理和分析,发现可能受到损伤的芯片,而将其标记为无效芯片。通常在进行自动光学检查之前,会存储一些没有任何问题的芯片的照片,通常称之为黄金图片。而在接下来会对晶圆上所有的芯片做 100% 的扫描,并通过数字图像处理的方法与黄金图片做对比,发现芯片上可能存在的一些表面损伤,如划痕、沾污颗粒等肉眼不容易看到的损伤。通常人们也会对自动光学检查的允许的良率损失设立一个标准,而对于车规级芯片,该良率标准则会更为严格。

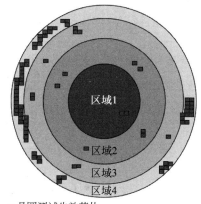

■ 晶圆测试失效芯片

图 10-20 将晶圆分成等同面积的 4 个区域分别考量每个区域中的良率

除了自动光学检查,晶圆在出货前还会有一道人工的目检,目检有时候更容易发现晶圆上比较大区域的一些问题,如大的划痕或者晶圆存在的色差。对于功率器件,通常晶圆在完成了前端的工序后,还会做背面的减薄和背面的金属化。这时目检也会关注晶圆是否存在边缘的损害,如崩边缺角等问题,同时也会对晶圆的背面进行外观检查,看是否存在金属的划伤、变色等问题。如果存在问题将会相应地将受影响的芯片标记出来。而通常对于车规级芯片产品,目检的标准也会更加严格。

7. 增加封装过程中的自动光学检测

在封装的过程中,也可以通过加入更多的自动光学检测来作为更为严格的质量把关。例如,封装中的一个早期工序是晶圆的切割,而目前最为常用的切割方式是用砂轮划片机完成切割。由于这一过程中存在的机械应力,以及随着切割刀片的老化,切割道中可能会存在崩边的状况。而崩边情况过于严重,可能会使芯片电路区域的性能受到损害。而通过增加切割后的自动光学检测,可以检测崩边的严重程度,剔除存在潜在风险的芯片。并且通过监测良率的损耗,可以衡量切割制程的稳定性,及时发现制程中的问题(如切割刀老化)并进行纠错。

10.3.2 优选或指定设备

在生产过程中,可以根据产品的性能定义最关键的生产步骤。针对这些关键生产步骤,厂商可以对该生产步骤的设备做评估。评估的依据可能是 C_{pk} 的能力、产生沾污颗粒的数量等。再根据评估的结果,对所有相同的生产设备做排名并选取最佳的设备进行车规级产品的生产。通过这样的设备筛选,通常可以进一步提升良率和产品性能的稳定性。表10-5与表10-6展示了在针对车规级产品采用优选机台生产后带来的制程能力 C_{pk} 的提升和相应晶圆测试的良率提升的例子。

表 10-5 通过优选设备增加制程能力的例子

在线监控参数	优选设备前 C_{pk}	优选设备 C_{pk}
参数 1	1.54	1.89
参数 2	2.02	2.20
参数 3	2.40	2.88

表 10-6 通过优选设备提升晶圆测试良率的例子

晶圆测试	优选设备前的良率	优选设备后的良率
平均良率	96.7%	97.8%
标准方差	2.2%	1.2%

10.3.3 生产中的异常批次管理

对于有车规要求的芯片生产过程,对于异常批次的处理有着特殊的要求。在车规质量管理体系 IATF 16949:2016 标准中第 8 章里也对异常批次处理提出了相关的要求。在芯片的生产过程中出现的满足一定条件的不合规产品会被标记为异常批次,而这些异常批次的处理通常需遵循固定的流程和方法。而只有最后满足一定条件的情况下才允许进入下一步的生产流程中,否则需要作为废品报废。

在芯片生产制造过程中,通常会定义一些关键的监控项目为异常批次相关的测试项。例如,在前端晶圆制造过程中,通常可以从在线监控、PCM 测试项、CP 测试或者其他测试中选取一些关键的测试项作为触发异常批次的项目。而在后端封装和测试的生产过程中,通常可以选取在线监控或者终测中的关键项目的良率,或者出现的失效分类(Failure Bin)作为触发异常批次的项目。当满足预先设定的触发条件时,则该批次会成为异常批次(英文有时被称为 Maverick Lot),而需要被隔离出来。通常在条件允许的情况下,设定触发条件需要依靠测试参数的统计分布来决定。触发异常批次的测试项目和触发条件均需要在生产管理系统里有记录,确保其能够顺利地被执行。

具体哪些测试项目需要被选择成为触发异常批次测试项,可以由 FMEA 的结果来衡量。通常如果 FMEA 里面的某个项目会导致产品最终的可靠性问题,或者说该风险的可探测性非常低(即 Detection 的打分非常高),则需要将相应的测试项作为触发异常批次的项目,并在控制计划里加以标注。除了 FMEA,也可以利用过往生产的实际经验或者通过客户的投诉来定义其他可能触发异常批次的测试项目。另外,还有可能存在和客户约定好的触发异常批次的条件。

除了以上定义的触发异常批次的测试项可以触发异常批次,如发生以下情况,通常该批次也会被认定为异常批次。

(1) 发生了明显可能影响产品可靠性的异常。
(2) 常规的 OCAP 没有办法处理发生的异常情况。
(3) 存在 OCAP,但是操作工作无法执行而需要工程部门的介入。
(4) 异常的关键背景信息不足。

一旦生产中的某个批次被确定为了异常批次,该批次会被隔离并请相关工程部门人员进行风险评估。风险评估一般基于现有的 FMEA,风险评估的目的是衡量观察到的不合规是否会对最终产品的质量以及可靠性带来影响。而这一风险评估的结果通常需要经过一个生产部门的异常批次评审委员会做最终的评估,并由该评委会对受到影响的批次做出相关处置的最终决定。通常有如下决定。

(1) 报废。
(2) 建议通知负责相关产品的质量部门做特许允收。
(3) 不做通知继续生产流程,注意在该情形下,该异常批次的状态仍然会被保留。

在建议允收的情况下,允收的通知和风险评估的结果会由负责相关产品的质量部门做审核。该部门最终决定是否接受生产部门给出的允收建议,并将结论反馈给生产部门的异常批次评审委员会,并根据结果对异常批次进行相应的处置,闭环完成整个异常批次的处理流程。

对异常批次进行处理的整个过程需要留下记录,如果发现了任何无法被现有的 FMEA 涵盖的异常情况,生产部门和产品质量部门需要相应地更新 FMEA。另外,IATF 16949 质量管理体系里也对企业提出了有持续改善计划的要求。而生产部门通常会通过持续改善计划来分析总结异常批次出现的情况,并相应地做长期的、持续的改进。

10.3.4 安全量产投放

一般是指客户 PPAP 审核已经通过,并在收到正式订单的初期对产品的尺寸及外观进行严加检查的一个控制的方法。由于汽车零部件批量大、要求高,设计人员在图纸上都会用特别的方法识别出功能性关键尺寸,制造工程师会根据制造能力识别出制造性关键尺寸,这些尺寸都需要在生产过程中得到特殊验证。在前期验证过程中如果产品关键尺寸或某些过程重要尺寸不能满足制造能力研究,汽车行业最通行的办法就是用 100% 出货检验,以保证在短期内供应到客户处的全部都是合格零件。一般规定在批量生产前三个月或者 5000 件产品时,供应商和客户质量部会一起确认出一个 GP12(关键特性 100% 检验)的清单(通常被称为 GP12 清单),供应商在要求的时间内对出厂产品做 100% 的全数检验。不断改进工艺,提高制造能力,并按照工程能力计算方法 C_{pk}/PPK 去评价生产过程是否达到了要求。

10.3.5 客户投诉处理

在 IATF 16949:2016 的第 10 章里对企业提出了处理客诉和做失效分析的要求。通常企业需要有一个系统的处理客户投诉的流程和记录客诉的系统,以保证这一要求能够得到满足。图 10-21 展示了一个处理客户投诉的流程。

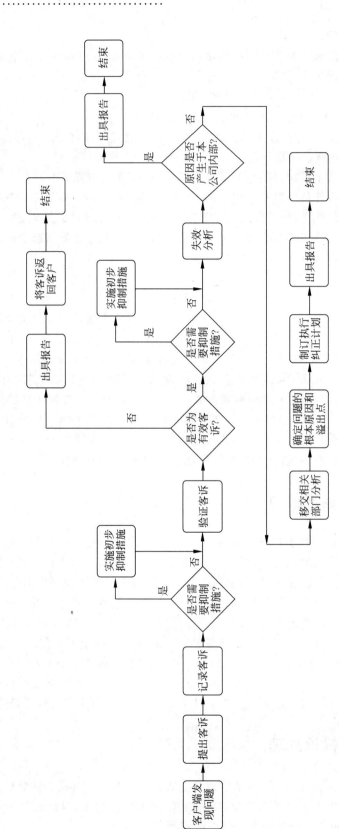

图 10-21 处理客户投诉的流程

通常一个被常用于处理客诉的方法为 8D 问题解决法（Eight Disciplines Problem Solving,8D）。8D 是在汽车产业、组装及其他产业中，利用团队方式结构性彻底解决问题时的标准做法。8D 问题解决法也称为团队导向问题解决方法或 8D report，是一个处理及解决问题的方法，常被品质工程师或其他专业人员使用。8D 问题解决法一般认为是福特公司所创，但 8D 问题解决法的流程是由美国国防部在 1974 年创立，描述 8D 问题解决法的标准称为"MIL-STD 1520 Corrective Action and Disposition System for Nonconforming Material"。此标准已在 1995 年废止，福特汽车也在汽车产业使用了类似的做法，后来也有许多电子公司开始使用。

8D 问题解决法的目的是识别出一再出现的问题，并且要矫正并消除此问题，有助于产品及制程的提升。若条件许可，8D 问题解决法会依照问题的统计分析来产生问题的永久对策，并且用确认根本原因的方式聚焦在问题的根源。

最早的 8D 问题解决法分为 8 个步骤，但后来又加入了一个计划的步骤 D0。每个步骤的名称和主要工作内容如下。

D0 计划：针对要解决的问题，确认是否要用到 8D 问题解决法，并决定先决条件。

D1 建立团队：建立一个团队，由有产品或制程专业知识的人员组成。

D2 定义及描述问题：用可以量化的何人（Who）、何物（What）、何地（Where）、何时（When）、为何（Why）、如何（How）及多少钱（How much）(5W2H)来识别及定义问题。

D3 确认、实施并确认暂行对策：定义暂行对策矫正已知的问题，实施并确认此对策，避免用户受到问题的影响。

D4 确认、识别及确认根本原因及溢出点（Escape Points）：找出所有可能会造成此问题的原因，并且找到为何在问题发生后没有注意到有问题。所有的问题原因都需要经过确认或是证实，不只是单纯脑力激荡的结果。可以用五问法或是鱼骨图来根据问题或是其影响来标识其原因。

D5 针对问题或不符合规格的部分，选择及确认永久对策：经过试量产来确认永久对策已经解决客户端的问题。

D6 实施永久对策：定义并实施的对策。

D7 采取预防措施：为了避免此问题或类似问题再度发生，修改管理系统、操作系统、实务及流程。

D8 感谢团队成员：认可团队整体的贡献，需要由组织正式地感谢此团队。

车规级芯片交付的客户会对客诉的回应时间提出要求，通常需要在很短的时间内完成前 3D 分析并提交 3D 报告，并且在规定的期限内完成 8D 并提交 8D 报告。

10.3.6　质量体系和流程审核

审核可以分为体系审核、过程审核和产品审核。其中体系审核关注的焦点是质量管理体系的有效性，可以是内部或者外部审核，目的是确定质量管理体系的质量能力。主要根据具体标准及客户的要求来检查基本程序的完整性和有效性。过程审核则聚焦于产品的质量和相关的过程。过程审核可以是内部或外部审核，在审核过程中针对选择的产品检查策划、开发和生产过程中的适用性和合理性。

1. 质量管理体系审核 IATF 16949

IATF 16949：2016 是全球汽车行业的技术规范和质量管理标准。这里简单介绍一下该质量管理体系标准的历史。为了协调国际汽车质量系统规范,由世界上主要的汽车制造商及协会于 1996 年成立了一个专门机构,称为国际汽车工作组(International Automotive Task Force,IATF)。IATF 的成员包括国际标准化组织质量管理与质量保证技术委员会(ISO/TC176)、意大利汽车工业协会(ANFIA)、法国汽车制造商委员会(CCFA)和汽车装备工业联盟(FIEV)、德国汽车工业协会(VDA)、汽车制造商,如宝马、克莱斯勒、菲亚特、福特、通用、雷诺和大众等。IATF 对 3 个欧洲规范 VDA6.1(德国)、VSQ(意大利)、EAQF(法国)和 QS-9000(北美)进行了协调,基于 ISO 9001:1994 版的标准于 1999 年发布了第一版的针对汽车产品供应商的质量管理体系标准 ISO/TS 16949:1999。这项技术规范适用于整个汽车产业生产零部件与服务件的供应链,包括整车厂。随着 ISO 9001 的不断更新,ISO/TS 16949 的标准也随之更新。在 2002 年 3 月,基于 ISO 9001:2000 版标准,在 ISO/TC176 的认可下,国际标准组织 ISO 与 IATF 公布了国际汽车质量的技术规范 ISO/TS 16949:2002。最后一版 ISO/TS 16949 的更新发生在 2009 年,ISO/TS 16949:2009 在 2009 年 6 月份发布了兼容新的 ISO 9001:2008 标准的车规质量管理体系标准。

而 IATF 16949:2016 标准基于 ISO 9001:2015,于 2016 年 10 月国际汽车工作组(IATF)正式发布,替代 ISO/TS 16949:2009 作为规范汽车行业质量管理的标准。与 ISO/TS 16949 不同,它不再是一个可独立实施的质量管理体系,而是包含汽车行业特定的补充要求,配合 ISO 9001:2015 共同实施。

尽管 IATF 16949:2016 不再是一个可独立实施的质量管理体系的 ISO 标准,但它将作为对 ISO 9001:2015 的补充并与其一起共同实施,该标准通过使用与 ISO 标准通用的高层结构(Annex SL),与其他主要管理体系标准保持一致。在执行层面,持有 ISO/TS 16949:2009 证书的客户需要在 2018 年 9 月 14 日之前都必须转换至新版本,该日期之后,ISO/TS 16949 证书将不再有效。2017 年 10 月 1 日之后,所有认证审核(包括初次审核、监督审核、再认证或转移审核),都必须基于 IATF 16949 标准。

目前,IATF 16949:2016 是全球通用的汽车行业质量管理标准,涵盖了有效运行质量管理体系(QMS)的相关要求。此项新标准的发布在于发展质量管理体系,将致力于持续改进、强调缺陷预防、涵盖汽车行业的特定要求和辅劣工具,以及在整个供应链中减少变差和浪费。该标准与关键业务密切相关,因此对于许多汽车制造厂商(OEM)和供应商,包括供应给汽车行业的芯片制造厂商都需要严格遵照质量管理标准。

2. 过程审核 VDA 6.3

德国汽车工业联合会(Verband der Automobilindustrie,VDA)是由德国主要汽车制造商及其合作伙伴、供应商组成的一个协会性组织。VDA 颁布了很多包括德国汽车工业质量标准 VDA 6 在内的行业标准。VDA 6 由如图 10-22 所示的 7 部分组成,分别涵盖了质量体系审核、过程审核和产品审核 3 个维度。而 VDA 6 中的第 3 部分是针对批量生产及服务的过程审核,这一审核的主要目的是对质量能力进行评估,保证过程有能力在各种干扰因素的影响下处于稳定受控状态。基于这一标准的过程审核 VDA 6.3 是汽车行业中应用最广泛的过程审核标准。第一版的 VDA 6.3 标准于 1998 年推出,并分别在 2010 年和 2016 年进行了修订和优化。

开展 VDA 6.3 过程审核工作是国际汽车工业德国汽车工业联合会的特殊要求,成为进入德国主机厂的必备条件。想要拿到进入德国汽车企业供应链的门票,能否通过 VDA 6.3

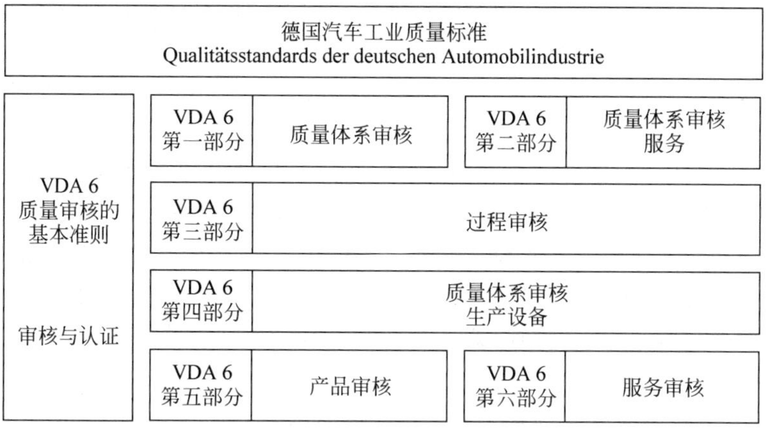

```
┌─────────────────────────────────────────────────────────┐
│           德国汽车工业质量标准                          │
│  Qualitätsstandards der deutschen Automobilindustrie    │
└─────────────────────────────────────────────────────────┘
```

	VDA 6 第一部分	质量体系审核	VDA 6 第二部分	质量体系审核 服务
VDA 6 质量审核的基本准则	VDA 6 第三部分	过程审核		
审核与认证	VDA 6 第四部分	质量体系审核 生产设备		
	VDA 6 第五部分	产品审核	VDA 6 第六部分	服务审核

图 10-22 德国汽车工业质量标准包含的 7 个组成部分

便是极为重要的评判标准。目前国内自主品牌和合资品牌的整车厂在中国选择供应商时，首选用 VDA 6.3 的过程审核方法对供应商进行质量能力评价，确保所选择的供应商有能够提供持续的质量能力，满足供货要求。

基于 VDA 6.3 的过程审核可以是内部的自审，也可以是对外部供应商的审核。审核中的流程包含如下几个。

（1）审核计划、审核委托及审核员能力要求。

（2）开展审核。

（3）评价。

（4）展示审核结果。

（5）完成后续工作。

审核中的基本原则是随机抽样检查，保证审核员能够抽取足够的随机样本。如果是内部审核，应由独立且具备足够资质的员工负责展开。外部审核应由客户、客户的高级管理人员或具有认证资质的公司负责展开，审核员必须具备独立性，且具有全面的资质。审核员应将审核发现与检查表中的要求进行相互匹配，并且开展可追溯的评定。

而在审核中主要是对如下的 7 个要素分别进行评估。

过程要素 P1：潜在供应商分析。

该过程要素审核主要被用来作为潜在供应商分析的一种评价方法，针对的是新的、不了解的供应商、生产地点和工艺技术。另外，潜在供应商分析还适用于对供应商的研发及过程潜力开展评价。潜在供应商分析是决定是否给予订单的准备工作。对于被评价的公司，潜在供应商分析的结果可以被看作临时的质量能力评级。

过程要素 P2：项目管理。

该过程要素审核的主要目的在于评价供应商是否具有项目管理的组织机构，是否有详细的规划资源的流程，在编制项目计划时是否有与客户的需求协调一致。另外，在项目的规划阶段是否对质量需求有策划和监控。是否有相应的变更管理流程用来评估、管理和执行可能来自内部或者外部的变更需求。是否有合理的升级程序来管理项目中可能出现的风险，保证最后的交付。

过程要素 P3：产品/过程开发的策划。

该过程要素审核的主要目的在于评价供应商是否有明确的产品和过程需求。在明确需求的基础上,是否有不同职能部门间对可行性进行分析。是否具有开发产品的详细计划,是否对客户满意度、客户服务(如客户培训、客诉等)制订相应的计划。是否对产品开发所需的资源,如实验制造设备、计算机软件等有相应的规划。

过程要素 P4:产品/过程开发的实现。

该过程要素审核的主要目的在于评价供应商产品和过程开发中的事项是否能够得到落实,例如,是否有实施 FMEA 对风险加以评估;是否有从 FMEA 中定义并识别出特别风险,并实施相应措施对风险进行管控;是否有足够的人力资源、原材料和产能资源能够确保量产的启动;是否在有进行 MSA、C_{pk} 等设备和过程能力研究;是否对项目由开发阶段移交至批量生产阶段开展了控制管理,如是否有内部的 PPAP 的批准流程。

过程要素 P5:供应商管理。

该过程要素审核的主要目的在于评估供应商的供应商管理流程,例如,是否只和具有质量能力资质认证的供方开展合作;是否有合理的考量评价供应商绩效的机制;与供应商约定的质量标准是否能够得到保障;对于采购的产品或者服务,是否有合适的批准放行机制;对于供应的产品是否进行合理的搬运和存储。

过程要素 P6:过程分析生产。

该过程要素审核的主要目的在于评估供应商生产过程是否受控;是否有相应的人力资源为过程提供保障;生产过程的效率如何得到有效的保障;成品的交付是否满足客户要求等。

过程要素 P7:客户支持。

该过程要素审核的主要目的在于评估供应商质量管理体系是否满足客户的要求;是否对针对客户需求提供了相应的接口开展联络沟通,并确保根据与客户达成的协议服务客户;是否能够保障客户的供应;针对客户的投诉是否有相应的流程和回馈机制,并能保证在规定的时间内做出反馈。

参与审核的审核人员需要具备相应的资质。表 10-7 列举了 ISO 9001、IAFT 16949 以及 VDA 6.3 审核员需要满足的条件。

表 10-7 ISO 9001、IATF 16949 以及 VDA 6.3 审核员需要满足的要求

审核种类	审核员的要求
ISO 9001 质量管理体系审核	参加至少一次外部 ISO 9001 审核员培训并通过考试;审核员必须每年至少完成一次的 ISO 9001 审核
IATF 16949 车规质量管理体系审核	参加至少一次外部 IATF 16949 的培训并成功通过考试。 审核员每年至少需要完成一次 IATF 16949 的审核,由于 IATF 16949 审核的要求很高,强烈推荐审核员每年完成更多的审核。 审核员需要具有以下能力: ① 理解车规级生产管理流程审核方法,具有强烈的风险管理意识。 ② 深刻理解 ISO 9001 和 IATF 16949 管理体系的要求。 ③ 理解车规常用的质量管理工具的要求,并且能够在审核中去评估其应用情况。 ④ 能够合理计划、实施审核,并且能够将结果形成报告,并做审核结果总结

续表

审核种类	审核员的要求
VDA 6.3 车规管理体系过程审核	参加至少一次外部 VDA 6.3 过程审核培训并成功通过考试。这里强烈建议参加得到 VDA 质量管理中心认证的培训课程。 需要具备良好的 IATF 16949 质量管理体系的知识,强烈推荐拥有 IATF 16949 的审核员资质,并对车规质量管理工具有深刻的理解。 内部过程审核员: 对质量管理有基本的了解,熟悉最新的法规和标准,对被审核的产品和制造过程有基本的了解。至少具备 3 年的、最好是汽车生产制造行业的产业经验,至少有 1 年的质量岗位的工作经验。 外部过程审核员: 对质量管理和对被审核的产品和制造过程有深刻的了解,具有审核员资质。至少具备 5 年的、最好是汽车生产制造行业的产业经验,至少有 2 年的质量岗位的工作经验

审核员在审核过程中会对审核中发现的问题做出评判,根据 IATF 16949 的要求,发现的问题按严重程度可以分为以下几个种类。

(1) 主要不合规项:如果发现的问题可能导致将不合规的产品发货给客户,则该项将被判定为主要不合规项。另外,如果该项目有可能导致质量管理系统无法有效保证过程的可控性,也可被判定为主要不合规项。另外,如果针对某一要求发现有多项轻微不合规项,导致总体过程的可控性产生风险,则也可以被判定为主要不合规项。

(2) 轻微不合规项:如果发现的问题有不合规,但是不会导致总体过程的可控性受到影响,则可将该不合规判定为轻微不合规项。

(3) 有改进空间:如果发现某项要求已经得到了有效的执行,但是基于审核员的经验,针对该要求的执行可以有改善的空间,或者可以做得更为严谨,则该项目可以判断为有改进空间。

(4) 没有发现:如果没有发现有任何不符合标准的情况,则被判定为没有发现。但是要注意这种情况一定要记录下呈现给审核员的证据,表明审核员如何得到"没有发现"的结论。

在 VDA 6.3 的过程审核中,通常使用 VDA 6.3 推荐的 0~10 分制的评分标准来评判标准的执行情况。这一 10 分制的评分标准可以和前面提到的 IATF 16949 的评判标准对应,如表 10-8 所示。而对于这些发现,通常需要被审核人做相应的根本原因分析,并根据结果制订一个改善计划。而这些改善计划需要在一定的时间范围内完成。具体完成改善计划的时间根据发现的严重程度有如表 10-9 所示的相应的要求。被审核人需要通知审核人改善的进展,并在完成改善后得到审核人的审批并做出书面记录。

表 10-8 IATF 16949 审核中发现问题的严重程度与 VDA 6.3 审核的评分对应

VDA 6.3 10 分制评分	IATF 16949 评价体系
10	没有发现
8	有改进空间
6	轻微不合规

续表

VDA 6.3 10 分制评分	IATF 16949 评价体系
4	主要不合规
0	

表 10-9 ISO 9001、IATF 16949 和 VDA 6.3 审核中发现问题的处理反馈要求

标准	审核发现	反馈时间
IATF 16949	主要不合规、轻微不合规项	60 天内需要反馈
ISO 9001	主要不合规、轻微不合规项	90 天内需要反馈
VDA 6.3	评分为 8、6、4、0 的项目,即包含主要不合规、轻微不合规及有改进空间的项目	内部审核 60 天内需要反馈
		外部审核发现的所有不合规和有改进空间项均需要尽快得到解决。被审核人和审核方必须针对每一个不合规项和有改进空间项制订一个改进计划。如果审核方认定风险比较严重,审核方有权力要求被审核方立即采取改进措施

  通常在企业里都会有专门负责审核的质量部门人员和团队,这些人员对质量管理体系标准和过程审核标准非常熟悉,他们会承担起内部审核和外部供应商审核的任务,用来保证企业和其供应商都满足质量管理的要求。在芯片制造企业里通常会有专门的团队负责内部工厂、外部晶圆代工厂和封测代工厂,以及原材料和其他服务提供商的审核。另外,企业里通常还会设立一个长期的审核计划,所有的内部和外部审核都需要进行提前的计划,以确保有足够的资源能够使得需要完成或更新的审核在规定时间范围内得以实施。

参考文献

第 11 章 车规级芯片与系统测试认证

11.1 车规级芯片测试认证

11.1.1 车规级芯片测试认证概述

如图 11-1 所示,在现实世界中,集成电路的设计、加工、制造以及生产过程中,各种各样人为、非人为因素导致的错误(Error)难以避免,这些错误所造成的资源浪费、危险事故、人身伤亡等巨大代价更是难以估量。设计的漏洞、布局布线的失误、工作条件的差异、原料的纯度不足和存在缺陷,以及机器设备的误操作等造成的错误,都是导致电路产生缺陷(Defect)而最终失效(Failure)的原因。因此,为了得到品质优良、可靠性高的芯片产品,节约芯片设计制造成本,测试(Test)贯穿在芯片设计、芯片制造、封装及应用的全过程。

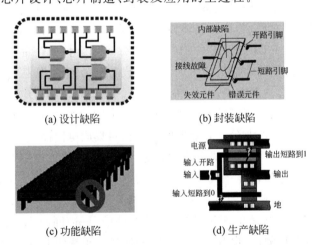

图 11-1 设计、加工、制造、生产过程中的各种缺陷

芯片从无到有并且最终出厂需要经过重重步骤,其中主要的步骤如图 11-2 所示。可以将所有步骤划分为 3 个阶段:芯片设计、芯片制造和封装测试。根据芯片所处的阶段不同,芯片所要接受的检测(或验证)可分为 3 大类:设计验证、前道量检测和后道检测。

设计验证用于芯片设计阶段,其主要内容是采用电学检测技术来验证样品是否实现预定的设计功能。前道量检测是一种物理性、功能性的测试,主要用于晶

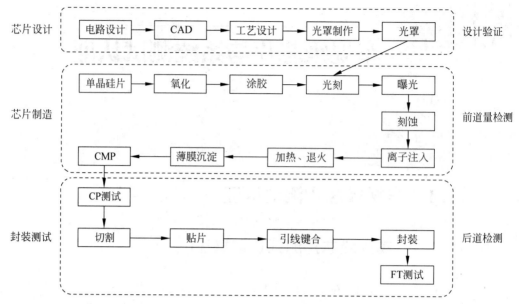

图 11-2 芯片设计、芯片制造、封装测试的主要步骤

圆的加工制造环节,其目的是要检测每步工艺后产品的加工参数是否达到了设计的要求,并且查看晶圆表面上是否存在影响良率的缺陷,确保将加工产线的良率控制在规定的水平之上。前道量检测按照测试目的分为量测和检测。按照应用主要分为关键尺寸量测、薄膜的厚度量测、套刻对准量测、光罩/掩膜检测、无图形晶圆检测、图形化晶圆检测和缺陷复查。按照技术主要分为光学检测设备、电子束检测设备。后道检测是一种电性、功能性的检测,主要用于晶圆加工之后、芯片封装环节内,其目的是检查芯片是否达到性能要求。后道检测又细分为 CP 测试、FT 测试,其中 CP 测试确保工艺合格的产品进入封装环节,FT 测试确保性能合格的产品最终才能流向市场。测试设备分为测试机、探针台和分选机。

在各个阶段,芯片都需要进行对应的测试。测试既是集成电路产业链中的一环,也是验证出厂的关键。早期的测试只是作为芯片生产中的一个工序存在,被合并在制造业或封装业中。随着集成电路产业分工日益明晰和人们对集成电路品质的重视,再加上技术、成本和知识产权保护等诸多因素,集成电路测试业目前正成为集成电路产业中一个不可或缺的、专业化的独立行业,作为设计、制造和封装的有力技术支撑,推动了集成电路产业的迅速发展。如今,许多国家、组织机构、企业纷纷制定了相关的测试标准。其目的是要规范测试方法和测试案例,获得独立权威的测试结果,保证产品的质量,同时提高测试的可操作性、可重复性,努力做到自动化测试,提升测试的效率和质量。车规级芯片从设计制造到最终应用主要涉及的各类标准如图 11-3 所示。

11.1.2 车规级芯片测试认证方法

在工程实践中,芯片的验证与测试往往容易混淆。在芯片设计团队中,验证与测试的工程师往往也被归于同一个大组,但实际上芯片的验证与测试的检测目标大不相同,二者的内容区别也很大。验证针对的是芯片设计,其目的在于发现设计中的错误,避免设计错误流入

阶段	参考标准		备注
设计	ISO 26262	功能安全	可靠性设计技术
	GB/T 12750	半导体集成电路规范	
生产制造	TS 16949	制造体系质量标准	
	AEC-Q001	零件平均测试指南	
	AEC-Q002	统计良率分析指南	
	AEC-Q003	IC电气性能指标	
	AEC-Q004	零缺陷指南	
可靠性认证	AEC-Q100	基于IC失效机理的试验要求	
	AEC-Q101	分立器件	
	AEC-Q102	分立光电半导体	
	AEC-Q103	微机电系统(MEMS)	
	AEC-Q104	多芯片模块(MCM)	
	AEC-Q200	无源元件	
应用	AQG 324	功率模组测试方法	
	GB/T 12750	半导体集成电路分规范	
	SAE J1211	汽车电气/电子模块稳健性验证手册	

图 11-3 车规级芯片在各个阶段涉及的参考标准

芯片制造阶段。其中硅前验证的目的是在流片前发现设计中的错误和问题,硅后验证的目的是要发现流片后的实验芯片的设计错误和问题。测试针对的对象是芯片,其目的是检测芯片在制造过程中是否引入了缺陷,以及如何快速发现这些缺陷。

由于芯片的复杂程度不断提高,设计过程中出现错误的概率越来越大,要保证芯片一次流片成功成为十分困难的事情。因此,人们开始利用硅后验证来满足验证的需求,同时降低流片的代价。在硅后验证流行之前,人们常以流片作为分界点来区分验证和测试,但是由于这种划分方法忽略了流片前为了测试所需的设计改造工作,因此十分笼统。随着硅后验证的兴起,以流片作为分界点的传统划分方法被打破,实际划分如图 11-4 所示。

图 11-4 芯片设计制造过程中验证与测试的实际划分情况

1. 设计验证

设计验证是保证芯片功能正确性和完整性最重要的一环,主要通过特征分析,保证设计的正确性,确认器件的性能参数。图 11-5 显示了芯片的设计流程。芯片的设计开始于由客户提出的产品需求。客户根据自己的需要向芯片设计公司(称为Fabless,无晶圆设计公司)提出设计要求,包括芯片需要达到的具体功能和性能方面的要求。之后设计工程师会根据客户提出的产品需求和各类规范的要求等对芯片架构进行各种层次的设计,制定出设计解决方案和具体实现架构,划分模块功能。设计工程师将模块功能以代码来描述实现,也就是把实际的硬件电路功能通过HDL描述出来,形成RTL(寄存器传输级)代码。设计工程师常用的硬件描述语言有VHDL、Verilog HDL,业界公司一般使用后者。验证工程师依据设计规范和用户需求对芯片进行仿真验证,即检验编码设计的正确性,看设计是否精确地满足了根据客户需求指定的规格中的所有要求,只要有违反或不符合规格要求的,就需要重新修改设计和编码。设计和仿真验证需要进行反复迭代,直到验证结果显示完全符合规格标准。之后再通过综合或定制布局布线进行物理电路设计,并对设计进行时序分析,此时的时序分析和物理电路设计同样是一个反复迭代的过程。最后形成的物理版图交给芯片代工厂(称为Foundry)在晶圆硅片上做出实际的电路,再进行封装和测试,就制成了芯片。在制成芯片后,仍然需要进行一些测试,如果发现错误则需重新投片。由此可见,验证在设计过程中的重要性极其重要,芯片验证不仅仅关系到芯片的功能和性能,还对设计研发的成本有着非常大的影响,通过验证或测试及早发现错误,既能大大缩短设计制造周期,又能大幅度降低成本(图11-6显示了未发现的设计错误造成的成本随时间增长的关系)。

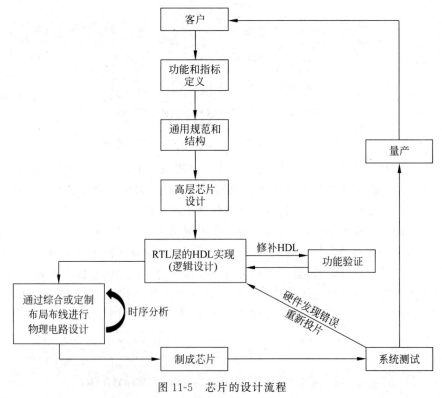

图11-5 芯片的设计流程

验证的工作量约占整个芯片开发周期的50%~70%,相应地,验证工程师与设计工程师的数量大概在2~3:1。芯片的验证伴随着设计复杂度的提升,工作量和工作难度是呈数量级上升的。验证工程师通过在设计工程上面运行复杂的仿真,将芯片产品规格所描述的功能通过二进制波形一一展示出来,如何处理复杂且巨大的状态空间,以及如何检测出不正确的行为,是验证工程师面临的极大挑战。第一个挑战,穷举验证空间的方法已经非常不适合当下的芯片验证趋势,或者说穷举状态太多了,无法实现完备性。为了解决这一问题,在当下验证方法和流程上,对设计流程有一定的借鉴,例如,将问题划分,验证团队不会立即验证整个芯片所有的状态功能,而是将整个设计划分成一些子设计,分别验证小的模块,一旦小的模块层次的验证完成后,再将其逐渐放大,组成子系统验证,而后再进一步扩大规模连接组成系统级,确保其正常工作。至于第二个挑战,设计中不可能将功能描述中没有的功能全部都设计进去,而验证恰恰需要考虑这些非法功能,判断其行为会不会导致系统"挂死"之类的错误。对于设计状态的切换,验证工程师必须识别设计是否可以根据当前输入正确地运行其功能。

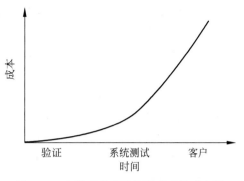

图 11-6 未发现的设计错误造成的成本随时间增长的关系

1) 验证内容

由于集成电路验证并没有明确的定义,在芯片的设计制造过程中,有许多工作都是以"验证"或其他类似的名字命名的。在此将其划分为功能验证(Functional Verification)、时序分析(Timing Analysis)和物理验证。从验证的层次可以分为模块级验证、子系统级验证和系统级验证。从验证的途径可以分为模拟(Simulation)、仿真和形式验证(Formality Verification)。

功能验证的目的是确保芯片和系统可以按照设计规范正确地执行操作。在实际的芯片设计过程中,功能验证会贯穿整个芯片的设计周期,需要在整个设计过程中检查并确认各个阶段不偏离既定的需求规范,即保证每一步都没有出现错误。需求规范是验证过程中的正确性标准。

时序验证的目的是确保芯片设计符合时序规范的要求。因为在综合工具综合时不能准确地估计电容性延迟效应,所以会导致设计的时序存在估计偏差。电路的正常工作速度最终取决于最长逻辑通路,即关键路径。时序验证就是要检查关键路径和次关键路径是否满足时序要求,常用方法有静态时序分析和动态时序模拟。

物理验证是物理设计过程中进行的多项任务的统称,物理验证主要包括以下两项验证任务:①设计规则检查(Design Rule Check,DRC),其目的是要证明版图可以被生产出来,并确认物理设计满足设计规则;②版图和逻辑图对照(Layout Versus Schematic,LVS),其目的是确认从物理版图中提取出的电路图是否与原理图一致,若发现不一致则需要进行手工修改以使其保持一致。

2) 验证周期

(1) 功能规范。

功能规范描述了预期的产品,它包含用于通信接口的规范、必须实现的功能以及影响设计的条件。系统架构设计师决定功能规范。功能规范是验证周期的基础。当设计者用 HDL 实现功能规范时,验证工程师将功能规范融入验证环境中,这可能看起来很多余,但它正是验证的基础。在验证环境中,第二次实现功能规范构成验证周期中的交叉检查,这一冗余确保了设计者的假设和实现符合架构设计师的意图。

（2）建立验证计划。

验证计划十分关键，因为它表达了验证工作的详尽描述，它回答了"我在验证什么？"和"我打算怎样进行验证？"的问题。

验证组组长书写验证计划，在这个过程中，他可以请逻辑设计者和系统架构设计师充当顾问。除非设计很简单，否则就需要采用层次化的验证方法。这种方法允许验证工程师先对较小的组件进行验证，然后把它们组合起来进行系统级验证。验证计划包含了层次化的验证中针对每个层次和每个组件的要求。

验证计划包含如下内容。

① 具体测试和方法——定义由验证工程师创建的环境的种类。

② 所需的工具——支持所描述的验证环境的必需的软件列表，这些列表进一步构成了软件采购团队或内部软件开发团队的需求。

③ 完成标准——定义表示验证完成的度量标准。

④ 需要的资源（人员、硬件和软件）和详细进度表——通过评估验证的开销，将验证计划和程序化的管理连接起来。

⑤ 待验证的功能——列出某一层级将被验证的功能。

⑥ 未被覆盖的功能——描述必须在分级的不同层进行验证的功能，这些功能的验证必须在验证计划的不同部分被具体说明。

验证团队与设计者和架构设计师一起评审最终的验证计划，这是验证周期的第一个检查点。设计者和架构设计师将验证计划与设计规范和内部结构进行比较，对验证环境计划提出改进意见。

（3）开发环境。

一旦验证计划完成，那么验证环境的构建就开始了。验证环境的主要组成部分是基于模拟的验证的测试激励生成和检查机制，以及形式验证环境的规则生成。

验证环境是使验证工程师可以发现设计缺陷的一系列软件代码和工具的集合。软件代码更多针对具体的设计，而工具则更加通用，可以用在多个验证项目中。

存在多种不同的验证环境，包括确定型的验证环境、基于随机的验证环境、基于形式化的验证环境，以及测试用例生成器。每种环境都有不同的创建测试激励和检查DUV结果的机制。在所有的情况下，参考模型用于交叉检查与设计意图不一致的行为。验证团队通过创建参考模型来独立地实现设计规范，参考模型根据测试用例的激励来预测测试用例的结果，验证团队将功能和设计的知识融入参考模型中，参考模型提供了包含预测的数据的检查部件，检查部件把从DUV中得到的真实数据与预测数据进行比较。在整个验证周期中，验证环境被不断地优化，这些优化包括软件代码的修改和添加。

（4）调试硬件描述语言和环境。

验证周期的下一个步骤是将验证环境与HDL设计集成起来，此时验证工程师开始通过运行测试集来调试硬件。在这些测试集的运行过程中，验证工程师会发现各种异常，并对它们进行诊断，这些诊断用于发现错误的源头，它们要么存在于验证环境中，要么存在于HDL设计中。异常的发生源于验证环境预测到了与HDL设计不同的行为，这是验证周期中冗余路径的结果。

如果错误发生在验证环境中，验证工程师更新软件来纠正预测的行为。反之，如果HDL设计存在错误，设计团队必须更正错误。一旦错误被修补好，验证工程师会重新运行与原来一样的正确的测试集，保证这些更新纠正了原有的问题，并且没有引入新的问题。验证团队会反复应用这个方法，直到所有的测试全部通过为止。

（5）回归测试。

回归测试是在验证计划中定义的测试集的连续运行。鉴于两个原因，回归测试成为验证周期中的必需步骤：第一个原因是验证环境通常有随机化的元素，它们在每次验证团队运行测试时驱动不同的输入情况；第二个原因是在设计修补和更新后，验证团队必须重复验证原来所有的测试集。

当验证周期到达回归测试阶段时，失效发生的概率下降了。为了揭示难以发现的错误，验证团队利用庞大的工作站组合，或者叫"工作站群"，来运行不断增加的验证作业。建立在验证环境中的随机部件能够使新的测试情况应用到每项验证作业中。

当验证团队在回归测试过程中找到一个错误时，他们会应用与 HDL 设计和验证环境调试阶段相同的流程来处理，错误会被分离和修复，然后验证团队重新运行与原来相同的正确的测试集。

在芯片即将流片前，验证团队必须反思整个验证环境，确保设计中应用了所有有效的测试情况，并且运行了所有相关的检查。这就是流片准备完成的检测点。

（6）硬件制造。

当硬件符合所有的流片标准时，设计团队将硬件交给制造工厂。将芯片交给制造工厂，就是大家所熟知的流片（Tape-out，字面意思为磁带交付），它是引用过去的名词，那时设计团队将芯片的物理设计信息保存在磁带上，然后将它们交给制造工厂。芯片的设计团队用一个检查列表，或称流片标准，来追踪所有的项目，包括物理的和逻辑的两方面，这些必须在设计交付给制造之前完成。验证是检查列表的主要部分，它要独立判定芯片的逻辑能力。以验证计划作为基础，验证团队创建和维护流片标准中属于自己部分。流片标准是对验证周期的正规化要求。

当所有艰难的工作都进入流片筹备阶段后，标志着达到了整个制造流程的里程碑。此刻，回归测试阶段的错误发生率已经降到接近为零，它表明在此验证环境下，再次发生错误的概率已经降为零。但是，在设计交付制造后的回归测试阶段，包含随机参数的验证环境还将继续工作。从流片交付到从制造厂中取回部分芯片之间的时间段（两个月左右），采用随机参数持续进行回归测试能进一步发现逻辑错误。在复杂的设计中，基于随机的验证环境持续地生成流片前没有遇到过的设计中的逻辑状态或情况，偶尔某一个新的状态会产生一个新的错误，使得这种持续的回归测试"值回票价"。设计者将首次流片后发现的错误的修正集成到改进的 HDL 代码中，这同样也包括系统测试硬件调试阶段中发现的各种问题的修正。

（7）调试流片后的硬件（系统测试）。

一旦芯片流片完成，且芯片的制造测试已经通过（证明其没有会影响硬件功能的物理缺陷），设计团队将收到制造好的硬件。硬件接着被装配到测试台或是为这些芯片设计的系统中。这时，硬件调试团队（通常包括设计者和验证工程师）执行硬件的启动（Bring-up）。在硬件启动过程中，更进一步的问题会自己暴露出来。

与以前一样，设计和验证团队必须再次调查这些问题。验证的整体目标是避免在真实的硬件中发现错误，因为这样会付出昂贵的代价。在真实硬件中进行错误调试比在验证环境中进行错误调试要复杂和困难得多，主要是因为真实硬件不能提供像验证环境那样的全套的追踪能力。如果一个问题被确认为功能错误，设计团队就必须对它进行修复。修复错误的方法可以有很多种，包括利用系统微码来避免失效的条件。但是，如果错误的修复必须在硬件层面进行，那就需要重新流片了。

(8)"逃逸"错误分析。

如果错误在硬件启动阶段被发现，那么验证团队必须进行"逃逸"错误分析。这部分工作常常被忽略，但是它却是验证周期的关键部分，可确保验证团队完全了解错误及其为什么没能在验证环境中被发现。验证团队必须在模拟环境中重新制造这个错误，如果可能，确定他们了解这个错误，并且评估分析这个错误是如何逃过验证阶段进入真实的硬件中的。除非在验证中重新产生原来的错误，否则验证团队无法断言针对这个错误的修改是正确的。

当验证团队从"逃逸"错误中学习和总结时，"逃逸"错误分析评估就进一步反馈到验证周期的开始阶段，验证测试计划和环境将得到持续的改进，未来的硬件芯片将从这种学习中获益。

3) 验证报告

验证执行完成后，一些公司会要求每个验证人员输出验证报告，比较全面的验证报告包括以下几个维度。

(1) 应用场景分析。

(2) 专项分析。

- 寄存器、中断。
- 随机性分析：接口输入随机、配置随机。
- 异常分析：接口输入异常、激励异常、配置异常、处理异常。
- 低功耗验证分析。
- 接口配合分析。
- 反压分析。
- 性能分析。
- 计数器。
- 警告。
- 时钟复位。
- 异步。
- RAM。
- 验证薄弱点。
- 白盒测试点。
- Bug 列表。
- IP/BB 分析。
- FPGA 和 EDA 差异分析。

(3) 重用分析。

- 修改点(规格变化、接口、配合、RAM 替换、MPI 时序、器件替换)。
- 影响点。

(4) 系统配合分析。
- 信号传递配合。
- 系统耦合点分析。

(5) 覆盖率分析。
- 代码覆盖率(行、条件、FSM、切换)。
- 功能覆盖率。
- 断言覆盖率。

(6) 风险评估。

(7) 验证结论。

2. WAT

1) WAT 概述

晶圆生产出来后,在出晶圆厂之前,要经过一道电性测试,称为晶圆可接受度测试(Wafer Acceptance Test,WAT)。WAT 是一项使用特定测试机台(自动测试机以及手动测试台)在晶圆阶段对特定测试结构进行的测量。WAT 可以反映晶圆流片阶段的工艺波动以及侦测产线的异常。WAT 并不参与"制造"集成电路,是晶圆厂生产出成品晶圆后能否出货的判断标准。

2) WAT 的测试内容

WAT 在大多数情况下,都是利用晶圆切割道(Scribe Line)上专门设计的测试结构(Test Pattern 或 Test Structure)完成的。通过这些测试结构的组合和测试结果的分析,基本上可以监控到晶圆制造的每道工序。但是某些特殊的产品,如功率器件(Power IC),为了充分利用晶圆的面积,增加每片晶圆上晶粒的数目,会尽量压缩切割道的面积,从而导致切割道太小,无法放置测试结构。当然,这类产品的制造工艺和电路设计一般都比较简单,所以不需要浪费面积设计测试结构,而是可以通过直接测试晶粒来完成 WAT。对它们来说,WAT 测试项目和良率测试项目是相同的,所谓的 WAT 只是预先抽样进行良率测试而已。有的时候甚至会选择不做 WAT,直接进行良率测试。在切割道上不放置 WAT 测试结构的另外一个好处,是可以降低晶圆封装时的切割难度。对于采用 90nm 以下先进工艺制造的产品,切割道上测试结构的设计会影响晶圆切割质量的现象,已经成为众所周知的事情。在芯片与封装交互作用的研究中,这也成为了一个重要的课题。液晶显示器驱动(Liquid Crystal Display Driver,LCD Driver)芯片是另一类不会在切割道上放置测试结构的产品。因其形状又长又窄,而又不能预先减薄晶圆,所以在整体考虑质量控制的策略之后,通常会选择不在切割道上放置测试结构。其实,很多的案例也表明,复杂的切割道测试结构设计,不仅会给封装切割带来困难,同时也会给晶圆的制造带来很多额外的风险。例如,因为负载效应(Loading Effect),切割道上大块的铜金属结构会导致附近晶粒边缘的铜线磨得不均匀,而容易出现短路(Short)或者断路(Open)。所以在设计 WAT 测试结构时,要遵循一定的规则,同时也需要非常细心、谨慎。

WAT 测试结构通常包含该工艺技术平台所有的有源器件、无源器件和特定的隔离结构。例如,有源器件包括 MOS 晶体管、寄生 MOS 晶体管、二极管和双极型晶体管等,但是在标准的 CMOS 工艺技术中,仅仅把 MOS 晶体管和寄生 MOS 晶体管作为必要的 WAT

测试结构,而二极管和双极型晶体管是非必要的 WAT 测试结构。无源器件包括方块电阻、通孔接触电阻、金属导线电阻和电容等。隔离结构包括有源区(AA)之间的隔离、多晶硅之间的隔离和金属之间的隔离。WAT 参数是指有源器件、无源器件和隔离结构的电学特性参数。

3. 晶圆测试

1) 晶圆测试概述

晶圆(Chip Probing,CP)测试在整个芯片制作流程中处于晶圆制造和封装之间,测试对象是针对整片晶圆(Wafer)中的每个未封装的芯片(Die),目的就是在封装前将残次品找出来(Wafer Sort),从而提高出厂的良品率,缩减后续封测的成本。由于尚未进行划片封装,芯片的引脚全部裸露在外[这些极微小的引脚需要通过更细的探针(Probe)来与测试机台(Tester)连接],而通常在芯片封装时,有些引脚会被封装在内部,导致有些功能无法在封装后进行测试,因此只能在 CP 中测试。有些公司还会根据 CP 测试的结果,根据性能将芯片分为多个级别,将这些产品投入不同的市场。常用到的设备有探针台(Prober)、测试机(IC Tester)以及测试机与探针卡之间的接口(Mechanical Interface)。

2) 晶圆测试流程

在经历了设计、材料和制作的复杂生产过程后,需要进行晶圆测试来保证其功能。典型的晶圆测试工艺流程如图 11-7 所示。

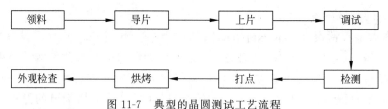

图 11-7 典型的晶圆测试工艺流程

3) 测试内容和测试方法

(1) SCAN。

SCAN 用于检测芯片逻辑功能是否正确。可测试性设计时,先使用逻辑综合工具插入 Scan Chain(见图 11-8),再利用 ATPG(Automatic Test Pattern Generation,自动测试向量生成)自动生成 SCAN 测试向量。SCAN 测试时,先进入 Scan Shift 模式,ATE(Automatic Test Equipment,自动测试设备)将模式加载到寄存器上,再通过 Scan Capture 模式,将结果捕捉。在进入下次 Shift 模式时,将结果输出到 ATE 进行比较。

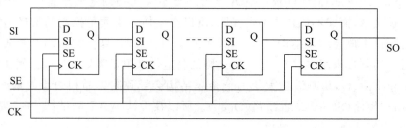

图 11-8 Scan Chain 示意图

(2) 边界 SCAN。

边界 SCAN 用于检测芯片引脚的功能是否正确。与 SCAN 类似,如图 11-9 所示,边界

SCAN 通过在 I/O 引脚间插入边界寄存器(Boundary Register),使用 JTAG 接口来控制,监测引脚的输入/输出状态。

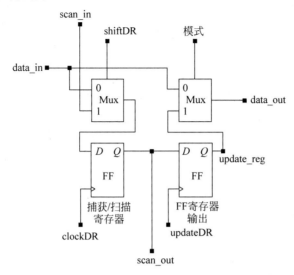

图 11-9 边界 SCAN 的原理图

(3) 存储器。

芯片往往集成了各种类型的存储器(如 ROM、RAM、Flash),为了测试存储器读写和存储功能,通常在设计时提前加入 BIST(Built-In SelfTest,内建自测)逻辑,用于存储器自测。芯片通过特殊的引脚配置进入各类 BIST 功能,完成自测试后,BIST 模块将测试结果反馈给测试者。

ROM 通过读取数据进行 CRC 校验来检测存储内容是否正确。

RAM 除检测读写和存储功能外,有些测试还覆盖深度睡眠的滞留功能和边缘读写功能等。

Embedded Flash 除了正常读写和存储功能外,还要测试擦除功能。晶圆还需要经过烘烤和加压来检测 Flash 的滞留功能是否正常。还有边缘读写、穿通测试等。

(4) DC/AC 测试。

DC 测试包括芯片信号引脚的开/短路测试、电源 PIN 的电源短路测试,以及检测芯片直流电流和电压参数是否符合设计规格的测试。AC 测试为检测芯片交流信号质量和时序参数是否符合设计规格。

(5) RF 测试。

对于无线通信芯片,RF(射频)的功能和性能至关重要。CP(晶圆测试)中通过对 RF 测试来检测 RF 模块逻辑功能是否正确。FT(Final Test,封装测试)时还要对 RF 进行更进一步的性能测试。

(6) 其他功能测试。

芯片的其他功能测试用于检测芯片其他重要的功能和性能是否符合设计规格。

4. FT

1) FT 概述

在晶圆测试后,将好的芯片在晶圆上标记出来,然后切割成一个一个单独的芯片,将这些一个一个的芯片封装成黑盒子,如图11-10所示。此时的芯片还需要进行FT。FT是芯片出厂前的最后一道拦截,测试对象是针对封装好的芯片。CP测试之后会进行封装,封装之后进行FT,可以用来检测封装厂的工艺水平。

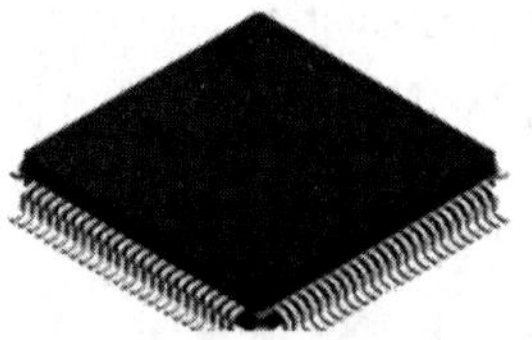

2) FT的流程

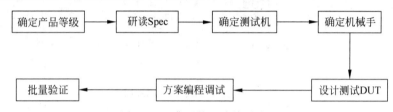

图11-10 封装完成后的芯片

FT的目的是筛选芯片,然后决定芯片是否可用作产品卖给客户。FT需要保证Spec(即芯片产品规格书,又称技术手册)指明的全部功能都要验证到。这是因为封装过程可能会损坏部分电路,所以在封装工艺完成后,要按照测试规范对成品芯片进行全面的电性能测试,测试其消耗功率、运行速度、耐压度等,目的是挑出合格的成品,根据器件性能的参数指标分类,同时记录测试结果。各类芯片的封装形式、性能指标差异决定了芯片检测的工作流程,如图11-11所示。

图11-11 典型的芯片检测流程

进行芯片检测时,需要确定产品等级为消费级、工业级,还是车规级(本书为车规级芯片),不同的等级测试需求不同,测试需求的基础由芯片的Spec资料决定。因此,研读Spec是后续正确完成测试的基础,需从Spec中获得工作电压和电流范围、频率范围、输入/输出信号类型、工作温度及客户应用环境模拟条件、扫描链、自测等参数信息。相关信息汇总后即可确定测试机的类型,如选择数字或模拟测试机,是否有特殊的信号需求等。而芯片的封装类型决定了分选机械手的选择,即选择重力式分选机、平移式分选机或转塔式分选机。DUT板卡是芯片与测试机之间的硬件联系,对于不同的芯片,需要根据待测参数的要求设计对应的DUT板卡。板卡设计完成后,再根据测试方案进行编程调试和批量验证。

3) 测试的内容和方法

芯片FT主要是对芯片进行功能验证、电参数测试。主要的测试依据是集成电路规范、芯片规格书、用户手册。目前芯片FT主要用到ATE测试系统,包括软件和测试设备、测试硬件。ATE(Automatic Test Equipment)在半导体产业中指的是集成电路自动测试机,其功能是检测集成电路功能的完整性,以确保集成电路生产制造的品质。

FT的主要测试项目如下。

(1) 开路/短路测试(Open/Short Test):检查芯片引脚中是否有开路或短路。

(2) 功能测试(Function Test):测试芯片的逻辑功能。

(3) 直流测试(DC Test):验证器件直流电流和电压参数。

(4) 交流测试(AC Test):验证交流规格,包括交流输出信号的质量和信号时序参数。

(5) 内嵌Flash测试(Eflash Test):测试内嵌Flash的功能及性能,包含读写擦除动作及功耗和速度等各种参数。

(6) 混合信号测试(Mixed Signal Test):验证DUT数模混合电路的功能及性能参数。

(7) 射频测试(RF Test):测试芯片中RF模块的功能及性能参数。

4)良率

芯片制造的良率 Y 定义为：

$$Y = \frac{G}{G+B} \tag{11-1}$$

其中，G 为通过所有测试的元器件数目；B 为未通过部分测试的元器件数目。

实际上很难得到 Y 的确切值，有以下 3 个原因。

(1) 元器件一经售出，有关数据就难以收集。

(2) 不可能对所有的元器件都进行全面的测试，良率是基于抽样产品的良率计算的。

(3) 一般来讲，测试是基于一定的故障模型的，一些有问题的元器件可能通过了测试，还有未经故障模型表达的缺陷也可能通过了测试。

影响良率的因素很多，主要有芯片面积、工艺的完善程度、加工过程的步骤数目等，确定良率的数学模型有多个，第一个模型是由 B. T. Morphy 提出的，计算公式为：

$$Y = \left[\frac{1-e^{AD}}{AD}\right]^2 \tag{11-2}$$

其中，A、D 分别是管芯的面积和缺陷密度。

5. 可靠性测试认证

1)可靠性测试概述

芯片除了在设计阶段的验证以及生产制造过程中的质量测试以外，在生产完成后，为了检测芯片产品的耐久性和环境适应性，还需进行可靠性测试。芯片可靠性测试主要分为使用寿命试验、环境试验和耐久性测试。其中寿命试验包含长期寿命试验(长期工作寿命和长期存储寿命)和加速寿命试验(序进应力加速寿命、步进应力加速寿命和恒定应力加速寿命)；环境试验项目包括机械试验(振动试验、冲击试验、离心加速试验、引出线抗拉强度试验和引出线弯曲试验)、引出线易焊性试验、温度试验(低温、高温和温度交变试验)、湿热试验(恒定湿热和交变湿热试验)、特殊试验(盐雾试验、霉菌试验、低气压试验、静电耐受力试验、超高真空试验和核辐射试验)；而耐久性测试项目包括数据保持力测试和周期耐久性测试，在实际生产中，可以根据需求选择其中一些项目进行测试。

而如果要进入车辆领域，打入各一级(Tier[①])车电大厂供应链，则必须获得车规认证，取得两张"门票"：第一张是由北美汽车产业所推的 AEC-Q100(IC)、AEC-Q101(分立器件)、AEC-Q102(光电器件)、AEC-Q200(无源元件)可靠度标准；第二张则是要符合零失效(Zero Defect)的供应链品质管理标准 ISO/TS 16949 规范(Quality Management System，国际材料数据系统)，其关联性可参考图 11-12。

目前要求通过 AEC-Q100 的车用电子零部件，包括车用一次性记忆体、电源降压稳压器、车用光电耦合器、三轴加速规感测器、视频解码器、整流器、环境光感测器、非易失性铁电存储器、电源管理芯片、嵌入式快闪记忆体、DC/DC 稳压器、车规级网络通信设备、液晶驱动芯片、单电源差动放大器、电容接近式开关、高亮度 LED 驱动器、非同步切换器、600V IC、GPS IC、ADAS 芯片、GNSS 接收器、GNSS 前端放大器等。

AEC-Q100 规范对芯片的可靠性测试可分为 7 大类共 41 项测试(见表 11-1 和图 11-13)。

---

① Tier1：OEM 车用模块/系统厂，车用电子组件的 End-User；Tier2：使用/制造车用电子组件的厂商，车用电子组件的 Supplier；Tier3：提供支持与服务给予电子行业，车用电子的外包商。

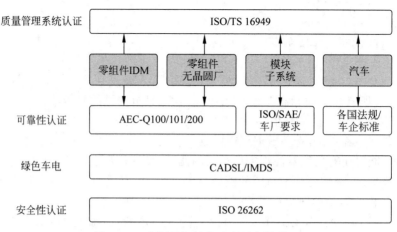

图 11-12 车用零组件的基本要求说明图

7 大类分别是：加速环境应力可靠性、加速寿命模拟可靠性、封装可靠性、晶圆制程可靠性、电学参数验证、缺陷筛查、包装完整性试验。每个测试大类细分为几个测试项目，在 AEC-Q100 规范中明确说明了这些测试项目所参考的半导体业界所使用的认证规范（如 JEDEC、MIL-STD-883、SAE 或者 AEC-Q100 本身所定义并且于附件里所定义的规则）。在 AEC-Q100 及其相关的规范文件中，每个测试项目也同时会定义测试样品单一批次数量、测试批次量以及判断合格标准，若有额外的规范也会定义在每项测试规范当中。

表 11-1 AEC-Q100 车规级芯片测试项目说明

测试项目	英文缩写	参考标准
A 组　加速环境应力测试		
预处理	PC	IPC/JEDEC J-STD-020 JEDEC JESD22-A113
有偏温湿度或有偏高加速应力测试	THB 或 HAST	JEDEC JESD22-A101/A110
高压或无偏高加速应力测试或无偏温湿度测试	AC/UHST/TH	JEDEC JESD22-A102/A118/A101
温度循环测试	TC	JEDEC JESD22-A104
功率负载温度循环	PTC	JEDEC JESD22-A105
高温存储寿命测试	HTSL	JEDEC JESD22-A103
B 组　加速寿命模拟测试		
高温工作寿命	HTOL	JEDEC JESD22-A108
早期寿命失效率	ELFR	AEC-Q100-008
数据擦写	EDR	AEC-Q100-005
C 组　封装完整性测试		
键合点剪切	WBS	AEC-Q100-001、AEC-Q003
键合点拉力	WBP	MIL-STD-883 Method 2011、AEC-Q003

续表

测 试 项 目	英 文 缩 写	参 考 标 准
C 组　封装组合完整性测试		
可焊性	SD	JEDEC JESTD-002-B102 或 JEDEC J-STD-002D
物理尺寸	PD	JEDEC JESD22-B100/B108、AEC-Q003
锡球剪切	SBS	AEC-Q100-010、AEC-Q003
引脚完整性	LI	JEDEC JESD22-B105
D 组　芯片制造可靠性测试		
电迁移	EM	
介质击穿	TDDB	
热载流子注入效应	HCI	
负偏压温度不稳定性	NBTI	
应力迁移	SM	
E 组　电气特性验证测试		
应力测试前后功能参数测试	TEST	供应商数据表或用户规范的测试程序
静电放电人体模式	HBM	AEC-Q100-002
静电放电带电器件模式	CDM	AEC-Q100-011
闩锁效应	LU	AEC-Q100-004
电分配	ED	AEC-Q100-009、AEC-Q003
故障等级	FG	AEC-Q100-007
特性描述	CHAR	AEC-Q003
电磁兼容	EMC	SAE J1752/3-幅射
短路特性	SC	AEC-Q100-012
软误差率	SER	JEDEC 无加速：JESD89-1 加速：JESD89-2 & JESD89-3
无铅	LF	AEC-Q005
F 组　缺陷筛选测试		
过程平均测试	PAT	AEC-Q001
统计良率分析	SBA	AEC-Q002
G 组　空腔封装完整性测试		
机械冲击	MS	JEDEC JESD22-B104
变频振动	VFV	JEDEC JESD22-B103
恒加速	CA	MIL-STD-883 Method 2001
粗/细检漏	GFL	MIL-STD-883 Method 1014
自由跌落	DROP	…
盖板扭力测试	LT	MIL-STD-883 Method 2024
裸片剪切力	DS	MIL-STD-883 Method 2019
内部水汽含量	IWV	MIL-STD-883 Method 1018

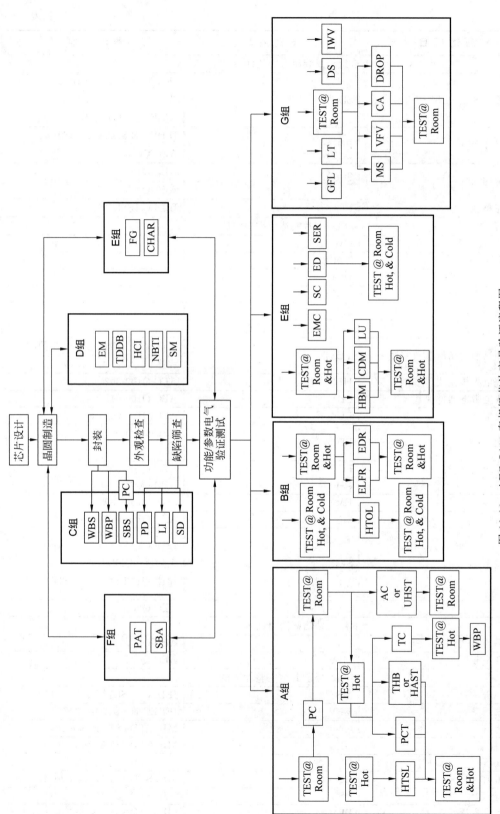

图 11-13 AEC-Q100 车规级芯片产品验证流程图

需要注意的是,第三方难以独立完成 AEC-Q100 的验证,需要晶圆供应商、封测厂配合完成,这更加考验对认证试验的整体把控能力。如果成功完成根据上述文件各要点需要的测试结果,那么将允许供应商声称他们的零件通过了 AEC-Q100 认证。供应商可以与客户协商,在样品尺寸和条件的认证上比文件的要求放宽些,但是只有完成要求时才能认为零件通过了 AEC-Q100 认证。

2）测试样品认证的要求及目的

(1) 批次要求。

测试样品应该由认证家族中有代表性的器件构成,由于缺少通用数据就需要有多批次的测试,测试样品必须是由非连续晶圆批次中近似均等的数量组成,并在非连续成型批次中装配。即样品在生产厂里必须是分散的,或者装配加工线至少有一个非认证批次。

(2) 生产要求。

所有认证器件都应在制造场所加工处理,有助于量产时零件的传输。其他电测试场所可以在其电性质证实有效后用于电测量。

(3) 测试样品的再利用。

已经用来做非破坏性认证测试的器件可以用来做其他认证测试,而做过破坏性认证测试的器件则除了工程分析外不能再使用。

(4) 样品数量要求。

用于认证测试的样品数量与(或)提交的通用数据必须与 AEC-Q100 认证测试方法中指定的最小样品数量和接受标准一致。如果供应商选择使用通用数据来认证,则特殊的测试条件和结果必须记录并对使用者有可用性。现有可用的通用数据应首先满足这些要求和 AEC-Q100 认证测试方法的每个测试要求。如果通用数据不能满足这些要求,就要进行器件特殊认证测试。

(5) 预前应力测试和应力测试后要求。

AEC-Q100 认证测试方法中的附加要求栏为每个测试指定了终端测试温度(室温、高温和低温)。温度特殊值必须设有最差情况,即每个测试中用至少一个批次的通用数据和器件特殊数据来设置温度等级。

(6) 应力测试失效后的定义。

测试失效定义为设备不符合测试的器件规范和标准规范,或是供应商的数据表,任何由于环境测试导致的外部物理破坏的器件也要被认为是失效的器件。如果失效的原因被厂商和使用者认为是非正确运转、静电放电或一些其他与测试条件不相关的原因,失效就算不上,但作为数据提交的一部分上报。

3) 常见的芯片可靠性测试项目

(1) 使用寿命测试项目。

在芯片中,使用寿命周期是其可靠性表征的关键指标之一,在可靠性评价中,也是至关重要的环节之一。芯片的使用寿命根据浴盆曲线(Bathtub Curve)分为 3 个阶段,如图 11-14 所示。

① 早期失效期:该阶段产品的失效率快速下降,造成失效的原因在于 IC 设计和生产过程中的缺陷。

② 偶然失效期:该阶段产品的失效率保持稳定,失效的原因往往是随机的,如温度变化等。

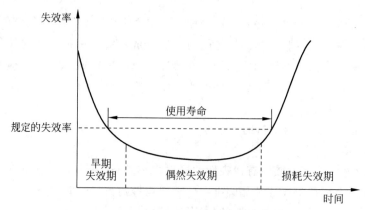

图 11-14　芯片使用寿命的浴盆曲线

③ 耗损失效期：该阶段产品的失效率会快速升高，失效的原因是产品的长期使用所造成的老化等。

芯片寿命测试项目如表 11-2 所示。

表 11-2　芯片寿命测试项目

测试项目	项目要求	具体内容
早期失效率测试（Early Fail Rate Test，EFRT）	测试目的	评估工艺的稳定性，加速缺陷失效率，去除由于天生原因失效的产品
	测试条件	在特定时间内动态提升温度和电压，从而对产品进行测试
	失效机制	材料或工艺的缺陷，包括诸如氧化层缺陷、金属刻镀、离子沾污等由于生产造成的失效
	参考文件	JESD22-A108、EIAJED-4701-D101
高/低温工作寿命测试（High/Low Temperature Operating Life，HTOL/LTOL）	测试目的	评估器件在超热和超电压情况下一段时间的耐久性
	测试条件	125℃，1.1VCC，动态测试
	失效机制	动态测试电子迁移、氧化层破裂、相互扩散、不稳定性、离子沾污等
	参考文件	MIT-STD-883E Method 1005.8、JESD22-A108-A、EIAJED-4701-D101

(2) 芯片环境测试项目如表 11-3 所示。

表 11-3　芯片环境测试项目

测试项目	项目要求	具体内容
预处理测试（Pre-conditioning Test，PC）	测试目的	模拟 IC 在使用之前在一定湿度/温度条件下存储的耐久力，也就是 IC 从生产到使用之间存储的可靠性
	测试流程	超声扫描仪 SAM→高低温循环→烘烤→浸泡→回流（reflow）→超声扫描仪 SAM
	失效机制	封装破裂、分层
	参考文件	IPC/JEDEC J-STD-020、JESD22-A113-D、EIAJED-4701-B101

续表

测试项目	项目要求	具体内容
温湿度及偏压测试（Temperature Humidity Bias Test，THBT）	测试目的	评估IC产品在高温、高湿、偏压条件下对湿气的抵抗能力，加速其失效进程
	测试条件	85℃、85％RH、1.1VCC、静态偏置（Static Bias）机构
	失效机制	封装破裂、分层
	参考文件	IPC/JEDEC J-STD-02、JESD22-A113-D、EIAJED-4701-B101
高加速应力测试（Highly Accelerated Stress Test，HAST）	测试目的	评估IC产品在偏压下高温、高湿、高气压条件下对湿度的抵抗能力，加速其失效过程
	测试条件	130℃、85％RH、1.1VCC、静态偏置、2.3atm
	失效机制	电离腐蚀、封装密封性
	参考文件	JESD22-A110
高压蒸煮测试（Pressure Cook Test（Autoclave Test），PCT）	测试目的	评估IC产品在高温、高湿、高气压条件下对湿度的抵抗能力，加速其失效过程
	测试条件	130℃、85％RH、静态偏置、15PSIG(2atm)
	失效机制	化学金属腐蚀、封装密封性
	参考文件	JESD22-A102、EIAJED-4701-B123
高低温循环测试（Temperature Cycling Test，TCT）	测试目的	评估IC产品中具有不同热膨胀系数的金属之间界面的接触良率。方法是通过循环流动的空气从高温到低温重复变化
	测试条件	－55℃～125℃；－65℃～150℃
	失效机制	电介质的断裂、导体和绝缘体的断裂、不同界面的分层
	参考文件	MIT-STD-883E Method 1010.7、JESD22-A104-A、EIAJED-4701-B-131
热冲击测试（Thermal Shock Test，TST）	测试目的	评估IC产品中具有不同热膨胀系数的金属之间界面的接触良率
	测试条件	－55℃～125℃；－65℃～150℃
	失效机制	电介质的断裂、材料的老化（如邦线）、导体机械变形
	参考文件	MIT-STD-883E Method 1011.9、JESD22-B106、EIAJED-4701-B-141
高温存储测试（High Temperature Storage Life Test，HTSL）	测试目的	评估IC产品在实际使用之前在高温条件下保持几年不工作条件下的生命时间
	测试条件	150℃
	失效机制	化学和扩散效应、Au-Al共金效应
	参考文件	MIT-STD-883E Method 1008.2、JESD22-A103-A、EIAJED-4701-B111
可焊性测试（Solderability，SD）	测试目的	评估集成电路在黏锡过程中的可靠度
	失效标准	至少95％良率
	参考文件	MIT-STD-883E Method 2003.7、JESD22-B102

续表

测试项目	项目要求	具体内容
焊接热量耐久测试 （Solder Heat Resistance Test，SHRT）	测试目的	评估集成电路对瞬间高温的敏感度
	失效机制	根据电测试结果
	参考文件	MIT-STD-883E Method2003.7、EIAJED-4701-B106

（3）耐久性测试项目。

在了解上述的集成电路测试方法之后，集成电路的设计制造商就需要根据不用集成电路产品的性能、用途以及需要测试的目的，选择合适的测试方法，最大限度地降低集成电路测试的时间和成本，从而有效控制集成电路产品的质量和可靠度。芯片耐久性测试项目如表11-4所示。

表11-4 芯片耐久性测试项目

测试项目	项目要求	具体内容
周期耐久性测试 （Endurance Cycling Test）	测试目的	评估非挥发性内存储器件在多次读写运算后的持久性能
	测试方法	将数据写入内存的存储单元，再擦除数据，重复这个过程多次
	测试条件	室温或者更高温度，每个数据的读写次数达到100k～1000k次
	参考文件	MIT-STD-883E Method 1033
数据保持力测试 （Data Retention Test）	测试目的	在重复读写之后加速非挥发性内存储器件存储节点的电荷损失
	测试方法	在高温条件下将数据写入内存存储单元后，多次读取验证单元中的数据
	测试条件	150℃
	参考文件	MIT-STD-883E Method 1008.2、MIT-STD-883E Method 1033

11.2 汽车电子模组测试认证

11.2.1 汽车电子模组测试认证概述

模组包含芯片，是芯片的最小系统的集合，一般由芯片、PCB和外围器件构成。汽车电子模组按照功能可分为功率模组、功能模组和传感器模组。功率模组是功率电子器件按一定的功能组合再灌封而成一个模组，它直接控制全车交直流转换、高低压功率调控等核心指标，是新能源汽车电控系统上的核心零部件；功能模组则是由计算、控制类芯片及其外围器件等构成的芯片模组，功能模组对电动汽车执行层中动力、转向、变速、制动等系统有直接影响，在测试认证中一般要遵循AEC-Q100～Q104以及汽车电子等规范；传感器模组是在传感器的基础上又封装了一层电路，它将传感器的原始信号进行了调理以后，如将电压信号进行放大，或者将电压转换成电流，又或者将电荷转换成电压的形式输出，以满足信号采集系统的匹配。

在以上三类模组中，功率模组的设计和制造工艺的难度最大，被誉为"电动汽车核心技术的珠穆朗玛峰"。对于功率模组功率循环实验标准，国际电工委员会（IEC）率先给出了基于 IEC 60749-34 的半导体器件功率循环实验的主要实验要求，其中包含测试电路、实验方案、实验结束判据等内容。但由于方案在细节上仍过于笼统，且不同厂家的功率模组的结构、用途存在较大差异，欧洲功率半导体发展中心（ECPE）以德国标准 LV324 为基础，制定了 AQG 324《汽车电力转换装置用功率模组鉴定指南》。相对于国际电工委员会制定的功率模组功率循环测试方法，AQG 324 实验方案可操作性较好，并将测试内容进一步扩展到了针对碳化硅功率模组的可靠性测试。IEC 60749-34 和 AQG 324 功率循环方案的对比如表 11-5 所示。

表 11-5　IEC 60749-34 和 AQG 324 功率循环方案的对比

测试项目	IEC 60749-34	AQG 324
控制策略	恒结温、壳温或者固定导通时间	固定导通关断时间
加热电流	由热阻和功率损耗推算	由温敏参数推算
散热行驶	未规定	液冷
循环次数	未规定	直至失效
实验次数	单次	不同结温差条件下多次实验
监控参数	未规定	结温、壳温、电流、电压
失效判据	未规定	V_{DS} 或者 R_{th} 上升 20%
抽样方案	未规定	至少 3 只

11.2.2　汽车电子模组测试方法

1. AQG 324 功率模组测试方法

AQG 324 标准（见表 11-6）描述了对 SiC 功率模组的特性和寿命测试。所述实验为了验证用于汽车工业的电力电子元件的性能和寿命。定义的测试是基于目前已知的故障机理和机动车辆功率模组的具体使用情况。

1) QM 模组测试

模组测试用于在各个测试序列之前（以确保只有完美的被测部件进入资格认证）和之后表征被测器件（DUTs）的电气和机械性能。

(1) 下线检测。

所有 DUTs 必须按照标准的下线检测进行测试。为了实现可追溯性，下线检测的结果必须记录在案。

(2) 互连层测试。

互连层（如焊料、扩散焊料、烧结互连）的质量以及由于空洞、分层或裂纹形成而退化的情况必须记录，建议使用扫描声波显微镜（SAM）进行检查。

(3) 标称集电极电流或连续直流集电极电流（IGBT 模组）。

标称集电极电流 I_{CN} 必须按照以下定义之一定义并记录。

① 标称集电极电流＝在 $R_{th,j-c}$ 下的恒定直流电（$T_{vj} \leqslant T_{vj,max}$）。

表 11-6 AQG 324 标准

标准	测试	下线检测	SAM检查	$V_{GE.th}/V_{GS.th}$	$I_{CE.leak}/I_{GS.leak}$	$I_{CE.leak}/I_{DS.leak}$	V_{CE}/V_{DS}	V_F	R_{th}	短路测试	动态测试	隔离测试	IPI/OMA
QC-01~QC-04	1：测试开始 2：测试结束	1,2	1	1,2	1,2	1,2	1,2	1,2				1,2	1,2
QC-05	1：测试开始 2：测试结束	1	1,2										
QE-01 TST	1：0c 2：500c 3：1000c	1,2,3	2,3	1,2,3	1,2,3	1,2,3	1,2,3	1,2,3	1,2,3	1,2,3	1,2,3	1,2,3	1,2,3
QE-03V	1：测试开始 2：测试结束	1,2		1,2	1,2	1,2	1,2	1,2		1,2	1,2	1,2	1,2
QE-04 MS	1：测试开始 2：测试结束	1,2		1,2	1,2	1,2	1,2	1,2		1,2	1,2	1,2	1,2
QL-01 Psec	1：0c 2：寿命结束	1,2	2	1,2(opt)	1,2(opt)	1,2(opt)	1,2(opt)	1,2(opt)	1,2(opt)	1,2(opt)	1,2(opt)	1,2	1,2

续表

标准	测试	下线检测	SAM检查	$V_{GE,th}/V_{GS,th}$	$I_{CE,leak}/I_{GS,leak}$	$I_{CE,leak}/I_{DS,leak}$	V_{CE}/V_{DS}	V_F	R_{th}	短路测试	动态测试	隔离测试	IPI/OMA
QL-02 Pmin	1: 0c 2: 寿命结束	1,2	2	1,2(opt)	1,2(opt)	1,2(opt)	1,2(opt)	1,2(opt)	1,2(opt)	1,2(opt)	1,2(opt)	1,2	1,2
QL-03 HTS	1: 0h 2: 寿命结束	1,2	2	1,2	1,2	1,2	1,2	1,2		1,2	1,2	1,2	1,2
QL-04 LTS	1: 0h 2: 寿命结束	1,2	2	1,2	1,2	1,2	1,2	1,2		1,2	1,2	1,2	1,2
QL-05 HTRB	1: 0h 2: 寿命结束	1,2		1,2	1,2	1,2	1,2	1,2		1,2	1,2	1,2	1,2
QL-06 HTGB	1: 0h 2: 寿命结束	1,2		1,2	1,2	1,2	1,2	1,2		1,2	1,2	1,2	1,2
QL-07 H³TRB	1: 0h 2: 寿命结束	1,2		1,2	1,2	1,2	1,2	1,2		1,2	1,2	1,2	1,2

② 标称集电极电流 $=V_{CE,sat}$、$R_{th,j-c}$ 最大时得到的集电极电流。

其中，$V_{CE,sat}$ 为饱和工作时集电极-发射极电压（正向电压）；$R_{th,j-c}$ 为结壳的热阻；T_{vj} 为实际结温；$T_{vj,max}$ 为最高允许结温。通常会说明实现的芯片标称电流（如 800A），这通常与作为热电阻和冷却连接功能的标称模组电流（如 550A）不对应。

(4) 栅源（MOSFET）阈值电压。

栅源阈值电压（$V_{GS,th}$）必须在室温和指定的最大工作温度下确定，这必须从最大结温导出。该阈值电压必须与数据表值相比较。$V_{GS,th}$ 的表征方法必须遵循 JEDEC JEP183 的建议，且样本必须在整个测试期间保留。$V_{GS,th}$ 必须在 $T_{RT}=25\pm1℃$ 公差下进行测量，以获得没有温度漂移影响的有效的信号。

(5) 栅极-发射极（IGBT）/栅源（MOSFET）漏电流。

栅极-发射极或栅源漏电流（$I_{GE,leak}$ 或 $I_{GS,leak}$）必须在室温和规定的最高工作温度下确定。

(6) 集电极-发射极（IGBT）/漏源极（MOSFET）反向漏电流。

集电极-发射极或漏源极反向漏电流（$I_{CE,leak}$ 或 $I_{DS,leak}$）必须在室温和指定的最高工作温度下确定。

(7) $V_{CE,sat}$（IGBT）、V_{DS}（MOSFET）、V_F（二极管）正向电压。

IGBT 饱和工作时，集电极-发射极电压正向电压（$V_{CE,sat}$）和 MOSFET 正向漏源电压（V_{DS}）为二极管正向电压（V_F），都必须在室温和规定的最大工作温度下确定，这必须从最大结温导出。正向电压作为后续寿命测试的数据基础，必须在脉冲操作中确定正向电压，以保持尽可能低的自热。

(8) 击穿电压 $V_{BR,CE}$（IGBT）、$V_{BR,DS}$（MOSFET）、$V_{BR,R}$（二极管）。

模组级未定义击穿电压。因此，必须事先澄清设备是否能够承受这种测量。因此，由于局部过热（依赖于技术），通过测量有很高的损坏设备的风险。如果器件允许测量，击穿电压应评估为 IGBT 最大阻塞电流（$I_{CE,max}$）、MOSFET 最大阻塞电流（$I_{DS,max}$）、二极管最大阻塞电流（$I_{R,max}$）的 90%。

模组特性测试是进行后续环境和寿命测试的基本先决条件，不允许使用通用数据描述模组测试。

2) 模组特性测试

块特性实验是后续环境实验和寿命实验的基本前提，不允许应用通用数据来描述模组测试。

(1) QC-01 测定寄生杂散电感（L_p）。

寄生杂散电感（L_p）必须按照 IEC 60747-15：2012 中 5.3.2 节（双脉冲测试）的要求确定。如果 DUT 有几个相同的电流路径，则寄生杂散电感需显示为所有电流路径的最大值。测量必须在半导体 T3（辅助开关）关断时进行，见图 11-15，该实验的随机样本范围必须取自表 11-6，范围按相关测试流程要求。

(2) QC-02 测定热阻（R_{th} 值）。

该测试确定电源模组上各个设备的热阻。试验必须按照 IEC 60747-15：2012 中 5.3.6 节进行并添加以下内容：①记录温度传感器的位置和距离，它决定了确定参考温度 T_c 的参考点；②温度传感器必须尽可能靠近模组（见图 11-6），以便寻找最佳参考点，确定

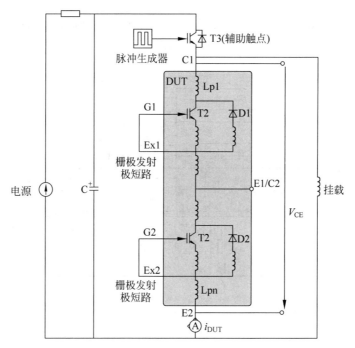

图 11-15 杂散电感测量的试验装置

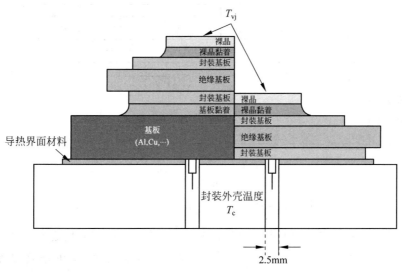

图 11-16 确定参考温度 T_c 的参考点

与外壳相关的热阻的参考温度 T_c。

为了测量 T_c 值,必须在被检单元下方的散热片上开一个孔。盲孔直径为 2.5mm,端面低于散热器表面 2 ± 1mm。

因此,必须使用以下公式确定热阻 $R_{th,j\text{-}c}$ 和 $R_{th,j\text{-}s}$:

$$R_{th,j\text{-}c} = \frac{T_{vj} - T_c}{P_v} \tag{11-3}$$

$$R_{th,j\text{-}s} = \frac{T_{vj} - T_s}{P_v} \tag{11-4}$$

为了测量 T_s 值,必须在被检单元下方的散热片上开一个盲孔。盲孔直径为 2.5mm,端面低于散热器表面 2 ± 1mm,如图 11-17 所示。

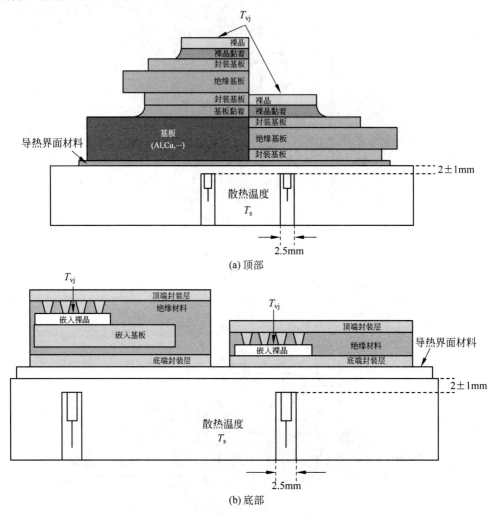

图 11-17 用于确定常规(顶部)和嵌入式(底部)电源模组参考温度(T_s)的参考点

对于与液冷介质直接接触的电源模组,需要确定结温与冷却介质之间的热阻($R_{th,j-f}$)。IEC 60747-15:2012 作为补充实验给出了冷却剂相关热阻的冷却介质温度($T_{cool,in}$、$T_{cool,out}$)的参考点,如图 11-18 所示。

使用以下公式确定热阻 $R_{th,j-a}$:

$$R_{th,j-a} = R_{th,j-f} = \frac{T_{vj} - \left(\dfrac{T_{cool,in} - T_{cool,out}}{2}\right)}{P_v} \tag{11-5}$$

对于双侧冷却的电源模组,测量时必须同时从双侧冷却,测量两个散热器温度 T_{s1} 和 T_{s2}。传感器必须放置在两侧的盲孔中,位于 DUT 下方的中心位置。每个盲孔直径为 2.5mm,端面在散热器表面以下 2 ± 1mm 处,如图 11-19 所示。

使用以下公式确定热阻 $R_{th,j-s}$:

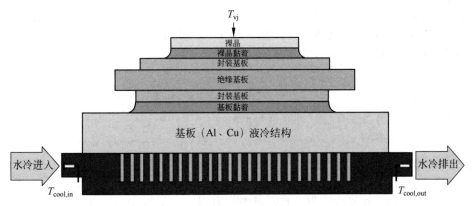

图 11-18 用于确定参考温度 T_{cool} 的参考点

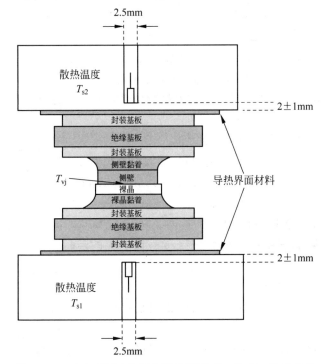

图 11-19 确定双面冷却模组散热温度 T_{s1} 和 T_{s2} 的参考点

$$R_{\mathrm{th,j\text{-}s}} = \frac{T_{\mathrm{vj}} + \left(\dfrac{T_{\mathrm{s1}} + T_{\mathrm{s2}}}{2}\right)}{P_{\mathrm{v}}} \tag{11-6}$$

(3) QC-03 确定短路能力。

本实验用于验证数据表中规定的短路能力。实验通过 V_{CE}、V_{DS}、V_{GE}（IGBT 门发射极电压）、V_{GS}（MOSFET 栅源电压）、短路脉冲持续时间 t_p 和短路脉冲持续时间开始时的结温 T_{vj} 来描述。

对于短路测试，必须确保在测试开始时将半导体器件加热到最大虚拟结温度。可使用 1 型短路和 2 型短路，如果被测器件在脉冲后 1s 内能够保持中间电路电压稳定，则测试通过。除此之外，在静态测试后必须对被测试模组的指定阻塞容量进行再次测试 QM 第（5）

项和第(6)项测试(见10.2.2节)。

为了在测试期间将电压保持在允许范围内,DUT可与栅极-发射极夹紧或集电极-栅极夹紧。还必须事先确保这不会导致相关的升温。

(4) QC-04 绝缘测试。

所有高压DUT必须进行介电强度测试和绝缘电阻测试。测试所有电绝缘连接之间的绝缘,为此模组中所有电连接应该都是导电的。

- 绝缘电阻测试。
- 预处理阶段:5 ± 2℃,8h。
- 调节阶段:23 ± 5℃,$90+10/-5\%$ RH,86~106kPa,8h。

在调节阶段,必须周期性地测量和记录绝缘电阻。测量速率的选择必须使绝缘电阻的最低发生值能够可靠地记录,但至少每30min记录一次。绝缘电阻测量:①不小于模组中间电路电压最大值的1.5倍(如对于600V的IGBT模组,测量值应为1.5×450V DC);②不小于500V DC;③绝缘电阻不低于100MΩ。

在调节阶段,必须周期性地测量和记录绝缘电阻。测量速率的选择必须使绝缘电阻的最低发生值能够可靠地记录,但至少每30min记录一次。为了避免由于污染而扭曲测量值,DUT必须按照汽车生产中常见的清洁度进行处理。该实验的随机样本范围必须取自测试流程图。

在绝缘电阻测试之后进行电气强度测试。

- 预处理阶段:30 ± 2℃直到完全加热。
- 调节阶段:23 ± 5℃,$90\pm5\%$ RH,86~106kPa,8h。
- 测量绝缘电阻和测试电压。

在施加测试电压之前和之后,必须测量绝缘电阻(无须额外调节)。在选择测试电压时,必须保证被测设备数据表中所述的介电强度。该实验的随机样本范围必须取自测试流程图。

(5) QC-05 确定机械数据。

根据数据表值确定和验证模组的机械数据是根据测试流程图进行所有测试的先决条件。

- 根据批准图纸确定模组和密封件的机械数据,以确认尺寸稳定性。
- 根据批准图纸确定绝缘距离。
- 紧固件和电触点的扭矩,如初始测试期间的紧固扭矩、最终测试期间的剩余扭矩。
- 在电接点、散热器上的紧固件和与模组绝缘性能相关的部件的最终测试期间,确定螺纹连接的设置行为。

3) 环境测试

在环境测试中,允许对每个测试使用通用数据,只要被限定的模组和参考模组之间的差异被记录下来,只需要提供证据并说明参考模组和被限定的模组之间的差异不会导致模组属性的改变。

(1) QE-01 热冲击试验(TST)。

该测试验证了被动温度变化对机械应力的抵抗能力。由于缺少加速度因子,测试设置的周期时间较长,在EOL之前不需要进行此测试。测试应按照IEC 60749-25:2003和以下附加条款进行。

IEC 60749-25:2003,第 4 节:实验夹具。

IEC 60749-25:2003,第 5.2 节:实验顺序。

IEC 60749-25:2003,第 5.3～5.8 节:循环频率、停留时间、实验条件等。

IEC 60749-25:2003,第 5.9 节:转移持续时间。

IEC 60749-25:2003,第 5.12 节:失效标准。

TST 实验参数要求如表 11-7 所示,其中温度曲线参数如图 11-20 所示。

表 11-7 TST 实验参数要求

参 数	符 号	数 值
存储温度最低值	$T_{stg,min}$	-40℃_{-10}^{0}
存储温度最高值	$T_{stg,max}$	$+125\text{℃}_{0}^{+15}$
温度斜率:平均线性值为 10%～50%	$\frac{\Delta T}{t}\text{slop}\left(\frac{10}{50}\right)$ 目标值	>6K/min 4～5K/min
温度斜率:平均线性值为 10%～90%	$\frac{\Delta T}{t}\text{slop}\left(\frac{10}{90}\right)$ 目标值	>1K/min 4～5K/min
最高/最低温度的最小停留时间	t_{dwell}	>15min
无故障的最小循环数	N_C	>1000

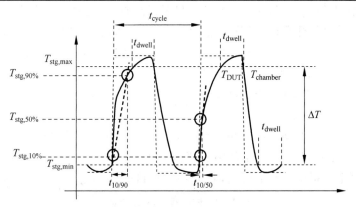

图 11-20 TST 温度曲线参数示例

测试前和测试后,所有的参数必须在规范中,并且必须不违反定义的故障限制,以便测试通过后进行评估。与测试前的初始值相比,热阻上升超过 20% 则被评估为失败。

(2) QE-02 可接触性(CO)。

暂时取消。

(3) QE-03 振动(V)。

测试的目的是显示机械结构的基本适用性,以用于汽车的 PCU。它模拟了模组在驱动运行过程中的振动负载,并验证了模组在出现故障模式(如设备脱落和材料疲劳)时的抗振动能力。该试验进行了 IEC 60068-2-6 标准的正弦振动激励测试以及 IEC 60068-2-64 标准的宽带激励测试。

(4) QE-04 机械冲击(MS)。

该测试模拟 PCU 中模组的机械负载,例如,用于验证 PCU 对具有故障模式(如裂纹或设备分离)的机械冲击的抵抗力。测试必须在没有电操作的情况下进行,须按照应用程序的典型方式实现电气连接,且有文档记录测试设置。测试的随机样本范围必须取自测试流程图。根据 IEC 60068-2-27 的规定,所有参数必须符合规格要求,如表 11-8 所示。测试前后的部件需使用 QM 进行模组测试验证参数。

表 11-8 QE-04 机械冲击试验参数

参数	数值
峰值加速度	$500 m/s^2$
冲击持续时间	6ms
冲击形式	半正弦
每个方向的冲击次数($\pm X$、$\pm Y$、$\pm Z$)	10
DUTs 的数量	6

4) 寿命测试

(1) QL-01 功率循环(PC_{sec})。

该测试是验证模组制造商为待检查 DUT 提供的寿命模型的基础。测试本身也可用于支持创建生命周期模型。该测试的目的是获得在电力电子模组在强加速条件下出现磨损和退化的迹象下的目标应力情况。通过将关键参数 t_{on}(负载电流的开启时间)限制在 $t_{on} <$ 5s,测试对芯片附近的互连(芯片连接和顶部接触)施加目标应力。该测试将得到特定模组、芯片近互连技术的可靠性数据,以及寿命曲线 $N_f = f(\Delta T_{vj}, \Delta T_{vj,max}, t_{on})$。

试验必须按照 IEC 60749-34:2011 进行,并增加以下内容。

IEC 60749-34:2011,第 4 节:试验装置。

IEC 60749-34:2011,第 5 节:试验程序。

IEC 60749-34:2011,第 6 节:试验条件。

IEC 60749-34:2011,第 8 节:测量和试验。

IEC 60749-34:2011,第 9 节:故障和评估标准。

为了验证制造商提供的寿命模型,必须遵守表 11-9 中 PC_{sec} 测试的限值。

表 11-9 试验参数 PC_{sec} 限值

参数		数值
负载电流的开启时间	t_{on}	<5s
负载电流值	I_L	$>0.85 I_{DN}$ (for IGBTs)[a,b]
通路状态栅极电压	$V_{GS,on}$	SiC MOSFET 通常为 15V[c]
关断状态的栅极电压	$V_{GS,off}$	SiC MOSFET 通常为 $-5V$[d]
冷却液流速	Q_{cool}	常数[e]

注:a 负载电流的值$>0.85 I_{CN}$(或 I_{DN})只能用于一个采样点。

b 负载电流的值$<0.85 I_{CN}$(或 I_{DN})可为第二个采样点选择,以便设置适当的温升差。

c 通过降低 $V_{GS,on}$,温度系数从正到负进行变化。

d 在关断状态和测量通过体二极管测量时,MOSFET 通道必须完全关闭,以测得有效的 T_{vj}。

e 必须确保恒定的冷却速度,并在测试报告中加以记录。

(2) QL-02 功率循环(PC_{min})。

如果将关键参数值 t_{on} 的时间扩展到 $t_{on} > 15s$,则该测试对电力电子模组施加的应力与 QL-01 不同。该应力可以应用于远芯片互连(系统焊接)以及近芯片互连(芯片连接和顶部接触)。因此,该测试能够在冷启动期间按比例模拟模组内的情况。本次试验的结果为特定模组连接技术的可靠性数据,并将数据标记为经验寿命曲线 $N_f = f(\Delta T_{vj}, \Delta T_{vj,max}, t_{on})$。

试验必须按照 IEC 60749-34:2011 进行,并增加以下内容。

IEC 60749-34:2011,第 4 节:试验装置。

IEC 60749-34:2011,第 5 节:试验程序。

IEC 60749-34:2011,第 6 节:试验条件。

IEC 60749-34:2011,第 8 节:测量和试验。

IEC 60749-34:2011,第 9 节:故障和评估标准。

(3) QL-03 高温存储(HTS)。

本测试的目的是测试或确定在升高温度下存储对电源模组的影响。测试必须按照 IEC 60749-6:2002 进行,试验参数如表 11-10 所示。DUT 进行 HTS 测试后需要在规定时间使用 SAM 分析,并将互连处的分层成都记录在案,测试的结果也必须记录在案。该试验的随机样本应取自于流程图。

表 11-10　试验参数 QL-03 高温存储(HTS)

参　　数	数　　值
测试持续时间	1000h
环境温度 $T_a = T_{stg,max}$	$\geqslant 125℃$ (typ.)[a]

注:[a] 如果数据表中规定了更高的温度,则将该值用于试验。

(4) QL-04 低温存储(LTS)。

本试验的目的是测试或确定在极低温度下老化或运输对电源模组的影响。低温的长期影响可导致橡胶和塑料零件以及金属、基板或半导体材料零件脆化、形成裂纹和断裂。

(5) QL-05 高温反向偏置(HTRB)。

该测试用于确定芯片钝化层结构或钝化拓扑以及芯片边缘密封随时间变化的弱点以及芯片边缘密封随时间的变化。该测试侧重于与生产相关的离子污染物,这些污染物会在温度和电场的影响下迁移,从而增加表面电荷从而导致漏电流增加。模组组装过程和材料的热膨胀系数(CTEs)也会对钝化完整性产生重大影响,从而降低对外部污染物的保护。

该测试必须按照 IEC 60747-8:2010(MOSFET)、IEC 60747-2:2016(二极管)和 IEC 60749-23:11 进行,试验参数如表 11-11 所示。

表 11-11　测试参数 QL-05 高温反向偏置(HTRB)

参　　数	数　　值
测试持续时间	$\geqslant 1000h$
测试温度(开关)	$T_{vj,max}^a$
漏源电压或反向电压	$V_{DS} \geqslant 0.8 V_{DS,max}$(MOSFET) $V_R \geqslant 0.8 V_{R,max}$(芯片)

续表

参　数	数　值
栅极电压	$V_{GE}=0V(IGBT)^b$ $V_{GS}=$"非门偏见"$(MOSFET)^c$

注：a $T_c=T_{vj,max}-\Delta T_{p,loss}$，$\Delta T_{p,loss}$表示由于泄漏功率损耗导致的半导体温升。
b 如果不能保证漏源通道在$V_{GS}=0V$时完全阻塞，则必须推荐使用最小栅源电压$V_{GS,min}$。
c 技术资格要求$V_{GS}=0V$的测试和负栅偏置的测试(只要没有证据表明哪个测试更严厉)。

（6）QL-06 高温栅偏压（HTGB）。

本项测试不适用于芯片。该测试用来确定电和热负载对半导体元件的栅连接（MOSFET 和 IGBT）随着时间的综合影响。它模拟加速条件下的运行状态，用于已安装的栅极绝缘层的鉴定和可靠性监测（老化筛选）。该测试必须按照 IEC 60747-8：2010（MOSFET）和 IEC 6074923：2011 进行，试验参数如表 11-12 所示。在此确认测试之前和之后进行的模组测试还须进行 QM 模组验证。

表 11-12　测试参数 QL-06 高温栅偏置（HTGB）

参　数	数　值
测试持续时间	≥1000h
测试温度	$T_{vj,max}$
漏源电压	$V_{DS}\geqslant 0.8V_{DS,max}(MOSFET)$
栅极电压	50%的 dut 具有正栅极电压： $V_{GE}=V_{GS,max}(MOSFET)$ 50%的 dut 具有负栅极电压： $V_{GS}=V_{GS,min}(MOSFET)$

（7）QL-07 高湿度、高温反向偏置（H^3TRB）。

该测试确定了整个模组结构的弱点，包括功率半导体本身。大多数模组设计不是密封的，半导体芯片和键合线嵌入硅凝胶中，这使得水分也随着时间的推移到达钝化层。在湿度的影响下，芯片钝化层结构或钝化拓扑以及芯片边缘密封中的弱点受到负载的不同影响。污染物也可以通过水分输送转移到关键区域，产生相关的离子污染物，它们在温度和场的影响下迁移，从而增加表面电荷，以及外壳上的热机械应力和与半导体芯片的相互作用。模组组装过程和材料的热膨胀系数（CTEs）也会对钝化完整性产生重大影响，从而降低对外部污染物的保护。机械应力通常导致（电）化学腐蚀的较高敏感性。

测试必须按照 IEC 60747-8：2010（MOSFET）、IEC 60747-2：2016（芯片）和 IEC 60749-5：2017 进行试验，参数如表 11-13 所示。

表 11-13　测试参数 QL-07 高温高湿反向偏置（H^3TRB）

参　数	数　值
测试持续时间	≥1000h
测试温度	85℃
相对湿度	85%

续表

参　　数	数　　值
漏源电压[a]或反向电压	$V_{DS} \geq 0.8 V_{DS,max}$ (MOSFET)[b] $V_R \geq 0.8 V_{R,max}$ (芯片)[b]
栅极电压	$V_{GE} = 0V$ (MOSFET)[b]

注：[a] 为了避免泄漏电流造成的功率损失对局部相对湿度的影响过大，必须将施加到设备上的电压设置为规定最大值的80%。漏源电压为 $V_{DS,max}$。

[b] 在初始测试阶段 $T_{vj} < 90℃$。

(8) QL-08 高温正向偏置（HTFB）。

目前正在讨论在 AQG 324 指南中实施 HTFB 测试。该测试解决了例如双极退化的问题，对于未来的版本，还将讨论动态高温正偏（HTFB）测试的必要性。

2. GB/T 12750 半导体集成电路分规范

GB/T 12750—2006《半导体器件 半导体集成电路分规范》给出了包括了数字、模拟及接口电路在内的半导体集成电路的试验、检验条件。还规定了质量评定程序、检验要求、筛选顺序、抽样要求、试验和测量程序的详细内容。流程如下：

1) 样品分类

抽取样品应由相同生产线生产，样品按条件分为 A、B、C、D 四组，各组试验如表11-14~表11-17 所示。

(1) A 组和 B 组：一个月内或连续4周内生产的器件。

(2) C 组：3 个月内制造的器件。

(3) D 组：12 个月内制造的器件。

表 11-14　A 组试验

分　组	检验或试验	试验条件	AQL	
			Ⅰ类	Ⅱ类和Ⅲ类
A1	外部目检	IEC 60747-10	1.0	0.4
A2	除另有规定外，25℃下功能验证	按详细规范规定	0.15	0.1
A2a	（不适用于Ⅰ类）最高温度下的功能验证		—	0.4
A2b	（不适用于Ⅰ类）最低温度下的功能验证		—	0.4
A3	25℃下的静态特性	见相关标准	0.65	0.25
A3a	最高温度下的静态特性		1.5	0.4
A3b	最低温度下的静态特性		2.5	0.4
A4	除另有规定外，25℃下的动态特性		1.5	0.65
A4a	（不适用于Ⅰ类）最高工作温度下的动态特性		—	1.0
A4b	（不适用于Ⅰ类）最低工作温度下的动态特性		—	1.0

表 11-15 B 组试验

分 组	检验或试验	引用标准	条 件
B1	尺寸	IEC 60747-10	
B2c	电源定值验证	见相关标准	适用时,按规定
B4	可焊性	IEC 60749 Ⅱ	按规定
B5	(仅适用于空器件) 密封		
B5	细检漏	IEC 60068-2-17 IEC 60749 Ⅲ	Q_k 试验： 严酷度：60h； 漏率：相当于 Q_c 试验严格度 60h
B5	粗检漏	IEC 60068-2-17	Q_c 试验： 方法 3： ——1 阶段：液体 1* ——2 阶段：液体 2**
B5	非空封器件和环氧封的空封器件		
B5	温度快速变化	IEC 60749 Ⅲ	10 次循环
B5	随后：		
B5	外部目检	IEC 60747-10	
B5	强加速湿热	IEC 60749 Ⅲ	严酷度 3,24h
B5	电测试	见 A2、A3 分组	同 A2、A3*
B8	电耐久性	见相关标准	
CRRL	放行批证明记录		

注：* 全氟化碳液体沸点超过 50℃，例如：全氟-N-乙烷为主要成分。

** 全氟化碳液体沸点超过 150℃，例如：全氟-磷酸三丁酯胺为主要成分。

[a] 空白详细规范可允许至少 A3、A3a 和 A3b 分组实验项目至一个分组的最小要求。

表 11-16 C 组试验

分 组	检验或试验	引用标准	条 件
C1	尺寸	IEC 60747-10	
C2a	环境温度下的电特性	见相关标准	按规定
C2b	最高温度和最低温度下的电特性[a]	见相关标准	按规定,如极限温度下测量
C2c	电额定值验证：瞬态能量额定值[b]	见相关标准	按规定,如静电敏感器件(见 IEC 60747-1)
C3	引出端强度	IEC 60749 Ⅱ	按相应封装规定,如拉力或转矩
C4	耐焊接热	IEC 60749 Ⅱ	按规定
C5	温度快速变化[b] 空封器件 温度快速变化 随后： 电测试 密封,细漏检 密封,粗漏检	IEC 60749 Ⅲ 见 A2、A3 分组 IEC 60749 Ⅲ	10 次循环 同 A2、A3 分组 按规定

续表

分组	检验或试验	引用标准	条 件
C5	b)非空封器件和环氧封的空封器件 温度快速变化 随后： 外部目检 稳态湿热 电测试	IEC 60068-2 IEC 60749 Ⅲ IEC 60747-10 IEC 60749 Ⅲ 见 A2、A3 分组	按规定 500 次循环 严酷度 1,24h 同 A2、A3 分组
C5a**	盐雾	IEC 60749 Ⅲ	
C6	稳态加速度（用于空封器件）[b]	IEC 60749 Ⅱ	按规定
C7	稳态湿热 ——用于空封器件[b] ——用于非空封器件和环氧封空封器件 随后： 电测试	 IEC 60749 Ⅲ IEC 60749 Ⅲ 见 A2、A3 分组	 严酷度：Ⅱ类、Ⅲ类为 56d，Ⅰ类为 21d 严酷度 1 偏置：按详细规范规定 时间：Ⅱ类、Ⅲ类 1000h，Ⅰ类 500h 同 A2、A3 分组[c]
C8	电耐久性	见相关标准	时间：1000h
C9**	高温存储	IEC 60749 Ⅲ	时间和温度按分规范或详细规范规定
C11	标志耐久性	IEC 60749 Ⅳ	
CRRL	放行批证明记录	—	按空白详细规范规定

* 将为"强加速时热"代替。

** 在详细规范中自行规定。

[a] 适用时，应在 C2b 分组定期验证相关性。

表 11-17 D 组试验

分组	检验或试验	引用标准	条 件
D8*	电耐久性 时间：4000h Ⅰ类：不适用 Ⅱ类和Ⅲ类：按详细规范规定	见相关标准	见相关标准
D12	瞬态能量		在详细规范中规定测试电压

* 在详细规范中自行规定。

2）测试规范

实施的详细规范要求可参照下列标准中的试验和测量程序。

(1) 电测试。

数字电路见 IEC 60748-2。

模拟电路见 1EC 60748-3。

接口电路见 IEC 60748-4。

(2) 机械和气候试验。

IEC 60749 和/或 IEC 60068。

(3) 电耐久性试验。

一般要求见 IEC 60748-1 Ⅳ,具体要求见 1EC 60748-2、1EC 60748-3、IEC 60748-4 Ⅴ。

功耗、工作温度和电源电压的选择应按以下程序:①电路的功耗应为详细规范所允许的最大值;②环境温度或参考点温度应当是在①的功耗下详细规范所允许的最大值;③如果没有①或②的限制,电源电压应为详细规范所允许的最大值,试验条件和要求应在详细规范里规定。耐久性试验的时间应在相关详细规范中规定:

——168^{72}_{-10}h

——1000h、2000h 和 4000h 应作为试验的最少时间。

D 组电耐久性试验的时间是 C 组和 D 组电耐久性试验的累加时间。这些试验除 D 组外,均视为非破坏性试验。

(4) 加速试验程序。

加速试验程序见 IEC 60747-10 第 2 版。

3. J1211 汽车电子产品质量控制

实际工况环境测试包括 PCB 的测试、在不同的频率/电压/温度下进行高覆盖率的测试,以及 EMC 的测试。在汽车当中,要包括电压、温度、EMC,最后是整车路测,这是车规实际应用工况的验证,也与过去有点不一样。对于汽车电子电气模组工艺判定,J1211-2012《汽车电子/电气模组稳健性验证手册》给出了相应的要求。

(1) 元器件的无铅焊接工艺能力。

关于无铅焊接需要记住两个特性:模组元器件必须符合欧洲、中国和其他地区的《电气、电子设备中限制使用某些有害物质指令》(RoHS)。这是模组组件的材料所保证的;组件必须兼容无铅焊接。兼容性是指能够承受焊接过程而不丧失任何可靠性。应能够满足 JEDEC-J-STD 020D 标准提供的应力测试要求,该测试定义了小零件和大零件的焊接轮廓,将供应商保证和实际使用之间边界进行分类,又被称为 MSL 分类测试。

(2) PCB 的坚固性。

PCB 上互连结构的可靠性可能比焊点本身的可靠性更重要。对 PCB 坚固性的最大威胁是它们在无铅焊接时所能达到的表面温度,其温度可以高达 275℃。因此,改进 PCB 基料和预浸料的配方非常重要。

还需要密切注意焊剂和焊剂残留,以确保所需的提高清洁效率与无铅焊接。较高的焊料轮廓会导致焊剂过早地脱落、复合、脱落,导致去湿和锡球。在剖面平台的延长浸泡温度下进行交联(聚合),使熔剂残留物难以去除,有可能产生吸湿效应,导致依赖湿度的寄生传导。

(3) 连接点的可靠性。

在印刷电路板上的焊点通常数量比较大。对需要进行长期存储的设备,或者必须在严重振动、温度循环或腐蚀的环境中工作的设备,焊点的质量十分关键。目视检验焊点的方法一般可以检出 80% 不符合目规范的焊点。满足外观需求的焊点也可能是不可靠的,如果采用自动检测开路和短路的方法而不是采用 100% 的目视检查,将不会发现以后会发生失效的位于规范限边缘的原件。

4. EMC 电磁兼容

所谓电磁兼容,国家标准 GB/T 4365—2003 定义为设备或系统在电磁环境中正常工作且不对该环境中任何事物构成不能承受的电磁干扰的能力。随着集成电路集成度的提高,越来越多的原件被集成到芯片上,电路功能变得复杂。当一个或多个电路产生的信号或噪声在同一个芯片内另一个电路的运行彼此干扰时,就产生了芯片内的 EMC 问题,给芯片正常工作带来影响。针对汽车电子领域来讲,针对零部件级的电磁兼容,直接影响各个模组与系统的控制功能。

美国汽车工程师学会(SAE)在 1957 年的 SAE J551 标准中首次引入 EMC 的标准,其目的是保护行驶环境中电子设备的安全。此标准特别注意保护车载电视等常用电气设备,避免受到汽车点火系统的电磁干扰。由于数字电路的发展,出现了一系列 SAE J551 标准的修正案和新的标准。汽车工程师学会 EMC 标准化委员会修订了 SAE J1113 和 SAE J551 标准,试图增加内容使之涵盖机动车零件和整车测试的各个方面。SAE J1113 称为机动车零件等级 EMC 标准,包含抗扰度测试部分和辐射量测试部分,如表 11-18 和表 11-19 所示。SAE J551 称为机动车车辆等级 EMC 标准,将在后文整车测试中具体介绍。

表 11-18 零件 EMC 抗扰度测试

SAE J1113 章号	测 试 方 法	测试频率范围	对 应 标 准
2	导线法	30Hz~250kHz	无
3	导线法	100kHz~400MHz	ISO 11452/7
4	大电流注入法	1~400MHz	ISO 11452/4
11	瞬态传导法	N/A(不适用)	ISO 7637~1
12	耦合钳法	N/A(不适用)	ISO 7637~3
13	静电放电法	N/A(不适用)	ISO 10605
21	暗室法	10kHz~18GHz	ISO 11452/2
22	电源线磁场法	60Hz~30kHz	无
23	射频功率法	10kHz~200MHz	ISO 11452/5
24	TEM 小室法	10kHz~200MHz	ISO 11452/3
25	三层板法	10kHz~1GHz	无
26	电源线电场法	60Hz~30kHz	无
27	混响室法	500MHz~2GHz	无

表 11-19 零件 EMC 辐射量测试

SAE J1113 章号	测 试 方 法	测试频率范围	对 应 标 准
41	窄带法	10kHz~1GHz	CISPR TBD
42	瞬态传导法	N/A(不适用)	ISO 7637-1

11.2.3 整车测试流程

从汽车电子 V 字形开发流程的角度,测试层级一般分为如下几类:①零件测试;②系统测试；③整车集成测试；④整车验收测试。每一个层级的测试根据设计要求，又可以细分为多种测试，如图 11-21 所示。

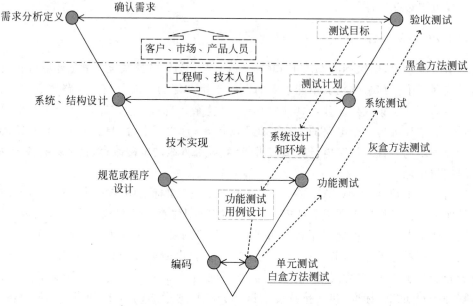

图 11-21　汽车电子 V 型模型开发流程

1. 零件测试

零件是组成汽车的基本单元，一般一辆完整的车由几千个零件组成，所以零件测试是基础，必须在零件层面做完整的测试才能交付给整车集成，这里主要针对汽车电子零件的测试进行介绍。汽车电子零件分为控制器、传感器和执行器，如车身控制器、雨量阳光传感器、大灯，每种零件的设计都有相应的设计流程，其测试过程也比较复杂。主要分为下面几类：功能测试、网络测试、电性能测试、EMC、DV/PV、软件测试、单元测试等。

2. 系统测试

系统一般指的是以零件为核心，传感器和执行器为附件组成的系统，如智能座舱系统、舒适系统、智能驾驶系统。系统测试一般分为功能测试、稳定性测试、压力测试。

3. 整车集成测试

当所有的电器零件完成测试后，集成在一起进行整车集成测试，一般分为功能测试（包含 ECU 功能测试、网络测试、诊断测试）、静态电流测试、EMC 测试、耐久测试、高低温测试、路试等。

4. 整车验收测试

当完成整车集成测试后，会进行最后的验收测试，主要是功能测试。验收测试通常由公司领导、功能设计工程师、产品工程师等组成的公司层级的验收团队进行验收测试。

汽车整车测试的主要实验内容如下。

1) 功能测试

汽车电子开发过程包含多个环节,功能层是其重要组成部分。它包括 ECU 功能测试、网络管理功能测试、故障诊断测试等,是实车测试前的重要环节。

(1) ECU 功能测试。

ECU 主要由 ECU 端口、电子部件、外壳及插接器等构成。微控制器及周边 IC 负责功能的核心部分。ECU 功能测试包含电源模组测试、MCU 模组测试、输入模组测试、通信接口模组测试等。通过硬件在环仿真(Hardware In the Loop Simulation,HILS)在不利用实际车辆零部件的条件下模拟零部件的电气信号就能在 ECU 上进行软件验证。此外,JASO(日本汽车工业会标准)、JIS(日本标准)、SAE(美国汽车工程师学会)标准的车载电子设备的环境试验通则中提出的试验方法为可靠性测试提供依据。

(2) 网络测试。

ECU 之间通过汽车总线进行通信,包括控制器局域网(CAN)、媒体导向系统传输(MOST)、局域互联网络(LIN)和 FlexRay 总线。以车载以太网为例,OPEN 联盟、IEEE 802.3 和 IEEE 802.1 工作组、AU-TOSAR 联盟和 AVnu 联盟起到了重要作用。ISO 21111 也制定了一系列车载以太网测试标准。目前,业界通用的车载以太网测试方法参考 OPEN 联盟指定的 OPEN 联盟车载以太网测试规范(TC8 ECU Test Specification)和以太网交换机测试规范(TC-11 Ethernet Switch Test Specification)为标准,测试的内容主要包括物理层测试、车载以太网交换机测试、协议层与应用层除了 AVB/TSN 以外的一致性测试。

(3) 故障诊断测试。

故障诊断是通过 ECU 检测出系统、传感器、执行器之中发生的有损汽车功能的异常,并进行异常信息的记忆及异常警告。故障诊断测试需参照现行国际标准,如 ISO 27145、ISO 14229、ISO 15765、ISO 15031,结合整车厂自身特点制定诊断协议,定义具体故障信息、标识数据、调试指令等,形成诊断规范。按故障诊断测试内容划分,可分为诊断协议测试和诊断内容测试。前者其涵盖诊断服务测试、重编程测试、与协议相关的诊断逻辑测试内容。后者涵盖故障注入、标识信息及调试指令验证等。

2) 静态电流测试

整车在睡眠后,所有电子控制单元的静态电流值相加即为整车的静态电流,一般乘用车的蓄电池容量为 50~70A·h。整车在睡眠后静态电流一般小于 20mA,即在正常情况下,电池充满电在整车睡眠后,可以保证车辆在 3 个月(2500~3500h)左右时间正常起动。

3) 整车 EMC 测试

电磁兼容 EMC(ElectroMagnetic Compatibility)是指设备或系统在其电磁兼容环境中能正常工作且不对该环境任何事物构成不能承受的电磁骚扰的能力。汽车是一个非常狭小的独立的电磁环境,在这个电磁环境内拥有数十乃至上百种电子电气设备。这些电子电气设备可以等效成许多不同参数的电感和电容的组合。在这些由电感和电容构成的闭合回路中,电路断开或接通的一瞬间,触点就会产生火花和电弧。电火花和电弧本身就是一个发射高频电磁干扰的干扰源,向周围空间发射电磁波,或通过汽车内部的电源线路、通信网络影响其他通信设备和电子设备的正常工作。如果是军用车辆,这些干扰还能扰乱武器装备系统、无线电、雷达和计算机电路控制系统的正常工作。所以，对于这些产生强干扰的设备主要有一个干扰抑制的问题。

在汽车里面还有许多带有单片机控制的电子电气设备，这些设备在工作时会产生干扰。但干扰与前一类设备相比要弱得多。在更多的情况下是这些设备受到前一类设备的干扰之后所产生的误动作，甚至失效。所以对这些怕干扰的设备，主要应考虑抗干扰的问题。除了汽车内部各种设备和部件之间的相互干扰外，往往还要考虑由外部环境对车辆形成的电磁干扰。例如，由环境电磁场形成的干扰可以高达200V/m。整车EMC测试标准分为整车对外干扰和整车抗干扰两部分，如表11-20和表11-21所示。

表11-20 整车EMC抗扰度测试

SAE J551章号	测试方法	测试频率范围	对应标准
11	车外干扰源法	500kHz～18GHz	ISO 11451/2
12	车载干扰源法	1.8MHz～1.2GHz	ISO 11451/3
13	大电流注入法	1～400MHz	ISO 11451/4
14	混响室法	200MHz～18GHz	无
15	静电放电法	N/A（不适用）	ISO 10605
16	瞬态传导法	N/A（不适用）	无
17	电源线磁场法	60Hz～30kHz	无

表11-21 整车EMC辐射量测试

SAE J551章号	测试方法	测试频率范围	测试距离	对应标准
2	窄带-宽带	30MHz～18GHz	10m	CISPR 12
4	窄带-宽带	150kHz～1GHz	1m	CISPR TBD
5	窄带-宽带	9kHz～30MHz	10m	CISPR TBD

在我国，汽车电磁兼容技术研究起步较晚，相关标准不够完善，用先进国家相比仍有一定差距。目前，国内相对实力较强的几个大型厂家也都认识到电磁兼容技术的重要性，并已开展这方面的研究。下面列举一些国内相关汽车电磁兼容技术的主要标准。

- GB 14023—2011《车辆、机动船和火花点火发动机驱动的装置的无线电骚扰特性的限值和测量方法》（等同于国际标准CISPR2）。
- GB 18655—2002《用于保护车载接收机的无线电骚扰特性的限值和测量方法》（等同于国际标准CISPR25）。
- GB/T 17619—1998《机动车电子电气组件的电磁辐射抗扰性限值和测量方法》。
- GB/T 18387—2008《机动车辆的电磁场辐射强度的限值和测量方法》。

5. 耐久性测试

汽车耐久性试验是指在汽车规定的使用以及维修条件下，为确保汽车整车可以达到某种技术以及经济指标极限时，对其完成的规定功能能力进行试验。汽车产品开发中，科学的耐久性试验，可以保证汽车耐久性质量，提高汽车产品可靠性。汽车耐久性行驶的试验按照国家标准GB/T 12679—1990《汽车耐久性行驶试验方法》顺序执行，如表11-22所示。

表 11-22 GB/T 12679—1990《汽车耐久性行驶试验方法》

GB/T 12679 章号	试验项目	对应标准
1	验收试验汽车,磨合形式	无
2	发动机性能初试	JB 3743—1984
3	汽车主要零件的初次精密测量	GB/T 12679—1990
4	装复汽车后的 300km 磨合行驶	无
5	使用油耗测量(初测)	GB/T 12545—2001
6	汽车性能初试	GB/T 12678—1990
7	耐久性行驶试验	GB/T 12679—1990
8	发动机性能复试	GB/T 12679—1990
9	使用油耗测量(复测)	无
10	汽车性能复试	无
11	汽车主要零件的精密复试	GB/T 12679—1990
12	装复汽车,编制试验报告	GB/T 12679—1990

6. 高低温测试

为了证明车规级芯片可靠性,装有芯片和模组的汽车电子产品需通过严格的高低温湿热试验,考核产品承受一定温度变化速率的能力以及对极端高温和极端低温环境的承受能力。当构成产品部件的材料热匹配较差、内应力较大时,高低温试验可引发产品由机械结构劣化产生的失效,如漏气、内阴险断裂、芯片裂纹等。为了模拟不同的环境要求,需要环境试验箱或者环境舱等测试设备。测试流程参照:

- GB/T 2423.1—1989《低温试验方法》。
- GB/T 2423.2—1989《高温试验方法》。
- GB/T 2423.22—1989《温度变化试验》。
- GJB 150.5—1986《温度冲击试验》。
- GJB 360.7—1987《温度冲击试验》。
- GJB 367.2—1987《热冲击试验》。

7. 路试

道路试验可参照 MIL-STD-810G 电子设备环境试验、GB/T 7031—2005《机械振动 道路路面谱测量数据报告》等标准。

参考文献

附录 缩写词

IC(Integrated Circuit,集成电路)
DRAM(Dynamic Random Access Memory,动态随机存储器)
PLDs(Programmable Logic Devices,可编程逻辑器件)
MPU(Microprocessor Unit,微处理器单元)
MCU(Microcontroller Unit,微控制器单元)
DSP(Digital Signal Processing,数字信号处理)
ASIC(Application Specific Integrated Circuit,专用集成电路)
CPU(Central Processing Unit,中央处理单元)
SoC(System on Chip,系统级芯片)
FPGA(Field Programmable Gate Array,现场可编程门阵列)
SDRAM(Synchronous Dynamic Random-Access Memory,同步动态随机存取内存)
ROM(Read-Only Memory,只读存储器)
MEMS(Micro-Electro-Mechanical System,微机电系统)
NB-IOT(Narrow Band Internet of Things,窄带物联网)
HDMI(High Definition Multimedia Interface,高清多媒体接口)
DC-AC(Direct Current-Alternating Current,直流-交流)
LDO(Low Dropout Regulator,低压差稳压器)
MOSFET(Metal-Oxide-Semiconductor Field-Effect Transistor,金属-氧化物-半导体场效应晶体管)
JFET(Junction Field-Effect Transistor,结型场效应晶体管)
CMOS(Complementary Metal Oxide Semiconductor,互补金属氧化物半导体)
N-MOS(N-Metal-Oxide-Semiconductor,N型金属-氧化物-半导体)
P-MOS(P-Metal-Oxide-Semiconductor,P型金属-氧化物-半导体)
RCA(Radio Corporation of America,美国无线电公司)
LSI(Large Scale Integration,大规模集成)
VLSI(Very Large Scale Integration,超大规模集成)
PC(Personal Computer,个人计算机)
IBM(International Business Machines Corporation,国际商用机器公司)
CMOS SRAM(Complementary Metal Oxide Semiconductor Static Random Access Memory,互补金属氧化物半导体静态随机存储器)
EPROM(Erasable Programmable Read-Only Memory,可擦除可编程只读存储器)

附录 缩写词

ULSI(Ultra Large Scale Integration,特大规模集成)
GSI(Giga Scale Integration,巨大规模集成)
FinFET(Fin Field-Effect Transistor,鳍式场效应晶体管)
RAM(Random Access Memory,随机存储器)
TI(Texas Instruments,德州仪器)
SEMI(Semiconductor Equipment and Materials International,国际半导体设备暨材料协会)
ASML(Advanced Semiconductor Material Lithography,先进半导体材料光刻)
EUV(Extreme Ultra-Violet,极紫外光刻)
CVD(Chemical Vapor Deposition,化学气相沉积)
PCB(Printed Circuit Board,印制电路板)
EDA/IP(Electronic Design Automation/Intellectual Property,电子设计自动化/知识产权)
DAO(Discrete,Analog,Optoelectronics,分立、模拟及光电)
BCG(The Boston Consulting Group,波士顿咨询公司)
IDM(Integrated Device Manufacturer,集成器件制造商)
VR/AR(Virtual Reality/Augmented Reality,虚拟现实/增强现实)
5G(5th Generation Mobile Communication Technology,第五代移动通信技术)
ASSPs(Application Specific Standard Parts,专用标准产品)
4G(4th Generation Mobile Communication Technology,第四代移动通信技术)
GPU(Graphics Processing Unit,图形处理单元)
AMD(Advanced Micro Devices,Inc.,高级微型器件公司)
LED(Light-Emitting Diode,发光二极管)
CMP(Chemical Mechanical Polishing,化学机械抛光)
AI(Artificial Intelligence,人工智能)
IGBT(Insulated Gate Bipolar Transistor,绝缘栅双极晶体管)
EMC(Electro Magnetic Compatibility,电磁兼容)
ESD(Electro-Static Discharge,静电释放)
EFT(Electrical Fast Transient,电快速瞬变脉冲群)
RS(Radiated Susceptibility,辐射放射性)
EMI(Electromagnetic Interference,电磁干扰)
PPM(Part Per Million,百万分之一)
PPB(Part Per Billion,十亿分之一)
AEC-Q(Automotive Electronics Council-Qualification,汽车电子委员会质量标准)
ISO/TS(International Organization for Standardization/Technical Specification,国际标准化组织/技术规范)
DFMEA(Design Failure Mode and Effects Analysis,设计失效模式及后果分析)
PFMEA(Process Failure Mode and Effects Analysis,过程失效模式及后果分析)
DPPM(Defect Part Per Million,百万分之一缺陷)

ASIL(Automotive Safety Integration Level,汽车安全完整性等级)
A/D(Analog to Digital Converter,模数转换器)
UART(Universal Asynchronous Receiver/Transmitter,通用异步接收机)
PLC(Programmable Logic Controller,可编程逻辑控制器)
DMA(Direct Memory Access,直接存储器存取)
LCD(Liquid Crystal Display,液晶显示)
SRAM(Static Random Access Memory,静态随机存取存储器)
SLC(Single Level Cell,单级单元)
HUD(Head Up Display,抬头显示)
IVI(In-Vehicle Infotainment,车载信息娱乐系统)
TBOX(Telematics BOX,远距离通信装置)
BMS(Battery Management System,电池管理系统)
V2X(Vehicle-to-Everything,车联网)
ADAS(Advanced Driving Assistance System,高级驾驶辅助系统)